中華人民共和国70年

【負の世界記憶遺産】

文革受難死者850人の記録

【共編共著】
王友琴
小林一美
佐々木恵子
劉燕子
麻生晴一郎

【翻訳協力】
土屋紀義・谷川雄一郎

集広舎

＝目次＝

＊まえがき一「文化大革命と私」劉燕子……5
＊まえがき二「文革の歴史の歴史」王友琴（訳：谷川雄一郎）……12
＊第一部　毛沢東時代の政治運動における受難総論　王友琴（訳：土屋紀義）……25
第一章　テーマと方法……26
（1）「毛沢東時代の政治運動と受難総論」……26
（2）「百万」或いは「千万」で数える「受難者」への集団的迫害・殺戮……30
（3）「鳥の視野」と「虫の視野」……36
第二章　迫害が特に多かった六つの集団……40
第一の大集団：「前政権（中華民国政府）と関係のあった人」……40
第二の大集団：「資産の有る者――地主と商工業者」……48
第三の大集団：「比較的高い教育を受けた人」……56

第四の大集団：「飢えた農民」……64
第五の大集団：「粛清された共産党の幹部」……77
第六の大集団：「農村に下放された知識青年」……84
第三章　毛沢東最後の政治運動「文化大革命」……94
1　一九六六年「紅衛兵運動」と「破四旧」（四つの古いものを破る）運動……95
2　一九六七年「革命造反派」の分裂以後の「武闘」によって打ち殺された人々……104
3　一九六八～六九年「清理階級隊伍運動」……105
4　一九七〇年、「打撃反革命活動」運動、再度の「鎮圧反革命」……113
5　一九七一年「清査五一六集団運動」……115
第四章　簡単な結語――受難・歴史・教訓……120
＊第二部　文革受難死者八五〇〇人の略伝一覧表……125
第一表「文革受難死者六七一人略伝一覧表」（**王友琴著『文革受難者』より略伝作成　小林一美作成**）……126
第二表「文革受難死者――学者・知識人・著名人（死亡年別）一覧表」（**佐々木恵子編**）……295
第三表「文革受難死者総索引一覧表」……344

＊第三部　論文特集「毛沢東社会主義の残酷な実態と理論的錯誤」……357

第一章　毛沢東・中国共産党の大学・学問・知識人弾圧（**王友琴・小林一美**）……358
第二章　反右派・大躍進運動期の『毛沢東の秘められた講話』を読む（**小林一美**）……381
第三章　四川省の農村で毛沢東時代の一七年間を生きた日本人の証言（**小林一美**）……395
第四章　労働改造所で死んだある老教授と、その家族の無惨（**王友琴**）……421
第五章　血をインクに転ずる惨痛
――「林昭：プロメテウス受難の一日」を切口に――（**劉燕子**）……432
第六章　わが父の、かくも長き受難の日々
――朝鮮戦争でアメリカ軍の捕虜になった中国志願兵士の記録（**謝宝瑜**）……471
第七章　文化大革命が残したもの――道徳の高みからの強制（**麻生晴一郎**）……483
第八章　毛沢東の「社会主義・共産主義理論」に対する原理的批判（**小林一美**）……501

＊写真……548
＊あとがき　小林一美……556

まえがき一　「文化大革命と私」

劉燕子

一九六六年、文革が発動された当時、私はまだ赤ちゃんでした。私の故郷・湖南省長沙では「紅色政権保衛軍」（保守派）、「湘江風雷」（最大の造反派）、「長沙市高等院校紅衛兵司令部（長沙高司）」などの大衆革命組織が次々に現れ、造反派と保守派の間で緊張と対立が高まり、闘争が激化すると党・政府機関は麻痺状態に陥りました。翌六七年になると文革は奪権闘争の段階に移り、「文攻武衛」のスローガンとは裏腹に、主導権争いから武闘は内戦の様相を呈しました。

一九六七年一月二三日、事態収拾に乗り出した毛沢東は人民解放軍に「革命左派」の奪権闘争への支持を求めました。さらに三月初め、解放軍に農工業生産を支援し、軍事管制により秩序を維持するよう指示しました。しかし、武闘はエスカレートし、各地で血なまぐさい虐殺が続発しました。

その頃、私は二歳足らずでした。纏足のひいおばあちゃんが仕立て直した黒いワンピースを着て、頭に赤いリボンを付け、砂遊びをしていたとき、造反派に卵を産んでいる赤いとさかのめんどりとまちがえられて銃で撃たれました（母の談）。銃弾はヒューっとかすめましたが、私は何も気づかず立ち上がり、ポンポンと砂をはらいました。母はまっ青になり気絶する寸前でした。近所の中学生のお姉さんは、学校が「革命騒ぎ（鬧革命）」で授業停止となっていたため、槐《エンジュ》の木の下で小説を読んでいると、流れ弾に当たり、顔の半分が飛ばされました。

ひいおばあちゃんの家系の親族に蒋暁初という湖南大学機械科の学生がいました。彼は「革命騒ぎ」で授業停止となったので長沙から故郷の湖南省道県の人民公社生産大隊に戻り、混乱を避けようとしました。ところが、道県では至るところで虐殺事件が起きていました。「貧農・下層中農最高裁判所」による殺人の布告が貼り出され、「惨尽殺絶黒四類、永保江山万代紅（地主・富農・反革命分子・悪質分子を皆殺し、革命の国家を永遠に保つ）」とのスローガンの下、赤色テロが吹き荒れていました。蒋暁初の父の蒋勲は中学の校長を務めたこともありましたが、「出身階級」がよくないという理由で数十人の地主、富農、その子女とともに拘禁されていました。次男の蒋暁中もその中にいました。

あまりにも純朴な蒋暁初は「出身階級はどうすることもできないが、歩む道は選べる」と信じ、これは毛沢東思想だからと末端幹部を説得しようとしました。しかし逆に捕らえられ、父親や地主たちとともに殺害されました。なお、一九六七年八月一三日から一〇月一七日までの六六日間で、道県だけでも四五一九人が殺害されました。この地域の文革を長年調査してきた民間研究者の譚合成に、私は二〇一五年三月、北京で会い、蒋暁初と父や弟の運命について確認しました。

でも当時、私は何も知らず、その後、小学校に入り、最後の「紅小兵」（小学生の紅衛兵）になりました。

私の祖父の劉澤霖（字は念慈、一八九五〜一九六九年）は、その時は北京林産工業設計院の技術部門の総責任者でしたが、一九六六年秋に「逃亡地主」、「階級区分から漏れた敵」との理由で故郷の湖南省耒陽《らいよう》から届いた一通の密告の手紙で検挙され、地元からやって来た造反派に連行されました。途中の列車では他の「牛鬼蛇神」と共に臨時批判闘争会にかけられ、長沙に着いたときはアザだらけになっていました。また紅衛兵の指揮で、次のような歌を合唱されました。

　私は牛鬼蛇神、私は人民の敵、私は罪深い死に損ない、死に損ない、人民に打破（砸烂）されるべき、打破されるべき、私は牛鬼蛇神、人民に頭を下げ、罪を認めなければならない、私は罪がある、改造する、改造する、まじめに白状しなければ、ただ死の道が一本あるだけだ。

さらに耒陽では頭に高い三角帽子、首に罪状の書かれた看板で批判闘争会にかけられ、引きずり回されました。

一九六九年九月、「牛鬼蛇神」として並ばされているとき、突然、背後から蹴飛ばされ、倒れると二人の民兵に引きずられ稲刈りが終わったばかりの田んぼで跪かされました。ふだんから意気軒昂な祖父は必死に頭を上げようとしましたが、暴行がひどくなるばかりでした。村人が「この人は毛大爹（方言でマオダイディアオ、毛じいさんを意味し毛沢東を指す）と関係があるから、これ以上やるとバチが当たる」と言って、止めさせました。この関係とは、次のことです。

祖父と毛沢東は同郷人でした。青年時代、毛沢東は「師範学校時代の倫理の教師」で北京大学教授になっていた楊昌済から北大「図書館主任」李大釗（中国共産党創設主要メンバー）を紹介され、彼の世話で図書館に勤め、月給は銀貨八元でした。他方、祖父は、一九一八年にオーギュスト・コント学校（後に北洋大学、現在の天津大学）機械科の一年生で、清末民初の政治家・饒漢祥（当時は隠居）の居宅で家庭教師をしていました。毛沢東は「一九一九年はじめごろ」、「フランスに行こうとしている学生たちと上海に行」こうとしましたが、「天津までの切符」しか持っていませんでした。それで、毛沢東は湖湘会館（科挙時代に各省や各県が北京や天津に受験者用に建てた宿泊施設で同郷人も利用）で祖父に会い、「私は湘譚の毛潤之（毛沢東の字）だ。君は耒陽の劉澤霖だろう」と声をかけ、祖父は「そうだよ」と答えました。毛は「北京からやって来て、上海に行って、長沙に帰るけれど、米櫃が空っぽだ。同郷人から聞いたが、君は給料をもらったばかりだそうだ。ちょっと旅費を工面してくれないか」と頼んだので、祖父は「ちょうどいいときに来たね。二〇元もらったから、半分貸してあげよう」と応じました。毛沢東は「ありがとう、ありがとう（多謝、多謝――方言）」と感謝し、祖父は「同郷のよしみだから、そんなに言わなくてもいいよ」と答えました。その後、毛沢東は祖父に返金する機会は訪れませんでしたが、これを忘れず、延安でエドガー・スノーに語りました（以上は、エドガー・スノー『中国の赤い星』四「共産主義者の来歴」三「革命の前夜」。それに父・劉英伯や村民からの聞き取りによります）。

先述の暴行は終わりましたが、祖父は牛小屋に拘禁され、そこで息を引き取りました。命日はよく分からず、見つけられた遺体は既に腐敗が始まっていて、簡単に土まんじゅうの墓に埋葬されました。他殺か自殺か、文革が終焉してから五三年が経った今日でも真相は不明です。

長男であった私の父劉英伯（一九三五〜）は江西省の鉱山にいて、父親が死んだことを全く知りませんでした。父自身、毎日、批判闘争会にかけられていたのです。

父はミッション系の長沙雅礼中学(Yali High School)を一九五〇年に卒業しました。その前身はアメリカのエール大学の卒業生や教員たちにより設立された「エール海外伝教会」でした。それは雅礼医院や雅礼学堂を設立し、学堂は雅礼中学や雅礼大学へと発展しましたが、一九五一年、資産は人民政府に没収され、雅礼中学は解放中学に名称が変えられました。

雅礼中学は一九二〇年に既に理科の実験室を備えていて、そこで父の鉱物化学への情熱が点火されたそうです。またキリスト教精神に基づく自由な学風でした。父は思想の自由、独立した人格、人間性の解放等々の理想に身を献げることを学びました。抑圧に押しつぶされ労働に疲れた人々に救いを説く聖書と、労働者を資本主義の搾取や支配から解放する共産主義とは必ずしも相反しないと考えました。

父は瀋陽高級工科職業学校冶金科に在学中、共産主義青年団に加入し、卒業前に青年共産党員になりました。そして、ソ連が支援する江西省の鉱山で労働に従事し、一九五七年に念願の北京大学化学系に入学しました。ところが、ブルジョワ右派分子が共産党の指導権を奪おうとするのに反撃するという理由で「反右派闘争」が展開され、それは父にとっては青天の霹靂でした。さらに、「反右派闘争」が終わったはずの翌年七月、大躍進の支援で赴いた「十三陵ダム」（北京郊外にある明代皇帝たちの墓陵一帯に作られたダム）の建設での二カ月の労働を終えて大学に戻ると、化学系の党書記から「江西省の鉱山から、右派の言論をまき散らすお前を検挙するという通告が届いた。共産主義青年団の書記を辞めて、真心から党に白状せよ」と言われました。父は江西省共産主義青年団の代表会議の出席者に選出されるほどの「青年労働模範」で、どう考えても反党反社会主義の「右派言論」

は思い出せませんでした。悩んだ末、「雅礼」時代から書いてきた日記を全て党に提出しました。

その翌年の一九五八年九月、新学期が始まると、化学系で「反右派闘争」の「補課」が行われ、父の日記に書いてあった「鉱山の党の幹部が、私用なのに公用として長距離バス代を党に支払わせ、人民に重くのしかかる官僚主義や腐敗の傾向がある」、「青年たちの大学受験を理由なく阻止するので、民主、自由、人権、尊厳の要求を提出した」などの文章があるのを理由に「厳重右傾思想分子（準右派分子）」とされ、大学からは除籍され、党・団からも除名され、元の江西省の鉱山に送還されました。

一二月、鉱山の党委員会からさらに五つの「錯誤行為」を指摘されました。①鉱山における反革命鎮圧運動に反対し、②党と大衆の良好な関係を破壊し、③青年たちに大学受験を煽動し、人権侵害まででっち上げ、④「青年労働報」などガリ版印刷物を配布し、党の自由・民主を攻撃し、⑤階級闘争におけるプロレタリア革命の立場を喪失した。そして改めて党籍剥奪を告げられました。

文革中に処刑され、後に悲劇のヒロインとして有名になった林昭の言葉を思わされます。彼女は、『反右派闘争』、あの血なまぐさい悲惨極まる一九五七年は、大学の多くの青年の生命史において一筋の烙印を深く刻み、一筋の溝を掘った。惨烈な一九五七年を思い出すたび、私の心肺はひどく痛み、思わず痙攣する！　本当に！……一九五七年以前は、暴政の下でも中国知識界に多少の正義感はまだ多少あったが、それさえ打ち砕かれ、無に近いほどになった」と述べています。

文革では、一九六七年一一月、江青主導の北京労働者座談会での「階級隊伍の整理を行わねばならない」という提起により、プロレタリア階級中の「異分子」摘発運動が始められました。すると北京の紅衛兵が祖父の劉澤霖の住まいを家宅捜索し、夫婦の肖像画を焼きつけた景徳鎮（江西省北部に位置し、古くから陶磁器の産地として有名）の花瓶の中から、父（劉英伯）が亡き母を偲んだ自作の詩「八宝山の青い松」を発見し、ただちに父のいる鉱山に通達しました。そこの造反派組織「千鈞棒造反隊」（「千鈞棒」は毛沢東の詩句「金猴奮起千鈞棒（金猴は千鈞の棒を奮い起こし）」に由る）は、父を次のように糾弾しました。

「逃亡地主の死んだ婆を八宝山（革命烈士の墓地）の青い松にたとえるとは、何と大胆不敵な野郎だ。ふところに〝変天帳〟（打倒された搾取階級が旧体制復活を夢見て残しておく証文など）を隠し持っている凶暴な反革命分子だ！　しかも、家じゃ毛主席に金を貸したなんて悪質なデマを密かに飛ばしやがって。偉大なる舵取り、人民の救いの星の毛主席が、どうしてお前の家のような反動階級に借金するのだ。とんでもない極悪非道の誹謗中傷で、赤い太陽（毛主席）の顔に大便をぶっかけるようなもんだ！」と。

父は再び「漏網右派分子」として「えぐり出され（揪）」、さらに借金などで「偉大な毛主席を侮辱する現行反革命分子」とされ、髪は「陰陽頭（頭の半分を剃る侮辱）」にされ、毎日批判闘争会で引き回され、吊るし上げられました。父は「公民たる人の心の自由をほしいままに侵害し、国家の法律を踏みにじっている」と訴えましたが、却ってリンチはひどくなりました。

一九六九年一月、「このままではいつか殴り殺される。せめて妹に会ってから死のう」と、同情してくれる看守が寝たふりをしている夜に逃亡しました。妹は六人兄妹の末っ子で、中学校を卒業してすぐ内モンゴル自治区の生産建設兵団に下放させられていました。父は江西省から約二千キロを物乞いしながら汽車や長距離バスを乗り継ぎ、一カ月後にようやく妹に再会できました。

逃亡前、父は意を決して、「北京中南海中共中央毛沢東主席」宛に、かつて、わが父劉澤霖が若き日の主席を経済的に支援したことを述べ、その息子が冤罪にかけられている、と訴える手紙を出しました。

三カ月後、父は死刑を覚悟して鉱山に帰ってきましたが、「もしかしたら毛主席に金を貸したのは本当かもしれない。北京に行って訴えたのかもしれない」と思われ、激しい暴行はなくなりました。それから父は江西省や湖南省の鉱山など転々と労働改造を続けました。私は一九七〇年から父とともに鉱山をめぐる生活を送りました。

炭坑の漆黒の闇の世界で、父は坑夫と一蓮托生だと黙々と働きました。天井の落ちる落盤、突然吹き出すガスによる中毒などで大惨事がしばしば起きました。父は坑内から脱出できて生き延びたのもつかの間、事故現場に戻り炭塵にまみれてまっ黒になった仲間を背負い病院に駆けつけたこともありました。その記憶は今でも脳裏に焼き付いています。

毎年鉱山事故で何万人、何十万人が死んだか分かりません。しかし、国家の「極秘」であり、もちろん新聞記事になることなど全くありません。十分な補償もなく、息子が親の後を継いで坑夫になれる「頂替」と呼ばれた特別配慮があるだけです。

父は定年退職後も掘り尽くし寸前の小規模銅坑の技師などを務めてきました。坑夫たちの逞しい人生と強靱な筋肉から発する底抜けに朗らかな笑いが何よりの人生の宝物で、生きる底力になっているといいます。

この二月、長沙の実家に帰省し、借りてきたＤＶＤで謝晋監督の「芙蓉鎮」を観ました。ヒロインの胡玉音が四清から文革の苦難を粘り強く生き抜くストーリーが展開します。文革が終わり胡玉音は名誉を回復しますが、その前を酒びたりの貧農で批判闘争の積極分子だった王秋赦が狂気じみて銅鑼を叩きながら「(政治）運動だぁ、運動だぁ」と不気味な声を響かせるシーンで幕が下ります。八三歳の父は「歴史の逆戻りはごめんだよ」と言いながらソファから立ちました。

まえがき二　「文革の歴史の歴史」

王友琴　（訳者・谷川雄一郎）

中国語と英語の辞書には「歴史/history」の二つの意味がはっきり説明されている。①過去に起こった出来事②過去に起こった出来事の記録である。本稿のタイトル「文革の歴史の歴史」の「歴史」とは、②の意味の「歴史」である。①の意味する「歴史」は、すでに発生、終結したもので、それ以上変わることはない。一方、②の意味での「歴史」は、いまなお進行中であり、叙述による変化や発展が「歴史の歴史」となるのである。

四二年前、一九七六年九月九日、毛沢東が病（余命三年以内と言われた病）で死亡し、一〇月六日、毛の妻江青とその他三人の文革指導者が逮捕された（彼らは「四人組」と称された）。ここで文革は、①の意味での「歴史」となった。その後、文革の②の意味での歴史叙述には、かなりねじ曲げられたものや、脚色されたものが生じるようになった。

中学校長が殺害されても取り上げられない

七〇年代末、私は北京大学に入学した。一台の中古自転車を手に入れた後、最初にやったことの一つは自転車で北京大学近くの一〇一中学に行くことだった。私はキャンパスの噴水を見に行った。一九六六年八月一七日、この学校の紅衛兵が教師たちを殴り、無理やりキャンパス内の石炭の燃え殻の上を這わせたのだ。その中の一人は噴水の池のなかで死んだ。噴水はすでに存在せず、私が目にしたのは干からびたコンクリートの池のみだった。

池の中はゴミと枯葉が散らかっていた。文革はすでに終わったが、そこは依然として汚く、朽ち果て、うら寂しいところだった。

私が通った北京師範大学附属女子中学では、もっと早い八月五日、紅衛兵が学校の最高責任者だった卞仲耘を殺害し、その他四人の学校指導者にケガを負わせた。八月下旬には関雅琴という近所のレストランの一八歳の女性店員が紅衛兵に捕まり、学校の化学実験室の柱に縛られ殺された。紅衛兵曰く、彼女は「ごろつき」であると。

これは私が最初に書いた文革受難者の事例であるが、発表することはできなかった。文革はすでに「否定」され、文革受難者も「名誉回復」し、政府は彼らの家族にお金も払った（標準金額は、四二〇元）。しかし、文革の事実に関する記載はずっと厳しくコントロールされていた。高級幹部や社会的に名の通った人の文革受難者しか刊行物に登場しないのだ。一定期間ごとに「御上《おかみ》」から文革に関する書籍の出版禁止令が出されるのである。印象深いのは三種類の出版不可書籍が併記されることだ。すなわち、欧米側の政治理論書、文革関係書、そしてポルノ書籍だ（とても皮肉なのは、ここ何年か『金瓶梅』のような〝ポルノ書籍〟は中国のネット通販で売られているのに、文革の書籍は依然として禁止されていることだ）。

中国共産党総書記胡耀邦の妥協

一九八六年は文革終結一〇周年だった。私は北大大学院である通知を見た。友誼賓館で文革座談会を開催するというのだ。発起人は当時社会的に有名な大学教授や作家だった。私は同級生と行ってみた。会場に着くと、発起人たちが来ていないことに気がついた。座談会は、会を聞きに来た若者によって語られはじめた。それは私が初めて多くの人の前で文革を語るものとなった。数か月後、雑誌『読書』の編集者から私に連絡があり、会場での発言を文章にしてほしいと言ってきた。一九八七年一月号に文章を掲載するので、一〇月には原稿の準備を整えておく必要があるという。ある日の午前、私は原稿を送りに雑誌編集部に行き、二言三言挨拶するや、三聯書店（この雑誌『読書』は、この出版社のもの）の編集長沈昌文が入ってきて言った。

「君たちは文革について書くのかね？　私はさっき会議から戻ってきたんだが、状況が変わったんだよ」

文革を最初に書いた『〝文化大革命〟一〇年史』（高皋・厳家其著、天津人民出版社、一九八六年、初の文革通史）は、全巻出版に先立ち、香港の新聞で連載されていた。一九六六年八月の紅衛兵運動は比較的早い段階に属するものであったが、本が印刷された後、一九六六年当時の北京工業大学紅衛兵の親玉であった譚力夫が、中国共産党総書記胡耀邦に手紙を書き、この本の出版に反対した。胡耀邦はこれに応じて、書面で指示を出し、出版における「安定団結」の保持を要求した。その結果、本の著者の厳家其は当時社会科学院政治学研究所所長、高皋はその妻であったにもかかわらず、しかも、本の内容は中国共産党の一九八一年の『建国以来の党の若干の歴史問題に関する決議』の枠組みで書かれたものであったにもかかわらず、紅衛兵に殺された受難者についてはただ二名について書かれるのみとなった。しかも、胡耀邦の指示により、この本は正式に市場に出すことができなくなってしまった。

後に聞いたところによると、本はすでに六〇万部刷られていた。売らなければ経済的損失が大きいことや、多くの人の需要もあったので、「内部」で販売が行われた。私が買った一冊は、出版部門で働くクラスメートの兄の助けを得て購入したものだ。この本には一九六六年八月の紅衛兵の暴行で殺された二人の北京市民についてのみ記されているが、実際に殺された人は北京だけでその一〇〇〇倍にもなる。

編集長の話によると、雑誌の編集は卓上に開いたばかりの私の原稿を片付けたそうだ。もともと一月に発表しようとしていたが、発表できなくなった。しかも一月にはさらに驚くべきことが起きた。中国共産党中央総書記だった胡耀邦が一九八七年一月七日に「辞職」したのだ。さらに、一九八九年四月一五日には突如病で亡くなり、それによって学生の請願活動と世界を震撼させた天安門事件（略称「８９６４」）が起こった。

ソ連では一九五三年にスターリンが死亡した。一九五六年、フルシチョフがソ連共産党大会において、スターリンによる残酷な人民殺害の暴露、いわゆる「秘密報告」を行った。一九六〇年、ソルジェニーツィンは強制収容所の生活を描いた『イワン・デニーソヴィチの一日』〔邦訳本が新潮文庫にある〕を書いた。フルシチョフとその他の中央指導者は、この中編小説の発表の可否を議論した時、彼らは沈黙した。フルシチョフは言った。「ロシアの諺に、〝沈黙はすなわち賛成〟とある。発表しよう」と。そして小説は一九六二年に発表され、大きな影響を与えた。一九六四年、フルシチョフは失脚した。

胡耀邦は三〇〇万の文革被害者の名誉回復という偉大な行為を積極的に指導したが、これは人類史上最も大規模な「名誉回復」であった。彼は戦略的に文革という大規模な大衆的迫害を「冤罪、でっち上げ、誤審事件」と称した。しかし、それは、つまり正常な司法制度のもとでも発生し得る出来事でもあると、修正をしたのだった。胡耀邦は文革に関する書籍の出版を通じて、迫害についての詳細な記載や分析をすることを少しも支持しなかった。しかし、良心派に属していた胡耀邦はフルシチョフと同様、一九八七年一月七日に失脚した。

一九八六年、私は文革に関する作品『女性の野蛮』を発表した。私が出版した本『キャンパス随筆』に収められている。師範大学附属女子中学の校長卞仲耘が紅衛兵学生に殺されたことを初めて発表したものである。このようなタイトルをつけたのは、この本の作品の多くが女性に関するものであり、卞仲耘は間違いなく女子校の中で女性の紅衛兵によって殺されたからである。しかしこの不正確なタイトルを使ったのは、主として彼女の死が文革による迫害であることと、紅衛兵の暴力によるものであるとは直接言えなかったからである。現在、このことを取り上げるのは、あの環境の下で発表した作品の多くは作者の自由な選択によるものでなく、また事実に対する適切な説明でもないことを証明したいからである。

インターネットが閉鎖されても私はまだ文革の歴史の調査、執筆を続けている。一九九四年、私は『一九六六学生が教師を打倒する革命』、さらに続けて二作品を書きあげた。一つは紅衛兵がいかに同級生を迫害したかに関するもの、――それは彼らの出自がいわゆる「紅五類家庭」ではなかっただけによる。もう一つは教師への迫害と同級生への迫害の関係についてである。三篇の作品はみな香港の大学刊行物に発表した。私の報告は、調査したあらゆる学校で暴力的迫害が発生しており、ひとつとして例外はなかったことを指摘したものだ。まさに孔子が一人の教師であったように、「教師を打倒する」ことはもとより中国の伝統ではないことを私は述べた。私が直接言い出せなかった観点は、八〇年代に起こった「文化ブーム」は、文革の歴史を解釈する面において実は説得力に乏しかったというものである。政治、経済の面から文革を討論することができなかったので、「文化討論」するしかなかったのである。

一九九六年、私は『学生が教師を打倒する革命』の英語版を書きあげた。ハーバード大学教授ロデリック・マクファーカー（Roderick MacFarquhar）は文革の講義を開講し、この作品を彼のテキストに取り入れた。一九九七年、三七五名の学生がこの講義を履修した。聞くところではハーバードで最も人数が多いクラスだったそうだ。ハーバード出版社が、この件で私に連絡した時、私は中国の大学でもこのような授業が開講されることを切に願った。履修したい学生もきっとたくさんいるはずだと。

その年の夏休み、私はホームページ作成のクラスを受講した。私は将来の作品をネット上に載せてもよいと思った。そうすればもう紙面上での発表に思い悩む必要はないからだ。私は取材調査の中で得た受難者の境遇を一つずつ書きあげ、姓名をピンイン順に並べ、ネットに載せた。受難者の名前を打てば、すぐに彼らがいかにして文革によって迫害、死亡したのかを知ることができる。

あれは二〇〇〇年一〇月だった。当時中国ではネットユーザーが現在よりずっと少なかったが、それでも読者からメールをよく受け取っていた（ホームページ上に私のメールアドレスがあったのだ）。読者はこのホームページを称賛し、メールで受難者に関する情報を送ってきた。ある時、一つのメールを受け取った。件名は「私は二度と鶏にはならない」というものだった。私はドキッとし、これはホームページの「まえがき」に対する応答であることを意識した。「まえがき」のなかで、私はある教師の取材対象者が文革中に労働改造農場に送られたことを書いた。彼は牛を飼育していた。そこには大きなヤナギの木があり、付近は緑の草が生い茂っていた。彼はよく牛の群れをひいてそこに草を食べさせにいった。ある時、一頭の牛が老いぼれてしまったので、ヤナギの木の近くで殺した。すると、牛の群れはヤナギの木の下で草を食べなくなり、そこに近づけばモーモーという抗議のような声を上げた。

私は動物が仲間の死を記憶したり同情したりするのか問うたところ、取材対象者は、鶏はそうではないと言った。鶏は別の鶏が殺された場所でも依然として楽しそうに遊ぶ。殺された鶏のお腹の中のものが捨てられても、別の鶏は互いに争ってまでそれをついばもうとするという。

私は「牛と鶏」のこの対照的な比喩を文革後の人の道徳的選択とし、この鶏にはなるまいとする読者のメールに感謝した。歴史を書くことは、真相を述べたり、因果関係を説明したりするためだけではなく、我々に道徳面における思考と反省をさせるための材料を提供するものでもあることを私は理解した。

一七か月後、私のホームページは閉鎖された。中国国内では二〇〇二年三月から現在に至るまで、ページは開けない。もう一七年になる〔二〇一九年現在〕。私はかつて北京の友人たちにこれはなぜなのか尋ねたことがあった。これらの受難者はみなすでに名誉回復している。彼らははぐらかすように「閉鎖されるだろうことはとっくに分かっていた」と言った。私はある有名な作家にどこかの部門に訴えることができるか尋ねた。なぜなら裁判所の判決事件にはすべて裁判官の名前があり、判決に不満ならば控訴できるからだ。彼の回答は「君、それはアメリカの考え方だよ」というものだった。

「海賊版」の文革歴史書

二〇〇四年、私は香港で五〇〇頁の『文革受難者』という本を出版した。本には六五九名の受難者があり、私の調査インタビューによるものだ。私は出版者がデザインした本の表紙に大変感謝した。それは受難者一人ひとりの名前が一列ずつ黒い大理石に彫られているように見えるものだった。

しかし、この本は大陸へは持ち込めなかった。香港で買った本は税関で没収されるとある人が教えてくれた。香港から大陸への入り口で刊行物を携帯していないかチェックを受けなければならない。香港では繁体字を使っているので、これらの中国語の本は大陸では、やはり見てすぐ分かってしまう。アメリカから中国への空港税関では書籍のチェックはしない。税関の職員には英語の本を読める者が多くないからだ。

続けて上海、北京、広州では『文革受難者』の「海賊版」が出現した。「海賊版」は朝、野菜を売る場所で売られた。私は二種類の本を入手した。一冊は原本からスキャナー印刷したもので、誤字が多く、形状の似た字が誤用されていた。しかし読んで理解することはできた。

ある読者が広州から手紙を寄せ、当地の『文革受難者』は一セットたったの一五元で売っていると言った。この読者曰く「私たち広州人はすごいでしょう。こんなに厚い本がこんな低価格で売られているのだから、商売上手でしょう」と。しかし出版界を比較的理解している別の読者は「本とは本来そんなに高価であるべきでない。改革開放以降、個人がお店を開いて野菜や朝食や洋服を売ることは許されているが、本の出版は絶対個人経営が許されない。『中国で暴利をむさぼることができる商売は、第一にアヘンを売ること、第二に本を出版して売ることである』と言う人もいる」と言う。こうした議論を聞いていると、私は他人の物語を聞いているような感覚になるが、このようなシュールな感覚は、実のところ、ただどうにもならないことによるものなのだ。しかも「海賊版」の出現から消滅までの時間は長くなかった。現在、「海賊版」は完全に姿を消した。

ウィチャットアカウントと「敏感ワード」

ウィチャット（微信）とウィチャットの公式アカウントの普及により、文革の作品はネット上に流すことが可能となった。現在、半数以上の中国人がウィチャットを使っている。どの人も「ウィチャットグループ」と「ウィチャットアカウント」を開くことができ、それは誰もが自身の講演会場や雑誌を持てるようなものだ。

ウィチャットの審査制度はすぐに作られ、発展してきた。もとの出版社と刊行物の人工審査方法を用いるほか、コンピュータを使用し「敏感ワード」を調べる。「文革」は「敏感ワード」の一つである。一九八六年、作家巴金が「文革博物館」の設立を提唱したが、設立されなかったばかりか、取り上げることも許されなかった。文章を削除されたり、ひどい場合アカウントがロックされたりするので、それを避けるため、人々は同音の漢字で「敏感ワード」を書き、まるで「誤字の競演」をしているようになる。人々はさまざまな方法で「文革」「六四」（一九八九年六月四日、軍隊が学生や市民を鎮圧した流血事件を指す）などを表した。

二〇一六年は文革五〇周年、終結四〇周年だった。香港中文大学出版社は『張春橋獄中家書』上下巻を出版した。一巻は張の手記、もう一巻は活字本だ。赤紫の布の上製本で、書名には金文字が施されている。張春橋は毛沢東の妻、江青などの「四人組」の一人で、毛沢東の死亡時にはすでに中国ナンバー四に昇りつめた権力者だった。

私は『張春橋の幽霊』という題で、張春橋が編集者の周痩鵑を迫害し、周を井戸への投身自殺に追い込んだことを作品に書いた（私はその井戸を見たことがある）。さらに張春橋が一九七六年にカンボジアに行き、ポル・ポト派の「クメール・ルージュ」〔赤いクメール〕の都市無人化、貨幣廃止政策を支持したことも書いた。中国のメディアは張春橋がかつて専用機で訪問団を率いてカンボジアへ行き、ポル・ポトと会ったことをまったく報道しなかった。私は二〇一四年、オスカー賞にノミネートされたカンボジア映画『The Missing Picture』〔邦題「消えた画 クメール・ルージュの真実」〕でこのくだりを見た。張春橋とポル・ポトはカンボジア人民に大きな災難をもたらした。張春橋は同時期、中国で発表した長編理論論文で、革命の次なる一歩は商品の生産、労働に応じた分配、貨幣交換をなくすことであると述べた。毛沢東が長くても三年しか生きられない病をもっていたので、彼らは中国でカンボジア共産党がすでに行ったことを実践する時間をもつことができなかったが。

北京のあるウィチャット編集者が、この作品をウィチャットに送ろうとしたが、審査（ウィチャット上の審査機構）を一四回送っても通らなかった。ところが、ある日の夜中、この作品は忽然とネット上に現れた。続けてその後三日間で、この作品は二八万の「views」〔ページが開かれた回数〕を得た後、削除された。すると、またある人が標題に一文字を加え、再びそれをウィチャットにアップし、読者はすぐに一〇万を超えた。しかしやはり削除された。北京の記者からは、きっとすでに三、四〇〇万人がこの作品を読んだのだから、最終的には残念な気持ちから嬉しい気持ちになったと言われた。

この出来事は、文革の歴史研究は中国にとって重要であるばかりか、世界にとっても重要であることを教えてくれる。ロシア、中国、カンボジアで同じ残酷な物語が重複して起こったことは、人々が悲劇の発生の根源を探す手助けとなるだろう。根源は文化伝統にあるのではない。この三つの国の伝統はそれぞれ異なるからだ。

一年後、同じ出版社からまた『張春橋伝』が出版された。六〇〇頁の本だが、上海で張春橋の迫害に遭って死んだ人の名前は一人も挙げられていなかった。一〇年前、二〇〇六年に出版された徐景賢（彼は「徐老三」と呼ばれた。上海で文革中ナンバー・スリーの権力者だったから）の『十年一夢』も同じように作られたものだ。受難者の名前を一人も挙げていない。上海で文革中に亡くなった者は一万一一五〇人にも達する。これは歴史を書いているのではなく、歴史を殺しているのだ。

暴力的迫害「否定派」の台頭

二〇〇四年、アメリカであるドキュメンタリー映画が公開された。『Morning Sun』というこの映画は、四か国語の版本があり、中国語では『八九時の太陽』という。作者カーマ・ヒントン（Carma Hinton）は北京育ちだ。文革の開始時は北京一〇一中学の生徒だった。この映画のなかで北京の五か所の中学の紅衛兵が登場するが、そこには既述の北京一〇一中学と北京師範大学附属女子中学が含まれている。

私はこの五か所の中学の紅衛兵の暴力により死んだ九名の犠牲者を訪ねた。しかしこれは私が探し得ただけのもので、実際の数字ははっきりしていない。映画で取り上げられたのは九人のうちの一人、卞仲耘だけだった。映画では彼女には心臓病があったとされ、紅衛兵に殺されたことは認めていなかった。

事実は卞仲耘の夫、王晶堯が彼女の血染めの衣服、壊されたスチールの腕時計ベルト、全身の血の汚れを拭いた数十個のガーゼのかたまり、彼が撮影した卞仲耘の傷だらけの遺体の写真を保存していただけでなく、私が調査した北京の一〇か所の女子中学では同じ月に三名の校長と三名の教員が紅衛兵に死ぬまで殴られたのである。卞仲耘校長が殺されて一三日後、毛沢東は天安門広場で一〇〇万の紅衛兵に接見し、卞仲耘の学校の紅衛兵の親玉、宋彬彬が天安門の城楼で毛沢東に紅衛兵の腕章をつけた。毛沢東は彼女の名前が「彬彬」〔みやびやかの意〕であると聞いた後、「猛々しさが必要だね」〔要武〕と言った。この「猛々しさが必要」に鼓舞され、全国の紅衛兵の暴力がさらにヒートアップした。しかし、この映画では紅衛兵の暴力行為について謝罪が示されることもなかった。逆に宋彬彬が被害者となっており、彼女は人に誤解され、悪罵されたのだと毒づいた。

憤慨した王晶堯は映画評を掲載した『ニューヨークタイムズ』に手紙を書き、抗議しようとしたが、後に英語での文書作成の困難などの理由で、取りやめとなった。二〇〇七年、この中学校の九〇周年の祝いで、宋彬彬は彼女が毛沢東に紅衛兵の腕章を捧げる大写真をキャンパスに展示した。王晶堯は「公開書簡」を書いて抗議した。

書簡には宋彬彬が毛沢東に捧げた腕章には卞仲耘の血がついているのだと書かれていた。

王晶堯は卞仲耘が殺された後、すぐに店でカメラを買い（当時カメラは高価なもので、半数の家庭にはなかった）、遺体の写真を撮った。彼はすぐに調査と記録もした。彼は家の書斎に卞仲耘のための秘密の記念堂を設置した。書斎の壁には卞仲耘の写真を貼り、写真の前には花を置いた。書斎の入口は普段は閉じられている。家人を除いて、この「記念堂」の存在を知る者はいない。証拠品の収集と保存を一から始め、文革後、彼は加害者の告発を始め、北京西城区検察院から最高人民検察院まで上告した。しかし、最高検察院の決定では、師範大附属中学で発生した、卞を死に至るまで吊るし上げ、五名の指導者を侮辱したのは、生徒が北京大学附属中学のやり方を真似した所為であるとした。確かに北大附属中学も八月に死者を出しているが、最高検察院では師範大女附中と北大附中で発生した殺人事件について何もなされなかった。最後に王晶堯は言った。「法律に訴えることはできない、歴史に訴えるのみだ」と。王晶堯の言う「歴史」とはまさに〔冒頭の〕②の歴史、すなわち歴史に卞仲耘を記載させることである。

二〇一〇年、師範大学附属女子中の元紅衛兵たちはある言葉を考え出した。すなわち「よくできた物語は、よい歴史ではない」と。その意味は、私が『文革受難者』で書いたのは真実の歴史ではなく、虚構の物語であるというものだった。そして『物語は歴史ではない』と題する本が出版された。彼らは自身の電子刊行物で文章をひとしきり発表し、このような見解を強めた。

ある数名の若い大学生が私にメールをくれた。彼らは逆に「歴史は物語ではない」という公式アカウントを作ったという。この着想は大変すばらしかった。無数の人が文革で迫害され、死亡した。ごく少数の人を除いて、圧倒的多数の中国人は文革でさまざまな苦痛に遭遇した。まさかそれら一切が虚構の物語とされ、一笑に付され、抹殺されてしまうのか？　だが、彼らの公式アカウントは始まってすぐに消えてしまった。

二〇一四年、『文革受難者』が初めて中国の新聞紙上に掲載された。しかし、否定的な取り上げ方で、しかも一言しか書かれていなかった。二〇一四年三月一三日、中国で最も広く発行されている刊行物のひとつ『南方週末』が四面にわたる記事を掲載したのだ。主な内容は宋彬彬へのインタビューである。文中、私の名前と『文革受難者』が取り上げられた。『南方週末』には本の内容紹介もなければ、出版社、出版場所の説明もなく、また論評を加えることもなく、この本は「事実を歪曲している」と言い立てた。どんな事実を「歪曲」したというのか。彼らは述べていないが、実は言い出せないのである。

「浩劫〔災難〕」「動乱」「模索」

二〇一六年、アメリカで『Denial』〔邦題「否定と肯定」〕という映画が公開された。これは物語ではあるが、登場人物と出来事は真実だ。映画の主人公はアメリカのエモリー（Emory）大学歴史教授デボラ・リップシュタット（Deborah E. Lipstadt）。彼女は書物でナチス・ドイツによるユダヤ人大虐殺否定者に反論した。一九九六年、被告となった彼女はイギリスの法廷に立ち、裁判に勝った。このニュースは世界の新聞紙面のトップニュースとなった。この映画とリップシュタット教授の本から、私は暴力的迫害の「否定者」は、とっくの昔から存在していたことを知った。例えばヒトラーの強制収容所のユダヤ人の娘『アンネの日記』も、かつては虚構の物語だと言われた。小説『風と共に去りぬ』と同じであると。

おそらく私は阿Qのように問題を考えなければならない。別人が堪え得るなら私も耐え得ると。二〇一八年秋、中国教育部は新しい中学の歴史教科書（八年級用）〔日本の中学二年に相当〕を出版した。旧版には文革についての章があり、「動乱と災難」という見出しがあった。新版ではこの章と見出しが削除されている。旧版には「毛沢東同志は、党中央から修正主義が生じ、党と国家は資本主義復活の危険に直面していると誤って認識していた」とあるが、新版では「誤って」が削除された（「誤って」は中国共産党が一九八一年の『建国以来の党の若干の歴史問題についての決議』のなかで使われたものだ）。新版のなかで文革の原因は「模索するなかでの回り道」となっている。

鄧小平の時代に最も多く使われたのは「十年浩劫」であるが、実はこれは不正確な言い方だ。「劫」とは災難の意味だが、一種の神秘的な逃れようのない災難を意味する。例えば中国語には「在劫難逃」（運命として定まっている災難からは逃れられない）という言葉がある。だが文革は人為的に発動され、指導されてきたものであり、宿命の意味はない。四〇年が過ぎ、権力者当局は文革の叙述用語を少しずつ改変している。「浩劫」、「動乱」から「模索」へと。文革の災難はますます軽くみられ、マイナス面の意義がますます浅いものになっている。このような改変は憂慮すべきものだ。

『一九八四年』は言う。「現在をコントロールする者は過去をコントロールし、過去をコントロールする者は未来をコントロールする」と。この言葉は元々寓話の形をとった警めであるが、現在においては現実的なものに変わってきているようだ。これが、私が四〇年にわたり「文革の歴史の歴史」を書いてきた主たる原因なのである。

（二〇一九年二月三月六日記）

第一部

毛沢東時代の政治運動における受難総論

王友琴

訳者・土屋紀義

第一章　テーマと方法

(1)「毛沢東時代の政治運動と受難総論」(小林一美氏が私に提起した課題)

私が文革について書いた最初の本は『文革受難者』(註一)という書名であった。この書名から、一見してこの本の中心人物が誰で、主要内容が何かということがはっきりとわかる。私はこの本の序説で、一歩踏み込んだ自分の観点を示した。他人を迫害することが「プロレタリア文化大革命」(以下、略称「文革」を用いる)の主要な場面であったから、「文革」の歴史叙述は、必然的にその被害者を中心的な位置にすえることになる、と。

ありがたいことに、日本の小林一美氏は、私の受難者伝の中の数人を翻訳・紹介しただけでなく、自らもう一冊の「姉妹編」とも言える本の編集を開始し、毛沢東時代の「受難史」全体を問題にしてくださるという。氏はこの「姉妹編」のために、私に、一篇の「毛沢東時代の政治運動における受難　総論」という論文を書くように提案された。これはまた、記述の主題が、文革の受難者から文革の前の何回もの政治運動(註二)の受難者に拡大されることを意味する。

註一　香港、開放雑誌出版社、二〇〇四。此の本で列記された「受難者」は、迫害されて死亡した者だけを指している。『オックスフォード英語辞典』"victim"という語の定義は比較的広く、死者を含むだけではなく傷害を受けた人も含む。この二つの定義にはいずれも理がある。亡くなった受難者の範囲ははっきりしているが、『オックスフォード英語辞典』の定義は、より広く全面的に被害を受けた人を記述することができる。ここでは、「政治運動」で迫害されて亡くなった人を記述し、傷害は受けたが生き残った人についても記述した。理由の一つは、死んだ人はもはや口を開いて自分の受けた仕打ちを語ることはできないが、幸いにして生き残った者だけにそれが可能であるからである。victim: a person harmed, injured, or killed as a result of a crime, accident, or other event or action–Oxford Dictionary of English 3rd ed.

註二　毛沢東時代には全部で五五の「政治運動」があった。付録一を見られたい。中国の一九四九年以後の社会史は政治運動史であるという見解もある。

【付録一：建国前後から文革終了の一九七六年まで合計55回の政治運動】

1　「土地改革運動」（一九四七～一九五二）
2　「鎮圧反革命運動」（一九五〇・一〇～一九五一・一〇）
3　「抗米援朝運動」（一九五〇・一〇～一九五一・七）
4　「第一次整風運動」（一九五〇・五～一九五一）
5　「連隊民主運動」（一九五〇・九～一九五二）
6　「忠誠老実政治自覚運動」（一九五一・五～一九五二）
7　「清理中層運動」（一九五一・八～一九五二・一〇）
8　「〝武訓伝〟批判運動」（一九五一・五～一九五二）
9　「三自革新学習与教会民主改革運動」（一九五一・四～一九五四）
10　「農業生産互助合作運動」（一九五一・九～一九五六）
11　「民主改革運動」（一九五一・九～一九五三）
12　「文化教育戦線和知識分子思想改造運動」（一九五一・九～一九五二・一〇）
13　「愛国増産節約運動」（一九五一・一〇～一九五二）

14 「三反運動」（一九五一・一二〜一九五二・一〇）
15 「文学芸術界整風学習運動」（一九五一・一二〜一九五二）
16 「五反運動」（一九五二・一〜一九五二・一〇）
17 「反対違法乱紀運動」（一九五三・一〜一九五四）
18 「改造私営企業公私合営運動」（一九五四・九〜一九五五）
19 「〝胡適〟思想批判運動」（一九五四・一〇〜一九五五）
20 「粛清〝胡風〟反革命運動」（一九五五・一〜一九五六）
21 「増産節約運動」（一九五七）
22 「粛清反革命運動」（一九五五・七〜一九五七）
23 「整風運動」（一九五七・四〜一九五七・六）
24 「反右派運動」（一九五七・六〜一九五八・五）
25 「農村社会主義教育運動」（一九五七・八〜一九五八）
26 「批判〝馬寅初〟人口論運動」（一九五七）
27 「大躍進運動」（一九五八・五〜一九六〇）
28 「放衛星運動」（一九五八）
29 「除四害運動」（一九五八）
30 「抜白旗運動」（一九五八）
31 「人民公社運動」（一九五八・七〜一九五八・一〇）
32 「全民大煉鋼鉄運動」（一九五八・八〜一九六〇）
33 「反対右傾思想運動」（一九五九・七〜一九六〇）

34「反瞞産私分運動」（一九六〇）
35「整風整社運動」（別名「農村三反運動」）（一九六〇・五～一九六一）
36「軍隊〝両憶三査〟運動」（一九六〇・一〇～一九六一）
37「〝四清〟運動」（農村では、「社会主義教育運動」と呼称）（一九六三・二～一九六六）
38「学習〝雷鋒〟運動」（一九六三・三・五開始）
39「憶苦思甜《写三史》運動」（一九六三～一九六四）
40「工業学大慶運動」（一九六四・一・二五開始）
41「農業学大寨運動」（一九六四・二～一九六七）
42「文化大革命運動」（一九六六・五・一六～一九七六）
43「紅衛兵運動」（一九六六）・「奪権風冒」（一九六七）
44「三支両軍（支左・支工・支農・軍管・軍訓）運動」（一九六七）
45「三忠于、四無限運動」（一九六八）
46「上山下郷運動」（一九六八・一二～一九七八・一〇）
47「学〝紅宝書〟運動」（一九六九）
48「全民挖防空洞運動」（「全国民が防空壕を掘る運動」）（一九六九・八～一九七〇）
49「一打三反運動」（一九七〇・一～一九七二）
50「清査〝五一六〟運動」（一九七〇・三～一九七一）
51「批陳（伯達）整風運動」（一九七〇・一一～一九七一）
52「批林（彪）運動」（一九七一・一二～一九七二）
53「批林（彪）批孔（子）運動」（一九七一・一～一九七五）

54 「開展対〝水滸〟評論運動」（一九七五・八～一九七六）
55 「批鄧（小平）反撃右傾翻案風運動」（一九七五・一一～一九七七）

（二〇一八年Internet上の記録より）

小林氏が提案されたテーマ「毛沢東時代の政治運動総論」を眺めて、私は、これは非常に有意義かつ重要なテーマであり、かつて念頭には浮かんだものの、実際には著述には取り掛からなかった題目であることを理解した。これまで、この題目の著述に取り掛からなかったのは、主としてこの仕事は相対的に規模がかなり大きく、自分にこの主題に取り掛かる準備がまだ不足していることを自覚していたからである。材料の収集においても、思索を重ねることにおいてもそうであった。しかし、熟慮の末、私は、小林氏が提案されたこの仕事を引き受けることにした。このように決意したのには次のような理由もある。私は、誰か別の人がこの題目で書いているかどうか記憶になかった。他の人と比べて、私は結局のところ、受難者に関して相当多くの調査と著述をしており、それらのなかには、文革の受難者だけではなく、文革以前の受難者についてのものもあった。しかし、今回の「受難者総論」についての比較的全面的な論述は、私について言えばやはり極めて挑戦的任務ではある。

（2）「百万」或いは「千万」で数える「受難者」への集団的迫害・殺戮

毛沢東時代の受難者の数字は「百万」、いや極端に言えば「千万」の単位で数えねばならないものである。活字メディアやインターネット上では、かつて、ある言説が流されていた。スターリンは「一人の死は一つの悲劇であるが、百万人の死は一個の統計数字にすぎない」と言ったというものである。

私はこの件について若干研究し、かつこの言葉はスターリンが言ったものではないことがわかった。この話は、実はある種の風刺であり、ある現象を批判する意味が込められていたのであり、人類がこれまでに経験した特別大規模な災難と人間の個々の死はないがしろにされ、深く研究する必要のない茫漠とした事柄だとみなされてしまうことにむけられている。このような言説は、主にスターリンの大粛清への批判に用いられてきた。しかし、スターリンの暴挙は途方もない数の人間の死をもたらしたのだが、これまで実に多くの人々や歴史学者から無視されてきた。

スターリンは、間違いなく百万人単位の人間を殺した。私は、二〇〇四年、ロシアで作成された二枚の光ディスクを持っているが、それには一三四万五七九六人のスターリンに殺害された人々の氏名が入力されている。しかし、スターリン自身は、公然とこのような残酷で思慮のない政治小話によって百万人の死について語ろうとするようなことはなかったようである。彼にはまだ憚るところがあったのであろうか？　彼は、大量殺戮は行ったが、そんなことは言わなかった。

しかし、中国では、毛沢東は得意満面の口調で百万人の殺戮について語ったのである。一九五九年八月一一日、中国共産党第八回中央委員会第八回全体会議（「廬山会議」）において、彼は「反革命分子百万人を殺した、……六億何千万人かの内この百万人強を抹殺しても、自分としては、こんなことは万歳を叫ばねばならないことと考える」と言った。（註三）

註三　李鋭『廬山会議実録』河南人民出版社、一九九八年、第三版、三〇二頁。この話を記録した李鋭は、当時、毛沢東の秘書であった。一九五九年の廬山会議において、毛沢東は、「人民公社」と「大躍進運動」によってもたらされた大飢饉にたいする批判を行った国防部長彭徳懐を粛清した。李鋭はこの会議の後その地位を失い、農場に送られて、懲罰的な「労働改造」を受けた。文革の収束後、李鋭は「平反（名誉回復）」され、中国共産党中央組織部副部長の職にあった。

このたぐいの「百万人抹殺」という話しを、毛沢東は一度ならず語っている。同じ「廬山会議」において、彼は一九五六年のハンガリー動乱に言及した際、中国でハンガリー動乱が起こらなかったのは百万人強を抹殺したからだ、と言っている。毛沢東は明らかに、殺人を、政権を守るための有効な手段とみなしていたのである。

一九五六年、ハンガリーの人民は共産党政権に対して反乱を起こしたが、ソ連の軍隊派遣によって鎮圧された。毛沢東は、共産党の高いレベルの大会議において「百万人」の抹殺を持ち出した時、その口調は気軽なもので、なんらはばかるところなく、あまつさえある種の成果として称賛さえしたのであった。

一九四九年の毛沢東の政権奪取後の最初の「政治運動」は、「鎮圧反革命」であった。文革後に中国で公式に発表された資料によると、一九五〇年一二月から一九五二年に至る間に「各種反革命分子一二七万人を拘禁し、二三万人を監視下に置き、七一万人を極刑（死刑）に処した」（『中国昨天与今日、一八四〇～一九八七国情手冊』馬宇平・黄裕冲編写、解放軍出版社、一九八九年、七三七頁にみえる）。一九五九年以前の多くの政治運動において、わずかに「鎮圧反革命」運動だけでも、二〇〇万人以上を、殺し、拘禁し、監視下（一種の新しい懲罰方法）に置いたのである。

まことに皮肉なことに、この『中国昨天与今日、一八四〇～一九八九国情手冊』という本はまさしく「統計書」としての性格も備えている。しかしこれらの巨大な迫害の数字は一九八九年に至ってもほとんど人々に注目されていない。たしかに、誤ってスターリンが言ったとされた「一人の死は悲劇であるが、百万人の死は単なる統計数字である」という言葉通りである。百万人の死は「統計数字」にすぎなく、中国語の文献資料には誹るようなニュアンスはなく、むしろ一種の写実的な記述となっている。

同じく、この統計書的な書物『昨天与今日』には、さらにつぎのような記載がある。一九五五年の全国的な「粛清反革命分子運動」において、「重大反革命分子一〇万人以上」、「一般反革命分子六・五万人」を摘発した、とある。「鎮圧反革命運動」のすぐ後につづいた「土改運動」においては、村ごとに少なくとも一人の地主を殺したので、大部分の学者は、死亡した人の数が二〇〇〇万人から五〇〇〇万人であったと考えている。（英文版 The Black Book of Communism:Crimes, Terror, Repression , 1999, edited by Stephane Courtois.『共産主義黒書：犯罪、テロ、抑圧』ステファヌ・クルトア編、英語版四七九頁）。（ステファヌ・クルトア、ニコラ・ヴェルト著、外川継男訳『共産主義黒書』筑摩書房、二〇一六、ちくま学芸文庫）

「千万」の単位でかぞえることのできる受難者は、一九五九年から一九六二年にかけての大飢饉で餓死した人達である。大飢饉は、一九五八年にはじまった「大躍進」運動と「人民公社化」運動の直接の結果であった。大飢饉で餓死した人々の数については、比較的公式の数字でも一〇〇〇万人強である。二〇一一年に出版された『中国共産党史』第二巻（一九四九～一九七八）は、初めて一九六〇年の人口が一〇〇〇万人減少したことを認めた。中国国家統計局のデータでは、一九五八年から一九六二年までの中国で非正常な死に至った者は、一六〇〇万人である。ある著者は「三五〇〇万人」であったと見なしている（楊継縄『墓碑』二〇〇八年）。Frank Dikötter の英文の書 "Mao's Great Famine" 二〇一〇年刊（この邦訳書、フランク・ディケター著、中川治子訳『毛の大飢饉：史上最悲惨で破壊的な人災一九五八～一九六二』草思社、二〇一一・八）では「四五〇〇万人」とされている。「三五〇〇万人」という数字は、何年か前に北京当局の刊行物で批判されている。実際のところ、我々がこの論争によって知りうるのは、餓えによって死んだ人の数字の違いが依然として「千万人」単位のものであり、少なく見積もっても「一〇〇〇万人」強であるということである(「一〇〇〇万人」というのはわずか一年での数字である)。まことに巨大な数字ではあるまいか。一人一人の死はすべて悲劇であるが、何百万、何千万という人の死と何百人、何十人の人の死とでは巨大な違いがある。

文革は、全中国人が毛沢東によって動員された一〇年の長さに及ぶ「政治運動」であるが、現在に至っても依然として、毛沢東に動員されてこの「運動」に参加した人数の多さのゆえに、感激して称賛する人がある。この手の連中は、この運動で殺された受難者に絶対に言及することがない。鄧小平は、イタリアのジャーナリストのファラチ（訳者：原文「法拉奇」）の文革での死者の数という問いに答えて「永遠に統計データを集めても不十分である、というのは死の原因が各種各様であり、中国はあまりにも広大であり、要するに莫大な数の人が死んだということなのだ」と言った（一九八〇年八月二一日）。実際には、彼は文革中の死者の人数をまともに数える意思がなかったのだ。

非常に明白なことは、「百万」、「千万」単位の数の死者は、さらになんらかの基準によってそれぞれのグループにまとめられたうえで——たとえば、「地主・資本家・歴史反革命・現行反革命・右派分子・反動学術権威」等々と攻撃され、迫害され、死に至ったのである。当然それらは、「集団的迫害」、「集団的殺戮」と呼ばれるべきであり、それも巨大な「集団」、群を抜いて巨大な「集団」である。（註四）

註四：このたぐいの大規模な迫害の性質と発生については、"A Problem from Hell: America and the Age of Genocide" by Samantha Power, 2002（サマンサ　パワー著　星野尚美訳『集団人間破壊の時代：平和維持活動の現実と市民の役割』ミネルヴァ書房、二〇一〇・一）が参考になる。本書は、「種族絶滅」ということばとその展開についての詳細な論述で、二〇〇三年のノンフィクション部門のピューリッツァー賞を受賞した。私は「種族絶滅」は「集団的迫害と殺戮」の一種であると考える。

受難者は、例外的な、あるいはごく少数の人ではない。それゆえ「冤罪誤審」などと単純に表現することなど絶対にできない。ちなみに、この表現は、文革収束後間もなくの何年間かに鄧小平と胡耀邦が受難者にかかわる裁判について用いたものである。そもそも「冤罪誤審」というものは、正常な状態の司法において出現しうるものである。一人一人の死が悲劇であるとはいっても、何百万人、何千万人の死は、何百人、何十人の死とはきわめて大きな違いがある。

しかし、このように巨大な数字の受難者には、現代の歴史記述の中に占める場所がないのである。我々は、受難者の氏名も知らなければ、受難者の正確な数も知らないのである。我々は、彼らが受けた仕打ちについて極くわずかしか知らないし、関心もなく、まして了解など言うもおろかであり、ましてや因果と是非について研究したこともない。私が書いた『文革受難者』が、現在のところ、これまでに出版された唯一の受難者に関する専著であるが、そこでは、わずかに六五九人の受難者について語られているにすぎない。私は、"Find a Place for the Victims: The Problem in Writing the History of the Cultural Revolution"（『受難者に占めるべき位置を与えよ：文革の歴史叙述における問題点』）と題する文章を書いて次の諸点を指摘した。文革の受難者が当事者から排除されている結果、文革の歴史について事実の歪曲と解釈の誤りがもたらされたこと。とりわけ犯罪を失敗といいくるめ、さらには受難者について書くことを禁止するのは、このようなごまかしを有効にするためであることと等々。

この文章は、フランスのある学術刊行物のために書いたものである。効果と言う観点から見れば、何故長期にわたって、北京当局によって文革受難者を文革の歴史に書き記すことが禁止されてきたのか、を分析し解釈することにも一理はあるが、実際には、記述と解釈と言う視角からのみ受難者の問題を論ずるのでは、全く不十分である。現存の歴史書をざっと見渡したところ、少なからぬものが、かつてスターリンのものと誤り伝えられていた例のセリフの趣旨をまさしく実践していて、百万人の死という事実をわずかに一個の統計数字としてしまっているのである。こんなことは到底受け入れられない。受難者は見過ごされたまま放置されてはならない。受難者に注意を集中することは、歴史にかかわるのみならず、道徳と人類の共同生存の原理にかかわることなのである。後者の論点については、結語において再度言及するつもりである。

（3）「鳥の視野」と「虫の視野」——個々人の受難と集団的受難——

受難者の氏名とその履歴は、彼らが死亡した時、文字に記される可能性はほとんどなく、まして後の人々の調査に供することのできる文書記録に関しては言うまでもない。最も重要なことは、彼らの大部分が、法律による裁判の過程を経ていないことである。こんなことは、文明社会の誰でもが当然持つべき権利である。にもかかわらず、銃殺されたり、餓死させられたりしたこれらの人々は、彼ら自身で回想録を書くことが出来なかっただけではなく、文字記録によって彼らに言及する身内もほとんどいなかった。彼らが死亡した時、記録されることはなく、当今の歴史書にも、依然として彼らが占める場所は全くないのである。我々は、どのような方法によって、このような現状を変えることができるであろうか。

『文革受難者』を書いたとき、主要な資料源は、私が行った取材の聞き取りの記録である。私は一〇〇冊もの取材ノートを作った。当然、歴史記録資料をも収集したが、『文革受難者』に収めた六五九名の受難者を記述した時、主要な資料源は、私が行った取材の聞き取りの記録である。余英時教授が本書の序言を書いてくださったが、その文章において、孔子の所謂「文」と「献」、すなわち文字と口述の二種類の資料源によって、本書の研究方法を説明してくれた。（訳註：『論語・八佾』に「殷の礼は、吾れ能くこれを言えども、宋は徴とするに足らざるなり。文献、足らざるが故なり」とある。金谷訳「殷の礼についてもわたしは話すことができるが、（その子孫である）宋の国でも証拠が足りない。古記録も賢人も十分ではないからである。」ここの「賢人」すなわち「献」は、具体的には、伝統的に、賢人の口頭伝承と解されている。余英時はこれを踏まえている）

現代中国語では、「文・献」はすでに一つの単語になっており、文字の資料源を意味する。しかし、『論語』においては二つの単語からなっているのであって、それぞれ「文字」と「口述」の二種類の資料源を意味する。このような「文」と「献」の結合は、受難者について記述する際に、とりわけ必要であり、また手助けともなるのである。

私は、さらに次のことについても語らねばならない。小林先生は、「鳥の視野」と「虫の視野」の二種類の視野のことを提示しているが、これは、この文章についても非常に重要なことである。復旦大学における「歴史学を学ぶことの意義について」と題する講演において、小林先生は、歴史学者は二つの視野を備える必要がある。すなわち「鳥の視野」と「虫の視野」である、と指摘された。私は、これをこう理解する。後者は近距離からの詳細な観察と分析を意味し、前者は高い位置からの全面的な事実の把握を意味する。この文章の主題について言うと、両者を結合して用いる必要がある

毛沢東時代の二七年間に起こった迫害と受難についていては、虫の視野がないと、受難者の集団は我々の目には曖昧模糊とし、幻にすらされかねない。文革を例にすると、毛沢東による何回もの政治運動の中で、最後に出現した文革が我々に最も近いものであるが、具体的な被害の記録が乏しいために、この一〇年来、文革の暴力と迫害を否定する動きが激しさの度を加えてきている。極端な場合、これらの惨劇はでっちあげの「物語」であると言いつのる者すらある。

もう一方で、鳥の視野がなければ、我々には社会全体の中であれこれの大小の集団が受けた迫害と攻撃をはっきりと見極める手段がない。その結果、迫害の全体像を理解することが困難になり、また迫害の動機と目的を誤解することにもなりかねない。

要するに、この文章で鳥の視野と虫の視野を結合して用いることに努めた主たる目的は、受難者を単なる統計数字に落とし込めて、「百万」単位の無名氏のなかに埋没させてしまわないことにある。この文章は、一篇の文章に過ぎず、一冊の書物ではないが、私はできる限り細部に目を配り、とりわけできる限り具体的な人名を書きだした。

もう一方では、個人の酷い体験の細部だけに意を注ぎ、彼等の死をもたらした大状況を曖昧にすることをも避

けた。彼等の死は、一系列の「政治運動」がつくりだしたもので、これらの「運動」には方向と段取りがあり、理論もあって地震や台風のような、人類がコントロールできないような大規模な自然災害によってもたらされたのではないのである。

同時に、鳥の視野と虫の視野は歴史研究と地図の作成においては別物であり、鳥瞰ということは歴史研究においては一個の比喩であり、ある高さから一つの三次元空間を見おろすようなものではない。鳥の視野は歴史の観察に四次元――すなわち時間――を加えて、我々が受難発生のいきさつ、受難者の拡大と変化、及び迫害の仕組みや迫害の理屈の展開などを見て取ることが出来るようにしてくれるのである。

「付録一」に列挙した毛沢東時代に行われた大小の「政治運動」は、五五件である。「運動」は毛の「革命」の具体的な実行過程である。一九四九年以後の中国社会史は、政治運動史であるという議論があるが、これは決して誇張ではない。五五件の「政治運動」の中でも規模の大きさ時間の長さ、さらに結果の深刻さにおいて特筆すべき運動には、以下の運動がある。「反革命鎮圧運動、土地改革、三反五反運動、知識分子思想改造運動、潜行反革命分子粛清運動、反右派闘争、大躍進と人民公社、反右傾闘争、四清運動、文化大革命」である。

この論文では、受難者が特別多かった六つの大集団について叙述することにする。

一　「前政権（国民党の中華民国政府）と関係のあった者」：〝鎮圧反革命運動〟
二　「資産を有する地主と資本家」：〝土地改革〟と〝社会主義改造運動〟
三　「教育程度が比較的高い知識分子」：〝反右派運動〟と〝文化大革命〟
四　「餓死させられた農民」：〝人民公社化運動〟
五　「粛清された共産党幹部」：〝文化大革命〟
六　「農村に送り込まれた都市の青年」：一部分の知識青年の〝上山下郷運動〟

また、これ以外にも、人数が相対的に少ない集団、宗教を信ずる人々にも言及する必要があると思っている。

この文章では、順序をおって上記の、六つの大集団について記述する。記述の中で、私は迫害の仕組みを描くことを試みた、すなわち歴史上かつてない罪名を決めて懲罰の「理由」としたほか、人口比によって受難者を捕らえ、あらゆる場面で用いられた「中国の特色」をそなえた「吊るし上げ集会」や「牛棚（訳註：粗末な牛小屋の意、文革期の強制収容施設）」等々である。

第二章　迫害が特に多かった六つの集団

■第一の大集団：「前政権（中華民国政府）と関係のあった人」

――政治運動の名称：「鎮圧反革命」（一九五〇～一九五二）、「粛清反革命」（一九五五～一九五六）。迫害の仕組み：百分比によって人を殺す――

一九九〇年、中国当局は「反革命罪」をなくして「国家転覆罪」に変えたが、「反革命罪」は、それまでの三〇年間、中国で最も重大な犯罪であった。

「反革命罪」は一九五〇年の年末から開始された「鎮圧反革命運動」に端を発する。上文で当局の統計書的性格を持つ本の数字を引用したが、「鎮圧反革命運動」では七一万人を殺した。すなわち「各種反革命分子一二七万人を拘禁し、二三万人を監視下に置き、七一万人を極刑（死刑）に処した」のである。「反革命」という三文字からなる新たな罪名は、かくも膨大な数字の死者をもたらしたのであった。その上、この新しい罪名は以後の政治運動においても再三用いられた。一九七〇年一月、文革中に「派生的に生まれた」、「反革命に打撃を与える」と称される運動では、「歴史反革命」、「現行反革命」という新しい複合詞が、当初よりはるかに多くの人々にかぶせられた。

一九五一年五月二三日、北京の『新民報』（註五）のトップニュースの大見出しは「北京で五〇五名の反革命犯罪者に判決下る」であり、次の大見出しは「何万もの人々が銃殺の判決が下るのを争って傍聴し、皆が、きちんと銃殺しろと言った」という見出しであった。

註五：『新民報』は当時個人経営の新聞であった。この頃、この新聞は政府と良好な関係にあり、新聞社の代表者は北京市政治協商会議の委員であった。一九五七年、この人物は「右派分子」とされ、『新民報』は停刊させられた。一九五七年以降、中国には個人が経営する新聞はなくなった。

同じくこの新聞の一面に掲載されている「中国人民解放軍北京市軍事管制委員会軍法処布告」には、判決の下った五〇五名の「反革命分子」のうち、「死刑と決定し、即時刑を執行する者二二一名」、「死刑と判決するも二年間刑の執行を猶予する者四七名」、「無期懲役にする者九名」、この外「二〇九人が有期懲役、一九人が保証人を立てて保釈」とある。（註六）

註六：「付録二」を参照されたい。

「反革命罪」の判決が下った人々のリストは、この日の『新民報』の二～九版に載っている。八頁の紙面があるにもかかわらず、人数があまりにも多いために、現実にはその一人一人について用いられる字数は非常に少なく、記述は極めて簡単なものである。

同じ新聞報道の中で、「五〇五名に判決が下った」と書かれ、「何万人もの人々が、銃殺の判決が下るのを傍聴し、皆が、きちんと銃殺しろと言った」と書かれている。これは、「死刑判決が下ると、ただちに執行される」ことになっていたからである。死刑の判決が下った人々には「上訴」する権利が与えられなかった（この方法は、後に一度改められたが、文革の際の一九七〇年一月に正式に始まった「打撃反革命活動運動」で、再度党中央の文書に書き込まれ即時に実施された）。『新民報』のこの号の記事には、また二二一名は、すでに前日すなわち五月二二日に、各地の刑場で銃殺刑に処せられたともある。新聞記事では、天橋刑場について比較的多くの字数が割かれている。（天橋は北京市内の比較的下層の人々が住んでいることで有名な地区であった）

「鎮圧反革命運動」の主要な攻撃対象は、前政権と関係のあった人達である。たとえば、ある文章に次のようにある。「貴州省の国民党統治末期の八一の県の県長の中で、国民政府に反旗を翻して共産軍に寝返った人、共産党に投降した者、或いは共産軍の捕虜になった後に釈放された者、その差異を問わず、大多数のものはすでに処置済みになっており、甚だしい場合には、新政府で職務を配分されていた者もいた。ところが、この鎮圧反革命運動の時、各地方政府には中央から処刑すべき人数が命令されてきたため、その数字を達成しなければならなくなり、全員を反革命分子として処刑してしまった」。（註七）

註七：楊奎松『新中国鎮反運動始末』（『史学月刊』二〇〇六年（一）頁四五–六一）

私（王友琴）が聞き取り調査をした時、ある人のところで、つぎのような話がでてきた。彼女によると、彼女の叔母の夫は、故郷の小学校長にすぎなかったが、銃殺刑に処せられた。その理由は、この県立小学校の校長は前国民党政権の一定ランクの幹部に相当したからだという。また聞き取りをした別の人はこう語った。彼の父親は国民政府軍のある部隊の軍医であった。この部隊は、共産党員の説得を受け入れて国民政府に叛旗をひるがえし、さらに叛旗をひるがえしたことを証明する文書も持っていた。しかし「鎮圧反革命運動」の際に、父親の戦友の多くが銃殺刑に処せられた。その中には「台児庄戦役」（訳註：一九三八年三月から四月にかけて、山東省台児庄付近で行われ、台児庄を攻略しようとした日本軍が中国国民政府軍に包囲されて撤退した戦い）の「決死隊長」であった池鳳成も入っていた。こう話した彼の父親は、医師であったために運よく助かった、とのことだった。

有名な小説家老舎（本名、舒舎予）は、一九六六年八月二三日、紅衛兵による激しい殴打を受けた後、二四日に北京で池に身投げして亡くなった。老舎は一九五一年の『人民文学』（中国最高の文学雑誌）一〇月号に「新社会は一つの大学である」という文章を書いた。彼が書いたのは、天橋で行われた「天橋で告発し銃殺刑に処する」民衆大会に参加した感想であった。『新民報』によれば、一九五一年五月一六日にも、天橋で処刑が行われているので、老舎が参加したのが、先に記した新聞報道にある五月二三日のものなのかどうかを知る手立てがない。

老舎が文中で語っているのは、上記の大会において、「文雅この上ない」文人が、どのようにして、他の人々と一緒になって狂ったように「やっちまえ、やっちまえ」と叫ぶようになっていったかということである。殺されることになる「反革命」の罪行について、老舎はただ一つしか書いていない。ある老人が、この「反革命」の野郎が彼の油餅《ヨウピン》を三〇年間ただ食いしたと告発した。油餅は、北京の庶民の日常の朝食の一種で決して高価なものではない。「油餅を三〇年間ただ食い」したことがどうして「反革命」となるのか？　また、どうして死刑の根拠となりうるのか？　その上、この人情・世故のわかる小説家が、どうして疑問を提示しなかったのであろうか？

「鎮圧反革命運動」で七一万人が殺されたことは、その数字の大きさが戦争での損害のようであるが、これは戦争中の軍隊と軍隊の交戦による殺人ではない。これ以外に、実際、人を震撼させるのは数字の大きさだけではなく、この大きな数字がどのようにして確定されたのかということである。『当代中国重大事件実録』（北京、華齢出版社、一九九三、二二七頁）に、以下のようなくだりがある。

> 一九五一年五月一〇日から一六日に至り、「第三回全国公安会議」が北京で召集された。会議は公安部長羅瑞卿の報告と毛沢東主席の指示に基づき、一五日に「第三回全国公安会議決議」を承認し、中国共産党中央の批准を経て、中共中央の各局及び省・市・区の党委員会に発布された。この「第三回全国公安会議決議」中で、「各種反革命分子の数字は、一定の比率以内にとどめねばならない。農村では一般に人口の一％を超えてはならない。都市においては、〇・五％とする。党政軍及び文教、工商、宗教ならびに各民主党派については、各人民団体内部で処理して、死刑の決定を下すべき反革命分子は、一般に一〇分の一、二を処分することを原則とする」という。（前注所引書同頁）

このことは、後に『毛沢東選集第五巻』（一九七七年初版）四〇頁にも出ているが、わずかに「農村では一般に人口の一％を超えてはならない。都市においては〇・五％を目途とする」という文言が抜けているだけである。

その二六年後、『毛沢東選集第五巻』の編集者は、「殺伐の気」があまりにも露骨なために、これらの殺人の百分比を削除している。しかし、依然として、「一定の比率」というような、やはり人を愕然とさせる表現を残しているのである。

人口の一%、〇・五%というのは巨大な数字である。実際、七一万人という数字だけでも当時の人口の一〇〇〇分の一を超えている。その上、銃殺刑に処せられた人の圧倒的多数は成年男子であり、総人口から子供・女性を除くと、成年男子中の銃殺刑に処せられた者の比率は、一〇〇〇分の一よりはるかに高くなる。

しかし、一〇年後（一九八七）に出版が始まった全一三巻からなる、『建国以来毛沢東文稿』（中共中央文献研究室編集、中央文献出版社）には、毛沢東の「鎮圧反革命」に関する一〇二件の電報が収録されている。毛沢東は殺人の比率を定めただけでなく、各地域で殺害しなければならない人数の算定の手助けさえしている。一九五一年四月三〇日、彼は、各地の大局（当時、省と中央の間に「大局」というものがあった。いくつかの省を一つの「大局」とした。「西南局、中南局、華東局」等々と称した）に発信した電報で、次のように言っている。（第二冊、頁二六七の「転発西南局関于鎮反問題給川北区党委的批語」）

「貴州省党委員会は、一〇〇〇分の三を殺すことを要求しているが、自分は多すぎると感じる。自分はこう考える。たとえ一〇〇〇分の一を超えることができるとしても、過大であってはならず、一般的に一〇〇〇分の二を基準とすると定めたりしてはならぬ。……例えば、西南区ではさらに六万人の殺害を準備しているが、三万人前後は殺して民衆の憤激を鎮める。残りの三万人前後は、各省に責任を分担して生産に集中させる方がよい。仮に（処罰すべき人を）人口の一〇〇〇分の〇・五で計算すると、西南、中南、華東の三地区で一五万人以上となり、これは巨大な生産力である。貴州省党委員会が、一〇〇〇分の三を殺さなければ正確で容赦なくという原則に合致しないと考えるのであれば、次のようにすればよい。貴州省委員会は人口一〇〇〇万人の内、すでに一万三〇〇〇人を殺している。しかし、当委員会は更に二万二〇〇〇人から二万五〇〇〇人を殺すことを要求している。我々は、後一万人余を殺し、一万人は殺さないで残しておくほうがよいだろうと思う」。

このように殺人の比率と数字は、先に決めた殺人計画であり、事後の統計ではない。また、下記のような報告文や通達文の書きぶりから、このような大規模な殺人は、決して受け身による行動ではなく、また状況がはっきりしないために過剰に反応したものでもなく、自ら積極的にやったことがわかる。上掲の『建国以来毛沢東文稿』には、毛沢東の北京、天津、上海等の殺人計画に対する回答が載っている。天津に対する回答で、毛は次のように回答している。「天津市の計画では、今年中に、一五〇〇人（既に一五〇人は殺した）殺す準備をしている。四月末以前に先ず五〇〇人を殺す、と。この計画は正しい」（頁一六八、天津市委黄敬への回答）。上海への回答では「上海市委の反革命鎮圧計画に同意する。この計画は、段取り、時間、処刑・拘留・管理等々の数字、準備が、これまでに比べて大いに進歩している」と述べている。（頁一九二。上海市委饒漱石への電報）

このようにあらかじめ比率と数字を決めて人を殺すというやりかたは、法に違反する。

法律によって法を犯した者を懲罰するのであり、権力者の必要によって人を懲罰するものではない。このようなことは、中国の歴史において、それまで起こったことがない。ところが、これ以後の一連の「政治運動」において、このようなやり方が正々堂々と何の疑問も投げかけられることもなく続いてきたのである。

一九五二年には、「知識分子思想改造運動」が行われた。一九五二年五月、中国共産党中央は、「高等学校（訳註：日本では大学・高専に相当する）に於けるブルジョア階級思想批判運動の遂行と中間層整頓工作の準備に関する指示」を出して、次のように述べている。

「北京と上海の両地区での経験によると、この度の運動において、六〇から七〇％の教師は、適当な自己点検の後に速やかな関門通過が可能であり、またかくあるべきである。一二から二五％の教師は、適当な批判を経て合格とすべきである。一三％前後の教師は、繰り返し批判し繰り返し自己点検した後に合格させる。しかし、二％前後の教師は合格不可能であり、適当な処分が必要である。このような比率がおおむね適切である」。

一九五五年から「粛清反革命運動」が行われた。この運動の指導的文書の一つが、「中央の十人小委員会の、反革命分子及びその他の腐敗分子の定義と処理に係わる政策に関する暫定規定」と題するものである。この「規定」にはっきりと記されている発布日は、一九五六年三月一〇日である。この「規定」のなかで、すべての「反革命分子」と定義しうる区分が列記されている以外に、「極端に悪質な腐敗堕落分子。これらの者は、五％前後の不良分子のなかには数えるにはおよばず、過去の履歴について審査を受ける者の中に入れて処理するものとする」という一条がある。この規定は、きわめてはっきりと各単位（訳註：中央・地方の政府機関の部門、学校、工商業の事業所等々。都市民の多くは、各「単位」に所属させられ、全生活を管理された）毎に、全所属員の五％を攻撃対象にするという、予め決められた数字があったことを、側面から証明している。

私（王友琴）の聴き取りに応じてくれた「粛清反革命運動」に参加した体験者は、当時、各単位すべてに「五人小委員会」ができていて「粛清反革命運動」を指揮した。彼らは必ず「反革命分子五％」の数字を達成しなければならず、必死になって人々を威圧し強迫し、十分な数の「反革命分子」を見つけ出さねばならなかった。ここには上部の指導機関からの圧力があり、また、単位の中にも、この機会に乗じて「積極性を売り込み」手柄を立て利得に与かることも可能な若干の人々がいたからであった、と語った。

もう一つの例が、中国共産党中央が発した文書「中発（六三）四九六号」の「中国共産党中央・国務院の、大学の今期卒業生中の政治的に反動な学生の処理に関する通知」（一九六三年七月二三日）である。その第五条に次のようにある。

第五条、これらの政治的に反動な、今期卒業生を批判処分する際の、対象人数の調整・批准の権限、及び批判処分を行う権限について――

一　批判処分を行う政治的に反動な学生の数は、厳格に一〇〇〇分の二前後に調節しなければならない。

このように比率によって殺害したり懲罰したりする人々の数を定めるというやり方は、「史に前例無き」もので「挙世無双」のものである。（「史無前例」「挙世無双」は、共に中国語では常用の成語である。歴史上にも世界上にもほとんどないもの、という意味である）

スターリンもまた、数字を使用して殺人計画を作った。PBS（訳註：Public Broadcasting Service 公共放送サービス。アメリカで会員数約三五九のテレビ放送局を有する非営利公共放送ネットワーク）が作成した記録映画『Red Flag（赤い旗）』に、タイプライターで打った各地区で殺害するべき人々（「第一類」と称される）と逮捕するべき人々（「第二類」と称される）の数字がはっきりと出ている。すべて三桁から四桁の数字である。記録映画の中には、スターリン自筆の簡単なメモが移っており、そこには「クラスノヤルスク地区の第一類の人数を六六〇〇名に増す」とある。（訳註：スターリンが、一九三七年七月一〇日付けで、粛清責任者フリノフスキー将軍に命じた、第一次「粛清命令書」の全数字は、第一次カテゴリー【銃殺対象者】、第二次カテゴリー【投獄者、ラーゲリ輸送者】、合わせて二五万九四五〇人。この数字を四ヵ月間に完遂せよ、と命じている。この一覧表は小林峻一・加藤昭共著『野坂参三の百年』（文藝春秋、一九九三年刊）の頁一八五に掲載されている。この一覧表は、日本人が直接ソ連時代の「極秘資料館」で発見した最初のものである。この表では、クラスノヤルスク地方は、第一カテゴリー七五〇、第二カテゴリー二五〇〇、合計三二五〇名となっている。王友琴女史の上記の六六〇〇名という数字との関係は、今のところ不明である）

スターリンのメモの紙片が人を震撼させるのは、彼が数字を決めて人を殺したという理由だけではなく、彼が殺す理由をでっちあげる手間もいとわなかったからである。彼は六六〇〇人の殺人の数字を書き記したのであるが、何故に七〇〇〇人でも六〇〇〇人でもないのか、ということには想いを致すことはなかった。

毛沢東のスターリンとの若干の違いは百分比を用いたことである。彼の殺そうとする人を百分比で決めるやり方は、スターリンが殺そうとする人を人数で決めるやり方と同じである。理解に難くないのは、毛沢東の百分比のやり方がスターリンの人数によるものに比べて扱いやすく効率もよかったということである。百分比によって人を殺害するやり方は、中国やロシアのような面積も広く人口も多い国では、よりバランスよく推進し制御することが出来、また恐怖を増すことが出来たのである。

「鎮圧反革命」の後の何十年か、継続して百分比を用いて日常の統治を実施した。一九六二年一月三〇日、毛沢東は「中央拡大工作会議における講話」の中で、「人民民主独裁が押さえつけなくてはならないのは、地主、富農、反革命分子、不良分子と反共右派分子である。反革命分子、不良分子と反共右派分子どもが代表している階級は、地主階級と反動的ブルジョア階級で、これらの階級と不良分子は全人口のおよそ一〇〇分の四から五を占めている。これらの者たちを、我々は強制的に改造しなくてはならない。彼らは人民民主独裁の対象なのである」と述べた。(註八)

註八：一九七八年七月一日の『人民日報』で公表された。すでに文革後のことである。

これらの百分比は、毛沢東の口からは短く気楽に出ているが中国のような大きな国について言うと、実際に狙いをつけた数字は巨大な集団である。これらの百分比によって殺傷される者の範囲は巨大であり、比類ない恐怖の百分比であった。

■第二の大集団：「資産の有る者――地主と商工業者」

――政治運動の名称：土地改革・公私合営運動（一九五〇～一九五六）。残酷な暴力で私有財産を剥奪する「吊るし上げ集会」――

「土地改革」が全国で大規模に行われたのは、一九五〇年から一九五三年である。その二三年後に毛沢東は死んだ。一九七九年、鄧小平は全ての地主に貼られた「帽子」（レッテル）を取り去ってやって、まだ生き残っていた地主・富農のレッテルをなくした。この二つの出来事が起きてから、すでに何年もたっているのだが、「地主の吊るし上げ」というゲームは、今でも依然として中国で最もはやっているトランプゲームの一つである。テレビゲームのプログラムでも、このトランプゲームのやり方を教えている。「地主の吊るし上げ」の中国での影響の大きさと、未だにこれがどんなに大きな問題であったかを、認識する者がいないことがわかるのである。

以下は、私の北京大学での先生であった欒黛雲（一九三一年～）の回想録の一部である。彼女は、一九四八年、北京大学に入学した。一九五一年一〇月、欒黛雲は「中南地区土改工作第一二団」に参加して、江西省吉安専区に行って「土地改革（略称、土改）」を行った。『文革受難者』中の受難者の一人である程賢策もこの「土改工作団」の責任者であった。二〇〇九年、私は欒黛雲と、彼女が参加した「土改」の経験とその際の道徳観念について語り合ったことがあり、これが、私の「土地改革」についての理解を比較的はっきりとさせてくれた。

私は、派遣されて四〇〇〇人以上の人口を擁する大きな村の工作組の組長となったが、当時まだ一九才に過ぎなかった。このような重大な任務のために、つねに、心の奥底では呆然とし、自信もなく、全身に悪寒が走ることすらあった。当時はまさに、大いに「和平土改」（穏やかに土地改革をやること）に反対するという際で、上級は、地主階級を地面にたたきつけ一万回も蹴りあげねばならぬ、それでようやく農民の解放が可能になるのだ、と指示した。我々の村では、すでに「工作マニュアル（手冊）」によって八人の地主を認定していたのだが、上級は、それでは徹底していないと考えた。我々を指揮していた一人のこの地区の副県長は、この村はもとは村役場（「村公所」）の所在地で、元来横暴な村長の「巣窟」なのだから容赦なくたたかなくてはならない、と再三指示した。彼は、我々知識分子の思想がはなはだ「右」で生ぬるく、中でも私は「女」で、もっともだめだ、

としばしば批判した。彼は、さしあたってやらなければならないことは、地主打倒の気勢を徹底し、あらためて「群衆を立ちあがらせる」ことだ、と繰り返し指示した。ついに、私のような「女組長」では全く役に立たないと考え、しまいには自ら出馬して、突然何人かの民兵を従えて我々の村に乗り込み、翌日集会を開き、八人の地主全員を現地で銃殺すると宣告した。私は、「工作マニュアル（手冊）」では極悪な罪を犯した横暴な地主だけ死刑に処すると規定していると抗弁した。彼は、「我々のような特殊な状況においては、このようにしなければ群衆は立ち上がらない」と言い、さらに「自分の階級的立場にしっかりと立て」と私を叱った。私は、言うべき言葉がなかった。翌日の集会に於いて、私は、何人もの婦人が悲しそうに涙を流しているのをまのあたりにしたが、前体制（国民政府）の時代に「散々苦労し、怨み深い」女性の主任でさえも、私の耳元で「あの人を殺すべきではない」とささやいた。彼女が口にしたのは、上海で裁縫をやって身を立てていた老人のことであった。彼は家族もなく、衣食を節約してわずかな金をかき集めて、故郷で土地を買い入れていたのだが、一九四九年という生死を分ける年に至って――「土地改革」は、この一九四九年の時点で占有する土地を基準としていたのであるが――彼の土地は折あしく「小土地を貸し出している者」が占有することのできる土地より、一〇余畝（訳註：一畝＝六六六・六七平方メートル）多い広さにまでになっていた。この裁縫職人はなんらの悪行もしておらず、むしろ常に故郷のために若干の善行を行っていたので、まっとうな百姓は誰もが彼のためにとりなしたのだが、我々は「規則に照らして処理する」しかなかった。我々は、初めて銃殺刑を目の前で実際に眺め、「三日間のさらしもの」にされた死体を見たのであった。（註九）

註九：樂黛雲『四院沙灘：六〇年北大生涯（一九四八～二〇〇八）』（北京大学出版社、二〇〇八）。英文書からの邦訳は『チャイナ・オデッセイ』（ユエ・ダイユン、C.ウェイクマン共著、上下、丸山昇監訳、岩波書店、一九九五。本論稿の上記引用文は、上巻の頁七四～七七）。

処刑以外にも、残酷な刑が用いられた。以下は、北京第一六三中学（訳註：中国で「中学」という場合、高級中学・初級中学の両者を含む。前者は日本の高校、後者は日本の中学に相当する。以下同じ）の歴史教員陳寿仁（一九二六年〜）が書いた残酷な刑罰「豚の半身吊るし」である。彼女の故郷は、湖南省衡山県白果陳家衕子謝家壟（現在は五一村という）である。彼女の母親蕭映菊は一九〇一年生まれで、「土地改革」の際に「豚の半身吊るし」の極刑に処せられる破目にあった。

「母は、一九五〇年前半の小作料減免と小作人の地主に対する保証金の返還運動（減租退押）から、後半の土地改革にかけて、一晩の間に、経済においては一文無しのルンペンになってしまった。母は物乞いによって暮らさざるを得なくなり、政治的には繰り返しの吊るし上げを受けた。道行く誰からも憎しみの目で見られ、老いも若きもつらくあたったので、名誉は地に落ち、精神的にも肉体的にも、それまでかつて受けたことがないほどの打撃を受けた。その「土地改革」運動では、無数の小規模な批判集会の他に、大規模な吊るし上げの集会があって、彼女はほとんど命を落とすところであった。貪欲な貧農、雇農、ごろつき連中が、家じゅうの衣類や食料を持ち去り、土地、家屋、山林を奪うだけでなく、隠し持っているだろうと言って金銀財宝までも差し出すことを強要した。そのために、符氏の畳樂塘の広場で、それまでかつてなかったような大闘争集会が開かれた。集会では、怒鳴り、殴り、足蹴にし、皮の鞭で打つだけではなく、彼らは別に「豚の半身吊るし」なる拷問法を考え出した。「豚の半身吊るし」とは何か。まず上着をはぎ取り、冬の寒空の中で下半身は下着一枚、身体の片側の左手と左足（または右手と右足）を別々に縄で吊るして、身体を地面から一メートル前後の高さで横ざまにぶら下げ、そこでイバラの枝か竹棒で身体中を打つ、すると打つたびに血が流れ皮膚は破れ肉が現れる。打ち据えながら「金銀財宝をどこに隠したのだ」と尋問する。借金しかない家に、金銀財宝などあるはずがないことは明々白々である。彼女がいまにも死にそうなのに、財宝を得ることはできず、そこで解放してやるのだが、また別の打ち吊るすやり方で責める。今度は縄で両手をしばり、身体全体を地面から一メートル前後の高さの空中に垂直にぶらさげ、打ち据えるだけでなく、腹部や下半身を蹴る。このようにしてかわるがわる吊るし、残酷な拷問が午前中ずっと行われた」。（註一〇）

註一〇：未刊稿。陳壽仁先生が二〇一六年に電子メールで私に送ってくださった文献資料である。

陳寿仁先生の文中で記述されているような、四〇歳の女性に対して行われた「豚の半身吊るし」のような集会は、「土地改革運動」で広範に用いられた。実際には、一九四九年以前の共産党占領地区で始まったものである。著名な共産党員の作家趙樹理（一九〇六〜一九七〇、一九二七年共産党入党）の小説『李家荘の変遷』（一九四六年の作品）では、この村の大地主李汝珍に対する「吊るし上げ」が描かれているが、彼を殺しただけではなく、その腕も引き裂いている。これは、古書（『史記・商君列伝』。訳註：『商君列伝』に「秦、兵を発して商君を攻め之を鄭の黽池に殺す。秦の恵王、商君を車裂し以て徇《となえ》て曰く……」とある。なお原文の「五馬分尸」は、現代中国語の俗称で、古書に「五馬」という語があるわけではない）に書かれている、あの「五頭の馬で八ツ裂きにする」ものそのものと言えよう。そのうえ、死体を引き裂いたのではなく、生きながらに引き裂いたのであり、刑を執行したのは馬ではなく、一群の積極分子であった。これは歴史上かつてない残酷なやりかたである。

『李家荘の変遷』は小説であり、登場人物や地名はフィクションであるが、そこで描かれているような残酷な細部は、もちろん実際に起こったことであり、むりやり作り出したものではない。この小説の中で、趙樹理は、このような残忍な行為に対して、反感を示していないし反対もしていない。

趙樹理は、一九四九年の後、中国戯曲家協会主席、中国作家協会常務理事となった。しかし、攻撃目標がさらに拡大された文革中、彼は残酷な「吊るし上げ」において、肋骨を折られ、寛骨を砕かれた。一九七〇年九月一七日、彼は山西省太原で最大の湖濱会場での「吊るし上げ集会」で昏倒し、九月二三日死亡した。

このような残酷な「吊るし上げ」方式は、「土地改革」の時期には、主として農村で用いられたが、一九六六年の文革になると全面的に実行され、特に大量の青少年のいる大学と中学において行われた。全中国の校長や教師は、一九五〇年当時の地主と同様となり、誰もが暴力的な「吊るし上げ」にあい、無残に殴り殺された者もあれば、「自殺」を強要された者もいた。私の論文『学生が先生を殴る革命』（原タイトル「学生打老師的革命」）を参照されたい。私は論文『文革「闘争会」』において、「闘争集会」の歴史を整理したが、これは地主に対する「吊るし上げ」から始まったものである。私はまた、「闘争」（吊るし上げ）という言葉の中国語における意味の変化と展開を整理した。一個の二音節の単語としては、この言葉は日本語で初めて用いられたもので、目的語をとる動詞ではなかった。中国に伝来して以後、共産党＝毛沢東が目的語をとる動詞に変え、その意味は、革命と言う名のもとに迫害の対象に暴力をふるうということである。「吊るし上げ集会」は「土地改革」の遺産の一つである。

中国当局は「土地改革」で殺害した地主の人数を公表したことはない。フランスの学者が『共産主義黒書』（英訳のタイトル『The Black Book of Communism, Harvard University Press,1999）』）において、各村で少なくとも一人の地主が殺され、殺害された地主は最小でも一〇〇万であると言われている。非常に多くの著者は二〇〇万から五〇〇万の地主富農が中国の「土地改革」のなかで殺害されたと考えている（英文版、四七九頁）。比較してみると、一九五〇年代初め、アジアのその他地域、台湾、日本、韓国でも「土地改革」が行われていたが、それらの国では、そのために唯の一人も殺害することはなかった。このことから、土地制度の改革は、地主を殺害しなければ実現できない理由とはなし得ないことがわかる。上記のような中国の例は、何の意味もないただ残忍なだけのことであった。

台湾のように一人も殺すことなく、平和裏に土地改革を完成させた地域では、以後、農民の生活水準が徐々に向上し、都市の住民にも十分な食品の供給があった。中国では、数百万の地主を殺害した後、それに続いて食糧供給不足を来たし、その後さらに、この世のものとも思えないほど悲惨な餓死者数千万人という大飢饉を生みだしたのである。アジアの別の地域とは全く違う「土地改革」方式が生まれ、その結果大飢饉が出現したことについては、正視されなくてはならないだけでなく、歴史研究の重大な課題とせねばならないのである。

農村の地主に対する残虐な方法と対比すると、わずかに都市のブルジョア階級に対するあつかいは「平和」的なものとみなされる。一九五二年一月二六日、毛沢東は、中国共産党が布告する「五反運動」を行う指令を起草した。「五反」とは、資本主義的な商工業者に対して展開された「汚職に反対、脱税に反対、労働者の賃金の不当引下に反対、国家財産の詐取に反対、国家経済情報の窃盗に反対」の五つに反対するということである。「五反運動」では、資本家が主要な「運動対象」となった。

聞き取り調査中、南京でインタビューを承知してくれた一人が述べたところでは、彼の家族が商店と工場を所有していたために、罰として一晩中地面に跪かされた。彼らが訴えられた脱税額は、その営業額よりはるかに大きく、全くありえないものであった。当時の上海市長陳毅の語ったことが広く伝わっていたが、こうしたことは決して残忍だとはみなされていなかった。それによると、陳毅は市長執務室に入ると、必ず「他に空降部隊は何人いるのか」と聞いた。「空降部隊」云々とは、何人の資本家が建物から飛び降り自殺したかということを指す。当時上海にはいくつかの非常に高い建物があり、他の都市とは全く違っていた。資料によると、一九五二年二月下旬、「五反運動」の通達が出てからわずかに一か月で、上海市ではすでに二〇〇〇人以上の資本家が逮捕され、自殺事件が四八件、合計三四人が自殺していた。（註一一）

註一一：薄一波（一九〇八～二〇〇七）『若干の重大な政策決定と事件の回顧』（北京、中国党史出版社、一九九一年。上巻一五五～一五七頁）薄一波は当時中央人民政府全国「節約検査委員会」主任で、「五反」運動を指揮した。

当時、資本家を、法律順守する者から順守しない者まで五つに区分した。それぞれの区分の百分比はあらかじめ決められていた。

この「運動」における死者と負傷者は一三万人以上であった（註一二）。近年、インターネット上に一部の資本家がどのようにして迫害されて死んだかという記述がみられる。例えば、民生汽船の経営者盧作孚は「自殺」によって亡くなった。上海で有名な冠生園ホテル、冠生園食品会社の経営者冼冠生は「自殺」によって亡くなった。貴州茅台酒造の経営者王丙乾は匪賊に通じた罪で「銃殺刑」に処せられ、頼永初は禁固一〇年に処せられた。鄧小平の夫人卓琳（原名、浦瓊英）の父親は雲南省宣威県の人で、宣威の商工団体の会長をつとめたことがあり、宣威ハムの缶詰の製造で有名であった。彼は、この財力により、卓琳と二人の姉を北京にやって学校に入れた。卓琳の長兄・卓浦は父の事業を受け継ぎ、一九五〇年代に宣威第一監獄で服毒自殺した。

註一二：最高人民法院院長沈鈞儒の報告。

農村の地主が、「豚の半身吊るし」や銃殺刑に処せられた後、「三日間のさらしもの」などの酷い目にあったのに比べて、資本家の境遇は最悪の状況ではなかったが、しかしかなりの悲惨と恐怖を味わった。

一九五六年、私営企業と商店に対して「公私合営」が実施された。資本家は管理権を失い、毎月若干の金額の固定した「定額の利子」（定息）を受け取った。（当初は「定息」を二〇年間支給することと定められていたが、一九六六年に文革がはじまると「定息」は停止された）。

若干の家屋敷を保有する者は、不動産を「経租房」（政府管理下の住宅）にすることを強制され、住宅管理局が管理し貸し出した。家屋を没収されることはなかったが、今に至るも所有権は取り戻されていない。一九五六年、北京西城区阜成門内大街安平巷二六号に住んでいた寧景倫氏は、政策で自分の家に残しておけないと言われた土地二五〇平方メートルを差し出さなかったために住宅管理局の者と争いになり、「労働教育」三年の処分を受けた。一〇年後、文革がはじまった。一九六六年の八月二五日、紅衛兵がやってきて家捜しをし、彼の母と叔母が紅衛兵にさんざん殴打された。彼の父親寧徳禄老人（当時八三才）は、北京第四一中学に連行され、運動場の台の上で紅衛兵に殴り殺された。政府は、一九五六年、私人の商工業者に対する「社会主義改造」は、完成したと宣言した。

毛沢東理論では、階級闘争は「死ぬか生きるかの闘争」であるとされる。これと対照的なのは、アメリカの国立歴史博物館にある一枚の絵である。そこでは二人の人物が並んで立っており、それぞれ資本家と労働者を代表し、「一体になれば我々は成功し、分裂すれば我々は失敗する」という対句が書かれている。私有財産を持つ者を（社会における一種の経済的身分としてだけではなく、個人としての肉体の存在さえ）絶滅すべきか、それとも彼等を社会における一つの重要な力としてとらえるのか、これは社会経済と政治制度における重大な分岐点である。

理解しがたいのは、毛沢東死後の中国の新たな政治当局者が、一定程度私人の資産所有を認め、また中国が資本主義のアメリカと現在巨大な金額の貿易を行っているにもかかわらず、ある歴史学者達は、以前の政治運動における資産を持つ者達の不遇に注意を払わないばかりでなく、現在の社会制度上におけるアメリカとの相違を討論することもないことである。

■第三の大集団：「比較的高い教育を受けた人」

——「政治運動」の名称：「知識分子思想改造運動」（一九五一～一九五二）、「反右派運動」（一九五七～一九五八）、文化大革命（一九六六～一九七六）。歴史的特色：言論に基づく処罰と「レッテル貼り」・一種の新しい懲罰方式——

一九五一年夏の「知識分子思想改造運動」開始の前、清華大学教授潘光旦の一万二〇〇〇字にもなる長編の自己批判文「何故、私はアメリカを憎みきれなかったのか」が『光明日報』にすでに発表されていた（註一三）。彼は、両親・先生・同学・若年の頃に受けた教育、さらに自分の行った学術研究について、ことごとく列挙して、その一つ一つを否定した。最後にその家庭が与えた影響を批判的に振り返り、父親、母親、さらに曽祖父まで書き記した。この自己批判書を読むと、およそ個人で自己批判をして逐一書き記すことは、これ以上は不可能であると感じる。しかし「思想改造運動」中、彼はさらに多くの自己否定と自己咒詛をせねばならなかった。彼は、一二回の自己批判を行ってようやく「合格」した。北京大学在学中の彼の娘も、清華大学で行なわれた批判集会に呼ばれて彼を批判した。彼女が私に語ったところでは、彼女の話す原稿は、予め北京大学の党委員会の審査を経ていたものだった、という。

註一三：一九五一年二月三日——四日。長編であったので、『光明日報』に二日間にわたって掲載された。

このような目に遭ったのは、潘光旦教授一人だけではない。他の教授も迫られて大量の「自己検討」を書いた。後に「自己検討」は「検討」と簡称するようになった。「検討」という言葉の意味が「自己検討＝自己批判」へと変わった。言い換えれば「検討＝批判」の暗に指す目的語が、自己だけということになったのである。学生たちは動員されて、教授を摘発し、批判した。当時の上海交通大学のある学生が、工学部の教授の一人は、自分は何ら「批判」されることはないと思い、自分の欠点は食事のあと果物をちょっと食べるだけだと述べた、と言った。その結果、彼は学生たちから激しく批難された。

これまでの歴史では罰を下すには「自供」が必要であったが、他の人に「自己批判書」を強制することはできなかった。法律においても、「自己批判」にもとづいて処罰することはない。このような「自己批判書」を書くというやり方は、文革中にさらにいっそう激しいものとなった。私は、北京大学の地理の教授林超氏（一九〇九〜一九九二）が文革の際に書いた「自己批判」の材料の原稿を見たが、何と二〇センチもの厚さであった。その上、当時使用されていた紙は非常に薄く、二枚で現在使用されているものの一枚に相当するほどの薄さであった。

先に、一九五二年五月の中国共産党中央の「大学におけるブルジョア階級思想批判運動の遂行と中間層整頓工作の準備に関する指示」を引用した。この「指示」では、上海の学校における四種類の教師の百分比を列挙している。四種類とは以下の通りである。「必要な自己批判を行った後にただちに合格とする者」、「適当な批判を必要とするも批判の後に合格とする者」、「くりかえしの自己批判を必要とするも、これを経たのちに合格とする者」、「合格は不可能で適当な処理を必要とする者」の四つである。

全国の各指導者たちは、この指示に照らして運動を行った。それは、全国の教師一人一人の誰もが「自己批判」を行っただけではなく、教師の隊列の中から、一定の比率の人が排除されねばならなかったということである。

聞き取りをしたある人は、「知識階級分子改造運動」とその後の「忠誠老実運動」と「院系調整」（訳註：一九五二年に始まる大学組織の再編成）の三つの運動の後、学校の雰囲気は非常に大きく変化した、と語った。人々は慎重になりものを言わなくなった。この人は、私が中国の先生にはユーモアがないと言ったのを否定した。それは運動のあとに変わったのだ、と。さらに、彼は中国には固有のユーモアをあらわす形容詞の「詼諧」がある、と言った。彼らの世代の人が、誰それは非常に「詼諧」であると言うと、好い評価である。しかし、以後「詼諧」のある人はどんどん減ってしまった。

しかし、一九五七年の「反右派運動」は、単に「自己批判書」を書かねばならないというようなものではなかった。「反右派運動」は、大量の比較的高い教育を受けた人に「右派分子」というレッテルを貼った。これは「人民の敵」に属する区分であった。「右派分子」とされた者は、六段階の処罰を受けた。最も重い者は監獄行きである。次に重い者は「労働教養」処分である。これは制定されたばかりの処罰方式で、司法部門の審判を経る必要がなく、所属単位の長が決定できる処罰であった。

毛沢東は、この年『人民内部の矛盾の正確な処理について』を書いた。未だに「反右派運動」時に党や国家を批判した積極分子は、毛の意見に反対していた、と思っている者がいる。実際のところ、毛沢東の言った趣旨がはっきりしていないのではあるまいか？　人民内部の矛盾と人民に敵対する矛盾、この二つの矛盾は彼が確定したのであるが、法廷の審判を経る必要はなかった。毛の時代だけ、社会の中の一部の人に「悪のレッテル」を貼った。主に「地富反壊右（地主・富農・反革命分子・悪人・右派）」という五つの区分があり、彼らは一括して「五類分子」と呼ばれた。これは、スターリンも用いなかった方法である。我々は、このことについて後にまた検討したい。

「右派分子」の人数については、当局が文革の後に公表した統計数字は五五万である。研究者の丁抒と朱政は、彼等の研究書において事実を挙げて、実際には五五万には止まらず百万はあった、と説明している。同じころ、当時の労働者の中の「右派の言論」を語る者は、「右派分子」には区分されず「反社会主義分子」に区分されたので、この運動は、もっぱら教育程度の比較的高い人々に向けられたものであった。毛沢東の文章で、中国には当時五〇〇万の知識分子がいたと言われているが、こうして、当局の五五万という数字を用いただけでも一〇％以上の教育程度の比較的高い者が、「敵」の範疇に入ると宣告されたのである。これは、中国の科学技術と文化教育事業に、実に巨大な打撃を与えた。

右派分子に区分された根拠は、彼等がちょっと口にした言葉であった。中国の憲法には「言論の自由」が書かれているが、毛沢東は、「六条基準」（六項の基準）を提示して、「香花（芳しい花）」と「毒草（害のある花）」とを区分した。この六項の基準のうち、彼が最も重要であると言ったのは、「党の指導」と「社会主義」の二項である。中国は当時すでに「社会主義改造」を完成していて、一切の活動はすべて共産党の指導下にあり、ここから始まって、社会現象に対するあらゆる批判が、すべて、いとも簡単に党の指導と社会主義に反対することと解釈されたのである。さらに、「右派分子」に比率が定められていたので、「反右派運動」を主導する者は、実際、やりたい放題であり、その一挙手一投足が全てを決定した。

当時、北京師範大学の大学院生が、次のように言った。自分たち大学院生の同学の一人が党総支部書記は「まるで西太后のようにテキパキと」人々を「右派分子」に区分すると語った、と。この党総支部書記に対する失礼な言論は、基軸層である共産党組織に対する不満であり、基軸層である共産党組織に対する不満は共産党に対する不満だとみなされ得るとされた。実際には、「西太后」の大きな油絵の肖像画が頤和園に置かれていて、遊覧客の観覧に供されており、その容貌についてあれこれ言うことは人々の日常茶飯事であり、政治とは何の関係もないことであったが。

一九五七年、一部の若くて経験のない大学生たちが起ちあがって、大学の共産党委員会や社会における不公正な現象を批判した。ただし、比較的年齢の高い者は、すでに一九五一年前後の経験があったので、かなり慎重であった。しかし、党組織は、後に「引蛇出洞」（隠れた悪人をおびき出す）といわれた謀略を採用して、一部の人々を招待して党に対して「提意見」（意見を述べる）させた。インタビューに応じてくれたある名医は次のように語った。彼は、招かれて数十名からなる中・高級の職制の医師の会議に参加した。参加者は「意見を述べる」よう求められた。妻が会の前に彼に繰り返し、会では批判がましいことを言ってはならない、とくぎを刺した。会の主催者が彼らを動員し、罠にはめようとした思惑とは無関係に、彼は会議で唯一つの提案をした。「植木鉢をいくつか購入して病院の門に置きましょう」と。会議の結果、参加した医師の大多数はその発言で「右派分子」に区分された。彼等は病院の業務に対して、植木鉢を買うことなどより本質的な批判をおこなったからである。彼は幸に免れることが出来、それ以来妻に感謝している。実は、彼の妻は一九五一年の「鎮圧反革命運動」で攻撃を受けた経験があったから、夫に忠告できたのであった。

北京師範大学副学長で数学教授の傅種蓀は、当局の知識分子への対応の仕方を批判して、中国の歴代の王朝の中で、知識人をこれほどまでにひどい目にあわせた時代はなかった、と語った（註一四）。彼は事実を語ったのであるが、その結果、彼は「右派分子」に区分され、副学長のポストを失い、降格・減俸となった。彼が「反右派運動」において受けた迫害は、「知識人をないがしろにする」という彼の行った批判に較べはるかに厳しいものであった。傅種蓀氏は、文革以前に亡くなった。もし彼が文革の際に存命であったなら、教師に対するさらに残酷な迫害を目の当たりにすることになったであろう。一九六八年八月、北京の一部の小・中学校の校長は、紅衛兵の学生によって無残に殴り殺されたが、その残酷さと野蛮さは、文明社会の人々の想像力をはるかに超えるものであった。傅種蓀氏は、中国で最初の、中学の現代数学の教科書を編纂し、中国の教育事業の現代化への貢献は巨大なものであった。彼を「右派分子」にした彼の言葉を、我々は忘却してはならない。

註一四：『「陰謀」下の北師大の災難』（原文『「陰謀」下的北師大之難』上、一一二頁、真相出版社、二〇一一年より引用）。原載『師大教学』（一九五七年七月六日第一五一期）。

北京大学では「反右派運動」中に、まず五％の人々を「右派分子」に区分したが、これは当時一般的な機関でのパーセンテージで、ついでさらに、一九五八年の「反右補課」（反右派補習科）で二％上乗せされた。学校で普通に用いられている「補課」（補習科）という言葉が、ついにこのように乱用されて、迫害のノルマを増やすものになってしまったのである。北京大学では「右派分子」に区分された七一六人以外に、さらに八三四人がその他の処分を受けた。「右派分子」の中には、後に「反革命罪」によって死刑に処せられた七名がいる。そのうち一人の氏名は二〇一〇年になってようやく探し出すことが出来たが、我々がさらにこれ以上見つけ出すことが出来るかどうか分からない。

★七人の氏名は次の通り。

・黄宗奇、哲学科学生、彼を監視していた同級生とちょっとした小競り合いをして、一九五八年に処刑。

・林昭、女、中国文学科学生、一九五四年入学、一九六八年処刑。

・任大熊、数学力学科教師、一九五五年北京大学卒業後一九七〇年処刑。

・顧文選、ヨーロッパ文学科学生、一九五六年入学、一九七〇年処刑。

・沈元、歴史学科学生、一九五五年入学、一九七〇年処刑。

・呉思慧、物理学科大学院生、文革前に判決が下り入獄、一九七〇年処刑。

・張錫錕、化学学科學生、一九五四年入学、一九七六年処刑。

文革後、一九七九年、鄧小平と胡耀邦は、大部分の「右派分子」の「処分を改正」した。その中には、既に処刑された上記の七名の北京大学の「右派分子」も含まれた。最も早く処刑された黄宗奇には妻子があり、政府は彼等に二〇〇〇元を支給した。

先に触れた樂黛雲先生は、「右派分子」に区分され、農村に下放されて労働に従事したが、毎月の支給はわずかに一六元であった。彼女の同輩で親友の女性朱家玉は、一九五四年北京大学を卒業後大学に残り、民間文学の科目を教えていた。朱家玉は自分が「右派分子」に区分されたことを知ると、一九五七年八月、大連から天津に行く船から悄然として身を投げた。まだ三〇才になっていなかった。彼女は著名な教授・学者ではなく、ようやく文革後になって樂黛雲先生だけが彼女のことを文章に書いた。

一九五七年八月、国務院は「労働教養条例」を公布して、新型の懲罰制度を始めた。この新しい制度は、まず大量の「右派分子」の懲罰に適用された。一九五八年二月九日、北京大学当局は、一二〇余名の「右派分子」を四両のトラックに押し込んで、まず監獄に入れ、その後「労働教養」（労働によって矯正する）農場送りとした。

これらの人々を「労働教養所」へ送り込むことを宣告したのは、各学科の責任者であった。数千年の学校の歴史で、学校が学生と教員に対してできる最高の処分は除籍であるが、一九五七年、学校の権力はその境界をはるかに大きく越えたのであった。

「労働教養所」に送られた者には、極度の労働と飢餓のため、ここで死ぬものもいた。二〇〇二年、北京の姚小平という学者が、北京藩家園古物市場で、ガリ版刷りの「死亡右派分子状況調査表」一部を購入した。これは北京市公安局第五部（労改部）が、一九六三年七月に編集して冊子にした内部文書で、本局所轄の黒竜江省興凱湖及び北京付近の清河農場・北苑農場で死亡した「労教」（労働矯正）と「右派分子」の資料であった。二〇〇七年、彼はこれをインターネット上の一文で公表した。この名簿のうち三人は北京大学の学生「右派分子」である。彼らは次の通り。

姓名	職業	労働矯正場所	死亡年令	死亡時間
陳鴻生	北京大学学生　歴史学科	清河農場于家嶺	二八	一九六一・四・一〇
朱祖勲	北京大学学生	清河農場五八五分場	二二	一九六一・三・一五
黄恩孝	北京大学学生・物理学科気象専攻	清河農場五八五分場	二三	一九六一・二・一一

三人の死亡事件は、わずかに一か月の違いで相前後して起こっているが、それはまさに一九六一年春のことで、全国的な大飢饉が最も深刻な時期であった。明らかに彼等は皆餓死させられたのである。北京大学の「右派分子」で、極度の疲労に飢餓が加わって「労働改造」（労改）あるいは「労働教養」（労教）で死亡した者は、彼等三人にとどまらない。

一九七九年、鄧小平は「右派分子」の名誉を「改正」（名誉を回復）してやった。彼等は従来の業務機関に戻った。しかし、聞き取りに応じてくれた人の一人は、戻ってきた人々は一種独特の表情をしており抑圧感と不安感があらわであった、と言った。彼女はこれを「右派の表情」と言い表した。苦難の境遇が、かほどに多くの人々の生活と表情にしみ込んでいたにもかかわらず、この点に気づいた者は極めて少なかった。人々は感情が麻痺していたのである。後に知識分子の文革中の境遇について、再度記述するつもりである。

■第四の大集団：「餓えた農民」
――政治運動の名称：大躍進と「人民公社化」運動（一九五八）。歴史的特色：大飢饉による人間性と生命の甚だしい破壊。食料を支配し、人々の生死を支配する――

「反革命分子」、「地主・資本家」、「右派分子」が粉砕された後、一九五八年に「大躍進」と「人民公社化」運動が始まった。当時の新聞や雑誌は、あの狂った時代に対する一種独特の「証拠品」を残している。当時、水稲の畝（約六六〇平方メートル）当たりの産量は、五〇〇キログラムを超えなかったが、一九五八年八月一三日の『人民日報』は、湖北省麻城の早稲の一畝当たりの産量は三万六四〇〇余斤（約一八・五トン）と報じた。九月一八日には、『人民日報』はさらに広西省環江県は中稲《なかて》の一畝あたりの産量は一三万斤（約六五トン）の新「記録」を達成した、という記事をのせた。

私(著者)は、当時絵を主とする『小朋友《おともだち》』という雑誌を見ただけであった。ある号に、一粒の巨大な落花生があって、その大きさは幼稚園全体の園児達が食べるのに十分で、その殻は小さな子どもの揺り籠の大きさになる、という絵があったのを覚えている。何年か後になって、私は揺り籠にできるほど大きくなる落花生などないことを知った。しかし、大人は一畝あたりの穀物の産量が何十トンにもなる、などということを信じたのであろうか。

しかし、さらに大きな問題は、一九五八年のメディアが人民公社について大風呂敷をひろげ大法螺を吹く一方で、すぐその後に発生した大飢饉について何も報道しなかったことである。学校では、我々にはそれは「三年間の自然災害の時期」であると言われ、さらに「ソ連修正主義による借款返済の強要によって起こった」とさえ言われた。あるいは、私の幼年時代の記憶では、食糧の供給がいつもお粗末なものであったので、これは自然なことで、冬は非常に寒く夏は非常に暑いのと同様なことと見なしていたのである。文革に関する調査を行った時、調査対象の圧倒的多数が私より年長で、おのずからあの「三年」のことを話題にし、私はそこで初めて一九五九年から一九六二年の飢饉の深刻さを認識したのであった。

私が、聞き取りを行ったある北京大学の先生は、次のように述べた。自分は安徽省の農村出身で、大飢饉の時、父母が相次いで餓死した。村では、彼と同年齢の仲間たちが多数餓死した、と。彼は成績が良かったので、県の中学に在学しており、学生には一定量の食事ができる食料があった。彼は、生き延びて大学に進学したのであった。この先生は、私のビックリしたまなざしを見て、さらに言葉をついで言った。当時は穴を掘って埋めるだけの力のある人がいないために、道端に死体が横たわったままであった、と。

私が聞き取りを行ったことのある北京大学の一人の女性教員は、次のように語った。彼女は当時三〇才になっていなかったのに、月経がなかった。大学側は他に対策もなく、体育の授業と体育活動を停止する他に、同様の症状の女子学生と若い女性教員を集めて、大学の体育館で「気功」による治療を行った。彼女達は床板の上に座って「瞑想」し、「ひとまとまりの暖気が頭のてっぺんから下行して全身に達する」ことを想像せよ、と言われた。

私は、文革後に北京大学に進学して、女子学生寮のとなりにある中国式の大きな屋根と精巧な木の床板のある建物を知ったが、これはアメリカの建築家が設計した元の燕京大学の校舎の一部分であった。十分な食べ物が食べられない栄養不良の状態で、人間の身体は自然に自己防衛機能を働かせて、毎月一回の流血を停止したのであった。気功など彼女達には何の役にも立たなかった。

実は、私のインタビュー中、聞き取り相手はこれらの出来事を重要なこととして強調した者はおらず、たまたま話題にしただけであった。私は大変衝撃を受け、相手の話をさえぎって、改めてはじめから語ってくれるよう頼んだのであった。

最もやりきれない事例は、拙著『文革受難者』の中で取り上げた一人の中学の先生のことである。彼は、一九六〇年には大学生であり、ちょっと食べ物を多く食べられるようにと食料切符を書き変えたことが見つけられた。卒業後、彼は中学の先生になり、一九六六年、このことが「大字報」（人々が勝手に他人を誹謗中傷し、告発した貼り紙・ビラ）に「掲発」（暴露）された。彼は、殴打され侮辱されたのちに自殺してしまった。極度の飢餓が原因でなければ、彼が数枚の食料切符にごまかしをするはずがない。もし文革で紅衛兵が先生を殴りつけたりしなければ、彼が自殺などするはずがない。彼は死してなお恥辱を被ったが、実際に飢饉をひきおこした罪人はいまだに罰されていないのである。

農村で成長し、一九五〇年代に大学に進学し、卒業後中国共産党の宣伝機関に配属されて仕事をしたある人は、私の聞き取りに応じてくれて次のように語った。自分の経験では、「農業集団化」の過程で、「互助組」（一九五〇年代初頭の農村に存在した個別農家間の労働互助組織）の時にはまだまあまあで、「初級合作社」の時も問題はまだ大きくはなかったが、「高級合作社」で問題が大きくなり、「人民公社」（一九五八年創設）で飢餓が始まった。彼の語ったことは非常に明解であり、「農業集団化」が一歩一歩と飢餓を作り出していったのである。

先に取り上げたサマンサ・パワー著『集団人間破壊の時代：平和維持活動と市民の役割』には、次のカンボジアの一事例が記述されている。ヨウク・チャンは、後に、カンボジアの「赤色クメール」の時期の歴史研究に資する資料センターの責任者となったが、彼が一五歳の時に赤色クメールが政権を奪取した。彼はかつて、群衆の中で一組の未婚のうちに性的関係をもった、青年男女を攻撃してはやしたてたりしていた。ところが、ある日ついに彼の姉が稲の収穫の際に米粒を食べたところを告発された。彼の姉は殴り殺され、さらに死後腹部を解剖され、胃の中にたしかに米粒があったことで、彼女の「有罪」が立証された。カンボジアは気温が非常に高く、水稲の産量も非常に多く、本来食べ物がないなどという問題はないはずであるのに、「赤色クメール」が稲の生産量を従来の三倍にするという「計画」を立てた結果、遂に人々を生のまま米粒を食べざるを得ないような状況に追い込んだのである。これは、中国の大躍進と人民公社化運動が引き起こしたのと同様な状況であった。

餓死した人達は、すでに語るすべがない。さらに、大飢饉が発生した時、死亡した人達は社会の中でも相対的に最も低い位置にあり、その氏名や履歴を一々数える者もいなければ、記録する者もいない。私は餓死した人達の氏名と事情を記録し、この人達を一つの「統計数字」にしてしまわないことができればと思っている。当然、一〇〇〇万、二〇〇〇万、それとも三〇〇〇万、四〇〇〇万かということを議論することは重要である。つまり、小林先生が述べるように「鳥の視野」が必要であり、また「虫の視野」も必要なのである。

香港大学中国文学科教授フランク・ディケターは、二〇一〇年『毛の大飢饉』（邦訳『毛沢東の大飢饉』草思社）を出版した後、使用した全ての文書資料を光ディスクに収めて他の学者のために公開した（二〇〇八年の北京オリンピックの前には、中国は短期間ではあるが、幾つかの省・市の文書館を公開していた）。その中に人肉食に関する若干の当局の記録がある。甘粛省臨夏市の『人が人を食う事件の統計と分析』（註一五）と題されたタイプ印刷の一件資料には、七五名の食べられた者の氏名があり、彼等を食べた者の氏名もある。表には食べられた者も食べた者もすべて臨夏市内の人民公社のものであるとはっきり記載されている。食人事件が起こった時期は、一九五九年一二月二六日から一九六〇年五月であった。表に「原因」という項目があり、これは何故人を食べたかということであるが、そこに書かれているのは「生活」のためという言葉であり、他人を食べるのが、恨みを晴らすためでもなく、変態心理が原因でもなく、ましてこの地域の伝統的風俗などではなく、まさしく生きながらえるためであったことを物語っている。「生活」のためとは「飢餓」の婉曲な表現である。

註一五：「付録三」を参照されたい。

作家の蘇暁康は、著書『屠龍年代』（註一六）の中で、一九八九年に、河南信陽事件（訳註：一九五九年一〇月から一九六〇年四月にかけて、河南省信陽地区で発生した大飢饉で一〇〇万余の大量の餓死者が出た事件。長く隠蔽されていた）の文書の中に、食人肉の記録を見たと言っている。ただし当時の条件のもとでは、写真を撮ることは許されず、また技術的にも臨夏の資料の表のようなＰＤＦの複製を作ることもできなかった。甘粛省臨夏と河南省信陽の両地は遠く隔たっている。深刻で残酷な飢餓こそ「食人肉」をするようにさせた原因である。両地の違いというと、信陽では「死体の毀損」という特別の罪名を作った。信陽では、この罪名で数百人が逮捕された。

総体的に言えば、歴史上、最も激しいとも言えないこれらの歴史悲劇も、とうぜん粗略に見てはならない。漢字と中国語を数千年用いてきた中国人は、「生活」ということばで人が人を食う「原因」を語り、「屍体毀損」という語をもって人が人を食う罪業を描写することができた。「婉曲な表現」を用いるのは正常な言語現象であるが、このような名が実を表わさず、言葉が意を尽くさない程度となると、これはもう中国言語の恥辱とせねばならない。

註一六：『屠龍年代』（台北、印刻文学生活雑誌出版有限公司、二〇一三、第四七頁）。

一九九〇年代、私の文革の状況についての調査の際に、北京のある大学教師と話したことがある。彼の故郷は安徽省全椒県（有名な古典小説『儒林外史』の作者呉敬梓は、ここの人である）の農村である。彼は、私の質問に答え終わると、すぐさま父親が一九六〇年に餓死し、母親が一九六一年初めの春節の間に餓死したと語り始めた。彼等の家があった村では三分の一の人が餓死した。村の彼と同年齢の仲間で、中学に進学していなかったものは殆ど全員が死んだ。彼は一九六〇年に県庁所在地の中学で生活しており、学校が食糧の面倒をみてくれたので、餓死することはなかった。当時、道端には餓死した人の死体が点々と転がっており、時に臭気のただようこともあった。生きているものも飢えのために埋葬する気力すらなかった。——当時、私は、これを聞いて目を見張り、口をあんぐりと開けたのであった。事実は恐るべきものであり、このような事実が今から遠く隔たっていなかっただけではなく、私がその事実を知らなかったことにも驚いたからであった。

この数年来、大飢饉の時の人が人を食うことに言及する際、往々にして古典（『春秋左氏伝・宣公一五年』）の「子を易《か》えて食う」という一段を引くものがある。しかし、出典を細かく吟味してみると、ここの用法には虚構の気味があり、決して事実を語っているのではない。『左伝』の原文の意味は、包囲された城郭の中の人達が、自分たちが「子を易えて食わざるをえない」ほどの飢餓状態にならなければ投降しないと言った、という意味である。しかし、臨夏市のこの『人が人を食う事件の統計と分析』なる一書に記されているのは、氏名・時間・場所があり、全部実際に起こったことなのである。実際かようなわけで、私は、ある中国人学者が、フランク・ディケターは中国語が下手である（彼にはきちんとした中国の歴史が書けないことを暗示する）と軽蔑の口調で語るのを聞いた時、非常に腹が立った。何故中国語が上手なこの手の中国人歴史学者は、大飢饉の受難者の氏名を発見し記録しようと努めることが出来ないのに、非中国人の中国語をあげつらったりするのか、と。

以下に記す一六〇〇字の短文は、一人の普通の農民が書いたものである。彼は河南信陽地区の光山県に住んでいる。二〇〇四年、彼は自分の村で一九五九年に餓死させられた七二名のために石碑を建てた。彼の息子が、この文章をインターネットに掲載した。（註一七）

註一七：この文章と写真は二〇〇四年、インターネットの『民主中国』（編集者蘇暁康）に掲載された。二〇〇六年編集者が代わった後、古いデータはネット上に保存されていない。呉永寛が書いた文章はネット上で見ることが出来るが、二つの石碑の写真はもう見ることが出来ない。

「一九五九年の食糧危機の回想」

呉永寛

一九五九年、私は満一五歳になったばかりであったが、あの頃の日々のことを思い出すと、私に大きな悲しみと恐怖をいだかせ、語りつくせないほどに苦しませる。あの頃、中央は「三面紅旗」即ち、総路線、人民公社、大躍進を打ち出して、社会主義建設を行った。全く思いもよらなかったことに、社会主義を立派に建設しなかっただけでなく、うわついた風潮によって状況を潰滅的なものにした。上から下まで誰もが空虚なスローガンを叫び、激しく叫べば叫ぶほど大法螺となり、浮ついた風潮をかきたてればかきたてるほどもてはやされた。当時、まだ「資産階級右派に反対する闘争」、「瞞産（国への上納を避けるための収穫量のごまかし）に反対する闘争」、「私分（ごまかした収穫物の山分け）に反対する闘争」をやっており、誰かが本当のことを言っただけで大きなレッテルを貼られ、右派分子、右傾機会主義分子と呼ばれ、攻撃され、殴打され、飛行機を模した姿勢での虐待（架飛機）を受け、さらには縄で吊り下げられ、蹴られ、頭をたれて罪を認めるまで続けられた。さもなければ無残に殴り殺されたのであった。例えば、私の「生産隊」（訳註：人民公社の基層組織。概ね二〇～三〇戸で一生産隊、一〇余の生産隊で一生産大隊、一〇前後の生産大隊で人民公社が構成される）の呉徳栄は次のように語った。「食糧がこんなに多いんだから、何故人民公社のメンバーに食べさせないのだ」。この一言によって、何昼夜にも渡って吊るし上げられ、なぐられ、死に至ってようやく終わった。他に呉徳桐はさらに激しい言葉で次のように語った。隊長の呉永寿は、何人かの人を殴り殺した。副隊長の呉永冠が大躍進は人々の害となることはなはだしいと言ったために、即刻生産大隊で批判集会が開かれ、生産大隊の事務室から程遠からぬところで、隊長は彼を殴り殺した。私の親の呉徳金は、生産隊の会計担当で、素朴で善良な人であった。彼は、こんなに沢山の穀物を収穫したのに、公社員に食べさせてやれなくて本当に良心にそむくところがある、と言った。後に隊長呉永寿から批判・吊るし上げを受け、飢餓状態が続いて、ついに一一月三日午後五時に世を去った。私は当時、まだ全く父母に養育してもらわなくてはならない状況であったが、愛する父親を失って学校に行くことも病気の治療をうけることもできなくなり、一生苦しまされることとなったのである。

一九五九年、我々の生産隊は、例年と比べると豊作であったと言え、夏小麦の収穫六トン、豆類は一・七五トン、このうち食用油の原料と綿花はすべて国庫に上納せねばならず、夏小麦一人当たり一五キログラム、秋に収穫された稲一人当たり一五キログラムだけは生産隊内に蓄えられた。国家に対するノルマを完遂すれば、残りは内部留保をせよということであったが、後に「反瞞産運動」が発動されると、収穫した穀物はすべて国家に上納せねばならず、さらに多くの穀物を差し出せと言われたが、実際のところほんのわずかな穀物すらなかった。その時から連日集会が開かれ、人を吊るし上げ、穀物を差し出さなければ人を出さねばならず、生産大隊の事務室は、終日人を殴りつける事務室となった。この時期、誰もが恐慌をきたしており、食べるものがないと村のはずれに行って山菜・野草をさがし樹皮を剥がして食べ、最後には山菜もなくなり、樹皮も探しつくした。人びとは、さらにはもみ殻を磨ったものを食べ日々をしのいだが、こうなると大便も出なくなり、かくして飢餓や暴行によって毎日何人かの人が亡くなった。一人の子供が死ぬと、大人によってその肉が煮て食べられたが、子どもの肉を食べた者は黄腫病（十二指腸虫病）に罹った。このようにして、半月も経たないうちに、人口一二〇人の小さな村で七〇人以上の人が亡くなった。このような惨劇は今から思うと、間違いなく中国共産党中央の右派に対する批判攻撃が行き過ぎも甚だしく、上意下達でやったためであり、国家の統治の本源から始めず、「反右派運動」を利用して何でも水増しするようなやり方で、他人にレッテルを貼って押し付けたためである。こうして一部の悪人をのさばらせ非常に多くの人命を失わせることとなったのである。

以上述べてきた惨劇は、私がこの目で見たことであり、天下の人々がこの時期の歴史を忘れることなく、歴史を二度と繰り返さないことを希望するものである。

二〇〇四年四月

一九五九年、河南省光山県十里（原、城郊）公社高大店大隊呉園子小隊の一二〇名中あわせて七二名が餓死す。

番号	死者姓名	性別	現家族の姓名	死者と家族の関係	注記
一	李興奎	男	李伝如	祖父	
二	呉徳勤	男	呉永富・呉永炳	父親	
三	呉永厚	男	呉向発	父親	
四	呉根林	男	呉向発	弟	
五	呉二毛	女	呉向発	妹	
六	呉徳栄	男	呉向能	祖父	
七	呉徳金	男	呉永寛	父親	
八	呉徳才	男	呉永寛	三番目の叔父	
九	呉老友	男	呉永金	三番目の弟	
一〇	余才運	男	余思礼	祖父	
一一	余黄氏	女	余思礼	祖母	
一二	余敦山	男	余思礼	父親	
一三	余思義	男	余思礼	二番目の兄	
一四	余思信	男	余思礼	弟	
一五	呉馮氏	女	呉向明	祖母	
一六	呉永応	男	呉向明	父親	
一七	呉小油	女	呉向明	妹	
一八	呉二孩	男	呉向明	弟	
一九	呉三孩	男	呉向明	弟	
二〇	李成奎	男	李福寿	父親	

番号	死者姓名	性別	現家族の姓名	死者と家族の関係	注記
二一	李王氏	女	李福寿	母親	
二二	呉徳潤	男	呉永明	父親	
二三	呉徳桐	男	呉永明	二番目の叔父	
二四	呉永冠	男	呉永明	長兄	
二五	呉少山	男	呉桂霞	祖父	
二六	呉徳炳	男	呉向軍	祖父	
二七	馮長友	男			一家絶滅
二八	馮小二	女			一家絶滅
二九	馮雲毛	女			一家絶滅
三〇	楊世英	女			一家絶滅
三一	呉永昌	男			一家絶滅
三二	潘秀英	女			一家絶滅
三三	呉小成	男			一家絶滅
三四	呉二毛	女			一家絶滅
三五	呉徳立	男			一家絶滅
三六	呉永恩	男			一家絶滅
三七	呉徳剛	男			一家絶滅
三八	徐乃興	男			一家絶滅
三九	徐乃韶	男			一家絶滅
四〇	徐之太	男			一家絶滅
四一	余敦海	男			一家絶滅
四二	余陳氏	女			一家絶滅
四三	余小富	男			一家絶滅

番号	死者姓名	性別	現家族の姓名	死者と家族の関係	注記
四四	余自明	男			一家絶滅
四五	王福漢	男			一家絶滅
四六	李明奎	男			一家絶滅
四七	李福喜	男			一家絶滅
四八	李劉氏	女			一家絶滅
四九	李小毛	男			一家絶滅
五〇	徐安義	男			一家絶滅
五一	徐小照	男			一家絶滅
五二	呉永清	男			一家絶滅
五三	呉小成	男			一家絶滅
五四	呉二娌	女			一家絶滅
五五	呉大孩	男			一家絶滅
五六	呉雲毛	女			一家絶滅
五七	陳友来	男			一家絶滅
五八	陳劉氏	女			一家絶滅
五九	呉松山	男			一家絶滅
六〇	呉華厚	男			一家絶滅
六一	呉王氏	女			一家絶滅
六二	徐乃珍	女			一家絶滅
六三	呉小油	女			一家絶滅
六四	呉舎毛	女			一家絶滅
六五	呉四毛	女			一家絶滅
六六	呉向山	男			一家絶滅

番号	死者姓名	性別	現家族の姓名	死者と家族の関係	注記
六七	呉桂氏	女			一家絶滅
六八	呉永才	男			一家絶滅
六九	呉王氏	女			一家絶滅
七〇	呉永堂	男			一家絶滅
七一	呉馬氏	女			一家絶滅
七二	呉向成	男			一家絶滅

以上、合計七二名が、一九五九年の陰暦一〇月から一一月にかけて亡くなっていた。大飢饉の受難者のために氏名を記録し、碑文を書き、碑を建てた呉永寛氏に敬意をささげなくてはならない。

イギリスのジャスパー・ベッカーJasper Beckerは、その著書『餓鬼（ハングリー・ゴースト）――秘密にされた毛沢東中国の飢饉――』（川勝貴美訳、中央公論新社、二〇一二。中公文庫上下）という本で、次のように述べている。スターリンの農業集団化運動は、ロシアに大飢饉を引き起こした。一九五六年、フルシチョフは、スターリンの犯罪的農業政策を批判した。ベッカーの判断では、毛沢東は、中国の「人民公社化」運動の前、農業集団化によって大量の死者がでることを知っていたが、これを意に介さなかった。大飢饉は、無知や愚かなために起こったのではなく、明らかに故意のものであることがわかる。共産主義中国の建設のためには、人を餓死させることは念頭に置く必要のある要素とは考えられていなかったのである。――これは重要な見解である。臨夏市の報告から、人が人を食うような状況が一九五九年から始まったことがわかるが、毛沢東は、食糧不足は「階級敵の破壊による」と主張した。同様な状況はソ連でも同じように発生した。小説『ドクトル・ジバゴ』（訳註：ソ連の作家ボリス・パステルナークの小説。一九五七年、外国で刊行。後にノーベル文学賞受賞）には、当時ソ連当局が同じような手法で人民の飢餓に対する怨念と反抗を鎮圧したことが描かれている。四年間にわたる全国規模の大飢饉のあげく、ようやく毛沢東は「無料で食事ができる共同大食堂」（この手の所謂「無料で食事ができる」共同大食堂は、共産主義社会の主要な象徴とされていた）を解散することにしぶしぶ同意し、人民公社員が各自の家で厨房を再開し自分で食事を作ることを許し、各家庭で一家が必要とするものを栽培できる若干の「自留地」（自分用の土地）を分配したのである。中国の大飢饉は政府の権力に影響を与えず、それどころか食糧の配給は、政府が人民を支配する有力な武器となったのであり、都市の住民を農村に「下放」することは、一種の重い懲罰となったのである。主要な原因は都市の住民には定額の食糧配給切符があったのに、農村の住民にはなかったことによる。

先に潘光旦教授についてふれた。文革の後、彼の娘が『潘光旦文集』を整理、出版したが、これには彼の日記も含まれている。彼は「右派分子」に区分されたが、有名な教授の処罰は若い大学生に較べると相対的にははるかに軽かった。一九六一年、彼が北京の「政協礼堂」（政治協商会議大ホール）での会議に参加した際、昼食をたべる時、大飢饉以前の値段で外のレストランでは当時食べられないものを口にすることができた。昼食ごとに彼は事細かに日記に、包子《パオズ》五個か三個を食べ家に二個持ち帰る、等々書き記している。あの年代、食物が人間の最大の関心事であった。このような昼食を食べることは、日記に書き記さねばならないほどの大事になっていた。

しかし、例え一九六二年の共産党の「調整し・強固にし・充実し・高める」政策によっておびただしい人々が餓死する状況が緩和されたとしても、飢餓は一貫して人民公社員にとっての最大の災難であった。かつて農村に行かされて「挿入」（生産隊に入れられて労働に従事）させられたある知識青年（被害を被ったこの「知識青年大集団」については後に紹介する）は、次のように語った。人民公社が公社員に分配する食糧は不十分であった。毎年春になると去年収穫した食糧は食べつくしてしまい、今年の収穫はまだで、人民公社の人々は「春荒」（春の端境期の飢饉）と呼んでいた。この時期、彼等は野草や樹皮をさがして食べねばならなかった。

ソ連の農村でも似たようなことが起こった。「パンの篭」（穀物の一大産地）と称されたウクライナでは、何百万人もの人々が餓死させられた。ニューヨークタイムズの記者ウォルター・デュランティーは、ソ連に一〇年も駐在していたにもかかわらず、ソ連に深刻な飢饉のあったことを否定した。大量の人達が餓死したことについて、彼は後になって「卵を割らなければ、卵焼きはできない」という俗諺を引用して、自分を弁護したのではあるが。

しかし、第一に人は卵ではない、第二に卵が割られた後の卵焼きはどこにあるのか。卵を割った暴君達が卵焼きを作って食ったのだ。今日、我々には彼等の統治下の人民が物質的にも精神的にも貧しい生活を送っていたことがはっきりとわかる。「労働改造営」、「財産剥奪」と「政治的粛清」を、後進国家を二〇世紀に進ませるのに必要な手段とすることなど誰にできよう。「歴史の必要性」などと言う言葉で、残虐な政策を弁護することなど誰にできようか！

■第五の大集団：「粛清された共産党の幹部」
―― 政治運動：文化大革命（一九六六～一九七六）。歴史的特色：「資本主義への道を歩む実権派」という新しい罪名。スターリンの「劇場型裁判形式」もなかった時代 ――

一九六四年のある日の午後、学校から家に戻ると、良い香りがしていた。紅茶たまご（訳註：たまごを殻のまま茹でてから、醤油・八角・ウイキョウ・紅茶の葉をいれて煮たもの）を煮ていたのだ。たまごは長いこと希少な食品であったので、これは、私が物心ついてから初めてのことであった。一九六五年、私は飛び級をして、入学試験をうけて北京でも最良の中学の一つである北京師範大学女子附属中学に合格した。その時、私は文革が急速に始まろうとしていることなど露知らなかった。

農民が鶏を飼い、卵を売るのを許可した国家の最高指導者劉少奇と鄧小平、学生が試験で良い成績をとることを激励した学校の校長は、すべて「黒幕」や「資本主義の道を歩む実権派」として「打倒」され、或るものは殴り殺されさえした。

一九六六年六月一日夜、中央人民テレビ局は、北京大学の七名の人々が北京大学学長に対して、「大字報」（大きな貼り紙・ビラ）を書き、彼等は「反党社会主義」の「黒幕分子」であると非難した、と報じた。これは文革が学校の中にまで入る重要な一歩であった。翌日の午前、我々の北京師範大学附属女子中学でも、一部の高級幹部の娘達によって大字報が貼り出され、似たような文句で中学の指導部を非難した。学生達は侃々諤々《かんかんがくがく》の議論をした。「政治科」を教える先生が昼食時間に学生食堂にやってきて、学生達に、一九五七年の教訓を忘れるな、基礎である党組織に反対することは反党だ、「右派分子」になってはだめだ、と告げた。

この中学の政治科の老先生が言ったことは、事実でもあり事実でもない。文革は共産党の各クラスの指導幹部に対する全面的な攻撃である。私は、文革中の学校について大量の調査を行ったが、調査の及んだ何百という学校で、暴力によって校長や教師を殴打侮辱しないところは一校もなく、唯一の例外も見出せなかった。どの学校でもすべて学校の指導者は学生に殴打され、「まだら模様」に髪の毛を剃られ、生きながら殴り殺される者さえあった。私は著書『文革受難者』において、二〇名の大学の指導者の死について書いた。しかし、文革が始まった時、学校の指導者はほとんど一〇〇%が共産党の幹部であった。

高級幹部の子弟が指導者となった「紅衛兵」組織が、学校の指導者を「打倒」し、さらに殴り殺した後に、彼等の大部分も「打倒」された。文革中、大部分の各階層の党幹部は「資本主義への道を歩む実権派」、「反党反社会主義分子」等々と批判され、暴力的な攻撃をうけた。

先に引用した鄧小平とイタリアの記者ファラチの会談の中で、鄧小平はまた「一〇分の一の幹部が死んだ」と言った。彼はまた、「毛沢東は一〇分の一の幹部が死んだことを知っていた」と語った。

文革中、権力の世界で毛沢東に次ぐ第二の人物が相次いで粛清された。一九五九年、中華人民共和国の国家主席を毛沢東が一〇年つとめたあと、劉少奇がこの職務についた。彼の肖像は、毛沢東の肖像と並んで新聞の第一頁冒頭に印刷された。然し七年後、彼は打倒され「党内最大の資本主義の道を歩む実権派」と称された。彼は一人監禁され、薬も与えられず、中風になっても床に縛り付けられた（著者の私は、偶然の機会に『人民日報』の編集長が、これから発表する文章から劉少奇死去のいきさつを削除するよう、劉少奇の妻に求めたことを知った——確かに人民日報の記事から、この部分が削除されている）。劉少奇は死の一月《ひとつき》前、河南省開封の嘗て銀行であった建物の密閉された部屋に送り込まれ、そこで死亡した。

林彪は、劉少奇「打倒」の過程で二番手の人物となった。毛沢東の「親密な戦友」と称された。彼が紅色の小さな『毛主席語録』を掲げ毛沢東につき従っている写真は、彼独特の姿である。彼は毛沢東の「後継者」として、一九六九年に共産党の規約にも書き入れられた。五年たつと、毛沢東は党内の講話で林彪批判を開始した。一九七一年一〇月、毛は突然文書を発して、林彪は「国に背き敵に投降した」と述べ、ソ連に逃亡しようとしていた彼が乗る飛行機はモンゴルで爆発した、彼の妻と息子もその飛行機に乗っていた、と言った。

文革中、大量の「吊るし上げ集会」が開かれ、劉少奇と鄧小平も「吊るし上げ」られた。ただ彼等は「中南海」（党政府要人だけが居住できる特別街区）だけで「吊るし上げ」に遭ったのである。彼等と比べて比較的地位の低い政府の要人は、大衆集会に引きずり出された。劉少奇の妻王光美は、北京の清華大学で三〇万人が参加した集会で「吊るし上げ」にあった。清華大学の「造反派」の学生は、王光美の首に長く連ねたピンポン玉をぶらさげたが、これは彼女が夫とともにインドネシアを訪問した時にかけていた、真珠のネックレスを模したものであった。前副総理の羅瑞卿は、建物から飛び降りて片足の大腿骨を切断した。しかし、彼は籐の篭に閉じ込められ、二人がかりで台の上に運び込まれて北京最大の体育館、北京大学、北京工業学院等々の大集会で相次いで「吊るし上げ」にあった。このような残酷な「吊るし上げ」の場面を目の当たりにした人々は、五〇年後になっても当時の身震いするような出来事を詳細に思い出すことが出来るのである。

文革中、全国の三〇の省・市・専区（数個の県を束ねる地方行政単位）で新たな権力機構「革命委員会」が成立した時、文革前の当該地の最高責任者は、すべて「資本主義の道を歩む実権派」として「打倒」されたが、広西チワン族自治区だけが例外であった。しかし、広西チワン族自治区でも、「革命委員会」成立の宣言で、やはり従来の「自治区」クラスの別の四名の指導者が「打倒」された。

高級幹部以外でも、文革中、地方の基層幹部はすべて「職務を離れ」様々な攻撃を受けたが、下級の管理職員もその中に含まれていた。北京大学のキャンパスには東西二つの教職員食堂があった。それぞれの食堂に管理員一名がいた。かれらは、「東の天王」「西の天王」と攻撃された（「革命模範劇」の『紅色娘子軍』では、第一の悪役の役名が「南の天王」で、地主反革命分子として劇中で銃殺されている）。「東の天王」は、東側の食堂の管理員の劉長順である。彼は一九六六年一一月八日に四〇歳あまりで死んだ。北京大学の記録には、彼は「吊るし上げ」をうけて死んだとある。

私は、大学の総務部門で彼の上司であった人物、それに食堂で食事をしていた彼を知る教師にインタビューをしたことがある。劉長順は一九四九年以前から学生のために食事を作り、終始穏やかな人柄であった。彼はすでに肝臓障害による腹水を病んでいたがさらに死に至るまで「吊るし上げ」を受け続けた。それはただ彼が小役人であったからである。

大部分の一般人が「牛棚」つまり各単位が設けた監獄に入れられた時、一部の共産党の高級幹部は「秦城監獄」（訳註：袁凌『秦城国史――中共第一監獄史話』新世紀出版社、参照）に入れられた。これは一九五〇年代にソ連の専門家の指導によって作られた特殊監獄で、もっぱら高級幹部の監禁に用いられた。外交部副部長の章漢夫のように、そこで死んだ者もある（註一八）。章漢夫は中国共産党の第八期中央候補委員で、長いこと中国外交部副部長（副大臣）の任にあったが、一九六八年三月、「反徒」とされ、秦城監獄に収監され、一九七二年一月二日に獄中で死んだ。時に六七歳であった。家族の面会もゆるされず、生活用品の差し入れも許されず、死んだときに身に着けていた衣類はすでにボロボロであった、という。

註一八：王友琴著『相関連的三名文革受難者』ywang.uchicago.edu/history

私は「赤色クメール」(彼等は一九七五年から一九七九年まで、カンボジアを統治した)に関するある本を翻訳したが、彼等は首都プノンペン近辺の全寮制の高級中学を特殊な監獄に改造し、もっぱら高級幹部を監禁した。この監獄に入れられた者は二万人であったが、生きて出てきた者はわずかに一四名であった。この監獄は中国の「秦城監獄」に非常によく似ている。

このたぐいの党内粛清は、当然文革から始まったものではない。文革中に最大規模に達したのだ。党の高級幹部の度重なる「政治運動」における死亡割合は、どの程度であったのか？　鄧小平の妻卓琳の二人の姉は共に共産党に入党し、ふたりとも共産党の高級幹部と結婚した。一人の姉浦代英は、その著書で（註一九）夫の楽少華（一九〇三年～一九五二年一月一五日）が自殺したことに言及している。楽少華は当時東北工業部副部長の任にあった。インターネットの『百度百科』には、彼は「三反」運動中に間違った批判を受け、一九五二年一月一五日、自宅で自殺した。一九八〇年五月三〇日、中国共産党中央は、楽少華の問題についての再審査を行い、名誉回復を決定し、無実の罪が雪がれた」とある。もう一人の姉浦石英の夫の趙文献（一九〇八～一九六七）は、文革中迫害を受けて死んだ。彼は当時甘粛省副省長の任にあった。鄧小平は、文革中二度にわたって毛沢東に打倒されたが、とどめをさされることはなかった。彼は、毛沢東に遅れること二一年にして死んだ。

註一九：浦代英『無悔的歳月』（北京、華夏出版社、一九九九年）

スターリンも同様なことをやった。先に、ロシア人が二枚の光ディスクを二〇〇四年に出版したことにふれたが、そこには一三四万五七九六人の政治的迫害の被害者の氏名がある。シカゴ大学図書館は、私のために光ディスクを取り寄せてくれた。モスクワ大学を卒業してアメリカの大学に留学した一人の大学院生が、私の研究室に質問にやってきた。彼はすぐに、光ディスクに母方の祖父の氏名を見つけた。この人は極東地方の小さな町の鉱山の責任者で、一九三七年一二月に逮捕され、一九三八年二月に処刑された。光ディスクには処罰の「根拠」として、法律第五八条、即ち「反ソヴィエト罪」と記されていた。

ブハーリンのように地位が非常に高い者については、スターリンは公開「裁判」を行い、裁判官・検察官、傍聴人もいて、被告は弁護が可能であった。しかし罪名は裁判のまえに既に決まっており、判決文も出来上がっていた。このような裁判は後にShow Trialつまり「劇場型裁判」と呼ばれた。

しかし、文革中、毛沢東は「劇場型裁判」さえおこなわず、罪を決める際にいかなる法律の条文も引くことがなかったが、これは最も徹底的に秩序法律をないがしろにしていることを示している。前国家主席たる劉少奇本人も裁判を受けることなく、秘密裏に監禁され三年後に死亡した。

文革中、劉少奇と林彪（死後、叛徒として弾劾）に対する「闘争」は偉大な革命とほめたたえられたが、「権力闘争」という表現は文革に対する「反動的な」言論とみなされた。北京大学の中国文学科の一介の教員が、劉少奇が「反徒の内の悪辣な労働者に対する裏切り者」として共産党を除名追放された時、「官界浮沈」（お上の世界での浮き沈み）と言った。この彼の一言により猛烈な「吊るし上げ」と「引き回し」に遭った。文革の後、一部の者が「権力闘争」によって文革を解釈した。当然、文革には権力闘争の要素はある。しかしこのたぐいの解釈は明らかに全く不十分なものである。

中国の前近代には、当然極めて多くの「権力闘争」があった。外国での昔の出来事では、『マクベス』のような、シェイクスピアの劇にもみられることであった。しかし、昔或いは外国で起こった類似の事件も、人数と規模の点ではるかに文革には及ばない。文革では大量の権勢のある高級幹部を攻撃し、中でも最も顕著な例は、毛沢東が指定した二人の「後継者」が非命に斃れたが、しかし例えば中小学校長のような大量の下層幹部も攻撃されたのだった。中小学校の校長達は、文革中に最も悲惨な目に遭ったグループである。彼等がどんな「権力」によって、党中央と闘争したり政治に介入したりすることが出来たというのか。「権力闘争」のみで文革を解釈する説は、文革の迫害の性質の激しさを一定程度ぼかすだけではなく、歴史の事実とも離れてしまうのである。

しかし、粛清された幹部の人数が多いにもかかわらず、比較的全面的に系統的に彼等の悲惨な境遇を記述した書物はほとんどない。文革後、新聞雑誌に発表された老幹部を記念する文章では（『人民日報』には、副部長級以上を記念する文章だけが発表された）、強調されたのは彼等が革命に大きな貢献があったことだけである。それゆえ、ここで、古参の老幹部の韋君宜の著書『思痛録』をとりあげねばならない。この本は、長年を費やしてようやく出版が可能になった。頁数が多くないのは、削除させられたからである。本書では、一九四二年の延安での整風以来の、彼女が経験した何回もの「運動」が記述されている。この著書が、その他もろもろの書と違うのは、彼女が、文革中に迫害を受けて死にいたった一〇名の氏名を記していること、そのうち八名が部下であり、二名が同僚であったことである。彼女の努力は感動的であるが、彼女と同じことをする者は一人もいない。（訳註、邦訳書は楠原俊代『韋君宜研究――記憶のなかの中国革命』中国書店、二〇一六）

二〇〇〇年、私（著者）は、紅衛兵によって殴り殺されたある中学校長の息子と話し合った。文革が始まると、彼は「革命幹部の子弟」だったので、紅衛兵となって他人の家の家探しや人を殴る行為に加わった。しかし、母親は中学校長だったので、間もなく吊るし上げにかけられ、監禁され、頭髪をまだら模様に剃られた。後、一九六八年八月下旬、紅衛兵の暴力が最高潮に達した時期に無残に殴り殺された。これらのことを語るに至ると、さらに彼は自分の母親の死にやましさを覚えると語った。しかし、次にあった時、彼は二度目の会談を拒んだ。彼は次のように言った。兄が、私と話してはだめだと言った。兄は、薄一波家の子女のやりかたを学ばねばならぬ、彼等は口を閉ざしている、彼等は道理をわきまえている、と言ったと。

薄一波はかつて国務院副総理であった。文革中、彼は「叛徒」と名指しされ、長期間拘留された。彼の妻胡明は、夫が打倒された後、一九六七年一月一五日に「自殺」した。この母親と薄一波の何人かの子供の一人に有名な薄熙来がおり、後に中国共産党中央政治局（二五名からなる最高権力グループ）委員になった。二〇一三年、薄熙來には収賄と職権乱用の罪で無期懲役の判決が下った。薄熙來がしたことで最も有名で全国的にも影響したことは、「紅い歌」を歌わせる、つまり主として文革時代の革命歌を歌わせたことである。

この「道理をわきまえている」という考え方は、明らかに、大量の共産党の幹部が迫害され死に追い込まれたことの詳細を解明することを妨げている。その事情は理解に難くない。受難者の家族と粛清された共産党幹部本人が、必ずしもあの迫害の体系と手法に反対していないからである。ここには利害関係が存在し、価値観の違いが存在する。

■第六の大集団：「農村に下放された知識青年」（一八〇〇万人）
――政治運動の名称：「上山下郷運動」（一九六八～一九七七）。歴史的特色：一八〇〇万人の都市青年が住所を失い、父母と一緒の生活が不可能になった――

一九六八年一二月二二日、『人民日報』は、毛沢東の次のような指示を掲載した。「知識青年は農村に行き、貧農と下層農民から再教育を受ける必要が大いにある。都市の幹部及び他の人々を説得して、彼等の初級中学・高級中学・大学を卒業したその子ども達を農村に送り出させるよう、人々を一斉に動員させねばならない。また各農村の同志たちは、彼等を歓迎しなくてはならない」。

この指示によって始まった所謂「知識青年上山下郷」運動は、一〇年間続いた。都市で卒業した初級中学の卒業生の大部分が、毎年農村に送り込まれた。毛沢東の指示にある高級中学卒業生とは、文革前に高級中学に進学していた者を指している。一九六六年以後、高級中学は生徒を募集せず、一九七三年になって、わずかに北京の一部の初級中学の卒業生が高級中学に進学できただけだった。その他の者は依然として農村に送り込まれていた。合わせて一八〇〇万人の都市の青年が強引に農村に送り込まれたのである。彼等は、進学することもできず（非常に多くのものが実質的に小学校程度の教育しかなかった）、都市で仕事を探して生活を立てるすべもなく（戸籍は一旦都市から移動すると「農村戸籍」となり、都市に戻ろうとすることは殆ど不可能であり、都市で仕事を探すことも不可能であった）、父母や親族と引き離され（わずかに最後の数年は、初級中学の新卒者は、父母が住む都市の近郊で農民になることに改められた）、彼等の農村での収入は、都市の労働者の収入よりはるかに少なかった（ある農村では、一日の労賃は只の数十円だった。都市の青年労働者の数百円ほどの賃金は「高給」であった）。彼等が都市の人と結婚したとしても、引っ越して都市に住むことはできず、それ故、結婚に関しては「賤民」となった。一部の女性の「知識青年」は、農村で現地の権力を持つ幹部から性的虐待を受けた。

近年、「わが青春に悔いなし」という言い方が流行っているが、その意味は「知青」（非常に多くの青年が「農村に送り込まれる知識青年」となったために、このような慣用句が生まれた）は、昔の「知青生活」に後悔はない、という意味である。しかし、あることをやるかやらないか自分で決定できる選択があり、そこではじめて後悔するとかしないとかということがありうるのである。当時の知識青年には選択など無かったのだ。もし当時、進学して都市に留まるか、農村に行って農業に励むか、どちらかの選択ができたならば、一八〇〇万人の「知青」のどれだけの人が後者の道を選んだであろうか。選択など無いのであり、後悔するかしないかなどという命題はなく、志願するかしないかという命題もなかった。かりに「悔いなし」などという言い方があるとしても、それは阿Q式の「精神勝利法」を用いているとしか理解できないのである。しかし、第一に、これは事実ではないことを指摘しなくてはならない。一八〇〇万の人々には、農村への路を歩む以外に路はなかったのである。

私（著者・王友琴）は、「知青」として北京から雲南省河口県に行ったが、北京からそこまでの道のりは五日を要した。私がいた生産隊では、重慶からきた男の「知青」が自殺した。彼は、当時の誰もが持っていなくてはならない『毛主席語録』に何の気なしに若干の文字を書きつけたのが、「反動的な言辞」を書きつけたと指弾されたのである。また、もう一人の「知青」は、生産隊の軍の代表による懲罰を受けた後に毒物を飲んだ。幸いにして、時宜を逸せずに胃の洗浄をしてやった人がいて、命を取り留めた。彼等は、文革が始まった時、小学校の四年生であった。以後、文化的な授業を受けることもなく、本を読んだこともなく（一九六六年以後、学校は正常な課程を停止し、また文革以前に出版された小説の類の課外の図書は、全て禁書とされるか、焼き捨てられるかした）、一七歳にして「知青」として遠く故郷をはなれて、農村に送り込まれたのである。彼等の境遇は、当時都市で迫害を受けた「老いぼれ」（都市で迫害を受けた人々は多くが四〇歳以上で、高年齢のゆえに前の国民党政権と関係がある可能性が高く、また高等教育を受けたか、仕事の経験が長いために昔は給料や地位が高かった）と同じではなかったが、苦しみの程度は同様であった。私は、全面的な百分比による統計をとることは出来なかったが、「知青」の「非正常な死亡」（訳註：文革後、文革によって惨酷に殺された虐待死を隠蔽し、カモフラージュする常用語）の割合は低くはなかった。

父母や故郷から遠く離れた地方で受けた迫害は、「知青」達に精神異常をもたらした。私は『日記を壊した革命』という一文で、次のようなことを書いた。雲南省思茅県の一八歳のある女性「知青」が、日記に当時の社会の負の面に対する見方を若干書いていた。一九六九年、雲南に大地震が発生し、室外に避難して生活していた時、彼女の「反動的」な日記が、他人に盗み見られて上に報告された。幸いにして彼女の家庭は「紅五類（革命軍人・

革命幹部・労働者・貧農・中下層農）」で、その日記にも「重大な」「反動言論」がなかったので、短期間拘留された後に釈放され、家族が北京に連れ返った。しかし、北京では長い間彼女に対する食料の配給券がなかった。彼女は精神異常をきたし、いまだに回復にいたっていない。もし彼女の家庭が「問題有り」だったなら、結果は想像を絶するものとなっていたであろう。

私は、自分もかつて「知青」であり、また「知青」問題に関心のある作家と、「知青」問題について語り合ったことがある。彼女は、北京から内蒙古の土黙特左旗にゆき「知青」となった。彼女の著作は、具体的で普通の「知青」の生活に対する明確な知識に基づいている。彼女は、新聞・雑誌のみを資料としたり、個人の印象によって書いたりした、あれこれの文章を批判した。彼女は、自分たちの中で、現地の農民と結婚した女性「知青」が、すぐ自殺してしまったのを見た。また、もう一人の、農民と結婚した女性の「知青」が傷心のあまり、故人の名を叫び大きな声で泣き、一月後《ひとつき》、この「知青」も自殺したのも見た。彼女は、この女性の絶望的な泣声を永遠に忘れることはできないと言った。また次のようにも語った。「知青」の間での精神病の発症率が極端に高かった。彼女の所から遠くない、九人からなる「知青」の小グループ（「知青」は小グループを作って、順番に食事を作った）内の三人が精神病になった。彼女自身が所属した小グループでも一人が精神病になった。労働者家庭出身の女性の「知青」の運命が最も悲惨で、彼女たちの家庭は貧困であり、社会的な関係を「弄」（作る）ことができなかった。（当時人々は、都市に返る為の「縁故」関係や「資金」作りをすることを、この「弄」（作る）という曖昧な動詞を用いてあらわした）

貧困な物質的条件は、長期の無情な試練である。聞き取りをしたある人は、一九六八年、北京から山西省の農村に「挿隊」（「人民公社」に送り込む）された。彼が言うには、農村の貧困な生活と、農村に行かされる前に北京で見た暴力的な吊るし上げとは、生涯に受けた二つの最大の衝撃であった、と。彼はまた次のように言った。収穫の時期には、生産大隊と人民公社の幹部は先ず県城に行って県全体の集会に出る。その後これらの幹部が生産隊にやってきて食糧の秤量を看視する。食糧を上納した後、人民公社員一人当たり一年で一四〇キログラムが分配される。食用油・肉・卵はない。一年で一四〇キログラム（それも籾のままの数量で）の食糧ではどだい不十分である、と言った。彼はまた次のようにも語った。「「知青」は「小奴隷」と似ている。自分から動く自由もなければ、人に動かされる自由もない」。「小」の字を用いるのは決して誇張ではない。なぜなら、初級中学の卒業生は一八歳に達していなかったからである。

私自身も、生産隊にいた時、一年間に肉を食べることができたのはたったの三回、毎月一人につき一〇〇グラムの油だけ支給された。

ある「知青」の母親は、北京の主任医師であった。我々には摂取する油もなく、肉も卵もないことを知って、手紙を送ってきた。それには、油を摂取しないことはたいして重大なことではない。ヒトの身体は自然に脂肪をつくることができるが、人体に必須なのは一三種類のアミノ酸で、これらは外部から摂取しなくてはならない。たんぱく質を食べるように注意する必要がある、と書いてあった。実際には、このような問題で「アミノ酸」というような高尚な知識を理解する必要などない。生産隊で子供を産んだばかりの産婦の眼に、一筋の腫れのできることがあったが、明らかに原因は栄養不良であった。

このような食品の欠乏は、自然が引き起こしたのではなく、文革の政策が引き起こしたのであった。鄧小平が再登場した時（一九七三年）、各戸で自前の豚を飼うことが許されたが、豚の体重がようやく二、三〇キロになった頃、「鄧小平を批判し、右傾化傾向に反撃する」運動がはじまり、飼育が始まったばかりの豚の屠殺が命令された。「知青」達は、村人が殺した子豚を食べて大いに喜んだ。

一年一年と時間が過ぎた。一九七五年、「上面」（この言葉は「下郷」の「下」に対応して用いられた。上の方、つまり「御上《おかみ》」の意）は新たなスローガンを発明し、「知青」が農村に「扎根」（根をおろす）することを命じた。まさか彼等は植物でもあるまいに「根を下ろせ」とは。農村の生活は改善せず、どんどん悪化した。一三種類のアミノ酸もなかった。また食用油も肉もなかった。さらに衣類を洗う粉石けんも、チリ紙も売っていなかった。内蒙古のある「知青」の場合、彼等が農村に来た頃は一日の労働にたいして賃金が六円ほど（人民公社では貨幣で賃金を払わず、労働点数で記録し、後に一括して清算した）、後になると一円数十銭になってしまった。湖南省の生産隊に送られたある人の場合、一日一円数十銭を稼いでいたが、彼いわく、自分の価値は一羽の老鶏と大して変わらない――老鶏がうむ卵は一個一円数十銭であった、と。

当然「知青」は、ただ苦しめられているだけではなかった。彼らは、それが自然災害によって引き起こされた苦しみではなく、政策によって引き起こされたものであり、その苦しみは政策の改変によってはじめて解決できるということも知っていた。しかし政策の変更になんらかの希望を見出すことはできなかった。農民は彼等に比べてさらに苦しい。なぜなら、「知青」は都市から送られる小包をうけとる可能性があったからである。ただし、都市の父母に小包を送れる能力があっての話ではあるが。実際、生活水準の低下は、文革中の普遍的現象であった。農民は、全ての人々のなかで最も苦しい大群であった。「知青」は、都市から「下郷」して農民のあいだに入って行った。このような「下方」に向かった変化は、農民たちを貧困に対してより敏感にさせ、受け入れがたいものという感じにさせた。

生活の困苦は、「知青」の誰にも試練を与えたが、彼等の都市にいる父母も同様であった。注意せねばならないのは、大規模な「上山下郷」運動が起こった時期は、ちょうど文革の最大規模の迫害の時期、その最高潮の「階級隊伍を純化する」運動の時期であった。この運動の重点は、歴史上「問題のある」人々を整理することにあった。だから三七、八歳の人々が多く「審査」を受け、「牛棚」に閉じ込められた。そして、この年齢の人々は、ちょうど子どもが「知青」の年齢であった。聞き取りをした上海のある人は、「知青」が都市戸籍を農民戸籍に移して農村にゆくことに同意しないと、居民委員会がその父母をよびつけて戸籍の移動に同意するまで、罰として跪かせ続けたと語った。また北京で聞き取りをしたある人は、卒業生が農村にゆくことを承知しないと、学校はその家の戸口まで人を押し掛けさせた。しかし、それでも効果がないとみると父親の経歴の「あらさがし」をした。父親は強迫によって子どもを農村に行かせることに同意せざるを得なかった、と。

農村にゆくと「知青」の収入は低下したので、都市にいる父母は、子供達に金銭を補填せざるを得なかった。私の知る「知青」同志は結婚して子どもが生まれたが、双方の父母が都市で子どもを養育した。「知青」にはミルクを買う金もなく、石鹸すら買えなかったからである。父母が援助できなければ、結婚をあきらめるほかなかった。「知青」の中で、被害が最も大きかったのは、労働者家庭の子どもの出の「知青」たちであった。彼等の父母は賃金が低く、家には子どもが比較的多く、また「こね」（縁故）が少なく、何とか手立てを考えて子どもを都市に戻す工作をするのも、他の「知青」の場合より一層困難であった。ある女性は労働者家庭出身の「知青」の境遇を私に話した。私は彼女の見解に同意した。私は、この「上山下郷」運動で「知青」の父母であった都市に住む労働者たちも、最大の被害者であったと言いたいのである。

理論上、労働者階級は「指導階級」と奉られていたが、これは単なる口先だけに過ぎなかった。文革の一〇年間、一回だけ賃金が増額になったが、こんなものは「加算」などとはとても言えないものであった。そもそも労働者の賃金は、経験年数と技術水準によって、年を追って増加してきた。ところが、文革ではかかる賃金の増加は停止され、実際には全体として賃金は減額された。その上、労働者の子女は都市で労働者としての生活を継続することができなかった。これは労働者にとっては非常に大きな打撃であった。中国では伝統的に家族関係が重視され、子どもが成人となっても親の家に近いところに居住したので、親に対して経済的な面でも高齢者支援の面でも援助を与えることができた。大多数の父母は、誰もが子どもたちが自分たちより高い教育を受け、高い賃金を得ることを望んだが、子どもが「知青」労働者となったので、すべてが不可能になってしまった。彼等は、子どもの近くで悠々自適の暮らしを過ごすことができないだけでなく、さらにその子どもに金銭の支援をもせねばならなくなったのである。

雲南省に下放された「知青」の間で起こった最も恐怖すべき事件の一つが、「通報」に記されている。上海の「知青」のカップルになった女性が妊娠七か月になった時、ある北京の「知青」が、彼女に古いやり方で堕胎させた。生産隊のある「知青」がその胎児を食べた。「病気であれば病気に効くし、病気がなければ非常に栄養になる」と言われていると聞いたからであった。「通報」には、堕胎させた人と胎児を食べた人が逮捕されたともある。

これはいったい誰の罪なのであろうか。この頃、我々「知青」は、ロシアの作家ゲルツェンの『誰の罪か』を回覧していた。文革中に読んだり買ったりできる本はなかったが、写し取ることは可能であった。この本の書名は私に強烈な衝撃を与えたが、もし副題にある「究明の済んだものは整理保存し、究明していないものは自然にまかせる」ということであるなら、この書名もいかにも軟弱であるとも感じた。——所詮、人は何も変えることが出来ないというのだから。「知青」の集団的反抗事件は、文革が収束した後に始まった。文革の時代には、誰も敢て反抗しようとはしなかった。魚は元来漁師には反抗できない。あるいは、せいぜいのところ誰かが言ったように、網のどこかに大きな穴をみつけてそこからぬけだすだけである。「知青」達の延々と続く都市への帰還を勝ち取る闘争は、止まることがなかった。この過程で、この世代の人々が、多くの時間と勢力を消耗して、社会道徳の甚だしい腐敗を経験した。「関係をさがす」(これを探す)、「走後門」(裏口から入る)、「金銭による賄賂」、「性的服従により良い地位を得る」等々、こうしたことは「知青」が都市に戻る件で最もひどく行われた。

女性の「知青」の境遇が、最も不幸なものであった。権力を持つものが権力を利用して性的服従を要求することは、文革の前も少なくはなかった。しかし、文革によって入学試験や業務評価のような正常な上昇の機会が停止されたので、権力を持つ連中は自分たちの手中にある利点を思うままに利用して女性を誘惑した。一九七三年八月、国務院と中国共産党中央軍事委員会は、多数の女性の「知青」を強姦した二名の東北建設兵団の幹部の軍人を死刑とすることを承認したと通達した。また、その他の地方では、「知青」を縛り上げたり吊るして殴ったりの肉体的迫害を加えていることに言及した。また、「知青」を迫害した一部の幹部を銃殺したり刑に処したりした。こうしたことは犯罪行為に対する打撃ではあったが、しかし一方、「上山下郷運動」の指導を「強化」して、長期にわたって変更不可能な政策とさせるためでもあった。この「上山下郷運動」は、毛沢東の死後も一定期間継続された。

雲南省の建設兵団でも、銃殺されたり処罰されたりした軍人がいた。それ以後、私は二つの場所で、それぞれ「女性知青」が自殺しようとして阻止された事件をみつけた。彼女たちもまた強姦の被害者であった。加害者の男も一定の懲罰はうけたが、被害者の「女性知青」の境遇をどうやったら改善できるのであろうか。彼女らの一人は上海出身、一人は成都出身であった。私は、一度だけ彼女達にあったことがあるが、いまでもその様子を覚えている。

一九七五年四月、北京大学を統括していた軍代表（当時、北京大学には「校長」という名称はなかった。一九七八年になって、やっと「校長」なる名称に戻った）は、大会で二人の老教授を攻撃した。一人は、先に記した林超先生であった。彼は、「知識青年の〝上山下郷〟運動を破壊した」「文革に反対した」と指弾された。先生の所謂「反動的言論」とは、「上山下郷」していた知識青年のある女子が、北京に返るのに手助けしなかったという予想外のものだった。先生は、彼女に「もし昔だったら、私が貴女を外国に留学させることができた。しかし、現在は私にはどうすることも出来ないのだ」と言っただけだった。林先生は、一九三〇年代にイギリスに留学して博士号を取得して、中国現代の地理学の創始者になった人である。彼は、文革後になってやっと「歴史問題」の名誉回復がなされた。しかし、彼と一緒に集会の壇上で攻撃を受けた図書館の老教授・王重民は、一九七五年四月一六日、頤和園の一本の木の上で首を吊って自殺した。時に七二歳だった。王先生は、北京大学の文革犠牲者六三名の内の最後の一人になった。

文革の時代、中国の都市人口は全体の二〇パーセント弱であった。人類社会が、教育の普及と工業の発展の方向に前進している時、「上山下郷運動」は青少年を強引に学校から引き離し、都市から引き離し、彼らを人口が多く耕地の少ない農村に入り込ませ、労働ノルマをあげることに努め、労賃（貨幣）を稼ぐことにあくせくしない「人民公社の社員」（文革後には解散されている）にした。文革指導者たちは、一八〇〇万人の「知青」とその父母に甚だしい苦痛をもたらしただけではなく、民族の経済と文化に巨大な後退ももたらしたのである。

第三章　毛沢東最後の政治運動「文化大革命」（総ての牛鬼蛇神を一掃せよ）

文革は、時間が最も長く、規模が最大の「政治運動」であり、打撃対象、迫害対象が最も多く且つ最も広い政治運動だった。文革の打撃対象の中で、新しく加えられた二つの集団――粛清された大量の共産党幹部と「上山下郷」させられた都市青年たち――以外に、文革以前にすでに迫害されたことがあった四つの大きな集団が、またも新しい各種の罪名のもとに、吊るし上げられ、監禁され、虐殺された。文革のスローガンは、いっさいの牛鬼蛇神を一掃せよと言うものであった。

「牛鬼蛇神」という言葉は、唐詩（訳註：厳密にいうと、唐の詩人杜牧の『『李賀集』序』、即ち同じく唐の詩人李賀の詩集につけた序文（杜牧の詩文集『樊川文集』所収）に由来）にあり、「牛のような鬼、蛇のような神」を指し、実際に存在するものではない。毛沢東は、一九五〇年代にこの四文字を用いて、彼が「階級の敵」とみなす者を指し始めた。一九六六年六月一日付『人民日報』の社説の見出しは、「牛鬼蛇神を退治せよ」ということばで埋められた。

すでに述べたように、毛沢東は、スターリンの「芝居がかった見世物裁判」のような手法はとらなかったが、スターリンも用いなかったような「群衆専政」（人民独裁）（註二〇）を用いた。つまり「紅衛兵」や「造反派」等々の「革命的群衆」を使って、処罰・拘留し、殴打・殺害さえした、という意味である。「吊るし上げ集会」と「牛棚」は、特に突出した二つの迫害方法であった。前者の詳細な状況については、私の長文の『文革闘争集会』（註二一）で見ることが出来る。後者は、各業務単位に設けられた非正規の監獄を指し、そこに拘留された人々が「牛鬼蛇神」と称されたことに由来する。

私は、文革に遭遇したし、また一〇〇〇人にも上る文革体験者に聴き取りをしたので、文革受難者に対する理解は、文革以前の「政治運動」受難者に較べてはるかに深くなった。以下では、文革の「子運動」（文革という大運動の下部には、さらに非常に多くの枝分かれした運動が発生した。これらを「子運動」と称することができる）の起こった時間の順序に従って、文革受難者集団の輪郭を描き出す。

註二〇：一九六七年七・九月、毛沢東は華北、中南部、東部を視察した時の談話で、「群衆専政」（人民独裁）という言い方を提案した。この言い方は、後に大量に使用されたので「群専」と略され、動詞としても用いられるようになった。

註二一：『文革闘争集会』という文章は、雑誌『領導者』の二〇一三年八月号と一〇月号に連載された。また私のホームページywang.unichicago.eduでも読むことが出来る。

1、一九六六年「紅衛兵運動」と「破四旧」（四つの古いものを破る）運動

（1）校長と教師を打ち殺す革命 —— 全国の総ての学校の校長等、一つの例外もなく生徒から暴力的虐待を受けた ——

一〇年間続いた文革中、「知識分子」が迫害をうけた最も主要な集団であった。これは事実であるだけでなく、「文化革命」の指導者が用いたこの「革命」という理念にも符合する。そして所謂「知識分子」の中でも、中学・高校の教員と校長が、文革中最も大きく最も広い範囲で暴力による迫害を受けたのである。

「土地改革」中に地主に加えられた残酷なやり方が、最初に北京の大学、小中学校に持ち込まれ、さらに全国に推し広められた。教師は無産階級であるのだが、毛沢東は彼等の世界観がブルジョア階級的であると言い、

彼等のことを「ブルジョア階級知識分子」と呼んだ。毛沢東はアメリカのジャーナリストのエドガー・スノウ（Edgar Snow）に、「文化大革命では大学教授、中学教員、小学校教員、まず奴等らからメスをいれる」と述べた。

一九六六年八月五日、北京師範大学附属女子中学校長の卞仲耘は、紅衛兵学生に殴り殺された。彼女は、北京で最初の紅衛兵に殴り殺された教職員であった。八月七日、北京市通県一中の副校長の程珉は、二日間に渡って散々殴打された後、学校内の「労改隊」の中で死亡した。八月一七日、北京一〇一中学の美術教員の陳葆昆は学校内で殴られて死亡した。

八月一八日、毛沢東は天安門で一〇〇万人の紅衛兵を接見した。全国の紅衛兵は無料の乗車券を入手して、北京に行って毛の接見を受けることができた。北京師範大学附属女子中学の紅衛兵指導者の宋彬彬は、天安門の城門の上で、毛沢東に紅衛兵の腕章をささげた。毛沢東は、宋彬彬に何という名かとたずね、「文質彬彬」の彬彬であると聞くと、「武でなくてはいかん」といった（訳註：『論語・雍也』に「文質彬彬、然後君子」とあり、宋の名はこれに基づくのであろう）。この大集会は、全国に向けて放送された。大会の後、紅衛兵の暴力は、急速に激化していった。北京では、一日に殴り殺される人の数が、一桁から二桁に、さらに三桁に変わった。九月一日には、殴り殺されたものが二七八人に上った。

八月二五日、北京師範大学第二附属中学の紅衛兵が学校内で三人を殴り殺した。学校の責任者の姜培良、教員の靳振宇、学生曹濱海の母の樊西曼の三人であった。民族学院附属中学の体育館では、紅衛兵に拉致されてきた北京三十六中学の女教師の劉雲が殴り殺された。

上記の靳振宇先生は、一九六〇年に北京師範大学の中国文学科を卒業した。彼と同窓・同級の張輔仁（北京外国語学院附属中学教師）、廉秀文（北京地安門中学教師）も八月に殴り殺された。北京師範大学の卒業生は多くが中学の教師になるが、このクラスの三三名の同級のうち三名が殴り殺された。

私が調査した北京の一〇か所の女子中学で、一九六六年八月に三名の校長と三名の教員が殴り殺された。「卞仲耘、北京師範大学女子付属中学」、「沙坪と韓靖芳、北京第三女子中学」、「梁光琪、北京第十五女子中学」、「孫迪、北京第十女子中学」、「斉惠芹、北京第四女子中学」等々である。侮辱され殴打監禁された末に「自殺」し亡くなった者はこの中には入っていない。自殺の二字にカッコを付けているのは、文革中に発生したものが、根本的に平常の意味でいう自殺ではないからである。

紅衛兵による教員や校長に対する大規模な暴力的攻撃は、北京の中学から始まり、急速に全国的に広まった。わずかに私の調査の及んだ範囲でも、ここでこれら受難者の長大な名簿を書き出すすべはなく、わずかに少数の例を挙げ得るだけである。陝西省西安市第三十七中学の紅衛兵は、一九六六年八月三一日、教師王冷と王伯恭を殴り殺した。福建省厦門第八中学では一九六六年八月一三日、国語教師の薩兆琛は、校内で高く尖った三角帽子をかぶせられ、罪状を書いた札をぶらさげられ、街中を引き回されたすえに、手足で殴り蹴られる「吊るし上げ」を受け、体育館で死亡した。物理教師の黄祖彬は大便を挟んだ饅頭を強引に食べさせられた。彼は残酷な殴打を受けたすえに、監禁されていた校舎から身を投げて死亡した。福建省南平県第一中学では、一九六六年八月二七日、副校長の章志仁を「吊るし上げ」た。八月二七日の夜、章志仁は、妻の黄逸霞、娘の章小佩、娘の章小潔、息子の章小平とともに自殺して果てた。彼は、北京鉄鋼学院在学中の長男に告別の手紙を書いたが、長男が手紙を受け取った時には、一家全員がすでにこの世にいなかった。

中学の紅衛兵の凶暴性に較べると、小学校の紅衛兵の腕力は比較的小さかったが、それでも、小学校の校長や先生も同様に殴り殺された。ただし、その人数が中学より少なかっただけである。例えば、一九六六年八月二七日、北京市寛街小学校の紅衛兵は、校長の郭文玉とその夫の孟昭江を殴り殺し、教務主任の呂貞先も殴り殺された。北京中古友誼小学校の教務主任の趙謙光は屈辱的な殴打をうけたのち、煙突から飛び降りて亡くなった。北京の史家胡同にある小学校長の趙香蘅は、「吊るし上げ」にあって殴打され、夫の沙英とともに建物から飛び降りて亡くなった。

大学の紅衛兵が、一九六六年八月に直接殴り殺した人数は、中学の紅衛兵のそれより少なかった。が、大学では殴られた後に「自殺」した人が非常に多かった。一九六六年八月九日、北京師範大学の第一教職員宿舎に居住する六名の教授が「自殺」した、ひとりの教授は「吊るし上げ集会」で殺された。彼等は、生前、全て「労改隊」に入れられ、髪の毛を切られ、家探しをされ、殴打される等々の仕打ちを受けていた。


八月一三日、外国語学科教授・何万福（六一歳）が、龍潭湖に身を投げて死んだ。

八月一七日、政治教育学科の教授・石磐（四八歳）が、大学本部の七階から身を投げて死んだ。

八月二四日、歴史学科教授・劉啓戈が、妻と共に睡眠薬を飲んで死んだ。

八月二六日正午、物理学教授・劉世楷（六八歳）が、妻とともに建物から飛び降りて死んだ。

九月五日、ロシア語教授・胡明（五五歳）が、建物から飛び降りて死んだ。

九月七日、教育学科教授・邱椿（六九歳）が、強引に三角帽子をかぶせられ、「招魂幡」（訳註：死者の魂を呼び戻す旗）を持たされて、学内を「游斗」（道を歩かせながらの「吊るし上げる」の意）される途中、心臓発作を起こして死んだ。

九月八日、教育学教授・劭鶴亭（六四歳）が、妻と共に建物から飛び降りて死んだ。七名の教授の内、四名が妻と共に死んでいる。二年後、「階級隊伍を純化する」運動中に、政治教育学科教授・朱啓賢が、一九六八年四月一一日、睡眠薬を飲んで死んだ。五七歳であった。馬特教授は、「立案審査」（告発査問）を受けて、一九六八年五月二四日、大学本部の建物から飛び降りて亡くなった。五八歳であった。「紅衛兵運動」と「階級隊伍を純化する運動」によって、北京師範大学のこの職員宿舎に住む教授九人が死んでいる。


大学の党指導者は、文革の最初期に攻撃をうけた人々である。一九六六年時点の大学の指導者は、全て古参の共産党幹部になっていたが、攻撃されたのである。拙著『文革受難者』では、二〇名の大学の指導者の死について記述した。例えば、一九六六年六月二五日、蘭州大学学長で、同大学の共産党委員会書記であった江隆基が「自殺」した。六一歳であった。一九六六年八月二日、重慶大学学長で同大学の共産党委員会書記の鄭思群が「自殺」した。五二歳であった。北京大学副学長の馮定（一九〇三～一九八三）は、一九六六年から一九六八年までに三回「自殺」を図ったが、幸いにして命を取り留めた。これら三名の学長たちは、すでに一九二七年に入党し、長期にわたる革命経験もあり、書斎に籠り世事にうとい学者文人ではなかった。

文革後、文革は中国の伝統文化がもたらしたものだ、と言う人がいる。文革については、これは事実ではない。中国には二千年来、精神的指導者の主流の地位を占めた孔子という教師がいる。「教師を尊敬する」ことこそが中国の伝統文化である。先生を殴るということなど、絶対に中国の伝統ではない。私が行った全国数百か所に及ぶ学校の調査で、文革中に教師や校長を暴力的に攻撃しなかった学校を一つも見出せなかった。これは毛沢東の文革の理論を実施に移した結果なのである。毛沢東は、マルクスの階級の定義を一歩進めて、資産を持たない知識階級を「ブルジョア階級知識分子」と称したのである。文革中、教師と校長は、一集団として、一九五〇年代の「地主」、「資本家」と同様に、攻撃され暴力を振るわれる集団となったのである。

（2）いわゆる「黒五類家庭出身の若者たち」

学校で暴力の対象になるのは、いわゆる「出身家庭が良くない者」と「思想が反動的である者」とされる若い生徒・学生達があり、もう一つの受難集団となっていた。文革収束後二〇年たって、文革では少なくとも青少年には愉快な月日があったという者がいるが、これは受難集団の青少年たちが受けた迫害を軽視するものである。

一九六六年八月、紅衛兵はいたるところに、「老子英雄児好漢、老子反動児混蛋（親が英雄なら子も好漢、親が反動なら子は馬鹿ものだ）」という対聯を貼って、いわゆる「黒五類」の家庭出身の同じ学校の生徒・学生を

「混蛋《ばかもの》」と呼んだ。北京第二七中学では、一九六六年八月二五日、林永平という初級中学二年の女子学生が、校内で紅衛兵に殴り殺された。林永平の父親は収監されていた「反革命分子」で、父母は離婚したので彼女は母方の姓にしていた。それでも依然として、彼女は「混蛋」であった。学校で大集会が開かれ、生徒たちは地面に座った。紅衛兵は、彼女が『毛主席語録』を尻に敷いたといって、彼女を無茶苦茶に殴りつけ死に至らしめた。彼女が本当に死んだか確かめるために、紅衛兵はガラスの破片で眼球を引っ掻き回した。北京大学では、一九六六年から始まって、九名の学生が「反動学生」と名指しされ、「批判」「吊るし上げ」を受けた後、「自殺」した。孟子いわく「惻隠の情けは、誰にでもある」。このようなことをした若い人々は〝快楽〟を覚えた等と言えるであろうか？同情心のない残忍な人間にしかありえない。

この種の黒五類の家庭から来た生徒学生に対する迫害・虐待のやり方は、今の人から見ればまったく意味がないことであるが、文革指導者の角度から見れば、彼らが社会に対して恨みを晴らすように扇動するのにかなり有効であった。一九六六年は、建国時の一九四九年から既に一七年も経っていた。毛の時代、社会の「階級区分」は、一九四六年から四九年までの、個人状況によって区分されたものだった。つまり、かつて階級区分を受けて「階級敵」にされていた先の世代は、まさに老いていたのである。だから新しい階級敵を捜し出さねばならなかったのだ。こうしてこそ、いわゆる「階級闘争」を不断に継続することができるのである。父母の罪に子供たちを連座させることが、文革指導者が社会を有効にコントロールできる有効な方法であった。

私（王友琴）は、確かにある女性の老幹部が次のように言ったことを覚えている。文革の時、私は文革が間違いであることを知っていた。しかし、もし私が批判の声をあげていたなら、自分は「反革命」になるが、それ自体は重大なことではなかった。しかし九人の子どもがいた。この子ども達を敢えて災難に遭わせることはできなかった、と。

一九六六年八月一八日、毛沢東が初めて天安門広場で紅衛兵を接見した後（このような接見はその後七回あった）、紅衛兵の暴力は学校のキャンパスから校外に拡散し、当時紅衛兵は、これを「社会に向けての突撃」と呼んだ。その結果、学校の校長や先生が侮辱され殴打され虐殺されたのである。

（3）「作家」・「芸術家」

一九六六年八月二三日、中学生の紅衛兵は、北京の文廟・国子監で書籍や京劇の衣装・道具に火をつけて燃やし、二八名の作家・芸術家・文化局の指導幹部を火の回りに膝まずかせ、こん棒や皮のベルトで殴りつけた。その中に、中国作家協会副主席の老舎（筆名）がいた。老舎は、翌日午前家をでて協会には行かず（また殴られる可能性があったので）、西城区の太平湖に身を投げて死んだ。

文学史に於いて、作家・詩人の自殺はあった。人々は、一般に彼等は感覚が特に鋭敏で感情が豊かであり、それで自殺が起こるのだとみなした。しかし、文学史上、老舎のように激しく殴られ侮辱された後に自殺した作家はいない。文革中、郭沫若のように批判と吊るし上げを受けなかった極少数の作家がいた。彼は、一〇月一日の国慶節などの日には、いつも天安門の上に現われた。彼は、文革が始まると直ちに、新聞紙上で次のように述べた。「自分が以前に書いたものは厳密に言うと、全て焼却せねばならない。一片の価値もない」と。

しかし他の作家は、このようにしても許されないと考えた。作家が文革で打撃の対象として指定されたことは、校長達と同様であった。彼等は、どんなに罪を認め自己批判しようと、「吊るし上げ」にあい、さらには殴り殺される運命を逃れることはできなかった。中国作家協会常務理事の趙樹理は「反革命修正主義文芸路線の先兵」と名指しされ、「批判闘争」の際に殴られて肋骨を折られ、高い場所から落とされて寛骨を折られた。彼は山西省太原で最大の湖濱会場で批判・吊るし上げを受け、一九七〇年九月二三日に死んだ。

（4）「かつて資産を持っていた人々」

最も激しく攻撃されたのは「五類分子」であるが、それ以外にも、商工業者がいた。彼らは、一九五〇年代にはまだ地主が遭わされたような残酷な刑罰を受けたり虐殺されたりする人はいなかった。「民族ブルジョア階級」（「官僚・買弁ブルジョア階級」と区別する言葉）は「人民内部の矛盾」と定義された。しかし、文革によって「階級の敵」の範囲が広げられて、彼らも攻撃の対象にされた。

王馨圃は、山東省莱陽県の旺荘郷大陶漳村の人で、少年時代に都市の商店に入って徒弟となり、後に、北京に緑豆などで作る細い麺の工場を開き、最も多い時で六名の労働者を雇っていた。一九五六年、政府は商工業者に対して「公私合営」を進め、彼も「資本家」に区分された。彼の固定資産は、一五七五元と算定された。（一五〇〇元以下は、「小企業主」に数えられた）。麺工場は彼のものではなくなり、政府は、一か月に一九・六六元の「定額利息」を彼に支給した。一九六六年九月九日、彼は妻と二人の女の子と共に北京市内から追い出された。（この時期、紅衛兵は「通令」を出して、北京から一〇万人の住民を一斉に農村に追いやった。列車の中で殴り殺される者もあった）

農村の地主はとうの昔から土地を失って、長期にわたって村内で「独裁」のもとにあった。文革中、彼等の受ける迫害は一層激しさを増した。北京市大興県では、一九六六年八月三一日から九月一日の間に、三二五人の地主とその家族子孫が殴り殺された。その中には、生後三八日の嬰児も含まれていた。北京市近郊の南安河村は、人口三〇〇〇人であったが、一九六六年八月下旬、一五名の「階級の敵」が虐待の後亡くなった。手を下したのは、初めは北京第四七中学の紅衛兵であったが、その後はこの村の「積極分子」達であった。

（5）「自分の持ち家に住む人」

一九四九年以前、普通の住民は誰もが、自分の所有する住居に住んでいた。共産党の理論によれば、自己の居住する住居は「生活手段」に数えられ、「生産手段」には数えられなかったし、「階級成分」の根拠にも含まれなかった。しかし、文革で「反動家主」という言葉が用いられてから、彼等は「階級の敵」という範疇に入れられてしまった。

一九六六年八月、紅衛兵は、自分の所有する住居に住んでいた一人の住民を殴り殺した。北京に住居を持つ者は役所の住居管理局にいって、行列をなして自分の「住居所有証明書」を上納したが、それでも、殴り殺されるものがいた。北京市崇文区欖杆市広渠門内大街一二一号の住民李文波は、以前わずかな資産を所有し、一九六六年時点では自分の二階建ての小さな建物に住んでいた。一九六六年八月二四日、李文波はすでに住居管理局に自分の住居所有証明書を提出済みであった。二五日、北京第十五女子中学の紅衛兵が家探しにやってきた。紅衛兵は、李文波が彼等を殴ったといった。李文波はその場で殴り殺され、その妻劉文秀は警察の車で連行され、九月一二日に死刑の判決が下り、一三日に処刑された。李文波が殴り殺されたその日、第十五女子中の紅衛兵は、学校内で校長の梁光琪をも殴り殺した。

毛沢東が死んで一五年後の一九八一年に、北京の裁判所は、李文波・劉文秀夫婦の「名誉回復」をした。

（6）「宗教を信仰する人々」（廟宇・教会は閉鎖され、信仰は禁止）

陳恵恩女士は、一九一七年生まれ、小さいころから障害があり、左膝から下を切断して、上海のキリスト教孤児院で成長した。外国の修道女から英語を学び、上海の中学を卒業後上海の税関で働き、一九五〇年、税関の移転と共に北京に引っ越した。彼女の夫鍾永も孤児院で育ち、瓦職人であった。彼等は敬虔なキリスト教徒であった。彼等には二人の子どもがあり、一家は北京市頤和園北宮門外の青龍橋北上坡一〇号に居住していたが、小さな煉瓦作りの二間を貸し出していた。一九六六年八月、北京第六七中学の紅衛兵がやってきた。彼等は解放軍軍事科学院の職員の子弟であった。彼等は陳恵恩夫婦が「特務」で「反革命」だと言って、先端に銅のはめてある皮のバンドで散々殴り、さらに彼等の腹の上で飛び跳ねた。その後、トラックを呼んで、彼等を警察に送り付けた。陳恵恩は警察署で死んだ。生前、陳恵恩は、いつも香山霊修院に行っていた。彼女の子どもが言うには、そこには彼等が「許叔母さん」とよぶ修道女がいたが、この修道女もまたこの時期に死んだ、ということである。

一九六六年八月二四日、北京第二中学校等の紅衛兵が、東単三条のマリア方済格修道女会で、八名の外国人修道女を「吊るし上げ」た。写真から、彼女たちが強引に腰を九十度まげて「罪を認める」姿勢にされていることがわかる。彼女等は、直ちに国外に追放されたが、そのうちの一人は北京から香港へ行く途上で世を去った。彼女等が外国人であるので、『人民日報』は報道して、特に紅衛兵を支持した。陳恵恩のような普通の人は書き記されることがない。私は、二〇一七年になってはじめて、陳恵恩の名とその人となりと写真を知ったのである。

2、一九六七年「革命造反派」の分裂以後の「武闘」によって打ち殺された人々

一九六七年一月、毛沢東は「党内の資本主義への道を歩む実権派」からの「奪権」を展開し、新たな権力機構「革命委員会」を設けることを指示した。「革命委員会」は、軍人と「革命造反派大衆組織」の代表と、それに問題のないことが分かった一部の老幹部の三者の結合、いわゆる「三結合」によって構成された。

大部分の老幹部が「打倒」されたことは、既に上文で述べた。同時に、「奪権」と「革命委員会」の立ち上げの過程で、「革命造反派」に分裂がおこり、相争って火器を使用するまでに至った。このような両派の武装した争いによって生じた死者・負傷者の数は、地域によって異なる。例えば山西省高級人民法院の「山西省東南の文

革の重大なる衝突事件報告」では、該地区の「非正常の死者」二二一五人の内、六一五人が武闘によって殺された。人口が極めて多い上海では、「非正常の死者」は、一一一五〇人であるが、武闘によるものは極めて少なく、ただひとけただとも言われる。このたぐいの武力衝突では、脱退したり逃亡したりするものがいて、あらかじめ数字で比率を決めて迫害を行う場合とは違う。全体的には、一九六六年の紅衛兵運動と一九六八年の「革命委員会」が指導した「階級隊伍を純化する運動」で殺害された人の数字の方がはるかに多いはずである。

3、一九六八～一九六九年「清理階級隊伍運動」（「自殺」と他殺）
――新権力機構「革命委員会」が行った政治運動。文革中最高最大の死者を出した――

早くも一九六六年、紅衛兵は、一部の業務単位に監獄を設けた。例えば、北京第六中学（中国共産党中央の所在地「中南海」と道一つ隔てたところにある）は学校の音楽室を改造して「牛鬼蛇神労働改造所」（略称「労改所」）にし、ここに一部の教師と校長を閉じ込め、さらに次の三人を殴り殺した。すなわち古参の用務員徐霈田、「紅五類」の家庭出身ではない第六中学の生徒王光華、学校付近に家を所有する何漢成、以上の三人である。

一九六八年になると、全国の業務単位は、すべて監獄を設け、その機関に所属する者を監禁した。初めの名称は「隔離審査」で、「牛棚」は正式な名称ではない。私が、文革時代に残された文章から見るところでは、上海で当局が発した文書では、早くも一九六八年にこの名称を使用し始めている。スターリンははるか遠くの荒涼とした原野に「クラーク群島」（労営改：強制労働収容所）を建てたが、文革では、「牛棚」が各業務機関に作られていった。受難者は、彼等を知る者によって尋問を受け虐待を受けた。四川省井研県馬踏郷人民公社の中学（初級中学のみがあった）には三〇名の教師がいたが、「牛棚」を作って一〇名が監禁された。北京大学には大小さまざまの「牛棚」があったが、そのうち最大のものは「黒帮大院」（反動集団居住区域）と呼ばれたが、一九六八年五月から一九六九年二月までに二〇〇人以上が監禁された。文革中の五年間、大学では授業がなかった。非常に多くの学生の青春時代は、文革の手先になることに使われたのである。中央の高級幹部は北京郊外の「秦城監獄」に監禁されたが、このたぐいの国家の司法系統外の特殊な監獄については、上文で言及した。

「牛棚」の分布密度から、文革中に「牛棚」に監禁された人数の巨大さを見て取ることが出来る。この時期に起こった大量の人の死は、「牛棚」と緊密な関係がある。この期間に迫害された多数の人々が「自殺」した。北京大学では、一九六八年九月から一二月までに二三名の「運動対象」が死亡した。すべて「自殺」と布告されている。私がカッコを用いているのは、「自殺」者が激しく殴られ、監禁され、心理的、肉体的に虐待をうけた末に自ら生命を絶ったのであって、一般に言うところの自殺とは意味が違うからである。

こうした人々の中には、監禁された状態で殴り殺されたのだが、監視していたものが彼等は「自殺」したのだと偽った例もある。北京市の梁家園小学校校長の王慶萍は、一九六六年八月二〇日、学校内に監禁されている時、早朝建物から落ちて亡くなったが、時に四〇歳であった。彼女の三人の子どもは、一一歳、九歳、八歳であった。彼等は、お母さんが自殺したのなら、少なくとも遺書を書いて自分たちに別れを告げるはずだと言った。北京の第三女子中学の孫歴生先生は、一九六八年七月一二日、学校の廃棄処分にされていた便所で首をつって死んだ。彼女には四人の女の子があり、一番小さい子は七歳であった。文革後、銀行で、彼女の少なからぬ金額の預金証書がみつかった。彼女がもし自殺したのであれば、彼女は必ず貯金のことを子どもに告げたはずである。文革中に起こった「自殺」は、きっと中国史上、さらには世界史上ですら空前絶後と言ってよい「自殺」の蔓延であった。文革中北京大学では、「階級隊伍を純化する運動」の最盛期、一九六八年九月から一二月迄、三一名の「純化整理の対象」が亡くなったが、そのうち一名が殴り殺され、その他の三〇名が全て記録では「自殺」とされている。

（1）いわゆる「歴史反革命」

後になって文革を見る者達に、「牛棚」に監禁された人々は、大なり小なり概ね危険性を伴う人物であったのではないかというような論法がある。実際には、「粛清」された者は、大部分が文革前の様々な「運動」で繰り返し「粛清」が行われた後に残った人々であった。「階級の敵」の範囲が年々広まるにつれて、元来「敵」ではなかった者も敵の中に入れられるようになった。一九五〇年代の「反革命鎮圧」・「反革命粛清」運動中に、前政権と関係のあった数多くの人々が既に殺害されていたが、一九四九年以前に「国民党」と「三民主義青年団」に入っていた一般構成員は、すべて「反革命」の中には入れられなかった。彼らは「階級隊伍の純化」運動のなかで、あの手この手の手段で、国民党や三民主義青年団に入っていたことを承認するように迫られた。そのために、一九四九年から何年も経って、彼等は「歴史的反革命」分子なる新しいレッテルを張られて、いわゆる「現行反革命」分子と区別されたのである。北京第六中学の歴史の教師焦庭訓は、一九六八年後半に、運動の指導者から、彼はかつて国民党員であったと言われた。しかし、彼は、自分は国民党員ではなかったと言ったが、校内に拘禁されて帰宅を許されなかった。彼は、早朝、「大字報」を貼るための糊を入れた大甕に飛び込んで死んだ。しかし後になって、彼が国民党に入っていたことを証明する材料など始めからなかったことが判明した。北京大学の「労働者（工人）解放軍毛沢東思想宣伝隊」の責任者遅群は、一万人の大集会で、中国文学科の章川島教授が国民党支部の委員であったと宣告した。しかし、章川島教授は「厳しい処分」を受けねばならないことを承認しなかった。そこで章川島をジープに押し込んで連れ去った。こうして他の北大の教授たちが様々の罪名を負わされることを承認するよう脅迫したのである。章川島教授の息子は自殺し、教授の妻は全身麻痺となり、家庭が崩壊し、家族は無くなったのである。中国文学科の音韻学の教授林燾は、このような状況下、北京大学のキャンパス内の塔の爆破に関わったことを認めるよう強要された。実際には、彼が関わったことなど全くなかったし、どのように破裂させたかなど彼は何も知らなかった。

(2) いわゆる「現行反革命」

文革指導者の観点からみると、「歴史的反革命」の他に新たに増設された「現行反革命」の罪の方がより重かった。文革が始まった時、共産党による政治が行われるようになって、既に一七年も経っており、新たな罪名を追加するだけで、大規模な迫害を継続して行うことが可能であった。私は、『日記を壊した革命』のなかで、日記は本来人に何かを伝えるものではなく、自分が見るためだけのものであるにもかかわらず、人々がどのようにして、日記が原因で「反革命活動」を行う「現行反革命分子」にされていったかを記述した。この文章は、既に日本の東北大学の佐竹保子教授によって、日本語に翻訳されている。(訳註:佐竹保子訳「日記を壊した革命」、『東北大学文学研究科年報』六六、二六～八九頁、二〇一六)。この文章に見える氏名は、すべて一般人のものである。私の言うことを信じない人は、文革後に中国共産党中央組織部が一九八〇年に発布した「〝悪攻〟と批難された者を真摯に整理する案件に関する指示」を見たら判るだろう。この「指示」は、日記や手紙に書かれている見解を「悪攻」とみなすべきではないと述べている。「悪攻」とは、「毛主席に対する悪辣な攻撃」の言論を指す。このたぐいの「言論」を追及するために、その人の家族、友人・同僚に迫って、彼らとこっそり世間話をした時に、なにか「反動的言論」を言わなかったか互いに暴き合わせた。当時、録音機はなかったので、誰もがすべて記憶に頼った。厳刑をちらつかせて自供を迫られると、人々は自分を守るために、人を陥れることすらした。ある北大の先生が、彼と妻との間で毛沢東の妻江青の談話について論じたことを、どのような強迫や誘導尋問によって口を割るよう迫られたか、また体罰や挑発以外に彼等の五才のこどもまで人質にして強迫されたかを、私に話してくれた。若干の人々の邪悪な人間性が、文革の悪の有力な支持要因となったのである。

「特務分子」とは、もう一つの最も恐ろしく、また最も容易にでっち上げることのできる罪名であった。北京大学物理学科の副教授黄敦は、一九五〇年代にソ連に留学した。彼は、強制されて「蘇修特務組織」のメンバーであることを認めるよう迫られた（蘇修とは「ソ連修正主義」の略語である）。彼は否定した。一九六八年、連続して七二時間の「吊るし上げ」をうけた。「工人解放軍毛沢東思想宣伝隊」のメンバーと担当の大学生は交代で睡眠をとったが、彼は眠ることを許されなかった。文革後、彼は、以前共にソ連に留学した同学に、何故我々の中に「蘇修特務組織」があったなどと言ったのかと問うた。この同学は軍事部門の仕事に就いていたが、自分の頭に銃を突き付けられ、どうしようもなかったんだと言った。この二人は文革を生き延びて、若干のことの真相を知った。しかし、非常に多くの事件は、受難者の死によって往時の霧の中に消えてしまった。福建医学院の王中方教授（一九一三〜一九六九）は、「外国との内通者である」・「特務の嫌疑あり」と批難され「隔離審査」を受け、彼の家は地下三尺まで掘られた。一台の録音機が「発信機」という名目で持ち去られた。九か月後の一九六九年四月二八日、王中方教授は監禁された場所で死亡した。ここの文革当局は、妻が死体を見ることをゆるさず、ただ「頸動脈を切って自殺した」と告げただけであった。彼の医学院の同僚の林慶雷、鄭文泉及び用務員の一人も同一事件で、同じ時期に死亡した。

昔の歴史ものの小説『三国志演義』で、曹操は医者の華佗を殺して、千古の悪名を残した。中国に医者を殺す伝統がないのは、中国に先生を殴る伝統がないのと同様である。

（3）「かつての西洋留学生たち」（人数は多くないが、極めて重要な集団）

「階級隊伍を純化する運動」中で「自殺」した主要な集団の中には、かつて西洋に留学した人々があった。晩清時期から一九四九年まで、中国から非常に多くの人が欧米諸国に留学した。彼等は、帰国後、大多数が科学技術界・学術界の指導的学者となり、そこで「運動」の攻撃の標的となり、「反動学術権威」や「特務」等々と批難された。例えば、私は調査中に、一六名の「受難者」がかつてシカゴ大学に留学した経歴があることを知った。私の調査は非常に完全なものとは言い難いが、末尾に付けた一覧表（リスト）は、彼等の受難の程度をかなり物語るものである。中には、「階級隊伍を純化する運動」以前に犠牲者となった人も含めている。

「シカゴ大学元留学生の迫害死者一覧表」

・饒毓泰、一八九二～一九六八、一九一七年シカゴ大学物理学科本科卒業、北京大学物理学科教授。首つり自殺した。

・葉企孫、一八九八～一九七七、一九二〇年シカゴ大学物理学科本科卒業、北京大学物理学科教授。文革中に逮捕入獄、長期の闘病の後死亡した。

・黄国璋、一八九六～一九六六、一九二八年シカゴ大学地理学科修士、陝西師範大学地理学科教授。妻の范雪茵と共に首つり自殺した。

・王均、一八九八年～一九六八年五月、一九二六年本科卒業、金陵女子大学教授、牧師。一九五二年に「反革命」とされ懲役八年。刑期満了後、江西省安福県の中学で代理教員、一九六八年五月紅衛兵に殴り殺された。殺された日と死体埋葬場所はいまだに不明である。

・肖光琰、一九二〇～一九六八、一九四六年シカゴ大学で化学博士の学位を取得、中国科学院大連化学物理研究所研究員。彼は、その所属機関で「隔離審査」を受けたときに死亡。二日後、妻の甄素耀と娘の肖絡連がともに毒を飲んで自殺した。

・陳夢家、一九一一～一九六六、一九四四年～一九四九年の間、シカゴ大学で青銅器を研究した。「右派分子」、首つり自殺した。

・呉景超、一九〇一〜一九六八、一九二八年社会学博士、人民大学教授。一九五七年「右派分子」に区分され、文革中に家探しを受け、住居を追い出され、一九六八年三月死亡した。原稿や書籍は全て捨て去られた。

・周華章、清華大学数学教授、一九五二年シカゴ大学で経済学博士を取得。一九六八年九月三〇日、建物から身を投げて自殺した。

・陸志韋、一八九四〜一九七〇、一九三三年修士課程入学、燕京大学教授、学長。一九六九年、農村に送られ、病が昂じて死亡した。

・涂羽卿、一九〇二〜一九七五、一九三二年物理学博士、上海師範学院教授、キリスト教会指導者。文革中監禁されること四年八か月、釈放後間もなく死亡した。

・祁開智、一九〇六〜一九六九、一九二八年〜一九三〇年シカゴ大学在学、北京師範大学物理学科教授。一九六九年三月二〇日、監禁された場所で建物から身を投げて自殺した。

・袁敦礼、一八九五〜一九六八、甘粛師範学院副院長。一九二四年、彼は中国で最初の体育専攻官費留学生試験に合格し、シカゴ大学に入学して人体解剖学と生理学を学んだ。彼は中国現代の体育教育の創設者の一人である。一九六八年甘粛師範学院の「牛棚」に閉じ込められ、二八日間連続の「批判吊るし上げ」のあげくに、一九六八年八月三日、閉じ込められた部屋の窓の上の釘に紐をかけて首つり自殺した。家人は、彼の自殺時の「遺書」を見たが、それは彼の筆跡ではなかった。「専案組」（訳註：特定の人物の調査を担当する小グループ）は、彼の学生の一人を脅迫して、袁の手下の「特務」であることを承認させ、この学生を「偽の銃殺刑」に処し、銃を三発撃った。

・査良錚、一九一八〜一九七七、一九四四年シカゴ大学で英米文学を学び、一九五〇年修士の学位を得た。一九五二年妻の周与良と共に帰国し、天津の南開大学で教師となった。一九四二年雲南で「雲南ビルマ遠征軍」に加わったために、一九五九年「歴史的反革命」のかどで「監視三年」の処分にされた。文革中、家探しを受け、髪の毛を「まだらに切り取」られ「吊るし上げ」を受けた。一九七七年二月二六日死亡した。
・葉渚沛、一九〇二〜一九七一、一九二五年シカゴ大学で修士を取得、さらにペンシルバニア大学で博士の学位を取得。一九五〇年帰国して業務につき、中国科学院化工冶金研究所所長となる。文革中迫害され「牛棚」に閉じ込められ、病気となるも医師の診察が許可されず、子どもたちも遠方の農村で「知青」となっており、一九七一年大腸癌の癌転移のため死亡した。
・丁瓚、一九一二〜一九六八、一九三五年中央大学心理学科を卒業、一九四七年シカゴ大学心理学科に入学。丁瓚は一九二七年中国共産党に入党、一九四九年以後中国科学院共産党組織副書記となり、その後降格されて中国科学院心理学研究所副所長となる。一九六八年五月一五日、自殺した。
・許蘇華、一九一七〜一九七二、北京医院院長。一九三五年九月上海医学院合格、一九三八年九月中国共産党入党。一九四七年から一九四九年までシカゴ大学医学部で学んだ。彼が勤めた病院は専ら中国共産党の指導者を診療するところで、明らかに高級幹部の医療に重大な責任を負っていた。文革後の新聞雑誌の報道によると、一九六七年、彼は非人間的な残酷な刑罰にあい、車輛で地上を引きずられ引き起こされ、激しく殴打されたので全身が麻痺状態になった。彼の家族は面会することができなかった。彼を知る医師が、許蘇華は江西省で死亡したと聞いたと語った。
最後の二人は、共に一九四九年以前に共産党に入党しており、そのために一九五〇年代に非常に早く高い権力の地位を獲得した。これ等の受難者は、既に述べた大規模な党内粛清と直接の関係があり、ただかつての西洋への留学の故だけで迫害されたのではない。知識分子の中で、西洋に留学した者のほうが、その他の者より被害の率が高かった。これは単に非人道的な迫害だけでなく、中国が西洋に学んで現代化を実現する上でも、悲惨な打撃を与えたのであった。

4、一九七〇年、「打撃反革命活動」運動、再度の「鎮圧反革命」

一九七〇年一月三一日、毛沢東はある文書を「照辦」（批准）し公布した。この文書は「反革命活動に打撃を与える」運動の開始を命令するものであった。その重要な特徴は、当時軍の統制下にあった公安機関による逮捕、懲役の判決から死刑にいたるまでを、それ以前の「革命大衆組織」による「大衆独裁」（人民大衆による独裁）とは違う、新たなる法だとすることにあった。全国で九〇〇〇人がこの運動中に死刑に処せられ、二八万人に有罪の判決が下ったという資料がある。——このような概略の数字のみで、受難者の氏名などはない。この運動の段取りは、一九四九年以後の、最初の運動である「鎮圧反革命」と類似している。つまり、指示文書の中に、はっきりと「死刑に処する者の名」、「即時刑執行」、「上訴と再審はなし」などが書かれていることである。この鎮反運動では、指導部が銃殺、逮捕する者の人数を決めた。死刑の対象のリストに載っている人数が多すぎるために、リストから削られた者もあるといわれている。

一つの違う点は、「鎮圧反革命」の時には「中華人民共和国懲治反革命条例」（一九五一年二月）を制定したが、一九七〇年三月二八日山西省大同市での一件の判決書では法律の条文を引くことはなかった。ここでは、「偉大なる首領毛主席自ら発し〝照辦〟された」「指令書一三一号を全面的に実施し、断固として反革命破壊活動を鎮圧し、戦備を強化し、祖国を防衛し、プロレタリアート独裁を強化し……」と書かれていることである。この判決書では、一三人に死刑判決が下された。

一九七〇年、「公審」（公開裁判）が開かれ、三組の「反革命分子」が銃殺された。一つの「特別」な状況は、当時の「公法軍事管制委員会」（もともと「公検法」と略称されていたが、この頃、検察機構はすでに名目すらなかった）は、まず資料をすべての単位の「大衆」に送って討論させた。「反革命分子」の「罪行」の多くは彼等の「反動言論」

であった。しかし、これらの「言論」は決して公開されることなく、「不拡散資料（内部資料）」（犯罪とされた言辞の内容は、内部だけに留め、外部に漏らしてはならない）とよばれていた。このたぐいの「討論」に参加したことのある人への聞き取りによると、討論に参加した「大衆」は反対したり質問したりすることはなく、一部のものが大声で「銃殺だ、銃殺だ」とわめくだけであった、という。

死刑の判決が下された者に、女性・王佩英（一九一五～一九七〇）がいる。河南省開封の人、北京鉄道部鉄路専業設計院幼稚園の用務員であった。文革の前、彼女は、毛沢東の方針・政策を批判し、共産党を脱党することを求め、一九六五年に精神病院に強制入院させられた。文革中、精神病院は彼女を前の職場にもどして監禁させた。一九六八年、彼女は「毛沢東を打倒せよ」と叫んで、警察に連行されて拘留された。一九七〇年一月二七日、彼女は、「中国人民解放軍北京市公法軍事管制委員会」によって死刑の判決がくだされ、直ちに刑が執行された。もともと誇張のある判決書においてすら、「反動」という文字が彼女の唯一の「罪行」で、これ以外にはなにもない。中国の前近代でも、殺人と謀反のみが死刑とされたのであるが、この二つとも王佩英の罪状ではない。懲罰の標準については、ナチス・ドイツですら、強制収容所の規則には「いかなる者も、書簡又はその他の文書中において国家社会主義党（ナチス党）、または国家元首を誹謗する者は、禁固二週間および鞭打ち二〇回」とあり（註二二）、文革の厳しさと残酷さは空前のものである。

註二二：The Rise and Fall of the Third Reich by William L.Shirer。本書には中国語版がある。董楽山訳、書名『第三帝国的興亡』である（訳註：ウィリアム・シャイラー著、松浦伶訳、『アドルフ・ヒトラーの台頭』（「第三帝国の興亡」一）、『戦争への道』（二）、『第二次世界大戦』（三）、『ヨーロッパ征服』（四）、『ナチス・ドイツの滅亡』（五）、東京創元社、二〇〇八～二〇〇九）。

かつて、私がインタビューした党治国氏は、清華大学の卒業生で、刑期二〇年の判決が下ったが、判決文の罪状の文面の最初に「長期にわたって反動的日記を書いた」と書かれていた、と言った。また、王復新氏は、長沙水利設計院の技師で、刑期一〇年の判決が下ったが、「罪状」は「長期にわたって反動的日記を書いた」ことであった。

もし中国を出国しようとすると、死刑の判決が下される可能性があった。貴州省貴陽のアルミニウム工場の医院の歯科医師韓国遠は「吊るし上げ」にあい、湖南省長沙の姉の家に逃れた。姉の家に長く留まることはできず、彼は、国外に逃亡しようと考え、姉の娘の高級中学の生徒婁玉方も一緒であった。彼等は中国から逃れることはできなかった。韓国遠は死刑の判決がくだり、婁玉方は一〇年の懲役刑に処せられた。婁玉方の父親の婁痩萍医師は一五年の懲役刑に処せられ、強制労働農場で死んだ。中国人は二〇〇〇年前万里の長城を建設したが、これは壁の外の人間を中に侵入させないためであったが、文革で建設された残酷な壁は、壁の中の人間を壁の外に出さないためであった。

5、一九七一年「清査五一六集団運動」

文革中、「紅衛兵」（多くが青少年であった）といわゆる「造反派」は、「革命大衆組織」として大活躍し、文革を推進拡大させる中で重要な役割を演じた。「清査五一六集団運動」（「五一六集団」を徹底的に粛清する運動）は、このたぐいの組織集団を総点検する運動であった。聞き取りをしたある人は、次のように言った。これまで文革で活躍した一部の寵児が一挙に反革命の「五一六分子」とされたのだった。自分は文革前の何年間か、この連中にひどい目にあわされたが、今度は順番が変わって自分達が「五一六集団」の実態について「交代」（自白）するよう迫られるとは思いもよらなかった、と語った。

聞くところによれば、一方的な秘密裏の情報、連絡により、摘発者リストを埋めていったということであるが、この上なく巧妙な念の入れ方である。後に、このような「五一六集団」という組織はなかったとも聞いている。これ等の「自白」はすべて、それ以前の文革運動で用いられた野蛮な手段で引き出されたものである。しかし、それ以前に、既に虐殺され「自殺」していた者もあった。

文革の迫害手段は、種類が多く、野蛮下劣であり、そのために適当な動詞がみあたらない。それで人々は「整（やっつける）」という文字を用いた。

随分前から、ある種の見解が伝えられている。文革中最大の迫害は「清査五一六」（「五一六分子」を精査粛清する）運動の際のもので、造反派が最大の被害をうけた人々であるという。これは明らかに事実に合わない。一部の人間が他人を迫害したからといって、彼等が迫害されたことを否定できないし、逆にまた彼等が迫害されたからといって、彼等が他人を迫害したことを否定することもできないのだ。

全く無力な上海音楽学院の音楽家と学生さえもが、多数犠牲者になったのである。

以下は、上海音楽院の文革受難者の名簿である。受難者の家族と、この大学の卒業生が、私がこの名簿を作り上げる手助けをしてくださった。ここに記した人々は、主に「階級隊伍を純化する運動」、五一六粛清運動などが盛行していた時期に、大多数が死亡した。迫害、虐待によって自殺したものが多かった。

【上海音楽院の一四名の受難者】

教員：一一人

・楊嘉仁、一九一二〜一九六六、一九三五年、金陵大学（Church School in Nanjing）教育学科卒業、上海音楽院指揮学科主任、教授。

・程卓如、一九一八～一九六六、一九四一年、金陵女子文理学院（Church School in Nanjing）音楽科卒業、上海音楽院付属中学校長。彼女と楊嘉仁は夫婦である。一九六六年九月五日、紅衛兵の学生の殴打と侮辱にあった。彼等夫婦は、ガスの栓を開いて、ガス「自殺」した。

・李翠貞、一九一〇～一九六六、小学校からピアノを習い、かつてイギリス王立音楽院に留学した。五〇年代から上海音楽院のピアノ科の教授となり、ピアノ科主任であった。彼女は、一九六六年九月「吊るし上げ」をうけ「游街」（見せしめの街頭引き回し）にあい、ガス栓を開いてガス「自殺」した。

・李少柏、上海音楽院附属中学青年教師、キリスト教徒。一九六〇年中学卒業後、学校に留まり、教師となる。数年後に香港の弁護士と結婚した。しかし、彼は香港に行く旅券が取れなかったので、二人は毎年一度、広州で会った。文革が始まると、紅衛兵生徒たちは、彼が広州に行くのは、妻に「情報を漏らす」ためと糾弾した。彼は否定したが、紅衛兵たちは、自転車のチェーンで猛打して生きながら殺してしまった。三輪車の板に死体を載せて、西郊外の鉄道のレールの上に放置して「罪を畏れて自殺した」と言った。

・龍楡生、一九〇二～一九六六、上海音楽院声楽科教授、古典詩詞を研究した。一九六六年一〇月に甲状腺腫瘍で入院、手術を受け、術後の回復は良好であった。一一月一日、自宅は上海音楽院造反派のために荒らされ、原稿や美術品が全てなくなってしまい、五日、病状が悪化し、一八日に死亡した。

・陸修棠、一九一一～一九六六、上海音楽院民族音楽系副教授。一九六六年、河に身を投げて死亡した。

・趙志華、一九二二～一九六六、一九四七年アメリカに行き音楽を学び、一九五一年帰国して上海交響樂団の第一ヴァイオリンとなり、一九五八年上海音楽院管弦楽科副教授となる。一九六六年一二月二五日、「大右派大漢奸特務趙志華を批判する」集会でひどく殴られ、一二月二六日、妻と共にガス自殺した、没年四五歳。

・沈知白、一九〇四～一九六八、作曲理論を学習、研究。一九四六年、国立上海音楽専科学校教授に任ず。

五〇年代より上海音楽院民族音楽科及び民族音楽理論科主任となる。文革中迫害を受ける。一九六八年「自殺」した。

・陳又新、一九一二〜一九六八、一九三八年国立上海専科学校卒業、一九四九年イギリス王立音楽院に行って学び修士の学位を得た。一九五〇年代より上海音楽院管弦楽科主任。文革中迫害を受ける。一九六八年建物から落ちて亡くなった。誰かに建物から落とされたのではないか、と疑う者もある。

・范継森、一九一七〜一九六七、一九三四年国立上海音楽専科学校入学。上海音楽院ピアノ科教授、かつてピアノ科主任を務めた。彼は、肝臓癌を患っていたにもかかわらず、なお強制労働をさせられ、様々な虐待、迫害を受け、病気が悪化して死亡した。

・王家恩、一九二〇〜一九六九、国立上海音楽専科学校卒業、五〇年代から上海音楽院ピアノ教授。「牛棚」に監禁された時、「拉練（長距離の行軍）」を強引にやらされ、途中で死亡した。

幹部：一人

・李江、文革前は、上海音楽院の中共組織部長であった。文革中、学校の革命委員会と「連合」されて、学校の「階級隊伍を純化する運動」を指導した。彼は、元々文革指導層の側に属する人だった。ところが、一九七〇年、上海徐家匯蔵書楼の中にある毛沢東の妻江青の一九三〇年代の写真を見たと言う理由で「無産階級司令部を攻撃した」と指弾され、自殺した。

学生：二人

・賀小秋、女、上海音楽院作曲科一九六六年度学生、父親の賀緑汀が「打倒」され逮捕されたのち、「賀緑汀のために翻案」したと批難された。一九六八年四月、ガス栓を開いて自殺した。死亡した時二五歳であった。

・燕凱、一九四六年生まれ、上海音楽院民族音楽科学生。父母は上海の高級幹部であった。文革の初期には積極的な紅衛兵で、一派の組織の頭目であった。のちに父母は打倒された。彼は、「清査五一六集団運動」

中に監禁、「審査」され、一九七〇年三月八日、動脈を切開して、出血のため死んだ。死亡した時二四歳であった。

上海音楽院の最後の受難者は、「清査五一六集団運動」において死亡した。しかし、「清査五一六集団」は、文革中もっともひどい迫害ではなかった。別の大学の状況も似たようなものである。例えば、北京大学では、六三名の受難者中、「清査五一六集団運動」に関連した者はやはり一人であった。

第四章　簡単な結語――受難・歴史・教訓

私が書いた『文革受難者』は、全ページが受難者の氏名で充ちている。これらの氏名は、私の一〇〇以上の調査・インタビューのノートから写し取ったものである。私は、一人一人の受難者の氏名を書く時、「虫の眼」を用いてものごとを見た。虫の眼は、事実をすぐ近くから見ることができ、受難者に目を届かせることができるだけでなく、細かいところ(detail)に目が届き、質感(texture)を感じることができる。私が長年努力したのは、「受難者」達、とりわけ一般の人達の受難を文革の歴史に書き込み、受難の事実が歴史記録の外に排除されないことであった。

受難者の氏名がまとめて並べられたが、私は、鳥と同様に高い視点から、小林氏の所謂「鳥の視点」を用いることを試み、そこで受難者中の個別の集団に目を届かせた。しかし高い視点の位置から観察することによって、受難者がばらばらに行きあたりばったりに選択され攻撃を受けて打倒された個々人ではなく、「政治運動」によって指定された集団であったことが理解できるのである。まだほかにもろもろの比較的小さい集団があるが、書きこむことができないので、将来に俟つものである。

鳥瞰的な位置からは受難者個人に目が届くだけではなく、迫害手段の昂進や展開も理解することができる。例えば、比率や人数に応じて人を殺したり逮捕したりするように、それぞれの「運動」が特色のある迫害方法や機構を作り出した。また、「吊るし上げ集会」や「牛棚」のように、従前の運動の迫害方法を継承したものもあり、この二つは一九三〇年代の共産党占領地区（訳註：いわゆる一九三〇年代に中国内陸に幾つか誕生した、中共の「革命根拠地」）で生まれたものである。

鳥の高い位置から、中国と他の社会主義国との関連する状況を対比することができる。スターリンは数字を決めて計画的に殺人を行ったが、スターリンの「劇場型」は、中国では用いられなかった。カンボジアの「赤色クメール」は、前政府に関係した者、資産階級、知識分子、共産党内の幹部に対して残虐な粛清を行った。私の見解では、文革によって起こった残忍な迫害は、主として、中国の伝統に由るのではなく、毛沢東の文革理論に由ったのである。毛と張春橋は更に残酷な計画を持っていたが、すでに最後までやり抜く時間がなかった。毛の政治運動の特徴は、「残忍」と「貧窮」の二語である。

鳥の眼によって度重なる政治運動と受難者を振り返ってみると、「運動――受難――社会改造」の三者の関係を見て取ることが出来る。「運動」が受難をもたらし、受難が社会構造の改変を作り出し、三者の結合が緊密であると、進行は順調である。その過程で発生した混乱は問題とされることはない。何故なら「運動」は原価を計算に入れないからである。政治制度の面では、前政府と関係のあった人々を鎮圧し、投票による選挙や議会制度を提起する者など一人もないようにさせた。二人（劉少奇、林彪）の「接班人」（後継者）が粛清され、毛沢東がその病死に至るまで一貫して大権を掌握しても、敢て異議を唱える者が一人もいないようにさせた。経済制度の面では、地主を殺害し、商工資本家から資本を剥奪して私有経済制度をなくし、中国人が四年の飢饉を経験したのちに、僅かに大食堂を解散し、農民に少量の自留地を与えるというような微調整を行うだけにさせた。「反動家屋所有者」に打撃をあたえることによって、都市の住居の不足を来たし、三代が同室に住まうことが常態となった。「反右派運動」によって、敢て権力者側を批判しようとする人々は無くなり、敢て何か冗談を飛ばそうとする者すらいなくなった。文革では、作家を迫害し、古今中外の文学書を脅迫して焼き捨てさせ、毛沢東の著作を読み八本の所謂「革命模範劇」を見るだけが可能であった。そして残忍と貧窮は、人民の全く思いもよらないことであったが、残酷な鎮圧の制度は、一切の反抗を不可能にさせた。

一九七五年四月一日、中国の新聞の第一面で、文革最後の長編「理論論文」が発表された。それは『資産階級に対する全面的な独裁』と題され、文中では、「貨幣交換」、「商品生産」と「労働に応じた分配」に対して「プロレタリアート独裁」を遂行せねばならぬと言明されている。作者は張春橋で、彼は毛沢東の死後、「四人組」の一人として逮捕された。一九七六年二月、張春橋は、飛行機でカンボジアを訪問して、ポルポトと抱擁し握手をし、ポルポトが中国でもできなかったことを成し遂げたと称賛した――中でも最も重要なものは、赤色クメールが政権をとるや直ちに貨幣をなくしたことであった。しかし、毛沢東には、すでに文革のもう一つの「運動」を行う時間はなかった。彼は、ゲーリック病（訳註：筋萎縮性側索硬化症、著名な大リーガー、ルー・ゲーリックがこの病気で亡くなったことからついた病名）を患っていた。このような病気の余命は二年を超えない。もし毛沢東がこのような病気に罹らなかったら、彼が計画していたもう一つの「運動」中に、どれだけの人々が受難者となったことであろうか。

二つの有名な心理学実験がある。エール大学のスタンレー・ミルグラムが行った、権威への服従についての実験（訳註：ミルグラム実験）とフィリップ・ジンバルドがおこなったスタンフォード監獄実験で、共に人間の残忍さと迫害の心理メカニズムに関する説得力ある解説である。またある種の小説があって、「反ユートピア小説」と呼ばれているが、例えば一九四八年出版のジョージ・オーウェル『一九八四年』（訳註：高橋和久訳『一九八四年』早川書房、二〇〇九）、それと二〇〇八年に書かれた『The Hunger Games』（後に三部構成のテレビドラマに仕立てられた。訳註：スーザン・コリンズ著、河井直子訳『ハンガー・ゲーム』上・下、メディアファクトリー、二〇一二）である。

この種の小説は、作者が想像する未来社会の人々が、どのようにして邪悪な力によってコントロールされ迫害されるかを表現している。私は、これら二人の学者と二人の小説家の知恵と遠見に敬服する。しかし、私は、この論文を書く時、中国人についてては実験や想像上の作品による必要はなく、すでに現実の生活の中でこれらのことを経験し実見しているのだということが、一度ならず念頭に浮かんだのであった。

私は、歴史を書き、歴史を分析し、時代と国境を越えることが可能な有用な教訓を得ることができたのである。

最後に、インタビューに応じてくださった方々、資料を提供してくださった方々に心からの感謝を捧げたい。

二〇一八年九月

第二部　文革受難死者八五〇人の略伝一覧表

第一表　「文革受難死者六七一人略伝一覧表」

第二表　「文革受難死者――学者・知識人・著名人（死亡年別）一覧表」

第三表　「文革受難死者総索引一覧表」

第一表「文革受難死者六七一人略伝一覧表」

王友琴 編著

解説

略伝作成者　小林一美

この文革受難死者一覧表は、王友琴著『文革受難者、一九六六～一九七六、関于迫害、監禁与殺戮的尋訪実録』（香港、開放雑誌出版社、二〇〇四年刊）の六五九人の個人伝記に基づき、私が作成した全員の略伝である。この作業の過程で、著者からの連絡により削除された人物一名、追加された人物一三人があり、本略伝では全「六七一人」の氏名、生没伝、略歴、受難死の情況の概略を記載した。原著の各人の伝記には、一つの論文に匹敵する長大なものも、一、二行の短小のものもある。長大なものは、出来るだけ本人に関する部分だけに絞ることにした。それでも、約一八万字近い膨大な記録になった。とはいえ、文革での悲運に斃れた人、多大な犠牲を払わされた人は、数十万・数百万に達するであろうから、九牛の一毛に過ぎない。

王女史のこの『文革受難者』の成り立ちについては、本書の姉妹編である『中国文化大革命「受難者伝」と「文革大年表」――崇高なる政治スローガンと残酷非道な実態』（集広舎、二〇一七年四月刊）に、私の紹介・解説文がある。また、王友琴女史の原著『文革受難者』には、中国史家として世界的に有名な余英時（プリンストン大学名誉教授）の紹介、推薦文がある。詳しくは、前掲書を見て頂ければと思うが、ここに余英時博士の文章の一部を再録しておきたい。

王友琴博士の、文革による受難者として亡くなった人々に関する、この専門調査書は、一つの偉大な仕事で

ある。彼女は、一九八〇年から計画的に資料収集を始め、今日に至るまで、まるまる四分の一世紀が過ぎ去った。更に人を驚嘆させるのは、彼女は協力者や助手を持たず、完全に独立した一人の力だけでやり遂げたことである。資料の収集は想像を絶する困難な過程であった。

彼女は基本的に、自分で当時の学生や教師を訪問した、その数は千人にも上った。訪問を受けた人、災難を被った人の大部分は、もう恐怖に戦慄していなくとも、思い出す苦痛に耐えられなかった。こうしたわけで、人々は始め真相を語ろうとはしなかった。それで王友琴は、彼らを忍耐強く説得しなければならず、人びとの信頼を勝ち取らねばならなかった。こうしてやっとのことでインタビューへの門を開くことができたのである。彼女は記憶の喪失と誤りを防ぐために、更にまた努力を続けて調査を行い、できるだけ各学校の記録と突き合わせ、受難者の死亡時間、事件の全貌を正確に記録した。

彼女が調査した学校（中学校・小学校が主であった。中国の中学校には初級中学・高級中学があり、日本の中高校課程も含む）は二〇〇余ヵ所にのぼり、地域は北京、上海、天津、江蘇、浙江、広東、江西、福建、山西、陝西、四川、新疆等二五の省・市・区に及んだ。訪問し、面接してインタビューする以外に、手紙・電話・インターネット等々の手段を用いて、少なからず資料不足を補った。彼女は、インタビューと調査が一段落してから何年間もかけて全ての資料を全面的に整理し、最後にこの専門書——本書には六五九人の受難者の伝記が含まれている——を書き上げたのである。（二〇〇四年三月一二日、プリンストンにて）。

本一覧表には、中学生紅衛兵の暴力殺人の記載がたくさん出てくるが、中国の「中学」とは、日本の「中学・高校」に相当し、初級中学（三年）と高級中学（三年）とに分かれている。初期紅衛兵は、主に日本の高校・中学生にあたる党・政府・軍の高官の子弟が中心であった。後に大学生にまで拡大波及した。彼等・彼女等の暴虐は、一九六六年八月から一、二年続いたが、父母たちが打倒されると一緒に没落した。

第一表「文革受難死者六七一人略伝一覧表」

（原著・王友琴『文革受難者』、略伝作成者・小林一美）

Aの項

安大強（男）An Da Qiang

天津の電器電動設計研究所の技師。独身、享年三〇歳。清華大学在学中の一九五七年、「右派分子」とされ、農村に送られて「労働改造」に処せられた。文革中の一九六八年夏、彼は「階級隊伍を純化する運動」の時、激しい「闘争」にかけられ殴打、侮辱されたため、研究所の棟から飛び降りて自殺した。彼は「右派」という政治的問題があったため結婚出来なかった。この六八年、同研究所からは、他にも多くの死者が出た。彼の母校の清華大学では、一九五七年の「反右派闘争」の際、教職員二二二人、学生三四九人、合計五七一人が「右派分子」とされた。彼が死亡した日時は記録されず、未だに不明である。

安鉄志（男）An Tie Zhi

北京農業大学の行政幹部。一九六八年の「階級隊伍を純化する運動」の時、「闘争・審査」にかけられて校内の大きな煙突から身を投げて自殺した。享年四〇余歳。この農業大学では、この年の二月、「全校の階級敵に砲火を浴びせる大集会」が開かれ、彼は台の上で「闘争」を受け、更に「遊街示衆」（「街に引き出してさらし者にし、種々の虐待を加える」）が行なわれた。この運動の際、学内で一六人が迫害されて死んだ。

Bの項

白京武（男）Bai Jing Wu

北京第四七中学の美術教師。一九五七年に「右派分子」とされた。文革が始まると校内で労働改造の対象にされ、紅衛兵から激しく殴打された。一九六六年八月、河に身を投げて自殺した。

白素蓮（女）Bai Su Lian

西安市内の報恩路小学校の国語教師。一九六六年夏、紅衛兵から激しく殴打されて死亡した。

卞鑒年（男）Bian Jian Nian

天津の南開大学の生物系の主任。文革中に「闘争・審査」を受け、学内の「牛棚」（紅衛兵の学生が学内に勝手に作り、権力から黙認・公認されていた「牢獄」で「牛小屋」の意味）に入れられ、殴打・侮辱をくり返されたため、湖に身を投げて自殺した。四三歳だった。

卞雨林（男）Bian Yu Lin

清華大学の化学系学生。一九六八年、大学の校内で「武闘」中に死亡した。

卞仲耘（女）Bian Zhong Yun

北京師範大学附属女子中学（毛沢東、劉少奇、鄧小平らの党最高幹部の子女も多数入っていた有名校。日本の中学・高校に相当）の副校長（当時、校長は空席）。一九六六年に文革が始まると、同年八月五日、学内の女子紅衛兵生徒から連日激しく殴打・侮辱されて校内で死亡。この女子学生による教師虐殺事件は、北京全市の学校にただちに波及拡大した。文革後、この暴力を指揮した紅衛兵の指揮官だった鄧小平や宋任窮の娘らが責任を追及されている。一九六六年の夏、多くの北京市内の学校で生徒たちによる教師殺害事件が起こった。八月には、北京市内で少なくとも一七〇〇名以上の一般市民や教師が殺された。また、一九六八年の「階級隊伍を純化する運動」でも、同校教師三人が迫害によって死亡した。（『中国文化大革命「受難者伝」と「文革大年表」』集広舎、二〇一七年刊、第一部第三章を参照のこと）

畢金釗（男）Bi Jin Zhao

天津医科大学第一附属病院の小児科の医師。外国に留学した経験があった。一九六八年の「階級隊伍を純化する運動」の時、迫害され自殺した。彼は、国民党時代に政府の軍事医院で働いていたことがあり、文革が始まると「国民党の特務（スパイ）」と指弾され、「隠している武器」を出せなどと迫られ、虐待された。享年六〇歳。

Cの項

蔡漢龍（男）Cai Han Long

雲南省昆明の鋼鉄工場の技師長。一九七〇年、工場で事故が起こった。この時、北京からたまたま昆明に来ていた文革指導者の一人謝富治は、これを聞き、「反革命分子の破壊活動である」と決めつけた。そのため蔡漢龍と馬紹義の二人の班長が捕らえられ、銃殺刑に処せられた。

蔡理庭（女）Cai Li Ting

北京工業学院の図書館員。文革の時、同じ職場の「造反派」から家を捜索されて、銭も物もなくなり、生きて行けなくなった。あちこちから金を借りたが、もう老人でもあり生きるのが無理になり、首を吊って自殺した。二〇〇三年、この大学図書館の整理が行われたが、持ち主不明の幾つかの箱が出てきた。持ち主を探してやっと、三〇数年前に死んだ蔡理庭の私物であることが分かった。

蔡啓淵（男）Cai Qi Yuan

一九〇九年、四川省成都に生まれた。山西省の小学校教師。民国時代に黄埔軍官学校に入学。卒業後、国民党の軍人だった経歴があり、文革中の一九六八年五月二五日、学校で殴り殺された。学校当局から家族には自殺と告げられた。それ以前、彼の妻の邱淑珮は、成都の郵政管理局の職員であったが、夫より早い一九六七年七月八日に自殺していた。五人の子どもは夫蔡啓淵が育てなければならなかった。しかし、彼も翌年、「歴史反革命分子、現行反革命分子」として闘争会で殴り殺されたのである。彼の死の真相がやっと判明したのは、一九八二年のことであった。彼の死体は棺桶もなく埋められ、墓標も立てられなかったので場所は分からなくなった。

曹世民（男）Cao Shi Min

陝西師範大学図書館の副館長。一九六八年、脅迫されて罪を自供し自殺した。この師範大学では、一九六六年に教職員・用務員七人が死亡し、又六八年にはまた教職員・用務員七人が殺されたり、自殺したりした。

曹天翔（男）Cao Tian Xiang

北京第二女子中学の体育教師。一九六六年八月、「闘争会」に引き出され、激しく殴打され、建物の五階の屋上から身を投げて自殺した。ある情報によると、彼の子供四人の名前から一字ずつ取ると「建中——建華——建民——建国」となる。これは、「建・中華民国」（「中華民国」を再「建」する、という意味になる）の陰謀をたくらんだものであり、「反革命分子」の証拠とされた。この時、同校の国語教師の董堯成も校内で投身自殺した。この学校は、ソ連大使館のすぐ側にあり、彼はこの大使館に逃げ込もうとしていた、といった流言飛語が飛び交い、生徒たちを大いに興奮させた。董堯成が投身自殺すると、その母親も同じく自殺した。

常溪萍（男）Chang Xi Ping

一九一七年生まれ、上海華東師範大学の校長兼中共党書記。また上海市共産党委員会の教育衛生部長。文革が始まった一九六六年に摘発され、以後激しい「闘争」に遭い、一九六八年五月、校舎の窓から墜落死した。享年五一歳。彼は、一九六四年の「社会主義教育運動」の際、北京大学に「工作組」の一人として入った。その時、後に文革の旗振り役を演じた聶元梓等を支持しなかった。その為、文革が始まると、聶元梓は上海に行き、常溪萍を名指しで非難攻撃した。そのため彼は激しく迫害された。しかし、自殺の証拠も、遺書もなく、ある人は彼は殺されたのだと言った。

陳邦鑒（男）Chen Bang Jian

武漢第一四中学の優秀な数学教師。一九六六年夏、摘発され「闘争会」にかけられて激しく批判、殴打された。同年の八月か九月に、紅衛兵の監督下に監禁されていた時、自分の夜具の中で、短刀で首を切り自殺を図った。一晩中長く苦しみ、夜明けに発見された時にはまだ少し息が残っていたという。

陳葆昆（男）Chen Bao Kun

北京第一〇一中学の美術教師。一九六六年八月、紅衛兵に校内の美しい花々が咲く噴水の中で、殴り殺された。この六六年の八月には、彼以外に副校長、教師、指導主任など一〇余人が「人民専政」の対象になり「牛鬼蛇神」とされ、猛烈に皮ベルトで殴打されて、校内の小道を無理に這い廻された。石炭殻が敷いてある道であったから、手足が擦り傷で血だるまになった。女教師もふくめ全員が頭髪を半分だけ刈られ、「陰陽頭」（古代からある頭髪を斑《まだら》に刈る罪人への見せしめの刑）にされ、軍靴で蹴りつけられた。陳葆昆は頭髪をマッチで焼かれ、八月一七日に殴殺され、死体は池に投げ込まれた。陳は、文革以前に、ある事件によって学外で三年間、工場労働の刑に処せられていた。彼の殺害事件の責任は、未だに明確にされていない。この中学では、一〇〇余名の教職員の内、「専政隊」の暴力の対象になった者は六〇余人に達した。

陳邦憲（男）Chen Bang Xian

上海第二医学院の衛生教研室の主任、教授。服毒自殺した。

陳歩雄（男）Chen Bu Xiong

上海復興中学の製図教師。一九六八年、彼は出身にも問題はなく、文革の初期には「同校の革命委員会」の委員に指名されていた。ところが、ある日、「毛沢東像」を傷つけたという理由で、連日「現行反革命分子」とされ激しい暴力の対象になった。大集会の時、学校を逃げ出して行方不明になった。彼は、重い糖尿病を病んでおり、治療ができなかった。学校は、逃亡途中に死去したと判定した。時に四〇余歳であった。

陳伝碧（男）Chen Chuan Bi

石家荘の華北師範大学付属中学の数学教員。一九五七年に「右派分子」とされ、文革が始まると激しい暴力に遭った。一九六八年「工人毛沢東思想宣伝隊」（この宣伝隊は、軍人が多くいた。一九六八年月末、中国のすべての学校に入った）が派遣されて入ってきた。彼は新しい衣服にはき替えて学校から出て行き、以後行方不明になった。文革の最初の三年間に、この学校では彼の外に三人が迫害されて死んだ。

陳伝綱（男）Chen Chuan Gang

上海の復旦大学副校長兼同大学党委副書記。一九六六年六月、上部から「反革命修正主義分子」と指弾された。彼は大量の睡眠薬を飲んで自殺した。年齢は五〇歳ほどであった。

陳孚中（男）Chen Fu Zhong

江西省徳興県の徳興中学の教務主任。一九六八年の夏、「歴史反革命分子」とされて捕まり、激しく殴打され自殺した。彼は、一九四九年より以前、国民党員だったことがあり、文革時に反革命とされたのである。

同校の地理の教師の伍進燈は、昔、南京大学で学んでいた頃、つい口を滑らして「ソ連に行くよりも、アメリカに行ったほうがよい」と言ったことがあった。この話が「造反派」によって取り上げられて、彼は「右派分子」とされたのである。彼は陳孚中が自殺したと聞くと、恐ろしくなり学校から逃亡した。以後、各地を、乞食をしながら生き延び、二年後に学校に戻ってきた。後に自殺した。

陳浩烜（男）Chen Hao Xuan

上海の同済大学建築系の副教授。一九六八年の「階級隊伍を純化する運動」の時、学内に拘束されて「隔離審査」を受けた。猛烈な拷問によって、自分は「特務」（外国のスパイ）であると自供した。一九六八年七月、閉じこめられていた建物から墜落死したと伝えられた。妻の宋文鉚は同校の数学の教師であったが、夫の遺体にも会わせてもらえなかった。夫の靴でもいいから返してほしいと言ったが、拒否された。

陳景（男）Chen Jing

福建人、一九二五年生まれ、福州の郵電部管理局に勤める。一九六八年の「階級隊伍を純化する運動」で「隔離審査」され、長期の野蛮な暴力による迫害を受けた。一九六九年五月二四日、心身共に疲れ果て「井戸に身を投げて」自殺した。妻と五人の子どもが残された。享年四四歳。一六歳の時、国民党の「三民主義青年団」に加入したことがあり、建国後、この経歴によって職場に「監禁」され、一連の「批判、闘争」にさらされて、遂に死に至ったのである。

陳伯銘（男）Chen Bo Ming

上海市第六中学の会計係。一九六八年に「反革命小集団」の一員であるとされ、「隔離審査」に遭った。理由は、以前、一九六六年に他所の紅衛兵が「大串連」（全国的な大交流・連合運動）で、この学校に来て宿泊した時、饅頭を蒸した篭の中に子猫の死骸が混じっていたという事故があった。この件が二年後の一九六八年に再び蒸し返されて、一〇数人が芋ずる式に「反革命事件」の陰謀集団とされた。彼は許されて監禁場所から家に帰ったが、数日して学校に戻る途中で、どこかに失踪した。川に身を投げて自殺したと思われた。彼には障害者の弟がいたが、彼もどこかに失踪し、また妻は癌で世を去った。このでっち上げられた炊事係の「反革命小集団」なるものから、合計三人の死者が出た。

陳璉（女）Chen Lian

一九一九年生まれ、中共華東局の宣伝部幹部。一九六七年一一月一九日、住んでいた上海の泰興高層ビルの一一階から飛び降り自殺した。四八歳だった。彼女は、国民党政府高官の陳布雷の娘に生まれた。夫の袁永熙と学生時代に共産党員となった。その為、夫婦ともに一九四七年に逮捕された。しかし、父の力で釈放された。新中国になってから、二人とも高級幹部になった。夫の袁永熙は清華大学の党委員会の書記となり、一九五七年に北京大学に行って、「忠誠老実運動」（教職員の身元調査である。彼らに「歴史問題」という、過去の経歴に関する自己点検をやらせ、自分の過去の誤りを告白させて、作風を変えさせる政治運動）を指導した。ところが、彼自身が一九五七年に「右派分子」とされ、北京郊外の農村で五年間も「労働改造所」に入れられた。それで、夫妻は離婚した。妻の陳璉は上海に行き、高官となり、全国政治協商会議の委員になった。しかし、陳璉の弟の陳遂は、上海交通大学を卒業後、中学の教師になったが、一九五七年に「右派分子」とされ、寧夏回族自治区の「労働改造所」に入れられて、音信不通になった。六二年にそこで死亡したという。その時三二歳だった。家族が、陳遂の死を知ったのは、死んでから一〇数年後だった。一方、運よく順調だった陳璉も、文革が始まると、国民党時代に「逮捕」されたのに無事に出獄していたために、党を裏切ったことがある「叛徒」とされ、猛烈な暴力に見舞われ、自殺したのである。

陳夢家（男）Chen Meng Jia

一九一一年生まれ、詩人であり、また考古学者であった。中国考古学研究院の研究員の時、一九五七年「右派分子」とされた。一九六六年文革が始まると、連日「拝跪、殴打、侮辱、監禁、自宅襲撃」等々の迫害を受けた。ついに、彼は「私は、これ以上、他人から猿として弄ばれたくない」といって、一九六六年八月二四日、大量の睡眠薬を飲んで自殺を図ったが生き返った。その一〇日後の九月三日、今度は首を吊って自殺した。彼は、国民党時代、一九四〇年、妻・

趙蘿蕤と共にアメリカのシカゴ大学に留学し、三年目に文学博士号を取得。帰国後、夫は清華大学中文系の教授、妻は燕京大学の英文系の教授となった。一九五七年に「文字改革は慎重にやるべきだ」と言ったために「右派分子」とされた。文革が始まると夫妻ともに激しい闘争にさらされ、北京で大量の市民が紅衛兵に虐殺された「紅八月」末に、職場を失い、家を追い出され、ついに自殺したのである。そのため妻は、高度の精神分裂症を発症した。陳夢家が編纂した詩集に『新月詩集』がある。彼は、二、三〇年代には徐志摩とならぶ有名な詩人だった。彼はまた中国古代史や考古学研究の分野でも、『古文字中之商周祭祀』『西周年代考』『西周銅器断代』『殷墟卜辞綜述』等の研究書を書いた。

若き日の陳夫妻の友人だった巫寧坤教授は、同じくシカゴ大学に留学して、建国後に帰国した人だった。彼は、帰国した直後、北京大学のキャンパスに大音響で「全学の教職員学生に休憩時間の集団体操」を呼びかける放送を聴いて、ジョージ・オーエルの小説『一九八四』を想起したと書いている（『燕園末日』一九九〇年代出版）。この巫寧坤教授も、後に文革時代に黒竜江省にあった「北大荒」に追放された。彼は、文革を生き延びて、再びアメリカに去った。

中国の大学人・知識人は、建国の初期から連続した「思想検査・自己告発」を要求された。中共は、一九五一年に「知識分子思想改造運動」をやり、自己の「ブルジョア階級思想」を「改造」するように迫り、「自己批判」をやらせた。特に「アメリカ」ついで日本・ヨーロッパへ留学したことがある学者・知識人の「経歴」を調べ、「自己調書」を作らせ「自己告白」を強く迫った。党委員会は、何回も何回も、教職員に自分の「歴史問題」や「履歴」について書き直しを命じ、また「集会の席上」で反省の報告、発表をやらせたり、種々の批判を受けさせたりした。自分を告発するだけではなく、他人・同僚・友人や家族・一族の告発、密告も大いに奨励した。態度が悪いと思われれば「隔離審査」にまわし、「吊るし上げ集会」にかけた。こうした一九五一年以来の思想調査、経歴調査は、一九五七年の大規模の「右派分子」の摘発・処罰の基礎になり、また文革時の「闘争」の判断基準にもなった。

陳同度（男）Chen Tong Du

北京大学生物系の教授。一九六八年の「階級隊伍を純化する運動」の中で、同年八月二八日、服毒自殺した。享年五〇余歳。アメリカ留学組。帰国後、南開大学、ついで北京大学教授。生物系では学生に最も人気があった。彼は中国で有名な『生物化学』教科書を書いた学者であった。文革中、「社会関係は複雑系である」と主張し、単純な階級区分に疑問を呈した。それもあってアメリカの「特務」とされ、激しい攻撃、迫害を受けた。

陳小翠（女）Chen Xiao Cui

一九〇二年生まれ、一九六八年七月一日自殺、享年六六歳。上海の画家、詩人であり、詩集に『翠楼吟草』がある。

一九三〇年代に「女性画家院」の創立者の一人となり、近代中国の名画家七九人の中の唯一の女流画家に数えられたこともあった。中国伝統の国画を受け継ぎ、それ専門で生活する独立独歩の道を歩んだ。新中国が成立してからも、活動を続け、彼女は共産党が作った画院の教諭にも招かれた。しかし、彼女は「政治学習」には参加しなかったので批判を受けた。また長兄は台湾に行き、娘はフランスに行っていた。その上、父親の陳蝶仙は、詩を書き、小説を書き、実業でも成功した富裕な有名人であった。このような境遇と家族の関係があったので、文革が始まるとたちまち家は襲撃され、家財書画は尽く破壊され破棄された。彼女は衣服に金銭と食糧配給表を隠して逃亡を図った。すぐ紅衛兵につかまって連れ戻され、隠していた金などが見つかった。彼女は、激しい「批判、闘争」等の迫害を受け、家に帰るとガスの元栓を開いて自殺した。彼女以外の画家では、銭痩鉄（一八九七～一九六七）、呉湖帆（一八九四～一九六八）、白蕉（一九〇七～一九六九）等が迫害され死んだ。

陳彦栄（男）Chen Yan Rong

一九二九年生まれ、中国科学院ガス工廠の労働者。北大附属中学の「紅旗戦闘小組」と称する「紅衛兵」に家を襲われ、妻の劉万才と一緒に中学の校内に連れ込まれて猛烈に殴打され、「お前は地主か、富農か自白せよ」と迫られた。それは、両親がやっとためたお金で、北京郊外の農村に若干の土地を購入しており、「土地改革」の時、身分を「富農階級」とされていたためである。一九六六年八月二四日、彼は妻の前で殴り殺された。妻は流産したが、生き残り這って家に帰った。この日、北京市内では氏名が分かるものだけでも二二八人が撲殺された。この北大附属中学の紅衛兵は、最初に「親が英雄なら子も英雄、親が反動なら子は馬鹿者」という、荒唐無稽の「理論」を振り回し、附属中学のキャンパスを一大処刑場・虐待地獄の世界に変えた。同校の校長、副校長始めほとんどの教師たち、それに「出身階級の悪い生徒」や一般人にまで暴力的迫害、殺戮を行った。陳彦栄は、殺された時、三七歳であった。家族は、遺骨さえ返してもらえなかった。紅衛兵は、こともあろうに家に帰った妻に、火葬料として二八元を支払えと要求した。これは当時では大金で、陳家では用意できなかった。長男の息子が、あちこち借り歩いてやっと支払ったが、しかし、遺骨は不明で渡してもらえなかった。文革後、北京大学附属中学の党委員会は、二五〇〇元の補償金を支払ったが、その責任については「林彪・四人組の反動路線によって迫害致死に至った」という回答をしただけであった。また、同校の紅衛兵の指導者は、誰一人、自分がやったというものはおらず、殺されたのは「皆悪人だった」と言った。

陳耀庭（男）Chen Yao Ting

江蘇省呉江の人、江西省の贛南医学専門学校の教員。文革の初期に妻・謝聚璋と二人で、一九六六年から六七年にかけて文革を批判する文章を匿名で一〇数部書き、方々に送った。六七年末、これは「特大の反革命事件」として全国的な捜索が行われて夫妻は逮捕された。七〇年三月に陳は死刑に処せられ、妻は執行猶予付きの死刑を宣告され、七一年七月、江西省にある「労働改造農場」に送られて、そこで死んだ。

陳応隆（男）Chen Ying Long

北京放送学院無線通信系の教師。一九六八年、校内に監禁され、三階の窓から身を投げて自殺した。三〇余歳であった。彼は地主の家庭に生まれたため出身階級を記入する調査書に「地主身分」と書いた。その為、文革が始まると「地主分子」であり、プロレタリア独裁の「専政対象」であるとされ監禁された。しかし、彼は「地主家庭」に生まれたが、彼自身が「地主」ではなかった。経歴書に正確に書かなかっただけであった。学院内の集会が終わったのち、会場に残された彼に、何が起こったのか不明であるが、彼はその晩に建物から飛び降りて自殺してしまった。三人の子どもがいたが、みな進学できなかった。

陳永和（男）Chen Yong He

北京大学数学・力学系の教師。一九六八年の「階級隊伍を純化する運動」の中で、「反革命集団の構成員」とされ「監禁・隔離審査」となった。理由は、仲間とトランプ遊びをしていた時、ふざけて言った言葉が、「反革命言論」とされ、迫害されたのだった。また、彼は極めて有能だったから、同僚たちに妬まれていたことも原因の一つになったようである。一九六八年一一月、校内で監禁され、虐待されていた時、建物から飛び降りて自殺した。まだ三〇歳にはなっていなかった。妻は北京大学附属中学の教員で、結婚したばかりであった。一九六八年には、同じ学科で三名の教員が自殺した。

陳又新（男）Chen You Xin

一九一三年生まれ。彼は上海音楽専科学校を卒業後、一九四九年にイギリスに留学し修士号を取得し、一九五一年帰国して上海音楽学院の管弦楽系の主任となった。一九六八年の「階級隊伍を純化する運動」の時、「イギリスの間諜（スパイ）」とされた。同年末、建物から飛び降りて自殺した。時に、五五歳だった。

陳沅芷（女）Chen Yuan Zhi

一九二四年生まれ。北京師範大学卒、北京第二五中学の国語教師。一九六六年八月、同校の紅衛兵が自宅を襲撃し、彼女の日記を持ち去った。その日記の中に「反動的な言辞」があったという理由で校舎内に監禁され、翌月の九月、殴殺された。四二歳だった。彼女は、この学校ですでに八年も教師をしていた。この中学は、北京市内の東城区にあり、有名な繁華街の王府井に近く、中学紅衛兵が最も早く生まれた学校の一つだった。彼女の夫は有名な作家の舒蕪で、彼は「胡風反革命事件」の時、権力の圧迫に屈して、友人胡風の私的な書簡を御上に差し出した。それは、毛沢東が胡風等を「反革命」と断罪する上で、重要な証拠となった。しかし、舒蕪は一九五七年に「右派分子」とされ、以後夫妻ともに多くの差別と侮辱を受けることになった。文革が始まると、陳沅芷は、日記中の記述によって「現行反革命分子」とされ「牛棚」に監禁され、二週間も迫害された後、紅衛兵に打ち殺されたのであった。紅衛兵は、九月八日、夫舒蕪を呼びつけて「陳沅芷は、現行反革命犯である。絶食して死んだ」と言った。そして、紅衛兵は、髪は乱れ血痕のこびりついた死体のそばに、一人の高帽子をかぶせた男を呼びつけ、死体の側で「自白書」を書かせ、「もしお前が、告白しなければ、このようになるぞ」と脅かした。火葬場では、火葬の費用を請求され、「黒五類分子の遺骨は、受け取ることはできない」といって遺骨手渡しを拒否された。文革後、彼女の死は「林彪・四人組の反革命修正主義路線の迫害」によるものと、上層部から回答があった。当時、個人の日記や書簡が紅衛兵に勝手に押収されて、犯罪証明の証拠とされるのは日常茶飯事であった。

陳玉潤（女）Chen Yu Run

六〇余歳。北京の西城区の一住民、元小学校教師。一九六六年八月二七日、北京第三八中学の紅衛兵に家を襲撃され、彼女の母李秀蓉、その子の李瑞五、娘の黄煒班、それに家政婦（氏名不詳）など五人が殴り殺された。（「黄端五」の項を参照のこと。また『中国文化大革命「受難者伝」と「文革大年表」』（集広舎、二〇一七年）を参照されたい）。

陳正清（男）Chen Zheng Qing

新華社の写真部記者。四〇余歳。文革中に迫害を受け、一九六六年八月二七日、妻の何慧一と共に睡眠薬を多量に飲んで自殺した。彼は、一九四九年の共産党の「建国大典」で毛沢東の写真を撮ったカメラマンであった。彼は、多くの歴史的人物の写真を年代順に配列整理して保存していたが、その写真帳の中に「蔣介石」の写真もあった。しかも、写真帳では、蔣介石の写真が毛沢東のものよりも先にあった。その為、「反動」とされたという。毛沢東は、一九六六年五月一六日付けの、いわゆる「五一六通知」を出し「学術界・教育界・文芸界・出版界」の資産階級の代表的人物を徹底的に批判し、これらの文化領域において、彼らを追い出して指導権を奪い取れと命令した。毛は、自らその名簿を作ったばかりでなく、全国各省の党機関でも同じく打倒するべき人々の名簿を作らせ、迅速に執行させた。陳正清は、こうした大きな状況の中で、迫害され自殺したのである。一九六六年八月、新華社のビルでは、一〇人が自殺したという。しかし、その迫害の実態、犠牲者の氏名は明らかにされていない。党の正式な報道機関の新華社でさえ、犠牲者たちの名簿を発表していない。

陳志斌（男）Chen Zhi Bin

天津市の第一旋盤工場の技術員。およそ三〇歳。文革時、迫害されて死亡した。

陳子晴（男）Chen Zi Qing

一九二六年、江蘇省無錫生まれ。西安交通大学応用力学教研室の副教授。文革中、「主席、毛沢東思想を汚し攻撃した」という理由で拘禁、虐待され、一九七〇年七月四日に首吊り自殺した。この大学では、三六人が殺害されるか、或いは自殺した。この残虐な犯罪に対してまだ必要な清算はなされていない。

陳子信（男）Chen Zi Xin

中央音楽団の弁公室主任、女流ピアニストの周広仁の夫。一九六八年迫害され自殺した。夫婦共に「歴史問題」を自白せよと迫られたが、しかし、彼はある特定の日の夜のことなどはっきりと言うことはできなかった。全楽団の「批判、闘争」集会で吊るし上げると言われ、その前夜に自殺した。

陳祖東（男）Chen Zu Dong

一九一二年生まれ。浙江省湖州の人、清華大学水力系の教授。「階級隊伍を純化する運動」の時、彼の「歴史問題」を追及され、一九六八年九月二〇日、円明園で首吊り自殺した。享年五六歳。一九三五年、清華大学を卒業し、アメリカやインドに工事見学に行ったことがある。日中戦争中には、貴州省で兵器工場を管理した。文革が始まると、六六年に早くも「反動学術権威」とされたが、さらに六八年毛沢東が「工人解放軍毛沢東思想宣伝隊」を大学に投入すると、猛烈な迫害が始まった。彼は死の前の三ヵ月間、給料をもらえなかった。「牛鬼蛇神」への「懲罰」だった。彼は、昔、蔣介石が台湾に逃げる時、行こうか行くまいか大いに迷い、飛行機の切符を買ったが、結局は大陸に残った。この行動によって、悪質な「階級敵」とされたのである。学校の人が来て、死体を確認するように言って来たので、妻と娘は見に行った。遺体はまだ木の上に吊り下がっていたが、すぐ夫だとわかった。死後、清華大学キャンパスでは、陳が「自ら党と人民に決別をしたのだ、万死に当たる行為だ、人間の屑になった」と拡声器が大音響で罵声を浴びせていた。

清華大学には文革前には一〇八人の教授がいたが、文革終了宣言後の七八年まで生き残っていたのは、僅か四〇余人にすぎなかった。

程国英（男）Chen Guo Ying

一九二二年生まれ。清華大学建築系の美術教室の副主任。「階級隊伍を純化する運動」の時「審査」された。一九六八年一一月一二日、校内の蓮の池近くの土手で首を吊り自殺した。

程顕道（男）Chen Xian Dao

復旦大学歴史系教師。卒業後に学内の業務についたが、一九六五年に紅衛兵運動にかなり深く巻き込まれた。六八年、「造反派」同士の争いの中で、「張春橋を砲撃せよ」（張春橋は、毛沢東に抜擢された論客、文革で大出世し、後に「四人組」の一人となる）という事件に巻き込まれ、学内に監禁中に自殺した。

程珉（男）Chen Min

北京市通県の第一中学の責任者、残酷な闘争・迫害を受けて、一九六六年八月七日、自殺した。この時、同校の幹部と教職員全七六人中、最高時には五三人が「悪人集団」に入れられた。彼等は、紅衛兵の鞭と棍棒の下で一四、五時間も「強制労働」を強いられた。彼等は、素手で泥を掘り、石や土や糞便までも掴みだし、家畜を使って畑を作った。また、烈日の下で、罰として立たされ、跪かされ、腰を曲げて立たされ、歌を唄わされ、反省文を書かされ、自分を侮辱した文句が書かれた看板を首に掛けさせられた。このように連日連夜、ありとあらゆる暴力、迫害、侮辱を受けた。方田古先生は数度猛打を受けて障害者になり、徐忠含先生は、死亡した。二人の教師は、家に帰されてから「労働改造所」に送られた。猛打を受けて死んだ人は、全部で八人になった。この時期、校内の「造反生徒」たちは、学外にまで出て行き多くの人を殺傷した。文革中、学校の五万冊の図書も含め、施設、備品の殆んどが破壊され尽くした。

程世怙（男）Cheng Shi Hu

中国科学院力学研究所の副研究員。一九六八年の「階級隊伍を純化する運動」の中で、「審査」の対象にされ自殺した。以前、アメリカに留学して学び、帰国後に北京大学数学力学系の特任教授となり、「振動理論」を講義していた。

程述銘（男）Cheng Shu Ming

一九二五年生まれ。北京人、上海天文台の研究員。彼は、一九四八年「清華大学物理系」を卒業。「天文学による時刻測定」で優秀な成績を収めた。一九六六年初め「資産階級の反動技術権威」の罪名で「監督労働」の処分を受けた。一九六八年には「階級隊伍を純化する運動」が始まり、ついで「五一六分子を摘発する運動」と続き、ついに天文学者にまで攻撃が及んだ。一九七一年、ある人が、「程述銘は毛主席の妻・江青女史の品位を傷つける発言をした」と告発した。それで再度監禁された。上海天文台内に隔離審査されていた時に自殺した。享年四六歳。

程賢策（男）Cheng Xian Ce

北京大学歴史系を卒業、北京大学中文系の党書記。一九六六年に「悪質分子」とされ、家を襲撃され、家族と共に激しい殴打、侮辱を加えられた。同年九月二日、北京郊外の香山の林中で首を吊り自殺した。享年四〇歳。彼は、一九五一年、北大の文・史・哲の三学部の人々と一緒に、江西省のある農村の一つの集落に土地改革の支援に行った。そこでは、ごく一部の現地幹部と共に八人の「地主分子」を摘発した。後にこの八人は総てが銃殺され、死体は三日間晒された。程は、こうしたやり方に疑問をもった同僚に、「古い道徳の規準に捕らわれてはいけない。我々は、小資産家階級なのであるから、自らが反省して自分達がもつ資産階級意識を改造して行かねばならない」と言ったという。この時から、党の暴力がすでに全面化していたのだ。彼が自殺した九月二日には、紅衛兵の殺戮は頂点に達しており、名前が分かっているだけでも、紅衛兵は北京市で三〇〇余人を打ち殺した。この日、彼は香山の林中で、一瓶の強い酒を飲み、さらに殺虫剤の「敵敵畏」を飲んで自殺したのであった。（この項目には、北京大学における文革の経過、特に暴行迫害の実態が詳しく記されている。原書・頁五三～六一）

程応銓（男）Cheng Ying Quan

清華大学土木建築系の講師。一九六七年に「右派分子」とされる。一九六八年の「階級隊伍を純化する運動」で「隔離審査」となり、同年一二月、キャンパス内の遊泳池で投水自殺した。享年四九歳。五〇年代に、旧北京城の城壁を取り壊す政府の政策に反対し、保存を主張したことがあった。その為、一九五七年に「右派分子」とされ、妻は離婚し、子ども二人は妻について行った。以後彼は独りで宿舎に住んでいた。彼は、上海にいた兄や姪に会いに行ったこともあった。しかし、文革が始まると、一九四九年以前に大学を卒業していたので「歴史問題」（新中国建国以前の、蒋介石の中華民国時代に何をやっていたか、これが「歴史問題」となる）を執拗に追及され、しかも「右派分子」でもあったから猛烈な迫害を受けた。

程遠（女）Cheng Yuan

四川人、北京大学ヨーロッパ語系のドイツ語学科の専任講師。一九六八年の「階級隊伍を純化する運動」において、自宅の鉄製のベッドの上で鉄の枠に縄を巻き、自分の首を絞めて死んだ。横になったままで、草のように静かに死んでいた、という。六〇歳近かった。独身で争いを好まず、旧時代の「旗袍《チーパオ》」を身に着けるのが好きだった。文革中、彼女を国民党時代の女特務だとする誹謗中傷が流れ、ついには本物の「女スパイ」であったと見なされ、「階級隊伍を純化する運動」の中で激しく迫害された。当時有名なベストセラー小説『紅岩』に出て来る「妖艶な女スパイは、実は彼女自身なのだ」という噂が持ちきりだったという。この運動の時、ヨーロッパ語系では二人の教師と一人の党幹部が自殺した。

程卓如（女）Cheng Zhuo Ru

一九一九年生まれ。金陵女子大学卒、上海音楽学院附属中学の副校長。一九六六年夏、紅衛兵の猛烈な迫害を受け、夫・楊嘉仁（同学院の指揮科の教授）と共に大量の睡眠薬を飲み、同時にガス管を全開にして自殺した。四〇歳だった。後にすでに大学に行っていた一男一女が残された。この大学では、紅衛兵が「牛鬼蛇神」とされた教職員を棍棒や拳で血だらけになるまで殴打し、疲れると二列に向い合せて、互いに殴打させた。いい加減にやると、さらにひどい暴力に見舞われた。こうしたことは、清華大学でも確認されている。上海音楽学院は全学で三〇〇余名しかいない小さな学校であったが、一七人が「非正常の死」を遂げたと言われるが、未だに全員の名前は分かっていない。

褚国成（男）Chu Guo Cheng

北京の阜外医院の人事課の幹部。一九六八年「歴史問題」で監禁され、自ら焼け火箸を額に突き刺して自殺した。彼は昔、一九二〇年代に広東省共産党の「東江游撃隊」に参加しており、この時の事が「革命戦争時代の歴史問題」（過去に党を裏切ったことがあるかないか、事実関係が疑われる問題）になった。病院内の小部屋に監禁され、残酷な迫害暴行を受けた。自殺するための物がなかったので、燃えているストーブの火箸を額に当てて壁に激突して突き刺した。医者たちはどうすることもできなかった。妻と子供が残ったが、妻は教育が低く、一家はきびしい生活困窮状態になった。

儲安平（男）Chu An Ping

一九五七年四月に「光明日報」の総編集に任命され、すぐ六月には「解職」され「右派分子」とされた。一度、農村に送られて「労働改造」の懲罰を受けた。文革が始まると、紅衛兵に家が襲撃され、虐待された。彼は、一九六六年八月、北京郊外の河に飛び込んで自殺を図ったが死にきれず、一旦家に帰った。それでまた嘲笑と猛打を受け、また失踪した。以後行方不明になった。どこで死んだか、どこへ行ったか分からない。彼が「右派」にされたのは、一九五七年の「百家争鳴・百花斉放」の時、会議で共産党の一党支配の「党天下」を厳しく且つ大胆に批判したためである。彼の発言は『人民日報』の一九五七年六月二日号に掲載された。その為、すぐ「右派分子」とされ、「労働改造」に処せられたのである。彼は行方不明と言われるが、紅衛兵に撲殺されて無名のまま焼かれた可能性が極めて高い。享年五七歳。

崔容興（男）Cui Rong Xing

一九四五年生まれ、復旦大学数学系の学生、卒業後に上海の横沙島の軍隊の開墾農場に配属された。ある知人から「胡守釣（復旦大学内の「造反派」で、張春橋に反対した一派）反革命集団」の成員であると告発された。その為、この軍の農場で「隔離審査」に処せられた。また、彼の父親が、昔、国民党政府の農業顧問をやっていたことがあったため、「出身階級不良」とされ、更に激しく自供を迫られた。一九七〇年に首を吊って自殺した。

崔淑敏（女）Cui Shu Min

凡そ六〇歳、上海華山路に住む普通の住民。息子が「毛主席・林彪副主席を悪毒攻撃した」とされ、彼女も非難攻撃された。一九六八年五月、彼女は息子、息子の嫁、六歳の孫娘と一緒に一家全員で心中した。それは、四〇歳くらいだった息子が職場でちょっとした昔話をした時、最高指導者を悪毒攻撃したという話としてあらためて持ち出され、犯罪にされたのである。息子の遺書があった。それには、今後の娘の苦労を思うと残しておけないと書いてあった。遺書は、公安が持ち去った。

崔雄昆（男）Cui Xiong Kun

北京大学の教務長、同大学党委員会の常務委員。一九六八年一〇月一六日の未明、「階級隊伍を純化する運動」の本部棟から逃げ出し、キャンパス内にある紅湖の遊泳地で投身自殺した。一九六六年六月、北京大学の指導部は全部「打倒」されたが、崔雄昆だけは生き残り、劉少奇が派遣してきた「工作組」の責任者となった。ところが、一九六八年に派遣されてきた「工人毛沢東思想宣伝隊」が学内に進駐してから、崔も「打撃対象」となり、監禁されて自由に家に帰れなくなり、そこで迫害されて自殺に追い込まれた。彼の経歴は大学ではかなり地位の高い特別なものであったが、やはり結果は、悲運を逃れられなかった。

Dの項

党晴梵（男）Dang Qing Fan

一八八五年生まれ、陝西人。文革前に「陝西省政治協商会議」の副主席。一九六六年九月四日、西安の自宅にて「師範大学附属中学紅衛兵」の自宅襲撃に遭い、九月四日自宅で打ち殺された。享年八一歳。彼は、昔、中国革命同盟会員、国民党党員となり、陝西省の有力者であり、また古代思想史の研究にも努めた人物であった。そのため、自宅には貴重な古書籍や文物が沢山あった。一九三六年の「西安事変」の時には、楊虎城に朱徳・周恩来と接触するようにと働きかけたこともある。国民党のやり方にも不満で、中共幹部とも接触した。その為、建国後も政治協商会議の幹部にも選ばれた。しかし、高齢のため引退して家にいた。

文革が始まり、一九六六年八月、毛沢東が天安門広場で一〇〇万の紅衛兵を閲兵し、彼らの行動を称賛すると、西安でも地方幹部の子弟が「紅衛兵」を名のり、著名人に無慈悲な暴力を振るい始めた。党晴梵は自宅にいるところを、紅衛兵に度々襲撃された。後に、家族は全員が農村に追放された。彼だけが家で殴打と侮辱を連日加えられた。家にあった貴重な資料や生活用品は皆持ち去られた。九月四日、陝西師範大学附属第二中学の三人の紅衛兵生徒（女子二人、男子一人）が現れて、党晴梵の部屋に入り、一〇分か二〇分して出てきてそそくさと去った。家人が、部屋に入ってみると、父親はすでに死んでおり、血が大量に流れていた。死因は、重い楠で作った筆入れで頭を打ち割られて殺されたようだった。その日の夜、陝西省の政治協商会議の責任者が来て、死体を運び出して火葬に付したが、遺骨は返されなかった。しかも、他言無用と言われた。

その翌日、この家の家族全員が、西安市から原籍の陝西省合陽県の農村に「放逐」され、農民の「人民専政」の対象になり、惨憺たる生活を余儀なくされた。公安局の職員は、自らは手を下さず、紅衛兵生徒に殺人や「黒五類の家族」の都市からの駆逐・放逐をやらせたのである。党晴梵を殴殺した紅衛兵生徒たちは、「赤色恐怖隊」（略称「紅恐隊」。初期紅衛兵は、幹部の子弟が多かった）を作ったが、後に新たに台頭した「造反派」と対立抗争を繰り返して敗退し、「農村に下放」されて行った。文革後、三〇数年も経過した時点で、家族はあの下手人の紅衛兵に会って、あの時の状況を聞きたいと思っていると言った。

鄧拓（男）Deng Tuo

中共北京市党委員会の「文教部門」の書記。毛沢東の怒りをかった『燕山夜話』の作者、『三家村札記』の三人（彼と呉晗、廖沫沙）の作者の内の一人。毛沢東は、一九六六年三月から、上記二冊の著作を「反党・反社会主義の悪書」だとして攻撃、全国的に批判攻撃を開始した。彼は五月一八日、自宅にて服毒自殺を遂げた。鄧拓が自殺した時は、まだ文革が本格的に始まっておらず、まだ暴力が激烈な時期ではなかった。しかし、北京の幼稚園の子どもたちでさえ、「呉晗・鄧拓・廖沫沙、一本の藤に腐ったウリ（瓜）がなった」と新しい囃子歌を教えられて歌っていた。

丁蘇琴（女）Ding Su Qin

上海外国語学院の教師。一九六八年の「階級隊伍を純化する運動」の中で、「特務」、「歴史反革命分子」とされ、激しく批判、攻撃されたため睡眠薬を飲み自殺した。

丁暁雲（男）Ding Xiao Yun

上海華東師範大学の図書館員。一九六六年八月四日、図書館で首吊り自殺した。一部の学生が、教職員一九〇名ばかりを家から引き出して「高帽子」をかぶせ、「黒い一味・反動学術権威」などと書いた看板を首に掛けさせ、「街頭デモ」に引きだした。皆、殴られ、靴を脱がされ、衣服を引っぱられて破かれる、等々の虐待を受けた。終ると、彼らは全員を運動場に引き出して跪かせ「批判、闘争会」をおこなった。紅衛兵生徒たちは、殴る蹴るの暴行を加えた。彼以外にも、呉迪生とその妻が、一緒に首を吊った。呉迪生先生は、元は外国語の教師であったが、一九五七年に「右派分子」にされてから、教壇に立ち教えることは許されなかった。

丁育英（女）Ding Yu Ying

四川省重慶市中区にある小学校の校長。この学校の、いわゆる「革命造反派」から「批判、闘争」を受け、春節の時も、学校に出て継続して「闘争」を受けるように命じられた。春節に、学校に行く途中、嘉陵江の橋の上から身を投げて自殺した。

董季芳（女）Dong Ji Fang

北京機械学院の教師、教研室の主任。文革中に種々の迫害、侮辱を受けて家の中で自殺した。四三歳だった。

董懐允（男）Dong Huai yun

北京大学数学力学系の講師。彼は一九六四年の「社会主義教育運動」の時から、「問題ある人物」として、度々攻撃された。一九六六年六月一八日、北大で初めての教師に対する暴力事件が発生した。七月になるとさらに暴力はエスカレートし、「牛鬼蛇神」とされ、「学内の労改隊」に入れられるものが続出した。彼等は、「大字報」で攻撃され、「労働改造」の対象者に区分され、食堂の皿洗い、窓ふき、便所の掃除を強要された。こうした迫害は、同じ数学力学系の丁石蓀先生にも及んだ。また、同じ数学物理系の有名な数学者の段学複教授は、癌の手術をし、また近視であったが、便所の尿がかかった壁を洗うよう脅迫された。彼は、近眼でよく見えないので、顔を壁面に押し付けるようにして洗わされた。董懐允はこうした情景をみて前途を悲観した。彼は病弱で、重い神経衰弱に罹っていた。七月二六日、江青女士と文革指導者が、北京大学に現れて、聶元梓などの「造反派」を大いに煽動し、暴力や監禁、労働強制を讃美した。その翌々日の二八日、董懐允は首を吊って自殺した。四〇歳前後だった。

董臨平（女）Dong Lin Ping

北京の建築材料工業学院の機械電気系の学生。一九七〇年の「五一六集団」の審査の時、同年八月四日、首を吊って自殺した。父親は軍の高級幹部であった。彼女は、文革の初めに「工作組」に反対したため迫害され自殺を図ったことがある。しかし、毛沢東が「工作組」を非難し、撤収させたので、今度は逆に彼女は英雄になり、「紅衛兵八一戦闘団」（一九六六年八月一日に組織され、以後二年間絶大な勢力を誇った）の指導者の一人として「劉少奇打倒の運動」（一九六七年七月には、中南海の前に数十万人を集めて、劉少奇を弾劾した大集会の主役を演じた）等々大活躍した。しかし、一九七〇年の「五一六兵団」を審査する運動では、逆転して今度は「陰謀者」にされた。彼女は攻撃の矛先を実は毛沢東・林彪・周恩来に向けていたとされ、その「陰謀」を自白せよ、と激しく拷問を加えられた。そのため首を吊って自殺した。彼女を知っている人が言った。「背がすらりとして高く、清らかで秀でた人だった」と。彼女は、「工作組」に反対して「闘争」を受け、ついで毛沢東派に持ち上げられて人を「闘争」にかけ、最後には、またまた毛沢東派の「闘争」にかけられて死んだ。文革は彼女を翻弄し続け、最後に完全に破壊した。

董思林（男）Dong Si Lin

上海市第五八中学の校長。一九六六年、残酷な「批判、闘争」を受けた後、失踪した。

董鉄宝（男）Dong Tie Bao

北京大学数学力学系の教授。一九一七年生まれ。アメリカに留学し博士号を取得し、一九五六年に帰国した。この時七人の学者が、周恩来の帰国の呼びかけに応えて帰国した。「反右派闘争」の時には右派にされなかったが、一九六八年の「階級隊伍を純化する運動」の中で「アメリカの特務」として攻撃され監禁。同年一〇月一八日、逃げ出して大学の近くの木で首吊り自殺した。この年、校内に進駐した「工人毛沢東思想宣伝隊」は、四〇〇〇余の教職員の内九〇〇余人を「重点審査」し、暴行脅迫して罪の自白を迫り、多くの人を自殺に追い込んだ。彼がどのような迫害を受けていたか、詳しいことは分からない。彼は、北京大学の二八楼に「監禁」されたが、家に帰ることも家族が行くことも出来なかった。彼を知る人が言うには、彼は両手で大きな木を抱くように立たされたが、絶対に手を木に触ることは許されず長時間その姿勢でいることを命じられた。また、正午に太陽を目で見るように言われ、そらすことが許されず、また絶えずビンタを受けていたという。

彼の妻の梅鎮安は、北京大学の生物系で働いており、やはり「審査対象」だった。彼女の兄も、中国科学院の研究者だったが、やはり同類と指弾されていた。この夫婦には、一人の中学生の娘と、二人の息子がいた。息子たちは、「知識青年」としてすでに農村に「下放」されていた。夫の死後、妻の梅鎮安は周恩来に助けてくれるように手紙を書いた。周恩来総理の勧めで一家は、アメリカから帰国したこと、息子二人を「下放」先の農村から北京に返してほしいこと、等々を懇願した。効果はてきめんで、以後「帰国華僑」の扱いにされ、また息子たちも北京に帰って来られた、という。

董堯成（女）Dong Yao Cheng

北京第二女子中学の国語教師、北京師範学院卒。一九六六年八月、「批判、闘争」を受け、校内の建物の五階から飛び降り自殺した。三〇歳前後であった。母親も同日、自宅で自殺した。彼女の父親が、一九五〇年代初めに死刑になっていたので、このことをぶり返されて、生徒から追及、暴行を受けた。彼女は「出身家庭」の問題でいろいろ言われたが、まだ五〇年代の初期には、子どものことをそう厳しく非難することはなかったので、大学にまで行けたのであった。家のテーブルの上には「冤罪」と書かれていたという。この女子中学の体育教師の曹天翔も、同じ時期に自殺した。

董友道（男）Dong You Dao

上海戯劇学院の戯劇文学系の教師。一九六八年、自殺。彼は同僚の謝至和に「江青(毛の妻)は、王光美(劉少奇の妻)が、外国に行った時にネックレスをしていたのが面白くないのではないか」と言った。このことが、「毛主席を悪毒攻撃した」とされて迫害され「隔離審査」に遭い、そこで大量の画鋲等を飲んで自殺した。この年、むごたらしい暴行迫害によって少なくても同学院の五人が自殺している。以前、江青は、劉少奇・王光美夫妻が、外国訪問に行く時に「ネックレス」はしない方がよいと言い、王光美も承知した。ところが、夫妻がインドネシアを訪問した時、王光美は「真珠のネックレス」をしていた。江青は、それを非難して、一九六七年の清華大学の数万人の大集会で大々的に攻撃した。しかし、董友道と同僚の謝至和が、本当は何を話したのか、起訴状も判決文もないので、誰も知らなかったのである。文革後の、当時大学生だった人の回想では、大字報に王光美のネックレス姿を江青が憎んだ話と、江青の写真好きに似た人物には、アドルフ・ヒットラーがいた、といった彼の冗談が、江青の憎しみをかったのだという。権力者は、「材料の拡散を防ぐ」という理由で、彼が実際に何を言ったのかを報道しなかったので、人びとはことの真相を何も知らなかった。

段洪水（男）Duan Hong Shui

清華大学の労務員、一九歳。一九六八年五月、猛烈な「造反派」の内ゲバ・武闘によって、長い槍で刺された後、梯子段から落ちて死んだ。

杜芳梅（女）Du Fang Mei

陝西人、上海銀行幹部。一九六八年夏、「批判、闘争」に遭い、建物の五階から飛び降り自殺した。四〇歳余であった。後に、三人の女の子が残された。当時、夫の聞捷も「監禁」されていた。夫は著名な詩人であり、上海作家協会の責任者の一人でもあった。彼は七一年に再度迫害を受け、ガス自殺した。ある中学生が、著者（王友琴）に語った話によると、ある朝、上海の通りを歩いていると、大きなビルの前で、警察官が地面を囲んでいるのを見た。女性が死んだ、ということであった。当時はこうした自殺はごくありきたりのことであり、特別奇異にも思わなかった、という。

杜孟賢（男）Du Meng Xian

大連市旅順口区（現、旅順市）の人。父親は「富農分子」で、そのため彼も迫害され、一九六八年、自殺した。享年三〇歳。彼は階級成分が悪くて未婚だった。当時、「地主・富農・反革命・悪質分子」は、「黒四類分子」とされて階級の敵とされ、その子供も又「プロレタリア専政の対象」とされ、差別されていた。「階級成分が悪い」と一生結婚もできず、もし同類の子女と結婚して子供ができると、その子供もまた「悪い身分」にされた。もし、子供には罪がなく、皆「善人」になれば、「階級闘争は、すぐ終焉になる」からである。永遠に階級敵が存在することが必要だった。さて、杜孟賢は文革の前、四川省で鉄道修理隊員として働いていたが、文革が始まり、修理隊は解散になった。家族は、大連に帰って来るなと言ったが、彼は帰ってきた。そしてすぐ「闘争」を受けることになった。彼の姉は大連の小児科病院の看護師であり、その夫は大連物理科学研究所の研究者であったが、一九六八年、自殺した。

Fの項

范歩功（男）Fan Bu Gong

陝西の人、一九四四年生まれ、西安交通大学学生。文革の時、出身家庭が「地主階級」とされたことに不満を言ったため監禁され「審査」を受けた。一九六八年七月に服毒自殺した。

范長江（男）Fan Chang Jiang

四川省内江の人、一九〇九年生まれ、中国科学家協会の副主席。妻は沈譜。文革中に残酷な闘争を受けて、一九七〇年一二月二三日、河南省確山の「五七幹部学校」の井戸に身を投げて死んだ。全身真っ裸で負傷していた。遺書はなかったが、自殺とされた。彼は新聞記者で、一九三八年に延安に行き周恩来、毛沢東に会見し、全中国に会見記を紹介して一躍有名になった。一九三九年、周の紹介で中共に入党した。建国後、『解放日報』、『人民日報』の社長を歴任。しかし、一九五二年以後、新聞界での活動は不可能になった。共産党は、もう彼の新聞記者魂を敬遠するようになったのである。ところが、文革後、長く経った一九九一年、政府は彼の名を冠する「范長江新聞賞」を設けて、これからの新聞記者は、范長江同志の衣鉢を継いで頑張るようにと、「特別栄誉賞」を設けたのである。しかし、実は彼は一九五二年以降、新聞界から追われ、しかも一九七〇年に井戸に跳び込んで自殺したのであったが、こうした彼の悲劇的人生については、何の報道も説明もされないのである。

范楽成（男）Fan Le Cheng

武漢医学院副院長。一九六八年「特務」とされ監禁、自殺した。五〇余歳。（「高景星」の項を参照のこと）

范雪茵（女）Fan Xue Yin

陝西師範大学の外国語教研室の講師。一九六六年八月、紅衛兵から家を襲撃され、夫の黄国璋と共に首吊り自殺した。

黄国璋は、同じ大学の地理系の教授であった。この大学では、六六年に教職員七人が打ち殺され、また六八年には又七人の教職員と労働者が打ち殺されたり、自殺したりした。上記犠牲者一四人の内七人が教員であった。

范造深（男）Fan Zao Shen

一九一三年生まれ、「文津広済病院」（精神病の専門病院）の院長。文革中に「造反派」の非人間的な凌辱を受けて、一九六七年、妻と共に首を吊って自殺した。妻は華北師範大学の校医で、美しい穏やかな女性だった。共に情愛の深い夫婦であったが、子はなかった。

范明如（男）Fan Ming Ru

復旦大学歴史系教師。文革中、自殺した。

樊庚蘇（男）Fan Geng Su

上海の松江第二中学の教師。日中戦争の時、「茶館小調」などの作品を発表した。一九六八年の「階級隊伍を整理する運動」の中で審査され、自殺した。

樊英（女）Fan Ying

六四歳、復旦大学外文系の教授。大学内の宿舎に住んでいた。一九六八年の「階級隊伍を純化する運動」中で迫害され自殺した。

樊希曼（女）Fan Xi Man

鉄道部中共党校の幹部。一九六六年八月、息子の曹賓海が通学していた北京師範大学附属第二中学の紅衛兵生徒たちに無理やり連行され、校内で煉瓦を積み上げて作ってあるピンポン台の上で打ち殺された。この日、同校では他に二人（同中学の国語教師の靳正宇、学校責任者の姜培良）が打ち殺された。樊希曼の息子は精神に異常をきたし、回復することはなかった。樊希曼の夫は、党の幹部であったが文革開始時に「黒い一味」とされた。彼女が息子に書いた手紙が、他人に見られ「反動的」だとみなされた。紅衛兵が家捜しに行ったところ、息子が包丁をもって襲ったという理由で、紅衛兵は公安警察を呼んだ。そして母親を学校に連行して虐殺した。また息子は監獄に入れられた。以後精神異常になり、一九九〇年代中頃に彼を見た人は、まだ正常ではなかったと言った。

方詩聰（男）Fang Shi Cong

四〇歳、上海外国語学院の教師。文革中に迫害を受けて、感電自殺した。

方婷之（女）Fang Ting Zhi

北京第三女子中学の教師。一九六八年の「階級隊伍を純化する運動」の時、学内で「監禁審査」に遭った。ある日、校門のところで車に身を投げて自殺した。彼女が死んでまもない、同年七月一二日、同校の女教師の孫歴生が校内で首を吊って自殺した（とされた）。（「孫歴生」の項を参照のこと）

方応暘（男）Fang Ying Yang

江蘇の人、南京中央大学外文系の卒業。北京外文局が出している雑誌『中国建設』の英語版の編集責任者。一九六九年一月九日、家から連れ出され「隔離審査」中に打ち殺された。しかし、「罪を恐れて自殺した」と現場が偽装された。彼は、一月九日の深夜、地下室に連行されて打ち殺された。しかし後、死体は別の場所に移されて、そこで自殺したように偽装されたのである。一九七一年になってこの事実が暴露された。生前、方応暘は詩を書き、文章を書き、翻訳もしていた。彼の父親は中学校の教師、弟は歌手だった。

方運孚（男）Fang Yun Fu

中国人民銀行の重慶分局の職員。文革中に「劉少奇の件は冤罪だ」と公然と言ったため「現行反革命」だとされ、重慶市の軍人中心の独裁機関である「公検法軍管会」に逮捕され、一九七〇年三月六日に処刑された。

方俊傑（男）Fang Jun Jie

三〇余歳、北京市大興県の農民。一九六六年八月三一日、この県の「四類分子」（地主、富農、資産家、悪人）とされていた三二五人が一斉に虐殺された事件で、彼も同時に殺された。大量殺戮事件として有名。殺戮は、この県の一三の公社、四八大隊で行われた。最高八〇歳から、生まれたばかりの生後三八日の幼児迄も殺し、家族全員が殺された家は二二戸に及んだ。これは、八月中旬から下旬にかけて、毛沢東が天安門前で紅衛兵を閲兵し、彼らの北京市民に対する無差別のテロリズムを擁護した影響によるものである。この大量殺人の前の、八月二六日、県の公安委員会が開かれた。そこに公安部長（大臣クラス）の謝富治（彼は、当時の大量殺戮の元凶であった）の指示が紹介された。「これまでの規定は、今後無効である。人民が、どうしても殺さなければ気がすまないなら、私は反対だが、殺しても仕方がない」という趣旨の伝達だった。これは、後に「林彪・四人組」の犯罪とされたが、そうではなく毛沢東が天安門上で「紅衛兵謁見集会」を二度も行って大虐殺を煽動した影響だった。北京市の南郊外の大興県で殺された三二五人は、政府高官でもなく、著名な人物でもなかった。無名の農民、庶民であり、未だに全員の名前も経歴も公式には発表されていない。

費明君（男）Fei Ming Jun

日本の早稲田大学へ留学。一九五〇年代に上海華東師範大学の中文系の副教授であった。一九五五年の「胡風反革命集団」の一員で「日本の特務」とされ、青海省の「労働改造所」に送られた。一九七二年、青海省で死んだ。その為、家族も皆長期に迫害された。一九五五年、彼が逮捕された時、家族七人は全員、大学内の宿舎から追い出された。彼等は、行くところもなく、やむなくセメントの排水路に住んだ。一番上の子が、やっと八歳か九歳だった。公安警察は、全員を甘粛省に追いやった。路上でも、汽車の中でも、彼らに手錠をかけた。小さい子は手が小さくて手錠がはめられなかった。妻は、小さいので手錠が掛けられない、と言ったが、公安は「掛けられなくても、やらなければならない」と言った。甘粛省に行っても、「労働改造農場」では受け入れを拒否した。彼等は、乞食をしながら歩いて、再び上海に帰ってきた。やはりセメントの排水路に住み、ごみを漁って暮らした。一九六一年になると、家族は安徽省の定遠県の厳橋人民公社に送られた。しかし、当時、安徽省はこの年まで、大飢餓で死者がいっぱい出ていた。

華東師範大学の一人の教師が、費明君の家族が住んでいた村に行った。彼は、その時のことを次のように言った。この村では、六六パーセントの人が餓死した。土地は半分荒れ果てていた。家族が住んでいた家には門がなかった。テーブルは泥で作られていた。餓死した人々で、最も早く死んだのは地主富農とその家族だった。公共食堂は、幹部とその一族が優先された。地主富農の子どもは食べるものがなかったので、飢えて早く死んだ。食堂に這って行って、粥の少しでも食べようとしたが、ダメだった。死ぬと家の門の戸板で運んで埋めた。一人が死ぬと門の戸板に乗せて行って埋葬したので、門は皆なくなった。費明君の娘は、嫁に行けなかった。後に、ある階級敵になっていた富農の息子の嫁になった。その息子は、つねにこの嫁に鬱憤をぶっつけていて、毎日が耐え難かった。

一九七二年、父の費明君は青海省の労働改造所で死んだ。労改所は、定遠県の家族がいた人民公社にその死亡を伝えた。人民公社は、費明君の妻を「批判、闘争」にかける集会を開いた。費家の三番目の息子が、公社の武装隊長に「何故か?」と質問した。すると隊長は彼を家の梁に吊るし、一晩たってやっと放してくれた。後に彼は、山東省に逃げて行って大工の仕事を学び、また拳法の指南を受けた。二年後になって、やっと安徽省の農村に帰ってきた。文革が終ってから、費明君の息子は上海に行って華東師範大学を捜して「父の名誉回復」を求めた。師範大学は、事情を法務局にまわした。法務局は、息子に次のように言った。「貴方の父は、胡風反革命集団の人ではないが、漢奸である」と。息子は、北京に行って、父が日本の早稲田大学に留学していた時代の人を捜し出した。その人は、国務院(日本の内閣府に相当)の参事室の主任であった。その人のつてで、一週間後に党中央の指導者・趙紫陽に会った。

費明君の息子が、北京から上海に帰った時、師範大学はすでに北京からの通知を受けていた。大学の担当者は、「貴方は、どうして趙紫陽に会えたのか?」と訊いた。そして、彼に大学の総務課の仕事を与えた。彼は大工仕事を学んだだけで、字も書けなかった。だから上級の学校にも行けなかった。後に、彼は木工工場の親方になった。彼の兄は、師範大学の正門近くに食堂店を開いた。

馮世康（男）Feng Shi Kang

浙江省紹興の第二初級中学の国語教師。一九六六年夏、野蛮な「批判、闘争」――罵倒、侮辱的内容の看板をかける、ジェット式（頭を下に、両腕を上に折り曲げさせる）、殴る蹴るの暴行、さらに木の椅子を頭に打ちおろす等々の残酷非道な暴行を受けた。彼はその翌日、川に飛び込んで自殺した。五〇歳前後であった。父が死んだ翌日、学校に呼ばれた息子は、「お前の父親は、文化大革命に反抗した、死んでもまだ罪は残っている」と言われた。この学校で国語を教えていた瞿福慈先生は、文革が始まると精神病に罹った。紅衛兵は、それでも掃除をやらせ、「江青同志の悪口を言った」といって、何度も「闘争」にかけた。彼は本当の痴呆になり、まもなく死んだ。

馮文志（男）Feng Wen Zhi

上海戯劇学院の行政工作員。一九六八年四月、学校の地下室で「審査」を受けている時に、便所の中で首を吊って死んだ。

傅雷（男）Fu Lei

一九〇八年生まれ、上海の居民、フランス語の作品の翻訳家。一九五七年に「右派分子」となる。一九六六年に「家探し、批判、闘争」に遭い、九月三日、妻と共に自殺した。彼は五八歳、妻は五三歳だった。息子の傅敏は北京第一女子中学の英文教師、一九六六年八月、校内で紅衛兵の野蛮な攻撃を受けて投身自殺を図ったが、未遂。傅雷の兄は、有名なピアニストの傅聡である。傅聡は、五八年公費でポーランドに留学したが、帰国せずイギリスに渡った。理由は、今帰れば「子が父を告発し、父が子を告発する」ことになる、だから心の痛みを抱えてイギリスに行ったのだったという。ところがこれが、一九六六年の文革で「国家叛逆分子」とされたのだった。作家の葉永烈は「傅雷之死」なる一文を書いた。

傅洛煥（男）Fu Luo Huan

中央民族学院の歴史系の教授、著名な歴史家の傅斯年の甥。一九六六年、北京の陶然亭で湖に身を投げて自殺した。この学院には一〇〇〇余の学生と同じくらいの教職員・労働者がいた。一九六五年一一月から呉晗の歴史劇『海瑞罷官』に対する毛沢東と江青の批判が始まった。翌六六年五月に多くの歴史学者が猛烈な批判を受けて自殺し始めた。傅教授もその一人であった。他に早くに自殺した有名な歴史家には、北京大学の教授の汪籛（六月一一日、服毒自殺）、上海華東師範大学の教授の李平心（六月一五日、ガス自殺）がいる。傅洛煥は、有名な歴史家で蔣介石の国民党と共に台湾に行った傅斯年の甥にあたる。この親族関係によって彼も攻撃されたのであろう。

★一九六八年の「階級隊伍を純化する運動」において、ある内部統計によると、上海市では約一万人が自殺した。また北京市の一部の統計によると、三〇〇〇人が自殺し、二〇〇人が打ち殺された、とする。実際の数字はこれを遥かに越えているであろう。しかし、一万といい、三〇〇〇という数字は、極めて巨大な数字である。歴史上、稀に見ることであった。

傅国祥（男）Fu Guo Xiang

北京化工学院の化学系の学生。一九六三年入学。彼は、文革中の一九六七年に「反動学生」として「批判、闘争」を受けた。校舎の六階から身を投げて自殺した。当時、二二歳前後であった。

傅曼蕓（女）Fu Man Yun

家庭の主婦、夫の談家楨は復旦大学の著名な生物系教授。談はアメリカ留学組で生物学博士号（遺伝学）を取得して帰国した。一九六六年八月、学内で紅衛兵から高い椅子の上に立たされ、墨汁を頭から掛けられ、校内を犬のように這わされる等々の、残酷非道の迫害を受けて家の中で首を吊って自殺した。五〇余歳であった。妻の傅曼蕓も、附属中学の紅衛兵から殴打、洗濯板に正座する等の侮辱、迫害を受けた。

傅其芳（男）Fu Qi Fang

世界卓球（ピンポン）の王者になったこともある国民的スポーツ選手。文革中の一九六八年四月一六日「特務」とされ、激しい殴打、侮辱を受けて、建物から身を投げて自殺した。その直後、同じく有名な国民的英雄だった卓球選手の姜永寧と容国団も、「闘争」で殴打、侮辱を受け、前者は五月、後者は六月に自殺した。上記の三人とも、皆香港から来たスポーツ選手だった。スポーツ選手が、どうして文革で打倒されたのか？　それは、毛沢東が出した新しい布告の為だった。毛は一九六六年五月一六日付けの布告（略称「五一六通知」）では文革の重点的攻撃分野は、「学術・教育・報道・文芸・出版の五分野である」としてきたのだが、しかし、一九六八年五月に攻撃対象として新たに「スポーツ界」が加えられたためであった。スポーツ界は、ソ連修正主義のやり方を真似ており、資本主義の道を歩んでいるとされた。彼等に対する毛沢東の「打倒宣言」は、スポーツ界の大立者である賀龍・劉仁・栄高棠などを打倒する運動の一環でもあった。

高本鏘（男）Gao Ben Qiang

広州の鉄路中学の英語教師。些細なことで「青少年に害毒を与えた」と言われ、一九六六年八月、紅衛兵から猛烈な暴力を振るわれた。彼らは校内の「労改」に入れられ、連日殴打され、墨汁を大量に飲まされた。彼は、口から墨汁を吐き、続いて血を吐いた。その夜半に自殺した。

★最近の新しい情報によると、彼は文革で自殺せず、生き残った、ともいわれる（王友琴、二〇一九年四月）

高斌（男）Gao Bin

一九一七年生まれ、湖北省漢陽の人、イギリス留学、帰国後、陝西師範大学中文系の副教授。「右派分子」として労働改造処分、後、一九六六年七月二八日、「批判、闘争」に遭った後、自殺した。

高加旺（男）Gao Jia Wang

北京第八中学の教師、一九六八年に「現行反革命」とされ「隔離審査」となった。同年七月、自殺。年齢は三〇歳未満であった。生家が「地主、或いは富農」階級とされていた。彼は「反革命分子」とされ、監禁されて激しく迫害された。又彼は家で「海防前線の地図」を書いており、それを台湾に送るつもりであったとされた。結婚したばかりで、妻は小学校の教師であった。

高景善（男）Gao Jing Shan

河北省高陽県の人、石家荘師範大学附属中学の数学教師。彼は、本来は河北師範大学の数学教師であったが、附属中学に「下放」されていた。文革開始後、同中学で、「プロレタリア階級独裁の専政対象」にされ、木に縛られ、一時間も激しい暴力にさらされて殺された。この中学では、他に四人が殺された。

高景星（男）Gao Jing Xing

一九一四年生まれ、武漢協和医院の院長。燕京大学と協和医学院で学ぶ。一九六八年の「歴史問題」による迫害で骨折等の負傷を負った。同年六月に、手術室から飛び降り自殺した。五四歳であった。昔、国民党の軍隊で医者をやっていたことがあり、「歴史反革命」とされた。彼と共に迫害され自殺した人は、次の三人であった。范楽成は、武漢医学院の副院長であった。王祥林は、南昌で医者をやっていた。孫明は、南昌のある病院の院長で、著名な産婦人科医であり、高景善の以前の同僚であり友人だった。

高万春（男）Gao Wan Chun

北京第二六中学校長。一九六六年八月二五日、同校の四六人の教職員と共に「首都紅衛兵東城区糾察隊」の紅衛兵生徒の残酷な暴力にさらされ、校舎から飛び降り自殺した。初め、工作組がきて、この中学を「四類学校」（反革命勢力の支配している学校）と指定し、教職員二六名を「労改隊」（労働による改造が必要な組）に編入して、猛烈な暴力と侮辱を加えた。この八月二五日は、毛沢東が天安門広場で、第一回目（八月一八日）の紅衛兵に対する謁見大集会を挙行して、彼らの迫害・虐待行為を正当化し、又大いに煽動した一週間後であり、この頃から紅衛兵の猛烈な市民への暴力が急拡大していた。

高仰雲（男）Gao Yang Yun

一九〇五年生まれ、天津南開大学副校長。残酷な「闘争」を受け、皮膚は破れ肉は飛び血が噴き出した。一九六八年七月二七日、川に身を投げて自殺した。彼は「歴史反革命分子」、「党を裏切った叛徒」とされた。国民政府の時代、逮捕された共産党員は、中共地下党の命令で、検察官にウソの「自白書、反省文」を書いて釈放されることが多かった。ところが、文革時代には、こうした経歴を持つ党員は、みな党を裏切った「叛徒」とされ、「闘争」の対象にされた。

高蕓生（男）Gao Yun Sheng

一九一〇年、北京鉄鋼学院の院長兼中共党委書記、五六歳。「闘争」を受けた後、一九六六年七月六日、自殺した。

耿立功（男）Geng Li Gong

成都市の鉄路初級第一中学の生徒。一九六七年、成都における二つの造反派の「武闘」の時、彼はどちらの派にも属さなかったが、一派に間違われて銃で撃たれ、殺された。まだ一五歳にすぎなかった。

龔起武（男）Gong Qi Wu

江蘇省太倉の人、一九一二年生まれ。西安交通大学の図書館職員。地主家庭の出身等の問題で「批判、闘争」を受け、猛打され刺された。一九六六年八月二一日、建物から飛び降りて自殺した。

龔維泰（男）Gong Wei Tai

一九三一年生まれ、北京大学ロシア語系教研室の教師。一九六八年の「階級隊伍を純化する運動」で「叛徒」とされ、「隔離審査」の中で猛烈な暴力、虐待による「闘争」を一か月以上も受けた。同年一一月、彼は部屋の中で股の付け根の動脈を自ら切断して自殺した。その間、布団の中で一言も発せず、誰も翌朝まで気がつかなかった。ソ連に行ったこともあり、よくロシア語の出来る教師だった。ありとあらゆる迫害を受け、もう耐えられなかった。死んだ後、「人民を裏切った叛徒」、「恥知らずの犬のクソ」と非難された。享年三七歳。その時、妻は妊娠中だった。政治運動で北京大学では、九〇〇人もの人が、摘発され「牛鬼蛇神」とされ、日夜虐待された。学内監獄の中は、まさに「阿鼻叫喚」であった。

一番精神的に参ったのは、互いに「告発、暴露、闘争」し合うことであった。友人・知人を告発し、また告発されることは、耐え切れない辛さであった、という。特に迫害が頂点に達した、この一九六八年の政治運動では、北京大学だけで二四人が自殺した。この時の北大の最高幹部は、毛沢東の側近で北大に送りこまれた、毛が可愛がっていた女性「謝静宜」であった。この時の犠牲者全員の名前とその死の理由、情況については、大学から未だに公式な発表はなされていない。

苟爵卿（男）Gou Jue Qing

重慶市の著名な中国医学の産婦人科の医師。文革中、侮辱に耐え切れず、監禁場所から飛び降りて自殺した。

谷鏡研 Gu Jing Yan

上海医学院の病理教研室主任、一級教授。著名な病理学者、服毒自殺した。

光開敏（男）Guang Kai Min

北京地質学院の副教授。文革開始後久しからずして、学校付近の鉄道線路に身を伏せて自殺した。

郭敦（女）Guo Dun

三〇余歳、山東省煙台市の話劇団の役者、元北京芸術劇院の俳優。一九六六年に「告発」「批判」を受け、侮辱に堪えきれず自殺した。

郭蘭蕙（女）Guo Lan Hui

清華大学附属中学の高等部（高校）の生徒。父親が国民党政府の時代に政府の職員だったため「出身家庭が悪い」「反動家庭出身」とされ、同じ学校の紅衛兵から虐待され、「批判、闘争」にかけられた。一九六六年八月二〇日、服毒自殺した。一九歳であった。

郭世英（男）Guo Shi Ying

郭沫若の長男、北京大学を放校され、後に北京農業大学の学生となる。一九六八年四月二二日、校舎から墜落して死んだ。投身自殺といわれるが、親友は殺されたのではないかと疑っている。彼は、元々は北京大学の哲学系の学生だった。一九六三年に友人達と詩文を書く同人クラブ「X社」を結成し、詩を書いたり、政治を論じたりした。また、はさみ込み小冊子型式の単純な同人雑誌を作った。これが公安当局の警戒の対象になり、逮捕拘留された。仲間の張鶴慈は「労働教育」三年の処分を受けた。郭世英は、北京大学を離れて河南省の農場に一年間行かされ、一年後に農業大学に編入されることになった。この郭の経歴が六八年に問題になり「反動学生」とされ、迫害されることになったのである。この農業大学では、全部で三〇余人が打ち殺され、また迫害の後に自殺した。

ちなみに、郭沫若の次男の郭民英は、中央音楽学院に入学して西洋のクラシック音楽を愛した。しかし、ここで言動を批判されて中退した。羅瑞卿の世話で海軍に入ったが、ここでも批判され、兄より一年早く、一九六七年四月、自殺した。以上のように、郭沫若と于立群の二人の子は文革で死んだ。しかし、父の郭沫若は、最後まで文革を擁護した。

郭文玉（女）Guo Wen Yu

北京西城区の小学校の校長。一九六六年八月二七日、自分の小学校の「紅小兵」などと称する子供たちに打ち殺された。同時に殴打された夫の孟昭江（五七年の「右派分子」であった）は二日後に死んだ。同年六月、七月、劉少奇・鄧小平が派遣した工作組は、校長や先生達を激しく批判したが、直接的な暴力は振るわなかった。しかし、毛沢東が「まだ生ぬるい」「静かすぎる」と批判して工作組を引き揚げさせると、一気に暴力は蔓延し、すべての学校が、「血だるま」になった。

★一九七〇年一二月一八日、毛沢東はエドガー・スノー（アメリカのジャーナリスト）との会見で、「我々には大学教授、中学教員、小学校教員はいらない。全部、国民党が用いたものだ。つまり、彼等はそこで使われていた者だ。文化大革命は、彼らから〝メスを入れる〟（原語「開刀」）のだ」と言った。確かに、毛沢東は文革を始める時、つまり一九六六年五月一六日、有名な「五一六通知」を発して、この政治運動は「学術、教育、新聞、文芸、出版」の五つの世界を攻撃の対象にする、と命じた。さらに、六八年の五月一二日付けの「中共中央・国務院等の命令」によって、「スポーツ界」も攻撃の重点対象に加えた。

顧聖嬰（女）Gu Sheng Ying

一九三七年生まれ、上海交響楽団のピアニスト。一九六七年一月三一日、楽団に対する「闘争会」の場で、野蛮きわまる殴打と侮辱を受け、母親と弟（顧握奇）の三人でガス管を全開にして一家心中を行った。三〇歳だった。彼女は、一九五八年のジュネーブ国際音楽祭において、女子演奏部門で優勝した有名な音楽家であった。彼女は文革が始まると、「反革命文芸界の黒幕」とされ、殴打され頭髪をつかまれ、毛沢東像に拝跪させられた。彼女の父親の顧高地は、それ以前に一九五六年「反革命集団・潘漢年事件」に連座、逮捕されていた。判決は二〇年の拘禁であり、青海省の労働改造所に送られた。彼女の弟の顧握奇は上海交通大学に入学したが、学校移転に反対したため一九五七年に「右派分子」とされた。大学移転の時、彼は退学して臨時雇いになり、また中学の代用教員になったこともあったが、母・姉と一緒に自殺した。

文革後に、父は青海省の「労働改造所」から解放されて上海に帰ってきた。そこで、初めて家族全員がずっと以前に自殺していたことを知った。遺書、遺骨、遺品等、何もなかった。遺書があったという人もいるが、どこかに行ってなかった。この父もまもなく死んだ。楽団で顧聖嬰と同じく死んだ人には、指揮者の「陸洪恩」（「反革命分子」とされる）がいる。陸は、一九六八年四月二八日に銃殺された。

顧文選（男）Gu Wen Xuan

浙江省杭州の人。一九五六年に北京大学の英文系に入学。翌年の一九五七年に大学の同人誌に書いた一文によって「右派分子」とされ、五年の刑を宣告された。さらに又、一九七〇年「一打三反運動」で「反革命分子」とされ、同年三月五日に銃殺された。

★「顧文選」の項は、『文化大革命「受難者伝」と「文革大年表」』（集広舎、二〇一七年刊）に全訳文がある。

顧握奇（男）Gu Wo Qi

上海天山中学の数学教師、ピアニストの郭聖嬰の弟。母・姉と共にガス自殺した。享年二九歳。（「顧聖嬰」の項を参照のこと）

顧毓珍（男）Gu Yu Zhen

華東化工学院の教授。文革中に「特務」とされ、一九六八年七月「専案組」（彼を専門に調べるチーム）から、三日間にわたり猛烈な暴行を受け死亡した。

顧而已（男）Gu Er Yi

一九一五年生まれ、江蘇省南通人、上海電影製作所の俳優。文革中に長期の迫害を受け、「五七幹部学校」に送られたが、そこで首を吊り自殺した。五五歳だった。

Hの項

海黙（男）Hai Mo

姓は「張」、北京電影製作所の劇作家。一九六八年五月、残酷な迫害を受けて死んだ。四五歳だった。

海涛（女）Hai Tao

河南人、回族、陝西省婦女聯合会の主席。早期に共産党に入党。夫・宋友田は陝西省の副省長。文革中に「闘争」を受けた後、服毒自殺した。

韓康（男）Han Kang

南京の第一三中学の数学教師。一九六六年の八、九月の間に、学内の紅衛兵生徒に殴打されて死亡した。彼が殴殺されてから、紅衛兵は彼の自宅を襲い、家の中のものをメチャクチャに破壊した。この学校では、その他にも体育教師の夏忠謀が殺された。

韓光第（男）Han Guang Di

歯科医。四川省漢源県の富林鎮に住んでいた。一九六八年夏、この町で毛主席のマンゴーが展覧された。このマンゴーの由来は、元々パキスタンの首相が、北京で毛沢東に御土産のマンゴーを贈ったことに始まる。毛はそのマンゴーを分けて、「首都工農毛沢東思想宣伝隊」に下賜した。このことが、人民日報などで大げさに全国へ大宣伝された。その一つが、この遥か彼方の四川省富林鎮に贈られてきたというのであった。住民は大挙して「見学」に行った。ところが、この見たこともない果物は、ただの一本のさつま芋に似ていた。人々はがっかりした。韓光第は、「一本のさつま芋のようで、特に言うほどのものではない」と口走った。それを、ある人が「毛主席を誹謗した」と公安に告げた。公安は、逮捕してついには「現行反革命」だとして、銃殺に処した。マンゴーは、模造品であり、本物とは似ても似つかぬ代物であったが、文革中は、かかる馬鹿げた「不敬罪」と「密告」が、全国的に蔓延した。こうして際限なき虐待、虐殺が果てしなく繰り返された。

韓国遠（男）Han Guo Yuan

貴州省貴陽市の病院の歯科医。一九五〇年、四川省の華西医科大学を卒業。文革中「反動的学術権威」として激しい「闘争」に遭い、一九六七年に長沙の妹の家に行った。しかし、更なる追っ手を恐れて国外へ逃げることを決めた。この時、妹の娘の婁玉方、この当時一八歳で高校生だった娘は、父親の婁痩萍が、一九五七年の「右派分子」であったため、「出身が悪く」学校で差別、蔑視されていたため、この叔父に付いて一緒に香港に逃げようと決心した。しかし、二人とも途中の広東省内で検問に遭い逮捕された。韓国遠は銃殺刑に処せられ、妹の娘の婁玉方は一〇年の徒刑となった。更に妹の夫の婁痩萍は共謀罪で一五年の徒刑に処せられ、一九七四年に「労働改造所」で死亡した。（「婁痩萍」の項を参照のこと）

韓忠現（男）Han Zhong Xian

三六歳、北京第一食品工場の労働者、同工場の革命委員会の委員。一九六八年七月二七日、「首都工農毛沢東思想宣伝隊」（軍人が指揮。主に鉱工業労働者など約三万人を擁した）の一員として清華大学に派遣され、同大学の「井岡山兵団」の長槍に刺されて死んだ。この際に、同隊員の内、全部で五人が死亡し、数百人が負傷した。「井岡山兵団」の首領は蒯大富である。元々、毛沢東は蒯大富や聶元梓、譚厚蘭、韓愛晶、王大賓など北京の有名な「大学内造反派」の首領達を陰に陽に操ってきたのであるが、彼らが大学内で「百日武闘」と呼ばれた「内ゲバ」を延々とやり、数百数千の死傷者を出したので、ついに毛はしびれを切らして、学生造反派の利用を諦め、新たに兵士・労働者による「毛沢東思想宣伝隊」を大学に投入したのである。しかし、「学生造反派」との連絡が不十分で、毛のコントロールがまだ十分に効かない内にかかる犠牲者が続出したのである。しかし、「学生造反派」の首領たちには、毛に逆らう気持ちは全くなかった。毛も彼らがまだ必要だったから捨てきれず、韓忠現ら五名の死者が出た時、学生達造反派の責任は全く追及されなかった。文革後、責任を追及された北京の五大将の一人として有名だった蒯大富は「自分は、主席が使う大きな筆であった」と弁明した。

韓宗信（男）Han Zong Xin

北京市大興県の農民。一九六六年八月三一日、妻や一六、七歳の娘、一〇余歳の男子二人と共に、打ち殺された。この八月二六日から九月一日までの間に、大興県では「黒四類分子」として三二五人が打ち殺された。これは大興県の「大虐殺事件」として有名になった。韓宗信は、地主の家庭に生まれ、国民党の軍隊に入った。後、共産党に投降し、羅栄桓元帥から「起義証書」をもらい、「護符」にしていたが、「社会主義教育運動」（「四清運動」ともいう）の時、家の中から拳銃が見つかったので、四歳の女の子以外は皆殺しにあった。残ったこの小児は、人に預けられて生き残った。

韓志穎（男）Han Zhi Ying

西安市第五中学の校長、中国民主同盟員。一九六六年八月、紅衛兵は腰掛を高く積んだ頂きに彼を立たせて「批判、闘争」を行った。また、紅衛兵は火のついた煙草を彼の耳・鼻・口に差し込んで濛々と煙を吸わせた。こうした猛烈な暴力によって殺された。

韓珍（女）Han Zhen

重慶市の公安学校の医者。文革中の「階級隊伍を純化する運動」の中で、一九六八年一〇月、当時、最高権力機関であった「公検法軍事管制委員会」がこの公安学校に進駐して彼女を摘発し、大小の「批判闘争」にかけた。そのため、彼女は一九六九年一月初め、自殺した。

韓立言（男）Han Li Yan

一九二四年生まれ、ハルビン鉄道中学の教師、北京大学歴史系卒業。鉄道中学では「教研組長」であった。彼は北京大学の学生だった時、学内の演劇サークルで芝居をしたこともあった明るい人であった。一九六八年五月二日、打ち殺された。当時、校内で勢力があった「造反派」は自殺だと言った。しかし、殺されてから死体を投下されたとも、殺されてから自殺に見せかけられたとも、いろいろ言われたが、ついに真相は闇のなかに葬られた。文革後、妻が各方面に訴えたが、効果はなかった。

韓俊卿（女）Han Jun Qing

一九一六年生まれ。天津市の「河北梆子」（河北省に伝わる地方伝統の芝居）の著名な女形の俳優。文革中、纏足で小さくなった足の靴を無理に脱がされて、石炭殻を敷いた道を走らされた。一九六六年、殺虫剤の「敵敵畏」を多量に飲み、さらに早く死ねるようにマッチの先を多量に飲んで自殺した。

郝立（男）Hao Li

上海の華東師範大学の外国語系の教師。「階級隊伍を純化する運動」の時、「隔離審査」を受け、一九六八年三月二五日、建物から身を投げて自殺した。

賀定華（女）He Ding Hua

一九〇〇年生まれ、小学校教師。一九五五年に退職後、北京安定門外の農業科学院内の宿舎に住んでいたが、一九六六年八月、付近の外館中学の紅衛兵に打ち殺された。頭髪は刈られ、全身に青あざ、首には刀傷があった。夫の姚剣鳴も猛烈に殴打されたが死ななかった。彼は、安徽省の宿松の農村人民公社に追放され、そこで吊るし上げに遭い、一九六八年七月に首吊り自殺した。元々、姚剣鳴は国民党の軍隊にいたが、一九四八年に反乱を起こして共産軍に呼応した実績があった。しかし文革では「地主富農反革命の悪人、右派分子」として攻撃された。賀定華にリンチを加えて殺した紅衛兵の幹部は、美しく秀でた顔をした女子中学生だったという。

賀小秋（女）He Xiao Qiu

上海音楽学院の作曲科の学生。父の賀緑汀が迫害に遭っても屈服しなかったので、この娘も攻撃を受け、一九六八年四月に自殺した。二五歳ほどであった。父の賀緑汀は同音楽学院の院長で作曲家であった。一九六六年の六月、文革が始まると上海市長の曹荻秋は、名指しで彼を「反党反社会主義分子」と指弾した。以後、彼は全国的に名指しされて、迫害を加えられた。文革中、僅かに三〇〇余名しかいない同学院で一七回の「非正常の死亡事件」が発生している。賀緑汀は、以後五年間も投獄され、一九七三年に出獄を許された。

娘の賀小秋は、父への迫害を許せず、断固として父親を擁護した。そのため「現行反革命」とされ、激しい迫害に遭った。彼女はガス自殺した。父の賀緑汀が出獄を許されたのは、賀緑汀の兄が毛沢東と同じく湖南省出身で毛を昔から知っており、直接北京に行って同じく湖南省の出身である王海容（毛の通訳で、毛の身近で可愛がられていた女性）に頼んで毛に直接会い、賀緑汀の出獄を願い出たためであった。このため、賀緑汀は牢から出ることができたのである。娘が自殺した六年後のことであった。

何光漢（男）He Guang Han

北京第五中学のロシア語の教員。一九六八年の「階級隊伍を純化する運動」の時、「審査」に遭い、自殺した。彼の問題は、母方の叔父が台湾にいたので、学生時代に台湾に行ったことであった。そのため国民党のスパイだと疑われたのである。

何漢成（男）He Han Cheng

既に七〇歳になっていた。北京に自分の家があった。当時、自宅を持っていることは、「資産階級」と見なされた。それで、第六中学の紅衛兵が襲撃してきて、家族三、四人を打ち殺した。何漢成は中学内の「労働改造所」に閉じこめられ、銭と金の延べ棒を出せと言われた。無いというと猛烈に殴打され、その日の夜明けに死んでいた。

何慧（女）He Hui

四〇歳前後、新華社の職員。夫の陳正清は同じ新華社のカメラマンであった。一九六六年八月二七日に二人とも「批判、闘争」を受け、一緒に睡眠薬を飲み自殺した。

何基（男）He Ji

江西師範学院の歴史系の教授。一九六六年八月一一日、校内で全校的な引き回しの「批判闘争大会」が開かれ、残酷な暴力と侮辱が加えられた。その晩、自殺した。五〇歳前後であった。この日には、他に三人が殴り殺された。

何潔夫（男）He Jie Fu

一九一六年、広西省（現在の広西チワン族自治区）に生まれる。北京農業大学の職員、妻の高無際は同大学の会計係であった。何潔夫は、昔、張学良の東北軍にいた。また、張学良軍の何柱国将軍が親類だったため、新中国になると「歴史反革命分子」にされた。妻は南開大学卒業後、同校に職を得ていたが、一九五七年「右派分子」にされた。文革が始まると、二人は北京を追放処分になり、二人の子を連れて夫の原籍の広西チワン族自治区容県の農村に「遣返」（送り返す処分に）された。ところが、そこの人民公社は、一九六七年一一月一四日、当地の「四類分子」二、三〇人と一緒に、何潔夫夫妻を打ち殺した。妻と一四歳の息子、一八歳の娘は、最前列で見せられ、父の死体を運ばされて精神に大きな傷を負った。何潔夫のいとこの何原伯は、自分もこのように殺されると信じ、川に入って自殺した。北京農業大学では、一九六六年に教職員六九人が北京市内から追放されている。何潔夫が追放された広西の故郷の容県は、文革中の一九六七年一一月までに、七三八人の「地主富農分子」等々が虐殺されたことで有名な県になった。文革後、彼の妻と二人の子どもは北京に帰ることができた。

何慎言（女）He Shen Yan

北京第四女子中学の教員。教室の黒板に毛沢東の言葉「千万不要忘記階級闘争」（決して階級闘争を忘れない）と書くつもりで、「忘記」を書き忘れてしまった。そうすると「階級闘争は絶対に必要ではない」と、逆の意味になる。それで「現行反革命の行為」であるとして「批判、闘争」にかけられた後、一九六八年、自殺した。

何思敬（男）He Si Jing

中国人民大学の共産党の委員。法律と哲学の著名な教授であった。一九六八年四月に学内で殴殺された。時に七二歳であった。彼は高血圧であり、また近眼で眼鏡をかけていたが、洗面所で「造反派」にかわるがわる殴打され、メガネが壊れて目にささり、血圧は猛烈にあがって昏倒して死んだ。「階級隊伍を純化する運動」では、この人民大学での暴力による迫害死がきわめて多かった。何教授の傷害致死の事件は、周恩来にも報告されたが、同様な殺人事件は以後も続出した。

何無奇（男）He Wu Qi

四〇歳、上海民族楽団の指揮者、副団長。文革初期に「文芸界の黒い人物」とされ、長く迫害された。一九六八年の「階級隊伍を純化する運動」の時、再度「隔離審査」の対象にされ、猛烈な虐待が行われたので、「牛棚」を逃げ出して鉄道自殺した。彼の兄の何慧為は上海の中学の数学教師だったが、五八年に、昔国民党に加入していた「歴史問題」によって、「労働教養」処分を受け、一九六〇年に甘粛省の労改農場で餓死した。兄の死後、妻と三人の子どもが残され、惨憺たる生活を余儀なくされた。小さい子どもは、たった四歳であった。が、それでもまだ家を襲撃された。

華錦（女）Hua Jin

一九一四年生まれ、北京第八中学の中共支部書記。一九六六年八月、紅衛兵の暴力を受け、また学内に監禁され、その部屋で死んだ。紅衛兵は、自殺だと言ったが、家族は殴殺されたと信じている。五二歳であった。第八中学の紅衛兵に打ち殺された者には、同校の副校長の温寒江、北京市教育局長の孫国梁がいる。華錦が名誉回復されたのは、死後一二年もの後であった。

黄必信（男）Huang Bi Xin

大連工学院の無線工学系の教師、一九五七年の「右派分子」。一九六六年六月、家の中で首を吊って自殺した。四一歳だった。妻の余啓運は六八年六月一五日に「隔離審査」に遭い自殺した。誰かに殺されたのであろう。夫妻には三人の子どもがいた。一四歳の長女は六六年一〇月、失踪した。黄必信の兄弟姉妹七人の内五人が、五七年に「右派分子」に画定され惨憺たる迫害を受けた。黄必信の父は黄炎培で、以前延安時代に延安を訪問し、毛沢東に会見したこともあった有名な民主派の指導者であり、「全国政治協商会議副主席」にもなった人物だったが、その家族は驚くべき悲惨な運命をたどった。

黄国璋（男）Huang Guo Zhang

陝西師範大学地理学系の教授、系主任。一九六六年八月、紅衛兵から家を襲撃され、「闘争」にかけられ、妻の范雪茵（同大学外国語教研室講師）と一緒に首を吊り自殺した。黄国璋は外国に留学した著名な地理学者で、中国の地理学の基礎を築き、過去に国民党政府の仕事もしたことがあった。それ故、「反動学術権威」とされて糾弾された。

黄厚樸（女）Huang Hou Pu

北京市内在住の市民、病院の理学療養師を退職していた。この夫妻は、ともにアメリカに留学したことがあり、国民党政府の仕事をしていた過去があった。そのため、一九六六年八月、紅衛兵から家を襲撃されて暴行を受け、最後に食料を買いに行く途中、道路上で打ち殺された。

黄家恵（女）Huang Jia Hui

江蘇省呉江の人、上海市虹口区にある中学の国語教師。彼女の兄弟はフランス留学組であったので、「複雑な社会環境」として文革当初から迫害された。一九六八年一二月三日、「牛鬼蛇神」として激しく虐待され、「牛棚」の中で自殺した。自殺する前に、幼い娘二人は、別々に遠くの農場に送られて、彼女は一人になっていた。その後、彼女の家にいた保母も、孤独で頼るものがなくなったので自殺した。文革後、同僚だった先生が、彼女の娘に「牛棚では生きるより死んだほうがましだった。貴女のお母さんは、運良く死ぬ機会を見つけられたのですよ」と言って慰めた。

黄瑞五（男）Huang Rui Wu

三〇歳前後、北京瑠璃陶磁セメント設計院の技師。北京市内の自宅に住んでいた。一九六六年八月、市内の第三八中学の紅衛兵に家が襲撃され、家族など五人が一緒に虐殺された。一歳半の赤子は、保母の老婆に抱きかかえられて外に逃れて生き残った。紅衛兵は家の中で空薬莢を見つけて、銃があるはずだと責め立てて虐殺したのである。これは単に民兵訓練の時に使用した弾丸の殻であった。当時、北京市内の「自宅」に住んでいる人は、反動分子の「資産階級」である象徴だとされ、紅衛兵の攻撃対象になった。北京市内では、一九六六年夏の「紅八月」（赤色テロが蔓延した八月）に一七七二人（ある記録の数字。実際は、これを遥かに上回る）を打ち殺し、家を五〇万室も没収した。自宅所有者は、死の恐怖に迫られて、市役所に押しかけて、土地・家屋所有証書を国に献上した。

★『文化大革命「受難者伝」と「文革大年表」』（集広舎、二〇一七年）にこの人の項の全訳文がある。

黄煒班（女）Huang Wei Ban

三〇余歳、前記の黄瑞五の姉。北京市の平安病院の産婦人科の医者。一九六六年八月二八日、黄瑞五と共に実家で紅衛兵に打ち殺された。

黄文林（男）Huang Wen Lin

四〇余歳、北京市内の電気器具工場の技師。五〇年代に政府派遣でソ連に留学した。そのため、中ソ論争以来、「ソ連修正主義と通じている」として「隔離審査」され、猛烈な虐待を受けた。急いで逃げる途中、建物から墜落して死んだ。後には、幼い子と老いた母親が残された。

黄新鐸（男）Huang Xin Duo

福建師範学院数学系の主任。「階級隊伍を純化する運動」の一九六八年末、学院内の「隔離所」で打ち殺された。家族は、隔離審査中、明日解放されると言われたのに、その翌日には「死体」を受け取りに来い、という通知を受けた。

黄耀庭（男）Huang Yao Ting

上海華東師範大学の教育系講師。一九六八年の「階級隊伍を純化する運動」で「現行反革命分子」とされ、公安に逮捕されることになった。その前の晩に自殺した。

黄仲熊（男）Huang Zhong Xiong

武漢大学経済系の教授。「闘争、審査」に遭い、一九六八年、殺虫剤「敵敵畏」を飲んで自殺した。

黄鍾秀（男）Huang Zhong Xiu

一九二二年生まれ、上海人、西安交通大学の教員。国民党政府時代に水上警察の巡査だったため「隔離審査」にされ、一九六八年八月、首を吊って自殺した。彼の死後、妻の張瑛鈴も激しく殴打され、翌月、建物から飛び降りて自殺した。

黄祖彬（男）Huang Zu Bin

廈門市第八中学の物理教師。一九六六年八月、同校の紅衛兵から殴り殺された。同じ時期、同僚の教師の薩兆琛も惨酷に殴打されて、監禁されている建物から墜落して死んだ。（「薩兆琛」の項を参照のこと）

胡俊儒（男）Hu Jun Ru

河北省獲鹿の人、一九一九年生まれ、西安交通大学の党委員会組織部長。中華民国時代の一九三九年、共産党に入党した。新中国では大学の行政幹部であった。文革時に、以前、逮捕されたり、機密名簿を紛失したりしたことを以て、「闘争」・「隔離審査」となった。一九六七年五月、大学の向い側の興慶公園で首吊り自殺した。

胡明（男）Hu Ming

北京師範大学のロシア語系教授。一九五七年に「右派分子」にされ、主任の職務を剥奪された。文革中に「批判、闘争」に遭い、六六年九月、キャンパス内の建物から飛び降り自殺した。当時、五〇余歳であった。

胡淑洪（女）Hu Shu Hong

一九二三年生まれ、北京航空学院の数学教研室の講師。「階級隊伍を純化する運動」の一九六八年四月に「隔離審査」に遭い、その翌月に建物から身を投げて自殺した。夫の李という姓の人は北京機械学院の教員であったが、妻の死後、同じく投身自殺した。北京航空学院では、一九六八年の「階級隊伍を純化する運動」（略称、清隊運動）の中で二〇余名が迫害されて殺され、或いは自殺した。航空学院の紅衛兵組織「北航紅旗」の最高指導者は、韓愛晶（首都紅衛兵の五大将の一人。彭徳懐将軍への迫害等で有名。六八年に毛沢東から見捨てられた）である。彼は、毛沢東の庇護のもとで活動していたので、文革後、一五年の禁固を言い渡されたが、膨大な迫害死という犯罪を詳しく審査されることはなかった。

（この項目には、詳細な航空学院、清華大学、北京大学における紅衛兵主将たちの文革犯罪に関する記述、論評がある。清華大学では、「清隊運動」において、一〇〇〇人が審査の対象になり、その内の二四人が打ち殺されたり、自殺したりした、という。）

胡茂徳（男）Hu Mao De

一九二三年生まれ、広東人。中央放送事業局の対外放送部の幹部であり、一九六八年五月一〇日、「階級隊伍を純化する運動」の時、建物の六階から身を投げて自殺した。家には、小学生の一男一女が残された。

胡秀正（女）Hu Xiu Zheng

一九三三年生まれ、北京師範大学附属女子中学の化学教師。一九六六年九月、彼女は夫と共に、父親の「階級問題」（「漏網（漏れていた）地主分子」とされた）で、北京から農村に追い出された。一度北京に戻ったが、また六八年の「階級隊伍を純化する運動」の時に、「重点審査」の対象となり、紅衛兵から「以前の処罰をひっくり返そうとし、文革に反対した」とされ、隔離されて猛烈な攻撃にさらされ、家に帰れなくなった。それで六八年八月一一日、閉じこめられた建物の五階から身を投げて自殺した。

胡正祥（男）Hu Zheng Xiang

北京協和医院の教授、著名な病理・細菌学者、アメリカ留学組。妻はアメリカで育った華僑であった。夫婦で新中国に帰国。一九六六年、「反動学術権威」として打倒され、「闘争」にかけられた。病院の造反派と、家の近所の中学校の紅衛兵が一緒になって、アメリカが朝鮮戦争で使用した細菌兵器は胡が作った細菌だ、などと誹謗中傷を行い、猛烈な暴行を加えた。紅衛兵は、胡の一二歳の息子にも、無理やり父親を殴らせた。胡は剃刀で自殺した。妻もまた後を追って自殺した。彼等の自宅は紅衛兵の総本部にされた。

Jの項

季仲石（男）Ji Zhong Shi

天津医学図書館の館員。文革中に「批判、闘争」に遭い、一九六九年に衛生局の建物から飛び降り自殺した。

季新民（女）Ji Xin Min

北京の景山小学校の国語教師、指導主任。一九六六年、紅衛兵から国民党政府の時代、「三民主義青年団」にいたことを攻撃され、果ては自分の尿まで飲まされた。「階級隊伍を純化する運動」の中で一九六九年に、建物から飛び降り自殺した。

翦伯賛（男）Jian Bo Zan

北京大学歴史系の教授。全国的に有名な中国古代史の研究者で、内外に名を知られている有名な人物だった。文革が始まると「反動学術権威」とされ、激しく批判攻撃を受けた。夫婦とも北京大学から追い出され、ぼろ小屋に入れられた。一九六八年一二月一八日の夜、妻の戴淑宛と共に睡眠薬を飲んで自殺した。享年七〇歳、妻は六八歳だった。

★『中国文化大革命「受難者伝」と「文革大年表」』（集広舎、二〇一七年）に全訳文がある。

江誠（男）Jiang Cheng

重慶市の第三七中学の体育教師。一九六八年九月一四日、当時、最高の独裁機関であった「重慶市公検法軍管会」の指示によって残酷な暴行を加えられ、自供を迫られ殺された。

江楓（女）Jiang Feng

北京戯劇学校の校長。一九六六年八月、同校の紅衛兵から「批判、闘争」を受け、激しい暴行と侮辱を受けたのち、帰宅して自殺した。夫の呉子牧は古くからの共産党員であり、北京市党委員会の大学部の部長であった。文革が始まると、「北京市の黒い一味」であるとされ、文革中に長期の迫害を受けた。癌にもかかっており、七〇年一〇月に死亡した。夫妻には養女が二人いたが、一四歳の養女は、紅衛兵に「革命の意思」を示せと脅迫されて「父」を殴った。「父」は、「いったいどうしてこんなことになったのか?」と慨嘆した。

江楠（女）Jiang Nan

安徽師範大学のロシア語講師。「階級隊伍を純化する運動」の一九六九年、下放されていた農村で首吊り自殺した。彼女と夫・林興の悲劇的運命については、巫寧坤がニューヨークで出版した英文の自伝〝A SINGLE TEAR〟の中で書いている。それによると、一九六八年に毛沢東が発した最高指示である「皆、農村に行って農民に批判教育してもらい、自分を改造せよ」という命令に従って、大学の教職員学生が、安徽省の農村に下放された。そこでも夫妻は「隔離審査」をうけ、ついに江楠はある農家で首を吊って死んだ。実は、彼女はある地元幹部から強姦されて妊娠していたという。彼女の死体は、一度目は掘り出されて衣服を奪われ、二度目は野犬が掘り出して喰ったということである。夫は、これらのことを絶対に人にしゃべってはならないと命令された。

江忠（男）Jiang Zhong

一九六六年、四川省成都の鉄道学校の三年生。翌年の六七年、学内の二つの造反派の「内ゲバ」（造反派同士の「武闘」）の際、弾が当たって死亡した。

江隆基（男）Jiang Long Ji

一九〇五年生まれ。北京大学副校長、蘭州大学校長。日本やドイツに留学したこともある著名な教育学者であり、大学と学術界の党幹部であった。文革初期に「批判の対象」にされ、「反党・反社会主義・反毛沢東思想」だとされて猛烈な暴力を振るわれた。一九六六年六月二五日に首吊り自殺した。蘭州大学では、同年六月から九月の間に六人が死亡し、一四人が自殺未遂で廃残者になった。江隆基は、北京大学の副学長だった一九五七年に、教職員学生など七一六人を「右派分子」にした前歴がある。

★『中国文化大革命「受難者伝」と「文革大年表」』（集広舎、二〇一七年）に全訳文がある。

姜培良（男）Jiang Pei Liang

北京師範大学附属第二中学の共産党支部書記。一九六六年八月二五日、校内で紅衛兵に打ち殺された。この日、学校では、三人が打ち殺されたが、その中の一人である。実際に手を下したのは、初級中学の生徒で、棒には釘が打ってあり、一打ごとに肉片と鮮血が飛び散った。「塩を持ってきて塗りつけろ」という声も聞こえたという。校長の高雲は死んだと思われて、紅衛兵から火葬場に送られた。ところがまだ生きており死ななかった。姜培良の息子は、この中学の生徒であったので、紅衛兵はこの息子に父を棒で殴打させた。そのため、以後息子は精神に異常をきたした。家族も襲撃されたが、運良く逃げおおせた。八月三一日、毛沢東は天安門広場で第二回目の「紅衛兵謁見式」を挙行した。この時、この師範大学附属第二中学の紅衛兵代表は、天安門楼上の雛壇に招かれていた。彼らが姜培良らを打ち殺した一週間後のことであった。天安門の楼上には、北京と他地方から選ばれた「革命小将・三〇〇名」が登楼し、毛沢東から激励と公式の認可を受けた。こうして少年少女たちの残酷非道の無差別殺人事件が正当化され、全国的に波及するよう大いに宣伝されたのである。

姜永寧（男）Jiang Yong Ning

著名な香港出身のピンポンの選手、指導者。一九五三年、全中国の選手権で優勝した。一九六八年五月一五日、日本に身を売った「漢奸(売国奴)」として殴打、侮辱されたため首吊り自殺した。その他、二人の香港出身の世界的選手であった著名な傅其芳、容国団も前後して自殺した。

姜一平（男）Jiang Yi Ping

王虚心とも名乗った。一九二二年に山東省煙台に生まれる。三八年に共産党に入党した、建国後、大連、吉林、太原等の工場長や北京の国家統計化学局の局長を歴任した。文革中、迫害を受けて一九六九年一一月、自殺した。四七歳だった。

季概澄（男）Ji Gai Cheng

江蘇省無錫市の衛生学校の教師。一九六八年六月六日、「階級隊伍を純化する運動」の中で何回も虐待を受けたため、ついに幼い我が子二人を絞め殺して、妻と共に自殺した。

蔣梯雲（男）Jiang Ti Yun

上海の同済大学の副校長兼党委員会常任委員。一九六八年「隔離審査」され、猛烈な虐待を受けたため、同年七月二七日に死亡した。まだ六〇歳になっていなかった。その原因は、学校から「特務集団」三三名が見つかったという騒ぎが起き、蔣梯雲はその頭目と見なされ、特に激しい虐待と侮辱が加えられたのである。彼は建物から墜落して病院に運ばれて死んだとされたが、ある人は「彼は窓から無理に押し出されて墜落死したのではないか」と言った。

蔣蔭恩（男）Jiang Yin En

一九一〇年生まれ、浙江省慈渓の人、『大公報』の記者、燕京大学新聞系の教授。ミズーリ大学新聞学院に留学し、建国後に北京大学、人民大学の新聞系の教授を歴任。また中国民主同盟の中心人物の一人であり、『中央民盟』の編集委員でもあった。文革中に激しく迫害を受け、一九六八年四月、「首吊り自殺した」と家族に連絡された。しかし、家族が遺体を受け取ることは拒否された。

焦庭訓（男）Jiao Ting Xun

北京第六中学の歴史教師。一九六八年の「階級隊伍を純化する運動」の時、毛沢東は、各学校は独自に「学習班」を作ることを命じた。この学習班で、焦庭訓は元国民党員だったとされ、「重点的な批判、闘争」の対象になり、「自白」を迫られたが否定し、猛烈に罵られ、蹴られ、殴打された。彼は、当時学校にあった糊の大缶に頭を突っ込んで自殺した。当時は、各学校に「造反派」がビラを貼るために使用する糊の大きな缶が置いてあった。死後、「自ら党と人民に決別した」と断罪され、党から除名された。

焦啓源（男）Jiao Qi Yuan

六七歳、上海の復旦大学生物系の教授。大学の第九宿舎に住んでいた。一九六八年、「隔離審査中」に自殺した。

靳正宇（男）Jin Zheng Yu

北京師範大学附属第二中学の国語教員、一九六六年八月二五日、「隔離審査」中に自殺した。校内で紅衛兵から猛烈に殴打されていた。三〇歳ほどであった。この日、校内で三人が殺された。靳正宇と、学校責任者の姜培良と、ある生徒の母親の三人である。彼はユーモアにあふれた人であったという。しかし、彼の書いた詩が誇大に拡大解釈され、また姜培良の徒党の悪人とされ殴打された。その時、肝臓が破裂して物が食えなくなり、すぐ死んだ。

靳桓（男）Jin Huan

北京第六中学の化学教師。一九六六年夏、闘争の対象になり、校内の「労働改造隊」に入れられ、建物の五階から飛び降り自殺した。四〇歳くらいであった。遺体を見たものが言うには、肘は折れ、額に大きな青紫の瘤があり、コモが掛けられそこから手と足がはみ出ていた。紅衛兵の一団がきて、遺体の前で『毛沢東語録』の中の一節「人固有一死、或重於泰山、或軽於鴻毛（人もとより一死あり、或いは泰山より重く、或いは鴻毛より軽し）」を読み上げて、その死を侮辱し、さらに「罪を恐れて自殺した」、「その罪万死に当たる」、「死んでも余罪あり」、「靳桓を打倒せよ」などと叫んだという。

金大男（女）Jin Da Nan

上海華東師範大学の外国語系教師。一九六八年に農村の「教育革命」に参加させられた。彼女は妊娠していたので上海の産婦人科に行き、期限までに農村に戻れなかった。それで「ブルジョア階級の意識が濃厚だ」として激しい「批判、闘争」を受け、服毒自殺した。一九六八年八月二八日のことであった。こうして腹の中の子どもと共に二人の命が奪われた。

金志雄（女）Jin Zhi Xiong

上海市復興中学の管理員、歴史教師。一九五七年に「右派分子」にされてから、教壇から追われ図書館の仕事に左遷された。一九六六年夏、同校の紅衛兵が「闘争対象」にして、頭髪を切れないはさみで切り刻み、皮膚を傷つけ、さらに激しい暴行を加えた。家に帰ると、すぐ紅衛兵が家まで追って来た。彼女は紅衛兵の声を聴くと恐怖にいたたまれなくなり、すぐ首を吊って自殺した。

Kの項

孔海琨（男）Kong Hai Kun

北京大学の住宅の一角に住む。もう老年で「歴史問題」があると言われていた。孫娘が人民大学附属中学にいた。この附属中学の紅衛兵は、一九六六年八月、そのことを知ると押し寄せて来て、孔海琨の顔面を殴打し、鉄の鎖で木に吊るして殺した。この紅衛兵たちは、また同じ学校の「出身階級が悪い」生徒の寧志平を「反動学生」であるとして、殴打した後に彼の耳を切り取った。残った耳を病院で縫い合わせてもらったところ、またも捕らえられて完全に耳を失った。また生徒たちは同校の教師の楊俊を打ち殺し、別の女性教師の鄭之万の頭髪を「陰陽頭」に刈り、激しく殴打したので、この先生は飛び降り自殺した。この人民大学附属中学の紅衛兵の指導者の言によると、彼らは一〇数人を虐殺したそうであるが、その全部の氏名は未だに分からない。

孔牧民（男）Kong Mu Min

退職医師、北京市内の西城区の自宅に住む。一九六六年八月二三日、華家寺中学の紅衛兵に殴り殺された。六〇余歳であった。彼の家は自宅であったから、資産階級だとされ、また家には書画骨董が沢山あった。それで「四旧」打破を叫ぶ紅衛兵が家を襲撃し、ついに彼を打ち殺した。彼の孫娘がこの中学に行っており、紅衛兵の道案内をした。そのため、兄はこの妹を許せなかった。妹は「知識青年」として東北（旧満州の地）の農村に「下放」された。彼女は、以来北京には帰らなかった。兄は文革が終わってすぐの一九七八年、妹を迎えに東北に行き、北京の家に連れ帰った。

寇恵玲（女）Kou Hui Ling

北京市内の染物屋に勤める一住民。一九六六年八月、紅衛兵に自宅にいる所を襲われて、打ち殺された。彼女は、紅衛兵に言われて、自分の家屋敷を国家に寄贈したが、それでも許されず殺された。家にいた一二歳の孫娘は、当時の教育によって、おばちゃんは「階級の敵」だから泣くべきではないと思い、我慢した。後に、「人民内部の矛盾」であると認定され、初めて大泣きに泣くことができた。

康昭月（女）Kang Zhao Yue

陝西師範大学の外国語の教師。一九六八年、「罪を自白」せよと迫られ、自殺した。この大学では、これより先の一九六六年には教職員七名が迫害に遭って死んでいる。また、彼が殺された六八年には七名の教職員が殺されたり、自殺したりした。以上の合計一四名の死者の内、一〇名は教師だった。

Lの項

雷愛徳（男）Lei Ai De

医者、五〇余歳。天津医科大学の教材科科長の経歴があった。よく冗談を言ったため、その言動によって政治的迫害を受けるに至った。一九五七年「右派分子」とされ、文革が始まると「牛棚」に監禁された。一九六八年、そこで睡眠薬を多量に飲み自殺した。

李済生（男）Li Ji Sheng

山西省太原市の教育局長。捕まえられて激しい「闘争」にかけられて、一九六六年九月一一日、自殺した。

李明哲（男）Li Ming Zhe

北京地質学院の講師。一九七一年に江西省の「五七幹部学校」にいた時、「五一六反革命陰謀集団」を摘発する運動が始まり迫害された。彼は監禁場所から逃走し、山中で死体で発見された。その時、死体はすでに腐乱していた。

李文（女）Li Wen

約三五歳、上海市の岳陽路小学校の国語教師。文革が始まると校内の「批判、闘争」は激化した。紅衛兵は学外に住む幹部には、その居住区迄やって来て激しく殴打し侮辱を加えた。その後、彼女は、一九六六年末か六七年初めに学校内の「牛棚」に監禁されていた時、中で首を吊って自殺した。

李炳泉（男）Li Bing Quan

新華社の外事部主任。一九七〇年五月二日「隔離審査」されている場所で死んだ。李については、「李炳泉文革中的悲劇人生」（『黄炎子孫』二〇〇三年八月号）という記事がある。それによると、彼は、長く共産党の地下活動に従事していた。その間に、共産党軍と北京を守備していた国民政府の傅作義将軍との、和平会談のとりもち役をはたした。その時、新聞記事を書いたが、その一部の文章が共産党を誹謗していると、文革時に蒸し返されて迫害されたのである。自殺と言われたが、死体は満身創痍の状態であり、真相は不明である。

李叢貞（男）Li Cong Zhen

北京市地安門の一居民。一九六六年八月二八日、北京師範大学の附属第二中学校の紅衛兵に打ち殺された。李は、フランスに留学したことのある医者の朱広相やその家族にたいへんやっかいになっていた。紅衛兵が朱の家に来て家具をぶちこわした時、大いにかばった。すると、紅衛兵は銅のバックルが付いた革ベルトで李を猛烈に殴打して、殺してしまった。朱医師と家族は全員校内に監禁され殴打、侮辱を加えられ、一か月余たってから帰宅を許された。しかし、家は占領され、屋敷の隅のぼろ小屋に住む以外になかった。一九九〇年代に、この時に暴力殺人を起こした人物が、テレビで御高説を述べていた。それを見た家族は、陳謝すべきではないかと思ったという。

李長恭（男）Li Chang Gong

元『新湖南報』の工作員。一九五七年の「反右派運動」の際、同新聞社から五七人の「右派分子」が摘発されたが、その内の一人となった。以後、彼は湖南省の一セメント工場で強制労働を科せられた。一九六六年に文革が始まると、この工場の「反党反社会主義分子」とされて「批判、闘争」を受け、同年九月九日、崖から身を投げて自殺した。

李翠貞（女）Li Cui Zhen

一九一〇年生まれ、上海市南匯の人。上海音楽学院の教授でピアノ科の主任であった。彼女は、この学校を卒業後、イギリスに留学し、帰国後に母校の教師になった。一九六六年、彼女は「批判、闘争」を受け、街頭を引き回されて侮辱された。同年九月九日、家でガス自殺した。

李達（男）Li Da

一八九〇年生まれ、共産党創立者の一人、武漢大学学長。一九六六年八月八月二四日、連日、七六歳の高齢にもかかわらず、炎天下で激しい殴打、攻撃、街頭引き回しを受けて死亡した。李達は、中国共産党創立の上海会議に出席した一二名の一人であったが、一九二七年に党を出て、四九年に再入党した。マルクス主義哲学の重鎮で、毛沢東思想の整理、解説、宣伝に大きな役割を果たした。しかし、文革が始まると、反動的な「資産階級の学者」として糾弾され、「毛沢東に救助を求めた」が、無視された。死後、同年九月、『人民日報』は全部で五本の論評を掲載し、「叛徒、敗類、土皇帝、人民の敵」などと悪罵を放った。文革後の一九七八年、鄧小平は李達の名誉回復を行った。そして、『光明日報』（一九七八年一二月二三日付け）は、「毛沢東同志と李達同志の友誼」と題する、空々しい記事を掲載、発表した。

李良（男）Li Liang

一九一八年生まれ。本名は林曽同と言い、林則徐の曽孫に当たる人であった。天津市公安局の幹部であったが、一九六八年、「外国と通じている」という罪名で「批判、闘争」に遭い、虐待され自供を迫られた。翌六九年二月二七日、獄中で死亡した。

李大申（男）Li Da Shen

一九四九年生まれ、上海市北郊の高級中学（高校）の一年生。父親は、ある所の職員をしていた。文革中、父が批判を受けて鉄道自殺したので、「中央文革小組」に批判的な書信を送った。それが「反革命の犯罪行為」とされて、八年間の「徒刑」となった。一九七五年に出獄し上海のある地区の生産隊に入れられた。そこで盗みの嫌疑を受け自白を強要され飛び降り自殺した。年齢は、僅か二六歳だった。

李大成（男）Li Da Cheng

北京大学生物系の動物を専門的に扱う助教。一九六八年「現行反革命」とされ、校内の生物系の建物から飛び降り自殺した。三〇余歳であった。彼は、平素から新聞を読んだり、字を自由に書いたりするのが大好きだった。一九六八年、ある集会が開かれた時、彼は新聞紙に「毛主席万歳」と書いたが、後で毛沢東とある字の横に、「打倒」という文字が書いてあることが見つかった。これは彼が書いたということになり、さらに又、彼には香港に親戚があるため特に疑われて「現行反革命」とされた。翌日、大学内に進駐してきた「工人毛沢東思想宣伝隊」（略称「工宣隊」）による闘争集会に引き出されると聞き、恐怖のあまり投身自殺した。

この頃、毛に対する讃美は絶頂を迎えていた。人びとは「偉大なる毛主席、林副主席を悪毒攻撃し、中央文革と無産階級司令部を悪毒攻撃するものは、一旦発見されれば激しく攻撃し、豪も同情してはならない」と命じられていた。李は、その犠牲者の一人となった。文革後に出版された北京大学の『北京大学記事　一八九八～一九九七』（北京大学出版社、一九九八年出版）には、文革中の死者が若干掲載されているが、ただ「正教授」の名前だけであり、李大成の氏名は書かれていない。しかし、『清華大学誌』には、正教授の氏名すら書かれていない。

李徳輝（男）Li De Hui

武漢市第一中学英語教師、一九六六年の夏、殴打と侮辱に遭った後、自殺した。

李鏗（女）Li Keng

北京航空学院の外国語教研室の教員。一九六八年の六月か七月、「隔離審査」され「批判、闘争」の対象となり、中央の建物から飛び下り自殺した。

李国瑞（男）Li Guo Rui

北京航空学院の機械基礎系の教員、妻は同校の保険医師。一九六八年の「階級隊伍を純化する運動」の時、「歴史問題」を追及され、妻・母・子供二人の家族全員で服毒自殺を遂げた。彼は、建国以前に国民党の「三民主義青年団」に加入したことがあった。彼は、同じような経歴の人々が激しく攻撃されるのを見て、家族全員で死んだ方がよいと思ったのであろう。皆新しい服を着、ベッドにきちんと並んで死んでいた。生きるよりも死んだ方がよい、と思える時代だった。

黎国荃（男）Li Guo Quan

一九一四年生まれ、中央歌劇舞劇院の指揮者、演奏家。東南アジアから帰国した華僑。一九三〇年代、杭州と北京で学ぶ。文革開始時から激しい闘争を受けた。胸には看板を掛けられ、首に掛けられた太鼓をたたきながら、デモ行進に連れまわされ、「自分は外国製の代物です」と言わされた。さらに小便溜めの小便を舐めさせられた。一九六六年八月二六日、彼は家の便所の水道管で首を吊って自殺した。五二歳だった。「金蛇狂舞」、「漁舟唱晩」の作曲で有名である。

李広田（男）Li Guang Tian

一九〇六年生まれ、雲南大学学長。一九六八年一一月二日か三日。昆明市の郊外にある「蓮花池」（呉三桂の有名な愛妾が、この池に投身したという伝説がある）で死体になって発見された。自殺とされたが、家族は殺されてから、池に投げ込まれたと言った。北京大学卒、マルクス主義文学論を展開、一九四八年に共産党に入党。以後、清華大学中文系の主任・教務長、一九五一年以後に雲南大学副学長、学長を歴任した。文革が始まるや、彼が書いた物語や文学評論が「反毛沢東思想」であると糾弾され、種々の迫害、侮辱を受けた。死体の頭部に大きな傷があり、家族は他殺を主張したが、真実を追及することはできなかった。名誉回復がなされた後にも、真相究明はできなかった。

李季穀（男）Li Ji Gu

一八九五年生まれ、紹興人、上海華東師範大学歴史系の教授。一九六九年六月、川に身を投げて自殺した。中華民国時代に日本やイギリスに留学し、ケンブリッジ大学の修士号を取得した。帰国後に北京大学教授、北平大学女子文理学院、西北連合大学教授等を歴任。建国後は上海華東師範大学歴史系の教授。『西洋近百年史』、『日本通史』などの著作がある。文革では「長期監禁」をうけ、「歴史反革命分子、反動学術権威」とされ、一九六八年には紅衛兵から猛烈な殴打、拝跪等々の暴力、侮辱をうけ自殺した。この大学の一九五七年の「右派分子は四〇〇余人」であったが、大学側は一〇〇余人と発表している。文革中の「死者は七〇余人」であったが、文革後の大学の一報告では三〇余人としている。（この項には、本大学の「牛鬼蛇神」の惨酷且つ滑稽な種々の状況が、四頁にわたって詳細且つ具体的に書かれている）

李敬儀（女）Li Jing Yi

一九六六年、南京師範学院の教務長、同校の党副書記。同年八月三日、同校の紅衛兵に家から学院に連行され、殴打され街頭デモに引き回される等々、ありとあらゆる残酷な迫害による「闘争」を受けて死亡した。五三歳であった。夫の呉天石も同時に「闘争」にかけられて死亡した。夫妻には、一六歳と一四歳の二人の子が残された。当時の江蘇省党書記の江渭清が、八月八日、電話によって毛沢東と周恩来に、この夫妻の死亡について報告した。その時、彼は紅衛兵が人々の頭に高い帽子をかけ、街頭のデモに引き出し、殴打と侮辱を加えて殴り殺していると伝えた。しかし、毛と周等はむしろ組衛兵の暴虐を煽り立て、彼らを「闖将」（猛将）と称賛した。八月一八日には、紅衛兵ら一〇〇万人を集めて接見し、彼らを称賛・英雄視して暴虐を大いに奨励、宣伝しさえしたのである。（江渭清『七〇年的征程』江蘇人民出版社、文革後三〇年に出版されたこの書によると、毛沢東、周恩来とも、紅衛兵の暴虐、殺人の情況をはっきりと知っていたことは明白である）

李潔（女）Li Jie

北京大学附属中学の教務員。一九六六年夏、紅衛兵の猛烈な迫害を受け、さらに又、六八年九月、「階級隊伍を純化する運動」の時、猛烈な暴力により脾臓が破裂して死んだ。この中学校の副校長で化学の教師であった劉美徳も、「反党反社会主義」、「黒い一味」と糾弾され猛烈な暴力を振るわれた。この学校の有名な紅衛兵の指導者は「彭小蒙」という女生徒だった。彼女の命令でこの附属中学では、教師の関秀蘭や女生徒の萬紅という人々も迫害を受けた。著者（王友琴）は、この元教師二人に会って、直接聞き取り調査を行い、文革の野蛮さ、非人間性の数々を知った。また、関秀蘭からは、「李潔」の死を悼む深い心を聴き、感銘を受けたという。ちなみに、日中戦争の最中、李潔は北京である日本人と結婚しており、建国後これが最大の売国的行為であり、漢奸的行為として糾弾され、長く「労改隊」で迫害され、ついには打ち殺されるに至ったとのことであった。（この項には、北京大学附属中学の紅衛兵の暴虐、狼藉が多数書かれている）

李景文（男）Li Jing Wen

四〇歳前後の上海市第五七中学の国語教師。彼は本来、復旦大学中文系の教師であった。彼は、一九六八年の「階級隊伍を純化する運動」の時、「審査」の対象になり、新設校の第五七中学に配転となったのである。彼は、一九七六年九月九日、毛沢東が死去したと報道されたその夜、夕食に酒を飲んだ。「毛主席がご逝去なされたのに、それを喜んだ」と激しく指弾され、文革終了宣言の数日前に自殺した。

李錦坡（男）Li Jin Po

六〇歳前後の北京景山学校の連絡室の職員。この学校は小学校から高校まで一二年の一貫教育で、北京の高官の子弟が多かった。彼は日頃、生徒たちから慕われて「李大爺」と親しく呼ばれていた。しかし、文革が始まると、彼は民国時代に国民党軍の下級将校であったことが問題にされ、一九六六年八月二二日頃、「歴史反革命分子」とされて死んだ。猛烈な虐待を受けて殺された、といわれる。しかし、まだ真相は不明である。

李九蓮（女）Li Jiu Lian

一九四六年生まれ、江西省贛州の人。文革が始まった一九六六年には、まだ中学生で、同校の共青団宣伝部長であり、紅衛兵組織「学東彪」（「毛沢東と林彪に学べ」の意）の副団長であった。六八年には工場に派遣されて学工（学生労働者）になっていた。六九年、友人への書簡に「林彪への不信」を書いて告発された。さらに、七五年に鄧小平と華国鋒に対する非難めいたことを言ったため、「無産階級司令部に攻撃を加えた」とされ、「反革命罪」で処刑の判決を受け、七七年二月二二日に銃殺された。華国鋒時代にも、こうした言辞で処刑された人は五〇名ほどもいたと言われている。

李培英（女）Li Pei Ying

北京市社会路中学の副校長。一九六六年八月、紅衛兵から猛烈な殴打を受け、校内に五〇日間も監禁され虐待された後、事務室の暖房機の配管で首を吊って死んだ。死の二日後、紅衛兵の車が血糊のべったりついた死体を載せて火葬場に運んだ。当時、学校の教師や幹部は、皆「特務、反革命、学術権威」などの罪名が書いてある札を背負わされ、「闘争」にかけられた。残った教職員も、長く殴打監禁され、さまざまな迫害をうけた。また外部から二〇歳くらいの女性が、校内に連れ込まれて殴り殺されたこともあった。学校の施設や窓ガラスなど一切が打ち壊されて無くなったという。

李丕済（男）Li Pi Ji

一九一二年生まれ、清華大学水利系の教授で「水力学」を講義した。ドイツに留学した経験があった。一九六八年一一月二九日、「階級隊伍を純化する運動」の時、水利系の建物から身を投げて自殺した。時に五七歳だった。彼より前に、水利系の一教授が自殺している。一九六八年、毛沢東は大学内に「工人解放軍毛沢東思想宣伝隊」を送り込み、お気に入りの遅軍（元は「毛沢東警護隊」の「宣伝科長」であった）を清華大学に送り込み、大学を完全支配下に置いた。遅軍は水利系の科学研究用の施設、設備を取り払い、そこで自動車を作るように命じた。残酷且つ出鱈目な大学運営だった。

李平心（男）Li Ping Xin

一九〇七年生まれ、上海華東師範大学の歴史系教授。中共上海市党委員会から「反党反社会主義分子」として名指しで弾劾され、一九六六年六月一五日、家でガス自殺した。これより先の六月一〇日、上海市長の曹荻秋に、芸術家・作家・編集者・教授など八名を「反党反社会主義」として公表し、上海党機関紙『解放日報』は、「彼らを徹底的に暴露し、徹底的に批判し、徹底的に打倒せよ」と絶叫した。李平心は、昔、共産党員だったが、一九二七年に党を離脱した経歴があった。以後も、彼はマルクス主義歴史学の権威であったが、昔の共産党離脱問題が建国後に問題になり、自殺未遂を起こしたことがあった。息子の李前偉は、北京の外交部門で働いていて、父の死にも帰らず、父と「一線を画した」。彼は、外国語の専門家であったが、以後左遷されて市内の中学の用務員にされた。李平心と一緒に処分された八人の仲間は、残酷な「闘争」「迫害」を受け、或るものは虐待されて殺された。

李其琛（男）Li Qi Chen

一九三四年生まれ、広東省の梅県の人、北京大学地球物理系の講師。一九五二年に北京大学に合格、卒業後に同系に残り教員となる。一九六八年の「階級隊伍を純化する運動」の時、「反革命の小集団」の会員とされ、猛打と侮辱を受け、精神と肉体に重傷を負い、同年一二月八日自殺した。三四歳だった。

李秋野（男）Li Qiu Ye

北京外貿学院の院長。文革開始時から「批判、闘争」を受け、一九六八年自殺した。

李泉華（男）Li Quan Hua

北京地質学院の三年生の学生。一九六七年一二月、四川省成都の軍用飛行機を製作する軍事工場で、二つの造反派が「武闘」中、弾に当たって死んだ。彼は、北京の大学生だったが、成都に自派の支援に行っていた。全国的に展開された「武闘」は、両派ともに「毛主席」への忠誠度を競ったのであるから、「毛沢東崇拝」には極めて有効だった。従って、「武闘」で死んだ者も、文革犠牲者だったということができる。

李世白（男）Li Shi Bai

甘粛省水登県の一材木工場の労働者。民国時代の軍人で、一九四九年に国民党に反旗を翻して共産党側に走った。

一九五七年に「右派分子」とされ、「労働改造所」に入れられた。一九六七年一二月に打ち殺された。殺された理由は、彼がこの工場にいた時、蘭州部隊の一班長の劉学保が、李世白が橋を爆破しようとしていたので、これを殺し、自分も大きな傷を負ったが橋を守ったと「虚偽」の報告をしたためであった。その功績によって、劉学保は「英雄戦士」と称賛され、『解放軍報』に「心に太陽を抱き、一切を毛主席に捧げて、無産階級文化大革命を防衛した英雄戦士」と絶賛された。しかし、文革後、この嘘が判明し、劉学保は「無期懲役」になった。

李舜英（女）Li Shun Ying

重慶の長江運輸業者の子弟が行く学校の校長。文革が始まると何回も「批判、闘争」を受けた。罰として重労働を科せられた時、石を背負って運ぶ動作が遅いとされ、押し倒されたので、石が腰と足に落ちて重度の障害を負い、一九六八年夏に死んだ。

李鉄民（男）Li Tie Min

上海の復旦大学副学長。文革中に自殺した。

李文波（男）Li Wen Bo

一九一四年生まれ、北京市崇文区の一住民。一九六六年八月二五日、紅衛兵は、彼の自宅を襲撃し殴殺した。理由は、女子紅衛兵が家捜しに行った所、包丁を持った李が襲撃してきた。その凶悪さのゆえに、皆で殴打したところ死んでしまった、ということであった。事実は全く違ったのであるが、この事件は、「資本家李文波」の「凶悪さ」の証拠にされた。周恩来は、一九六六年九月一〇日、「首都紅衛兵が各地に宣伝活動に出発する団結式」の大集会で李文波を名指しで批判し、「階級敵」がいかに凶悪であるかの実例として宣伝した。さらにまた、周は同月一五日の「大集会」でも彼を名指しで糾弾した。これは全く事実に反したフレームアップであった。この周恩来のデマ宣伝、デマ煽動は、紅衛兵が全国各地に行って無慈悲な「大殺戮」を行う行為に益々火に油をそそぐ結果となった。李文波が家で打ち殺されてから、妻の劉文秀は警察に連行された。紅衛兵は、この妻を「首都紅衛兵十万人集会」で処刑しようとしたが、それにはさすがに周恩来でも同意しなかった。紅衛兵は大会で「流血・犠牲、何の恐れる所あろうぞ！　赤心は永遠に毛主席に向う！」などと絶叫した。劉文秀は、九月一二日に法院の判決で死刑になった。八月二五日以降、北京では、連日、判明しているだけでも毎日二〇〇〜三〇〇人以上が、乱打乱殺された。それが、一週間も連日続いた。また「黒五類」とされた人々が家族ぐるみで一〇万人もが、急遽、着の身着のままで北京駅に追い立てられ、北京から遠方の山村地帯に追い出された。駅に行く途中でも、駅でも、多くの人々が紅衛兵に打ち殺された。老人でも子供でも、情け容赦なく北京から駆逐されたのである。（この項には「一九六六年八月〝紅八月〟の大虐殺事件」について詳細な記述がある。また、二二四頁には「一九六六年八月～九月に毎日虐殺された人数を棒グラフで示した一覧表」がある）

李文元（男）Li Wen Yuan

三六歳、北京橡膠四廠の労働者。一九六八年七月二七日、「首都工農毛沢東思想宣伝隊」の隊員として清華大学に入った。校内で「井岡山兵団」の人から銃で撃たれて死んだ。（この事件の背景については「韓忠現」の項を参照のこと）

李莘（男）Li Shen

北京師範学院の外文系教師。元々は「中文系」の「外国文学教研室」の教師であった。一九六八年に「審査対象」にされた。彼は、校内の中心棟の窓から身を投げて自殺した。まだ四〇歳に達してなかった。ある同僚が次のように言った。死体には破れたゴザが掛けられて放置されていた。彼は学問があり、温和な人柄であった、と。

李希泰（男）Li Xi Tai

山西省霊丘の人、一九一六年生まれ。西安交通大学電気工学系の副教授で、アメリカ留学の経験があり、一九五七年に「右派分子」にされ、文革中は「隔離審査」の対象になった。民国時代に、国民党の為に種々の悪事をたくらんだと責められ、一九七〇年一二月、首吊り自殺した。

李秀蓉（女）Li Xiu Rong

八〇余歳、北京市西城区の住民。仏教を信じ、肉魚を食べなかった。一九六六年八月二八日、北京第三八中学の紅衛兵に家捜しされた時、家族等五人が打ち殺された。（「黄端五」の項を参照のこと）

李秀英（女）Li Xiu Ying

三七歳、上海復旦大学附属幼稚園の園長。文革中に迫害を受け、一九七〇年、復旦大学校内の学生棟から飛び降り自殺した。

李雪影（男）Li Xue Ying

上海の大同中学の教導主任、国語科の主任教師。一九六六年七月か八月、「反動文人」とされ、学生達から何回も激しく殴打、侮辱されたため、家の中で自殺した。三六歳ほどであった。彼は、学生から運動場の砂場につれてゆかれ、殴打される以外に、砂や墨汁を頭から浴びせられ、頭髪を切り刻まれた。その夜自殺したのだった。

李原（男）Li Yuan

一九二八年生まれ、北京大学の中国古代史の教師。文革が始まると「国民党の特務」とされ、一九六八年四月二一日、校内の事務棟に監禁、猛打され、その夜、すぐ事務棟内の部屋で死亡した。妻は「夫が特務だった証拠は全くない、ただ打ち殺されたのだ」と訴えたが、大学執行部は「罪を恐れて自殺した」と言った。妻の金香容は、北大を卒業後、大連市郵電局に勤めていて、北京にはいなかった。子供三人が残された。文革後も、真実は究明されなかった。

李玉書（男）Li Yu Shu

中国科学院の武漢水生生物研究所の運転手。五〇余歳。国民党時代に特務機関にいたとされた。この研究所の職員は、四〇〇余人であったが、一九六八年の「階級隊伍を純化する運動」の時、この内一〇八人が「特務」とされて激しく虐待された。彼の妻は、昔「妓女」だったが、こんなことまで暴露され、非難された。彼は、妻と「闘争せよ」などと強要されて、湖で投身自殺した。

李玉珍（女）Li Yu Zhen

五八歳、清華大学図書館職員。「階級隊伍を純化する運動」で虐待され、一九六九年四月二三日、建物から飛び降りて自殺した。

李再雯（女）Li Zai Wen

芸名は「小白玉霜」、著名な評劇（華北・東北の地方劇）の俳優。一九六六年八月、紅衛兵から殴打、侮辱を受けた後、自殺した。一九六八年三月、北京市革命委員会は、江青に報告且つ指示をお願いした文章の中で、彼女を名指しで非難し、「二二人の悪人の中の一人である」と書いている。

李子瑛（女）Li Zi Ying

一九三〇年生まれ。一九五九年に南開大学化学系を卒業。北京協和医科大学の助教として配置された。一九六七年、劉少奇が打倒された時、全土の各職場で「劉少奇打倒」の大字報が貼られた。彼女も大字報を書いた。先ず他の人が劉少奇の名前を墨汁で書いてから、後で名前の上に赤く×を書くのであるが、李子瑛がこの赤色の×点を書く責任者であった。書いた翌日、他の人が大字報を見に行くと、こともあろうに「林彪」の名前の上に赤の×点が書かれていた。それは李子瑛の仕業とされ、「現行反革命」として糾弾された。皆は、彼女がこんな間違いをするはずがない、誰かがやったのだと思い、便所の掃除をやらされただけだった。ところが、一九六八年五月、毛沢東の「中央文献」が発せられた。「階級隊伍を純粋化せよ」という命令で、全国に発せられた。そのため、病院は彼女を本物の「反革命分子」に指名した。この時、彼女は子どもを出産してわずか二ヵ月であった。一九六八年五月一七日午後、翌日に「批判闘争大会」を開くが、その場に故郷の邯鄲にいる両親を呼んで「闘争」すると宣告された。彼女は、その晩八時に勤め先の建物の八階によじ登った。下で見ていた人が、自殺をしないようになだめるのではなく、揶揄するような言葉を浴びせた。彼女は、九時に飛び降りて自殺した。

栗剣萍（女）Li Jian Ping

四〇余歳、北京市内の住民。北京第三中学の近くであったので、一九六六年八月二七日、この中学の「革命委員会」と「紅衛兵」による「闘争会」に引き出されて、打ち殺された。この中学に当時いた生徒によると、この闘争会は、付近に住む「牛鬼蛇神」を打倒する集会であり、彼女は「土匪の女」とされた。一人の紅衛兵が壇上で彼女の後頭部をソフトボールのバットで一撃した。一瞬倒れたが、また飛び起きたので、さらに一撃して倒した。「死んだふりをしている」と言って足でけりつけ、食堂から水を持って来てぶっかけた。こうして殺されたという。

梁光琪（女）Liang Guang Qi

一九一二年生まれ、北京第一五女子中学の責任者で同校の党支部書記。一九六六年八月二五日の夜、学校で打ち殺された。この月、校長らと共に紅衛兵に連続して殴打され、頭を「陰陽頭」に刈られた。彼女は、山東省の没落地主の家に生まれ、師範学校を卒業した。一九三八年に延安にゆき、四二年に共産党員になった。建国後、北京の各学校の副校長や党支部責任者を歴任した。高級幹部であった。文革が始まると、長男は「紅衛兵」になり、「階級敵」の家を襲撃したり、殴打したりして暴力を振るった。ところが、今度は、自分の母親が「牛鬼蛇神」にされた。長男は監禁されている母に会いに行ったところ、見るも哀れな姿になっていた。その直後に、母は打ち殺されすぐ焼かれた。この長男は、後に夫が文革で迫害されて死んだ女性と再婚したという。

梁保順（男）Liang Bao Shun

四〇余歳、天津市の電気機械工場の技術者、キリスト教徒。文革中、家を襲われ、「監禁」された。ほどなく頭部に負傷して死んだ。工場では、自殺だと言ったが、家族は打ち殺されたのだと言い続けている。

梁希孔（男）Liang Xi Kong

北京師範大学の附属女子中学の歴史教師。この師範大学の卒業生で、一九六八年の「階級隊伍を純化する運動」の時、学校から三名が「審査対象」にされたが、その内の一人だった。この年の冬、「歴史問題」なるものを責められて、首を吊って自殺した。三八歳だった。講義を受けた学生によると、「先生は、ユーモアがあり、知識は豊富、流れるように話した」という。どのような責め苦にあったか分からないが、妻と子どもを残して自殺したからには、激しい暴力が加えられたのであろう。彼の死後、一九七八年に文革犠牲者への追悼集会が開かれたが、その際、学校当局は地方に住んでいた妻を呼び寄せて、校内に住居を与えた。

梁儀（女）Liang Yi

河北省石家庄市第四中学の教師。彼女は「批判、闘争」を受けた後、逃げ出して市内の友人の家に隠れたが、紅衛兵に連れ戻されて猛打され、翌日教室の中で死んだ。

廖家勲（女）Liao Jia Xun

北京市内の修道院の修道女。宗教問題で逮捕され、文革中に北京市にある「半歩橋監獄」において死んだ。一九六六年九月一日付け「人民日報」は、「反動的修道女を取締り、外国の修道女八人を国外追放」という、新聞記事を掲載した。紅衛兵は、その前日、修道女への「闘争会」を開き、二〇名の修道女を吊るし上げたが、その中に中国人女性も多くいた。廖家勲の父親は、二〇歳代で駐フランス大使館に勤め、フランス人女性と結婚して彼女を生んだ。彼女は美しく優雅であり、外国の文化芸術を知る知性溢れる女性だった。彼女は修道女として生涯を送るつもりであったが、監獄の中で死んだ。

廖培之（男）Liao Pei Zhi

四川省井研県の中学教師。文革で職を解雇されて家に帰っていた。彼は失業し、家族に苦痛を与えていたために、子どもと喧嘩になった。彼は、自分が「反革命分子」になったことで、子どもが尊敬しなくなったと思い、苦痛と憤慨がこもごも押し寄せて、ついに昏倒して死んでしまった。この学校のもう一人の教員の張丕徳は、解雇されて農村に追いやられた。九年後にやっと学校の教員に戻ることができた。この学校では、一九六八年の「階級隊伍を純化する運動」の時、三〇余名の教員の内、一〇人が監禁され、一人が自殺、二人が学校から追い出された。

劉承嫻（女）Liu Cheng Xian

清華大学の統一戦線部副部長。一九六八年四月中旬、大学の中堅幹部は、みな紅衛兵の組織である「井岡山兵団」によって監禁された。彼は、同年六月一二日、監禁されている建物から墜落して死んだ。

劉承秀（女）Liu Cheng Xiu

北京第四中学の国語教師。一九六八年の「階級隊伍を純化する運動」の時、学校の行動の裏手にある小さな人の行かない小道に入り剃刀で喉を切って自殺した。彼女は、一九五七年の「反右派運動」の時に批判されたが、「右派」にはされなかった。しかし、文革の時、「漏網右派分子」（網から漏れていた右派）とされて迫害された。この学校では、外国語を教えていた劉約華も自殺し、これより以前の一九六六年に、汪含英・蘇廷武夫妻も自殺している。

劉徳中（男）Liu De Zhong

上海の復旦大学外文系教師。一九六六年一〇月八日、妻と一緒に首を吊って自殺した。四〇歳くらいだった。妻の名は、分からない。外交官の子に生まれ外国で成長した。母はドイツ人で、彼は英語・ドイツ語・ロシア語に通じており、翻訳もやった。一九六六年に文革が始まると、彼は「資産階級知識分子」として攻撃、迫害された。文革前に、彼の妻は「労働改造」という処罰を受けて農村で働かされていた。数カ月に一回帰宅を許されていたが、文革がはじまると、農村でも、自宅でもあらゆる暴力と侮辱が加えられた。復旦大学の、その現場を見た学生達は次のように語った。「彼らは、新しい縄で、向かい合って死んでいた。衣服はキチンとしており、香水の匂いがし、傍らに一冊の聖書があり、その上に英文で遺書が書いてあった。〝この大地には、もう身を置く場所がない。ただキリストの愛の中に救いを望むほかない〟とあった」。劉徳中夫妻が死ぬ以前に、復旦大学の外文系では、余楠秋と妻、張儒秀、呉敬澄、楊必などが自殺している。

劉桂蘭（女）Liu Gui Lan

北京外国語学校の幼稚園で下働きをしていた女性。出身家庭は山東省の「地主家庭」出身であった。一九六六年八月の末、紅衛兵に打ち殺された。二四歳か二五歳であった。彼女は、山東省の地主の家に生まれたため、「地主分子」に区分されていた。紅衛兵は、木製の銃、革ベルト、水道管等で激しく殴打した。彼女は、全身を負傷して足腰がたたず、死亡した。二日目に、紅衛兵は彼女の死骸を戸板に乗せて、副校長など四人の「牛鬼蛇神」に命じ八キロも離れた火葬場に運ばせた。紅衛兵が後から自動車でついてきて四人をせきたてたので、彼らは生きた心地がしなかったという。

劉浩（男）Liu Hao

一九二六年生まれ、北京陸軍総医院の骨折科の医者。一九六八年「階級隊伍を純化する運動」の時、「特務」であり、また「反革命分子」であるとして「隔離審査」中に死んだ。時に四二歳。一五歳以下三歳までの五人の子どもが残された。山東省にいた母親は、息子の死を聞くと、農薬を飲んで自殺した。妻は、同じ病院の産婦人科の看護師だった。残された五人の子どもを苦労して育てた。苦労が重なり、一九七七年に半身不随になった。親族には、夫が「特務・反革命分子」とは言えず、隠し通した。妻は、あれほど深く家族を愛した夫が自殺したとは絶対に思えなかったので、関係者に不審に思う点を質したが相手にされなかった。当時、病院内の造反派は、対立しており、両者ともに「手柄」を立てようと競争して、無実な人迄、派手に「闘争会」に引き出して打ち殺した。彼はこうして毛沢東の策動、扇動の犠牲になったのである。また、他に沈天覚という医者が、彼より先に猛打を受けた後、自殺している。

劉継宏（男）Liu Ji Hong

浙江省鎮海の人。一九二四年生まれ、西安交通大学の教研科の科長。校内で「監禁・審査」された。容疑は、建国以前、国民党政府のもとで働いていた点であった。一九六九年二月四日、建物から飛び降りて自殺した。四五歳だった。

劉静霞（女）Liu Jin Xia

上海の復旦大学附属中学の副校長。その夫（上海外語学院の教師）の関係で引っ張られ「批判、闘争」を受けた後、一九七〇年に自殺した。

劉俊翰（男）Liu Jun Han

一九一九年生まれ、福建省仙遊の人、福建医学院の附属病院神経外科の医者。一九六八年、彼は、王中方医師らと共に「外国に通じた特務」であるとされ、「隔離審査」されて野蛮な「批判、闘争」を受けた。翌年の六九年五月六日、建物から投身自殺した。彼は、福建医学院を卒業した極めて優秀な手術の腕を持つ医者だった。

劉克林（男）Liu Ke Lin

一九一五年生まれ、中共中央宣伝部国際処の処長。一九六六年八月六日、宣伝部の建物から身を投げて自殺した。遺灰は残されていなかった。当時、毛沢東は「党中央宣伝部は〝閻魔殿〟に変質した」と批判し、宣伝部全体を粛清しようとした。彼は、「プロレタリア階級内の異分子」として糾弾され、自殺した。彼の高校三年の長女は、お父さんの「遺灰」が要るかと訊かれたので、「要らない」と答えた。このことは、長女の終生のトラウマになった。彼の死後、六三歳の母と八二歳の祖母は「黒五類分子」とされ、ただちに北京駅から着の身着のままで農村に放逐された。彼女等は久しからずして行き先で惨死した。

劉盼遂（男）Liu Pan Sui

一八九六年生まれ、北京師範大学の中文系古文献学の教授。一九二八年に清華国学研究院を卒業、一九六六年八月下旬、紅衛兵に自宅で襲われ、妻（字も読めない主婦だった）が打ち殺され、ついで彼も殺された。彼は、中国古典学では有名な学者で著書に『論衡集解』等多数あり、「生き字引」と尊敬された人物であった。以前、林彪夫妻が、自宅まで来て教えを受けたこともあった。その彼が、近所の小学生たちに家を襲われ、貴重な古典を含む蔵書・家具等々、みな破壊された。しかも、家に金塊を隠していると疑われ、ついには妻も殺されてしまった。娘と息子も殴打されたが逃げだして、命だけは助かった。この八月一八日に、毛沢東は天安門広場で第一回の紅衛兵接見大会を挙行して、紅衛兵の殺戮を大いに正当化し、扇動した。劉盼遂夫妻は、それから数日後に悪ガキどもに虐殺されたのである。

劉培善（男）Liu Pei Shan

福州軍区の第二政治委員、中将。彼は一九六七年三月、工作組を率いて、江西省の南昌に「左派支援」に行った。しかし、彼の工作は批判を受け、翌六七年六月、南昌人民広場で、「人民審査」を受け、さらに北京に送られた後、自殺した。

劉少奇（男）Liu Shao Qi

一八九八生まれ、中共中央副主席、国家主席。一九六六年八月、毛沢東から完全に権力を奪われ、失脚。翌六七年に「党内最大の資本主義の道を歩む実権派」とされ、六九年一〇月には「叛徒、内奸、工賊」とされ「永遠に党から追放」となった。同年一一月一三日、河南省鄭州で偽名のまま死亡した。劉少奇は、毛の独裁権力の確立に大きく参与しており、また「工作組」を全大学に送り込み、一時、教員を激しく弾圧した。従って、完全な被害者とは言えない。

★劉少奇の項の全訳文は『中国文化大革命「受難者伝」と「文革大年表」』（集広舎、二〇一七年）にある。参照されたい。

劉綬松（男）Liu Shou Song

武漢大学中文系現代文学の教授。妻は、同大学の職員であった。一九六八年の「階級隊伍を純化する運動」の時、夫妻ともに「隔離審査」された。翌六九年三月一六日、夫妻で校内の部屋で首吊り心中をした。「遺灰」は残されなかった。日中戦争の時、彼は国民党の「三民主義青年団」に参加したことがあったので「特務」とされた。彼は、大学に来ていた「軍工隊」（軍隊と労働者の工作隊）によって、正直に「自白」しない「悪しき事例」とされて迫害された。共に四〇余歳。後には、中学と小学校の子ども二人と老いた母親が残された。大学が家を回収したので、この母親は孫が「下放」された時、それに付いて農村に行く以外になかった。文革後、名誉回復の後、大学は小さな方の子どもを農村から呼び寄せ、この大学の職員にした。

劉澍華（男）Liu Shu Hua

清華大学附属中学の物理教師。この学校の紅衛兵生徒が一九六六年八月二六日に主催した「闘争会」で猛烈に殴打と侮辱を受けて、その晩大学校内の煙突の上から、下の網に向けて投身自殺した。二六歳だった。後に、妊娠中の妻と盲目の父親が残った。この中学は、紅衛兵発祥の地として有名であった。同月、紅衛兵による暴力は、全市内に拡大し大規模になった。特に、紅衛兵の暴虐は、八月一八日の「毛沢東の天安門広場の接見大会」を契機に爆発した。この中学の校長、副校長や党の幹部、それに「一九五七年の右派分子」等々問題ある教師は、全員が集められて、「黒いグループ」（黒帮）にされた。彼も、その列に並ばされて、全員が炎天下で跪かされ「軍用ベルト、ビニール紐で編んだ鞭」等で、体中を殴られ、蹴られ、打たれて血だらけになった。事実の究明など何もなく、ただ、「毛主席万歳、万歳、万々歳！」、「文化大革命を徹底的にやりぬくぞ！」などの怒号の中で、皆が死ぬほど暴行、侮辱を加えられた。劉澍華が、特に暴行を加えられたのは、彼が結婚する前に、学校の中のある女性に求愛して、いささか問題になったことがあったからである。それで、「大流氓（ゴロツキの親方）」とされて、糾弾されるに至ったのだという。彼が自殺すると、「罪があるから自殺した」と決めつけられた。妊娠中の妻と、はるばる千里の遠方の山西省から駆け付けた老いた父は、若い息子が死んでいるのを知って、耐え難い苦しみを味わった。学校に行って訴えたが、どうすることも出来なかった。

この大学附属中学の初期紅衛兵は、文革初期に親が「黒い一味」とか、「黒五類分子」とされた同級生にも、無慈悲な暴行を加えた。そのため、自殺したり、重度の障害者になったりしたものが続出した。女生徒でも、男子生徒と全く同じ暴行を受けたのである。清華大学附属中学の紅衛兵は、きわめて野蛮であった。彼等は、全国を飛び回って各地に無慈悲な、暴力・蛮行を拡大し、浸透させた。しかし、初期紅衛兵の利用価値がなくなり、彼らの親たちが打倒されると、今度は彼らも勢力を失い、ほとんど皆、一九六八年以降「下放」されて農村や遠方に飛ばされた。また、紅衛兵の有名な指導者たち——北大・清華大・北師範大・航空大・北京地質大等の「五大将」も、皆、毛に見放されて農村や遠方に送られた。（犠牲者になった男女生徒の具体的な状況や人名が、この項目には沢山記されている）

劉書芹（男）Liu Shu Qin

北京農業大学獣医系の副教授。一九六八年の「階級隊伍を純化する運動」の時、「審査」されている最中に、四月二二日、地下室で自殺した。この大学では、この政治運動で、一六人が迫害されて死んだ。

劉王立明（女）Liu Wang Li Min

民主同盟の中央委員。一八九六年生まれ、王立明が本名。名前の最初の「劉」は夫の姓で、四文字の名前を常用していた。一九五七年、「右派分子」と確定され、六六年九月に上海の交通大学の紅衛兵から「アメリカの特務」だとされて「批判、闘争」を受けた。公安警察は、彼女を三年八カ月も監獄をたらいまわしにして拘束、監禁した。彼女は一九七〇年四月、どこかの監獄で人知れず死んだ。正式の死亡証明書はなく、遺体は焼かれ遺骨も保存されなかった。享年七四歳だった。彼女は、一九一七年、奨学金でアメリカのノースウェスタン大学に留学して生物学修士号を取得して帰国した。一九四九年、共産党の呼びかけで「民主同盟」に参加したのだったが、五七年、息子と共に「右派」にされた。

・息子の一人劉光華は、燕京大学新聞系を卒業し、文匯報の新聞記者として北京に駐在していた。一九五七年の「百家争鳴」の時、劉光華は、北京大学当局が、学生に自由にビラを書かせないようにしたことを批判する記事を書いた。しかし、毛沢東の「陰謀——陽謀」によって、正邪が逆転して「右派分子」にされた。そして北京から南に三〇〇キロも離れた「清河農場」（遠く離れた山東省内にある、北京市直轄の広大な「労働改造所」。全国の三大労働改造所の一つとして有名）に押し込まれ「労働教養」「労働改造」という名の強制労働をやらされた。三年後に「労働解除」と言われたが解放されず、依然として拘禁は続き、今度は東北（旧満州）のある農村に追放され、一九七四年まで「拘禁労働」をやらされた。母の死亡を聞いたのは、死んで二ヵ月も後のことだった。文革後、母の冤罪を晴らすために、劉光華と妹は東奔西走し、総書記の胡耀邦の所まで訴えて、ついに一九八一年に名誉回復を勝ち取り、北京郊外にある八宝山革命墓地で遺骨のない「追悼会」を行った。

劉文秀（女）Liu Wen Xiu

一九一三年生まれ、北京市崇文区の住民。一九六六年八月、北京第一五女子中学の紅衛兵が、彼女の自宅を襲撃した。夫の李文波が包丁をもって襲いかかったので紅衛兵から打ち殺された。妻は連行されて、死刑の判決を受けて、九月、銃殺された。この事件は、「李文波」の項で書いたように、全くの冤罪で、夫婦が包丁で紅衛兵を襲ったというのは、紅衛兵が自分達の暴行を隠蔽するために、後ででっち上げた理由であったらしい。（「李文波」の項を参照のこと。周恩来が、二度も、紅衛兵の大集会で彼を名指しで非難し、大規模なフレームアップに彼の名を利用した）

劉永済（男）Liu Yong Ji

武漢大学中文系の古典文学教授。一九六六年夏、紅衛兵の「闘争」を受けた後、病気で再起不能となり、同年末に死亡した。妻は、家庭婦人であったが、「地主」の娘とされて「闘争」にかけられ、同年末、家の中で首吊り自殺をした。

劉中宣（男）Liu Zhong Xuan

北京農業大学の農学系講師。一九六八年の「階級隊伍を純化する運動」の時、「隔離審査」を受けた。同年五月二日、審査中に死亡。原因は、「罪を怖れて自殺」したとされたが、彼は暴行を加えられて、夜中に数時間もうめき声を発し続けて死んだという、同僚の証言もある。

劉宗奇（男）Liu Zong Qi

年齢は一九歳前後、重慶市の機械工場の勤労学徒。工場内の二派の「造反派」の抗争の中で、弾に当たって死んだ。彼の父は、重慶鉄鋼公司の技術者であったが、一九五七年に「右派分子」とされたため、息子の劉宗奇は高級中学に入学できなかった。

黎仲明（男）Li Zhong Ming

江西師範学院の中文系講師。中国古典文学を講義した。一九六六年八月、学院全校の大規模な「闘争集会」で暴行、侮辱を加えられ「游闘」(デモに連れ込んで、あらゆる暴力と侮辱を加える)を受けた後、昏倒して死んだ。六〇歳近かった。この日、同校で三人が死んだ。

林昭(女)Lin Zhao

一九三七年生まれ。北京大学中文系(一九五四年入学)の学生。一九五七年、右派分子とされ、一九六二年には「反革命罪」として二〇年の判決を受けた。長い獄中生活の後、一九六八年四月二九日、上海で銃殺された。しかし、家族は「判決書」を見たこともなく、ただ「銃弾費用」を要求されただけだった。

★林昭については、『中国文化大革命「受難者伝」と「文革大年表」』及び本書第三部に詳しい紹介がある。

林芳(女)Lin Fang

北京大学化学系器材室の職員。一九六八年七月一九日、自殺した。彼女の夫の盧錫錕は、北京大学化学系の副教授で、妻より少し前の同年六月二四日に服毒自殺した。夫婦には、三人の子どもがあった。(三人の子どもについては、「盧錫錕」の項を参照のこと)

林鴻蓀(男)Lin Hong Sun

中国科学院力学研究所の副研究員。一九六八年の「階級隊伍を純化する運動」の時に、野蛮な「審査」を受けて自殺した。彼はアメリカ留学組で、帰国後の五〇年代には北京大学数学力学系の教授で流体力学を講じていた。

林墨蔭(男)Lin Mo Yin

一九五二年、大学卒業、北京地質学院岩石教研室の教師。一九五七年に「右派分子」にされ、北京市地質局に左遷された。文革中、地質学院の造反派同士の争いに巻き込まれ、地質学院に連行されて激しく責められ、自殺した。

林修権(男)Lin Xiu Quan

死亡時は四五歳前後、上海市同済中学の国語教師、英語も教えた。一九六六年八月下旬、学校の体操場にある鉄棒の上に縛り付けられて打ち殺された。この当時の学生の記憶によると、林修権は、中華民国時代の一九二九年、南京政府の主席の子どもであったという話だった。先生は字が上手く、マジメな態度で授業をし、人気があった。この年の夏、北京の紅衛兵が、全国的に連合する目的で上海にやって来て、現地の生徒と一緒になって猛烈な迫害を始め、先生も犠牲になったのだという。先生は、虚弱な体質で、背も低く、体重は四五キロに達していなかった。紅衛兵が、革ベルトで打つたびに、大きな悲鳴が教室まで響いてきたという。総ての人が、その悲鳴を聞いたが、誰も阻止しに行かなかった。

林麗珍（女）Lin Li Zhen

上海の才育中学の国語教師。文革中、捕まえられて頭を「陰陽頭」にされた。一九六八年五月、自宅のベランダで首吊り自殺した。市内の別の学校の国語教師の施済美先生も、彼女と一緒に自殺した。

当時、林麗珍先生の家の近くに住んでいたある生徒は、著者（王友琴）に、電子メールで次のように書いてきた。林先生は、福建省生まれで、華僑のようだった。独身で、大変美しい人でいつも家を訪ねると自分達生徒に大変優しくしてくれた。三年間も親しくお教えを受けた大好きな先生だった。現在も、先生がどんな理由で迫害されたのか分からない。私は一九七七年に大学の入学試験を受けた時、作文に「我が忘れがたき人」と題して、林麗珍先生を懐かしむ文章を書いたことがある、と。

林慶雷（男）Lin Qing Lei

福建医学院の内科主事の医師。同じ内科の王中方医師らと共に「特務」とされ、「隔離審査」中に死亡し、自殺とされた。まだ四〇歳になっていなかった。（「王中方」の項を参照のこと）

林永生（女）Lin Yong Sheng

北京第二七中学の女子学生、一五歳。七人兄弟の第二子。一九六六年八月二五日、同校の紅衛兵から校庭で打ち殺された。元の名は、王広平。父親の王磊が、一九六〇年に「現行反革命」によって「無期徒刑」に処せられたので、妻が家族を守るために離婚した。そのため、彼女は母親の姓に変った。この日、校庭で大会が開かれ、彼女は地面に坐っていた。彼女は月経の為に、持っていた冊子の『毛沢東語録』を地面において、便所に行った。この行為が、「毛主席を侮辱した」とされ、また彼女が「無期徒刑」の反革命の父親の子どもであることも加わって、紅衛兵から猛烈に殴打されて殺された。彼女を哀れに思った用務員が、死体にムシロを懸けたところ、この用務員も殴打された。紅衛兵は、彼女の家族に、叩いた時に皮鞭が痛んだので賠償しろと要求し、家族から二〇元の金を奪い取った、という。（彼女の死亡から五二年経った二〇一八年、姓名と上記の経過を関係者が知らせてきた。そのため、新しく「文革受難者」に加えることにする――王友琴）

婁河東（男）Lou He Dong

安徽省蚌埠の人。一九六二年に安徽師範大学に入学、文革時はまだ学生だった。彼はある造反派の活動家であったが、造反派同士の抗争が激化したので、集会で対立、抗争をやめようと言った。そして演壇から降りて来た時、同じ派の人間が、彼の頭をめがけて拳銃で一撃して殺した。

婁痩萍（男）Lou Shou Ping

一九〇四年生まれ、湖南中医学院の解剖学教授。一九三八年に湖南の医学院の外科を卒業。一九五七年「右派分子」にされ、文革中に「批判、闘争」を受け、「反動学術権威」と二重の罪を負わされて逮捕された。一九六七年、彼の妻の兄の韓国遠（医者）と娘の婁玉方が、香港に逃げようとした途中、広東で公安警察に疑われ逮捕され「国に背き、敵に投じ」ようとしたとされた。判決は、韓国遠は死刑、婁玉方は「徒刑一〇年」の判決であった。また、婁痩萍自身も、翌年六八年に逮捕され、共謀罪で「一五年」の判決をうけて湖南省津市の「労改（労働改造所）」に監禁され労働に従事し、そこで一九七四年に死亡した。（本書第三部の専論を参照のこと）

樓文徳（男）Lou Wen De

上海の滬光工具廠の廠長。五〇歳弱、背は高く、身体はがっしりしていた。一九六六年初期、「大字報」で批判され、工場で「批判、闘争」に遭った。彼は耐えられず、上海から北京大学の息子のところに逃げた。息子は、当時の状況では、父に付き従って上海の会社に戻す以外なかった。二人は会社に着くと、彼は息子を食堂につれて行って大字報を見せてから、息子を去らせ、木製の大きな槌で自分の頭を砕いて自殺した。後には、七〇余歳の老いた母親が残された。

陸谷宇（男）Lu Gu Yu

浙江省杭州の人、西安交通大学の工業企画教研室の講師。彼は文革初期にいわゆる「政治的に誤った話」をしたとされ「批判、闘争」に遭い、一九六八年一二月二日に自殺した。

陸洪恩（男）Lu Hong En

一九一九年生まれ、一九四三年に国立上海音楽院専科を卒業し、一九五四年に上海交響楽団のドラマーから指揮者となった。一九六五年「統合失調症」を発症して治療を受けたが、六六年に又発症して、いわゆる「反動的な言葉」を発し、五月二八日に逮捕された。六八年四月二七日、「反革命罪」で銃殺された。元々彼は、上海のキリスト教の家庭に生まれた、それで「洪恩」（キリストの大きな恩の意）という名がつけられた。妻の胡国美は上海の舞踏学校のピアノの伴奏者であった。陸洪恩は、音楽ばかりでなく、文才もあった。六五年の「社会主義教育運動」で農村に行った時、常軌を逸した言動により、最初の入院をした。六六年に再び発症した。彼は話の中で、フルシチョフがスターリンの独裁を批判し、犠牲者の名誉回復をしたのは正しいと言った。この問題を討論した時、陸洪恩は病もあって、フルシチョフを褒めたので「現行反革命分子」とされた。だが、送られたのは精神病院ではなく、公安警察の看守所だった。看守所では、常用の煙草も、鎮静剤も与えられなかった。彼は、毛沢東批判の「反動言辞」を言ったとされるが、彼が具体的に何を言ったのかは報道されず隠された。人びとは具体的には何も知らされなかった。権力は「反動的言辞」が「拡散」するのを防ぐためという理屈を言った。一九六八年四月二七日、上海の人民広場で「大裁判集会」が開かれ、死刑宣告の後、同じ死刑判決を受けた三〇余人と共に直ちに銃殺された。

上海の『解放日報』は、「本市で挙行された公判大会で、現行反革命を鎮圧」という見出しで、次のように報じた。

我々は死を誓って言う。「毛主席を主とし、林副主席を副とする無産階級司令部を防衛し、毛主席の革命路線を防衛し、無産階級文化大革命の全面勝利を奪取する」。上海市公検法指導機関は、本市の文化広場に於いて、〝毛沢東思想の偉大な赤旗を高く掲げ、断乎として現行反革命犯罪を鎮圧〟する公判大会を挙行し、一〇人の極悪な現行反革命分子を厳重に処罰した。……大会で審判が下された後、死刑の判決が下された柳友新、同じく現行反革命罪を犯した者は、直ちに処刑場に連行されて銃殺刑が執行された。この時、会場内外にいた革命群衆は、長時間歓呼の声をあげてスローガンを叫び続け、拍手喝采した。

その後、妻の胡国美のところに、「公検法」（毛の「党の革命権力一体化」の命令によって創られた「革命委員会」の下に、「検察院・法院・公安局」を一体化して樹立した権力機関。一九六七年一月樹立）から人がきて、死刑の時に使った銃弾の費用の請求を行った。妻は、それから鬱々と苦しい時を過ごして死んだ。

陸洪恩が死刑になる時、上海の最高権力者であった張春橋（所謂「四人組」の一人）は、「陸は精神病ではない。彼はフルシチョフ万歳と言った。なぜ毛主席万歳と言わなかったのか」と言ったそうであるが、嘘か本当か、公文書が公開されないので分からない。張春橋と姚文元は、文化界の人であるから、陸が音楽家であったことは知っていただろう。少なくとも、「銃殺者名簿」は、張春橋が許可しなければ、死刑を執行することはできなかった筈だ。当時は、毛沢東と林彪の写真を汚したり、笑ったりしても「悪毒攻撃した」とされ、「現行反革命」行為と認定された時代だった。

陸家訓（男）Lu Jia Xun

一九二五年生まれ、江蘇省海安の人、西安交通大学理力教研室の教師。一九五七年に「右派分子」、さらに文革時に建国前の経歴に関する「歴史問題」を疑われて「闘争」にかけられた。一九六六年八月二七日に飛び降り自殺した。

陸進仁（男）Lu Jin Shan

北京農業大学の昆虫学の教授。一九五七年に「右派分子」となる。一九六六年八月、学内の大集会で「批判、闘争」

にかけられて跪かされ、街頭の見世物にされる等々の迫害に遭い、翌月の九月一日、妻の呂静貞と共に首吊り自殺した。ある大学にいた人は、著者（王友琴）に「この夫妻は優雅で上品な人たちだった」と言った。

陸魯山（男）Lu Lu Shan

北京農業機械学院の学生。一九五七年「右派分子」とされ、「労働教養」の処分を受けた。七〇年、南京で他の三名（姚祖彝、王桐竹、孫本喬）の学生と一緒に「国境を越え外国に逃れようと企て、また〝下放〟されていた知識青年達を迷わせる行動をとるように煽動した」という罪で死刑になった。

陸蘭秀（女）Lu Lan Xiu

一九一七年生まれ、江蘇省呉江の人、蘇州図書館の副館長。一九七〇年七月、蘇州で「反革命」と判決が下され「人民大集会」の後、市内を引き回され銃殺された。彼女は、一九四二年に共産党に入党したが、四六年に除名された。党籍が回復されたのは、一九八二年だった。彼女は、文革が始まると、毛沢東に文革を停止するよう要望書を送った。それだけで、「反革命」として銃殺されたのである。文革後の一九八二年にやっと名誉回復、党員資格復活がなされたのだった。彼女は、毛に出した上書の中で「文革は間違っている。世界の革命的人民が方向を惑うことがないように、またマルクス主義の事業が中断しないように、文化大革命を終わらせ、全国人民を解放し、正常な社会秩序を回復してほしい」と要請しただけであった。

★一九九三年、江蘇人民出版社から彼女の伝記『殷殷関山血——当代女傑陸蘭秀的一生』（祖国を憂い、悲しむ血潮——当代の女傑陸蘭秀の一生）が出版されたが、同書には李鋭が書いた「千萬不要忘記陸蘭秀」（決して陸蘭秀を忘れてはならない）と題する文章が載っている。一九七〇年の「反革命に打撃を」の運動では、実に多くの人が死刑や懲役に処せられたが、陸蘭秀などほんの少しの犠牲者しか判明していない。文革時、中央委員会で「劉少奇を叛徒・工賊・内奸にする」決議の時、誰一人反対の手を挙げる人はいなかった。ましてや、陸蘭秀のような普通の人には、何ら助かる機会はなかった。彼女はただ手紙を書いて要望しただけで、裁判も判決もなく殺されたのであった。

陸修棠（男）Lu Xiu Tang

上海音楽学院の民族音楽系の教授。一九六六年夏、川に身を投げて自殺した。

駱鳳嶠（男）Luo Feng Qiao

四川省資中の人。一九一六年生まれ、陝西工業大学（後に西安交通大学に合併）の動力系教授。文革が始まると学生から「大字報」を貼られ、「批判、闘争」を受けた。一九六六年一二月一三日、建物から身を投げて自殺した。

羅広斌（男）Luo Guang Bin

四川省の「文化聯合会」に属する作家、著名な小説『紅岩』の著者。有名なため、文革中、批判を受けず、むしろ他の作家を批判し、積極的に「革命造反組織」に入った。しかし、造反派が分裂し、「内ゲバ」を始めると、彼は他派につかまり、一九六七年二月一〇日、監禁中の建物から墜落して死んだ。四三歳だった。原因は、他殺とも自殺とも言われた。両派は死因を巡って互いに相手を非難しあった。

羅森（男）Luo Sen

上海戯劇学院の演劇指導系の教師。一九六八年、「階級隊伍を純化する運動」の時、「隔離審査」を受け自殺した。まだ四〇歳代だった。

羅征敷（男）Luo Zheng Fu

二八歳、北京第一機床廠（旋盤工場）の労働者。彼の兄の羅征啓は清華大学の幹部であった。清華大学の「井岡山兵団」は、一九六八年四月四日、この兄を捕えようとしたができなかったので、弟の征敷の方を捕えて、口に綿を詰め込んで車の後部トランクに入れて走行中、呼吸困難で悶死した。

羅仲愚（男）Luo Zhong Yu

北京農業大学獣医系の副教授、アメリカ留学組、一九五〇年代に帰国。「階級隊伍を純化する運動」の時、「隔離審査」を受け、一九六八年六月、血管を切って自殺した。

盧錫錕（男）Lu Xi Kun

北京大学化学系の副主任、副教授。西南連合大学を卒業、日中戦争の時に「青年連合軍」に参加し、抗日を支援しに来たアメリカ軍との交渉の通訳を務めた。「階級隊伍を純化する運動」の時、「重大な歴史問題がある」とされて自白を強制された。一九六八年六月、殺虫剤の「敵敵畏」を飲んで自殺した。なかなか死ねず苦痛に耐えず、さらに手を切った。彼の死から一か月もしない内に、妻の林芳（化学系の職員）も自殺した。三人の子どもが残された。北京大学のある教師は、この夫婦が死んだと聞いたが、それが知人の死であっても、当時は普通の出来事のように聞えたという。

路学銘（男）Lu Xue Ming

四一歳、清華大学体育系の教師。「階級隊伍を純化する運動」の一九六八年二月八日、飛び降り自殺した。

盧治恒（男）Lu Zhi Heng

東北人、北京師範大学中文系の政治補導員。豊かな才能を持っていたので「才高八斗」と綽名されていた。一九六六年秋、山西省臨汾分校（北京師範大学が一九六四年に「革命化」、「戦争に備える」目的でこの省に開校した分校）に在学中、文革のやり方に疑問を述べた。何回か「闘争」を受け、川に飛び込んで自殺した。彼は豊かな才能を持っており、遺書の中で文革を非難していた。

魯志立（男）Lu Zhi Li

寧夏回族自治区に生まれる、二〇余歳。他の一二名の青年・学生と「共産主義自習大学」を組織し、「反革命組織」として弾圧された。一九七〇年三月の「反革命に打撃を与える運動」の時、呉述樟、呉述森と共に死刑にされた。二三歳の仲間の熊曼宜は迫害されて自殺した。『中国知青事典』（四川人民出版社、成都、一九九五年）に、劉小萌の文章「共産主義自習大学事件」が掲載されている。それによると、一九六六年、二〇歳の知識青年一三名が、銀川で民間大学を創立した。その自主大学の目的について、次のように書いている。「真理を培養し、実地に学び、勇敢にマルクス主義の歴史発展を把握し、政治的遠見を持ち、独立志向と工作能力を持ち、生涯にわたって、世界の大多数の人々の幸福と共産主義事業の発展に尽力する」と。

加入者一三人は、学歴も居住地も同じではなく、中の三人は「下放青年」であった。だから、普通のいわゆる大学ではなく、出版物と通信によって意見を交換し、学問的交流をめざす「自由大学」風のものにすぎなかった。実際、自費出版で二冊の小冊子を出し、全部で六篇の論稿が発表されただけであった。ところが、一九七〇年三月、「この組織は、マルクス主義・毛沢東思想・プロレタリア独裁に反対する反革命集団である。帝国主義・修正主義の別動隊である」とされ、三人が死刑、無期懲役が一人、懲役一五年が一人、その他の懲役刑が二人、残った者も「批判、闘争」を受け、女学生の一人は自殺した。

文革後の一九七八年に、この組織への処遇は不当であり、一九七八年に冤罪であったと宣言され、名誉回復がなされた。そして『人民日報』は、彼らは極めて真面目な「共産主義、マルクス主義を勉強する人々だった」と称賛した。著者（王友琴）は、次のように反問する。「では、若し真面目に共産主義を勉強する青年達でなかったならば、簡単に死刑にし、投獄してもよいのだろうか？　そもそも共産主義理論は、批判ができないものなのだろうか？」と。

呂静貞（女）Lu Jing Zhen

北京農業大学の宿舎に住む。一九六六年九月一日、夫の陸進仁と共に首吊り自殺した。（「陸進仁」の項を参照のこと）

呂乃樸（女）Lu Nai Pu

天津市文化用品公司の職員。一九六六年、「批判、闘争」を受けた後、夫の張宗穎と共に首吊り自殺した。（「張東蓀」

の項を参照のこと）

呂献春（女）Lu Xian Chun

上海市財政局の副処長、共産党員。一九六六年の「四つの旧来のものを破壊する運動」（破四旧）の時、自宅が襲撃捜索された。彼女は自主的に家中の物と「運動の対象」になるようなものを差し出し、もう来ないようにと言った。ところが、市の財政局の人は、母親の家まで襲撃し捜索しに行った。彼女は建物から飛び降り自殺した。

呂貞先（女）Lu Zhen Xian

北京市西城区の小学校の教師、教導主任。一九六六年八月二七日、校内で生徒から殴打等の虐待を受けて殺された。この時、この小学校の校長であった郭文玉も殺された。（「郭文玉」の項を参照のこと）

Mの項

毛青猷（男）Mao Qing Xian

五〇歳前後、復旦大学物理系の教師。彼は背は非常に高かったが、足にちょっとした障害があった。原子物理学を教えており、学生は彼の講義を喜んだ。彼には、立派な風格とユーモアと才気があった。一九六六年、彼は「資産階級知識分子」とされ、「悪い話」が暴露された。大学の照明施設のある球場で猛烈な「批判、闘争」にかけられて、身体の上から墨汁をかけられた。屈辱に耐えかねて校内の建物から投身自殺した。

毛啓爽（男）Mao Qi Shuang

六〇歳前後、上海科学技術大学の教務長、教授。一九六六年、「牛鬼蛇神」と闘争する運動が高潮に達した時、頭を「陰陽頭」に刈られ、殴打、侮辱、罵倒された。この闘争会の後の週末、家に帰らず、宿舎の電線を手に巻いて感電自殺した。死んだ翌日、キャンパスは、彼は「自ら人民に決別した」と批難するビラで溢れた。黒字のビラにある彼の名前に赤いバツ印が付けられていた。

毛一鳴（女）Mao Yi Ming

江蘇省人、西安交通大学の教職員の家族。文革中、紅衛兵と家族委員会は、彼女に「歴史問題」を問い詰めた。彼女は、一九六八年九月四日、首吊り自殺した。

馬圭芳（男）Ma Gui Fang

五四歳、上海のガラス工場の技師。彼は真空ガラスを作る優れた技術を持っていた。復旦大学の新光源実験室と共同で研究したこともあった。一九六八年九月、「階級隊伍を純化する運動」の時、工場内で「隔離審査」の上「資本家」と指弾された。その三日後の九月七日、建物から飛び降りて自殺した。一九四九年の建国以前、彼は五人の兄弟と共に家内工場を作った。工業の廃材の中から、銀を抽出する小工場だった。他に従業員はおらず、また長男だったので、この法人代表だった。彼が自殺した後、病弱の妻と二人の未成年の子供が残された。収入源が無くなった。毎月一五元の生活保護しかもらえなかった。一九七〇年になって、彼の問題は「人民内部の問題で、敵対矛盾ではなかった」とされたが、依然としてお金はそのままに据え置かれた。一九七五年になって、息子の一人がやっと「父の身代わり」として工場に勤務することが許された。

馬紹義（男）Ma Shao Yi

昆明の鋼鉄工場の熱電作業場の技師・班長。技術学校卒。一九七〇年、ここの鉄爐が壊れる事件が発生した。これが上部に報告された時、たまたま中央文革組の指導者の一人である謝富治が昆明に来ており、「きっと反革命分子が破壊したのだ」と言った。この謝富治の指示によって班長だった馬紹義と蔡漢龍の二人が起こした「反革命事件」とされ、二人は犯人とされ、死刑にされたのであった。

馬思武（男）Ma Si Wu

広東省海豊の人、上海外国語学院のフランス語教授。一九六八年の「階級隊伍を純化する運動」の時、弟の馬思聡が国外脱出して「国に反し、敵に投じた」と言われ、それを助けたと指弾された。同年七月一〇日、学内の中心棟で「闘争」にかけられ、学生から猛烈なビンタを張られたりして、夜の一一時まで虐待された。翌日、彼は屋上から身を投げて自殺した。六三歳だった。弟の馬思聡は中央音楽学院の院長であり、一九六六年夏、紅衛兵に「闘争」にかけられた。翌年一月、彼は一家四人で秘密裏に出国した。彼が出国した後、大規模な捜索が行われ、多くの親戚や友人達が連座させられた。兄の馬思武は、フランス留学組であり、生活習慣は西洋化していた。文革の最中でも、服装はきちんとし、自身の尊厳を守っていた。死後、三〇年間生活を友にしていた六五歳のフランス人の妻はやむなく帰国し、二年後に亡くなった。

馬特（男）Ma Te

北京師範大学教育系の心理学の教授。文革中「特務」と指弾され、妻と一緒に校内の中心棟から身を投げて自殺した。この中心棟は、一九五〇年代に作られたこの地区で一番高い高層建築であり、悲しいことにこの建物から迫害された多くの人々が飛び降りて自殺した。後に著者（王友琴）は、師範大学で多くの教師や学生に馬特のことを訊ねたが、誰も彼が誰でいつ死んだか知らず、また彼の妻の名前も知らなかった。馬教授は、教育学の分野では高名な学者であったが、もう忘れられていたのである。

馬鉄山（男）Ma Tie Shan

北京第一女子中学の用務員。一九六六年夏、殴打され「闘争」を受けた後に首吊り自殺した。後、著者（王友琴）がこの学校を訪ねて数人の生徒に馬のことを訊いたところ、その内一人だけが、ある用務員が自殺したことを知っていた。著者は、この学校の副校長の一人に馬のことを訊ねた。彼女は言った。名前は馬鉄山で「富農分子」と見なされ殴打されたのだろう、と。当時、彼女も「牛鬼蛇神」として「労改隊」に入れられており、皆、いつ殺されるか分からない恐怖の日々を過ごしていた。別の学校の責任者はもう少しで殺されそうだったと言った。彼女は馬鉄山については具体的には知らないが、「富農分子」のはずがない。なぜなら、早くも一九五〇年に「地主・富農分子」だった人は、徹底的な攻撃と殺害の対象になったはずである。だから、以後も北京に住んでいることができた馬鉄山は、「富農」ではなかったはずだ。もっとも可能性があるのは、「出身家庭が、富農だった」ということではないか。この女子中学は、権力の中枢である「中南海」のすぐ側である。だから、住民は皆「政治審査」を行われており、ここに「富農分子」が長く住んでいることは不可能であったからである、と言った。

馬瑩（女）Ma Ying

三〇余歳、石家荘市の河北師範大学附属中学の行政幹部。一九六八年、「歴史問題」があると指弾された。何度も学生に殴打され、監禁場所で死に「服毒自殺」だと言われた。しかし、同僚は彼女の自殺を信じなかった。この中学では、文革が始まって三年間に高景善が打ち殺され、陳伝碧、朱琦は虐待されて死んだが死の状況は不明のままである。

馬幼源（男）Ma You Yuan

上海の華東師範大学の物理系講師。一九六八年の「階級隊伍を純化する運動」の時、「隔離審査」と家の捜索が行われた。同年三月一〇日、建物から飛び降りて自殺した。

門春福（男）Men Chun Fu

中央音楽楽団の演奏家。一九七〇年の「清査五一六運動」（「五一六集団」を粛清する運動）の時、「監禁」されて「自白の強要」を迫られ、閉じこめられていた地下室で自殺した。

孟昭江（男）Meng Zhao Jiang

北京市東城区の小学校校長郭文玉の夫。一九五七年に「右派分子」とされた。妻の郭文玉は、一九六六年八月、生徒

から猛烈に殴打され死亡し、孟昭江も猛打を受けた二日後に死亡した。（「郭文玉」の項を参照のこと）

梅鳳璉（男）Mei Feng Lian

四川省の人、新疆軍区生産建設兵団の古河子第一女学校の校長。長期にわたって殴打と侮辱を受け、一九六八年の「階級隊伍を純化する運動」の時、学校の食糧貯蔵の穴倉で首を吊って自殺した。四〇歳代だった。後に、妻と五人の子供が残された。

蒙復地（男）Meng Fu Di

北京大学の西洋語系スペイン語学科の専任講師。一九六八年の「階級隊伍を純化する運動」の時、国民党時代に「三民主義青年団」に参加していたことを指弾され、自宅で首を吊って自殺した。

繆志純（男）Miao Zhi Chun

江蘇省沙洲県の鳳王人民公社の医者。妻の孫恵蓮も、この公社内の薬局の職員だった。夫は医術に優れていたので仲間から嫉妬され、また妻は「地主階級の出身」のため「階級異端分子」と見なされていた。文革が始まると、夫妻ともに「闘争」に遭い、常熟県で川に身を投げて自殺した。

莫平（男）Mo Ping

北京外国語学校の校長。一九六六年、紅衛兵の猛打に遭ったが耐え抜いた。しかし、教導主任の姚漱喜は、耐え切れず自殺した。莫平は、一九六八年の「階級隊伍を純化する運動」の時、また「隔離審査」、「迫害」を受けた。今度は「地主分子」だとする追及に耐え切れず、六八年五月、昌平県の明の十三陵付近の山中で首を吊って自殺した。そもそも、彼の両親は、国民政府の外交官でフランスに駐在したこともある豊かな家庭で、彼の名義の土地もあった。それを調査班が見つけて「地主分子」であり、「階級敵」だとしたのである。彼は、家に帰って妻と離婚してくると言って外出の許可を得たが、家に帰らず山中で自殺した。

穆淑清（女）Mu Shu Qing

四川省合江県の人、重慶市の一小学校教師。手工芸を教えていた。父の死後、彼女は一女を連れて再婚した。その時、亡き父の遺産である土地は、全部が子供の名義にされていて、自分の土地はなかった。しかし、小作料を徴収したり、土地・財産を管理したりしていたのは、母親である彼女であった。ところが、一九六八年の「階級隊伍を純化する運動」の時、彼女は、「地主分子」の罪名で激しい「闘争」にかけられた。彼女は個性が強く、脅迫されても、「毛主席の前に跪いて、罪の赦しを乞う」ことをしなかった。それで猛打されて、鼻は青く顔は腫れ、全身が負傷して血だるまになった。また重慶市の中心街で「遊街」に連れ出され、見せしめにされた。後、二人の子供が重慶医学院の第二附属病院につれて行ったが、「牛鬼蛇神」だと知れると、治療をしてくれなかった。彼女は、次に第一病院の漢方医学の医者に診てもらいに行く途中、嘉陵江の支流の橋付近で、川に飛び込んで自殺した。

Nの項

南保山（男）Nan Bao Shan

北京市西城区太平橋に住む理髪師で小さな床屋を開いていた。一九六六年八月末、紅衛兵に打ち殺された。息子の南鶴龍（長男）も同じく打ち殺され、もう一人の息子の南鶴齢（次男）は、一五年の徒刑となった。また、南保山の父親は自宅で首吊り自殺した。そもそもこの一家は、理髪の自営業家族であった。南保山は老いてもう仕事ができなかった。息子の南鶴齢と南鶴龍は勉強が大嫌いで喧嘩ばかりしており、しばしば落第した。彼等は、街のチンピラの親分で「小ごろつき」と呼ばれていた。一九六六年夏、他のチンピラ仲間と一緒に紅衛兵と激しい喧嘩をやった。紅衛兵の北京市民に対する大殺戮は、この「ごろつき連中」への攻撃の側面も強かった。紅衛兵は「打小流氓」（悪ガキのごろつきを討伐する）運動も兼ねて急激に発展した。同年八月五日、紅衛兵は、女子中学の副校長・卞仲耘を打ち殺した。八月一三日には、北京最大の工人体育館で一〇万人を集めた〃小流氓を討伐する大集会〃が開催された。この時、周恩来は党中央を代表して出席していたが、暴力を制止することはなかった。八月一八日に「毛沢東は、天安門広場で第一回目の紅衛兵百万人大集会」を主催した。八月二三日に毛沢東は中央工作会議で講話して、「北京の闘争は穏やか過ぎる、もっと大胆にやれ。外国人がカメラで写真を撮っても、大したことではない」と指示した。こうして、同月二五日から九月初旬までの間に、北京市内で数千人が紅衛兵によって殺戮されたものと推測されている。毛は、この八月から九月にかけて、紅衛兵の暴力を全面的に「解放」して、全市を赤色テロの海にした。こうした状況の中で、長男の南鶴龍も、紅衛兵に自宅に監禁され、猛打された後、水も食料も与えられず、数日で死んだのである。二六歳だった。次男の南鶴齢は徒刑一五年、一九八一年、刑期満了で出獄した。

南漢晨（男）Nan Han Chen

六〇歳前後、中国国際貿易委員会の主任。日本との貿易促進に尽力し、日本人にもよく知られた人物であった。一九六六年「叛徒」、「走資派」と弾劾された。「批判、闘争」を受けた時、大量の睡眠薬を飲んで自殺した。死後、医者は「彼が呑んだ睡眠薬は、十分に大きな象一頭を死なせるほどの大量だった」と言った。

南鶴龍（男）Nan He Long

一九四〇年生まれ、北京西城区の住民、理髪師。一九六六年八月、紅衛兵から家に閉じこめられ、六・七日間も殴打され、又飲食を許されず死んだ。（「南保山」の項を参照のこと）

Pの項

彭康（男）Peng Kang

一九〇一年生まれ、西安交通大学の校長兼党委員会書記。一九六六年から六八年まで連続二年間「闘争」にかけられていた。文革が始まった時、陝西省党委員会は、彼を「資産階級右派」、「反党反社会主義」と決めつけた。その理由の一つは、彼が「毛沢東語録をいくらよく読んでも、棒によじ登ることができないものは、やはり登れない」と言ったことが、「反毛沢東」だと断罪されたからた。以後、紅衛兵から殴打、罵倒され、集会で見世物にされ、校内の運動場を走り廻された。しかし、一九六八年の三月二七日の虐待は特に激しく丸一日やられ、翌二八日の午前中も、「闘争」が続き、満身創痍となり死亡した。六七歳だった。

潘志鴻（男）Pan Zhi Hong

三〇歳、北京市供電局工人。一九六八年七月二七日、彼は「首都工農毛沢東思想宣伝隊」の一員として清華大学に進駐した。彼はその晩、学生宿舎付近に逃げてきた、大学の造反組織の一つ「井岡山兵団」の人が投げた手榴弾の爆発によって死んだ。（「韓忠現」の項を参照のこと）

潘光旦（男）Pan Guang Dan

一八九九年、江蘇省宝山に生まれる。一九一三年に清華学校に入学し、一九二二年〜二六年の間にアメリカに留学し生物学を学び、コロンビア大学で動物学、古生物学、遺伝学を学び修士号を取得した。帰国後、上海大夏大学、復旦大学、清華大学等々の教授・教務長・社会学系主任等を歴任した。新中国では、一九五二年の「大学制度の大改革」（原語「院系調整」）により、全国の大学から「社会学系」が、マルクス主義に反する学問として一切排除されたため、費孝通らと共に民族学院に左遷された。一九五七年には「反動学術権威」とか「資産階級知識分子」とか、種々の批判を受けて、「右派分子」、つまり人民の敵対者にされた。さらに、文革では「牛鬼蛇神」とされ、学内の「労改隊」に入れられて、連日猛烈な迫害、虐待をうけた。さらに労役を強要されたため、一九六七年六月一〇日、病に倒れ重体になり死去した。六八歳だった。死後、翻訳が終わっていたダーウィンの『The descent of Man』（邦訳では『人間の由来』、講談社学術文庫）がやっと出版された。

彭鴻宣（女）Peng Hong Xuan

北京工業学院附属中学の教師。一九六六年六月、文革が始まった時、彼女は農村で「四清運動」をやっていたが、捕まって学校に連れ戻された。彼女は猛烈に殴打され、校内に「監禁」された。その小さな部屋で自殺した。

彭蓬（男）Peng Peng

上海華東化工学院の政治学の教師。文革初期、「批判、闘争」を受けた後、自殺した。

龐乗風（男）Peng Cheng Feng

広州市第一七中学の総務主任。一九六六年九月、同校の紅衛兵に猛烈に殴打されて死んだ。

Qの項

斎恵芹（女）Qi Hui Qin

北京市朝陽区にあった北京第四女子中学の生物学の教師。一九六六年八月、自校の女子紅衛兵生徒によって打ち殺された。五〇歳前後であった。この学校で長く教師をやっており、人の付き合いも大変よかった。彼女には自宅があった。当時、北京で自宅を持つことは、反動の「小資産階級」と見なされた。一九六六年八月、紅衛兵によって最も暴行を加えられたのは、「教師」及び「自宅所有者」であった。彼女が自宅所有者であるとの情報を借家人から得た紅衛兵は、彼女の家を襲撃して後、彼女を学校に連行し凄まじい暴行を加えた。水を飲みたいというと墨汁を飲ませた。彼女は、閉じこめられた地下室で死んだ。この女子中学紅衛兵の一群は、みな頭髪をそり落とし、頭をツルツルにし、黄色の軍服を着て、手には銅のバックルがついた革ベルトを持って、学内外の人々に暴行を加えた。ある人は、台上に引き上げられて全身を乱打され、頭から鮮血がほとばしった、と当時小学生だった人が目撃談を語っている。この女生徒たちは、「坊主刈り党」と呼ばれ、この時北京で非常に有名だった。

斎清華（女）Qi Qing Hua

北京市西城区の一住民。八四歳。一九六六年九月一九日、北京から追放され行き着いた先の山西省の農村で死んだ。彼女は、同年八月二四日、娘一家と北京市西城区の自宅にいた。この地区は、「趙登禹路」と言われる街区で、国民党の有名な将軍の名前がついていた。紅衛兵が突然にこの一帯に現れて、「趙登禹の匾額」を叩き壊し、またこの一家を襲撃して、斎清華をベッドから引きずり出し、死ぬほど殴打した。翌月の九月一七日、家族全員が北京市内から暴力的に追い出され、山西省汾陽県の人民公社の生産大隊に「遣返（追い返す）」された。現地に到着後、九月一九日に斎清華は死んだ。

この一家が紅衛兵の襲撃の対象になったのは、「自宅所有者」であったからである。この家の向い側にあった医者の孔牧民も襲撃され、打ち殺された。この頃、北京の自宅所有者は、紅衛兵の命令で自宅の「不動産所有者証明書」を役所に上納し、土地所有権を放棄することを強要された。自宅のある人々は、政府の不動産管理局に「地券」を返納するため殺到し、行列をつくった。斎清華の家でも、早くに「地券」を役所に返納して「領収書」をもらって来たので、もうこれで「家屋と土地の所有者」や「資産階級」とは見なされないと思った。ところが、紅衛兵による襲撃、暴行、そして北京追放を免れなかった。紅衛兵は、布団から茶碗・箸に至るまで没収して、廃墟になった教会に集めた。

九月一七日、担架で家から運び出され斎清華、娘二人（潘壽康と潘福康）、内孫二人、娘婿の任節丞、それに一六歳と一二歳の外孫二人、合計八名が、山西省の山中に追い出された。突然に北京を追放になった人々（北京市全体で約一〇万人前後と言われる）は、押すな押すなと北京駅に殺到した。それをまた、紅衛兵たちが襲撃して、沢山の人を打ち殺した。この一家が行くべき山西省の家は、娘婿の実家であったが、この家の主人は「歴史反革命分子」にされていた。斎清華は、着いた日に死亡し、孫娘の二人は貧窮と病気によって、医者に診てもらうこともなく、文革後期に死んだ。文革後、斎清華の外孫の一人は、アメリカに留学して博士号を取得し、ある会社の中堅幹部になった。

銭平華（女）Qian Ping Hua

二五歳、清華大学自動化系の学生。この時、清華大学では二派の「武闘」が盛んだった。帰省していた故郷から大学に戻ったところ、キャンパス内での武闘の流れ弾に当たって死んだ。一九六八年七月一八日のことだった。時に二五歳。

銭憲倫（男）Qian Xian Lun

江蘇省無錫の人、一九〇九年生まれ。西安交通大学化学系教研室の講師であった。一九五〇年に台湾から大陸に帰ってきた。「階級隊伍を純化する運動」の時、「歴史問題」を問われた。一九六八年四月三日、妻の袁雲文、母の張淑修と一緒にガス自殺した。

銭行素（女）Qian Xin Su

四〇歳前後、復旦大学の体育教師。彼女は活発な性格で陸上競技のハードル、高跳びが得意だったという。文革中、昔、東亜体育学校の校長をやったことがある夫が、言われなき判決を受けた時、彼女は巻き添えになって迫害され、便所の中で首を吊って自殺した。

銭新民（男）Qian Xin Min

二〇歳前後、南京大学コンピューター数学系の青年教師。一九七〇年一月から始まった「清査五一六」（「五一六反革命分子」を調査し粛清する）運動の時、「批判、闘争」を受け殴打されたので、南京市の郊外に逃げて自殺した。

銭頌祺（男）Qian Song Qi

五〇歳余、上海市の五六中学の会計係、元銀行員。一九六六年、学校で監禁された。彼の妻（市内の小学校の校長）は、突然に夫が自殺したと告げられた。遺体を受け取ってみると未だ口の中に饅頭が入っていた。妻はずっと死因を疑っていたが、調査する方法がなかった。

秦松（男）Qin Song

上海華東師範大学の第一附属中学の英語教師、文革中に自殺した。

祁式濳（男）Qi Shi Qian

中国科学院の哲学社会科学研究部の近代史研究所の研究員。文革が始まると近代史研究所内の「〝小三家村〟反動集団」の一員とされて「批判、闘争」を受け、一九六六年八月四日の夜、殺虫剤「敵敵畏」を飲んで自殺した。

邱鳳仙（女）Qiu Feng Xian

四〇歳前後、上海市紅旗中学の化学実験室の管理人。一九六六年夏、「地主階級」の出身者とし「闘争」にかけられ、教学棟から飛び降り自殺した。一九六八年、この学校の女教師の孫経湘も、やはりこの教学棟から飛び降りて自殺した。

邱慶玉（女）Qiu Qing Yu

北京市内の吉祥胡同小学校の副校長。一九六六年一〇月、生徒から打ち殺された。

戚翔雲 Qi XiangYun

復旦大学化学系の党総支部の副書記。大学の宿舎に住む。一九六七年「審査」中に飛び降り自殺した。

Rの項

饒毓泰（男）Rao Yu Tai

一八九一年生まれ、江西省臨川の人、北京大学物理系の教授。彼は中国の現代物理学の教学体系を最初に作った物理学者。一九六八年「階級隊伍を純化する運動」の時、「審査」を受けた。同年一〇月一六日、北京大学内にある燕南園の建物の水道管で首を吊り自殺した。

任服膺（男）Ren Fu Ying

陝西省戸県の人、西安交通大学の鋳造工業系の学生。父親が「地主階級」とされ「批判、闘争」を受けたことに不満を表明した。そのため、彼も「審査」され、一九六八年八月一〇日、建物から身を投げて自殺した。

容国団（男）Rong Guo Tuan

広東省珠海の人、一九三七年生まれ。一九五七年に香港から大陸に移住し、五九年の「世界卓球選手権大会」のシングルス部門で優勝し、中国でも優勝した。一九六八年六月二二日、「特務」とされ「批判、闘争」を受け、国家体育委員会の建物の裏の木で首吊り自殺した。後には、まだ二歳にならない女の子が残された。彼の死の一か月以上前に、中共中央・国務院・中央軍事委員会・文革小組は、国家体育委員会の賀龍・劉仁・栄高棠等は「反革命修正主義者」であり、ソ連修正主義と同類であるとし、彼等とその黒い仲間を摘発打倒せよ、と宣言した。こうして、容国団も犠牲者になった。著者(王友琴)は次のように思う。この時期、多くの卓球選手や陸上選手が犠牲になったが、ヒトラー、スターリンはスポーツ選手まで殺すことはなかった、と。今日、容国団の故郷の珠海には、彼の銅像が立っているが、銘文には、彼がどのように死んだかは記されていない。

阮潔英（女）Ruan Jie Ying

北京市内の第一一中学校の数学教師。建物から飛び降り自殺した。後に、まだ二、三歳の男の子が残された。

Sの項

薩兆琛（男）Sa Zhao Chen

福建省厦門市の第八中学の教師。一九六六年八月下旬、生徒から校内のある建物で一晩中残酷に殴打された。翌日の朝、そこから身を投げて自殺した。同じ時間、物理の教師の黄祖彬も紅衛兵から打ち殺された。同年六月以前に、この学校には、「工作組」（正式には劉少奇が派遣した「社会主義教育工作組」）が派遣されてきた。しかし、八月、それに党幹部や軍幹部の子弟が作る「紅衛兵」が取って代り、教師を猛烈に攻撃し始めた。ある生徒は、教室にいた時、薩兆琛が地面に激突した「ボン」という音を聴いた。急いで出てみると、まだすぐ死なず、身体は痙攣していた。著者（王友琴）は、厦門市に残っている関係文書を詳しく調べたが、彼等文革犠牲者たちに関する記録は全く残ってはいなかった。そこで、福州に住む著名な女性詩人の舒婷に調査を依頼したところ、ある人が確かに「薩兆琛と黄祖彬が、一九六六年に打ち殺された。投身自殺ではなかった。また、一九六八年に呂という教師が自殺していた」と言っていると知らせて来た。

上官雲珠（女）Shang Guan Yun Zhu

上海映画製作所の著名な映画監督・演出家。四八歳。一九六六年に紅衛兵から家を襲撃された。一九六八年の「階級隊伍を純化する運動」の時、迫害は頂点に達し、この映画製作所の四〇歳以上の文芸工作者は、ほとんど「牛棚」に監禁された。彼女は「尋問」の時、猛烈に殴打され、同年一一月二三日、建物から飛び降り自殺した。

尚鴻志（男）Shang Hong Zhi

天津の電気伝導研究所の幹部。約四五歳。文革中、何回も「反革命分子」として「批判、闘争」にさらされ、一九六八年、便所の中で首吊り自殺した。死後には、精神病を病む妻と寄る辺のない子ども五人が残された。一番上の娘は久しからずして自殺した。

邵凱（男）Shao Kai

遼寧大学の校長で同校の党書記。一九六六年三月、大学に進駐した「工作組」は、彼を罷免した。すぐ文革が始まり、彼は一連の「批判、闘争」を受けた後、翌六七年一月二三日、自殺した。

沙坪（女）Sha Ping

北京第三女子中学の校長。一九六六年八月、校内で紅衛兵生徒に殴殺された。この中学は、市内西城区の白塔寺附近にあった。文革の時、名称が現在の第一五九中学に変えられた。ある人が次のように言った。文革で殺された人々の内、彼女は北京でもっとも残酷に殺されたと言えるかもしれない、と。彼女は、便所の中で打ち殺されたが、頭髪はすべてむしり取られ、口の中には汚物がいっぱい詰まっていた。最後に死体は、おんぼろの小さな小屋に投げ入れられた。そして、紅衛兵生徒たちは、校内の「労改隊」に入れられ「牛鬼蛇神」とされた教員に、かわるがわる小屋に入って彼女の死体を撫でさせた。紅衛兵たちは、「ある教師は、わなわな震えて、どうしても中に入れなかった」と嘲笑した。（この「沙坪」の項には、紅衛兵が「牛鬼蛇神」に行った、ありとあらゆる残虐な行為の事例が詳細に書かれている）

盛章其（男）Sheng Zhang Qi

四〇歳代、上海市敬業中学の人事担当の幹部。一九六六年から六七年にかけての頃、「土匪」と指弾された。ある日、お前の「闘争大会」を開くという通知が来た。自分が「闘争」にかけられる恐怖に耐えられず、学校の建物から身を投げて自殺した。

沈宝興（男）Shen Bao Xing

一九一四年生まれ、北京市懐柔の人、北京農業大学の炊事係。一九六六年夏、「隠れ反革命分子」（一七年間、隠れていた階級敵）として指弾され、同年九月、炊事担当をはずされ、豚飼いにまわされた。ついで、公職を解かれて農村に追放されることが分かり、絶望して校内で投身自殺した。時に、五二歳だった。彼は、以前国民党の軍隊にいたことがあった。後に、共産軍に寝返って解放軍兵士になった。「志願軍」に回され、朝鮮に行かされた。除隊後、この大学の炊事員になった。妻の姚栄義は農民で、五人の子供があった。妻は、「農村戸籍」であったから、家族は一緒に住めなかったので、彼は休日に妻のいる北京市郊外のある農村に行っていた。一九六六年の夏、紅衛兵の暴虐はもの凄く、かなりの人が殺されまた自殺した。また六九人の教職員が「農村に追放」された。一九九五年に出版された『北京農業大学校史』には、死者やこの六九人の名簿がないので詳細は不明である。

農村でも、「階級敵」に対する迫害はもの凄く、都会から追放されてきた彼らに待っていたのは、恐るべき暴力と侮辱だった。沈宝興の原籍である北京市郊外の懐柔県の生産大隊でも、同じ境遇が待っていた。ある生産大隊では溝を掘って「黒四類分子」を生き埋めにしていた。沈宝興が自殺後、大学の造反幹部は、死体と家財道具を車に積んで、妻のいる生産大隊に送った。この大隊では、階級敵の棺桶を用意せず、穴掘り人夫をやっと見つけて死体を埋めた。しかし、墓穴が浅くて足が地面に出てしまった。すると、その足を鋸で切り落として埋めた。妻は耐えられぬほど悲しかったが、どうすることもできなかった。残された五人の子供の一番上は、わずか一三歳だった。家族は名前を変え、極貧生活を送り、差別と恐怖の中で育った。文革後、二年経って、家族は大学に行って父の名誉回復を要求し、やっと実現した。

著者（王友琴）が、文革後に沈宝興の娘に会った時、彼女は「パパは学校に上って勉強したことがなく、教養がなく、心も小さかったので、思い切ることができず、自殺した」と語った。著者は、「いやこの大学では、数十人の教職員が自殺している。教授の陸近仁夫妻（妻の名は呂静貞）も、貴女のパパと同じころ自殺していますよ。学歴が高い教授でもたくさん自殺しているのです、パパのせいではない、文革がいかに残酷で理不尽なものであったかが問題なのです」と言った。彼女は、「そんなに多くの人が死んでいるのですか。知らなかった」と言った。文革で迫害されたものが、以後も、「自分と家族と本人に問題がある、責任がある」と、逆に考えているのである。沈宝興のような、普通の人は記録されなかったし、また文革後になっても、記録がないのは同じである。

沈家本（男）Shen Jia Ben

江蘇省蘇州の人、一九二一年生まれ、西安交通大学の企工教研室の講師。文革中、紅衛兵が、彼の日記に「反動的言辞」が書かれていると言ったので、彼を「監禁」した。彼は、一九六九年一月一九日、監禁場所から逃げ出し、陝西省藍田県に行き、そこの井戸に飛び込んで自殺した。四八歳だった。

沈潔（女）Shen Jie

上海の格至中学の教師。彼女は、昔、「抗日戦争」の時、共産党が指導していた「新四軍」に参加していたことがあった。文革中に「叛徒」とされ「批判、闘争」を受け自殺した。

沈乃章（男）Shen Nai Zhang

一九一九年生まれ、北京大学哲学系の心理学教授。フランス留学の経歴があった。一九六六年夏、彼は「漏網右派」（一九五七年の「反右派運動」の時、「漏れてしまった」右派分子の意）であり、また「反動学術権威」と指弾された。彼は、紅衛兵の「闘争」で何回も虐待と侮辱を加えられ、また家は襲撃され、書斎は封鎖された。留学時代から蓄えてきた自慢のひげも剃り落された。一九六六年一〇月九日、睡眠薬を多量に飲んで自殺した。妻は北京大学の附属中学の英語教師だったが、やはり様々な虐待を受けた。沈乃章夫妻には一男一女があった。娘の沈因辰は北京大学附属中学の一年生だった。文革が始まった時、四〇数人のクラスの「出身が良い」（党・軍の幹部の子弟や貧農階級の出身者）一〇数人が、彼女のような「出身の悪い生徒」（富裕階級の出身者）を尋問し、また殴打した。この時、地主階級の家の娘には、自分の母親を脅したり叩かせたりしたので、さらに又血が流された。また、ある歴史の先生を「歴史反革命だ」として殴打した。父の死後、家族は自宅を追い出された。この沈夫妻の娘は、一九六九年春、黒竜江省の農村に送られた。彼女の兄は、彼女よりも早くに山西省の小さな山村に送られた。一九七二年には、多くの知識青年が都会に帰って来たが、兄一人だけがその山村に取り残された。父親が「自ら党と人民とに決別して自殺した」ことは、当時はきわめて恥ずかしいことであった。兄は何処にも行けず、七二年、自殺した。娘の沈因辰は文革後に大学に入り、アメリカに留学し、コンピューター技術者になった。

沈士敏（女）Shen Shi Min

北京市第一一中学の図書館員。毛沢東が最初に紅衛兵に接見した後、一九六六年八月下旬、この学校では、紅衛兵が運動場で本を焼いた。彼等は学校の図書館にある「封建主義、資本主義、修正主義」の本を校庭に運び出して燃やした。紅衛兵は沈士敏や先生達二〇数人を打ちのめし、次に火を囲んで丸く輪にしゃがませて、夏の炎天下に、腕を火に突き出させて焼かせた。紅衛兵は先生たちの背後に立って、脅し強制した。先生達の腕には、火ぶくれができた。痛くてたまらなかった。彼女は「出身が悪い」とされたのであった。その晩、翌日の「批判、闘争会」が恐怖で、家に帰って首を吊って自殺した。五〇歳前であった。子供が一人いた。この学校の校長も、台の上で跪かされ殴打された。学校の年老いた用務員も打ち殺された。文革後、誰も彼女の「沈士敏」という名前を覚えていなかった。沈士敏の死後、この学校の高校部の国語教師の王先生も、紅衛兵の殴打と虐待に堪えられず、建物から飛び降りて自殺した。文革中、この学校では全部で八人が「迫害死」している。

沈天覚（男）Shen Tian Jue

北京市内の陸軍総医院（現在の「北京軍区総医院」）の整骨科の医師。北京協和医科大学を卒業した。一九六八年、「隔離審査」の上虐待を受けた。彼の同僚の劉浩の妻の証言によると、この頃は軍事管制下にあり、何人かの屈強の兵士たちが彼を取り囲み、顔や首を腫れるほど激しく殴打した。彼は同年四月自殺した。彼は、虐待を受けていた時、故意に糞壺に追い込まれて糞まみれにされたという。（「劉浩」の項を参照のこと）

沈新児（男）Shen Xin Er

上海華東師範大学の学生。一九六六年「反動学生」だとして糾弾され、建物から飛び降り、地上にあった石炭の山に突入して死んだ。

沈耀林（男）Shen Yao Lin

天津人、天津市南郊区の河口付近に住む。文革前に「財仏神の像」を作るのを生業にしていたので、「封建迷信活動」に従事していたと糾弾された。捕らえられて「闘争」にかけられると聞いて自殺した。四〇歳前後であった。

沈元（男）Shen Yuan

中国科学院歴史研究所の研究員。一九五七年に「右派分子」とされ、文革ではさらに激しい迫害を受けた。彼は、自ら身体に靴磨き用のクリームを塗って「黒人」に変装し、あるアフリカ国の大使館に入り、「中国から出国」できるよう援助を頼んだ。そのため逮捕された。一九七〇年三月「反革命に打撃を与える運動」の時に処刑された。三〇歳代であった。

沈知白（男）Shen Zhi Bai

一九〇四年生まれ。上海音楽院の教授、民族音楽系の主任。一九六八年、「アメリカの特務」として指弾され、自殺した。

沈宗炎（男）Shen Zong Yan

浙江省余姚の人、一九三七年生まれ。西安交通大学の教研室の実験員。文革中、ある「反動ビラ」に関係があると指弾され「隔離審査」に遭い、一九六八年一二月三一日、建物から飛び降りて自殺した。三一歳だった。

施済美（女）Shi Ji Mei

上海市静安区の第七一中学の国語教師、語文教研組の組長。文革開始後、「出身家庭が反動だ」、「以前書いた小説がメロドラマだ」と糾弾され、「牛鬼蛇神」とされた。彼女は、東呉大学を卒業後、一九四〇年、中学の教師になった。しばらく小説や散文を発表したが、一九四九年以後、文壇から退いた。
　生徒たちは、彼女の小説を読んだこともないのに「悪人」だとし、一九六六年から六八年の間、「監督労働」下に置いた。そして六八年「階級隊伍を純化する運動」の時、猛烈な「闘争」にかけられ、彼女の小説は「メロドラマ」だと、「大字報」で非難され、同年五月、自宅で首を吊って自殺した。彼女と一緒に住んでいた育才中学の教師の林麗珍も自殺した。文革が終わって二〇余年後の一九九九年、民国時代の小説集が出版され、その中に彼女の小説『鳳儀園』が収録された。この学校のある生徒だった人が言うには、文革時には多くの先生方が紅衛兵から殴打されたが、一人の用務員が「国民党軍部の特務警察」だったと指弾され自殺したという。名前は分からない。

施天錫（男）Shi Tian Xi
　中国科学院の武漢水生生物研究所の技術員。まだ若く、「造反派」の頭目になり、ずっと他人を「闘争」に掛けていた。ところが、一九七一年の「五一六分子を清査する運動」（多くの「造反派」が、この運動によって「五一六分子」とされ一掃された）の時、彼は、逆に自分が「審査」の対象にされたため、首吊り自殺した。この水生研究所には、四〇〇人の工作者がいたが、四人が自殺した。

史青雲（男）Shi Qing Yun
　陝西師範大学の第一附属中学の校長。一九六六年八月、紅衛兵に猛烈に殴打された後に自殺した。紅衛兵は、皮ベルト、鉄棒、釘のある机の足等で、校長や副校長等々を猛烈に殴打した。地面に跪かせて殴打し、這って校庭を廻らせ、這い方が遅ければ打ちすえた。遅いものは誰でも打った。校長は肥っており早く這えなかったので、とりわけ激しく殴打された。釘が食い込んだ傷穴から出る血とボロボロになった衣服の繊維がからまり、ほぐせなかった。校長は、西安市で最初に殺された人になった。副校長二人は、重傷を負った。

石之琮（女）Shi Zhi Cong
　北京第三中学の国語教師。一九六六年の夏、「闘争」にかけられた後、龍潭湖に身を投げて自殺した。

宋励吾（男）Song Li Wu
　南京解放軍気象学院の教授、系の主任。アメリカに留学した経歴があり、帰国後に教科書を書いた。一九六六年八月、学生と助教に釘のついた棒で頭を叩かれ、頭がデコボコになった。その晩、自宅において剃刀で血管を切って自殺した。彼の死後、妻と女の子は長い年月、農村に「下放」された。

舒賽（女）Shu Sai

湖北省江陵の人、五四歳、北京の大仏寺に住む。一九三八年に共産党に入党し、一九五〇年代に政府の建築工業部に勤務した。しかし「理由なく騒動を起こした」という理由で、党籍を剥奪され降格され、一九六〇年免職になり「悪質分子」として「労働教養」の処分を受けたが、六二年に病気により釈放された。六六年一二月、彼女は金粉をまぶした紙に書いた「林彪に反対」の「大字報」（宣伝ビラ）を市内のデパート、政府の役所、大学の門など市内重要個所に沢山貼った。それで同月、逮捕され市内に長く拘禁されていた。一九六九年、林彪の全国戒厳令の時、未決囚が沢山山西省に送られたが、彼女はその中に入れられた。一九七一年五月二四日、山西省の隰県で死んだ。彼女は、死んでもまだ判決が出されなかった。関係資料が公開されていないので、どうして彼女が処刑されなかったのか、理由は不明である。以上の史実は、舒鉄民・范慧共著「一份迫害無辜者的審訊記録」（『炎黄春秋』二千年第七期）による。

最高指導者を「批判」して死刑にされた人には、次のような事例がある。林昭（一九六八、上海）、陸洪恩（一九六八、上海）、陸蘭秀（一九七〇、蘇州）、張志新（一九七五、遼寧）。

舒舎予（男）Shu She Yu

ペンネーム「老舎」。一八九九年生まれ、北京市作家協会の主席、中国作家協会の副主席。小説『駱駝祥子』・『四世同堂』、戯曲『茶館』など多数を書いた。文革が始まると、彼は「文壇の悪の親玉」として三時間にわたって、紅衛兵から猛烈な暴力による虐待を受けた。そして、一九六六年八月二三日、老舎はその他の作家二八人と一緒に北京の文廟に連行されて、京劇の服装や道具を皆燃やしている火の回りに跪かされた。翌日の二四日の夜、彼は北京西城の太平湖で投身自殺した。八月一八日、毛沢東と周恩来が、天安門前の広場で一〇〇万の紅衛兵を集めて「紅衛兵」の腕章を付けて激励した日の、実に五日後のことであった。

死後、老舎の遺族には、遺骨さえも返されなかった。彼は作家であるにもかかわらず、一字の遺書さえ残さなかった。老舎の息子の舒乙は、著者（王友琴）に次のように語り、また自分も文章でも書いている。老舎は、自殺する前日の八月二三日の夜、家に帰ってくると「人民は私を分ってくれている！　党と毛主席は私を分ってくれている！　総理は、もっとも私を分ってくれている！」と言った。

家族が父の遺体を火葬した時、火葬場にいた少女が口頭で「遺灰を渡すことはできません」と言ったという。老舎と一緒に文廟で紅衛兵に虐待された文化人は、みなかなり有名な人々であった。特に老舎は有名人だった。その彼がかかる無惨な虐待、暴行を受け、しかも遺灰さえも渡されないということは、文革指導者の命令による以外に考えられない。

しかし、文書資料の全面解禁がなされていないために、証拠は見つかっていない。

もう一つ、興味深いのは、一九五一年一〇月一〇日発行の『人民文学』に、老舎の「新社会は、一つの大学校である」と題する作品が載っているが、その内容である。これは、老舎が「掃匪反覇」（建国直後の「匪賊を一掃し、悪の親分に反対する」運動）の時、人民が彼等を台上に引き上げて、凄まじい「闘争」をする場面を目撃した情景を描写した作品である。この中で、人びとが悪人たちを糾弾するたびに、会場の人々が「打て、打て」と大合唱するさまを描き、ついに自分もわれを忘れて本気になって怒り、「打て、打て」と叫んだ、と書いている。しかし、この糾弾されている悪人の罪業は、彼の小説中では、「ただで油餅（油で揚げた細長いパン）を三〇年も食った」という理由だけであった。この裁判も、弁護はなく、法律を全く無視して民衆が人を勝手に打ち殺す社会を、老舎は「新しい大学」として讃えていた。ところが、ついに一五年の後に自分自身が「文壇の悪覇」とされ、迫害される順番になったのである。

一九六六年八月二三日、北京の文廟で老舎と一緒に、紅衛兵の「闘争」を受けたのは、次の人々である。

蕭軍、駱賓基、荀慧生、白雲生、侯喜瑞、顧森柏、方華、郝成、陳天戈、王誠可、趙鼎新、張孟庚、曽伯融、蘇辛群、季明、張国礎、商白葦、金紫光、王松生、張増年、宋海波、張治、張季純、端木蕻良、田蘭、江風（以上、『蕭軍紀念集』一九九〇年による）。

この名簿には、二人不足しているが、彼らは皆「北京市文化局」と「文学芸術家聯合会」の人々だった。彼等作家たちが、文革の攻撃対象にされたのは、中共中央が一九六六年四月に出した「林彪同志が江青同志に託して開催した、軍隊の文芸工作座談会」の指令によって、「毛沢東思想に反対する、反党反社会主義の黒い一味」と闘争すべきだと宣言した以後のことであった。

孫本喬（男）Sun Ben Qiao
北京工業大学学生。一九五七年に「右派分子」となり、「労働改造」処分となる。一九七〇年、南京で姚祖彝、王桐竹、陸魯山等と一緒に逮捕された。彼等は「国境を越えて国外に逃げようとし、また知識青年に故郷に帰るように扇動した」等々の知識青年をたぶらかす行為をしたという理由で銃殺された。

孫斌（男）Sun Bin
重慶市公安局の副局長、同党委副書記。一九六七年六月、大会で「批判、闘争」を受けた後、自宅で首吊り自殺した。

孫伯英（男）Sun Bo Ying
一九三五年生まれ、湖北省襄陽の人、同省随県の小学校教師。文革中、賃金と配給食糧を差し引かれた時、「文革に不満」を言ったと指弾された。一九六八年五月、打たれて満身創痍になった。彼は県の公安局に送られたが、公安局はこの案件を受理しなかった。一九七一年三月、再び県の審問所に送られ、八カ月後に家に帰された。彼は、親友たちに累を及ぼさないために、七二年三月、家を離れて山中の洞穴に身を隠し、野生生活を始めた。同年、またまた逮捕されて、文革に反対したという理由で投獄された。しかし、彼は罪を認めず、尋問を拒否し、囚衣を着ることを拒否した。一九七三年六月二〇日、獄中で死んだ。

孫迪（男）Sun Di

北京第一〇女子中学（民国時代は、キリスト教系の学校）の教師。地主の家に生まれた。一九六六年八月下旬、同中学の女子紅衛兵に打ち殺された。三六歳だった。同時期、著者（王友琴）の調査によると、紅衛兵生徒は北京の七つの女子中学で、全部合わせて三名の校長と二名の教師を殴殺した。その他に三名の教員と一人の用務員を殴打した。その後彼等四人とも自殺した。さらに又、自殺未遂者が一人、それに郊外に住む住民の一人が殴殺されている。文革の最初、第一〇女子中学の紅衛兵たちは、校長の陶浩や孫迪らを「闘争会」に引き出し、野蛮きわまる暴行に及んだ。頭髪を「陰陽頭」に刈り、軍用ベルトと棒で全身を殴打し、先生方の衣服はボロボロに破れ、鮮血は飛び散り、生き残っても廃残者になるという凄まじさであった。紅衛兵は、孫迪を「流氓」（ごろつき）と呼んで特に激しく殴打した。彼は、その晩閉じこめられた小屋で死んだ。翌日の午前中、彼の死体は一輪車で運び出され、郊外で大きなトラックに積まれて、火葬場に運ばれた。彼には妻と一人の子供があったというが、どのようになったのか、分からない。

この第一〇女子中学の紅衛兵は、その暴虐によって「十三紅」（一三人の「紅い兵」の意）として、北京市内でも有名だった。皆、共産党の「革命幹部」の娘たちであり、自分達の名前にすべて「紅」という字をつけていた。頭髪を皆短く刈り、軍服を着て、腰には軍用ベルトを巻いていた。彼女たちは、一九六六年八月一八日の「毛沢東の天安門」接見第一回の後、公然と人を殺し始めた。教師を殺し、市民の家を襲撃し、ありとあらゆる蛮行を行った。こうした女子紅衛兵は、北京市内に沢山現れた。「光頭党」（禿げ頭党）とか、「四閻摩王」（四人の閻魔王）とか自称するグループも登場した。彼女たちは、「紅衛兵糾察隊」を名乗り、自分達は「革命幹部の光栄ある出身者である」と誇り、自らを「自来紅」（生まれながら純粋共産主義者、赤い家の出身）だと誇った。「出身の悪い」（地主・富農・資産階級・右派・悪人）家の子を「犬の子」、「アホ」などと蔑み、暴力を振るった。

当時、この第一〇女子中学の生徒だった人は、次のように証言した。「学校は北京市西城区にあった。この学校で、大規模な暴行が始まった最初の日の夕方、学校の門の前を大きなトラックが通り過ぎるのを見た。車上は、ぎっしりと並ぶ死体でいっぱいだった。五、六〇体はあったであろうか。後にも彼女は、このような大型トラックを見た。詰めてあるのは、紅衛兵が「四破旧」（四種類の古いものを破壊する運動）の時、打ち殺した市民の死体だった。校門の側のトラック上には全部で約五、六〇体の死体が積んであったろうか」と。彼女が、学校の門で見た死体は、全部で一五〇体にもなるそうである。

後に、この女生徒の医者だった母親が〝闘争〟を受けて監禁された。そして投身自殺した。彼女は母親の死のニュースを聞くと、悲痛と憤怒によりぎっしり生えていた頭髪が全部抜けてしまった。一本も残らずに抜けて、一〇年経っても全く生えなかったという。

一九六八年の「階級隊伍を純化する運動」の時、この女学校では、また二人が打ち殺され、もう一人は自殺した。

孫豊斗（男）Sun Feng Dou

北京建築材料工業学院の機械電気系の学生、一九六四年に入学。一九七〇年五月、「反動的言論」により告発され「監禁」された。監禁中に逃亡を試みたが逮捕され、連れ帰られる時に、途中、トラックに飛び込み自殺した。当時、「反動的言論」として糾弾された者の九九パーセントは証拠がなくでっち上げられたものだった。当時「反動的言論」があったと糾弾されても、どんな内容のことを言ったのかは、「悪い言論が拡散される心配がある」とされて公表されなかった。彼は農村生れで、「上級中農の家」であり、悪い身分ではなかった。彼が反革命にされたので、農村にいた両親も所属の人民公社で糾弾され、ほどなく二人とも死んだ。一九七〇年当時、すべての学校に、「軍人代表」が派遣されてきて実権を握っていた。この時の軍代表は、「清理階級隊伍（階級隊伍を純化する）」「一打三反」「揪五一六集団（「揪」は捉まえる意）」という三つの政治運動を指導して多くの人々を弾圧し、その手柄によって出世した。彼等軍人たちは、一九七一年、林彪死亡の後、その息子の林立果が作っていた「連合艦隊」の一員だったとして指弾され「軍籍剥奪」されたが、孫豊斗のような罪のない人々を迫害死させたという理由によってではなかった。

孫国楹（男）Sun Guo Ying

上海の同済大学の数学系講師。三〇余歳。彼は短波放送を聴いており、たまたまそのことを人に話した。そのため、敵の台湾放送を聞いていたとして逮捕された。一九六八年、「批判、闘争」にかけられたので杭州に逃げたが、逮捕され連れ戻され大学内に監禁された。彼はそこの大講堂で首を吊って自殺した。

孫恵蓮（女）Sun Hui Lian

江蘇省沙洲県のある公社の薬店の職員。「地主階級」の出身で「階級異己分子」（階級異質分子）と見なされた。文革が始まるとほどなく「闘争」に掛けられることを知り、医者である夫の繆志純と共に、常熟県慕城近くの川に飛びこんで自殺した。

孫経湘（女）Sun Jing Xiang

上海市の紅旗中学（高校部）教員。一九六八年の「階級隊伍を純化する運動」の時、校内の建物から飛び降り自殺した。その時、ある初級中学の生徒は死体の上に麻袋が被せられているのを見たが、それが誰なのか名前を知らなかったし、また何の問題があったのかも知らなかったと言った。また、その当時、新任教師だったある人は、彼女の名前を憶えていたが、如何なる罪で糾弾されていたのかは知らなかった、と言った。

孫克定（女）Sun Ke Ding

死亡時は三〇余歳、上海人、洛陽の耐火冶金材料研究所の職員。彼女の夫の呂国林はこの研究所の副所長だった。一九六七年から六八年にかけての頃、研究所の「造反派」の対立に巻き込まれ、ある派に捕らわれて拷問を受けて死んだ。検屍によると、全身に傷痕があったという。文革後、拷問を行った集団の余某なる責任者に、短期の軽い処罰がなされた。

孫蘭（女）Sun Lan

上海市教育局長、同局の中共党委書記。彼女は、市の教育界の指導者であったから、重点的な打撃対象となった。一九六七年、彼女は一〇〇回を越える「批判、闘争」集会にかけられた。同年八月、上海市教育局に新しい「革命委員会」が生まれた。ここで、彼女を徹底的に調査する「専案組」が作られて、多くの体罰と凌辱が加えられた。一九六八年四月八日、自殺した。

孫良琦（男）Sun Liang Qi

北京市の育鵬小学校の算数の教師。一九六六年夏、当時「紅小衛」を名のった小学生の「闘争」を受けた後、建物から飛び降り自殺した。三〇余歳であった。この小学校は、空軍直属で、軍関係の子弟が通っていた。文革が始まると、小学生たちがすぐ先生方に暴力を振るい始めた。孫良琦には以前国民党の軍隊にいた経歴があったので、彼が担任のクラスの生徒たちは、大字報を貼って糾弾した。彼は、また日頃生徒に厳しく、後ろで騒いでいる生徒達に、よく白墨を投げた。だから、文革の時、これらの生徒の虐待が特に激しかった。彼以外にも激しい闘争を受けた人に、少年先鋒大隊長の盧芬（自殺未遂）、校長の薛（軍人・元大佐、文革中に癌で死去）、国語教師の王大海等がいた。孫良琦の妻は、安徽省の北部の農村から来た人で、男の子が一人いた。親子とも学校の宿舎から追い出された。

孫歴生（女）Sun Li Sheng

一九三四年生まれ、北京第三女子中学の教師。一九五七年に「右派分子」とされた。一九六六年夏、同校の紅衛兵生徒から、野蛮な殴打と虐待を受けた。六八年には、校内で「隔離審査」を受け、七月校内で自殺した（とされた）。三四歳だった。五〇年代に彼女の授業を受けたある元生徒は、先生は外面も内面も大変美しい人であり、死んだと聞いて非常に悲しかったと言った。

孫歴生の父親は中学校の校長であった。彼女は建国の一九四九年には、まだ中学校の生徒だったが、共産党に入党した最初の生徒となった。一九五二年、北京第三女子中学の高等部（高校）を卒業後、この学校に勤めた。ここにたまたま党の宣伝で講演に来た共産党の幹部の于光遠と知り合い結婚した。彼女は一八歳、于光遠は二〇数歳も年上だった。早くも二人の女の子が生まれた。彼女は、一九五六年、中共中央党学校に送られた。五七年の「百家争鳴、百花斉放」の時、彼女は「党学校」にいたが、そこで党の上級指導者を「批判する発言」をした。そのため、毛沢東の「陰謀・陽謀」によって、「右派分子」にされた。そのため、党の高級幹部であった于光遠は、党の規定により孫歴生と離婚した。この時、実は三番目の子を妊娠していた。

彼女は、北京郊外にあった「天堂河農場」に「労働改造」のために二年間送られた。そこは「右派」の女性だけを集中的に集めたところであった。その時、同じく右派とされた中学の教師だった聶宝珣という人と出会い再婚し、四番目の娘を生んだ。彼女は、ここに二年間拘禁され、一九六一年に北京の元の女子中学に返された。しかし、もう教壇に立つことは許されなかった。当時は、大飢餓時代であり、北京でさえ、自給自足しなければ生きられなかったので、野菜作りをやらされ、後に図書館の仕事にまわされた。彼女が生んで実家の母が育ててきた娘と聶との間に生まれた子どもを含めて、計四人の子を、彼女は母と共に北京で育てた。そして、やっと「右派」のレッテルがなくなったと思った途端に、直ぐ文革が始まった。

彼女と母親は、学校の紅衛兵生徒ばかりか、黒竜江省のジャムス市から北京に来ていた紅衛兵も加わった一団に家を襲われた。紅衛兵は、自宅の土地所有権を示す「地券」を見つけると、孫歴生の母の頭髪を全部刈り取り、猛烈に殴打し、家をメチャクチャに叩き壊した。この時、自宅を持っていた北京住民は、みなこのような酷い目に遭った。孫歴生は、針金の両端に各レンガ二個を結び付け、その針金を首に掛けられ、レンガをひきずりながら、壊れたガラスの上を這わされた。足と手から鮮血が滴った。しかし、この一九六六年の「紅い八月」のテロリズムは何とか乗り切ることができた。しかし、二年後の一九六八年の「階級隊伍を純化する運動」の時、もうこの大規模な虐待、迫害を乗り切る力はなかった。
孫歴生が死んだ時、母親がおり、また子どもが四人いた。皆、未成年であり、一番上は一四歳、一番下の子は七歳にすぎなかった。また再婚した夫も「右派分子」であり子持ちであった。孫歴生の妹の夫の高経国も「隔離審査」を受けている最中に、飛び降り自殺をした。孫歴生が死んだ一か月後のことだった。彼は二七歳だった。その残された子どもはまだ二歳であった。高経国の両親は、悲しみの余り、間もなく相次いで亡くなった。後、孫歴生の生んだ子ども達は文革を生き抜き、アメリカに行って有名になったものもおり、各界で大いに活躍している。

孫梅生（男）Sun Mei Sheng

山西省人、北京師範学院の数学系教授、系主任。一九六八年九月九日、「批判、闘争」を受け、豊沙線の鉄道レールに伏して自殺した。享年五三歳。それを見た人が言った。彼は線路の側で新聞を読んでいたが、列車が来ると飛び込んで轢かれた、と。ある女の同僚は次のように言った。孫は人柄がよく、ユーモアの感覚があり、講義も上手で有名であった。彼が死んだと聞き、非常に悲しくびっくりした。告別のために現場に行き、下半身だけ見た。肝臓が外に流れ出し、足が一本残っていた。もう怖くなって二目と見る気がしなかった。

孫明（男）Son Ming

江西省南昌市の保健医院の院長。有名な産婦人科の医者であった。一九六八年「特務」とされ、「審査」中に自殺した。

（「高景星」の項を参照のこと）

孫明哲（男）Sun Ming Zhe

北京地質学院の政治学科の教師。一九五七年に「右派分子」とされ、農村に「下放」されたが、「レッテル」がとられた後、現場に復帰することを許された。この学校では、他に呉鴻邦と李錦才の二人が「右派分子」とされた。もともと以上の三人は、協力して数学の計算方式で国民経済に関する問題を研究していた。文革が始まると、彼らは地質学院の「三人組の反党集団」であると指弾された。孫明哲は、一九六八年八月「工人毛沢東思想宣伝隊」が、学校に進駐した後、自殺した。

孫啓坤（女）Sun Qi Kun

北京の永定門外にある機械工場の会計係。一九六六年八月二七日に紅衛兵に殴り殺された。五六歳だった。姉の孫玉坤も、二日後に殴り殺された。孫啓坤の夫は、北京鉄道学院（現・北方交通大学）の教授だった。夫も、毎日暴力を受けていたが、彼は文革後まで生き残った。

初め、夫妻はこの学校のロシア語の教授が打ち殺されたと聞き、「闘争」にかけられる前日、怖くなって孫啓坤の弟孫菊生の家に逃げていった。そこで彼女は、紅衛兵につかまり殴殺されたのである。弟は北京の建築材料工業学院の物理の教授で、今の人民大会堂の西方の「西城区」にある自宅に住んでいた。当時、紅衛兵は家屋敷を所有している人を資産家であり、社会主義に反する人間であるとして攻撃した。彼等は、「破四旧」（四種類の旧式なものを破壊する）をさけび、資産家階級を絶滅するとして、最も激しく攻撃したのである。「西城区」は、天安門や中南海を中心にしていた権力の中枢であった。だから紅衛兵組織の中で最も過激な「西城糾察隊」が組織された。ここは北京市内でも暴力と殺人が最も激しい中心地区となっていた。この孫菊生の家もすでに数日前から紅衛兵の襲撃を受けて、弟夫婦は殴打され、金が隠してあるはずだと責められ家財は根こそぎ運び出された。孫啓坤は、この時独りで弟の家に来たので、夫は何処へ行ったのかと紅衛兵から訊問された。白状するように、紅衛兵の鞭はひっきりなしに打ちおろされた。全身がボロボロになり失神状態になった孫啓坤は、弟の孫菊生（彼も重傷を負っていた）に背負われて救助を求めている途中、弟の背中で死んだ。彼女の夫は、上手く逃げおおせた。孫菊生は、公安警察に捕まったが自分の大学に戻されて、大学内の「労働改造隊」に入れられた。この「労働改造隊」の方が自由でいるよりもずっと命が安全で嬉しかったという。

孫啓坤の姉の孫玉坤（その夫は、元将校で周恩来とも知り合い、しかも政治協商会議の議員であったそうだが、この肩書は通用しなかった）は、二日後に紅衛兵に殺された。その後、孫玉坤の弟の孫菊生は文革を生き抜いて猫の絵を描く有名な画家になった。孫菊生の息子は、文革後に西城区の法務院に行って、関係者に関する状況を調べようとしたが、「あれは特殊な時代」のことだとされ、受け付けられなかったという。

孫栄先（男）Sun Rong Xian

陝西師範大学の外国語教研室の講師。一九六八年、「自供」を迫られて自殺した。同校では、一九六六年に教職員と用務員七名が殺され、また六八年には同じく七名が打ち殺されたり、自殺に追い込まれたりした。以上一七名の内、一〇名が教師であった。

孫若鑑（男）Sun Ruo Jian

上海華東師範大学の外国語系の教師。一九六八年の「階級隊伍を純化する運動」の時、「過去の歴史において政治問題がある」とされ「闘争」にかけられ、同年七月二一日、首吊り自殺した。

孫為娣（男）Sun Wei Di

一八歳前後、江西省徳興県の高校の生徒。一九六八年七月、学内の「三七派」と「東方紅派」という二大「造反派」

同士の「武闘」で死んだ。

孫泱（男）Sun Yang

中国人民大学の副校長。文革時に長期の虐待を受け、一九六七年一〇月初めに死亡した。当局は「罪を怖れて自殺した」と宣告した。妻の石崎も監禁、侮辱に遭い、殴打によって前歯二本を折られた。孫泱の妹は、現代劇の演出家の孫維世である。彼女も文革中に逮捕投獄されて、獄中で死んだ。孫維世は革命烈士の遺児で周恩来の養女となり、ソ連に留学していたこともあり、有名な女性であった。毛沢東夫人の江青に憎まれて逮捕、投獄され、一九六八年一〇月、北京の秦城監獄で死んだ。

孫以藩（女）Sun Yi Fan

天津の重慶路にある工場で働いていた。文革中、紅衛兵に生きながら殴り殺された。

孫玉坤（女）Sun Yu Kun

北京市の西交民巷の住民。一九六六年八月二九日、紅衛兵に打ち殺された。五八歳だった。彼女の妹の孫啓坤はすでに退職した身分であったが、姉が殺される二日前に殺されていた。（「張啓坤」の項を参照のこと）

孫哲甫（男）Sun Zhe Fu

上海の位育中学の教師。一九五七年「右派分子」にされ、以後も、このレッテルが付き纏い、文革中、極めて残酷な「闘争」を受けた。一九六七年、農村に「下放」されていた時、母親が会いに来た。それを見送って帰る途中、船上から水中に飛び込み自殺した。死体は捜されなかった。三〇余歳だった。彼は、右派分子だったから、ずっと結婚できなかった。

孫琢良（男）Sun Zhuo Liang

北京市の東廠胡同の住民、眼鏡屋。一九六六年八月二四日、妻と家の中にいた時、紅衛兵に夫婦とも猛烈に殴打されて死亡した。東廠胡同では、少なくとも六人の住民が、紅衛兵に残酷に殺された。彼は、北京市内でも有名な眼鏡屋を経営しており、自宅を持っていた。自宅を持っていたことが「資産階級」の証拠とされ、殴殺される大きな「理由」だった。

蘇廷武（男）Su Ting Wu

北京第四中学の数学教師。文革開始時、彼は北京第一女子中学に出講を命じられ、そこで教えていた。一九六六年文革が始まると、家を襲われ「闘争」にかけられた後、妻の汪含英と共に北京市にある香山に行き、服毒心中した。

蘇漁溪（男）Su Yu Xi

上海市敬業中学校の校長。文革時、「叛徒」と指弾され、何回も「批判、闘争」を受けた。校内の食堂にあった孟宗竹で首を吊って自殺した。

Tの項

唐国筌（男）Tang Guo Quan

山東省淄博市の第六中学の教師。一九六八年夏の「階級隊伍を純化する運動」の時、虐待侮辱に堪えきれず首吊り自殺した。死後、学校では全校集会を開き、彼を「現行反革命分子」であると伝えた。

唐静儀（男）Tang Jing Yi

上海第一医学院附属の中山医院の副主任、医師。飛び降り自殺した。

唐麟（男）Tang Lin

一九一一年生まれ、湖南大学副学長。文革開始後「闘争、遊街、殴打」を受けた。一九六八年二月一八日の夜、監禁されていた建物から墜落して死んだ。五七歳だった。当時は、自殺と伝えられたが、家族はずっと疑っている。彼は、一九三八年に入党した古参幹部であり、一九五七年には湖南省党委員会の宣伝部長として省下で多くの「右派分子」を作りだし迫害した。しかし、逆に一九五九年には自分が「右傾機会主義者」と批難され失職し、農村へ「下放労働」された。彼は「高級知識分子」としても批判されたが、実際は高学歴者ではなく、高卒程度であった。一九六二年に許されて、湖南大学の副学長として復活した。紅衛兵による文革初期の激しい虐待、暴行はなんとかしのいだが、以後ながく「牛鬼蛇神隊」に入れられて「監禁、迫害」された。一九六八年の「階級隊伍を純化する運動」の時、学内での暴行迫害は激化し、彼は監禁されている建物から投身自殺した、とされている。彼の死の直後、一六歳の娘は集会で「父と決別する」宣言をさせられた。唐麟は遺書を残さなかった。家族は、監禁されていた部屋から殺されて投げ下ろされるか、生きながら無理に投げ下ろされるかしたものと信じている。文革後、息子は何回も父の死の原因について、調査を請求する書簡を党に出したが、「名誉回復」というだけで、原因の調査は行われなかった。彼は誠実な人であり、自分が多くの「右派分子」を作り出したことを謝罪したことがあった。（柏原「人造的災難」（一九五七『新湖南報』を参照）

唐士恒（男）Tang Shi Heng

上海市第二医学院附属の瑞金医院の産婦人科主任医師、教授。服毒自殺した。

唐興恒（男）Tang Xing Heng

江蘇省無錫の人、西安交通大学の労働者、一九二一年生まれ。一九六八年「反共救国軍」事件に連座し、監禁審査を受けた。同年一一月二日、首吊り自殺した。それによって妻は精神異常になった。

唐政（女）Tang Zheng

湖南省瀏陽の第一中学の国語教師。一九六六年八月、縄で縛られて学校の大講堂で「闘争」にかけられ、その場で打ち殺された。四七歳だった。三人の子どもが残されたが、泣くことも許されず、死体はその晩に埋められた。唐政は四二年に北京女子師範大学を卒業、夫に従って瀏陽に来て、夫婦とも教師になった。文革前から、種々の批判を受けてきたが、それは彼女が「工商業資本家」の出身で、学生時代に国民党の「三民主義青年団」に加入したことがあり、また姉の夫が「南京政府の財政部次長」であったというだけの理由からだった。文革が始まると、彼女は縄で縛られて校内の「闘争会」に連れ出され、殴る蹴る罵る等々の虐待を受け、罰として両手で練炭玉を作らされた。もう身体は枯れ木のように痩せ、病気でもあったので立てなくて、地面に坐わってやらざるを得なかった。側に立っている紅衛兵が、怠けていると言っては、手にしている槍で足と腰を打った。彼女は声もたてず地面に倒れた。病院に行きたいと言ったが、拒否された。二日目、娘が見に行ったところ、盆いっぱいの血尿が出た。夫の龔雨人も、妻に連座して闘争会で殴打された。彼は妻が殴打され罵られるのをみた。妻は、もう立てなかった。この場にいた校長は、まだ打倒されず、この場面を見ていた。龔雨人は、校長に「止めさせてくれ」と懇願したが、この時まだ打倒されていなかった校長はすぐ側に立っていただけで、「これは革命的行動だ」と言った。彼が妻を背負って家に帰ると、すぐ妻は死んだ。一群の人々が来て、板に釘を打ち死体をその中に放り込んだ。何人かの学生が唾を吐いたり、瓦の破片を投げつけたりした。そして龔雨人を縛りあげて、妻を埋めに行った。

唐亥（男）Tang Hai

北京の中央民族学院の漢族語系の主任。一九六八年、学内に監禁されて「審査」された。妻の徐埌は同校で監禁されていた時、建物の三階から投身自殺した。唐亥は、妻の自殺後に自分も自殺した。

湯聘三（男）Tang Pin San

北京第五一中学の体育の教師。一九六八年の「階級隊伍を純化する運動」の時、学内に監禁され、便所をならして作った一部屋だけの小屋で「審査」された。一九六九年四月、「第九回全国人民代表大会」開催の前日、殺虫剤「敵敵畏」を飲んで自殺した。

湯家瀚（男）Tang Jia Han

北京大学東方語言文学系のインドネシア語科の講師、兼主任。一九六八年「階級隊伍を純化する運動」の時、学内に

「工人解放軍毛沢東思想宣伝隊」が進駐してきた。そこで彼は「隔離審査」され、土曜日だけ自宅に帰ることを許された。ある土曜日の夜、妻がいない時に部屋に鍵をかけ、寝室のベッドの上で縄をもって自分の首を絞めて死んでいた。後に一〇歳の子どもが残された。宣伝隊の責任者は子どもに「お前の父は反革命分子だ。泣くことは許さない」と言った。以前、彼はインドネシアに一年留学した経験があったので、インドネシア語の方面では責任者であった。一九六八年の運動の時には、同僚の教職員の間で「互いに暴露する」ことが強いられ、朝昼夜と激しい「闘争」にかけられた。彼に不利な点は、彼の父親が反動の「地主階級」であり、土地改革の時に「死刑」になっていたこと。また、彼自身が「専門馬鹿」で政治的ではなかったことであった。彼は、文革が始まった時、「東方言語系のある問題」を暴露したことがあったが、最後は自分にお鉢が回ってきたのであり、身の不幸を免れなかった。この夫婦は、人柄がよいことで有名だったが、妻の徐暁陽もまた、後に癌に侵されて死んだ。

譚恵中（女）Tan Hui Zhong

陝西師範大学の歴史系講師。一九六八年、学校に監禁されて何回も猛打され、自白を強要されて死亡した。この年、この大学では、七人の教職員が打ち殺されたり、迫害されて死んだ。

譚立平（男）Tan Li Ping

上海戯劇学院の演出系の学生。両親は香港におり、独りで上海に来ていた。一九六八年、彼は「特務」とされ、学校の地下室に監禁され殴打侮辱を受けて首を吊って自殺した。理由は、友人と舟山島に遊んだ時、海岸などを多く写真を撮っていた。これが、後に同島の軍事機密を写真に撮って、台湾・アメリカの情報機関に送るつもりであったとされ、「特務」であるとして拷問、虐待されるに至ったのである。当時は、写真機はかなり高価なものであり、珍しいものであった。拳骨や棍棒、革ベルトで猛打され、倒れると立たされ、また殴り蹴り倒される、これが毎度数十回繰り返された。彼の自殺の方法は、大変苦しい、自分で自分の首を絞める無理な体形であった。

譚潤方（男）Tan Run Fang

三〇余歳、北京市大興県の人。この県では、一九六六年八月末に一挙に三二五人以上の「黒四類分子」が虐殺された。「大興県大虐殺事件」の被害者の一人である。小さな娘も押し切りで首を斬られて殺された。この事件は文革時に起こった一大虐殺事件として全国に有名になった。（「方俊傑」の項を参照のこと）

談元泉（男）Tan Yuan Quan

上海鋼管工場の労働者。上海の伝統的な地方劇の曲調で、神聖な「革命模範劇」を演奏したという理由で、一九七〇年四月二五日、死刑に処せられた。一九七九年四月、上海文化局は無罪とした。

陶乾（男）Tao Qian

ハルビン工業大学の金属研磨系の副教授、主任。一九六八年「隔離審査」後、自殺した。家族は眼鏡のガラス破片で喉を切って自殺したと伝えられた。しかし、家族は自分でそのようなことをするとは信じず、殺されたものだと信じている。

陶鍾（女）Tao Zhong

西安交通大学外国語教研室の講師。一九二八年、上海に生まれる。文革中、中国共産党が「地下党だった時代」に「変節行為」があったと指弾され、「批判、闘争」にかけられた。一九六八年五月一九日、ガス自殺した。

田漢（男）Tian Han

湖南省長沙の人。一九三二年、中国共産党に入党、日本の東京高等師範卒。中華人民共和国の国歌「義勇軍進行曲」の作詞者。中国文化聯合会の副主席。文革中、作品が「反党的大毒草」、「文芸界の黒い一味の代表人物」とされ、投獄された。極めて残酷な虐待を受けて、一九六八年一〇月、北京市内の有名な秦城監獄で獄中死した。七〇歳だった。

田濤（男）Tian Tao

寧夏回族自治区の賀蘭県内の人民公社の党書記、元中共西北局の幹部。一九三九年に共産党に入党。文革中、銀川市の街頭で、寧夏自治区「革命委員会」の責任者を批判する「大字報」を貼った。「一打三反運動」中に「逮捕」され、「現行反革命罪」で死刑の判決が出たが、執行猶予中の一九七〇年一一月、獄中で死んだ。

田辛（男）Tian Xin

華東化学工業学院の党委員会代理書記。猛烈な虐待を受けて、一九六七年八月二日、学内の独身用宿舎で死亡した。

田悦（男）Tian Yue

北京市第一二三中学の生徒。北京師範学院附属中学の数学教師・田欽の弟。当時、彼は党幹部の子弟ではなかったので紅衛兵にはなれなかった。しかし、彼は一九六六年八月、「紅衛兵の名を騙った」として、附属中学の紅衛兵に校内の小屋の中で打ち殺された。彼は「職員」の子であって「灰色の五類分子」であったから、「紅五類」になる資格はなかった。当時、この附属中学には、二つの紅衛兵組織があった。先に出来たのが「紅衛兵」、後に出来たのが「毛沢東主義紅衛兵」だった。このどちらかに、田悦は虐殺された。彼等は兄の田欽に死体を見に来させた。田欽は、当時の状況下では弟の死の理由を訊くことも、死体を引き取ることもできず、ちょっと見ただけですぐ帰って来たということである。以後三〇年間もたつが、犯人に対する審判もなく、また懲罰もない。

田尊栄 (男) Tian Zun Rong

重慶廠家港運分局の職員病院の歯科医師。文革中「批判、闘争」を受けて、腕の動脈を切って自殺した。

仝俊亭 (男) Tong Jun Ting

河北省鄺師の人、北京大学歴史系卒（中国史専攻）、鄭州師範学院（今の鄭州大学）の教師。一九五七年に「右派分子」とされ、学校の図書館で「労働改造」を命じられた。一九六六年夏、学内に「仝俊亭を原籍に送り返せ」という大字報が貼り出された。彼は恐怖のあまり、校内の文化系の建物から飛び降り自殺した。

佟銘元 (男) Tong Ming Yuan

遼寧師範学院附属中学の教務職員。一九六八年の「階級隊伍を純化する運動」の時、いわゆる「群衆（人民）専政」による迫害で自殺した。「群衆専政」とは、政府が公式に法律で定めた「処罰」ではない。これは、一九六七年、毛沢東が勝手に提起した、一つの新しい迫害形式であった。この中学校では、一九六八年に三人が「群衆専政」で死んだ。彼以外の二人は、辛志遠と鄧という姓の人だった。

Wの項

万徳星 (男) Wan De Xing

上海第一医学院附属病院の外科医師、副教授。首を吊り自殺した。

汪璧 (女) Wang Bi

中央財政部幹部。経歴が長く人望がある共産党員であった。夫の顧准は一九四九年後に、上海財政局長兼税務局長に任じられたが、一九五二年に解職され、五七年に「右派分子」となり、一九六一年に右派分子のレッテルを解除された。彼は、六五年に再び「右派分子」にされたので、汪璧は彼と離婚したが、以後も依然として彼女に対する迫害は続いた。文革中、彼女は「長期に反革命の夫をかばい、反革命の証拠を隠滅した罪」で糾弾された。彼女は、一九六八年四月八日、服毒自殺した。五四歳だった。顧准は七四年に死去したが、その遺作『希臘城邦制度（ギリシアの城塞都市）』『従理想主義到経験主義（理想主義から経験主義へ）』が、九〇年代に出版され、中国の学界に大きな影響を与えた。

汪含英 (女) Wang Han Ying

北京第四中学図書館の職員。一九六六年、家を襲撃捜索され「闘争」に掛けられ、夫の蘇廷武と一緒に北京近郊区にある香山で服毒自殺した。彼女は、国民党政府の時代、地理の教師をしており、授業内容がすぐれていたので「全国代表大会」の代表に、政府から選ばれてなったことがあった。しかし、このことが新中国では大きな罪証になった。

彼女が勤めていた第四中学は、北京の西城区にあり、党幹部の子弟が多かった。この中学では、一九六六年八月、紅衛兵が学校の主人となり、あらゆる乱暴狼藉を行うようになった。八月四日、彼等は数十人の教職員を捕まえて「闘争」にかけ、女校長の楊濱は全身に墨汁を浴びせられ、副校長の劉鉄嶺の衣服はズタズタにされ、ある主任はゲンコツを浴びせられた。この四中紅衛兵のニュースはたちまち四方に伝わり、四方から生徒が見に来た。その中に、北京師範大学の附属女子中学校の生徒がいた。彼女たちは、自校に戻ると、翌日の八月五日、副校長の卞仲耘を打ち殺した。この四中の生徒が作った「牛鬼蛇神の歌」は、北京はおろか、全中国に広がった。

一九九七年、著者（王友琴）は、当時この学校の教師だった人に、汪含英夫婦が、いつ死んだのかと訊ねた。しかし、彼は記憶していなかったが、今のこの学校の指導者は、知り合いだから頼んでみようと簡単に言った。一週間後、著者は再び彼に電話した。だが、驚いたことに彼の語調も態度も一変していた。彼に理由を訊ねたところ、重要記録である档案を見ることは拒否され、この問題についてはこれ以上立ち入らないように警告された、と言った。こうして、この夫婦が、何日に死んだのかさえ、今もって分からないのである。

汪国龐（男）Wang Guo Pang

西安交通大学の三五〇教研室の講師、安徽省休寧の人。文革中「歴史問題」で「監禁審査」された。一九六八年一二月五日、首吊り自殺した。

汪培嫄（女）Wang Pei Yuan

一九一三年生まれ、天津に住む。協和医学院卒業後、多年医者として勤務した。夫は医院の会計職員であった。彼女は、一九六六年八月、北京に住む両親を訪ねた時、丁度、紅衛兵の実家襲撃に際会し、逃げようとしたが捕まり、打ち殺された。両親もこの日に殺された。

汪籛（男）Wang Jian

一九一六年生まれ、江蘇人、北京大学歴史系の教授、同系主任。一九六六年六月一〇日、家で殺虫剤「敵敵畏」を飲み、自殺した。北京大学歴史系で最初の死者で、五〇歳だった。彼は、一九三四年、清華大学に入学し、陳寅恪に隋唐史を学んだ。五〇年に北京大学の教師となり、共産党に入党。六六年六月、中共中央（劉少奇・彭真派）が派遣して来た「工作組」により「反革命の黒幕」と指定された。工作組は、学生に「造反」させ、「大字報」で教師を攻撃させた。

歴史系の学生が、汪籛の家の門に攻撃の「大字報」を貼った。しかし、この大字報は、落ちて誰かに破かれた。破ったのは、汪籛だとされ、猛烈な攻撃がなされた。工作組は、彼に貼り直させたが、その直後に彼は自殺した。当時、この殺虫剤を原液で飲んで自殺するものが多かったが、大変な苦しみを与えるものだった。汪籛の苦痛の絶叫を聴いて、人が門を開けて部屋に入ったが、間に合わなかった。

歴史系では、他に三人が「批判、闘争」を受けた後に自殺した。古代史の教師の李原と翦伯賛、行政幹部の呉惟能である。翦伯賛と妻の戴淑宛は、夫婦で自殺した。同大学の化学系教師の盧錫昆は、苦しみを減らすために「敵敵畏」を飲むと同時に短刀で手・肘を切り裂いた。汪籛は非常にプライドの高い人だったので、その他の人よりも軽い批判にも耐えられなかったのであろう。彼の死後、工作組は退場させられ、紅衛兵が生まれ暴力は急激に激化したのだった。虐待が頂点に高まる前に、彼は自殺したのであった。

二年後の一九六八年の「階級隊伍を純化する運動」の時、北大歴史系では、一〇数人の教員が「監改大院」（「牛棚」の正式な名称）に入れられた。ここでは、長期間の侮辱、迫害、殴打、虐待が行われた。紅衛兵が暴力を振るっていたばかりではない。北大では、六八年頃から紅衛兵は退場し、労働者や軍人からなる「革命委員会」が、進駐してきていた。迫害、虐待は、以前よりも激化したのであった。「監改大院」では、教員も「批判、闘争会」で同僚を殴打したり、事実を捏造して人を陥れたりしなければならなかった。

文革後、「監改大院」が取り壊された後、この敷地には一九九〇年代に「賽克勒博物館」が建てられた。今、そこには旧石器時代や新石器時代の人々が使っていた石器の道具などが展示されている。しかし、逆に北京大学の歴史は、北大キャンパスでは展示できない「禁区」になっているのである。

汪昭鈞（男）Wang Zhao Jun

北京市東城区の東華門近くの居民。国民党政府時代には入国管理局の職員をしていたが、すでに退職して長年が過ぎており、八〇歳近くであった。一九六六年八月二六日、約八二歳の纏足の老婆であった妻の許蘭芳、それに客として来ていた娘の汪培娘（五三歳）と一緒に、北京第二六中学の紅衛兵に打ち殺された。彼の八人の子どもの半分は医者になっており、また家も自宅であったから豊かであった。この月、紅衛兵は全市民の家に必ず「毛沢東の写真」を貼るように命令した。汪昭鈞の家でも、毛の写真を買って来て、家にあった額縁に入れた。元々、この額縁には父親の写真が入っていたが、その上に毛の写真を入れて飾っていた。紅衛兵が、この家を襲撃した時、毛の写真の下に古い中国服の老人の写真があった。紅衛兵は、これは蔣介石の写真だと言い張って、「天を転覆する」意図を示す証拠だと言って、夫妻ともども猛烈に殴打して殺した。丁度この時、天津から娘の汪培娯が実家に帰って来た。彼女も、猛打されて殺された。天津に住んでいた長女夫婦も、「反動学術権威」として天津で激しい「闘争」にかけられた。四女も医者で天津にいたが、夫と共に紅衛兵に激しく殴打され昏倒したが、命は助かった。また、汪昭鈞の家の北隣りに潘姓の家があった。この夫婦には、アメリカに行っている子供があった。この夫婦も打ち殺された。このような残酷な殺人が、こともあろうに元宮城のすぐ隣で行われたのである。

著者（王友琴）が、この家の家族に聴き取りを行った時、彼女の親戚や友人達は、「話さない方がよい。後で面倒なことになる」と言った。しかし、その家人は「私は、まだ満足していない」と言って、率直に話してくれた。しかし、この「満足していない」理由は、「著者の聴き取り調査に応じないのは、心満たされない」と言ったもので、「大声で残酷な事件に抗議したい」とか、「公衆に訴えなければ我慢できない」といった意味ではなかった。実にささやかな願いにすぎなかった。まさに文革のトラウマと恐怖の故だった。

王佩英（女）Wang Pei Ying

一九一五年生まれ。河南省開封の人。北京鉄道設計院の幼稚園の保母。文革前、毛沢東の政策や方針に反対して、共産党から脱党する意思を示した。それで一九六五年、精神病院に送られた。文革中に、病院は彼女の勤務先に連れ戻して監禁するように求め、彼女を外に出した。一九六八年、彼女は食堂で「毛沢東を打倒せよ」と叫び、公安警察に監禁された。七〇年一月二七日、北京の人民解放軍による「軍事管制委員会」が、一〇万人も収容可能な工人体育館で「公判大会」を開催し、死刑の判決を出し、すぐ執行した。彼女は五四歳だった。毛は、この直後の一月三一日、「反革命の破壊活動」には、全国各地の軍事委員会が、ただちに逮捕、判決、執行することができるとする「指令」を発した。こうして、文革中の、迫害のピークの一つが始まった。

著者（王友琴）は、王佩英の息子の張大中から手紙をもらった。その手紙に次のようにあった。

「母の王佩英は、開封の豊かな商人の家に生まれ、天主教会が創建した学校に学んだ。父とは、開封で結婚。父は、日中戦争の時、共産党に入党し、後に北京に出て鉄道局の科長になり、一九六〇年に病没した。それで、母は、私張大中ら七人の子どもを一人で育てることになった。六三年、母は毛沢東批判の文章を書いた。六五年、共産党から脱党すると宣言したので、精神病院に入れられた。私から見ると、母はよく文章を書いたり、詩を書いたりしており、とくに精神病のようには見えなかった。母は、信念に生きた真面目で真剣な人であった。彼女は、毛沢東を公然と批判した、また党を批判した文字を記した小紙片をバラ撒いた。ある時、私に、自分の罪は重い、お前に累を及ぼすかもしれない、と言った。確かに、母は自分の信念に忠実な、勇気のある女性だった。彼女の信念を一方的に断罪して、死刑に処す権利は何処にも無い。文革後、家族が名誉回復を要求し、無罪と賠償金七〇〇〇元を受け取った。私はその中から一〇〇〇元をもらい、小さな電気器具工房をつくり、大企業家になった」。

もう一つ著者（王友琴）が入手した古文書中にあった「公判記録」から王佩英に対する部分を紹介する。

「現行反革命罪人、王佩英。女、五四歳、河南省人、地主分子、鉄道部鉄路専業設計院に勤務する雑役工。王罪人は、頑なに反動的立場を堅持し、一九六四年から一九六八年一〇月まで、反革命の標語一九〇〇余枚、反動的詩詞三〇余首を書き、天安門・西単市場・所属機関の食堂などの公共の場所に散付した。また同時に何回も反動的なスローガンを叫び、無産階級司令部と我国の社会主義制度を、極めて悪毒攻撃し且つ侮辱した。王罪人は、拘禁の期間中にも、なお依然として、かたくなに人民の敵となり、狂気のように我が党に悪罵を放ち、その反革命の気炎は極点に達した」。

王炳堯（男）Wang Bing Yao

一九二三年生まれ、河北省黄驊県の衛生病院の医師。文革中「歴史反革命分子」として「批判、闘争」に遭い死亡した。彼は一九四〇年代の初期から父に従い「済生病院」を二カ所で経営した。以後病院は「公私合営」に変わり、一九五六年に公営の「岐口衛生病院」に編入され、そこの勤務医師になった。彼は、青年時代に国民党の「三民主義青年団」の文芸部に入っていたことがあり、それで文革時代に「歴史反革命分子」とされて「重点審査の対象」になり、家に帰ることが許されなかった。一九六八年六月二八日、天津にいた家族のもとに、岐口の勤務先の病院から「汪炳堯は罪を怖れて自殺した」という電報が届いた。長男の王培志は、「階級成分が良い」遠い親戚の人を伴って、急いで駆けつけたが、「死体は既に埋葬した」と言われ、その場所も教えられなかった。家族は、何年か後に、その地に住む同郷の人に父のことを、次のように知らされた。父は「闘争」の時には、いつも首に細い線で石を吊るされる虐待を受けた。また頭髪はむしり取られていくばくもなく、両足は打ち砕かれ、食事も与えらなかった。何回も自殺を試みたが、上手くできなかった。その度に「無産階級に抵抗した」と非難され、さらに虐待はエスカレートした。家族は、遺灰、遺骨もなく、文革が終わってはるか後の一九九三年、六人の子どもが集まって「父の招魂式」を行い、空の骨壺を埋葬した。長男の王培志は、著者（王友琴）の『文革受難者』のインターネット版「文革受難者紀念園」を見てから、家族の文革での体験を書いてよこした。

王伯恭（男）Wang Bo Gong

西安市の第三七中学の国語教師。一九六五年に退職した。翌六六年八月三一日、紅衛兵から学校に連行されて「闘争」

にかけられ猛烈に殴打され、翌日死亡した。六〇余歳であった。彼と一緒に「闘争」を受けた女性教師の王冷も、打ち殺された。(「王冷」の項を参照のこと)

王大樹(男)Wang Da Shu

三一歳、清華大学電機系の助教。「階級隊伍を純化する運動」中の一九六九年五月四日、服毒自殺した。

王徳宏(男)Wang De Hong

西安交通大学機械系の労働者、安徽省合肥の人。一九〇八年生まれ。民国時代に「青帮」(秘密結社の一つ)に参加したり、国民党軍の兵器廠で中下級の技術系の軍職についていたこともあった。文革時に隔離審査され、一九六八年八月三日、建物から飛び降り自殺した。

王徳明(男)Wang De Ming

三〇余歳、上海市医薬公司の職員。一九六六年、上海鉄路局に勤務していた父が「批判、闘争」に遭った。この時、彼はこの父と母と三人で自殺した。

王徳一(男)Wang De Yi

北京師範大学外文系の助教。一九七〇年の「清査五一六運動」(全国で「造反派の五一六分子」を一斉摘発、弾圧すると称した政治弾圧運動。この時の迫害は全国的で全ての造反派の人々に一斉に行われた)で迫害、自供を迫られ自殺した。後に、妻の銭瑗が残された。

王庚才(男)Wang Geng Cai

五〇余歳、上海計器鑄造工場附属の半工半読(働きながら学ぶ)の技術学校の校長。この学校には二つの学年があり、一〇〇余名の生徒がいた。一九六七年から六八年にかけて、一部の生徒から猛烈な暴行を受けて殺された。

王光華(男)(北京)Wang Guang Hua

北京第六中学の高校部三年生。一九六六年九月二八日、同校の紅衛兵に「牛鬼蛇神」とされ、「労改所」に入れられた。そこで何回も殴打された後、打ち殺された。一九歳だった。死体は母親にも知らされず、火葬場に運ばれて焼かれた。その後、紅衛兵が家に来て、母親に火葬代として二八元を請求した。

彼の父親は、この時すでに死亡していたが、以前「小営業者」(小資産家階級に区分された)であったから、家庭背景がよくなく、息子の王光華は紅衛兵にはなれなかった。初期紅衛兵は「紅五類」と称される、党幹部・革命幹部に限られ、彼らは「親が英雄なら子も好漢、親が反動なら子は馬鹿者」などと、特権を振り廻していた。彼らは、この標語を「毛主席万歳！」と共に、学校中はおろか、北京市内の至るところにビラに書いて貼った。八月下旬になると、北京の紅衛兵は、「革命大串連」（革命派の経験と交流の大運動）と称して、全国に出て行き、各地方都市に暴力的行動を広めていった。王光華たち出身の悪い生徒たちも、こっそりと近くの都市に出て行った。彼は、天津に行ってすぐ帰って来たが、紅衛兵にそれがばれ、仲間の二〇数人の生徒と一緒に校内の「労改隊」に入れられ、連日猛烈な暴行を受けた。棍棒、皮鞭で連打されたので、王光華は失神した。息を吹き返すと、また連続して殴打されて、ついに死んでしまった。他校の生徒も入って来て殴打し、まるで遊んでいるかのようだった。紅衛兵は、王光華の母親に連絡もせずに、校内の牢獄に入れられていた四人の教師にかつがせて火葬場に運ばせた。四人の先生は、死体を怖いとも思わなかった。自分がいつ殴殺されるか分からなかったので、その恐怖で感覚がマヒしていたのだった。

★汪一浄について。王光華を助けようとした女性、第六中学の一九六四年当時の責任者であった。彼女は一九六四年の「社会主義教育運動」（略称「四清運動」）の時、党幹部の子弟であった生徒から、学校責任者として攻撃されたことがあった。六六年の春には、党中央から派遣された「工作組」が学校に入り、何人かの責任者が撤職された。その中の二人は、農村の「労働改造所」に送られた。その主な理由は、「幹部の子弟生徒に打撃を与えた」、「階級路線を徹底化しなかった」というものであった。汪一浄もこの時に批判された中の一人であった。しかし、その迫害は、後にくる文革の時代よりもはるかに軽かった。文革が始まると、九月二七日、激しい迫害が、汪一浄に襲いかかった。彼女は、校内の「労改所」に入れられ、直ちに一〇数人の紅衛兵生徒から猛烈に殴打された。それでも、同じく猛打され昏倒してしまった王光華に人工呼吸を行った。王光華が生き返ると、紅衛兵はまた王光華を打ち殺してしまった。

王光華（男）（上海）Wang Guang Hua

五〇余歳、上海鉄道学院から上海の半工半読の工業大学に派遣されていた。この大学は現在の「上海第二工業大学」である。一九六八年、いわゆる「歴史問題」によって「隔離審査」となった。その「隔離期間」中に建物から飛び降りて自殺した。

王海連（男）Wang Hai Lian

西安交通大学総務処の公務班の労働者、山東省單県の人。彼は、中華民国時代、国民党の自衛隊隊員だったことがあり、「監禁・審査」を受けた。一九六八年七月三日、建物から飛び降りて自殺した。

王鴻 Wang Hong・薛挺華 Xue Ting Hua（夫婦）

二人とも、北京地質学院を一九五五年に卒業し、共に母校の助教に任命されたが、一九五七年「右派分子」となる。

文革中、「右派反党集団」の一味として再び迫害され、共に自殺した。王磊という男の子が残され、親戚が育てた。薛挺華の父は、かつて福州市の格致中学の校長であった。彼女の二人の姉、薛挺英・薛挺美は共に一九四九年、中国を離れてアメリカに行った。以後中国には帰らなかった。

王厚（男）Wang Hou

北京大学附属中学の食堂で働く炊事員。一九六八年の「階級隊伍を純化する運動」の時、建国以前に警官であったという理由で、「歴史問題がある」とされ、非常に残酷な尋問が行われた。彼は学校付近を流れる白石河に飛び込んで自殺した。その時、「俺を助けるな。俺は我慢できないのだ！」と言った。この時、同校の教務員の李潔も、同じ「歴史問題」で「審査」され、紅衛兵から猛打されて死んだ。文革後、名誉回復される会が開かれた。その弟が出席して「何で兄を責め殺さねばならなかったのか？　生かしておけば、先生や生徒にご飯を作ってくれたのに。どんな悪いことがあったのか？」と言った。

王慧琛（女）Wang Hui Chen

四一歳、清華大学基礎課の講師。一九六八年一一月六日、「階級隊伍を純化する運動」の時、彼女は夫の殷貢璋と一緒に北京郊区の香山で自殺した。夫も、同じ大学の基礎課に属していた。

王恵蘭（女）Wang Hui Lan

北京市東城区朝陽門の住民。家庭婦人。夫の趙長沢は北京モーターカー工廠の会計係であったが、「歴史反革命分子」とされて降格された。文革が始まると、紅衛兵が自宅に押し掛け、妻の王恵蘭の服にむりやり「反革命の家族」と書いた黒色の札を縫い付けさせた。彼女は、睡眠薬を飲んで自殺した。夫は、元々一間の小さな小屋に住んでいたが、さらに小さな小屋に追い出された。王恵蘭の姉の子が「遇羅克」である。彼は、紅衛兵が誇り、迫害を正当化する「出身階級論」を否定し、「現行反革命」とされ、一九七〇年三月五日、銃殺された。

王恵敏（女）Wang Hui Min

上海戯劇学院の舞台美術系の責任者、党総支部の書記。一九六八年の「階級隊伍を純化する運動」の時、校内で「監禁審査」とされ、皮の鞭で猛烈に殴打された。彼女が育てた何人かが一蓮托生になって、自分が迫害されないように、彼女と一線を画すために率先して打った。夜半、彼女は飛び降り自殺した。夫の江俊峰も、上海戯劇学院で働いていた。

王季敏（男）Wang Ji Min

河南省浚県の人、北京大学歴史系卒業、世界史を学ぶ。一九五七年、鄭州師範学院（現・鄭州大学）の歴史系主任となったが、すぐ「右派分子」にされた。そして「労働改造」処分に処せられ、図書館で働かされた。一九六六年、学内に「王季敏を原籍に追い返せ」などと書かれた「大字報」があるのを見て絶望し、建物から飛び降り自殺した。

王金（男）Wang Jin

南京の普通の労働者。一九六六年八月、バスに乗っていた時、南京外国語学校の紅衛兵に捕まり打ち殺された。この学校には、党高級幹部の子弟が多かった。王金は普通の労働者なのに、「出身家庭が悪い」ので「犬の子」とされ、党高級幹部の子弟からなる紅衛兵に打ち殺された。このことは、当時、南京市民全体に衝撃的な事件だった。南京では、この頃初級中学の紅衛兵が初めて先生を殴打し、頭を「陰陽頭」に刈り、激しく打ち始めた。されに、バスの運転手までも攻撃したのである。怒った運転手達は、外国語学校を包囲した。公安は、この騒動を鎮めるために、紅衛兵学生の一人を捕まえ、他の多くは農村につれて行き、しばらくかくまった。その後、関係した紅衛兵生徒を北京に送り出した。その内の一人が、後に著者（王友琴）に「北京に行ってみたら、北京外国語学校の紅衛兵の暴力は、南京の学生たちよりも、ずっと激しかった」と語った。

王冷（女）Wang Leng

西安第八中学の国語教師。一九六六年八月、以前教師をしていた第三七中学の紅衛兵に、「資本家兼地主階級」とされて残酷な虐待を受け、翌月の九月二日に死亡した。三六歳だった。この第三七中学の紅衛兵の中心人物たちは、みな党幹部の子供たちで、彼らは九月の初、西安市全体の「紅色恐怖隊」（略称「紅恐隊」）を結成し、公然と市内を横行した。しかし、半年後、彼らの親達が権力を失うと没落し、解散させられた。文革が終わった後に、ある人は彼女には問題はなかった、ただ教え方が厳しく、髪型が古く、また衣装もチーパオ（伝統衣装）だったことが、生徒に反感を抱かせたのだろう、と言った。後に残された娘は一三歳、息子は八歳だった。著者（王友琴）は、王冷に関する当時の状況を詳しく書いた資料をもらった。それには、次のように記されていた。

★紅衛兵生徒の「暴行・虐待」の実態

一九六六年夏、第三七中学の紅衛兵は、二人の教師を打ち殺し、九人の教職員を負傷させもう一人を精神異常にした。この中学（高校部はなかった）の生徒は、約九〇〇人。党幹部の子弟が多く、紅衛兵の主力部隊であった。王冷は、この学校で長年、教師をやっており、文革が始まる一九六六年二月に、第八中学に異動して来たばかりであった。同年八月二五日の午前中に、第三七中学の紅衛兵が押しかけてきて、王冷を自校に連行して「牛鬼蛇神」の監獄に閉じこめた。ここで紅衛兵の殴る蹴るの猛烈な暴力を受けた。彼女は、両手に鉄アレイを握らされ、腰を深く曲げさせられた、一時間の後、彼女は昏倒した。彼女を連れてきた二人の紅衛兵の内の一人が、また猛烈に殴打した。八月二八日の夜一〇時、彼女等二〇名の「牛鬼蛇神」とされた教員らが、「専政室」という部屋に追い込まれた。教室の机を丸く並べ、床にガラス瓶の壊れた破片を撒いて、彼らに列を作ってその上を這い廻せた。その虐待は夜が明けるまで続いた。王冷の頭髪は抜かれ、引きちぎられ、切り取られた。二八日、彼女は一〇時間余も「強制労働」を強いられた。三〇日、引き続き尋問を受け、午前中に二時間余も殴打、午後も一時間の尋問をうけ、彼女が以前書いた「出身家庭」は一般職員というのを「資本家兼地主」に変更するように脅迫された。三一日、「王冷を闘争にかける」大集会を開き、彼女に高帽子をかぶせ、「反動分子」を示す看板を掛けさせて、大会に引き出した。会場には、テーブルがあり、その上に椅子が置かれ、彼女をその上に立たせ、さらに箒で叩いたり、それを投げつけたりした。地面に落ちると這い上がらせ、又引き落とした。こうした虐待を延々と繰り返したので、王冷は失神昏倒した。すると「死んだふりをしている」とまた殴る蹴るの暴行を加えた。王冷は腰と背中の骨が砕け、鮮血が頭と耳と鼻と口から流れ出した。この紅衛兵は、彼女の足を持って、四〇〇メートルも引きずって教室に放り込んだ。九月二日、彼女は死に、遺体はすぐ火葬された。彼等は、「火葬証明書」を作り、学校の「校章」（印鑑）を押し、「火葬費用は死者の親族が支払う」と書いた。——以上が、ある人が著者（王友琴）に知らせてきた文章の概要である。

王冷と一緒に打ち殺された人は、王伯恭である。彼は、国民党軍隊の教官であったから、「歴史問題」があるとされ虐待された。

王茂栄（男）Wang Mao Rong

一九三三年生まれ、大連の人。一九六〇年、北京大学化学系を卒業し、社会科学院の大連物理化学研究所に勤務。文革中、「闘争」を受け、一九六八年七月三〇日、大連星海公園の海辺で死体で発見された。彼は睡眠薬を飲み、海に身を投げて死んだのである。その一三日後に、一九六六年に結婚したばかりの妻が、一人の女の子を生んだ。妻は、後に子どもをつれて再婚し、子どもの姓は、新しい夫の姓にしてもらい、前夫のことは子どもに全く話さなかった。家族と自分を守るためには、そうする以外になかった。出来たらすべてのことを忘れたかった。子どもは、三、四歳頃、実のお婆ちゃんに預けられたことがあった。その子は、お婆ちゃんが「わたしゃどうしてこんなに苦しむのかね。子も娘婿もみんな死んじまった」と嘆いたのを聴いた。お婆ちゃんの娘婿の実家は、今の旅順市に属す村で、五〇年代に「富農身分」にされた。だから、死んだ息子の杜孟賢も「富農身分＝反動分子」ということにされ、迫害されて首吊り自殺したのである。三〇歳だった。娘が「地主富農分子」と結婚すれば、子どもたちも「悪い成分・階級」ということにされたのである。

この一九六六年に生まれた王茂栄の娘は、しだいに大きくなり、ある日、いつもカギがかかっている引き出しに入っていた戸籍簿をみた。それには、自分の名前の横に「王建琴」とあり、赤線が引かれていた。彼女は怖くなって、何かいけないものを見たように感じた。彼女は、長じて北京大学の化学系に合格した。すると一族の長老が、「お前のお父さんも、北京大学の化学で学んだのだよ」と言った。また、叔母が来て実の父の事を話してくれた。北京大学の創立一〇〇周年記念に、卒業生全員の名前が入っている「フロッピーディスク」が作られた。彼女がそれを調べると、父の名前があった。それで、彼女は北京大学が八〇年記念に作った大講堂に、父の名前を裏に記した椅子一つを、父の記念として寄贈した。彼女は、北大を卒業した後、アメリカに留学し、カリフォルニアで博士号を取得し、アメリカに住んでいる。

彼女は、インターネットのサイトの『文革受難者紀年園』（王友琴作成）の中で、父の死の状況や、父の同僚であり、文革で「特務」とされて死んだ蕭光琰という研究者を知った。彼女は、著者（王友琴）に次のように言った。この蕭光琰という人物は、父の家のすぐ側の家の生まれだった。彼は、アメリカに留学して博士号を取得して帰国した若き研究者だったが、文革で「アメリカの特務」とされ迫害されて死んだ。後、蕭の妻も子も自殺した、と。大連物理化学研究所では、一九六八年の「階級隊伍を純化する運動」の時、彼ら以外にも多くの人々が死んでいる。

王孟章（男）Wang Meng Zhang

上海位育中学の数学の教師。文革中に「批判、闘争」を受けて自殺した。

王念秦（男）Wang Nian Qin

成都市第八中学の高等部三年生。成都鉄路新村に住む。一九六七年四月、大規模な「造反派」同士の「武闘」があり、両派とも銃を使った。王念秦は、教室にいた時、銃弾が飛んできて大腿の動脈に当たったが、生徒たちは包帯の捲き方を知らず、外れた所に包帯を巻いた。車で病院に運ぶ時、遠回りになり時間がかかって病院の入り口で死んだ。

王慶萍（女）Wang Qing Ping

一九二六年生まれ、河北省正定の人。北京市宣武区の小学校の校長兼党支部書記。夫は、比較的高い軍の幹部だった。彼女は一九六六年八月から「闘争」に遭い、殴打され「陰陽頭」にされた。一九日に校内で猛打された後「監禁」された。翌八月二〇日、建物から墜落して死亡した。まだ四〇歳未満だった。しかし、彼女の同僚と家族は、猛打された後に窓から身体を投げ下ろされたものだと、信じている。後には、母、夫の外に三人の子ども（一一歳、九歳、八歳）が残された。母と夫は、彼女が死んだ情況を子供たちには話さなかった。ずっと後の一九七二年一一月、学校の党支部は、

「王慶萍同志への結論」として、「王同志には一般的歴史政治問題があった。文革の初期、人民の運動に理解がなく、建物から飛び降りて自殺し、革命幹部に対抗した」と宣告し、非は「王校長」にあるとする文面だった。しかし、毛沢東の死後二年の、一九七八年、宣武区教育委員会と学校は改めて「名誉回復」の連絡をしてきた。それには「林彪・四人組の反革命修正主義路線の迫害により、一九六六年八月二〇日、不幸にして世を去った」と書いてあった。彼女が死んだ時、林彪・四人組は、まだ権力を握っていなかったのだから理屈が合わない。

★一九七八年、鄧小平・胡耀邦らは文革を終わらせようとした。大多数の犠牲者の名誉回復と、若干の補償金支払いを決定したが、「虐待事件」の真相を追及し、「虐殺者」を調査し、裁判にかけることは「拒否」した。彼等は、党機関に命令して、「文革関係資料」をすべて焼き払い、証拠隠滅をするように命じた。どこの学校、単位でも、大きな档案袋が焼かれたのだった。責任は総て「林彪・四人組」にかぶせ、毛沢東・周恩来、そして一党独裁体制を守ろうとした。

王人莉（女）Wang Ren Li

上海の半工半読の工業大学（現在、上海第二工業大学）の機械系理論力学の教師。非常に美しい人であった。文革中いわゆる「生活問題」で指弾されて「闘争」に遭い、頭髪を切られて「陰陽頭」にされたり、懲罰に便所の掃除をさせられた。彼女は、そこで清掃用の希塩酸を飲んで自殺した。

王紹炎（男）Wang Shao Yan

浙江省蕭山県第二中学の退職教師。一九六七年夏、妻と一緒に「批判、闘争」に遭い、二人は前後して自殺した。彼は、文革時には既に退職していた。しかし、「出身家庭」が悪いとされ「黒五類分子」に区分されていた。一九六七年、彼らは皆集められて、毎日「毛主席」に「罪の許しを請う」儀式をやらされていた。ある日、夫婦は闘争にかけられた。妻は、早くに自宅に帰り、ベッドの近くで首を吊って自殺した。後から来て、それを知った夫は、近所の溜池に身を投げて死んだ。

王升倌（男）Wang Sheng Guan

山東人、北京市第三十中学の校長。一九六六年、紅衛兵生徒から殴打された後、建物の階段を上から下に落とされ、脳溢血を起こして死んだ。この同じ時期、同校の党支部書記の孫樹栄は、殴打されて眼球を一つ潰された。

王申酉（男）Wang Shen You

三一歳。一九六三年、華東師範大学の物理系に入学。文革中、日記の中に書いた内容によって、「監獄」に二年間入れられた。以後、学校で「監督労働」に処せられた。更に後の一九七六年に女友達に宛てた長い手紙の中に書いた政治観点と人生観によって処罰された。上海市革命委員会は、翌年の一九七七年四月、三万人が参加する「裁判大会」を開催し、他の五五名の人々と共に死刑を宣告し、直ちに処刑を執行した。これは、毛沢東死後に行われた文革型の最後の大量処刑であった。この日、全部で五六人が死刑になった。彼以外の五五名の死刑の理由は、未だに知ることができない。五六人が死刑になった四か月後の一九七七年八月、後継者・華国鋒が「文革の終了」を共産党の第十一期全国代表大会で公式に宣言し、文革が終了した。

二〇〇一年、人民日報の有名な記者であった金鳳は、「王申酉は、マルクス主義者であり、英雄である」として、「上海市革命委員会の指揮の下で、一日で五六名の人間に死刑判決を下した。平均六分間に一人の割合で死刑を決めたことになる。不幸にもその中に王申酉もいた」と書いている。しかし、著者（王友琴）は次のように考える。今もって我々は残りの五五人の事件が如何なるものであるか知らないのである。また、マルクス主義者でなく、英雄でもなかったなら、個人の私信の中の内容や私的な日記・会話で人を罰してよいものだろうか、と。

王松林（男）Wang Song Lin

北京第二機床廠の副科長。一九六八年七月二七日、「首都工農毛沢東思想宣伝隊」の一員として清華大学に進駐した。学内の学生宿舎で、手榴弾の炸裂によって死亡した。三六歳だった。（「韓忠現」の項を参照のこと）

王守亮（男）Wang Shou Liang

北京第二五中学の国語教師。文革中の一九六六年から六七年にかけての間、紅衛兵組織とその他の革命人民組織は、小型のニュース紙の発行、ビラの収集と印刷、あるいはそれ等の販売を許されていた。王守亮はそれ等を収集していた。彼の妻は、当時ソ連大使館に雇われていた。二人は文革に関するビラやニュースを集めてソ連人に売っていたと指弾され、夫婦共に処刑された。

王淑（女）Wang Shu

一九二六年生まれ、江蘇省太倉の人。西安交通大学のマルクス・レーニン教研室の講師。文革時に、昔国民党の時代に「三民主義青年団」に参加していた問題で「監禁審査」された。一九六八年九月二四日、建物から飛び降り自殺した。

王思傑（男）Wang Si Jie

廈門大学歴史系の教授。一九六六年夏、「残酷な闘争」を受けた後、妻子とともに四人で自殺し、一家滅亡した。

王桐竹（男）Wang Tong Zhu

中共中央マルクス・レーニン著作翻訳局でロシア語の翻訳に従事。一九五七年「右派分子」とされ「労働教養」（「労働改造」よりは若干軽い懲罰刑）処分にされた。一九六〇年代に、ここから出ると今度は「農村職工労働」にまわされた。一九七〇年頃、南京で姚祖彝・陸魯山・孫本喬らと共に「秘密裏に国境脱出を図り、知識青年に街頭で不穏な発言をさせた」という理由で銃殺された。

王祥林（男）Wang Xiang Lin

南昌市の一病院に勤務する医師。一九六八年「特務」とされ、「隔離審査」中に自殺した。（「高景星」の項を参照のこと）

王熊飛（男）Wang Xiong Fei

上海市浦東区の衛生病院の医師。一九六九年自殺。妻の張敬行、長男の王祖徳を含め三人とも医者であった。しかし、一家全員（次男は復旦大学の数学系学生で名前不詳。娘の王祖華は上海師範学院中文系学生）に不幸が襲った。最初は息子の王祖徳医師の一言から始まった。

王熊飛の息子の王祖徳は、一九五五年に上海第一医学院に合格した。学生時代に「反右派運動」が起った。彼は、当時まだ一八歳で、大変素朴な人物だった。政治のことは分からず、政治に関わることはなかった。「百家争鳴」の時、ビラも貼ったことはなかった。しかし、ある会議の時「民主党派は何の存在理由があるのですか」、「幹部を選挙する時、定員六人を選ぶのに六人の候補者で選挙するのは問題があります」(初めから候補者六人全員が選出されることが決まっている、の意）と言ったために「右派分子」にされるところだった。しかし、この時、すでに同じクラス六〇人中、六人が「右派分子」にされ、すでに全体の八パーセント（上部から命じられた摘発者の基準値）に達していた。だから彼は「右派分子」のレッテルを免れることができた。しかし、彼はこの発言によって「右派縁辺分子」（右派の周辺にいる人）として、ブラックリストに載ることになった。このために、卒業後の「就職配分表」（当時は、学生の就職先は、共産党支部がすべて決定した）に名前がなかった。後にいろいろあって、同済大学の医務室に入れられた。彼の名がはっきりと「ブラックリスト」に載ったのである。「右派分子」とされた人々は、皆「労働改造所」に送られた。

文革が始まると、先ず父の王熊飛が「批判、闘争」を受けた。父の両親は、民国時代に個人病院を持っていた。一九五〇年に個人病院は廃止され、国立病院に合併され、父はそこの勤務医者となっていたが、文革時に最初の攻撃の対象になった。次に、長男の王祖徳が弟（当時復旦大学の数学科の学生だった）に「毛主席の中風と麻痺」について言ったことが学校で広がり、大問題になった。王祖徳の弟は「毛主席を悪毒攻撃した」とされ「反動学生」にされた。また王祖徳は、一九五七年に「右派周辺の人物」として、ブラックリストに載っており、さらに「毛主席」を悪毒攻撃したという罪が重なった。更に又王祖徳は、一九六八年の一月、勤務先の上海同済病院で「反動言論」を言ったという理由で監禁・尋問を受けた。それから九ヵ月間、毎日のように迫害、虐待された。彼を調べるチームは、事件を拡大して手柄にしようとして、父親の王熊飛を捕まえて来て、すぐ隣の部屋に入れて拷問を加えた。王祖徳は長期にわたって残酷な迫害を受け、首吊り自殺を図ったが、縄が切れてできなかった。そして彼は、一二年間の懲役刑を宣告されて、上海提籃橋監獄に投獄された。彼は医者だったから、監獄の囚人の医療もやらされ、一万人以上の囚人を診察した。彼には妻と二人の子どもがいた。妻は、一生涯彼を見放さないと誓ったが、二人の子供達の将来を考えてやむなく離婚を申し出た。王祖徳は、同意した。ここの監獄の囚人たちは、一〇〇人単位で青海省・新疆省・安徽省の「労改」などに送られていった。一九七四年、彼は減刑され、残り六年に変更された。そして「反革命分子」のレッテルのまま、計器工場の労働にまわされた。ここは「労改」の一単位であったが、比較的自由であった。

王祖徳の下の妹は、王祖華という名前であった。彼女は、上海師範学院の中国文学系の学生だった。彼女も、家族の罪によって「反動学生」とされ、迫害の上「批判、闘争」にかけられた。彼女は、屈辱に耐えかねて走って来る車に飛び込んで自殺した。

母親の張啓行は、家族全員が罪人にされ猛烈な虐待を受けており、娘が自殺したという、かかる不幸に堪えられず絶望し、家で服毒自殺してしまった。時に五八歳だった。毛沢東や江青に関することを話せば、「悪毒毛主席を攻撃した」、「無産階級司令部を攻撃した」、「矛先を偉大なる領袖に向けた」とされ、「反革命分子」、「現行反革命分子」等にされることは、当時は、日常茶飯事だった。

毛沢東の中風に針治療した上海の鍼灸医の陸痩燕医師は、文革中に「迫害致死」（迫害されて死亡）した。彼は上海中国医学研究所の所長で、有名な漢方医の医師だった。彼は、一九六九年三月、「隔離審査」され、自供をするように虐待され、一九六九年四月、審査中に死亡した。

王一民（男）Wang Yi Min

上海外国語学院附属中学の初級中学二年の生徒で、スペイン語班に属していた。彼は、知識人階級の家庭に生まれ性格もよく、ピアノも弾くことができたという。こうした豊かな家庭は、資産階級とされ、出身が悪いと言われ「紅五類出身」の生徒にはなれなかった。文革が始まると紅衛兵から殴打、侮辱、自宅襲撃という迫害を受けた。それで精神に異常を来たし、建物から飛び降り自殺した。この学校は、外交官と国家機密情報員を養成する専門学校であり、一九六三年に創立されたばかりであった。生徒は大部分が共産党幹部の子弟であり、文革が始まると紅衛兵の活動が特に活発だった。そのため、「出身階級」がよくない王一民は、彼らの残酷な迫害の標的にされた。学内でまた宿舎で、クラスの生徒が連日、彼を殴打し虐待した。そのため精神に異常を来たし、実家に帰って隠れたが、紅衛兵がすぐ家に来て捕まえて行った。こうして自殺したのである。この学校の生徒は、教師たちを激しく殴打し、時には殴打した後、さらに先生を脅迫して、自分達の身体から地上に流れ落ちた血まで無理やり舐めさせた。

王瑩（女）Wang Ying

一九一三年生まれ、映画俳優、作家。一九三〇年代に新劇「賽金花」の主役を演じた。この主役の座を巡って彼女は「江青」と争って勝った。それで江青の恨みをかったと言われる。王瑩は、民国時代の一九四二年、アメリカに行き、作家のアグネス・スメドレーが『朱徳伝』（邦訳書は『偉大なる道』岩波書店刊）を書くのに協力した。一九五五年、彼女はアメリカから帰国し、北京電影製片廠の劇作演出に当たった。文革中逮捕され、一九七四年三月三日、獄中で死んだ。

王永婷（女）Wang Yong Ting

一九四三年生まれ、西安交通大学短期学生、河南省開封の人。一九六六年六月、「工作組」に反対する大字報に署名することを拒否したため摘発、攻撃された。迫られて長さ一六二頁もの長大な自己批判書を書かされた。同年七月九日、建物から飛び降りて自殺した。

王蘊倩（女）Wang Yun Qian

江蘇省蘇州の人、上海市第四女子中学（現在の「第四中学」）の数学教師。一九六六年夏、「批判、闘争」を受けた後、校内の建物から飛び降りて自殺した。この学校は、元々上海のカトリック教会が、一八五五年、中国で最も早く創建した新式学校で、一〇〇余年もの歴史ある有名女学校であった。

女子中学の生徒は、文革時代にはどこでも極めて残酷だった。最も早いのは、北京師範大学の附属女子高であり、六六年八月五日に副校長の卞仲耘を殴殺した。上海市第三女子中学の生徒は校長の薛正等を殴打し、むりやり尿を飲ませた。また、季節は真夏で人々は、皆薄い一重物《ひとえもの》を着ていたのであるが、その上から彼女の背中に大字報を画鋲で留めた。文革指導者らは、天安門広場で紅衛兵を集め、大集会を開き紅衛兵に生殺与奪の大権を与え、全国に無料の列車まで走らせて彼等彼女等を各地に送り出し、すべての学校に虐待を波及させたのだった。紅衛兵は同じ学校の仲間の生徒まで「出身家庭」によって厳しく分類し、狂暴で無情な虐待を行った。

王毓秀（女）Wang Yu Xiu

浙江省鎮海の人、一九三二年生まれ、西安交通大学の渦輪（タービン）教研室の実験員。「審査」を受け、一九七〇年七月五日、首を吊って自殺した。

王玉珍（女）Wang Yu Zhen

北京市の中心西域区にあった第一女子中学の副校長。一九六六年から長期にわたって殴打、侮辱、監禁を受け続け、一九六八年一〇月、校内にある「牛鬼蛇神」の監禁室から逃げ出し、夫と一緒に北京市西郊の川に飛び込んで自殺した。彼女の夫は、水利電力部の幹部であったが、姓名は不詳。息子は初級中学に二人いた。第一女子中学の紅衛兵生徒は、党支部書記の張乃一が最高責任者だったから、張を最も激しく殴打した。紅衛兵は、王玉珍の頭を「陰陽頭」に刈り、全身を革のベルトで猛打し、さらに全身に糞尿の混じった水をぶっかけた。全身傷だらけであったから、ばい菌で感染症にかかり、高熱を発したが、病院に運ばれて一命を取り留めた。さらに又、英語の傅敏先生も虐待された。彼は翻訳家の傅雷の息子であり、ピアニストの傅聡（一九五八年、海外に亡命し、「叛国分子」となる）の弟であった。傅雷は、五七年の「右派分子」、その上、文革時代にさらに「闘争、自宅襲撃」を受けて、妻と共に自殺した。こうした関係で、傅敏先生も猛烈な迫害を受けて護城河に飛び込んで自殺を図ったが、川が浅くて失敗した。文革後まで生きたが、この学校を去ったという。

第一女子中学には私設の「労改所」（労働改造所）があり、そこに「牛鬼蛇神」はすべて押し込まれて、絶えず虐待を受けた。全員に、聞くに堪えない綽名が付けられ、その名で呼ばれ、またその名で報告しなければならなかった。その屈辱は、耐え難かった。家族に知らせることも、党の上級幹部が誰かもわからなかった。もう一人の副校長だった佟沛珍は、この学内の「労改所」時代の長い迫害、虐待の様子を、著者（王友琴）に詳しく語った。（本項には、佟沛珍が語った凄まじい体験談が詳細に書かれている）

王造時（男）Wang Zao Shi

一九〇三年生まれ、上海復旦大学歴史系の教授。アメリカとイギリスに留学し、政治学博士号を取得。一九三六年の「救国会の七君子」の一人。一九五七年「右派分子」とされ、一九六六年一一月逮捕。「反動組織」を作ったという理由であった。一九七一年八月五日、上海の監獄で死去。二男二女があり、娘は一九五七年に「右派分子」にされた。子どもたちは、皆早くにこの世を去った。

王占保（男）Wang Zhan Bao

北京市昌平県の黒山寨大隊に属した。明の定陵近くの村の生産大隊である。建国前に地主だったので「地主分子」とされていた。「悪い身分」の故に、一九六六年八月、一家全員がつまみ出されて「闘争」にかけられた。彼は息子と共に激しく「乱打」されて殺された。また、孫も殺された。まさに「根を絶つ」ためであった。造反派の頭目は、人をやってその孫を野原からつれてこさせ、生きながら二つに引き裂いた。この昌平県の「四類分子」に対する大虐殺は、北京市大興県における大殺戮と並ぶ大事件であったが、この二つの県における死者の名前や人数について、現在でも少数の人々しか分からない。

王振国（男）Wang Zhen Guo

西安市の西安交通大学の工作部品（ネジ、バネ等）教研室の助教、浙江省の人。一九三六年生まれ。文革初期、西安電力設計院の親戚が一部の検査材料を保管するのを手伝ったことについて問題視され、「監禁、審査」を受ける。一九六八年一二月一八日、建物から飛び降りて自殺した。

王之成（男）Wang Zhi Cheng

河北省石家庄の河北師範大学の生物系の講師。一九六八年の「階級隊伍を純化する運動」の時、「国民党の特務」とされ、何回も殴打された。ある日、家から弁公室に連行され、そこで死んだ。

王秩福（男）Wang Zhi Fu

上海第一医学院薬学系の薬物化学系教研室の主任、兼副教授。川に身を投げて自殺した。

王志新（男）Wang Zhi Xin

三〇歳余。浙江省嵊県市崇仁鎮の村民で郵便配達夫。文革中に二つの党派の「武闘」に巻き込まれ、家に帰る途中、捕まって銃で撃たれて死んだ。妻と二人の幼い子供が残された。

王中方（男）Wang Zhong Fang

一九一三年生まれ。福建省福州の人、福建医学院附属病院の内科主任。北京協和医学院（北京にキリスト教会が創建した医科学院）を卒業。一九六八年、「外国に通じる特務分子」として「隔離審査」となった。翌六九年四月、監禁場所で、頸動脈を切断して自殺した、とされた。家族が遺体を見ることは許されず、すぐ火葬にされた。享年五六歳。同僚医師の林慶雷、劉俊翰、鄭文泉、それに名前の知らない職工、これらの人びとも、皆この事件に連座して殺された。元々、彼と妻はキリスト教徒であり、外国のキリスト教会と関係があった。

日中戦争が始まると、日本軍はキリスト教の医者を監禁、弾圧した。王は、まず内モンゴルに逃げ、次に福州に行った。内戦終了後、彼は福州でアメリカ軍が紅十字会の支援物資を中国に運び入れる手助けをし、多くの援助物資を自分の勤務する病院に運んだこともあった。また、シンガポールなど海外にいた親戚にも難民支援のお金を出してもらったこともあった。こうしたわけで、中国共産党は、建国後、彼等のように外国に人脈や金脈がある医者などを特に「外国のスパイ」として疑い、「監禁・投獄」して弾圧した。特に文革が始まると、真っ先に教師と医者が攻撃対象となった。

ある説によると、この事件は、一九六八年七月——この時は、ちょうど「階級隊伍を純化する運動」という、迫害が最も激しかった時に起こったのであるが、その発端は、福建省の衛生庁の副庁長が審査され、猛打に堪えかねて屈服し、「反共救国軍」という二〇〇余人の反共軍がある、と苦し紛れにウソの「自白」をしたことに始まるという。名前が出た人は、皆逮捕され訊問された。この為、王中方も含め皆芋づる式に逮捕、拷問、虐待を受けることになった。王中方の同僚達——医師の林慶雷、劉俊翰、鄭文泉もこうして逮捕されたのである。王中方はまた「反動学術権威」にもされた。彼は九ヵ月も「監禁・迫害」を受けたが、何処でどうしているか、家族にさえ知らされなかった。突然、家族に「自殺した」という通知が来たのである。王中方は、「反動学術権威」の他に、外国に弟がいるため「外国の特務・スパイ」とされ、二重の反革命分子にされた。

★連座させられた医師たちの悲惨な死

林慶雷は、福建医学院の内科の医師だった。彼は王中方の同僚であり、友人であり、彼よりも年齢が若かった。彼は「審査」中に自殺したと公表された。医師仲間の劉俊翰は福建医学院の脳神経外科の医師だった。鄭文泉は、福建医学院附属病院の皮膚科の医師だった（「劉俊翰・鄭文泉」の項を参照のこと）。この病院では、他に用務職員が一人迫害死しているが、名前すら分からない。

★優秀な医学者・王岳（王中方の弟）への残酷な迫害

王岳は、中国科学院福建微生物研究所の所長だった。彼は、兄のように文革では死ななかったが、長い年月「監禁・迫害」を受けた。正式の監獄ではなく、「牛棚」に監禁されており、一九七四年にやっと「解放」された。彼は、建国前の一九四一年にアメリカに留学し、セルマン・アブラハム・ワックスマン博士（ノーベル賞「生理医学賞」の一九五二年の受賞者）の薫陶を受けた。彼は帰国後も、この師に教えを受けていたが、これが「外国と通じていた」犯罪と見なされた。「外国に情報を送っていた」、「国家機密を盗んでアメリカに送っていた」などと言う理由は、常識から考えると、全く馬鹿げた話だった。当時は、アメリカの医学や微生物研究は、中国の医薬水準とは比べられない高水準にあった。全くレベルの低い中国の研究をアメリカが欲しがるわけがない、中国が一方的にアメリカの研究成果に学ぶ時代であった。また、王岳のような医学者の努力によって、多くの中国人が救われたのである。ところが、こうした常識は全く文革時代には通じなかったのである。文革が終わり、彼は一九八五年にアメリカに行った。しかし、すでに恩師は六八年に死亡しており、その子どもたちに会えただけだった。

王宗一（男）Wang Zong Yi

中共中央宣伝部国内宣伝処処長、毛沢東著作編輯委員会副主任。資質・経験共に深い人物だった。文革開始後、攻撃を受け一九六六年八月、自宅で睡眠薬を飲み自殺した。その日の昼、中学に行っている娘が、父がどうしても起きてこないので不思議に思い、友達と一緒に別の建物にある父の寝室に窓から入ると、すでに死んでいた。その友達の父は劉克林で、同じく中央宣伝部の幹部であり、当時すでに建物から飛び降り自殺していた。どちらの親とも、遺灰を残すことは許されなかった。

王祖華（女）Wang Zu Hua

上海師範学院の中文系学生（一九六四年入学生）、同済大学の医者王祖徳の妹。一九六八年、王祖徳が「毛沢東の中風」の話をして「現行反革命」にされた時、連座して「反動学生」だとされて迫害された。彼女は疾走してくる車に飛び込んで自殺した。二〇歳だった。（「王熊飛」の項を参照のこと）

魏思文（男）Wei Si Wen

北京工業大学の校長兼同校党支部書記。一九六六年七月五日、党上級から「三反分子」（反党・反社会主義・反毛沢東思想分子とされた。同年六月一六日付の『人民日報・社説』は、「思い切って大衆を起ちあがらせ、徹底的に反革命の黒い一味を打倒しよう」）とし大宣伝した。そのため、彼は狙い撃ちされて、打倒・罷免されたのである。同年一〇月三〇日、学生は彼を自宅から大学に連行し、その晩、猛打して殺した。当時、大学には「東方紅」と「紅旗」という二つの紅衛兵組織が対立して、「武闘」をしていた。彼の死因をめぐって、両派は宣伝合戦をした。その両派の「ビラ」を読んでみても、どの派も、彼の死自体は特別問題視していなかったことがわかる。当時、悪人とレッテルを張られた人物を虐待して殺すことは、特別なことではなく、日常的なことだった。この工業大学では、文革中、一八人が迫害死している。

翁超（男）Weng Chao

上海黒色冶金設計院の土木技師。上海同済大学の卒業生で、一九六八年「階級隊伍を純化する運動」の時、鉄道線路上に伏せて轢死。文革中、人々は監禁され迫害を受けてからは、その人物の生死が分からなかった。翁超の学生時代の親友は、三か月に一回、彼の自宅に手紙を書いて安否を確かめ続けた。その友人も、返信をたいして期待してはいなかった。しかし、こうした友達に手紙を出すことは実に稀なことだった。当時人々は、みな嫌疑を受け迫害されている人に近づくことを怖れて、見て見ぬふりをするのが当り前だった。ある時、この親友のところに、翁超の妻から手紙が来た。それで初めて「翁超が死んでから既に一年もたっている」ことを知った、ということである。

翁心源（男）Wen Xin Yuan

一九一二年、浙江省に生まれる。五八歳。唐山交通大学土木系卒業。一九四二年から四四年までアメリカに派遣されて石油輸送管の工程技術を学んだ。帰国後、玉門の石油採掘の技術者になり、中国最初の石油輸送管敷設の技術者となる。以後この道を歩み、北京で石油関係の情報を調査する部署の副所長兼総技術監督になった。しかし、文革が始まると彼は「国民政府が潜伏させていた特務だ」として糾弾された。彼は「一〇万字」もの弁明書を書いた。しかし、罪を免れる方法がなく、「下放」されていた湖北省潜江県の「五七幹部学校」で遺書を書き、一九七〇年一〇月九日に自殺した。

★著者（王友琴）は、その遺書を見せてもらったことがある。実に技術者らしい几帳面な字体で、「私は水に落ちて死んだものとして処理してほしい」と書いてあった。妻子や友人たちに累を及ぼしたくないと思ったのだった。

文端粛（女）Wen Duan Su

七六歳。湖南省寧郷県の一村民。「地主家庭」の出身だったため、一九六六年に漢口市から放逐されて農村にある実家に来ていた。一九六八年、ここで体を縛られ、軒下に吊るされて殺された。彼女は金持ちの「大家」に生まれ、土木技術者と結婚し、子どもに従って漢口市に来ていたところ、紅衛兵から「階級の敵」とされて農村の実家に追い出されて来たのだった。彼女は汽車に乗り、自動車に乗り、さらに八〇余華里（約四〇キロ）も歩かなければならなかった。彼女の子どもたちは、全部よそに出ていた。家族みんなが「地主分子」の出身とされ迫害されていた。息子の一人は「反革命罪」で牢にいた。一人の娘は、一度農村に行って母を見た。七六歳の母は一人で暮らすことが困難なばかりか、村の「造反派」から絶えず肉体的且つ精神的な虐待を受けていた。一九六八年六月、村の「造反派」は「地主分子」を殴打することを思い付き、ある農民にこの老婆を吊るし上げろと命じたが、その男は断った。すると、今度はその男の息子にやらせた。息子は、この老婆の両手を縛り家の軒下の梁に吊るし上げた。彼女は下ろされてからすぐ死んだ。

温家駒（男）Wen Jia Ju

北京地質学院附属中学の生徒。彼の父はこの学院の教師であった。文革中は、図書館は閉鎖されており、本が見られなかった。それで彼は、北京大学に行って勝手に図書館に入っていたところを発見された。当時、学内は二つの派が武闘をくり返していた。その一つ「新北大公社」の人が、見とがめて捕まえ、生物学科の低温実験室に連れ込んで、猛烈に殴打して殺害してしまった。『北京大学記事』の記載によると、この温家駒が殺された事件は、孫蓬一が仮調査を行い、

「温は政治的コソ泥で、人民が打ち殺したものだ」、「お前達は怖れる必要はない。学校の文革小組が対応する」と殺人者達をかばった。このもみ消しをした孫蓬一なる人物は、北京大学の文革小組の常務委員であり、中共新北大指導小組の副組長であり、北大で文革を始めた最初のグループ（当時、毛沢東から「全国最初のマルクス・レーニン主義の大字報」を書いた集団と絶賛された）の一人だった。

聞捷（男）Wen Jie

上海作家協会の代表責任者の一人、著名な詩人。一九六八年、監獄に入れられる。彼の妻杜芳梅は、同年夏、建物から飛び降り自殺した。聞捷は、文革の批判対象から「解放」された後、元文革発動者グループの側にいた戴厚英と恋愛関係に陥った。しかし、「四人組」の一人の張春橋から、戴厚英との交際を厳禁され、「腐敗革命家」と指弾された。聞捷は一九七一年ガス自殺した。四八歳だった。戴厚英は、これを文革後に長編小説『詩人之死』として書いた。

伍必熙（男）Wu Bi Xi

復旦大学新聞系副主任。一九六七年、大学の第八宿舎の三号棟から飛び降り自殺した。しかしその死体は、棺桶に収める人もなく、地面のセメントの床に一日近く置かれたままだった。

呉愛珠（女）Wu Ai Zhu

北京農業大学の教師呉維鈞の家の保母。一九六六年八月、「地主の妾ババア」と指弾され「批判、闘争」に遭った。農村に「放逐」されそうになり、八月二五日か、二八日に首吊り自殺した。

呉迪生（男）Wu Di Sheng

上海華東師範大学の図書館職員。一九五七年「右派分子」とされ、ロシア語の教師を罷免されて、図書館で働かされていた。一九六六年八月、野蛮な闘争にかけられた。翌九月、妻と一緒に首を吊って自殺した。妻は銀行の職員だった。一九六六年八月四日、この大学では、教師・行政幹部等一九〇余名が、家から引っ張り出されて、頭に高帽子をかぶせられ、首には「黒い一味（黒幇份子）」、「反動学術権威」と大きな文字で書いた看板を首に掛けられ、校内を引き回された。その後広場で一斉に跪かされて「闘争」にかけられた。呉夫妻は、死後のことを準備して、一人しかない養女を祖母に預け、現金を下ろして抽出しに入れ、晩御飯を食べてから遺書を書き、綺麗な衣服に着替えて、それからタオルを窓枠にかけて妻と隣り合って首を吊った。

呉晗（男）Wu Han

一九〇九年生まれ、著名な中国史学の教授。四九年一一月、北京市の副市長。文革は、彼が書いた『海瑞罷官』に対する批判から始まった。一九六六年夏、紅衛兵は彼の家を襲撃し、彼を木に吊るして革の軍用ベルトで殴打し、以後一〇〇回以上もの「闘争会」に引き出した。一九六八年に逮捕投獄され、同年一〇月、獄中で死亡した。妻の袁震も長期の迫害を受け、六九年三月に死亡した。一人いた養女の呉小彦は、七三年神経が錯乱。七五年逮捕投獄、七六年に病院で自殺した。二一歳だった。

ある人が、著者（王友琴）に語った。「私は、一九六八年、北京の車公荘の共産党北京市委員会・党学校の学習班にいた。ここは、専門に人を迫害するところだった。呉晗は、ここの「闘争会」にかけられていた。食堂で食事するたびに、呉晗は食堂の入口の台の上に立たされており、まるで「見せしめ」にされているようだった。その時の呉晗は特に小さく見えた。その様子を見ながら食事をするのは、真に屈辱的であり、苦しかった」と。一九九〇年代に、北京大学はキャンパス内に「晗亭」を建てて呉晗を記念し、その学術を高く評価した。しかし、清華大学の校内では、文革の被害死者は五〇人近くあったのに、大学はそれ等の人々にはなんの説明もしないのである。しかし、ある人は著者（王友琴）に、「呉晗は北京の副市長になってから、知識人を圧迫する運動に加担し、一九五七年の反右派闘争の時は、〝打手〟の役割を演じたのだ。そうして、高い地位を獲得し維持して来たのだから、因果応報というべきだ」と言った。

呉鴻倹（男）Wu Hong Jian

上海第一医学院の薬学系の物理化学教研室の主任、副教授。川に身を投げて自殺した。

呉敬澄（男）Wu Jing Cheng

上海復旦大学外文系の党総支部書記兼政治指導員。一九六六年、「批判、闘争」を受けた後、建物から飛び降りて自殺した。

呉天石（男）Wu Tian Shi

江蘇省教育庁の庁長。一九六六年八月三日、妻の李敬儀と「游闘」（街頭で見世物に連れまわし、罵詈雑言を浴びせる闘争）を受けた後、死んだ。（「李敬儀」の項を参照のこと）

呉淑琴（女）Wu Shu Qin

南京市内の小学校校長、一九六八年「闘争」を受けた後、自殺した。

呉述森（男）Wu Shu Sen

甘粛省寧夏の青年、二〇余歳。「共産主義自習大学」というサークル的な組織に参加したため、一九七〇年三月の「反革命に打撃を与える」運動の時、仲間の呉述樟、魯志立等と一緒に逮捕・処刑された。（「魯志立」の項を参照のこと）

呉述樟（男）Wu Shu Zhang

甘粛省寧夏の青年、二〇余歳。「共産主義自習大学」に参加し、上述の「呉述森」と同じ事件で逮捕・処刑された。

武素鵬（男）Wu Su Peng

北京第一三中学の初級中学三年生の生徒。出身家庭は「不良」とされた。そのため、一九六六年八月一二日、紅衛兵から校内の「紅色恐怖刑訊室」（赤い恐怖の訊問室）で、麻袋に入れられて袋叩きにされ打ち殺された。この中学は、共産党の延安時代の「抗日軍政大学」（校長は林彪）の名称にちなむ「抗大附属中学」を名のっていた。この中学の「紅衛兵生徒」の暴虐は特に激しく、校長以下一〇数人の教員と生徒を迫害し、武素鵬を打ち殺した。

生徒の任春林は、武素鵬と一緒に監禁殴打された。彼は「出身家庭が悪い」生徒とされた。彼の罪は、文字の練習用に『紅旗』（党中央の機関誌）の古雑誌を使っていたが、たまたまこの文字練習帳の「毛沢東」の文字の上に、「墓」という彼の書いた漢字が書いてあった。これが「偉大なる領袖毛主席」を侮辱し、反対する「反革命分子」の証拠だとされたのである。この日、紅衛兵は、彼の家に来て彼の首に鉄線をかけて引きずって行った。彼は立つことは許されず這って引き立てられた。そして全校集会で三回もの「闘争」にかけられた。しかし、彼は文革を生き抜いた。

呉維国（男）Wu Wei Guo

復旦大学歴史系の共産党書記。文革中、自殺した。

呉維均（男）Wu Wei Jun

北京農業大学の植保系副教授。一九六八年「階級隊伍を純化する運動」の時、「審査」され、同年三月六日、腕を切って自殺した。この運動の時、同校では一六人が迫害されて死んだ。

呉惟能（男）Wu Wei Neng

一九五三年、北京大学歴史系に入学。病気により、卒業しなかったが、歴史系の行政担当の弁公室主任となった。文革が始まると「旧権力」の一員として批判されたが、後に「造反派」に属し、歴史系の「文革委員会」の責任者となった。しかし、一九六八年「階級隊伍を純化する運動」の時、新しく「軍隊を中心にした指導部」（毛沢東が派遣した工宣隊）が、北京大学に進駐してくると、今度は批判される立場に転落した。その理由は、次の通りであった。全国的な「大飢餓時代」の一九五九年に、彼の父親が江蘇省北部の農村の「幸福人民公社」という名の人民公社にいたが、ここで餓死した。その時、彼は「幸福人民公社は〝幸福〟ではない」と言ったことがあり、この発言が暴露され「人民公社を悪毒攻撃した」と断罪されたのである。彼は、同年一一月、円明園の一角にある池に飛び込んで自殺した。歴史系では、自殺後、彼に対する批判大会が開かれて「反革命・反党分子」等々の罪名がかぶせられた。彼が死んだ時、この池には他に三つの死体が浮いていた。中の一組は夫婦で心中した北京地質学院の人、もう一人は清華大学の一教師だった。

呉暁飛（男）Wu Xiao Fei

一九四九年生まれ。文革が始まった時、彼は福建省福州から江西省南昌市にある第一中学に転学して来たばかりの生徒であった。一九七〇年処刑。彼は、一九六六年一〇月以来、「文化大革命」を批判する文章を書いていた。一九六八年五月、彼の父の呉亜雄（南昌鉄道局の局長）が、「批判、闘争」を受けて家が捜索された時、息子の呉暁飛の文章が発見され、反革命の内容とされた。その文書が江西省革命委員会に渡り、「全省の中で特大の、稀に見る反革命集団」とされるに至った。同年五月七日、呉暁飛は投獄され、連夜に渡って自白強要の拷問にかけられた。父親は自白を強要されて虐殺された。更に家族全員が逮捕され、また呉暁飛の親友二〇人にも罪が及んだ。一九七〇年二月二七日、「現行反革命分子」として死刑になった。

呉小彦（女）Wu Xiao Yan

呉晗の養女。呉晗と妻は一九六九年に迫害されて死んだ。養女の呉は、一九七三年に神経が錯乱状態になった。彼女は、七五年秋の「反撃右傾翻案風」（右派からの巻き返しに反撃する運動）の時、逮捕投獄され、翌七六年九月二三日、自殺した。二一歳だった。

呉新佑（男）Wu Xin You

四〇余歳、上海市第五六中学の化学実験室の管理員。仕事は真面目で責任感が強かった。いつも、実験室は整理整頓されていた。一九六六年、家が襲撃された時、古いフランスの株券が出てきた。それで「資本家である」と訴えられた。以後、毎日「批判、闘争」を受け、虐待された。ついに耐えきれず服毒自殺した。

呉希庸（男）Wu Xi Yong

一九一一年生まれ、遼寧省の人。北京鉄道学院の教授。フランスに留学して、経済学博士号を取得。文革中、「特務」とされ、「批判、闘争」に遭い、猛烈に迫害された。一九六八年九月、服毒自殺した。五八歳だった。

呉興華（男）Wu Xing Hua

一九二一年生まれ、北京大学の英語教授。一九五七年「右派分子」となる。文革が始まると、「牛鬼蛇神」とされて「労改隊」に入れられ、紅衛兵から殴打され、家を襲撃された。一九六六年八月、「労改隊」にいた時、側溝を流れる工場から出た汚染水を飲まされたり、糊の入った大缶に頭を突っ込まれたりした。彼は中毒にかかって昏倒した。「死んだふりをしている」とされたが、その夜死んだ。紅衛兵は、「文革に反抗して自殺した」と主張し、医者に解剖を命じた。四五歳だった。彼は、元々は燕京大学の英語の教師だったが、一九五二年、北京大学が燕京大学を併合した。そのため、彼は、北京大学西洋語系の主任になり、数年後に「右派分子」にされ、以後迫害が死ぬまで続けられたのである。

彼について、文革後、燕京大学で学生時代の同級生だった郭蕊が「詩人から翻訳家にいたる道——亡き友呉興華の肖像——」という文章を書いた。それによると、実に聡明な友だったということである。しかし、文革時代に如何なる虐待、迫害を受けて殺されるに至ったのか、まったく書かれてない。一九五七年に「右派分子」になったことも記されてない。一九八〇年代に書かれた故人に対する伝記、回想録、追想録には、文革時代の驚愕すべき残酷な歴史がほとんど省略されている。北京大学の文革についての本は、全てが「聶元梓を中心にした文革小組の犯罪」の責任にしている。

呉興華には、二人の子があった。姉の方は一四歳、妹は六歳だった。妻の謝微一が「文学研究所」で働き、二人の子を育てた。三年後、姉の方は黒竜江省の「北大荒」(北京大学の「労働改造所」として有名)に下放されて八年間過ごした。呉興華が死んで二年後の迫害が最高潮に達した一九六八年の「階級隊伍を純化する運動」の時、同じ系の三人の先生が自殺した。ドイツ語専門の程遠と徐月如、それにスペイン語専門の蒙複地の三人である。

Xの項

熊化奇(男)Xiong Hua Qi

武漢大学英文科卒業、江西師範学院の中文系副教授、主任。紅衛兵に虐殺された。享年五〇余歳。この学校では、一九六六年八月一一日、紅衛兵が教職員多数を引き出し、全学的な「牛鬼蛇神」に対する「批判、闘争大集会」を開き、大規模な虐待を行った。この時、三人が虐殺され、一人は虐待を受けた後、自殺した。三人が教師、一人が医者だった。この日、「闘争」にかけられたのは、一四〇余名にも及んだ。彼等は、校内で引き回された後、キャンパスの中心広場である「紅場」に集められた。セメントの地面に三〇分ほど跪かされた。この時、南昌の気温は四〇度にも達し、地面は沸騰するような猛烈な高温だった。三時間ほども、猛打虐待されたので身体中血だらけになり、また跪いている足は火ぶくれが出て、血と汗がまじりあって滴り落ち、多くの人が昏倒した。熊化奇教授は、昏倒して意識不明になっていた。午後二時頃、学内の最高権力機関である「文化革命委員会籌備委員会」の主任という学生が、一人出てきて、今日の行動は「革命行動」であり、断固支持する。各単位でそれぞれの「牛鬼蛇神」をひきとり、各単位で「批判、闘争」の為に連れて行けと言った。熊化奇は意識がもう元に戻らなかったが、第二教室の入口に運ばれた。口から白い泡を吹いていた。ある中国文学の女子学生が「熊化奇は偉そうにしている」と言って、足で彼の全身を強く蹴った。彼は、もう蘇らなかった。五〇余歳であった。この日に他に殺された人は、中文系の黍仲明という講師で六〇歳近い中国古典文学の研究者。主任医師の周天柱、五〇歳くらいの人、また歴史系の何基教授やはり五〇歳くらいの人、以上三人であった。

熊曼宜（女）Xiong Man Yi

甘粛省寧夏の青年、享年二二歳。自称「共産主義自習大学」なる自主的サークルの創立に参加。一九七〇年三月の「反革命に打撃」を加える運動の時、「反革命組織員」として逮捕され、他の三名は死刑に処せられ、彼女は自殺した。これは公安がでっち上げた完全な冤罪事件であった。（「魯志立」の項を参照のこと）

熊義孚（男）Xiong Yi Fu

四川省石油管理局の石油掘り掘削隊の職工。文革中、「毛主席と林彪副主席を悪毒攻撃した」とされ、一九七一年一月一一日、重慶市巴県の「公検法軍管会」によって「現行反革命」として処刑された。文革後の一九八〇年、巴県の人民法院は「熊義孚は、精神病患者であった。従って原判決を取り消す」とした。

項沖（男）Xiang Chong

中国人民大学の国際経済の教授、六〇歳前後。文革中、迫害を受け、上海にいる兄弟のところに逃げて行った。しかし、兄弟たちも状況がきわめて悪く、久しく置いておくことができなかった。彼は、やむなく学校に帰り、殺虫薬「敵畏」を飲んで自殺した。

蕭光琰（男）Xiao Guang Yan

一九二〇年生まれ。中国科学院大連化学物理研究所の研究員。アメリカのシカゴ大学に留学し、「光合成」の研究で博士号を取得。一九五〇年帰国。妻の甄素輝は、アメリカ育ち。彼女の父は、孫文の護衛をやったこともある人だった。甄素輝は、夫に従って帰国し、大連の海運学院で英語を教えた。蕭絡連という一五歳の娘が一人いた。蕭光琰は一九五二年の「知識分子の思想改造運動」の時、批判を受けて自己批判したことがあった。文革が始まると「特務」とされ、一九六八年一〇月「牛棚」に入れられて猛烈な虐待を受け、一二月に死亡した。四八歳だった。妻の甄素輝と一五歳の娘の蕭絡連も、家の中で一緒に「睡眠薬自殺」した。一九六八年の「階級隊伍を純化する運動」の時の迫害、虐待はもの凄く、外国から帰った全員が「特務」とされて残酷な迫害を長期にわたって受けた。この大連化学物理研究所では、七人が迫害死したが、皆自殺だとされた。

張存浩（中国科学院大連化学物理研究所の研究員）は、この「特務事件」から、幸運にも生き残った人物の一人である。

やはりアメリカ留学組であった。一九六八年、三八歳の時、逮捕されてトラックに乗せられた時、妻はちょうど鎖骨骨折で動くことができなかった。妻の僅か六〇元の給料で残された四人の子どもとお婆ちゃんの一家全員が生きねばならなかった。家には四人の子どもがいた。夫の給料は、月に二〇〇元はあったが、これは支給されなくなった。家は七回も家宅捜索に襲われ、床板はめくられ、箱はひっくり返され、金を出せと言われた。預貯金もないのが分かると、それは「特務費用に使ってしまったのだろう」と言われた。彼は「牛棚」に入れられてから、長い名簿が渡されて、これらの連中は皆「特務分子」だと認めよ、と強迫された。驚いたことには、一二歳の息子と同じ「張捷」という名前もそこにあった。彼は、「これは自分の息子だ」と思い、絶対に認めなかった。猛烈な迫害虐待に堪えられなくなった時もあったが、子どもと妻のことを考えると自殺はできなかった。彼は文革を生き残り、後、この大連化学物理研究所の所長になった。しかし、一九六八年に死んだ七人の同僚は永遠に生き返って来ない。また、彼らは「牛棚」でどのような境遇に置かれたのか、自分の家族にさえ話す機会はなかった。

蕭承慎（男）Xiao Cheng Shen

上海華東師範大学教育系の教授。「特務集団の頭目」として、一九六八年七月に「逮捕投獄」され、一九七〇年七月七日、獄中死した。

蕭静（女）Xiao Jing

北京市の中学校長。一九六六年八月、紅衛兵から猛打された後、大きな煙突から飛び降りて自殺した。

蕭絡連（女）Xiao Luo Lian

一五歳、遼寧省の大連に住む。一九六八年一二月一八日、母の甄素輝と共に、家で自殺した。彼女の父の蕭光琰は、二日前に監禁されている場所で死んだ。（「蕭光琰」の項を参照のこと）

蕭士楷（男）Xiao Shi Kai

六〇余歳、北京第一中学の体育・国語担当の教師であった。彼は定年退職後に、家で補習の塾を開いていた。妻は家庭の主婦であり、家は北京市内の宣武公園の南にあった。一九六六年九月初め、紅衛兵によって「富農分子」と指弾され、妻と一緒に北京から河北省涿県の農村に追い出された。一ヵ月後、二人は農村で死んだ。元々彼の父親は、通州女子師範学校を創設した人であり、妹も小学校の教師であり、教育者一家だった。文革が始まると、彼は「漏網右派分子」（漏れていた右派分子）と指弾された。家は没収され、頭は剃られ、「階級敵」として追放されて行った農村には住む家はなく、食料もなかった。面倒を見る人は誰もなかった。

夏忠謀（男）Xia Zhong Mou

南京第一三中学の体育教師。一九六六年八月か九月の下旬、校内で紅衛兵に打ち殺された。彼のほかに、数学の先生の韓康も同じく殴殺された。後の、当時在校生だった人が語った。この二人は、同じ日に殺されたのではない。紅衛兵は、一人の先生を殺してから、なんの恐れることもなくなり、後に校内でもう一人の先生を殺した、と。

夏仲実（男）Xia Zhong Shi

一八八九年生まれ。元国民党軍の中将で、第七八軍の軍長であったが、共産党に投降した功績により建国後に「全国政治協商会議」の「委員」に選ばれた。しかし、一九六八年九月一四日に逮捕され、「国民党反革命軍団」の「副総司令兼参謀長」だとされた。これは「重慶の第一号重大事件」にされた。七九歳の高齢にもかかわらず、一か月余の虐待・尋問を受けた後、翌年一月に死亡した。

謝家栄（男）Xie Jia Rong

中国地質科学院の研究員。地質学上の成果を上げた。一九六六年八月、「反動学術権威」だと指弾されて「闘争」を受けた後、睡眠薬自殺した。このことは、家族によって三〇年間も、隠されていた。彼は、ドイツに留学して、学問上の功績もあった。彼は遺書を残していたが、当時は「自殺は文革指導者に対する反抗である」、「罪を畏れて自殺した」、「自ら人民に決別した」、「死んで悪臭を万年に残した」と非難された。こうして家族までが非難された。遺書を発見した娘は、それを焼却して、父は家で心臓病の発作で急死したと地質学院の責任者にウソの報告をした。しかし、当局は「自殺したのではないか」と疑って、死体を病院に運び解剖させた。病院は「これは自殺ではない」としたが、明確な証明はできなかった。責任者は、解剖で切開した胸腹部を縫合することも許さず、すぐ焼かせた。家族は、以後も「牛鬼蛇神」の家族のままであり、真実を言うのは、三〇年後になってからであった。また、北京大学の英文の教授の呉興華は、一九六六年八月、キャンパス内の「労働改造隊」で汚水を飲まされ、中毒になって死亡し、同じく解剖された。それは、彼が毒物によったのではなく、自殺したことを証明するためであった。これは虐待した人を助け、虐待された人に罪をなすりつけるためであった。何という魑魅魍魎の世界だったことか。

謝芒（男）Xie Mang

漢族。雲南省電力庁の技術者。彼は、一九六八年に昆明市海口の発電所の「毛沢東思想学習班」から批判・攻撃され、何回も弁明したが、「関門」を通過できなかった。それで発電所の中庭の建物から飛び降りて自殺した。しかし、権力機関は、その晩、まだ彼のワラ人形を作って刺し、彼の名前を書いて「批判、闘争」を続けたのであった。死亡時、彼は四〇歳前後だった。家族が見に来なかったので、早々と遺体はいい加減に山に埋められ、墓標も建てられなかった。

邢徳良（男）Xing De Liang

上海市第二医学院の総務処の幹部。「造反派」から、麻の袋に入れられて、めった打ちにされて殺された。

邢之征（男）Xing Zhi Zheng

河北省南宮中学の数学の老教師。一九六六年八月、紅衛兵生徒の暴力的「闘争」を受けた後、井戸に飛び込んで自殺した。この学校の校長の徐躋青、副校長の閻巨峰も、同じ時期に自殺した。この中学は、文革前は重点中学だった。

辛志遠（男）Xin Zhi Yuan

遼寧師範学院の附属中学の教育職員。一九六八年の「階級隊伍を純化する運動」の時、いわゆる「群衆（人民）専政」の対象になった。これは政府が作った正式な監禁・処罰ではなく、毛沢東が提起した一種の迫害方式であった。これによって彼は自殺したのだ。この学校では、同じ六八年に他にも二人が「群衆専政」によって死んだ。教務処の職員の佟銘元と体育教員の鄧某であった。

薛挺華（女）Xue Ting Hua

（「王鴻」の項を参照のこと）

薛世茂（男）Xue Shi Mao

吉林工業大学の教師。一九六八年下半期のある晩、打ち殺された。彼は、元は上海交通大学の教師だった。五〇年代に、トラックター学院を設立する準備のために、長春に移動させられて来た。その時、丁度「階級隊伍を純化する運動」の最中で、ある晩夕食の最中に革命委員会「専案組」から呼び出しが来た。彼は、すぐ出かけたが帰らなかった。翌日、委員会から妻のもとへ「薛世茂は死んだ」と伝えてきた。その後、「お前が夫を毒殺したのではないか?」と言い、また「彼にはきっと重大な問題があったが、白状しなかった」と言った。これを聞いて、妻は血を吐き、一か月以上入院した。後に、農村の労働に送られた。

文革終了後、彼の妻は、地元の公安局の「(夫は) 打撲による死亡」という診断書など重要書類をもって提訴した。さらに、あの晩、四人の学生と一人の「工宣隊員」(工人毛沢東思想宣伝隊員) の合計四人が、夫の頭を暖房機の平板の上で打ち、椅子の足の部分に立たせたり、また墜落させたりして嬲り殺しにしたことを突き止めた。こうした証拠をもって、北京の公安局まで足を運んで訴えたので、一、二年かかって、すでにこの四人の犯人は湖北省第二自動車工場に移っていたものの、三年の懲役刑になった。薛世茂が殺された時、死体の衣服も帽子も皆血だらけだった。

徐歩（男）Xu Bu

南京市副市長を経て、文革開始後、すぐ西安市長になった。しかし、すぐ紅衛兵から猛烈な「批判、闘争」を受け、殴打された。一九六七年、建物から身を投げて自殺した。

徐韜（男）Xu Tao

一九一〇年生まれ、上海の映画製作をする海燕撮影所の映画監督。文革中に「批判」と侮辱を受けて、一九六六年六月二一日、銭塘江に身を投げて自殺した。

徐行清（女）Xu Xing Qing

雲南省昆明師範学院の附属小学校の教導主任。一九六六年の秋冬の間、教室で首を吊って自殺した。

徐垠（女）Xu Yin

北京の中央民族学院の漢族語系の主任、党幹部。一九六八年、学内で「監禁、審査」された。その時、建物から飛び降り自殺した。夫の唐亥はこの民族学院の芸術系主任だった。一九六八年「審査」され、妻の自殺後に自分も自殺した。

徐月如（女）Xu Yue Ru

一九三〇年前後の生まれ。北京大学西洋語系の弁公室主任。一九六八年の「階級隊伍を純化する運動」の時、「階級異分子」（プロレタリア階級内部に混入していた異質分子）として迫害を受け、校内で首を吊って自殺した。彼女は、正規の学生ではなく、一九五六年に党から派遣されて北大に一時的に派遣されていた人であった。以後北大の党機関員となった。彼女を遠くから見ていた人の、文革後の証言によると「厳粛な人で、大変質素な人だった」という。また、彼女の親戚の李梧齢の自伝『泣血年華』（香港・博思出版社、二〇〇二年）によると、徐月如の父親は銀行の仕事をしており、建国の前に亡くなっていた。彼女は、建国後は、大変貧しい生活であった、という。李梧齢は、一九五七年に「右派分子」とされ、以後二二年間「労働教養」から「労働改造所」へと、強制労働の連続だった。李は、親戚の徐月如が北京大学の党組織にいたことは知っていたが、一切関係がなかった。あの時代、親戚でも友人でも、階級区分が異なれば、誰とも一切の関係を絶つのが普通だった。文革後、遥か経ってから、『北京大学紀事』（北京大学出版社、一九九八年）という、二冊本の校史が出たが、文革の犠牲者名簿の中に、この徐月如のような下級党員の名前はなかった。

徐躋青（男）Xu Ji Qing

河北省南宮県の南宮中学の校長。一九六六年八月、紅衛兵生徒の暴力「闘争」に遭った後、短刀で心臓を突き刺して自殺した。副校長の閻巨峰、数学教師の邢之征も、同じ時期に自殺した。この中学は、重点中学であった。

徐来（女）Xu Lai

一九〇九年、上海生まれ、映画女優。一九三三年から、映画「残雪」「華山豔史」「到西北去」「路柳墻花」「女児経」等に主演した。三五年に映画界を引退した。以後香港に住んだが、一九五六年に北京に来て定住した。彼女は、三〇年代の若き日の毛沢東夫人江青の種々の生活実態をよく知っていたので、一九六七年の一〇月に逮捕され、七三年四月四日、獄中で死んだ。

徐雷（男）Xu Lei

五〇歳前後、上海市位育中学の国語教師。文革中、建物から飛び降りて自殺した。

徐霈田（男）Xu Pei Tian

七〇余歳、北京第六中学を退職した用務員。一九六六年一〇月三日、紅衛兵に打ち殺された。これまで出版された文革通史は三種類ある。その中で、高皐・厳家其共著『文革十年史』には、六六年夏に殺された普通の庶民二人の名前が記されていた。徐霈田と王光華の二人である。この書物が出版されようとしたとき、二人の元紅衛兵が、党総書記の胡耀邦に出版しないように訴えた。それで、この書物は公には売れなくなった。それで以後の通史には、彼らのような名もなき庶民は犠牲者として記載されなくなった。徐霈田は、一九四〇年からこの学校の用務員をして校舎に住み、授業開始の鈴を鳴らしていた。独身で子供もなかった。しかもすでに退職していたのである。しかし、紅衛兵からありとあらゆる野蛮な虐待を受け、打ち殺された。この中学の紅衛兵は「首都紅衛兵西城区糾察隊」をつくり、最も凶悪な暴力を振るった。これら紅衛兵たちは教師以外に沢山の一般庶民を殴殺したり、自殺に追い込んだりしたのである。北京市内に住む「自宅所有者」を、反革命の「資産階級」だとして虐待を加え、情け容赦なく、北京市内から家族もろとも約一〇万人の一般住民を農村に〝駆逐〟したのであった。公安警察は、見て見ぬふりをしていた。天安門、中南海など中心街を含む西城区だけでも、この夏、少なくとも三三三人以上が紅衛兵によって虐殺された。文革時代、名もなき庶民が沢山殺されたり、農村に追い出されたりしたが、その人々に関する国民党時代の様々な噂が、何の証拠も裁判もなく未熟な一〇代の子どもたちによって「悪行、犯罪」と決めつけられて虐殺されたのだった。前記した『文革十年史』に書かれた二人以外に、まだ一人、学校の付近の何漢成という老人がいたことが分かっている。彼は普通の「自宅所有者」であったが「資産階級」とされ、六中の私設監獄で打ち殺された。

許幼芬（女）Xu You Fen

北京工業学院の図書館用務員。一九六八年、「問題あり」とされ「尋問」を受けた。彼女を尋問した人物は、彼女のために準備した厚い書類の中から、一枚を取り出して、彼女の名前の部分を見せて元に戻し、「真面目に白状せよ」と迫った。じじつ、彼らは故意に彼女を威嚇して、どんな彼女の悪い罪証でも出せるように思わせた。彼女は、恐怖の余り帰宅すると急に病を発して死んでしまった。

許政揚（男）Xu Zheng Yang

燕京大学の卒業生。天津の南開大学中文系の古典文学教師。文革が始まると中文系の「反党集団」とされた。「闘争」にかけられ、学内の「労改隊」で草取りをやらされ、また自宅を捜索された。一九六六年八月、入水自殺した。四一歳だった。遺灰はなく、文革後に骨壺に入れられたのは、彼が校訂訳注した『古今小説』一冊だけだった。

許志中（男）Xu Zhi Zhong

上海人、一九三一年生まれ、西安交通大学の圧縮教研室の助教。文革中、「反動思想」の故に「隔離審査」の対象とされた。一九七〇年九月三〇日、服毒自殺した。文革後に判明したことであるが、彼は一九六五年～六七年にかけて病院に入っており、「妄想――幻覚性精神分裂症」なる診断書がのこっていたので、再度審査後、彼は精神病だったことが判明した。それで無罪とされた。しかし、本来、精神病でなくても、思想によって人を裁くべきではない。

許光達（男）Xu Guang Da

一九〇八年生まれ、湖南省長沙の人。国防部の副部長、中共第八期の中央委員。以前、「賀龍の総参謀長であった」とされて激しく殴打された。連続六〇日間も病院内で迫害を受けた。彼は何度も心臓病を発して、一九六九年五月二六日死亡した。ある時、彼は昏倒したが、その場にいた医者たちは、目覚めさせてからまた殴打し、藤椅子に立たせたり、それをひっくり返したりした。鮮血が衣服から滴り落ちた。入院中に、彼にこのような迫害が繰り返された。その詳細は、戴煌著『胡耀邦与平反冤仮錯案』に記されている。

許蘭芳（女）Xu Lan Fang

北京市東城区の居民、夫の汪昭鈞、娘二人と小さな家に住んでいた。一九六六年八月一六日、夫とその時家に来ていた二番目の娘と一緒に、紅衛兵に襲われて殺された。彼女は、この時八〇歳近かった。（「汪昭鈞」の項を参照のこと）

許恵爾（男）Xu Hui Er

中国人民大学の教師。一九五七年「右派分子」とされ、一九六七年の夏、校内の紅衛兵に猛烈な虐待を受けて死亡した。

席魯思（男）Xi Lu Si

武漢大学中文系の教授。「反動学術権威」とされ「闘争」にかけられた。一九六六年九月、憤り、自ら絶食して死んだ。

Yの項

楊巨源（男）Yang Ju Yuan

重慶長江港運分局の労働者医院の院長。文革中、「批判、闘争」を受けて自殺した。

楊愛梅（女）Yang Ai Mei

広州第一七中学の国語教員。一九六八年の「階級隊伍を純化する運動」の時、「審査」を受け、年末に自殺した。夫は、文革前に杭州市党宣伝部の副部長であったが、この時「打倒」されて、警備司令部に監禁中だった。

楊豹霊（男）Yang Bao Ling

天津市重慶道の住民、七〇余歳。退職して自宅にいた。一九六六年八月、市内某中学の紅衛兵によって、家の門口で襲撃されて妻と共に棍棒で乱打され殺された。彼は、国民党時代には、天津市外事処の処長だった。息子の楊天剛、娘の楊天纇は、当時アメリカに居住していた。妻の一人の甥はノーベル物理学賞を受賞した李政道である。

楊必（女）Yang Bi

上海復旦大学外文系の副教授。一九六八年の「階級隊伍を純化する運動」の時、自殺した。彼女は、翻訳が大好きだった。サッカレーの名作『虚栄の市』（中国語訳『名利場』）を訳した。この本は大変売れた。翻訳家として有名だった。彼女は、外国に行ったことがなかったが非常に聡明で努力家だった。外国人の修道女について外国語を学んだという。「外国人との交流関係」は、文革中に「攻撃」を受ける格好の理由だった。彼女の姉は、楊絳（社会科学院外国文学研究所員）である。楊絳も翻訳家で夫の錢鍾書と北京に住んでいた。彼女は、文革での農村下放の体験を『幹校六記』（日本では、「みすず書房」から一九八五年に、中島みどりの訳で翻訳書が出ている）を書いた。また、彼女はこの妹を記念する文章を書いているが、それによると楊必は、心臓衰弱と睡眠薬の飲みすぎで死んだと書いている。しかし、楊必の復旦大学の同僚たちは、皆自殺だったと言っている。著者（王友琴）は次のように想像する。この違いは、おそらく楊絳は、愛する妹が迫害されて自殺したのだということは耐え難い苦しみであり、認めることができなかったからであろう。

楊春広（男）Yang Chun Guang

一九五六年の「社会主義改造」以前は、「スチーム暖房」工事の小事業者であった。以後は、そこの合営事業者の一人となる。一九六六年八月、北京の幸福大街にある公営会社の数十人のかつての「小事業主」と共に、「資産階級」と見なされ、全員が皮の鞭で猛打された。楊春広も妻と共に紅衛兵に三時間も打たれ、夫婦共に雨の中で惨死した。この時、紅衛兵は「打つと言えば、打つ」（「説打就打」）という歌を唄っていた。以上の記述は『青春的浩劫』（社会紀実叢書、中国社会出版社、北京、一九九六年）に書いてある。幸福大街は、北京の崇文区にあるが、ここで「欄杆市事件」と呼ばれる事件が、一九六六年八月二五日に発生した。北京第一五女子中学の紅衛兵は、ここに住む李文波を打ち殺した。妻の劉文秀は公安警察に逮捕されて、二週間後に死刑になった。同じ日の夜、女子紅衛兵たちは、自分達の学校の責任者の梁光琪をも打ち殺した。（「李文波」の項を参照のこと）

楊代蓉（女）Yang Dai Rong

上海師範学院の外語系英語教師、同校党総支部書記。「資産階級」の家に生まれたため、「敵階級の代理人」と指弾され、南大楼で首を吊って自殺した。

楊寒清（男）Yang Han Qing

上海復旦大学附属中学の国語教師。「右派分子」とされ、教壇に立つことを禁止された。文革中、一九六六年、校内でたびたび「批判、闘争」を受け、また北京から来た紅衛兵に何度も猛打されて打ち殺された。

楊嘉仁（男）Yang Jia Ren

一九一二年生まれ。上海音楽学院教授、指揮系の主任。アメリカに留学して修士号を獲得。一九四〇年に帰国してから教師を続けてきた。一九六六年、野蛮な「闘争」に遭い、同年九月、妻の程卓如と一緒に睡眠薬を飲んだ後、ガス管を開いて自殺した。妻の程卓如は上海音楽学院の附属中学副校長だった。（「程卓如」の項参照のこと）

楊景福（男）Yang Jing Fu

清華大学の外国語教師、三六歳。一九六八年一一月六日、「階級隊伍を純化する運動」の中で建物から飛び降りて自殺した。

楊静蘊（女）Yang Jing Yun

天津新華中学の国語教師。一九六六年夏、「闘争」を受けていた時、脳溢血を起こして死亡した。この学校は、建国以前はキリスト教会の女子中学であり、「聖功女子中学」と言う校名であった。以後、校名は度々変わった。この学校には、また顧という姓の女性教員がおり英語を教えていたが、紅衛兵は彼女を猛打し、頭から熱湯を注いで生きながら殺した。

楊九皋（男）Yang Jiu Gao

上海七宝中学の英語教師。一九六六年八月から九月にかけての時期に、彼の原籍の農村からやってきた「下層貧農階級」

の「造反派」に、「漏網（これまで網を漏れていた）地主分子」だとされて、猛烈な「批判、闘争」を受け、その日に首を吊って自殺した。

楊俊（男）Yang Jun

中国人民大学の附属中学の教師、四〇歳弱、「出身階級不良」とされていた。文革中、一日中「労改隊」で仕事、夜はセメントの床の上にじかに寝かされた。毎日暴力を振るわれ、一九六八年一一月下旬のある晩、紅衛兵に打ち殺された。翌日、死体はムシロに巻かれ、「自殺」したとされたが、その時、彼にはもう自殺する力は残っていなかった。

この夏の初め、この附属中学では、校長の邸文彧（彼は殴られて、片方の耳が聴こえなくなった）、また党支部書記の関瑋（女）、党支部弁公室の李影、共青団書記の幹部たちが虐待された。八月下旬に入ると、柳成昌（出身が悪いとされ猛打）・鄭之萬（頭を陰陽頭に剃られ、迫害に堪えず自殺）・楊俊（殴打により撲殺された）・劉蔭基（「出身階級不良、反動学術権威」とされて、猛打され睡眠薬自殺を図ったが、病院で生き返った）等々が猛烈に虐待された。また、趙国鈞と何宗第の二人は、出身階級が悪い、反動学術権威として迫害された。何宗第は二〇〇〇キロも離れている原籍の西安に追い返されたが、銭がなく、一人で歩いて西安に行ったという。

これら二〇名近くの教師たちが、「出身家庭不良、歴史反革命、反党分子」等々の「罪名」で「牛鬼蛇神」とされ、労改場（校内に「紅衛兵生徒が作った労働改造所」）へと入れられたのである。そして監禁・殴打されしばしば殴殺されたり、自殺したりした。労改隊では、雨の中を洗面器を叩きながら、校庭の砂場に水が溜まった中に入れられたり、転ぶと殴打・足蹴りをくらったりした。毎日、鞭打ち・運動場の駆け足・陰陽頭刈り・拝跪・虫食い（無理やりかぶと虫を食わせる等）その他、あらゆる迫害、虐待、侮辱が日夜加えられた。紅衛兵は、また付近に住む一般住民（学外のある老婦人）をゴロツキだとしてリンチを加えて殺した。同じ学校の女生徒の祖父で北京大学の校内に住む孔海琨も連れてきて打ち殺した。この夏、この附属中学の紅衛兵は、学校内外において全部で一〇数人を殺した。この時、監禁された教師たちは、一九六八年「階級隊伍を純化する運動」の時にも、再び監禁され猛烈な虐待を受けた。

楊雷生（男）Yang Lei Sheng

復旦大学外文系の英語科の学生、一九六三年入学。一九六八年初期に「反動学生」として監禁され、建物から飛び降りて自殺した。二一歳前後だった。彼は自殺する前日、同学年の学生から「批判、闘争」を受けて、「反動学生」「悪人の手先」と指弾され監禁された。翌日の朝食時に、見張りの学生の隙をついて建物の屋上に逃げて、窓から身を投げて自殺した。地面はコンクリートであったから、血はあまり出ていなかったが、白い脳漿が出ており即死だった。彼が非難された理由は、彼が何か「反動的」な言葉を吐き、それを聴いた学生が、上部に告発したからだという。仲間の学生に「密告」されて自殺した人に葉逢という女子学生がいた。

・「葉逢」は、一九六六年時には外文系四年生だった。文革が始まる一年前のことであるが、彼女はうっかりしがちな人で、ある時教室に自筆ノートを忘れて出てしまった。机の上に残されたこのノートを、そばにいた学生が見つけて中を見た。この学生は、革命幹部の子で、共産主義青年団員だった。この学生は、ノートの内容に問題があると考え、学校の政治委員に提出した。政治委員は、葉逢は「思想が複雑である」とした。この言葉は、当時は大変危険な「思想反動」と言われるようなものだった。このことが、文革時代に持ち出され、一九六八年三月、大問題にされたのだった。学友の私的なノートに書かれた個人のメモが、他人からこっそり政治委員に渡り、それが三年後に持ち出されて告発され、反動分子にされたのだった。彼女は、迫害に耐え切れず、建物の屋上から身を投げた。落ちた地面はコンクリートではなく、比較的軟らかい土であったから、大腿骨骨折で入院した。すると学生達は、病院に押しかけてベッドごと引き出して「闘争会」を開き、更に退院すると車いすのまま引き出してきて、また「批判、闘争」を行った。この時、学生たちは次々に立って彼女に攻撃を浴びせたが、その攻撃のセリフは、みな上部の政治委員会が事前に各学生にセリフを割り当てて発言させたものだった。だから、発言者たちは発言の前後の脈絡を全く知らなかったという。

・「張暁梅」は、葉逢より低学年の同じ英文科の女学生だった。彼女も飛び降り自殺を図ったが、地面が泥だったので命だけは助かった。しかし、骨盤が粉砕されたので生涯通じて重度の障害者になった。

楊世傑（男）Yang Shi Jie

五〇余歳、南京大学分管科研の副所長。一九六八年「階級隊伍を純化する運動」の時、自殺した。

楊順基（男）Yang Shun Ji

上海京西中学の物理教師。一九六六年夏、学校で生きながら打ち殺された。四〇歳代であった。紅衛兵は学校の教師に対して、「四つの古いものを破壊する」（「破四旧」）運動の時、自家にある古いものを持ってこさせた。多くは書籍であったが、それ等を運動場に集めて焼き払った。大きな炎の周りに「牛鬼蛇神」を坐らせ全身を火であぶらせ、火の回りを犬のように這い廻らせた。楊順基は、独身で大人しくヒッソリしている人だった。彼は、ちょっと「海外関係」がある人だったようである。紅衛兵が先生達を殴打し始めた時、彼は怖くなって逃げ出し従兄の家に隠れようと思った。しかし、従兄たちは紅衛兵が追って来る事を心配して泊めなかった。もし、彼を家に隠したら、自分達もきっと殴打されることになるからだった。楊順基は逃げるところがなく学校に帰った。そして教室の中で打ち殺された。

楊朔（男）Yang Shuo

一九一三年生まれ、著名な作家、中国作家協会外国文学委員会の主任。「批判、闘争」を受け、一九六八年八月三日、大量の睡眠薬を飲んで自殺した。彼は中国で最も有名な作家の一人と言ってよいかもしれない。なぜなら、彼の作品は、文革後にも『茘枝蜜』、『雪浪花』、『茶花賦』等が、国語の教科書に載っており、広く深く国民に読まれているからである。生徒・学生は学校で読んだり、暗記したりして彼の作品に親しんできた。文革後、多くの有名で地位の高い人々は、一九八〇年前後に「名誉回復」を認められ、新聞や雑誌に長い記事が掲載された。しかし、無名な小中学校の先生などは、まったく名前が載らなかった。楊朔については、「迫害されて死んだ」という短い記載しかなかった。だから、一般の人は、彼が受けた猛烈な迫害、虐待のことはまったく知らされなかった。文革後に出版された『中国大百科全書』では、「文学」の項に楊朔の生涯と作品が約一〇〇〇字で紹介された。しかし、彼の文革中の「遭難」や、「死に様」は、まったく書かれていない。だから、中国の生徒たちは、教科書で彼の作品を勉強する時に、彼の死ぬ時の状態を全く知らないのである。

楊朔の家族たちが、父の死の原因や名誉回復のために、ひそかに集まって相談することができるようになったのは、父が自殺してから七年目にあたる一九七五年のことであり、実際にこの年の暮れに「慰霊祭」を行うことができた。しかし、遺族は、父の慰霊祭に死の原因や迫害の実行者を明らかにすることができなかった。遺族は、原因追及を諦めて、初めて慰霊祭を行うことができたのである。

楊朔の作品は、人民の苦労、農民の貧困生活を描写するものではなく、美しい山野や穏やかな人間の世界を叙情的に描写するものだった。優美な「散文」が中心だった。あの恐るべき大飢餓時代の中国人の悲惨な運命や貧困生活は、彼は全く描写しなかった。そういう意味では、彼は特権的な生活を享受していた人物だった。外国にも、また有名な温泉に旅行することもできた。一方で、彼は毛沢東を讃美したり、文革を擁護したりすることもしなかった。しかし、文革時代にはそれでは許されなくなった。彼は、「闘争会」で激しく攻撃され、罵倒され、侮辱され、以後行動の自由も奪われ、自殺に追い込まれたのだった。

楊素華（女）Yang Su Hua

河北省石家荘にある河北師範大学中文系教師。文革が始まった時、彼女は学外の校舎で教えていた。彼女は、キャンパス内に連行され、頭髪を切り取られて監禁された。三日目の夜、剃刀を使って自殺した。

楊文（男）Yang Wen

一九二〇年生まれ、山東省文登の人。西安交通大学の革命委員会の副主任。彼は、一九七〇年の「一打三反」運動の時、過去の歴史問題が浮上し、「監禁、審査」の対象になった。文革の初期には、運よく革命幹部となり上手く出世できたが、ついに革命の矛先が自分に向いて来た時、自分を保護することができず、同年三月二九日、自宅で首を吊って自殺した。

楊文衡（男）Yang Wen Heng

北京航空学院の数学教研室の教師、三〇余歳。共産党員、総支部委員。一九六八年の「階級隊伍を純化する運動」の時、楊文衡は、他人に私語で毛沢東の妻江青のことをしゃべったため、それが「現行反革命」として密告され逮捕され、連続三〇数時間の「闘争」を受けた。一時帰宅したが、彼はすぐ北京郊外の西山に行き、疾走してくる軍用トラックに飛び込んで自殺した。まだ四〇歳になっていなかった。彼は、文革に不満を持っており、ある時友人との会話で、「江青の言葉は激しすぎる」と言った。この私的な会話が密告された。録音機もなかった時代だったから、明らかな証拠はなかった。だから、学校の「専案組」（特定の個人を専門に取り調べるチーム）は、何処でも誰でも「闘争」にかけ、「拷問によって証拠」を得る必要があった。楊文衡に対しては、彼を調べる専門チームを組んで自白を強要し、三〇数時間、交代しながら連続して侮辱、脅迫、訊問を続行した。夜昼なく、攻める方は入れ代わり立ち代わりして「脅迫訊問」を行うが、疲れると食事をとり休んだ。深夜に及ぶ訊問者には、一椀のウドンが出た。貧しかったあの時代、この食事が魅力でもあった。楊文衡は、食事もできず、寝ることもできず、水も飲ませてもらえなかった。やっと家に返されてから、遺書を書いてすぐ自殺したのであった。。無職の妻と、四、五歳の子どもが残された。（北京航空学院の文革については「胡淑洪」の項を参照のこと）

楊雨中（男）Yang Yu Zhong

北京地質学院の探工系の学生。文革時の紅衛兵組織「東方紅」の頭目の一人。一九六七年春、「朱成昭（「東方紅」の最初の頃の指導者）の反中央文革事件」に連座して審査を受け、建物から飛び降りて自殺した。

楊昭桂（男）Yang Zhao Gui

上海第二軍医大学の訓練部副政治委員。文革初期に迫害されて弁公室で首を吊って自殺した。

楊振興（男）Yang Zhen Xing

四〇余歳、江蘇省江陰県の青陽鎮の小学校算数教師。一九六六年初期、「闘争」を受け、建物から飛び降りて自殺した。

言慧珠（女）Yan Hui Zhu

一九一九年生まれ、上海の有名な「昆曲」の女形の俳優、上海戯曲学校の副校長。一九六六年八月、野蛮な「闘争」を受け、翌九月一一日、自宅の洗面所で首を吊って自殺した。四七歳だった。彼女はまさに名優だった。彼女は芸術家であると同時に教育者でもあったが、この二つの身分は、まさに文革発動者の最も格好の標的であった。彼女の夫兪振飛も同じく「昆曲」の俳優であり、またこの学校の校長だった。紅衛兵は、この夫婦を「ブルジョア反動階級の文芸界の悪人・代理人」だとして、毎日迫害し、自白することを迫った。その時、彼女は「首都紅衛兵西城区糾察隊」が一九六六年八月九日に出した「第四号通令」を見た。彼女は、この布告を見た時、もう自分には未来がないと絶望した。

この「第四号通令」の副題は、「地主・富農・反革命・壊分子（悪人）・右派・資産家」の「黒六類分子」（ただし、現行反革命分は除く）にも、「出路」を与えるというものであったが、その「出路」の内容とは、九月一〇日前に北京から出て行き、原籍の農村で革命的人民に監督を受け改造を受ける、というものだった。この「第四号通令」は、八月二九日に正式に「発布」された。この日は、毛沢東が紅衛兵一〇〇万人を天安門広場に集めて「閲兵」した日であった。この時、毛沢東、林彪、周恩来の三人は、天安門上に現われた時、「西城糾察隊」の腕章を付けていた。このことは、「西城糾察隊」こそが、唯一絶対の「司令塔」であるということを、全国民に知らせたことに等しかった。だから、「西城糾察隊」の布告は、毛沢東・林彪が発する「正式な布告」であり、「黒六類分子」は特殊例外を除いて、北京から九月一〇日前に家族ともども、皆出て行かなければならない、という命令そのものだったのだ。

閻巨峰（男）Yan Ju Feng

河北省南宮県の中学副校長。一九六六年八月、紅衛兵生徒の暴力的「闘争」を受けた後、首を吊って自殺した。校長の徐躋青と数学の教師の邢之征も同じ時期に自殺した。この学校は、河北省の重点中学だった。

燕凱（男）Yan Kai

一九四六年生まれ、上海音楽学院民族音楽系の学生。父母は、上海の高級幹部であった。彼は、文革初期、積極的な紅衛兵で、ある一派の頭目であった。後に、彼の両親は打倒された。彼は「清査五一六集団」（「五一六分子」を粛清する）運動の時、「監禁・審査」を受け、一九七〇年三月八日に動脈を切って自殺した。二四歳だった。

厳鳳英（女）Yan Feng Ying

有名な安徽黄梅劇（安徽の地方伝統劇）の女優。彼女が主演した「女駙馬」の芝居は、映画にもなり、広く喝采を浴びた。文革中に「特務」とされ、「闘争」を受け、殴打・侮辱の限りを受けた。一九六八年四月八日、服毒自殺した。三〇余歳だった。

厳裕有（男）Yan Yu You

四〇余歳、上海の星光工具工場の工員。一九六八年八月二一日、「階級隊伍を純化する運動」の時、住んでいた独身寮で自殺した。厳裕有は、口下手で自分のことを上手く説明できなかった。この工場は手工業者達が合併して作った公営工場であり、職工は約七〇名いた。この政治運動の時、九人が摘発された。彼以外に、以下の人々が激しく迫害された。

・傅炳千――製鉄の町工場の主、「悪質分子（悪人）」とされた。
・辺毓良――無錫の人、建国以前に「国民党軍の兵隊」だったという「歴史問題」があった。
・陳受章――元電報局の職員、「悪質分子（悪人）」とされた。
・呉躍寛――南通の人、解放軍にいたが、一九五七年に「右派分子」とされかけた。しかし、今度は正式に「漏網右派分子（これまで右派分子のリストから漏れていた右派分子）」とされた。
・章文月――安徽人、鉄の街工場の主人だった。「悪質分子（悪人）」とされた。

上記の人々は、毎日、職場に行けば必ず、一列になって門から入り、毛沢東の画像に向って跪き「罪を詫び、許しを乞う」儀式をせねばならなかった。また、工場を出る時には、その前に豚を飼い、掃除をやり、終わってから更に又、毛沢東の画像に約三〇分跪き、再び「罪を詫び、許しを乞う」、そうしてやっと帰宅できるのであった。しかし、冬になると跪かず、立ったままで行うことが許された。

厳雙光（男）Yan Shuang Guang

一九二九年生まれ、四川省成都の一三二工場の冶金責任者。一九七一年九月七日、「林彪事件」に関係があるとされ、蘭州空軍司令部が作った「毛沢東思想学習班」で殴殺された。死体の口の中には、歯が一本しか残っていなかった。四二歳だった。

文革が終わってかなりたった一九九六年、著者（王友琴）は、厳雙光の弟の厳四光を訪ね、兄のことを訊いた。弟は、兄の死因に疑問を持ち、兄に暴力を加えた軍の責任者を訪ねたが、彼は林彪の国外逃亡・墜落死事件によって、北京の秦城監獄に入れられていた。そこを訪ねて、この囚人に会わせてくれと獄卒に頼んだ。すると、「たかが一人の命のことなど、問題にする値打ちもない」と断られたという。厳雙光の父は、厳済慈といい、フランスに留学して現代物理学を学び、最先端の物理学を中国に導入し、中国科学院の院長になった。この厳済慈先生が、以後、父を失った九歳の孫・厳小雄を育てた。厳小雄は、ずっと父は化学実験の事故で死んだと思ってきた。文革後に、父の「名誉回復」が行われ、初めて父が懲罰で虐待されて死んだことを知った、という。

厳志弦（男）Yan Zhi Xian

復旦大学の化学系教授。一九六八年五月一五日、家の門のところで打ち殺された。紅衛兵は、その日殴打されて一言残して帰った彼を追って来て、家の門のところで捉まえて、大声を発して打ち、門も打ち壊した。そして重傷を負った彼を倒したまま去った。彼の妻は、「朝元気で出て行った人が、帰って来た時に家の門も跨げずに死んだ」と嘆いた。

姚秉豫（男）Yao Bing Yu

上海華東師範大学生物系の党総支部代理書記。一九六八年の「階級隊伍を純化する運動」の時、「審査」され、同年五月二五日に自殺した。

姚道剛（男）Yao Dao Gang

重慶市の長江航運分局に属する船長。一九六八年八月二日、船を運転して万県の領域に入ったところ、万県の「造反派」に襲撃され、船を操舵する運転台で弾に当たって死んだ。この時、乗客も多く負傷した。

姚福徳（男）Yao Fu De

天津市紅橋区の金鐘橋小学校の用務員。一九六六年八月下旬、ここの小学生が彼を何回も殴打した。彼は学校の裏に流れている子牙河に身を投げて自殺した。目撃者は、次のように語った。この時期、この川の岸は高く、川は浅かった。彼は、高い岸の上から頭を下にして身を投げた。川は浅かったので、彼は頭を川底の砂の中に突っ込んだが、下半身は川面から上に出ていた。多くの人が、彼が逆さまになって死ぬのを見た。この一九六六年の「紅八月」、天津市でも多くの人が打ち殺され、また川に飛び込んで自殺した。これは普通のことだった。彼が殺されたのは、昔、彼は国民党軍の兵隊だったからで、指が欠けているのは軍隊時代に凍傷に罹ったからだと、紅衛兵は言っていたが、果たして真実かどうか分からない。また彼の歳がいくつだったのか、家族がいたのか、そうしたことも全く不明である。

姚剣鳴（男）Yao Jian Ming

一九〇二年生まれ、武漢第二建築公司の職工を退職。元国民党陸軍の将校。一九四八年に共産党側に寝返った。退職後は妻と一緒に北京の息子が属していた工作単位の住宅に住んだ。一九六六年八月二七日、妻の賀定華が紅衛兵に打ち殺され、彼は猛打された後に北京市から放逐されて、故郷の安徽省宿松県に行った。そこで、北京にいる息子が「現行反革命」と決められたこと、また彼自身も再度人民の「闘争大会」に引き出されることを知り、首を吊って自殺した。（「賀定華」の項を参照のこと）

姚炯明（男）Yao Jiong Ming

上海軍医大学附属の長海医院の副政治委員。文革中、「隔離審査」を受けていた時、紅衛兵から打ち殺された。息子の姚小滬が、霊安室で父の衣服を着がえさせた時、父の全身が傷だらけになっており、見るに堪えない程悲惨な有様であったという。

姚培洪（男）Yao Pei Hong

上海人、一九三二年生まれ、西安交通大学の絶縁教研室の講師。文革中、「隔離審査」を受け、一九七〇年五月一九日、建物から飛び降りて自殺した。三八歳だった。この大学の資料によると、彼の主要な問題は反動組織に参加し、政治意識が反動的であり、言動が攻撃的であり、国家機密を盗んだ等々のことだった。文革の後期には、「経済困難」の時期の政治的な議論が問題にされた。毛沢東が一九五八年に始めた「大躍進政策」の失敗によって、以後無数の人々が餓死した。しかし、毛の責任は追及されなかったばかりか、その時期の毛に対する正当な批判的な話が、逆に文革時代には言った人を迫害する理由になったのである。

姚啓均（男）Yao Qi Jun

上海華東師範大学の物理系教授。一九六六年八月四日、彼は他の教師・幹部一〇〇余名と共に、一斉に自宅を襲われ捜索された上、見せしめにデモ行進に入れられた。そして学校の「共青広場」（共産主義青年団広場）で跪かされ、「闘争」にかけられた。こうした暴力が連続したため、一九六六年九月二八日、物理棟から飛び降り自殺した。

姚漱喜（女）Yao Shu Xi

北京外国語学校の教導主任。一九六六年夏、紅衛兵生徒から残酷な「批判、闘争」を受け、学校の便所で首を吊って自殺した。四〇余歳であった。この年の六月初め、学校での「闘争会」の時、ある学生が登壇して、彼女がいかに自分を迫害したかを「訴え」、便所で使用した紙を入れる篭を彼女の頭にかぶせた。さらに、八月になり紅衛兵運動が起きると、大規模な殴打が始まった。北京大学附属中学の紅衛兵の女性幹部・彭小蒙が、この学校に来て「闘争」を指導し、何人かの教師を「労働改造隊」に入れた。この学校の三人の幹部――程璧・莫平・姚漱喜とその他の教師は、学校の食堂が開かれる時、入口に一列に腰を曲げて並ばされて紅衛兵から鞭打たれ、自ら「牛鬼蛇神」を嘲笑する歌を唄わされた。この歌を、一五、六回、くり返して歌わないと許されなかった。程璧・姚漱喜の二人は、女性であったが、頭髪をハリネズミのように切り刻まれた。姚漱喜は、学校の宿舎に住んでいたから、ある晩、生徒達が入れ代わり立ち代わりして五組も襲って来た。それでついに耐えきれず、便所で首を吊ったのである。一九六六年八月二〇日前後のことであった。遺書には「もう耐えられない」とあった。この学校では更に二人の人が死んだ。一人は女性の用務員の劉桂蘭（紅衛兵から殴殺）であり、もう一人は炊事部の用務員の羅桂田（首吊り自殺）だった。もう一つの外国語学校では、八月一九日の夜、二人の教師（張輔仁、張福臻）が打ち殺された。この二年後の一九六八年、学校幹部だった莫平が自殺した。文革初期、北京にあった二つの外国語学校の附属中学の紅衛兵は、特に暴力が激しかった。その理由は、当時外国語学校には、党・政府の幹部の子弟が多く入っていたので、親の特権的地位によって、毛沢東の指示などを早く知ることができた。それでいち早く紅衛兵運動の先端を走ることができたのである。しかし、文革の次の段階で高級幹部の親が打倒されるようになると、今度は立場が逆転した。紅衛兵の中心だった生徒は、迫害の加害者から被害者になった。

姚蘇（男）Yao Su

四川省遂寧県の県長。文革中、残酷な闘争をうけ、監禁された。一九六七年七月二七日、南北塾で川に飛び込んで自殺した。

姚桐斌（男）Yao Tong Bin

中国科学院航太（大気圏の気象や宇宙）研究所の所長。一九六八年六月、打ち殺された。

姚学之（女）Yao Xue Zhi

武昌市実験中学校の政治委員。一九五七年に「右派分子」とされる。一九六六年八月、彼女は党幹部・軍人の子弟を主とする紅衛兵に殴打攻撃され、街道デモに引きだされ、さらに痰壺の汚水を飲まされた。紅衛兵は、楽しんで彼女を責めさいなみ、最後に虐待して殺した。

姚溱（男）Yao Zhen

中共中央宣伝部副部長。一九六六年六月、自宅で首を吊り自殺した。これより前、毛沢東は、北京にあった中央宣伝部は「閻魔殿」であると攻撃し、陶鋳を派遣して、これを接収した。姚溱の娘の姚薛は、この時、北京師範大学の附属中学の生徒だった。劉少奇がここに派遣した工作組が進駐した時、姚薛は「学生会の幹部」に選ばれていた。これも又、父姚溱の差し金で行われたのであり、姚溱の「罪証」とされた。

姚祖彝（男）Yao Zu Yi

元外国貿易部の英語通訳。一九五七年、「右派分子」とされ、「労働教養」の処罰を受けた。一九六〇年代初め、「労働教養」の処罰から解放され、農場職工にされた。彼は七〇年の正月頃に、南京で王桐竹・陸魯山・孫本喬などと一緒に「外国逃亡を計画した」、「知識青年を組織して街頭で不穏な言動をとらせた」という罪で銃殺された。

葉懋英（女）Ye Mao Ying

上海同済大学附属中学校の校長。文革が始まると、この学校の教師たちは、地面に跪かされ猛打された。あまりに酷い虐待だったので、この学校に来ていたヴェトナムの留学生が同情して抗議したほどだった。葉懋英は、「批判、闘争」

を受けた後、校内で首を吊って自殺した。

葉紹箕（男）Ye Shao Ji

五〇余歳。復旦大学の中堅幹部。一九六六年、「批判、闘争」を受けた後、自殺した。

葉文萃 Ye Wen Cui

上海浦東中学の教師。一九六六年、「批判、闘争」を受けた後、自殺した。

葉英（男）Ye Ying

上海第一病院の寄生虫学の教授。日中戦争時代にアメリカ軍の通訳をした。一九四〇年代にアメリカへ留学し「原虫学」を学んだ。この過去が「歴史問題」とされ、一九五〇年代の「反革命粛清運動」の時、「批判の対象」となった。何回かの「自己批判」の後、関門を通過することができたが、文革中にまたも古傷を持ち出され、長期にわたる肉体的、精神的な迫害、虐待を受けた。ついに彼は耐えられず、自転車に乗って疾走してきたトラックに衝突して楽になりたいと思った。しかし、重傷を負って廃残者になり、ほどなくして肺炎で死亡した。

葉以群（男）Ye Yi Qun

一九一一年生まれ、上海文聯の副主席。文学理論家、著作に『文学基本原理』がある。文革が始まると攻撃を受け、一九六六年八月二日、建物から飛び降りて自殺した。

葉祖東（女）Ye Zu Dong

雲南省の昆明師範学院の附属小学校の国語教師。一九六六年秋冬の間、「批判、闘争」を受けた。高血圧症があり、「闘争」後、脳溢血で死んだ。

伊鋼（男）Yi Gang

三二歳前後、南京林学院の附属小学校教師。一九七一年、「五一六反革命分子粛清運動」で指弾され、鉄道線路に横たわって自殺した。彼は、一九六〇年、上海の復興中学にいた時代には「少年先鋒隊」にいた。ついで、武漢測量絵図学院に入学し、卒業後、南京林学院附属小学校の教師に配属されていた。

易光軫 Yi Guang Zhen

北京市第五二中学の副校長、一九六六年、文革開始後攻撃を受け、自殺した。

尹良臣（男）Yin Liang Chen

重慶市のセメント工廠の中国医学の医師。文革中、「反革命集団」の頭目とされ、一九六八年九月一四日、重慶革命委員会の人民防衛組が組織した管理訓練隊に監禁され、拷問・虐待を受けて死んだ。

殷大敏（男）Yin Da Min

上海華東師範大学の物理系講師。一九六八年四月二二日、「階級隊伍を純化する運動」の時、迫害を受け、川に身を投げて自殺した。

殷貢璋（男）Yin Gong Zhang

四二歳。清華大学基礎課程の講師。一九六八年一一月六日、「階級隊伍を純化する運動」の時、妻の王慧琛と共に、北京市郊外の香山で首を吊って自殺した。妻も、清華大学の基礎課程の講師だった。

応雲衛（男）Ying Yun Wei

一九〇四年生まれ。現代劇と映画の監督、演出家。一九六七年一月一六日、「造反派」から闘争を受け街頭デモに連れ出されて死んだ。六三歳だった。

余丙禾（男）Yu Bing He

蘭州市水力発電局の技術者。父親が国民党政府の役人であったから、文革中は侮辱され、拷問自供を迫られた。一九六七年、建物から飛び降りて自殺した。三四歳だった。後に妻と六歳と三歳の娘、それに一歳の男の子が残された。子どもたちは、小さな時から父がなく、多方面から蔑視されて育ったので、精神的な打撃が大きく、一人は二〇歳の時、精神病になり、今、蘭州病院にいる。

俞大酉（女）Yu Da You

北京市西城区西胡同に住む。弟の俞大鯤や甥の俞明璋（清華大学の学生）と一緒に暮らしていた。この家は、俞大酉の所有の家であるが、一九六六年八月下旬、紅衛兵に襲撃され、彼女は殺された。俞大酉と妹の俞大貞（数学教師）は共に北京師範大学の卒業生であった。二人とも未婚で一緒に住んでいたのであるが、妹は癌で死亡して当時はいなかった。中華民国時代、俞大酉は教師をしていたが、後に天津にあった「民国日報」という新聞社の主筆として有名な記者となった。後にまた教師に戻った。

新中国が成立すると北京のある中学の教師となった。しかし、一九五六年の「粛清反革命運動」の時、ある人から、解放前に天津の学校にいた時、その学校の共産党員の名簿を天津警察に渡したと誣告された。半年間拘留の刑事処分を受けた後、釈放されて癌の妹の面倒を見ていた。文革が始まると、一九六六年八月下旬、紅衛兵は彼女を連行し、デモ行列に入れて晒し者にし、頭髪を「陰陽頭」に刈り、「批判、闘争会」にかけた。彼女はそれで死亡し、道路清掃委員会が死体を始末した。遺骨は残されなかった。彼女は、著名な文学流派〝桐城派〟の弟子であったので、その関係の人が、彼女の最後を調べて上記のいきさつを書き残した。

余航生（男）Yu Hang Sheng

上海第二医学院の病理生理学教研室の講師。服毒自殺した。

余楠秋（男）Yu Nan Qiu

上海復旦大学外文系の教授。一九六六年夏、紅衛兵から家を襲撃され、「闘争」を受けた後、自宅で妻と一緒にガス自殺した。彼は老年であり、昔、国民党時代に国民大会の代表になったことがあった。

余啓運（女）Yu Qi Yun

大連工学院の物理学の教師。一九六八年に「隔離審査」に遭い、六月一五日、「監禁中自殺」した。四三歳だった。夫の黄必信もこの学院の無線電機系の教師だったが、既に二年も前に迫害され自殺していた。彼らには三人の子どもがいた。一四歳の少女は、六六年に失踪した。（「黄必信」の項を参照のこと）

遇羅克（男）Yu Luo Ke

一九四二年生まれ。中国人民機器廠の学徒工員。父母は、一九五七年に「右派分子」とされていたので、彼は大学に進学することができなかった。一九六六年、彼は「出身論」等の文章を書いて、所謂「出身の良くない」青年に対する迫害を批判した。また、日記の中で文革に対する「批判」を書いた。彼は、一九六八年一月、逮捕され、北京の「半歩橋看守所」に拘束された。彼と「反革命犯」とされた集団は、一九七〇年三月五日、一緒に銃殺された。二七歳だった。

遇羅克の弟の遇羅文は、二〇〇〇年に『我家』（北京社会科学出版社）を書いて、自分の成長期と文革体験を世に紹介した。また、『遇羅克：遺作与回憶』（徐暁等編、中国文聯出版社、一九九九年）が出版され、彼が書いた文章が収められている。

兪大絪（女）Yu Da Yin

北京大学の英文科の教授。一九三〇年代にイギリスに留学。一九六六年八月、紅衛兵から家を襲撃され、「批判、闘争」を受けた。同月二五日、北大校内の家で服毒自殺した。六〇歳だった。この前日、清華大学紅衛兵は、清華大学附属中学やその他一二カ所の中学・高校から、紅衛兵生徒を大型トラックで大学構内に搬入して、学内で破壊と暴力を自由に振るわせた。清華大学で暴れた中高紅衛兵の一部は、北京大学まで流れ込み、家を襲撃し、書籍や貴重な文物を破壊し始めた。こうして、北京市内の一〇代の少年少女から始まった暴力が、大学内へ、市内全域へ、さらに全国へと拡大し増殖して行った。兪大絪が攻撃された理由の一つは、彼女の兄の兪大維と関係している。兪大維は、国民党政府の高官で、蒋介石側に付いて台湾に行った。それで、中共は彼女に台湾統一のために、台湾にいる兄と連絡を取らせていた。ところが、このことが文革時代には、逆に台湾と通じているとされて、迫害される原因となり、自殺に追い込まれたのである。

彼女と許国璋、呉桂存の三人が書いた英語の本は、当時もっとも中国で使われた教科書であった。三人とも北京大学の教授で親しい関係であった。この中の呉桂存は彼女の教え子であった。この呉桂存は文革時代に、「反動学術権威」、「アメリカの特務」、「漏網右派分子」などとレッテルを張られて、学内の「牛棚」に一年余も監禁され、その間虐待され続けた。一九六八年六月一八日の、大学全体集会の「闘争会」では、ある学生が呉桂存の首に竹へらを差し込んで回したので、血と肉がまじり合い、激痛に耐えられなかったという。

彼女の夫の曾昭掄は、アメリカへ留学し、マサチューセッツ工科大学で化学博士号を取得して帰国し、国民政府に反対した。中共は、一九四九年に建国すると、彼を北京大学の教授兼教務副部長にした。さらに、中央教育部（日本の文科省）の副部長にまで抜擢した。しかし、彼は一九五七年に「右派分子」とされ、武漢大学に左遷された。文革中は、「闘争、迫害」に遭い、一九六七年一二月九日、武漢で死亡した。六八歳だった。

喩瑞芬（女）Yu Rui Fen

北京師範学院（現在の首都師範大学）附属中学の生物の教師。一九五七年、「右派分子」とされ、一九六六年八月、紅衛兵に猛打され、水とお湯を浴びせられて殺された。死体になってもまだ鞭打たれた。五〇歳だった。彼女は、右派にされてから、「下放労働」の処分を受け、許されてからも教壇に立つことは許されなかった。学校の庭園や生物教室の標本の管理などの仕事だけをやらされた。初め、彼女は家から連行されて、学内の「労改隊」に入れられた。この労改隊には、五〇名ほどの教職員が入れられていた。ここで皆、猛烈な虐待と侮辱を受けた。彼女は、セメントの台の上に生徒から両足を持って放り上げられたとき、頭を打って気を失った。すると、彼らはお湯を汲んできてぶっかけた。約二時間虐待を受けて、彼女は死んだ。紅衛兵生徒は、死体を学校の裏の運動場に放置した。誰かがムシロを一枚かけた。天気は暑く、青蠅がすぐ飛んできた。紅衛兵は、「牛鬼蛇神」を皆集めて、「これがお前達の末路だ」と言い、彼等に彼女の死体の周りを取り巻かせ、皮の鞭で死体を叩かせた。死体にはすでに熱湯が掛けられていたので、一打すると皮肉は破れた。この日、虐待を受けた人は、喩瑞芬だけではなかった。校長の艾友蘭も、猛打されて訳が分からなくなった。頭は腫れて豚の頭のようになり、打たれて裂けた顔と頭の傷口はぱっくり開いていた。ある夜、紅衛兵たちは、「牛鬼蛇神」達を連れて、校長の艾友蘭を監禁している部屋に行き、校長の姿を見せた。教師たちが見た校長は、見るも無残な姿だった。他にも教導主任（後に精神異常になった）や校医（五〇歳くらいの独身女性）が、特にひどい虐待を受けた。

教務員の李庚寅は「出身家庭が良くない」とされて殴打され、母親が「地主分子」であったから、原籍の河南省の農村に追い出された。七九歳の父はベッドの上に縛り付けられて殴打され、服毒自殺を図ったが死ねなかった。しかし、ついに聾唖者になってしまった。李庚寅のアメリカにいる弟が、一九七四年に電話をよこし、両親の様子を訊いてきたが、公安局は通話を許さなかった。母はすでに農村で死んでおり、父は何も言えなかったので、彼女は適当にウソの返事をした。また紅衛兵は数学の教師だった田欽の弟の田悦を打ち殺した。彼は「紅五類」でもないのに、「紅衛兵」を名乗ったという理由で、彼を学校に連行して打ち殺したのである。紅衛兵の暴虐は、校内にとどまらず、周囲の農村地区の「地主・富農分子」などにまで及び、一晩に何人も殺した。文革後、当時紅衛兵でなかった卒業生が、紅衛兵だった同学の人に会った時、その人物は、「あの時は地主のバアサンを叩いた。何回も叩いたが、ワアワア叫んだ。半日も叩いたが死ななかった」と笑いながら言ったので、聴いていて本当にぞっとしたという。

袁光復（男）Yuan Guang Fu

一九四七年生まれ、山西省臨汾の人。陝西工業大学（後に、西安交通大学に併合）の熱エネルギー科の学生。文革中、「反動的言論」があり、また「反革命事件」と関係があるとされ、監禁審査された。彼は、一九七〇年一一月、連続して「闘争、猛打」を受けた後、遺書を残して自殺した。三八歳だった。

袁麗華（女）Yuan Li Hua

四川省成都の小学校教師、共産党支部書記。一九六八年一一月八日、学校で「隔離審査」に遭い、生徒から校内に閉じこめられ殴打され、家を襲撃された。同月二七日、連続して闘争、侮辱を受けた後、遺書を残して自殺した。三八歳だった。

袁玄昭（男）Yuan Xuan Zhao

西安第五中学の教師、三八歳。文革中に猛打、侮辱された。生徒は、パチンコの弓で雀を撃ち、その死骸を丸ごと食べるように脅迫し、また靴を磨くクリーム一瓶を食べるように脅迫した。彼は逃げたが捕まり、連れ戻されてより激しい虐待を受けた。最後に自殺した。

袁雲文（女）Yuan Yun Wen

西安交通大学の労働職員。雲南人。一九六八年四月三日、彼女は夫の銭憲倫、母親の張淑修と一緒に自殺した。（「銭

憲倫」の項を参照のこと）

Zの項

張霖之（男）Zhang Lin Zhi

一九〇八年生まれ、河北省人。一九二九年、共産党に入党。新中国では、石炭鉱業部の部長（日本の大臣）、中共中央候補委員となる。一九六七年一月二二日、北京鉱業学院で「批判、闘争」を受けて殺された。五九歳であった。このような大臣クラスの高官が、紅衛兵に学校に連行されて殴殺されたのは、おそらくこの人だけであろう。この前年の一二月、「中央文革小組」の戚本禹（文革時代、毛沢東の股肱之臣となり、激しい闘争を煽動した理論家、後に失脚した）は、鉱業学院に来て演説した。その時、「張霖之は、彭真（一九六六年六月、毛沢東に打倒された。前北京第一書記）の共に死を誓った一味である。彼を〝猛爆撃〟し、〝撃沈〟しなければならない」と煽動した。それで、すぐ張は紅衛兵に何回も「闘争」にかけられて殺害されたのである。

しかし、学校の教師や職員・用務員に対する「闘争」と、党・政府高級幹部に対する「闘争」には、大きな違いがあった。紅衛兵は、学者・教師に対しては、四六時中、自由気ままに暴行や虐待を行っていた。しかし、党幹部・高級官僚に対しては、たまに学校に連行して「闘争会」にかけるが、普段は一般社会からは隔離された生活をさせていた。だから、高級幹部が紅衛兵に打ち殺された事例は、高校・中学・小学校の教師のそれよりもはるかに少ない。この両者の違いは、教育者たちは「資産階級知識分子」とされ、全体が「反動的な階級」とされたのに、高級幹部は個別的に批判され、打倒されたに過ぎなかったからである。

文革が始まる前の時期である一九六四年一二月から、翌年の六五年一月にかけて、毛沢東は中共中央工作会議を開いた。その時、毛沢東は、「我々のこの運動は、社会主義教育運動と言い、重点は総ての党内の資本主義の道を歩む実権派である」と発言した。それに対して、劉少奇が「資本主義の道を歩む実権派は確かにいるが、しかし、資産階級全体を消滅しようとしても、彼等にどんな派があるのだろうか？　すべてのところに、敵と味方の矛盾があるというわけではない。石炭部、冶金部、これらのどこに資本主義の道を歩む実権派がいるのだろうか？」と、疑問を呈した。疑問を差し向けられた毛沢東は、すぐ口から出まかせに「張霖之がそれだ」と言った。こうして張霖之は、毛沢東から名指しで人民の敵とされた。そして、一九六七年、北京鉱業学院の紅衛兵に「闘争」にかけられて殺された。（この話は、『南方週末』一九九八年一一月二〇日の記事「劉少奇、毛沢東和四清運動」、『你所不知道的劉少奇』二〇〇〇年、河南人民

出版社、による）

張継芳（女）Zhang Ji Fang
武漢大学職員。一九六九年三月一六日、夫の劉綏松と一緒に首を吊って自殺した。（「劉綏松」の項を参照のこと）

張岩梅（女）Zhang Yan Mei
北京第三女子中学の数学教師。一九六六年八月、紅衛兵から猛打され、家を襲撃された後、自殺した。

張燕卿（女）Zhang Yan Qing
北京のある小学校の生活補導の教師。一九六八年一一月、所謂「寛厳大会」（自分の悪を自ら率先して暴いた者は寛容に、隠して他人から暴かれた者は厳重に処分する会）で、突然壇上に呼び出されて、激しい「闘争」にかけられた後、苛性ソーダを飲んで自殺した。彼女は、何も知らないで集会に出て一般席で見ていた。すると、突然主催者が、「その白髪頭のババアを連れ出してこい」と叫んだ。そして他人から押されて、壇上によろよろしながら上げられて、猛烈な虐待を受けた。

この様子を見ていた、他の髪がまっ白な女性は、このような恐ろしい場面が自分にも巡ってきたらと恐怖に駆られて、この小学校の向い側にある宣武公園に行き、首を吊ろうとした。その公園は、当時は荒寥としていた。ちょうどその時、外側から公園の見回りをする人々の声がきこえた。それで首吊りの縄をはずして、よろよろと宣武病院の方に向った。その頃、彼女は子宮を病んでおり、血が出ていた。病院で待っていると夜が明けた。こうして彼女は、結局は文革を生き抜くことができた。長い年月が経ってから、この時のことを娘に話した。

張瑛鈴（女）Zhang Ying Ling
西安交通大学保健室の看護師長、安徽省合肥の人。夫の黄鍾秀は「監禁、審査」中の、一九六八年八月二一日、首吊り自殺した。また、妻の張瑛鈴も、翌月、紅衛兵から猛打された後、建物から飛び降りて自殺した。

張永恭（男）Zhang Yong Gong
重慶市公安局第二署の幹部。一九六八年の「階級隊伍を純化する運動」の時、重慶市の最高権力機関であった「公検法軍事管制委員会」による大小多数の「批判、闘争」にかけられ、一九六九年一一月初め自殺した。

張友白（男）Zhang You Bai
三〇余歳。上海市新滬中学の数学・理科の教師。一九五七年「右派分子」とされる。一九六六年「批判、闘争」を受け、宿泊していた校内の独身寮で感電によって自殺した。

張友良（男）Zhang You Liang

上海映画製作の海燕撮影所の副所長。文革中、自白を迫られて殴打され、一九六八年三月一九日、建物から身を投げて自殺した。

張筠（女）Zhang Yun

江蘇省揚州市の湾頭人民公社の小学校副校長。一九六七年二月、彼女は猛打され教室に監禁された。川に身を投げて自殺した。彼女はその前に、七歳の息子から学校の生徒たちがどのように銅のバックルがついた軍用皮ベルトで人を打つか、「経験交流」していると聞いていた。

張文博（男）Zang Wen Bo

一九二四年生まれ、黒竜江省寧安の人。『人民画報』のロシア語版編集。文革中、攻撃に遭い、一九六九年二月二七日、四階にあった自宅から飛び降り自殺した。この建物は、北京の対外文化連絡委員会の宿舎の建物であった。四四歳だった。彼の経歴は、元々はハルビン外国語専門学校を卒業して後、長く学校に留まっていたが、一九五七年に北京に異動を命じられ、『俄文友好報』（ロシア語雑誌の『友好報』）の仕事をした。しかし、中ロ関係が悪化してこの雑誌が廃刊になり、『人民画報』のロシア語版の編集に配転された。彼は翻訳の能力は高く、背も高くスマートで、毎日、高級な愛車に乗って通勤した。近所の子どもたちにも親切だった。しかし、文革が始まると、彼の父が国民党政府時代に吉林省の教育長をしていた関係で、「家庭反動」とされていたため、「白専」（白は、赤の反対で「純粋反動」）だと非難攻撃を受けた。死後、中学の音楽教師の妻と一四歳の女の子と、さらに小さい男の子が残された。遺骨は、彼が問題ある人間であり、しかも自殺して党に反抗したので、残してもらえなかった。当時は「軍管会」（軍人が中心の最高権力機関）が、最も過酷な専制政治をしている時代であり、家族は、父が飛び降りて血が流れた土をこそいできて、北海公園の大樹の根元に埋めた。しかし、北海公園は、江青の専用公園になったので、お参りに行くこともできなくなった。

張震旦（男）Zhang Zhen Dan

上海華東化工学院の化学工業科の教授。一九六六年、「批判、闘争」を受けた後、自殺した。

張之孔（男）Zhang Zhi Kong

武漢大学化学系の教授。一九六七年、打ち殺された。

章志仁（男）Zhang Zhi Ren

一九二一年まれ、福建省建陽県の人。福建省南平第一中学で教務主任をしていた。一九六六年八月二六日、南平市の党地区員会から、「停職、反省」の処分が言い渡され、翌二七日に「批判、闘争大会」にかけられた。章志仁は、その翌日の晩、家族四人と一家心中した。妻の黄逸霞、高校生の娘の章小佩、中学生の娘の章小潔、息子の章小平の四人である。妻は小学校の教師だった。娘の章小佩は、高校生で、二七日の「闘争会」には父と一緒に壇上で批判されていた。この五人の死体は、この時学校で「牛鬼蛇神」になっていた数名の教師が、大躍進の時に使われて廃棄されていた三箱の大きな鞴（フイゴ）にいれて運んで山中に埋めさせられた。長男の章小政は、この時北京の鉄剛学院に行っていて家にはいなかった。学校はこのニュースを聞いて、彼を故郷に送り返した。父は心中する前に長男に手紙を残していた。この手紙には、次のようにあった。「俺はすでに〝三反分子〟になった。家の中は襲われて何もなくなった。家族全員に自由がなくなり、本当に生きて行けなくなったので、今夜一家で心中する。お前は、もし生きて行けるなら生きろ。銭がなければお婆ちゃんに少しもらえ。生きられなかったら、死んでおくれ」と。それは母の字だった。また、そこにお婆ちゃんの江西省永豊県の住所が書いてあった。

以上は、章小政が一九八七年に書いた筆記録によるものである。章小政はもう生きていない。彼は生前、この父の遺書を保管していた学校当局に返してくれと言ったが、捜したがもう無いと言われた。

なお、この中学では、この家族以外に次の二人の教師が自殺している。蔡歩晋(同校支部委員。一九二七～六八年一二月。橋から飛び降りて自殺）、王訓猷（男、元同中学教師。一九一六～七〇年七月八日。首吊り自殺）。その他、この学校で虐待されて殺された三人の教師がいる。廖励蕓（女、元右派、教師、一九六六年）、劉我講（男、半地主家庭、一九六八年）、陳伯金（男、国語教師、一九七〇年死去）である。

張志新（女）Zhang Zhi Xin

一九三〇年生まれ。中共遼寧省党委員会の宣伝部幹部。一九六九年、文革のやり方について異論を唱えた。そのため同年九月「現行反革命」とされて逮捕された。「無期徒刑」を宣告され、獄中でも迫害を受け、精神に異常を来たした。しかし、以後もまだ「反動的な立場」を堅持していると非難され、一九七五年四月三日、死刑に処せられた。処刑の日、彼女の両手を後ろ手に縛り上げ、ナイフで喉の気管を切断して声が出せないようにし、刑場に連行した。このように「犯罪者の気管を切断して、声が出ないようにする」のは、当時は全国的に行われており、ごく普通のことだった。張志新の死刑執行を最終的に決定したのは、毛沢東の甥の毛遠新（瀋陽軍区司令官）がトップの「遼寧省革命委員会」であった。

張宗燧（男）Zhang Zong Sui

中国科学院数学研究所の極めて優秀な研究員、四五歳。ケンブリッジ大学で物理学博士号取得。一九五三年帰国。彼はいわゆる「書物バカ」の世間知らずであり、政治運動への対処の方法を知らなかった。呉晗批判の時、彼は「呉晗の古い帳簿をひっくり返して何の役に立つのかね？　人は誰でも、汚点が有るものだよ」などと口に出したので、「反動言論だ」と批判された。彼は、「闘争、批判」をうけ、「牛棚」に監禁されたが、夜こそこそ家に帰ったりして、又激しく攻撃された。一九六九年、中関村の科学院の宿舎で睡眠薬を飲んで自殺した。五二歳だった。彼についての詳しい記載は、父親の「張東蓀」の項（ここには、一族全体の悲劇的な記録がある）に譲る。

張宗穎（男）Thang Zong Ying

天津市文化用品公司の職員。一九六六年、彼は妻の呂乃朴と共に「批判、闘争」に遭い、一緒に自殺した。四六歳だった。

張愛珍（女）Zhang Ai Zhen

三〇歳代。上海市浦東高橋鎮の住民、家庭の主婦。一九六七年夏、高橋中学の紅衛兵が、彼女の「生活に問題がある」として、縛って学校に連行し、屋上で打ち殺した。

張百華（女）Zhang Bai Hua

北京市内の北門倉小学校の教師。一九六六年八月、校内で紅衛兵から殴打、侮辱され、鉄道線路に伏せて轢かれて死んだ。四〇余歳であった。この小学校は、北京の中心の東城区に近く、旧王朝時代には倉庫が沢山あったのでこの地名が付いた。ここの幼い小学生達は、先生方の頭髪を「陰陽頭」にし、殴打する等々、極めて残忍な虐待を加えた。例えば、ある時、生徒たちは、猫を殺して猫のお墓を校内に作った。そして「労働改造所」に監禁していた一〇数人の先生方を連行してきて「泣いて悼む」ように強要した。小学生紅衛兵は、力は小さいけれど、その種々の暴力、虐待は中学・高校生を時には凌ぐこともあった。文革後、もっとも激しく暴力を振るい、多くの教師と一般人を殺したのは中高生であったが、記録されなかったので忘れられた。ましてや小学生たちの残忍な行為や暴力はなおさら忘れられた。当時、小学校の教師だった人は、小学生たちの暴力と迫害は、新しい迫害方法を編み出して、中高生のそれよりも耐え難いことがあった、といった。

張冰潔（女）Zhang Bing Jie

北京市宣武区の白紙坊中学の責任者、同校中共支部書記。一九六六年八月、紅衛兵生徒に打ち殺された。彼女は、浮腫病に罹っていたので、監禁・尋問・殴打された時、「私は修正主義の教育路線を執行しました。罪があります。反省します。しかし、私を打たないでください」と言った。しかし、紅衛兵は打ち続け、また塩水で湿らせた縄で叩いた。夜の一二時までも叩いて打ち殺した。彼女の夫は、復員軍人で国務院系統の職場で働いていた。夫は、上司に救助をお願いした。しかし、上司は、「文革のことは、我々は関与できない」と言った。

張炳生（男）Zhang Bing Sheng

上海漕渓北路の住民。一九六六年一一月一三日、北京・済南の紅衛兵四人が「大連合」の為、この地区にやってきた。彼等は、「造反する」、「四旧を打破する」を名目として、張炳生父子を生きながら打ち殺した。

張昌紹（男）Zhang Chang Shao

上海嘉定人、一九〇六年生まれ。イギリスに留学し、博士号を取得。イギリス皇室学会会員。上海第一病院の薬理学教授。文革中、「闘争」を受け、一九六七年に服毒自殺した。文革後に、彼に関する解説文が沢山書かれたが、どの記事にも彼の死について言及したものはなかった。

張東蓀（男）Zhang Dong Sun

一八八六年生まれ、著名な政治学者。「中国民主同盟」の一員。一九四九年、燕京大学の哲学系の主任教授であった。この大学が北京大学に併合されたので、北大教授となった。一九六八年一月、八二歳で逮捕され、「秦城監獄」（北京の郊外にあり、特別重要で有名な党幹部・軍人・知識人・政治関係者・学者だけを収容した。総て個室であり、外部との接触は全く許されなかった。日本共産党の幹部の伊藤律も、ここに長く投獄されていた。）に入れられた。七三年、この獄中で死去した。彼の家族は、ほとんど文革で悲劇的に死んだり、自殺したりした。以下に紹介する。

・張東蓀の長男・張宗炳は、北京大学生物系教授。アメリカのコーネル大学に留学し、生物学を学び博士号を取得した。文革が始まると逮捕され、父と同じ「秦城監獄」に入れられた。しかし、親子とも、ここにいることを互いに知らなかった。家族も、五年間、彼の行方を知らされなかった。彼は獄中でノイローゼ状態になり、精神病院にも入れられたことがあったが、出獄後は次第に回復し、北大で教壇に復帰し、生物系の有名教授となり、学生が多数講義を聞きに押し寄せた。特に「ヨトウムシ」（蚕に似た虫で、爆発的に増え、農業に大きな被害を与える。その遷移の研究について大きな功績があった）の研究で有名である。彼は多芸多才の人物で、数か国語に通じ、書画骨董にも知識があった。一九八八年に死んだ。彼の妻の劉拙如は中国科学院の図書館職員であったが、夫が逮捕されると彼女も「闘争」にかけられ、海淀公安局に一年余拘禁された。

・張宗炳の息子・張鶴慈は、一九六三年当時、北京師範大学の学生であったが、反動分子として逮捕され、湖南省にある「茶淀労改農場」で三年間拘禁され「労働教養」に従事させられた。三年後、ここを出て来ると文革が始まり、さらに「反革命分子」とされた。今度は一ランク上の「労働改造」の処分にされ、合計で一六年間も監禁され「強制労働」につかされた。

・張東蓀の次男・張宗燧は、イギリスに留学してケンブリッジ大学で理論物理学を学び博士号を取得。一九五三年帰国。中国科学院数理研究所の研究員。彼は学問専一の、いわゆる「学者馬鹿」であり、世の中のことに無頓着だった。彼は、「呉晗批判」(呉晗の『海瑞罷官』は、反党反動の作品だと攻撃された)が始まる前、通っている病院で「呉晗の古い帳簿をひっくり返して何の役に立つのかね？　人は誰でも、汚点が有るものだよ」としゃべった。これが「反動的言辞」とされたのである。文革が始まると、「牛棚」に入れられてしばしば「闘争」にあった。彼は、こっそりと家に帰ったところ、これが又見つかりさらにひどく虐待された。一九六九年、睡眠薬を飲んで自殺した。五二歳だった。

・張東蓀の三男・張宗頴は、大学で科学を学んでいたが、社会学科に転向した。しかし、一九五二年の「院系調節」(学部・学制改革)で、中国のあらゆる大学で社会学部が廃止された。そのため、彼は専門研究を失い、天津の会社の職員になった。文革が始まると、「闘争」にかけられ虐待された。一九六六年、妻の呂乃朴と共に服毒自殺した。四六歳だった。

・張宗頴の息子・張佑慈は、文革時には天津の労働者であった。彼は、両親が迫害死したことを恨み、仕返しをしようと考えた。それが又「反革命の罪」とされて、懲役一五年の刑を受けた。一九七八年、釈放された。一〇年もの長き間、監獄に閉じこめられていた。

張放(女)Zhang Fang

北京西城区二龍路中学の英語の教師。一九六六年の夏、紅衛兵生徒に猛打された。一九六八年「階級隊伍を純化する運動」の時、「審査」され、迫害に耐え切れず、河南省の新郷の友人の家に逃げて行った。学校の責任者は、彼女を猛烈に殴打したことのある紅衛兵と、ある教師の二人を新郷に派遣した。彼等は、新郷まで追って行き北京に連れ返そうとし、紅衛兵が新郷駅で張放にビンタをくらわした。彼女は、絶望して遺書を残して自殺した。文革後、一九七九年、彼女の娘の唐京京は新郷に行って母の遺体を探し、ついに墓標なき母の遺体を発見した。母が履いていた靴に見覚えがあったのが決め手になった。北京で慰霊祭をやり、母を猛打した紅衛兵を捜して責任を追及した。西城区の教育担当者は、元紅衛兵を他所に配転した。西城区二龍路中学は、北京の中心にある学校であり、すぐ側に「教育部・高等教育部」(日本の文科省に相当)の建物があった。(以上の伝記は、作家の王小波の作品と彼が直接、著者・王友琴に教えてくれた事実によって記した)

張鳳鳴(男)Zhang Feng Ming

三〇余歳、上海市呉淞第二中学の外国語教師。出身が「資産階級」のため、一九六六年、紅衛兵から猛烈に殴打された。

ある教師は、彼が教室内で棍棒で強打されるのを目撃したという。その翌日、彼は建物から飛び降りて自殺した。この学校には、当時、一〇〇余人の教師がいたが、二〇人前後が「労改隊」「牛棚」に監禁されていた。

張輔仁（男）Zhang Fu Ren

北京外国語学校附属学校の国語教師、四〇余歳。一九六六年八月一九日の晩、この学校の生徒により打ち殺された。この晩、総務処の職員の張福臻も殺された。張輔仁は、中学の高等部（日本の高校課程）で国語とロシア語を教えていた。当時、この学校には一〇〇〇人余の生徒がいた。彼はロシア語を担当していた。彼が主任として厳しく指導していた高校三年・ロシア語専修クラスには、共産党幹部・文革委員会・軍高官等の子弟が多くおり、初期紅衛兵運動の主導権を握っていた。このことが、彼が猛打される原因にもなった。

・張福臻は、この学校の高等部（日本の高校）で歴史の教師だったが、彼が一九四九年の建国以前には、「国民党・三民主義青年団」に入っていたことが、「社会主義教育運動」の中で判明して、教職を取り上げられた。文革が始まると、彼は更に「資産階級知識分子」、「歴史問題がある」として、特に激しく攻撃され、同日、張輔仁と共に殺された。

初め同校の生徒たちは、初級中学の「スペイン語班」の同級生の葉念倫（父が有名な翻訳家の葉君健で、出身家庭が悪いとされた）・李仲良（彼は、ブルジョア階級の思想を持つとされた）の二人を殴打した。この二人の生徒は、同級生の紅衛兵生徒に呼ばれると、「ハイ。私は葉念倫ではありません。私は、犬のクソの葉です」というように答えねばならなかった。中国音楽家協会の主席であった呂驥の娘は、初級中学の一年生だったが、父が打倒されると彼女も、「犬の子」とされ、敷布団に水をかけられ、濡れた床で寝なければならなかった。

教師では、張輔仁と張福臻の二人が主要な虐待の対象になり、棍棒や木銃で猛打を加えられ、殴殺されるに至ったのである。初め紅衛兵はゲンコツと革ベルトで殴打していたが、これでは軽いと言って木製の銃をもってきて殴打した。当時、文革指導者から派遣されてきた人々が、紅衛兵と頻繁に会って指示していた。だから、彼らは公然と殺害を行えたのである。紅衛兵は、二人が本当に死んだのか確かめるために、冷水と温水を交互にかけたが、まったく反応がなく、すでに死んでいることが分かった。二人の死体は一晩教室内に置かれ、翌日、全校教職員に死体をさらされた。紅衛兵は、「二人を殺して例示し、一〇〇人を戒めるのだ」と言った。ちょうどこの時、教職員数は二〇〇人ほどだったから、「二人を殺して、全員を戒める」という理屈を言ったのだ。

ここの紅衛兵たちは、学校の外からも人を連れて込んで、地下室で殺した。それは一人や二人ではなかったともいわれる。かなり詳しく分かっているのは、学校外に住むあるお婆さんが「自宅所有者」で、幾つかの部屋を貸していることが分かり、「搾取階級」だとされ打ち殺されたということである。

著者（王友琴）は、この学校でかつて教職員だった人や、元紅衛兵だった人に当時のことを聞いてまわった。ある教師だった女性は、同窓会に出たところ、元紅衛兵が大張り切りでこの会を取り仕切っていた。気持ちが悪くなって途中で外に出てきたと言った。著者が、文革時代の彼らのことを書いてくださいと言ったところ、この元教師は、声を震わして「書けない。これは私自身の余生の平穏の為です」と言った。すでに、文革が終わってから、三〇年も経つのに、まだ恐怖に慄《おのの》いて話すことができないというのだ。また実際に、昔、紅衛兵として暴力を恩師たちに振るった人々は、まだ責任を追及されず、人を殺しても謝りもしない。文革の恐怖の毒素は、今も現代の空気の中に漂っているのである。

張富友（男）Zhang Fu You

死亡時、三〇余歳、天津市南郊区の鍛鉄工場の労働者。一九六八年、「現行反革命分子」として指弾され「闘争」に遭い、自分の頭を河口の水の中に無理に押し込んで自殺した。張富友の家は海のすぐ側にあった。この近くに住む王培忠は、文革後、著者(王友琴)に次のように語った。「文革中、特に一九六八年、海や川は多くの人が文革から逃避した人々にとって、最後の解決の場所となった。天津市で川に飛び込んで自殺した人の死体は、一定の時間が経つとこの河口付近に流れてきて浮き上がった。自分は、そうした死体を数えたことはなかったが、かなりの屍骸を見た。死体が浮いてくると派出所の警察官が、「黒五類分子」に拾い上げさせた。警察官は、何か身元が分かるものがないか調べる。そして死体をムシロに包んで付近に埋めた。初めは、近くの人々が熱心に見に行ったが、度重なると見に行く人はどんどん減った。自分が住んでいたのは、小さな河口の船着き場であった。ある時、死体が流れ着き、皆で見に行った。それは、近所にある鍛鉄工場の労働者の張富友であった。彼は、「反革命分子」として「闘争」に遭い、その日の午後自殺したのであった。その死体は手車で運ばれてゆき埋められた。手車で運ばれてゆく時、奥さんがそれを追って来て泣いた」と。

あれから三〇余年も過ぎ去ったが、しかし、著者（王友琴）はいつもこうした情景を思い出すごとに、心が平静ではいられなくなる。無名のまま海岸の空き地に埋められた人々は、いったい誰だったのだろうか。死者の親族は彼らが海や川で死んだことを知っているのだろうか。将来、この名前のない遺骨を発見した時、彼はこれが一九六六年から一九七六年の「文化大革命」の犠牲者だった、と想像するだろうか？

張福臻（男）Zhang Fu Zhen

北京市外国語学院の附属外国語学校の総務部職員、四〇余歳。一九六六年八月一九日の夜、校内で組衛兵の猛打を受けて殺された。この時、同時に張輔仁も殺された。（「張輔仁」の項を参照のこと）

張光華（男）Zhang Guang Hua
上海市七宝中学の国語教師。文革時、故郷に行って労働をしていた時、急病に罹った。しかし、彼は「資本家」家庭の出身者ということで、紅衛兵が治療を許さなかったので死んだ。

張国良（男）Zhang Guo Liang
二〇余歳、上海市内の油絵・彫像創作室の石膏模型製作の職人。一九六八年夏、「審査」を受け便所に押し込められた。ここに「隔離」されていた時、首を吊り自殺した。その理由は、職場の同僚と雑談していた時、「俺は一度香港に行って、自由な空気を吸い、ステーキを食ってみたい」と言い、これが暴露されて、「現行反革命」となったのである。この職場は五〇人余の小さな職場であり、西洋式の家に一緒に住んでいた。屋上に小さくて狭い便所があり、そこに閉じこめられた。ちょうど真夏の炎天下であったが、窓は締め切られて密封されて中は真っ暗だった。空気の流通もなく、数日後、彼はこの「隔離室」内で自殺した。

張懐怡（男）Zhang Huai Yi
一九四五年生まれ、広東省海豊の人。一九六三年、清華大学数学力学系に入学、体育運動代表隊の隊員。一九六七年、日記の中の記述や体育運動の隊員との雑談中に「文革」のやり方に関して不満を述べたことが「反革命の言論」を弄したと指弾された。小さな組織での「批判」から、全学代表一〇〇人程度の大きな集会での批判へと拡大した。一九六七年三月の大集会の前に、男子宿舎の建物から飛び降りて自殺した。文革後、一九七八年に大学の党委員会から「名誉回復」され、両親に慰謝料一五〇元、一時的家族救助金一五〇元が支払われた。

張健（男）Zhang Jian
同済大学水暖（水道、暖房施設を研究する科）の教研室の教師。一九六八年、人が残酷な「批判、闘争」を受けるのを見て、自分も「地主家庭出身者」であったので恐怖に慄き、大学の近くの道で木に縄をかけて首を吊り自殺した。

張吉鳳（女）Zhang Ji Feng
北京市東城区汪芝麻胡同に住む居民。一九六六年夏、紅衛兵に打ち殺された。彼女は、司徒美堂（一八六八〜一九五五）の妻である。司徒美堂は、アメリカに多年住み、「至公堂」という愛国的な華僑組織を作り、中華人民共和国を大いに支援した。その功績により、「全国人民代表大会」の代表、政府委員、政治協商会議の委員等々の要職に就いた。彼の死後、妻の張吉鳳は、三〇歳前後であり、政府から未亡人手当を受けて暮らしていた。しかし、彼女は密かに雲南省の技術者と結婚していた。女の子が生まれたが、養女だとごまかした。文革時にこのことが、紅衛兵に密告されてしまった。それで彼女は「悪人」だとされ、紅衛兵に家を襲撃され打ち殺された。残った娘は、たったの六歳で実に哀れであった。近所の人が養っていたが、そのうち実の父親が連れて行った。文革後、国務院の華僑担当部局が、この親子二人を北京住民と認定し戸籍を与え、娘には市内のある工場の仕事を与えた。

張景福（男）Zhang Jing Fu

上海市復興中学の英語教師。一九六八年の下半期、「階級隊伍を純化する運動」で迫害され、服毒自殺した。彼の学生だった元生徒は、次のように言った。先生は真面目で、ユーモアがあり温和な人であった、と。張景福は、文革で二度自殺を企て二度目で成功した。彼は「修正主義教育」運動で攻撃された以外に、かつて「トロツキー派」の観点に賛成したことがあると言う理由でも攻撃された。一九三〇年代の上海では、マルクス主義やトロツキーの本が出版され、宣伝されていた。こうしたことは合法的であり、数十年後にそれによって難題が降りかかるとは、思いもよらないことだった。一九六六年夏、復興中学の紅衛兵生徒は非常に凶悪で、他所から来た生徒を打ち殺した。その他、図書館の職員の金志雄は自殺し、張景福もまた睡眠薬自殺を図った。しかし、張景福は姉が見つけて上海の第四病院に運んだ。しかし、病院では、「階級敵が罪を畏れて自殺を図った」のなら、救うことはできないと断った。姉は泣きながら急いで学校に行き、党支部に救ってくれと懇願した。これより先の一九六八年八月、「工人毛沢東思想宣伝隊」（軍人が中心）が学校に進駐し、集会を開き、「問題がある人は、三分以内に起立し、自白せよ」と大声で言った。全校の教師と生徒は、静寂につつまれた。誰も起立しなかった。すると「隠れている階級敵をつまみ出せ」と大声で宣告した。すでに摘発する予定の二名の先生の後ろに密かに配置されていた紅衛兵各二人が、両側から教師の腕を抱えて連行し、演台の上に引き上げ、身体を九〇度に折り曲げて頭をさげさせた。こうして、二人の教師は「隔離審査」され残酷に殴打された。紅衛兵は、集会に残った人々に「二四時間以内に、指定された場所で自分の〝歴史問題〟を登記せよ」と命令した。その後で、各科毎に教師の集会を開き、各人に自分の過去について発言させた。張景福は集会で一言も発しなかったので、「お前は、何も言わないが、心の中にどんな悪鬼がひそんでいるのか？」と責められた。その晩、彼は睡眠薬を飲んで自殺した。

一九六八年の「階級隊伍を純化する運動」（文革の一〇年間で、この運動の時、もっとも人が殺され、また自殺した）は、毛沢東と中共中央・中央文革組織が発令した「中発〝六八〟七四号」命令に基づくものである。そのやり方は、まず「悪の徒党」を予め決めて、演台上に引き出して全員に〝みせしめ〟にして恐怖感を抱かせ、多くの人が恐怖に慄いて、自分から進んで自己告発をしてくるように仕向ける、そうしたやり方であった。毛沢東は全国津々浦々で、隠れていた「反革命分子」を暴露し、根底から一掃する運動を命じたのである。張景福はこうして死の運命に遭遇した。

張敬人（男）Zhang Jing Ren

上海工業大学の校長・党委書記。長きにわたって「闘争・殴打・侮辱・脅迫・監禁」を受け、病気でもう歩けなくなった時でも、椅子のまま壇上に運ばれて「闘争」にかけられた。一九七〇年六月七日、多くの病気を併発して死亡した。

張景昭（女）Zhang Jing Zhao

北京大学数学系の教師。一九六八年の「階級隊伍を純化する運動」の時、「隔離審査」を受けた。ある夜、彼女は監禁中に便所の中で首を吊って自殺した。一九五〇年代に、彼女の講義を受けた元学生は、「非常によい先生であった。講義はみな生き生きとしていた」と言った。

張可治（男）Zhang Ke Zhi

重慶大学の教授。一九六八年夏、大学の「対敵闘争指導革命委員会」（敵に対する闘争を指導する革命委員会。当時大学の最高権力機関）から「牛棚」に入れられ迫害されて死んだ。

張啓行（女）Zhang Qi Xing

退職した元医師、上海市東昌に住む。一九六八年、自宅で服毒自殺した。彼女の息子が母から聞いた毛沢東の健康に関する話をしたため、これが外部に伝わり、一家全員が迫害されて三人が自殺し、一人が重刑に処せられた。（「王熊飛」の項を参照のこと）

張瑞棣（男）Zhang Rui Di

北京の人、一九六四年入学の北京師範大学の中文系学生。一九六六年一二月、師範大学の中心棟から飛び降りて自殺した。彼ともう一人の学生は、「向東彪」（註、毛沢「東」、林「彪」に「向」けて）というペンネームで、大字報を書き、毛沢東と林彪に矛先を向ける批判的文章を発表した。すると、文革委員会は、「林彪批判」（毛沢東の名は、隠して表に出さなかった）をしたという理由で、「反革命分子」とし、「闘争会」を開いて猛打した。目撃者の証言によると、その虐待の情景は非常に恐怖に満ちたものだったという。彼は、この闘争会の後、この棟の七階から飛び降りて自殺した。しかし、棟の外側に落ちたのではなく、建物の中にある階段の上の天井の隙間から内側に落ちて死んだのである。彼の死を調査した人は、「彼は他の人が〝闘争〟にかけられているのを見て、恐怖して自殺した」のだと言った。（文革委員会は、学生が「毛沢東・林彪」を公然と批判したこの大字報事件を、そのまま公表せず、「林彪」の名前だけ表にだした）

張儒秀（女）Zhang Ru Xiu

上海復旦大学外文系の教師、一般外国語を教えた。一九六六年、「闘争」にかけられ首吊り自殺した。

張守英（女）Zhang Shou Ying

雲南省の少数民族の瀾滄拉祜族自治県の小学校教師。一九六七年、第一回の「闘争会」で生きながら打ち殺された。彼女は、父親が雲南の墨江県の「地主分子」とされていたため、「出身家庭が良くない」というのが、殴打された理由であった。この少数民族の県は辺境にあり、小学校は極めて少なく、完全な中学校は一つあるだけだった。この県の小・中学校の先生の二〇〜三〇パーセントが、つまみ出されて「牛鬼蛇神」とされて残酷な「闘争」にかけられた。ある小中学校の教員は事もあろうに「反動学術権威」として指弾された。

張淑修（女）Zhang Shu Xiu

西安交通大学関係者の家族、雲南人。彼女の娘婿の銭憲倫が「歴史問題」によって「審査」された。一九六八年四月三日、彼女は娘の袁雲文・夫の銭憲倫と一緒に自殺した。

張錫琨（男）Zhang Xi Kun

一九五四年、北京大学化学系に入学。一九五七年「右派分子」とされた。文革中、一時、四川省の「労働教養隊」に閉じこめられた。一九七六年末、「組織を作り、脱獄を企てた」という理由で銃殺された。文革後、彼の妹が四川省に行って担当部局と交渉したが、「名誉回復」は拒否された。

張旭涛（男）Zhang Xu Tao

三九歳、北京市内の五四一廠の労働者。一九六八年七月二七日、「首都工農毛沢東思想宣伝隊」の一員として清華大学に進駐した。その晩六時頃、東大運動場の南端で、追いたてられた「井岡山兵団」の兵が投げた手榴弾が爆発して死んだ。（「韓忠現」の項参照のこと）

章申（女）Zhang Shen

五〇歳前後、上海外国貿易学院の教授。一九六八年、自殺。文革中、「闘争」を受け、身体を「ジェット機」式に折り曲げされ、頭を刈られ「隔離審査」された。文革前に彼女の教えをうけた学生が言った。彼女の教え方は特によく、いつも学生たちを自宅に招いてもてなしてくれた、と。

趙希斌（男）Zhao Xi Bin

北京農業大学畜牧系の副教授。一九六八年の「階級隊伍を純化する運動」の時、「隔離審査」をうけ、六八年四月二二日、死亡した。彼の死後、校内の地面に石灰水を使って書かれた大きな文字があった。それには「趙希斌は、自ら人民との関係を絶った。その罪は万死にあたる」とあった。

趙宗復（男）Zhao Zong Fu

一九一五年生まれ。山西省太原工学院の院長。一九六六年六月二一日、建物から飛び降りて自殺した。五一歳だった。

趙丹若（男）Zhao Dan Ruo

復旦大学化学系の教授。一九六六年八月八日、化学系の学生から「闘争」を受けた。高帽子をかぶせられ、拝跪を強要され、顔に墨をぬられ、街道で見世物に連れまわされ、集会で殴打された。一時間二〇分に及ぶ「闘争会」が終わると、彼は地に倒れこんで死んだ。時に、七四歳だった。

趙福基（男）Zhao Fu Ji

遼寧省営口の人、一九一一年生まれ。ハルビン交通学院の教授。民国時代、アメリカのニューヨークの大学に留学、経済学博士号を取得し、一九四九年に帰国。蘇州・上海などの学校で教鞭をとったが、文革開始後、長期に「批判、闘争」を受けた。一九六八年夏、上海にいた家族のもとに、学院から「趙福基は罪を畏れて自殺した」という通知が来た。彼が学んだ学問は、中共の社会主義経済建設には役立たなかった。一九五七年、反右派闘争の中で、彼は、当時の勤め先の上海財経学院において「政治的に不安定」であり、「内部で警戒すべき対象」とされて、上海から安徽省へ、さらに黒竜江省へと移動、配転させられた。最後に、ハルビン交通学院に配属された。文革で「闘争」が始まると、彼は上海の家族のところへ行く許可が与えられなかった。突然、家族は父の死を知らされたのである。父の死亡時の状況を知らせてくれる人もなく、また「罪を畏れて自殺する」こと自体が「犯罪行為」だとされていた当時、責任を追及することも出来なかった。残された家族は、妻の薄給だけで暮らさなければならず、また三人の子どもたちは、中学を卒業するとみな農村に送られた。家族に、彼がどうして、またどのように死んだのか教えてくれる人はいなかった。

趙九章（男）Zhao Jiu Zhang

一九〇七年生まれ、気象学者、中国科学院地球物理研究所の所長。ドイツに留学し、博士号を取得。文革中、集会で首に「反動の悪人」であることを示す看板をかけられ、「闘争」にかけられた。一九六八年一〇月二五日、北京中関村の建物で睡眠薬を飲んで自殺した。自殺したので、遺骨は残されなかった。

趙謙光（男）Zhao Qian Guang

北京中古友誼小学校の指導主任。一九六六年夏、紅衛兵生徒の「猛打、侮辱」を受けて、建物の煙突の頂上から飛び降りて自殺した。まだ四〇歳に達していなかった。この学校の女校長の白智も、同じように虐待を受けたが、彼女は頭皮に画鋲をいっぱい押し込まれた。この小学校は北京の西城区にあった。ここは中高生の紅衛兵の殺戮が最も激しい地区にあったが、この地区の小学生も又猛烈な暴力を振るった。

趙樹理（男）Zhao Shu Li

一九〇六年生まれ、山東省沁水県の人、著名な作家、中央宣伝部文芸部幹事、中国文芸家協会の主席。農村文学で有名。一九六四年、山西省に行き、中共晋城県委員会の副書記となった。文革が始まると、彼は「反革命修正主義の文芸路線の標兵」とされ、紅衛兵から大骨折するほど猛打された。一九七〇年六月二三日、山西省高等人民法院から、「隔離審査」を宣告され、同年九月、太原市最大の大広場の集会に連れ出され、猛烈な「批判、闘争」を受け、昏倒。二三日後、死亡した。

趙香蘅（女）Zhao Xiang Heng

北京市内の史家胡同小学校長。一九六六年八月、建物から飛び降りて自殺した。この学校は、有名な王府井に近いところにある有名な小学校であった。ある情報によると、趙校長の夫も彼女と共に自殺したという。夫は、北京文化局の幹部だったが、未だにその名前は分からない。

趙暁東（男）Zhao Xiao Dong

清華大学附属中学の体育教師。一九六八年の「階級隊伍を純化する運動」の時、飛び降り自殺した。彼はきわめて熱心な教師であったが、文革が始まると、昔、国民党の時代に「三民主義青年団」に入っていたこと、ちょっと商売をしていたこと等々が「歴史問題」とされて、「監禁、闘争」の対象になった。この時、紅衛兵は既に勢力をほとんど失っていたが、「井岡山兵団」とその系列化の組織が彼を迫害したのである。彼の死後、迫害した学生たちは、彼の特徴のある口真似をしては嘲笑していた。そしてある人は「階級の敵は、当然その罪を償うべきだ」と言っていた。文革後、この学校を卒業した評論家も出たが、この時代の真相、状況を公に書いた人はいない。著者（王友琴）がいろいろ聞き歩いたところ、文革前にこの学校を卒業した一人が、趙先生が自殺した日は、一九六八年八月九日であると覚えていて知らせてくれた。

翟毓鳴（男）Zhai Yu Ming

河北省石家荘にある河北師範大学の化学系の講師。一九六六年、「黒い一味」と書いてある看板を首にかけられて街路を引き回され、殴打暴行を加えられた。彼は、動脈を切って自殺した。

翟一山（男）Zhai Yi Shan

山西省曲沃の第一中学の老教師。文革の時、六〇歳に近かった。一九六八年の「階級隊伍を純化する運動」の時、ある集会で不注意にも「劉少奇を打倒し、毛沢東を擁護せよ」というスローガンを、間違えて逆に叫んでしまった。彼は「現行反革命」として逮捕され、「闘争」を受けて早くに虐殺された。

甄素輝（女）Zheng Su Hui

大連開運学院の英語教師。夫の蕭光琰は、大連化学物理研究所の研究員で、一九六八年一二月一一日、監禁されていた「牛棚」の中で死亡した。その二日後、妻の甄素輝と一五歳の娘の蕭絡連が、共に首を吊って自殺した。（「蕭光琰」の項を参照のこと）

鄭恩綬（男）Zheng En Shou

全国に名を知られた水利の専門学者。天津市水利局の副局長であり、また河北水利学校の校長。文革中、彼は「特務組織の頭目」と指弾された。一九四九年以前にあった「中国水利建設協会」が、「大特務組織」とされたためであった。この協会に属した多くの理事と会員が連座させられた。彼は、猛打されて死に、他の一〇人は障害者になった。

鄭君里（男）Zheng Jun Li

一九一一年生まれ、上海映画製作所の演出家、監督。文革中に逮捕され、一九六九年四月二三日、獄中で死亡した。毛沢東の妻江青は、三〇年代に上海の映画女優であった。彼女の当時の芸名は「藍蘋」といった。あまり売れない女優で、スキャンダルが多かった。江青の昔の恨みつらみは、文革時代に、当時上海で俳優や映画監督をやっていた人々に大変残酷な運命をもたらした。鄭君里も昔の彼女をよく知る一人だった。

鄭思群（男）Zheng Si Qun

一九一二年生まれ、重慶大学校長・同校党委員会書記。一九六六年解職、同年八月二日、自ら剃刀で頸動脈を切り自殺した。青年時代、一九二五年に共産党に入党したが、脱党して国民党に入り、また三〇年代末に共産党に復党した。建国後は、重点大学の校長を歴任し、最後に重慶大学の校長になった。一九六六年五月四日、「三家村」（呉晗、鄧拓、廖沫沙の三人）批判の市党委員会の組織が生まれ、彼は同校の責任者となった。人民日報に北京大の「大字報」が掲載され、重慶大に衝撃が及んだ。六月八日、市党委員会の「工作組」が大学に進駐し、数日間に学内の党幹部と正副教授一七〇余人を名指しで非難した。六月一四日、鄭思群への攻撃は激化し、「鄭思群を頭とする黒い反動集団」を批判、追及する「公開闘争会」が決定し、新しい大学党指導部として余躍沢、魯大東等がやってきて、鄭に対する監視、尋問、監禁が激しくなった。ついに、八月二日の未明、鄭は首の動脈を切った。出血多量で病院に連絡したが、すでに心臓は停止していた。その後、新指導部となった余躍沢、魯大東等もまた「打倒」された。このように、次々と起きては転び同じことが繰り返されていった。文革の残酷さ、荒唐無稽さ、迫害の深刻さが延々と繰り返されたが、しかし、かろうじて生き残った人々も、文革後、この悲惨且つ屈辱の歴史を正視する勇気と智慧を持つことは難しかった。

鄭文泉（男）Zheng Wen Quan

福建医学院の附属病院の皮膚科主任。一九四〇年代に、同学院を卒業。一九六八年、彼は王中方医師と共に、「外国と通じている特務分子」とされ、野蛮な「隔離審査」に遭った。一九六九年春、「自殺した」と公表された。（「王中方」の項を参照のこと）

鄭暁丹（女）Zheng Xiao Dan

北京地質学院附属中学の高等部三年の生徒。彼女の父親は、一九五七年「右派分子」とされた。そのため、彼女も蔑視と迫害を受けた。彼女は、遇羅克の書いたいわゆる「出身の悪い黒五類分子」に対する迫害に反対する文章（遇羅克は「初期紅衛兵が展開した血統論に反対する論文」を書いて有名だった）を保存し、また宣伝した。そのため、遇羅克が逮捕された後、彼女も一九六八年四月二六日に逮捕され、一か月余の残酷な虐待を受け、同年六月六日、死亡した。二一歳の若さであった。遇羅克は、一九七〇年に死刑の判決を受け処刑された。文革後の一九八〇年、鄭暁丹と遇羅克の両親は、この二人の慰霊祭を行った。

鄭兆南（女）Zheng Zhao Nan

一九三〇年生まれ、北京第五二中学の教師。一九六六年九月、紅衛兵生徒数十人から残酷な虐待を受け死亡した。三六歳だった。その前月の同年八月、彼女は学校の中の暗くかび臭い部屋に監禁され、殴打等の虐待を受けた。紅衛兵は、彼女の首にゴミ箱を吊るさせ、頭上には重い高帽子をかぶせ、道路上でさらし者にするデモに連れ出した。そして、彼女に一方で洗面器を叩かせ、一方で「私は右派です。牛鬼蛇神です」と叫ばせた。デモ行進の際は、一人の紅衛兵が手に鞭を持ち、彼女の背後につき彼女が止まると叩いた。時には、彼女に自分で自分の身体を叩かせて、「自分で打ち、自分で受けます」と叫ばせたりした。猛暑の時に、火を焚いて彼女をいぶしたり、焼いたりした。また、家を襲撃して物を壊した。更に又、ある「地主のお婆さん」と言われている老婆を打ち殺し、それを彼女に見せて、「私もちょっとでも不真面目ならば、こうなります」と言わせた。数十日間の虐待を受けたのち、一九六六年九月六日、彼女は虐殺された。夫の唐錫陽は『北京晩報』の記者であり、一九五七年の「右派分子」だった。夫と二人の娘が残された。

曽慶華（男）Zeng Qing Hua

貴州省石阡県の中学教師。「文化大革命」のやり方に反対した。一九七〇年八月三日、全県の「公判大会」が開かれた時、彼は「現行反革命罪」で死刑にされた。一九八〇年に名誉回復された時、「革命烈士」に追認され、遺骨は県の烈士霊園に埋葬された。

曾瑞荃（男）Zeng Rui Quan

四〇余歳、上海市呉淞第二中学の国語教師。一九六六年夏、彼は自分と仲が良かった同僚の教師が「闘争」にかけられているのを見た。自分も国民党政府時代に新聞記者をやっていたことがあり、「歴史問題」を避けられないと恐怖に慄き、まだ逮捕されないのに黄浦江に身を投げて自殺した。

鍾顕華（男）Zhong Xian Hua

四川省井研県の馬踏郷公社の中学の数学教師。一九六八年の「階級隊伍を純化する運動」の時、「牛棚」に入れられ「隔離審査」処分に遭い、「特務分子」とされた。彼は、周恩来宛てに手紙を書いて、自分の冤罪を晴らしてほしいと救助を求めた。ところが、この手紙が地元政府に返却されて知られてしまい、この行為は「判決を覆す」犯罪行為だという罪名がさらに加わった。彼は、さらし者にするデモ行進に入れられ、身体を「ジェット機型」にされた。さらに地上に倒されて引きずられて肘が脱臼し、顔の皮膚が破れて血だらけになった。ついに首を吊り自殺した。

祝鶴鳴（男）Zhu He Ming

七〇歳前後。上海市華山路の住民。一九六八年の「階級隊伍を純化する運動」の時、自ら鉄の鉗子の一片をこめかみに突き刺して自殺した。彼は、一九四九年以前、上海の虹口区で玉突き場を開いていたため「資産階級」に属すとされ、文革で「批判、闘争」を受けた。一九六八年五月、睡眠薬を飲んで自殺を試みたが死ねなかった。それで今度は、六月の初め、大腿部を切り裂いて血を桶いっぱいに出したが、発見されてまた死ねなかった。それで、同月、自宅で鉗子の鉄片をこめかみに突き刺して、やっと今度は成功したのだった。

祝璜（男）Zhu Huang

陝西師範大学の歴史系講師、一九六六年「批判、闘争」にかけられ、自殺した。

朱耆泉（男）Zhu Qi Quan

北京大学ロシア語系教師、三〇歳前後。林彪を「悪毒攻撃」したという理由で、一九六八年末、学生宿舎で「隔離審査」された時、建物の四階から飛び降りて自殺した。「階級隊伍を純化する運動」の時、北大のロシア語系では彼を含めて二人の教員が自殺した。先に自殺した龔維泰は剃刀で大腿部の動脈を切って自殺し、その後、朱耆泉が自殺した。前者は、「歴史反革命罪」であり、後者は「現行反革命罪」であった。当時、歴史反革命罪よりも、現行反革命罪の方が重罪だと思われていた。彼の身分は「助教」であったから、死んでから出た『北京大学紀事（一八九八〜一九九七）』（北京大学出版社、一九九八）には、名前がない。同書には、文革中に迫害されて死亡した人の名前と死亡時期が掲載されているが、それはわずかに「正教授、高級党幹部」の名前と死亡時期だけであり、朱耆泉については名はもちろん亡くなった時期も書いてない。彼の親族によると、彼の父は朱物華といい、有名な土木工学の教授であり、文革の時、上海交通大学の教授であったということである。

朱慶頤（男）Zhu Qing Yi

南京市第二中学の歴史教師、五〇余歳。一九六六年の八月か九月に、同校の紅衛兵生徒に「闘争」にかけられ、殴打されて死亡した。彼の唯一人の子の朱世光は、華東政法学院を卒業した後、湖南で仕事に就いていたが、「現行反革命罪」で銃殺された。後に残された朱世光の息子は、お婆ちゃんに当たる朱慶頤の妻（小学校の教師）が育てた。文革後、華東政法学院は朱慶頤の名誉は回復するが、経済的な保証はできない、と言った。

朱振中（男）Zhu Zhen Zhong

上海零陵中学の歴史教師。一九六八年の「階級隊伍を純化する運動」の時、建物から飛び降り自殺した。彼は、以前紅旗サッカー隊のフォワードだった。後、体育教師になったが、喘息でつとまらず、歴史教師に替わった。彼は、国民党政府の時代に師範学校で「三民主義青年団」に所属していたことが判明して監禁猛打され、五階の窓から身を投げて自殺した。

朱本初（男）Zhu Ben Chu

四〇余歳。上海復旦大学附属中学の教導主任。彼は、元は上海市の労働中学にいたが、この学校に配転されて来ていた。一九六八年、彼は校内に監禁の上、殴打された。そして二階の窓から転落して死亡したとされた。彼を殴打した生徒（革命委員会に所属していた二人の生徒）は、彼は飛び降り自殺だと言ったが、学校の先生方は殺されてから、窓から投げ下ろされたと言った。文革後、生徒だった一人は投獄二年の判決を受けた。

朱梅馥（女）Zhu Mei Fu

家を襲撃され、一九六六年九月三日、夫の傅雷と一緒に心中自殺した。（「傅雷」の項を参照のこと）

朱寧生（男）Zhu Ning Sheng

中国科学院武漢水生生物研究所の魚類生理研究所の研究室主任。一九六八年、「特務」と指弾され、研究所内で「審査」中に実験室で自殺した。この研究所には、四〇〇名の職員がいたが、全部で一〇八人の「特務嫌疑者」が逮捕された。彼等に対する「闘争」と「審査」により、この内四人が自殺した。

朱琦（女）Zhu Qi

天津の人、石家荘にある河北師範大学附属中学の党支部責任者。文革中、「批判、闘争」に遭い、化学工場の高い塔の上で捕まり、そこから地上に落ちて死んだ。自殺か、他殺か不明。この学校では、文革の初期三年間に、他の三人も迫害されて死んだ。

朱舜英（女）Zhu Shun Ying

上海市外国語学院の衛生科に勤めていた。文革中、彼女は自分が「批判、闘争」に遭うことを知って、建物から投身自殺した。

朱守忠（男）Zhu Shou Zhong

上海人、一九二〇年生まれ。一九五七年「右派分子」とされ、上海から他所に飛ばされた。一九七〇年、「現行反革命分子」として死刑にされた。彼の経歴を見ると、国民党の中華民国時代の一九四三年に、復旦大学の政治経済学部を卒業後、上海の中学で教師となった。一九五〇年に共産党に入党、そして上海市第一速成師範学校の副校長になった。ここで「右派分子」にされ、副校長の職も党籍も剥奪された。一九六五年、自分に対する処分に不服を申し立て、そのため、「社会主義教育運動」の時、「悪質分子」とされた。一九六八年、甘粛省寧夏の賀蘭県にある「労改農場」に送られて「労働改造」処分になった。そこで又、文革に対する自身の見解を述べて「現行反革命」とされ、死刑を宣告され、銃殺刑に処せられた。五〇歳だった。

朱万興（男）Zhu Wan Xing

無錫市の第一人民病院の有名な医師。一九六八年八月、数か月に及ぶ「監禁・迫害」により自殺した。無錫市の病院関係者では医者など、自殺者は五〇人にも達した。

朱賢基（男）Zhu Xian Ji

石家荘の河北師範大学の生物系講師。文革中、学生から拉致されて「批判、闘争」に遭い、夜中に家に帰ってから死亡した。彼を虐待した人は「自殺」と言ったが、家族は猛烈に殴打され虐殺されたのだと言った。同じ生物系教師の王一多は、顔に熱湯で浸した鉄製のアイロンで、三角印の焼き印をつくられた。数年間、火傷の痕跡が消えなかった。

朱耀新（男）Zhu Yao Xin

南京大学天文系の教師。文革時代に「修正主義の苗」と指弾され、溧陽農場で労働させられていた時、「五一六分子を摘発する運動」に遭い、「隔離審査」中に猛打された。彼は夜中に逃げ出したが、誤って貯水池に落ちて死亡した。

鄒蓮舫（女）Zou Lian Fang

一九〇〇年生まれ。江蘇省泰興の人、家庭主婦。夫は復旦大学の中文系教授の朱東潤である。夫が「反動学術権威」として「批判、闘争」にあった時、彼女も懲罰に遭い、病身なのに集合住宅の庭の掃除を強要された。一九六八年一一月三〇日、首を吊って自殺した。死後、「罪を畏れて自殺した」と非難された。

鄒致圻（男）Zou Zhi Qi

五七歳、清華大学機械系の教授。「階級隊伍を純化する運動」の時、一九六八年一二月一〇日、建物から飛び下りて自殺した。

左樹棠（男）Zuo Shu Tang

上海市烏魯木斉路の住民。一九七〇年「反革命に打撃を与える」運動の時、猛打されて死亡した。彼は、それまでアメリカの「海外放送」とイギリスの「BBC放送」を聴いていた。当時は、敵国のラジオ放送を聞くことも「反革命の犯罪」とされていた。ラジオのことが、ある隔離審査されていた若い労働者（名は培民。姓は不明。後に自殺した）の自供から漏れ、左樹棠の家が捜索された。彼と子の左維民は「隔離審査」された。娘の左維珍は、懲罰にソ連との戦争に備える防空壕掘りに駆り出された。左樹棠が死んだという知らせで、家族が遺体を引き取りに行ったところ、全身が傷だらけであった。息子の左維民は「現行反革命分子」とされたが、文革を生き抜き、一九七九年に「名誉回復」された。

周痩鵑（男）Zhou Shou Juan

六七歳、作家・園芸家、江蘇省蘇州の人。一九六八年八月一二日、自分の家園にある井戸に跳び込んで自殺した。彼は一九三〇年代に蘇州の郊外に土地を買って家庭庭園を作った。一九四九年以後は、書くことも少なくなり、家園が有名になったので盆栽を作ったり、また多くの梅を植えたりしていた。一九六六年、紅衛兵が「四破旧」（四つの古いものを打ち壊す運動）をやった時、彼の多くの盆栽を壊した。更に、一九六八年の「階級隊伍を純化する運動」の時、彼に「自分の犯罪を告白する自供書」を書けと命じ、迫害した。それで彼は自殺した。彼は、陶淵明のような隠者であったが、文革はこのような人の生き方まで許さず、六八歳の花を愛する老人の存在まで否定した。

周天柱（男）Zhou Tian Zhu

江西師範学院の医務室の主任医師。一九六六年八月一一日、学院全体の「遊闘」（街道を引き回してさらし者にする闘争）

中、地上に昏倒して死亡した。五〇歳前後であった。この学院では、この日、三人が迫害によって死亡した。一人は虐待された後に自殺した。(「熊光奇」の項を参照のこと)

周文貞(女) Zhou Wen Zhen

一九一一年生まれ。湖北省武漢市の長江航運管理局の附属学校の教師。一九六六年八月下旬、紅衛兵に打ち殺された。五五歳であった。一九四九年の建国前は、家はかなり豊かであった。彼女の娘の黄静怡は、当時、武漢大学の中文系の学生だった。彼女は、元々聡明で活発、歌舞もよくしていたが、母の惨死のショックで身体も悪くなり、教員になったがますます悪くなり、早期に退職せざるを得なかった。

周醒華(女) Zhou Xing Hua

元上海継光中学校長、ついで上海に出来た新設の模範中学校の校長。一九六八年の「階級隊伍を純化する運動」の時、「隔離審査」となり、そこで飛び降り自殺した。

周学敏(女) Zhou Xue Min

北京師範大学附属女子中学の国語の教師。一九六八年の冬、「階級隊伍を純化する運動」の時、自殺した。

周鶴祥(男) Zhou He Xiang

江蘇省無錫県南橋鎮の人。一九六七年、彼は二つの革命組織の党派闘争に巻き込まれ、対立していた反対派に連行されて「殴打監禁」中、建物から飛び降りて自殺した。

周瑞磐(男) Zhou Rui Pan

上海七宝中学の青年物理教師。一九六六年九月初めのある夜、紅衛兵は教師の呉銘績を「アメリカの特務」として「批判、闘争」にかけた。ついでに、隣に住んでいた周瑞磐の部屋に入ったところ、テーブルの上に呉銘績の本があったので、同じ「アメリアの特務」であるとして猛烈に殴打し、「自供書」を出せと迫った。周は、翌日、紅衛兵に作文を渡すと、校内の井戸に身を投げて自殺した。

周進聡(男) Zhou Jin Cong

中国科学技術大学の数学系の教師。父はシンガポールの華僑で豊かだった。文革中、学生組織は「東方紅派」と「延安派」に分かれていた。まず、前者が学内を支配して放送局を占拠した。「延安派」は人が少なく、資金もなかった。それで彼は、数百元を「延安派」に渡し、彼らが拡声器を買う資金として寄付した。ある日、対立派が彼を麻袋に入れて拉致して行き打ち殺した。

周福立（男）Zhou Fu Li

北京市郊外の南口農場の第二分場の労働者。一九六六年八月、紅衛兵に打ち殺された。彼は、六五年の「社会主義教育運動」（通称、「四清」運動）の時、「悪質分子」とされた。なぜなら、彼は国民党時代に「兵隊」になったことがあったからである。だから、この農場に「鷹撃長空（毛沢東に詞の一節「鷹、長空《はるけさ》を撃《う》ち」から命名）紅衛兵」が誕生すると、「人民専政の対象者」とされた。毛沢東の天安門広場の第一回の紅衛兵引見大会の後、この農場の第二分場の紅衛兵は「四類分子・右派分子・反動学生」を、皆広場に集めて、全員の胸の前に自分の「犯罪名」を書いた看板をかけさせて、棍棒や鉄棒で猛烈に殴打した。周福立は、半殺しにされて土穴に放り込まれた。そして「革命的労働者」なる連中が、二、三〇〇匹の「楊刺子」（毒蛾の一種）を穴に放り込んだ。彼は真っ裸で放り込まれたので、毒蛾にもさされてその晩死んだ。彼と同時に殴殺された五〇歳代の人がいた。彼は北京から送られてきた「右派分子」であったが、姓名は分からない。この人は、埋められる時、まだ息が完全には止まっていなかった、という。ここに送られた「反動学生」は、北京市内から送られてきた学生と教師たちであり、両者はそれぞれ一つの組にされていた。彼等は皆猛打されて頭の皮が割れて血が滴っていた。彼らが、名誉回復されたのは、文革後の一九八〇年になってからであった。

周紹英（女）Zhou Shao Ying

三〇余歳、上海交通大学の工場の労働者。一九六八年、「特務組織」に入っていたと指弾され、「隔離審査」を受けた。同年、建物から飛び降りて自殺した。

周壽根（男）Zhou Shou Gen

江蘇省無錫の人、西安交通大学の労働者。一九六八年一二月、建物から飛び降りて自殺した。後に再調査されて名誉回復された。

周鐸（男）Zhou Duo

一九四九年に清華大学外文系に入学。在学中に公安警察の通訳の仕事をした。「大学改革」によって北京大学に転学させられた。一九五七年、通訳時の体験にもとずいて、公安警察批判を口にし、その「言動」によって「右派分子」とされて四年間の「労働改造」処分となった。六一年、「学籍」を回復された。六二年、大学を卒業するも「仕事先を配属されず」、大学関係の出先で不安定な労働を続けた。六六年、文革が始まると「牛鬼蛇神」とされ、「労働改造」処分となった。七〇年代に解放されてほどなく死んだそうだが、以後行方不明となった。

第二表 「文革受難死者――学者・知識人・著名人（死亡年別）一覧表」

解説

編者　佐々木恵子

本表「文革受難死者――学者・知識人・著名人（死亡年別）一覧表」は、香港の刊行雑誌『争鳴』二〇〇四年十二月号、二〇〇五年一月号、二月号に掲載された北海閑人編「文革死難文化名人名録」の形式と内容を基礎にし、それを拡充、補充して作成したものである。北海閑人編の一覧表の一四五人に、下記の資料によって、新たに一七八人を加え、合計三二三人とした。

この人名録は、主として著名な学者、作家、ジャーナリスト、京劇芸術家、俳優、詩人、翻訳家、大学教授、音楽家、卓球選手、党幹部の文革中に死亡した人々の略伝である。彼らの出身地、経歴、迫害された原因や状況を簡潔にまとめて死亡年別に列挙した。また有名人でなくても、文革を公然と批判した人物も加えた。

主な参考資料は、以下の通り。裴毅然著『烏托邦的幻滅』（「ユートピアの幻滅」の意。二〇一四年、「附録三」の項）。袁凌著『秦城国史――中共第一監獄史話』「第四章「死亡名単」（新世紀出版社、二〇一六年）、陳東林著『中国文化大革命事典』「人物」（集広舎、一九九六年）、その他、インターネットに掲載されていた名簿である『文革受難者五十二人名簿』、『文革間自殺的美女達』、『文革受難者・学者知識人一覧表』等々。その他専門書としては、銭理群『毛沢東と中国』（邦訳書、青土社）からも若干補充した。

本人名録の基本になった『争鳴』「文革死難文化名人名録」の執筆者「北海閑人」は、ペンネームであり、日本では『中国がひた隠す毛沢東の真実』（草思社、二〇〇五年）の著者として知られている。この書に付されている「北海閑人」の紹介文によると、氏は中国共産党の直属機関に長く勤め、大学で長く共産党史を講義していた経歴を持つ、という。それで香港から出ていた民主派の論客が集う月刊誌『争鳴』の常連寄稿者として「健筆」を振るった。

氏は、『争鳴』「文革死難文化名人名録」の冒頭で、次のように述べている。毛沢東は文革中に非命に倒れた著名な文化人の死に対して免れざる責任を負う。毛沢東は生前に熟知していた文化人に対して、一言一句の憐憫の情けさえ示さなかった。一九七八年十二月十三日中央工作会議閉幕式で当時の中共中央副主席だった葉剣英は、文革によって二千万の人々が命を落としたと語った。二千万の一人一人の姓名を明記することはできない。しかし彼らには尊い命があり、すなわち今日、中央党指導者のいう「生存権」がある。当然人道的な待遇と尊重を受けるべきであった。たとえ「偉大な、英明な、そして正確な」毛沢東のような人物でも、歴史上前例のない政治の息の根を止め、至る所蟻を踏み潰すような集団的破滅をする権利などない、と。

第二表には三二三人の文革受難死者を収録したが、第一部の受難者伝と重複する人物がいる為、その人数はさらに少なくなる。二千万人の被害者から考えるとなんと少ないことかと思う。しかし資料や証言を集めるには大変な時間と労力がいるのである。

「北海閑人」は自らの「名録」は不完全であり、誤りもある。そこで文革受難死亡者についての内情を知っている人、史学家に紙面上で呼びかけを行った。すると翌月号二〇〇五年二月号で『科学文化大師死難名単』のファックスを受け取ったこと、それには著名な物理学者の胡剛復、天文学者の劉世楷、化学者の曾昭掄、科学史家の張資珙、物理学者の鐃毓康、数学者の熊慶来等々の名前があったと述べた。それをみて、自らの編集の未熟さと中国現代科学史はいかにこれら大家の名前をおざなりにするのかと嘆いている。そして個人の力ではとても受難死亡者名録は書き上げることができない、同じ志を持つ人と損得を考えずにやり遂げたい。毛沢東の紅色テロの時代に幸運にも生き延びた人は惨死した人々の霊に背いてはならない、中華民族の文化、良心に背いてはならない、と訴えている。

この第二表では一七八名を増補した。大幅に補充したといっても、全体から見れば、九牛の一毛に過ぎない。しかし、少しでも多くの人に受難者の名前やその人達が生きてきた証を見つけてもらえたらと思う。

最後に一言。『争鳴』は、一九七七年に香港で創刊された政論月刊誌で二〇一七年に「休刊」となった。中国共産党批判や共産党の内情に関するニュースを常時掲載したため中国本土では発売禁止となった。しかしながら海外の華僑に広く愛読され、支持されてきた。「休刊」となった理由は創刊者でアメリカ在住の温煇氏の死亡によるものだといわれている。世界中の華僑のみならず、中国歴史研究者、大学関係者等など多くに読まれてきただけに休刊となったことを残念に思う。また、ペンネームでしか分からない北海閑人氏には、その御仕事に敬意を表するとともに、末筆ながら心から御礼を申し上げる次第である。

第二表「文革受難死者——学者・知識人・著名人（死亡年別）一覧表」

	氏名	生まれ・出身	迫害原因・死亡状況	経歴
	一九六六年			
1	鄧　拓	一九一二年生 福建の人。作家、新聞社社長、編集者	「旧北京市党委員会三家村反革命集団首謀者」とされる。人民日報での職務を解任される。文革開始直前、五月十八日に自殺。享年五十四歳	一九三〇年中国共産党入党「普察冀日報」社長兼総編集長。中国共産党初めての「毛沢東著作選集」を編集責任者として出版。建国後、「人民日報」編集長、全国新聞工作者協会主席、北京市党委員会文教担当書記。著作に『燕山夜話』『中国救荒史』、呉晗、廖沫沙との共著に『三家村札記』等。ペンネームは馬南邨
2	田家英	一九二二年生 四川の人。史学家	汪東興が連れていった宋姓の警衛処長に射殺された。しかし田家英の死には自殺という有力な証言もある。大躍進以後、毛の政策に批判を強め、毛に罷免され北京から追放された。それに抗議し毛の書斎で首吊り自殺を遂げたというもの。五月二十三日、中南海永福堂内で死亡。享年四十四歳	一九三七年延安に赴く。翌年中国共産党入党。一九四八年毛沢東秘書。中央政治局主任秘書、中華人民共和国主席事務局副主任、中央弁公庁副主任職を歴任。長期にわたって『毛沢東選集』に携わり、一巻から四巻までの編集、注釈、出版業務にあたる。著作に『民国以来大事年表』、『中国婦女生活史話』『毛沢東選集介紹』等
3	李　達	一八九〇年生 湖南の人。哲学家、中国共産党創建者の一人	一九五八年の大躍進を批判したため毛沢東と疎遠となる。五月十八日、党を除籍、公職を解任される。地主分子のレッテルを張られ本籍に強制的に送還された。罪名は「精神障害により偉大なる指導者毛沢東に反対した」というもの。八月二十四日、武昌東湖珞珈山で水死体で発見される。享年七十七歳	一九一三年日本留学。一九二〇年陳独秀らと中国共産主義グループをつくる。一九二一年中国共産党第一回代表会議に出席。一九二七年共産党を脱退。上海政法学院、暨南大学、北平大学、広西大学、中山大学で教鞭を執る。改めて中国共産党に入党。上海政法幹校副学長、湖南大学学長、武漢大学学長、中国哲学学会会長、全人代常務委員を歴任。主な著書『李達文集』四巻
4	儲安平	一九〇九年生 江蘇の人。教	一九五七年　毛沢東の「共産党の整風運動」の呼びかけに応じ「党天下」	一九三六年英国に留学。一九三八年帰国後「中央日報」編集者、復旦大学、湖南藍田国立師院教授。中英文化協会秘書、雑

		育者、「光明日報」編集者	を発表し、共産党は党を以て法に代え、政治に代え、国家に代えると批判したため、極右派分子とされた。文革中、再び引っ張り出され、八月中旬から下旬に紅衛兵から残酷な迫害を受け全身を負傷。迫害後、失踪。死体は見つかっていない。失踪当時五十七歳	誌「観察」編集長等を歴任。建国後、出版総署責任者、新華書店本店副社長。新聞出版総署発行局副局長、「光明日報」編集長、九三学社中央委員。中国民主同盟中央委員。一九五七年、全ての職務、公職を解任。二十五元ばかりの月給となり、生きるに最低の生活になった
5	老舎（舒舎予）	一八九九年生 北京の人。満族、作家	八月二十三日午後、北京市少年紅衛兵は「国子監孔廟大院」で戯劇衣装や道具を焼き払い、老舎、蕭軍、駱賓基、瑞木蕻良、荀慧生、白芸生、馬連良等三十余名の批判闘争を行った。「陰陽頭」にし、墨汁を浴びせる侮辱をし、火の回りに強制的に跪かせ顔に火傷を負わせた。銅頭の皮ベルトで叩かれ、皆、頭から血を流して倒れた。老舎は八月二十四日、入水自殺。太平湖で発見された遺体は頭が割られて首には反革命の札が掛けられていた。享年六十七歳	本名舒舎予。ロンドン大学留学中に執筆活動を始める。一九四六年渡米。主な小説に『張さんの哲学』『趙子曰』『二馬』『離婚』『牛天賜伝』『駱駝祥子』『四世同堂』劇本『茶館』『龍鬚溝』など数十の著作がある。人民芸術家の称号を受け、政務院文教委員会委員、北京市人民委員会委員、全国文聯副主席、中国作家協会副主席等の要職に就いて社会的文化的な活動を行う。また人民委員会委員、全国政協委員にも選ばれる。八月二十三日、少年紅衛兵から暴行を受けても「士は殺すべきも、恥ずかしむべからず」と言ってその場で殴打された
6	傅雷	一九〇八年生 上海の人。翻訳家	しばしば紅衛兵造反派の批判闘争にあう。九月三日、殴打された後、家で服毒自殺した。妻の朱梅馥も窓枠で首吊り自殺。享年五十八歳	翻訳家。三〇年代より外国文学名著の翻訳を三十二冊行う。とりわけバルザックの小説『ウジェニー・グランデ』『ゴリオ爺さん』等の翻訳で名高い。傅雷は子供に対して躾が厳しかったが父親としての愛情も深かった。後に傅敏が『傅雷家書』を書いた。今日もその影響は大きく、広く伝わっている
7	馬連良	一九〇一年生 北京の人。回族、京劇俳優	江青は理由もなく馬連良を批難。十二月十六日、北京京劇院内で紅衛兵造反派の残酷極まりない殴打により重傷を負い死去。享年六十五歳	京劇「四大鬚生」の一人。「馬派」創始者。主な演目『群英会・借東風』『甘露寺』『四進士』『定軍山』『打漁殺家』『蘇武牧羊』『趙氏孤児』『海瑞罷官』等。『海瑞罷官』の主演者になったことにより馬連良は自らの死を招くことになった

8	周潔夫	一九一四年生 北京の人。学者	享年五十二歳	言語文字学者。北京大学教授
9	趙少咸	一八八六年生 安徽の人。学者	享年八十歳	言語文字学者。著書に『広韻疏証』二十八冊、『経典釋文集説附箋』三十余巻
10	陳笑雨	一九一七年生 江蘇の人。雑文家、文芸評論家	文革中、跪かせて罪を認めるよう強制される。八月二十四日、老舎と同じ日に投身自殺。「死ぬ方がました、死ねば苦しみも何も残らない」と書き残す。享年四十九歳	雑文家、文芸評論家。一九三八年共産党入党。『文芸報』副編集長、『新観察』編集長、『人民日報』文芸部主任。著書に『説東道西集』等十数冊 ペンネームは馬鉄丁
11	陳夢家	一九一一年生 浙江の人。考古学、古文字学者	跪かされて唾をかけられ残飯を頭から浴びせられた。明清時代の家具や書籍を没収される。入浴や衣服の着替えは許されなかった。八月に睡眠薬自殺を図るが未遂。九月三日、首吊り自殺。享年五十五歳	考古学者、古文字学者。中国科学院考古学研究所研究員。新月派詩人。著書に『甲骨断代学』『殷墟十辞綜述』『西周銅器断代』『西周年代考』等
12	孫伏園	一八九四年生 浙江の人。作家	享年七十二歳	作家、評論家、ジャーナリスト。文学研究社メンバー。『晨報』の編集者。雑誌『語絲』を魯迅、林語堂と共に創刊した。著書に『伏園遊記』『魯迅二三事』等
13	劉永済	一八八七年生 湖南の人。史家	享年七十九歳	文学史家。著書に『文学論』『文心彫龍校択』『詞論』等
14	孔　厥	一九一六年生 江蘇の人。作家	文革中、周揚グループの一人とされ、批判に耐えられず、陶然亭湖に投身自殺。享年五十歳	江蘇測量専科学校卒業。建国後『人民日報』、人民大学、中央映画局等勤務。袁静との共著『新児女英雄伝』により文芸賞受賞。その他著書に『一個女人翻身的故事』。女性問題で中国作家協会を除名。一九五二年党籍を剥奪される
15	葉以群	一九一二年生 安徽の人。作家、文芸理論	文革開始後、張春橋の経歴を熟知していた為、「三反分子」とされた。迫害に耐えられず、八月二日、飛び降り	法政大学経済学部留学。一九三二年共産党入党。帰国後、左翼作家連盟部長、上海文学研究所副所長。『抗戦文芸』編集長、『文芸月報』『収穫』『上海文学』編集。著書に『文

		家	自殺。享年五十五歳	学基礎知識』『文学基本原理』『文学問題漫論』『今昔文談』等。ペンネームは以群、華蒂
16	徐　韜	一九一〇年生 江蘇の人。	享年五十六歳	映画芸術家。監督した映画に『草原上的人們』『大地重光』『海魂』『捜書院』『摩雅泰』『関漢卿』等
17	韓俊卿（女）	一九一五年生 河北の人。女優	享年五十一歳	舞台芸術家。主演河北劇『紅梅閣』『秦香蓮』『胡蝶杯』『三上轎』『金水橋』等
18	黎国荃	一九一四年生 北京の人。	八月二十六日、劉慶棠主宰の批判会で耐えがたい侮辱を受けて失意の中自殺。享年五十二歳	北京美術学校卒。バイオリニスト、指揮者。北京管弦楽団団長、音楽舞踏史詩『東方紅』指揮グループ長等を歴任。主な作品『白毛女』『劉胡蘭』『茶花女』等
19	向　達	一九〇〇年生 湖南の人。学者	文革初め「反動学術権威」「外国の特殊工作員」とされる。享年六十六歳	歴史学者。北京大学教授、図書館館長。著書に『唐代長安与西域文明』『中西交通史』『蛮書校注』等
20	李平心	一九〇七年生 江西の人。学者	文革初期に迫害を受けて自殺。享年五十九歳	歴史学者。華東師範大学教授、上海歴史学会副会長、著書に『中国近代史』『中国現代史初編』『全国総書目』等
21	汪　籛	一九一六年生 江蘇の人。学者	文革初期に迫害を受けて自殺。享年五十歳	歴史学者。北京大学歴史学部教授。著書に『汪籛隋唐史論稿』『唐太宗与貞観之治』
22	陳序経	一九〇三年生 広東の人。学者	享年六十三歳	歴史学者、東南アジア史専門家。南開大学教授、副学長。著書に『中国文化的出路』『南洋与中国』等
23	岑家梧	一九一二年生 広東の人。歴史学者、文化史学者	文革中に迫害を受けて死亡。享年五十四歳	歴史学者、文化史学者。専門は原始社会史。岑家梧の研究は芸術学、民俗学、社会学、民族学等の多岐にわたって関連する。一九三四年立教大学へ留学。華東師範大学教授。上海歴史学会副会長。著書『史前史概論』『図騰芸術史』『図騰芸術史』（商務印書館より出版）は日本で書かれたもの
24	李翠貞（女）	一九一〇年生 上海の人。音楽教師	文革中、紅衛兵に墨汁で顔を塗られるなど耐え難い恥辱を受ける。最も綺麗な衣服を着て念入りに化粧をし	上海音楽専科学校ピアノ科入学。一九三四年イギリスロイヤル音楽学院留学。一九三六年同学院協会会員。一九四二年重慶国立音楽院、上海国立音楽院のピアノ科教師。多くの優

			てガス自殺した。享年五十六歳	秀な学生を育成
25	言慧珠（女）	一九一九年生 北京の人。蒙族 京劇、昆劇女優	文革中、凄惨な批判闘争で殴打され肉体的精神的に大きな傷害を負う。九月十一日、三通の遺書を書いた後自殺。享年四十七歳	梅蘭芳の門徒、言菊朋の娘。上海市戯曲学校副校長。代表的な演目は『玉堂春』『遊園夢』等
26	胡剛復	一八九二年生 江蘇の人。物理学者、教育者	一九六六年に「アメリカ特殊工作員」とされる。凄惨な迫害を受け死亡。享年七十四歳	一九一八年ハーバード大学物理学博士号取得。帰国後、科学研究及び教育に従事し、中国現代物理学を切り開いた。呉有訓、厳済慈、茅以升、朱正元ら物理学の大家はみな胡剛復の学生
27	劉世楷	一八九七年生 四川の人。学者	一九五七年右派分子とされる。文革初期「反動学術権威」とされ、凄惨な迫害を受けて死亡。享年六十九歳	天文学者、気象学者。中国現代天文学、気象学の新しい局面を開いた学者の一人
28	葉雪安	一九〇五年生 上海の人。学者	文革初期に「ヨーロッパの特殊工作員」とされる。享年六十一歳	測量設計学者。一九三三年ドイツ留学、一九六五年エンジニアリング学位を取得。中国の天文測量学教育の創立者の一人
29	魯宝重	一九〇三年生 河北の人。学者	一九六六年「反動学術権威」「悪者分子」とされ、自殺。享年六十三歳	生物化学者。一九三一年ドイツ留学。一九三六年帰国後、武昌中華大学、南京中央大学、北京師範大学教授、化学科主任、教務長等を歴任
30	虞宏正	一八九七年生 福建の人。学者	一九六六年、凄惨な迫害を受け死亡。享年六十九歳	物理化学者。ドイツ、イギリス、アメリカに留学し、研究事業に従事。中国土壌熱力学の開創者
31	王　璡	一八八八年生 福建の人。学者	一九六六年、凄惨な迫害を受け死亡。享年七十八歳	化学者。化学史家。アメリカ留学者。中央研究院化学研究所所長、大学教授等の職に就く。中国化学会発起人の一人。中国化学史の開創者
32	何作霖	一九〇〇年生 河北の人。学者	一九六六年、凄惨な迫害を受け死亡。享年六十七歳	地質学者、鉱床学、鉱物岩石学者。一九三八年オーストリアへ留学、博士号取得。北京大学、北京師範大学、山東大学教授。中国の鉱物研究、多種耐火材料科学研究の分野において大きく貢献した
33	黄紹竑	一八九五年生 広西の人。政	文革中に四人組によって「右派」とされて激しい批判闘争に遭う。二度の	国民革命軍中尉。中国人民政府協商会議全国委員会委員。中華人民共和国第一回全人代常務委員、法案委員会委員等

		官	服毒自殺をするが未遂。八月三十一日、北京に於いてカミソリを使って首を切り自殺した。享年七十一歳	を歴任。一九五七年右派分子とされる。一九六二年に右派の身分を解除されたが、文革で再び迫害された
34	黄国璋	一八九六年生 湖南の人。学者	文革中に批判闘争に遭い、九月六日、妻の范雪茵と一緒に首吊り自殺。享年七十歳	地理学者。イェール大学理学研究院、シカゴ大学地理学科で学び、北京師範大学で教鞭を執る。中国地理学会理事長
35	釋艮卿	一八九五年生 河南の人。僧侶	紅衛兵から仏合利を守る為、五色の袈裟の上から灯油をかぶり宝塔の前で焼身自殺した。紅衛兵は驚き逃走した。享年七十一歳	法名永貫。俗名戚金鋭。臨済正宗派法師。仏教殉教者
36	楊嘉仁	一九一二年生 広東の人。	文革中に迫害に遭い、九月六日、妻と共にガス自殺。享年五十四歳	指揮者。上海音楽学院指揮科主任。代表作合唱曲「半個月亮爬上来」等
37	周小舟	一九一二年生 湖南の人。政官	人民公社、大躍進の失敗を批判。毛沢東に「走資派」「彭徳懐反党集団分子」とされ迫害を受ける。人格と名誉の侮辱に耐えられず、十二月二十六日、睡眠薬自殺。享年五十四歳	湖南大学、北京師範大学卒。毛沢東秘書、冀中区宣伝部長、北平市委員会宣伝部長等。建国後、湖南省委員会宣伝部長、省委員会第一書記、副省長等を歴任。廬山会議後、公社副書記に降格。一九六二年中国科学院中南分院副院長
38	趙宗復	一九一五年生 山西の人。	文革中に批判闘争に遭い、六月二十一日、飛び降り自殺。享年五十一歳	燕京大学新聞科卒。一九三五年共産党入党。山西省人民政府委員、山西文化教育庁長、太原工学院院長、山西大学副学長、山西歴史学会理事長、山西省教育庁長、『工商日報』編集長、党委員会副書記等を歴任
39	姚　溱	一九二一年生 江蘇の人。政官	文革初期に「二月提綱」に参与し、呉晗と彭徳懐、『海瑞罷官』と廬山会議とは無関係であると解釈した。文革の拡大化により迫害を受ける。七月二十三日、首吊り自殺。享年四十五歳	一九三八年共産党入党。上海大同大学で学ぶ。週刊誌『大衆』編集、新華通訊社華中分社編集部副主任。中華人民共和国成立後、上海市宣伝部副部長。一九五四年中共中央宣伝部副部長。第三回全人代常務委員会副秘書長等を歴任
40	陳正清	カメラマン記者	自身の撮影した人物写真帳で蒋介石が毛沢東等の前にあったことから残酷な批判闘争に遭う。八月二十七日、	新華社カメラマン記者。主な作品『開国大典』

			妻の何慧と共に睡眠薬自殺。四人の子供が残された。享年四十余歳	
41	程賢策	一九二八年生 政府要員、大学党総支部書記	北京大学大規模批判闘争で学生に棍棒で殴られ、大便用屑入をかぶせられ学生宿舎のトイレ掃除をさせられる。八月二十四日、学生紅衛兵に家を荒らされ、髪を十字形に剃られた。肉片が衣服に入る程銅頭ベルトで殴打され、むしろに巻かれ虐待される。九月二日、農薬を飲んで自殺。享年三十八歳	北京大学中文科共産党総支部書記。文革初期に「反革命」とされたことで、凄惨な批判闘争に遭う。北京大学第一回大規模批判闘争では程賢策をはじめ、「牛鬼蛇神」とされた教師達が学生から激しい暴力行為を受けた
42	董懐允	一九二七年生 大学講師	七月二十八日、首吊り自殺。享年三十九歳	北京大学数学力学科講師、中国共産党員
43	高　斌	大学副教授	七月六日、批判闘争に遭い、自殺	陝西師範大学中文科副教授
44	高蕓生	一九一〇年生 河北の人。	文革初期、残酷な批判闘争に遭い、七月六日、自殺。享年五十六歳	北京鋼鉄学院学院長、党委員会書記
45	胡　明	大学教授	一九五七年「右派分子」とされ、学科主任の職務を解かれる。文革中、批判闘争に遭い九月五日、北京師範大学宿舎から飛び降り自殺。享年五十余歳	北京師範大学ロシア語学科教授
46	江　楓（女）	戯劇学校校長	八月に学生紅衛兵の批判闘争に遭い、殴打され、侮辱を受ける。首吊り自殺	北京戯劇学校校長。夫の呉子牧は北京市委員会大学部部長。「黒い市委員」とされ、批判闘争中に病死した
47	江隆基	一九〇五年生 陝西の人。中共指導者、教育者	文革が始まると学校党委員会は運動を指導し、矛先は「老右派」「反動的資産階級学術権威」に向けられた。省委員会は工作グループを学校に派遣し、学生を組織して「対抗文革、堕	一九二七年共産党入党。北京大学卒業後、明治大学、ドイツのベルリン大学経済学科に留学。帰国後陝北で教育指導の職に就く。中国人民共和国成立後、西北軍政委員会教育部長、北京大学党委員会書記、蘭州大学学長、党委員会書記。江隆基は一貫して毛沢東の路線を忠実に実行した。北京大学

			制運動」を行い、学校指導者を批判した。校庭に跪かせ、殴打、高帽をかぶせて市内を引き回した。江隆基は「反党反社会主義反毛沢東思想」の罪を認めるよう強制された。党内外の全ての職を解雇されて徹底的に追放された。六月二十五日に自殺。享年六十一歳	副学長の期間に五百人以上を右派にした。江は多くの人々を苦しめたことにより、自身も非業の死を遂げることになった。中国共産党指導者の代表的な人物。著書に『江隆基教育論文選』
48	劉徳中	大学教師	文革中、殴打、「陰陽頭」にされるなど侮辱を受ける。十月八日、妻と共に首吊り自殺。きちんとした身なりで、机には聖書が置かれていた。享年四十余歳	復旦大学外国語学科、英語課程教師。ドイツ語、ロシア語に精通。ドイツ語文学の翻訳。帰国子女。父親は外交官。母親はドイツ人
49	劉澍華	一九四〇年生 中学教師	八月二十六日、紅衛兵の批判闘争会で殴打、侮辱に遭い、清華大学の煙突から投身自殺。享年二十六歳	清華大学附属中学校物理教師。共産党員、附属中学団体委員会副書記
50	陸家訓	一九二五年生 江蘇の人。大学講師	一九五七年「右派分子」とされる。文革中は経歴に問題ありとされ、批判闘争に遭う。八月二十七日、飛び降り自殺。享年四十一歳	西安交通大学理論力学教育研究室講師
51	陸修棠	一九一一年生 江蘇の人。音楽家	文革中に迫害を受け、河に身を投げて自殺。享年五十五歳	音楽家、民族音楽教授、二胡演奏家。上海国立音専で学ぶ。積極的に国家音楽活動を行う。華東師範大学、北京芸術師範学院、上海音楽学院教授。中国音楽家協会上海分会理事
52	駱鳳嶠	一九一六年生 四川の人。教授	国民党に参加していたことから追跡調査され、十二月十三日、飛び降り自殺。享年五十歳	陝西工業大学動力学科教授、文革時期は西安交通大学教授
53	毛青献	大学教師	文革開始後に資産家階級知識分子として批判闘争に遭う。校舎から飛び降り自殺。死亡時五十歳前後	復旦大学物理学科教師、原子物理学を教授した

54	宋励吾	気象学院教授	八月、紅衛兵に釘を打ち付けた棍棒で激しく殴られ、その晩ナイフで動脈を切り自殺。妻子は農村に下放された	南京解放軍気象学院教授、主任。アメリカ留学者
55	王思傑	大学教授	残酷な批判闘争に遭い、妻子と共に四人で自殺	厦門大学歴史学科教授
56	許政揚	一九二五年生 浙江の人。学者	中文科の「反党集団」の一人とされ、批判闘争に遭い家を荒らされ、労働改造処分を受けた。投水自殺。享年四十一歳	文史学者。天津南開大学中文科古典文学教師
57	姚啓均	大学教授	八月四日、姚啓均と百名余りの教師、幹部は家を荒らされ、街中を引き回された。暴力行為がその間続いた。九月二十八日、物理学科の棟から飛び降り自殺	上海華東師範大学物理学科教授。著書『光学教程』は高校教材として現在も使われている
58	祝　璜	大学講師	批判闘争に遭い、自殺	陝西師範大学歴史学科講師
59	黄必信	一九二五年生 教師、黄炎培の息子	文革中、「幹部学生」に厳しすぎるとして階級報復だと批判闘争に遭う。六月十四日、首吊り自殺。享年四十一歳。妻余啓も「階級の純潔化」運動で隔離審査に遭い、一九六八年自殺	大連工学院無線電学科教師、教育研究室主任。一九五七年に「右派分子」とされる。兄弟八人中六人が右派とされた。一九六〇年に右派のレッテルが取れた時に再び教壇に立った。妻の余啓は大連工学院の物理教師。三人の子供のうち当時十四歳の娘が一九六六年十月二十六日に失踪した
60	卞仲耘（女）	一九一六年生 安徽の人。	八月五日、北京師範大学附属女子中学校の女子紅衛兵に無惨に打ち殺される。享年五十歳	北京師範大学附属女子中学校副校長。燕京大学経済学科入学、斎魯大学転入。四一年共産党入党。女子中学の共産党支部書記
61	柴　沫	一九一七年生 浙江の人。政官	農村政策が田家英と同じだった為、文革が始まると審査に遭う。九月四日に絶望して自殺。享年四十九歳	一九三八年共産党入党。天津軍事管制会秘書長、湖南省党委員会秘書長、中央政治研究室秘書長、中央マルクスレーニン学院党副書記等歴任
62	陳　賁	一九一四年生 湖南の人。地質調査士	一九五七年、百家争鳴の時、「国家損失が生じる」との党批判を述べたところ「極右派」とされた。公職を	一九三四年清華大学入学。第一回「中華民族解放先鋒隊」入隊。八路軍炮兵団の教師となるが、多くが文盲で授業にならなかった。無教養な団長は、教師に「馬鹿ども」と怒

			免職、党を除籍されて青海に下放された。文革中にゴビ砂漠で自殺。享年五十二歳	鳴り、中国人民抗日軍事政治大学に教師の入学拒否を求めた。陳は西南連合大学へ戻った後、一九四一年共産党入党。建国後、青海石油局研究所地質調査士、燃料工業部実地調査副総地質調査士
63	陳伝綱	一九一五年生 教育者、大学書記、副学長	整風運動で「王実味、反党集団」の一人であるとされた。文革中に自殺。享年五十一歳	復旦大学新聞学科卒業。一九三八年共産党入党。行政学院教務主任。マルクスレーニン学院、中央政治研究室で経済を研究。建国後、復旦大学副書記、副学長。ペンネームは成全
64	胡仁奎	一九〇〇年生 山西の人。政官	十二月二十九日、迫害死。享年六十六歳	北京大学で学ぶ。一九二六年共産党入党。国民党に潜入し、地下活動をする。建国後、中央情報部、天津外国貿易管理局長、税関署長、北京林業学院長等
65	劉克林	一九二五年生 記者	「階級内の異分子」「劉少奇の黒文筆者」とされた。（『劉少奇文選』の編集に参与したが、出版には至っていない）八月六日、飛び降り自殺。享年四十一歳	一九三九年に十四歳で共産党入党。燕京大学新聞学科卒業。『大公報』記者。ソ連修正主義路線批判の論文執筆者の一人
66	藍　珏	一九一九年生 四川の人。ジャーナリスト	市場経済の導入を公言した為、一九五七年「極右」とされて月給が二百元から三十二元になった。あらゆる凌辱に遭い、首吊り自殺。享年四十七歳	一九三八年共産党入党。『救亡報』編集長、『辺区群衆報』編集委員。建国後、『新宝鶏日報』編集長、新華社新疆分社社長、通俗読物出版社副編集長
67	祁式潜	一九一五年生 江蘇の人	文革で「小三家村」のメンバーとされて、批判闘争に遭う。八月四日、服毒自殺。享年五十一歳	金陵大学で学ぶ。一九三七年共産党入党。建国後、上海連絡局専門員、秘書長。中国社会科学院近代史所研究員
68	王宗一	一九二一年生 山東の人。政官	文革が始まると引きずり出され、頭髪を剃られ、腰を折って頭を押さえつけられて「私は牛鬼蛇神です」と言わされた。九月九日に自殺。享年四十五歳	一九三六年共産党入党。中国人民抗日軍事政治大学、魯迅芸術学院で学ぶ。魯迅芸術学院宣伝科長、華北聯合大学幹部科副主任、建国後、中国宣伝部資料室副主任、宣伝所長
69	許　明（女）	一九一九年生 遼寧の人。政官	睡眠薬自殺。享年四十七歳	一九三六年入党。中央社会部科長、延辺地委調研室主任、民動部副部長。建国後、税関総署人事所長、税関署長事務室副主任、国務院副秘書長

No.	氏名	生年・出身	死亡状況	経歴
70	鄭思群	一九一二年生 重慶大学学長	文革開始後、市党委員会の工作組が大学に進駐し、「鄭が民衆を圧制し運動を妨げた」とした。重慶大学党委員会は群衆に「黒幕」を捕らえるよう働きかけた。市委員会は鄭を反党反社会主義者とし、監禁した。八月二日、動脈を切って自殺。享年五十四歳	重慶大学学長、党委員会書記

一九六七年

No.	氏名	生年・出身	死亡状況	経歴
1	七齢童	一九二一年生 浙江の人。俳優	享年四十六歳	紹（浙江）劇芸術家。以前より「活八戒」「神八戒」の演技で著名であった
2	李再雯（小白玉霜）（女）	一九二二年生 河北の人。評劇女優	文革中は残酷な迫害に遭い、「搾取者の旧座長」と中傷されて、夫と離婚。大衆大会で「反革命」と断定される。酷く打ち叩かれた後、睡眠薬を服用して自殺。享年四十五歳	評劇女優、芸術家。。白派創始者、白玉霜の養女。中国評劇院副院長、全国文芸連合会委員。主演『秦香蓮』『杜十娘』『小女婿』『羅漢銭』『朱痕記』等。白派唱腔（節回し）で名を揚げる。一九五〇年代に「現代劇を破壊した」と非難され、共産党を除名された
3	于宗琨	一九二六年生 上海の人。	享年四十一歳	京劇芸術家、監督、演出家。数十の優秀な伝統劇、新派劇の演出、監督を行う。主な作品は『関羽走麦城』『天門陣』『文天祥』『関漢卿』等
4	劉奎齢	一八八五年生 天津の人。画家	享年八十二歳	中国画画家
5	黎錦暉	一八九一年生 湖南の人。	享年七十六歳	歌舞作曲家
6	羅広斌	一九二四年生 四川の人。作家	文革では真っ先に「造反」とされる。紅衛兵の批判闘争に遭い、二月十日、飛び降り自殺。享年四十三歳	作家。一九四八年共産党入党。重慶市委統戦部長、重慶青連副主席。楊益言、劉徳彬との共著に革命回顧録『烈火中永生』、楊益言共著『紅岩』等
7	阿壟	一九〇七年生 浙江の人。作家	一九五五年「胡風分子」とされ投獄される。獄中死。享年六十歳	作家、詩人。著書に長編小説『南京』、詩集『無弦琴』等

8	李嘉言	一九一一年生　河南の人。学者	享年五十六歳	古典文学研究者。著書に『賈島年譜』『古詩初探』『岑参詩年譜』等
9	任銘善	一九一三年生　江蘇の人。学者	享年五十四歳	言語学者。浙江大学教授、著書に『漢語史講義語言部份』『中国語文基本問題』『語法教学与漢語規範化』等
10	蕭長華	一八七八年生　京劇芸術家	批判闘争に遭い、暴行を受けて死亡。享年八十九歳	京劇芸術家
11	曽昭掄	一八九九年生　湖南の人。学者	一九五七年、化学界の右派とされる。批判闘争に遭い、暴行を受けて死亡。享年六十八歳	化学者。マサチューセッツ工科大学博士。北京大学、清華大学化学科責任者、中国科学協会副主席、中国科学院化学研究所所長を歴任
12	韓克樹	一九一六年生　遼寧の人。学者	享年五十一歳	通訊工程学院副院長、西北電訊工程学院院長等歴任
13	董渭川	一九〇〇年生　山東の人。学者	享年六十七歳	社会教育者。著書に『中国文盲問題』『旧教育批判』等
14	孟憲承	一八九四年生　江蘇の人。学者	享年七十三歳	華東師範大学教授、学長。著書に『教育概論』『大学教育』等
15	邱　椿	一八九八年生　江西の人。学者	享年六十九歳	北京師範大学教授。著書に『中国新教育行政制度之研究』『戦後欧美教育』『古代教育思想論叢』等
16	孫　泱	一九一五年生　四川の人。学者	学生紅衛兵らによる集団暴行で殴打され死亡。享年五十二歳	朱徳の政治秘書、中国人民大学党委員会書記。著書に『我国過渡時期社会主義経済規律』等
17	顧聖嬰（女）	一九三七年生　江蘇の人。ピアニスト	文革開始後、一家は凄惨な迫害を受ける。一月三十一日、上海交響楽団の批判闘争で惨い恥辱を受け、当夜母弟と共にガス自殺。享年三十歳	ピアニスト。一九五八年ジュネーブ第十四回国際音楽祭出場。一九六〇年ワルシャワ第六回ショパンピアノコンクールで高い評価を得る。一九六四年ベルギー国際ピアノコンクールで大賞を受賞

18	陳　璉（女）	一九一九年生　江蘇の人。陳佈雷の娘	一九五六年に夫袁永熙が右派とされて、強制離婚。文革開始後、陳璉は特殊工作員とされた。十一月十九日、ビルから投身自殺。享年四十八歳	陳佈雷（蒋介石の側近で重要文書、起草を担当）の娘。重慶中央大学で学ぶ。中国共産党員、中華人民共和国青年団中央委員、少年児童部部長、華東局宣伝文教所長
19	趙慧深（女）	一九一二年生　四川の人。舞台芸術家	「馬路天使」で演じた妓女を理由に「三反分子」とされる。出身家庭なども影響し、度々批判闘争で恥辱を受けた。十二月四日、自殺。享年五十六歳	日中戦争前は活劇に出演。映画作品「馬路天使」。舞台劇「雷雨」で評価を得る。東北戯曲研究院研究室主任、東北戯曲学校校長、北影廠編集部副主任
20	潘正涛	一九一〇年生　上海の人。学者	凄惨な迫害を受け死亡、享年五十七歳	物理学者。一九三五年、パリ大学で応用化学博士号取得、帰国後、製薬工場、化学工場の技術者。南開大学教授、天津大学教授
21	陳昌浩	一九〇六年生　湖北の人。政官	文革中に迫害を受け、七月三十日、服毒自殺。享年六十一歳	紅軍第四方面軍の総政治部委員、西路軍軍政委員会主席。長征時期の紅軍主力部隊政治委員。国防戦争褒章受賞
22	李立三	一八九九年生　湖南の人。政官	文革中、劉少奇の案件により迫害を受け、六月二十二日、睡眠薬自殺。享年六十八歳	中央政治局委員、宣伝部長。長沙暴動は「極左冒険主義」と批判を受け、モスクワへ行く。帰国後、政務委員労働部長。人民政治協商会議常務委員。政治局常任委員
23	孟秋江	一九一〇年生　江蘇の人。記者	文革中、北京で残虐な迫害を受ける。三月十六日、死亡。享年五十七歳	「大公報」記者の時代、南口、平型関、徐州等戦地に取材に行く。香港「文匯報」社長。同時に廖承志より香港「循環日報」を引き継ぐ。この期間中に孟秋江は祖国統一を促進する活動を推し進めた
24	正珠尔扎布	一九〇六年生　遼寧の人。蒙古族。将官	文革中に批判闘争に遭い、自殺。享年六十一歳	将官。東京府立第六中学校に留学。陸軍士官学校。満洲国軍事将官。日本名「川島成信」「田中正」。漢名「韓信宝」「韓紹徳」。日中戦争末期、ソ連軍に降伏。戦犯管理所で思想改造を受ける。一九六〇年特赦後、海拉尔国営林業で作業
25	鄒大鵬	一九〇七年生　遼寧の人。政官	文革中に迫害を受け、四月二十九日に自殺。享年六十歳	中国共産党員、中華人民共和国情報官員。建国後、中央社会部秘書長、中央軍委員会情報部副部長、政務院情報総署署長

26	南漢宸	一八九五年生 山西の人。政官	文革が始まると「裏切り者」「走資派」とされ、残酷な批判闘争に遭い、一月二十七日、大量の睡眠薬を飲んで自殺。享年七十二歳	一九二六年共産党入党。部隊に入り、統戦工作、抗日運動を推進。共産党の解放区で財政、経済の仕事をする。中国人民銀行社長。中国国際貿易促進委員会主任、全人代常務委員
27	邵　凱	大学学長、党委員会書記	一九六六年中国共産党「工作組」が大学に入り邵凱を罷免。野蛮な批判闘争に遭い、一月二十三日に自殺。	遼寧大学学長、共産党委員会書記
28	周定邦	一九三〇年生	十二月二十五日、宿舎から飛び降り自殺。享年三十七歳	清華大学水利学科講師
29	張重一	元大学教授	劉少奇の案件により獄中死	元北京輔仁大学教授、王光美の教師
30	応雲衛	一九〇四年生 浙江の人。映画芸術家	文革が始まると「反動学術権威」「三十年代の黒線人物」とされ、凄惨な批判闘争に遭う。一月十六日、引き回され街頭で惨死。享年六十三歳	映画芸術家。一九三〇年代「左翼演劇家連盟」加入。『桃李劫』演出。「中華劇藝社」で『天国春秋』『屈原』『孔雀胆』等演出。江南映画製作所所長、上海映画局顧問
31	劉文輝	一九三七年生 上海の人。政治活動家	文革初「偽物の階級闘争と実践破壊論」「五七年来の各項運動を通観する」を書いたことが紅衛兵に問題にされた。一九六六年九月「反駁文化大革命十六条」を書き、弟の劉文忠と複写し匿名で北大、清華大、復旦大等十四校へ送る。これにより劉文輝は十一月に逮捕。三月二十三日、銃殺刑が執行された。享年三十歳	政治活動家。統一性のある理論で毛沢東及び文革を批判し、民主、平等、博愛を主張した為、逮捕後に銃殺された。一九五七年、滬東造船所で働いていた劉は右派分子とされた。浙江の機械工場で見習いとして働く。一九六二年、陰謀を企てたと密告され、現行反革命の罪で思想改造の処分となる。文革中に兄と共に活動した弟の劉文忠は十三年投獄された。文革後の二〇〇四年に劉文忠は兄の劉文輝と家族を描いた『風雨人生路』をマカオで出版した
32	雷春国	一九二三年生 雲南の人。政官	文革中に「造反派」とされて惨い批判闘争に遭う。百五十八元を葬儀費に四千八百六十元を党費に充てるという遺書を残し、一家四人で自殺し、死を以て批判・闘争に抗議した。享年四十四歳	雲南省徳宏州副州長。辺境民族の事業建設の為に尽力した。一九五二年第一回全国青年連合会委員。一九五九年入党。一九六一年周恩来とミャンマーへ赴いたこともあった

33	郭民英	一九四三年生 四川の人。郭沫若の四男	文革が激しくなっていくと名門の家庭出身者である郭民英に対して批判が厳しくなった。四月十二日に自殺。享年二十四歳。遺書はないため自殺の真相は分かっていない	中央音楽学院（バイオリン科専攻）在学中、家のレコーダーを学内に持ち込み学友と西洋音楽を聴いた。一九六四年に一人の学生が毛沢東に意見書を提出。資産を見せびらかしたことと、党の教育方針に背くことを告発した。一九六五年に学院を退学し中国人民解放軍に入隊した
34	閻紅彦	一九〇九年生 陝西の人。政官	文革が始まった時に大衆を煽動して批判闘争する政府機関のやり方に反対した。その為閻紅彦は迫害を受け、服毒自殺した。遺書に「陳伯達と江青によって死に追いやられた」と書き残した。享年五十八歳	雲南省委員会第一書記

一九六八年

1	厳鳳英（女）	一九三〇年生 安徽の人。黄梅劇女優、芸術家	文革中「文芸黒線人物」「修正主義、資本家を宣伝する美女蛇」「国民党スパイ」とされる。批判闘争、迫害を受けて四月八日、睡眠薬を飲み自殺。死後、軍の代表は体内の発信器を探すことを口実に衣服を脱がせ胸を割き腹をえぐった。享年三十八歳	女優。主演映画戯曲は『天仙配』『女駙馬』『牛郎織女』等。厳鳳英の黄梅劇の唱腔（節回し）は国内外で有名
2	上官雲珠（女）	一九二〇年生 江蘇の人。映画俳優、芸術家	一九五〇年代毛沢東の高い評価を受けた為に文革中、江青の迫害を受ける。毛沢東や共産党指導者との関係を自白するよう迫られる。残虐な体刑で肉体的精神的に痛めつけられ、飛び降り自殺。享年四十八歳	女優。中国映画協会会員、上海映画協会常務理事、上海市政協会第一、第二回委員、第三回、第四回常務委員。一九六二年新中国二十二大映画スターの一人。主演映画『国色天香』『花月良宵』『一江春水向東流』等、十数本
3	海　黙	一九二三年生 山東の人。劇作家、脚本家	脚色した映画『洞簫横笛』が批判される。朱丹、王昆、劉迅らとの紅葉狩りが「西山の黒い会合」と誣告され、中央文革小組がこれを是認。迫害が	姓は張。脚本家。華北連合大学演劇科で学ぶ。一九三一年入党。映画創作研究所、北京製作所でシナリオを担当。主な作品『母親』『草原上的人們』『紅旗譜』『深山裡菊花』等。その他創作劇や歌劇等多数

			激しくなり映画学院内で殴り殺された。享年四十五歳	
4	馮　志	一九二三年生 河北の人。作家	文革中、迫害死。享年四十五歳	作家。華北大学中文科で学ぶ。一九三九年共産党入党。新華社河北分社記者、河北省ラジオ放送局編集文芸部主任。著書に長編小説『敵後武工隊』
5	向　隅	一九一二年生 湖南の人。	享年五十六歳	作曲家。長編歌劇『白毛女』作曲者の一人、上海音楽学院副院長、主な作品『紅綏槍』等
6	司馬文森	一九一六年生 福建の人。作家	享年五十二歳	作家。長編小説『雨季』『人的希望』、映画劇本『火鳳凰』『血海仇』等
7	伊　兵	一九一六年生 浙江の人。	享年五十二歳	劇作家。主な著書に『在戯劇戦線上』『現実与理想』、脚色改編越劇『梁山泊与祝英台』『西廂記』等
8	彭柏山	一九一〇年生 湖南の人。作家	一九五五年に胡風分子とされた。享年五十八歳	作家。解放軍某軍副政治委員、上海市委員会宣伝部長、著書に小説『戦争与人民』等
9	周痩鵑	一八九五年生 江蘇の人。作家	文革中に張春橋から名指しで批判を受け、侮辱に耐えられず、八月十一日、飛び降り自殺。享年七十三歳	作家。翻訳家。鴛鴦胡蝶派の代表人物の一人。著書に散文集『行雲集』、小説集『南京之国』、翻訳本『シャーロックホームズ全集』『世界名家短編小説集』等
10	鄭　洪	一九二八年生 広東の人。	享年四十歳	劇作家。創作もしくは合作映画劇本『十二次列車』『怒潮』等十数本
11	麗　尼	一九〇九年生 湖北の人。作家	享年五十九歳	著書に『黄昏之獣』『鷹之歌』『白夜』等。ツルゲーネフ『貴族の巣』『その前夜』の中国語翻訳を行う
12	劉芝明	一九〇五年生 遼寧の人。劇作家、文芸批評家	文革中、「右派」を庇護したという濡れ衣を着せられる。革ベルトで酷く打ち叩かれて殺された。享年六十三歳	早稲田大学卒業。上海法政大学、曁南大学教授。一九三二年共産党入党。建国後、東北局宣伝部副部長、文化部副部長等歴任。創作京劇『雁蕩山』『美人計』、評劇『逼上梁山』『小女婿』等
13	楊　朔	一九一三年生 山東の人。作	中国作家協会の造反派の重要人物とされる。批判闘争の苦しみに耐えられ	一九四五年共産党入党。全国総工会文芸部長。中国作家協会入会。著作に長編小説『三千里江山』『洗兵馬』、中

		家	ず睡眠薬自殺。享年五十五歳	編小説『北黒線』『紅石山』『望南山』、散文集『海市』『東風第一枝』等
14	田　漢	一八九八年生 湖南の人。詩人	文革中は秦城監獄に入れられ、尿を飲むように強要される。党籍を剥奪される。迫害死。享年七十歳	東京高等師範学校卒業。上海大学、大夏大学で教鞭を執る。一九三二年入党。中国新戯劇開拓者。文化部芸術局長。残した劇作多数。国歌「義勇軍進行曲」の作詞者
15	容国団	一九三七年生 香港の人。卓球選手	批判闘争で辱めに遭い、六月二十日に自殺。中国体育史上、悲惨な死を遂げた一人。享年三十一歳	卓球選手。香港帰国華僑。卓球世界選手権中国トップ選手。高速打法で欧州、日本の技巧卓球を打ち破る等の功績がある
16	翦伯賛	一八九八年生 湖南の人。ウイグル族。学者	十二月十八日、北京大学紅衛兵の凌辱に耐えられず、妻と一緒に大量の睡眠薬を飲んで自殺。死後、口内に「本当に何も白状することがない」「毛沢東万歳」と書かれた二枚の紙が見つかった。享年七十歳	歴史学者。北京大学教授、北京大学副学長、歴史学部主任。范文瀾と系統的応用マルクス主義の考え方から中国の歴史を新たに解釈し、中国マルクス主義歴史学の基礎をつくる。中国におけるマルクス主義歴史学の第一人者。著書に『中国史綱』『歴史哲学教程』『翦伯賛歴史論文選集』
17	荀慧生	一九〇〇年生 河北の人。俳優	一九六六年に老舎らと共に紅衛兵から激しい暴行を受け、北京市文化局に監禁された後、労働改造に送られる。十二月下旬に発病するが手当もなく死亡。享年六十八歳	京劇芸術家、俳優。主演京劇三百余り。「荀派」と称される。四大女形の一人。中国戯劇家協会芸術委員会副主任、北京市戯曲研究所所長
18	孫維世(女)	一九二一年生 四川の人。	江青にその才華を拓まれ投獄され、秦城監獄で獄死した。享年四十七歳	周恩来養女。戯劇家、演出家。中国青年芸術劇院副院長、実験話劇院総監督、著書に大型新劇『初升的太陽』
19	斎観山	一九二四年生 河北の人。	享年四十四歳	写真家。『斎観山撮影作品選集』を出版
20	呉湖帆	一八九四年生 江蘇の人。画家	紅衛兵に家中を数十回も荒らされ財産を没収される。享年七十四歳	画家、収集家。主な作品『呉湖帆画集』『梅景画芨』等
21	費　克	一九一七年生 湖北の人。	享年五十一歳	作曲家、劇作家。主な作品『費克歌曲集』『農村歌曲集』等。新劇劇本『天京風雨』『紅色路線』等
22	蔡楚生	一九〇六年生 広東の人。俳	享年六十二歳	映画俳優、芸術家。中国映画家協会主席を務めた。主な作品『戦地小同胞』『都会的早晨』『漁光曲』『一江春水向

		優		東流』『南海潮』等数十本
23	柳　湜	一九〇三年生　湖南の人。学者	享年六十五歳	教育部副院長、『人民教育』編集長、教育科学研究所所長を歴任。著書に『柳湜論文選』
24	傅連暲	一八九四年生　福建の人。医師	一九三〇年代の紅軍時代から毛沢東を何度も治療した。文革初「衛生部筆頭走資派」「三反分子」「天主教会スパイ」とされ、紅衛兵から暴力行為を受けて肋骨を骨折。毛沢東に救命を懇願したが無視されて投獄された。三月二十九日に獄中死。享年七十四歳	瑞金中央紅色医院院長、中央紅色医務学校校長。陝甘寧辺区医院院長、中央領導人医療保険局局長。一九三八年共産党入党。一九四九年以降衛生部副部長、中央首長保健局局長、中華医学会会長、第三、四回全国中国人民政治協商会議常委員を歴任
25	傅其芳	一九二三年生　香港帰国華僑、卓球選手	文革中、国民党反共組織「三青団」の特殊工作員、「アメリカ、蒋介石のスパイ」とされた。迫害に耐えられず四月十六日、北京体育館で首吊り自殺。享年四十五歳	卓球選手。香港帰国華僑。一九五八年より国家卓球男子総監督、二十六、二十七、二十八回世界卓球世界大会で男子団体、男子シングルスで大きく貢献した
26	孫　蘭（女）	一九一三年生　江蘇の人。教育者	文革開始から標的となり百数回の批判闘争に遭う。革命委員会が「孫蘭専門グループ」を組織。更に体罰、侮辱が厳しくなり、四月八日に自殺した。享年五十五歳	一九三六年清華大学中文科卒業。南京市文教局副局長、安徽省教育庁長、上海市教育局長、共産党組織書記を歴任
27	樊映川	一九〇〇年生　安徽の人。学者	文革中「アメリカ中央情報局特殊工作員」とされた。享年六十七歳	一九二六年北京大学数学科を卒業。一九四〇年ミシガン大学博士号を取得、一九五〇年上海に戻り同済大学教授。著書に『高等数学講義』があり、今も使われている
28	蒋蔭恩	一九一〇年生　浙江の人。学者	文革中「国民党の特殊工作員」とされた。享年五十八歳	一九三五年燕京大学新聞科卒業。『大公報』編集長、北京大学教授、中国人民大学新聞科教授を歴任。著書に『報紙編輯講義』等
29	曹亨聞	一九一〇年生　浙江の人。学	文革初期に「イギリスのスパイ」とされた。享年五十八歳	一九三四年から三七年ロンドン大学留学。新聞科学位取得。一九三九年上海復旦大学新聞科教授。著書に『新聞事業史』

		者		『外国資産階級報刊史』等
30	張琴秋（女）	一九〇四年生 浙江の人。政官	一九六八年残酷な迫害を受け、四月二十二日に裏切り者と罵られ、飛び降り自殺。享年六十四歳。一九七〇年娘の張瑪婭も睡眠薬自殺	浙江省立女子師範学院卒業。一九二四年共産党入党。モスクワ中山大学留学。長征中、紅軍第四方面政治部主任、副部長。中国紡績工業部第一副部長
31	楊　必（女）	一九二二年生 江蘇の人。学者	「階級の純潔化」運動の際に迫害に遭い、自殺。享年四十六歳	銭鍾書の妻、楊絳の妹。震旦女子文理学院卒業後、教鞭を執る。上海復旦大学副教授。サッカーレの長編小説『虚栄の市』翻訳者
32	方　乗	一八九七年生 湖南の人。学者	一九六八年、凄惨な迫害を受け死亡。享年七十一歳	化学者。早くにフランスに留学、帰国後教鞭を執り、科学研究に従事
33	張資珙	一九〇四年生 広東の人。学者	一九六八年、凄惨な迫害を受け死亡。享年六十四歳	化学者、科学史家。一九三〇年アメリカのジョンホプキンズ大学で博士号取得、帰国後、大学で教鞭を執りながら研究を行う。中国の科学研究のあまたの人材を育て上げた
34	厳志弦	一九〇五年生 江蘇の人。学者	一九六八年、凄惨な迫害を受け死亡。享年六十三歳	化学者。一九三〇年東呉大学、復旦大学教授を歴任。著書に『絡合物化学』があり、国内外で幅広く推賞を得ている
35	孟憲民	一九〇〇年生 江蘇の人。学者	一九六八年、凄惨な迫害を受け死亡。享年六十八歳	鉱床地質学者。早くにアメリカに留学、帰国後は清華大学教授、地質科学院副院長等を歴任
36	饒毓泰	一八九一年生 江西の人。光学物理学者	一九六六年「アメリカ中央情報局スパイ」とされる。凄惨な迫害を受けて十月十六日、北京大学燕南園四一号で首吊り自殺。享年七十七歳	光学物理学者。一九二二年プリンストン大学博士号取得、帰国後北京大学物理学科教授。南開大学物理学科創始者。中国近代物理学の基礎を築く。胡適の学生。呉大猷、楊振寧、李政道の先生
37	陳天池	一九一八年生 浙江の人。学者	文革中に「特殊工作員」「外国と気脈を通じている」として批判され、天津で自殺。享年五十歳	化学者。主に有機リン化学の研究を行う。中国の有機リン農薬の発展を促進した。「敵百虫」「馬拉硫燐」の製造工場を作る
38	陳紹澧	一九二五年生 広東の人。学者	文革中に「アメリカの特殊工作員」とされて迫害に遭い、蘭州で自殺。享年四十三歳	物理化学者。燕京大学化学科卒業。アイオワ州立大学化学科修士。一九五〇年帰国

39	方　撃	一八八四年生 福建の人。	文革中に自殺。享年八十四歳	医学会理事。旧制千葉医科大学（現千葉大医学部）に留学。中華医学会第十六回理事及び総幹事
40	陳長捷	一八九二年生 福建の人。将官	文革中に批判闘争に遭い、四月七日、妻と共に自殺。享年七十六歳	士官学校卒業後、錫山部隊の兵役に服す。日中戦争に参加。第六集団軍総司令及び天津警備司令部司令官
41	金仲華	一九〇七年生 浙江の人。社会活動家	文革開始後、迫害に遭う。宋慶齢の忠告もあったが、郵便物の焼却をしなかった。家探しされ、財産を没収強奪された。四月三日、書斎で首吊り自殺。享年六十一歳	著名な国際問題専門家。社会活動家。「世界知識」編集長、上海市副市長。ペンネームは孟如、仰山等
42	姜永寧	一九二七年生 広東の人。	文革中に批判闘争に遭い、五月十六日、首吊り自殺。享年四十一歳	卓球選手。香港帰国華僑。一九五二年香港で優勝、中国全国卓球大会で広東代表として参加し優勝。中国女子卓球部コーチ
43	李広田	一九〇六年生 山東の人。詩人、散文家	文革中に小学生を主とする紅衛兵に汚辱、殴打される。十一月二日、妻とともに雲南大学「翠湖」に投水自殺。遺体は水中に立ったままだったという。享年六十二歳	詩人、散文家、文学評論家。北京大学外国語予科入学。卞之琳、何其芳との共著『漢園集』がある。李広田の死は大陸三〇年代文人の死の中でも最も悲惨であったといわれる
44	趙太侔	一八八九年生 山東の人。学者	文革中に批判闘争に耐えられず、海に身を投げて自殺。享年七十九歳	中国現代戯劇教育家。国立山東大学学長
45	周華章	一九一七年生 上海の人。学者	「階級の純潔化」運動中、「スパイ」「反革命」「反動学術権威」とされ、九月三十日に自殺。享年五十一歳	数量経済学の先駆者
46	畢金釗	一九〇八年生 医師	国民政府軍事医院に勤務した為「国民政府特殊工作員」と訴えられる。「階級の純潔化」運動中自殺。享年六十歳	斉魯医学院卒業後、留学。天津医科大第一附属医院小児科主任
47	常渓萍	一九一七年生 山東の人。学	文革初期に残酷な闘争、監禁、殴打、侮辱に遭う。「死んでも悔い改めない	華東師範大学学長、党委員会書記。上海市委員会教育衛生部部長。常渓萍は一九五七年の反右派運動の時、華東師

		長、政官	走資派」とされた。五月二十五日、教室の窓から飛び降り自殺。享年五十一歳	範大学の教師、学生四百人余りを右派分子として摘発した
48	陳浩烜	同済大学副教授	「階級の純潔化」運動で「特殊工作員」とされ学内に隔離審査、殴打される。宿舎から飛び降り自殺。享年四十余歳。妻には遺体に会う許可が下りなかった	同済大学建築材料学科水泥教育研究室副教授
49	陳永和	一九三五年生　北京大学講師	麻雀仲間が「反革命グループ」の無実の罪を着せられ、陳も迫害、拘禁される。十一月十一日飛び降り自殺。享年三十三歳	北京大学数学力学科講師
50	程世怙	中国科学院研究員	「階級の純潔化」運動で残酷な審査に遭い、自殺	中国科学院力学研究所副研究員。アメリカ留学者。北京大学数学力学科で「震動理論」を教授
51	程　遠（女）	一九〇四年生　四川の人。大学教師	「階級の純潔化」運動で『紅岩』の特殊工作員「瑪麗」のような人物とされ、批判闘争に遭う。一月九日、ベッドの手すりで首吊り自殺。享年六十四歳	北京大学ドイツ語教師、ドイツ語のタイピスト
52	戴立生	一八九八年生　大学教授	すでに老齢だった戴は批判闘争で何度も殴打され、心身共に酷く傷つき、十二月六日に憤りの中で自殺。享年七十歳	南開大学生物学科教授。無脊椎動物教育研究室主任。中国動物学会第九、十回の理事
53	樊　英（女）	一九〇四年生　大学教授	迫害を受け、自殺。享年六十四歳	復旦大学外国語学科教授。復旦大学の第九宿舎に住んでいた
54	高仰雲	一九〇五年生　陝西の人。政官	文革中、残酷な闘争で激しく殴打され、七月二十七日、河に身を投げて自殺。享年六十三歳	一九二七年、共産党入党。白区で地下活動し、その後延安で各級党校指導。天津南開大学党委員会書記、及副学長
55	郭湘賢	一九二一年生　医師	十一月十六日、カミソリで動脈を切って自殺。享年四十七歳	北京大学校医院副院長、中国共産党員

56	何慎言（女）	一九三二年生 江蘇の人。教師	文革中、毛沢東語録を間違って黒板に書いたと告発されて「現行反革命行為」とされる。激しい批判闘争に遭い、自殺。享年三十七歳	復旦大学新聞学科卒業後、北京大学中文科で新聞学を教える。北京日報勤務。一九五七年に夫が「右派」とされて、北京第四女子中学勤務となる
57	何掲堂	一九三六年生	十二月六日、飛び降り自殺。享年三十二歳	北京大学生物学科助教。中国共産党員
58	胡茂徳	一九二三年生 広東の人。放送事業局幹部	五月十日、放送事業局内で批判闘争会の開会前にビルの六階から飛び降り自殺した。ビルは長安街に面しており、胡は車にも轢かれた。享年四十五歳	中央放送事業局対外放送部幹部
59	胡淑洪（女）	一九二三年生 講師	「階級の純潔化」運動で隔離審査され、飛び降り自殺。享年四十五歳	北京航空学院数学教育研究室講師。夫は北京機械学院教員で民国時代に国民党報社で仕事をしていた為、隔離審査された。妻の遺体に会うことが許されず、夫も飛び降り自殺
60	黄報青	一九二九年生 副教授	文革開始後「高等教育部長兼清華大学学長党委員書記蒋南翔が反革命修正主義分子であること」を否定した。殴打され侮辱に遭うが意見を変えなかった。自殺未遂後、精神病患者になる。一月十八日、飛び降り自殺。享年三十九歳	清華大学土木建築学科副教授。共産党支部委員、民用建築教育研究室副主任
61	黄耀庭	大学講師	「階級の純潔化」運動中、大学当局が公安機関に「現行反革命」と告発した。逮捕前の五月十日に自殺	上海華東師範大学教育学科講師
62	黄志沖	一九三四年生 政官	九月二十六日、清華大学の宿舎で首吊り自殺。享年三十四歳	清華大学工程化学科副総支部書記
63	黄鍾秀	一九二三年生 上海の人。講師	過去の経歴に問題ありと疑われ、「審査」される。八月三日、首吊り自殺。享年四十六歳	西安交通大学工程画教育研究室副主任、講師

64	張瑛鈴（女）	一九二二年生 安徽の人。	夫の黄鍾秀の死後、情緒不安定になり、九月十五日飛び降り自殺。享年四十七歳	西安交通大学保健室の看護師長。黄鍾秀の妻
65	黄仲熊	大学教授	批判闘争に遭い「審査」され、殺虫剤を服用して自殺	武漢大学経済学科教授
66	康昭月（女）	大学講師	「階級の純潔化」運動で批判闘争に遭い、自殺	陝西師範大学外国語教育研究室講師
67	李大成	一九三六年生 大学助教	「毛沢東万歳」と書いた紙に「打倒」の文字があったと告発され、「現行反革命」となった。十月二十三日、大学の棟から飛び降りて自殺。享年三十二歳	北京大学生物学科卒業。北京大学生物学科動物専門助教
68	李国瑞	北京航空学院教師	「階級の純潔化」運動で「国民党三青団」に加入していたことを責められた。肉体的精神的に苦しめられて、妻、子供二人（十歳、八歳）、母親とともに服毒自殺	北京航空学院機械原理教育研究室教師、妻は同学院医院の医者
69	李　鏗（女）	北京航空学院教員	文革中、「審査」に遭い、北京航空学院の棟から飛び降り自殺	北京航空学院外国語教育研究室教員
70	李其琛	一九三四年生	十二月八日、飛び降り自殺。享年三十四歳	北京大学地球物理学科教員
71	李秋野	大学学長	文革開始後、批判闘争に遭い、自殺	北京対外経済貿易大学学長
72	李　原	一九二八年生 大学教師	四月二十一日、殴打され重傷を負った後、大学の小部屋で首吊り自殺したとされる。しかし、それは不可能だったことから、家族は自殺を認めていない。享年四十歳	北京大学歴史学科教師。民国時代に家庭が貧困だった為、救済金の申請をした。その団体が文革中「特務」と指摘された。李は救済金を受けなかったにもかかわらず「特殊工作員」とされた
73	林墨蔭	一九二九年生 浙江の人。教	文革中、北京地質学院で派閥闘争があり、他派に捕まり組織の情報を話	北京大学卒業後、北京地質学院岩石教育研究室教師。一九五八年右派分子とされ、労働教育三年の処罰を受けた

		師	せと強迫された。九月二十七日拘束中、自殺。享年三十九歳	
74	廖　瑩	一九二六年生 大学講師	十月二十一日、首を切って自殺。享年四十二歳	北京大学物理学科講師
75	劉書芹	大学副教授	「階級の純潔化」運動で批判闘争、「審査」に遭う。四月二十二日、地下室で自殺	北京農業大学獣医学科副教授
76	劉有文	一九三六年生 大学助教	十二月十七日、線路に横たえて自殺。享年三十二歳	北京大学無線電学科助教。中国共産党員
77	陸谷宇	一九二六年生 浙江の人。講師	「反動言論」があったと指摘され批判される。十二月二日、首吊り自殺。享年四十二歳	西安交通大学工企教育研究室講師
78	羅仲愚	大学副教授	「階級の純潔化」運動中、隔離審査に遭う。六月六日、動脈を切って自殺。	北京農業大学獣医学科副教授。アメリカに留学し、一九五〇年代に帰国
79	蒙復地	一九三一年生 大学講師	「国民党三青団」に参加していた為「階級の純潔化」運動で隔離審査に遭う。三月二十七日、飛び降り自殺。享年三十六歳	北京大学欧州言語学科スペイン語講師
80	銭憲倫	一九〇九年生 江蘇の人。講師	文革中「審査」批判闘争に遭う。四月三日、妻の袁雲文、母の張淑修と共にガス自殺。享年五十九歳	西安交通大学化学教育研究室講師。解放前に民間航空会社に勤務していたが、蜂起に参加する為帰国した
81	孫国楹	大学講師	短波放送ラジオでニュースを聴いていると話したことから「敵の放送を聴いている」と告発される。拘束され批判闘争に遭い、杭州へ逃げるが捕まる。拘束された大礼堂で首吊り自殺。享年三十余歳	同済大学数学科講師
82	孫栄先	大学講師	激しい批判闘争で自殺	陝西師範大学外国語教育研究室講師
83	湯家瀚	一九三〇年生 大学講師	「階級の純潔化」運動で「審査」され、「東方言語学科の進歩的思想の無い反	北京大学東方言語学科講師

			革命者である」とされる。十一月二十三日、首吊り自殺。享年三十八歳	
84	唐　麟	一九一一年生 湖南大学副学長	文革中に停職。暴力闘争、批判、殴打、街中の引き回しに遭う。学内に拘束され、二月十八日、墜落死。自殺とされたが家族は認めていない。享年五十七歳	一九三八年共産党入党。建国後、湖南省文化局長、中共湖南省委員会宣伝部長。一九五九年「周小舟案件」により右派分子とされ、農村労働。一九六二年、「審査」後に湖南大学副学長に就任。
85	唐士恒	一九〇九年生 広東の人。医者	文革中、残虐な迫害を受けて服毒自殺。享年五十九歳	産婦人科医、教授。上海震旦大学医学院卒業。ベルギー及びドイツに留学。医学博士。第二医学院医療学科教授。同学院教育研究室主任、附属瑞金医院産婦人科主任
86	陶　乾	大学副教授	「隔離審査」に遭う。家族に眼鏡で喉を切り自殺と通告されたが、家族は他殺であるとしている	哈爾浜工業大学金属切削学科主任、副教授
87	陶　鍾（女）	一九二八年生 上海の人。講師	解放前「中共地下党員」だったことから、文革中、裏切り行為があったのではないかと疑われ追査される。五月十九日、ガス自殺。享年四十歳	西安交通大学外国語学科教育研究室講師
88	王鑒淑（女）	一九二六年生 江蘇の人。講師	一九四八年太倉同学会に参加した為、追査、迫害された。九月二十一日、飛び降り自殺。享年四十二歳	西安交通大学マルクス主義教育研究室講師、中国民主同盟員。一九四五年に「国民党三青団」に参加
89	汪　璧（女）	一九一四年生 政官	夫の顧准が右派とされたため離婚した。しかしその後も「夫を庇った」「夫の反革命証拠を破棄した」等で批判された。四月八日、服毒自殺。享年五十四歳	国務院財政部幹部。夫の顧准は上海財政局長、税務局長。共産党員。一九五七年国家政治経済問題に対し独自の見解をした為に右派分子とされた
90	汪国龐	一九二八年生 安徽の人。講師	文革中、「国民党三青団」と告発される。さらに追査されて十二月四日、首吊り自殺。享年四十歳	西安交通大学三五〇教育研究室講師
91	呉惟能	一九二七年生 大学事務局主	文革中、人民公社への言論が追査され残酷な批判闘争に遭う。円明園の	北京大学歴史学科事務局主任。一九五九年に「（呉の父親がいた）江蘇北部の『幸福人民公社』には食べ物が無く、

		任	小湖に身を投げて自殺。翌日、呉の批判会で「反革命」「裏切り者」のレッテルを貼られた。享年四十一歳	幸福ではない」と他人に話していた、とされた
92	徐毓英（女）	一九三二年生 大学講師	十月九日、大学から逃げて武漢長江で死亡。享年三十六歳	清華大学精密機器科講師。中国共産党員
93	徐月如（女）	一九二九年生 事務局主任	「階級の純潔化」運動で「審査」に遭い、十二月十日、首吊り自殺。享年三十九歳	北京大学欧州言語学科事務局主任
94	許世華	一九二〇年生	八月に河に身を投げて自殺。享年四十八歳	北京大学図書館館員、図書館科講師。中国共産党員
95	楊景福	一九三二年生 大学教師	「階級の純潔化」運動中、十一月六日、飛び降り自殺。享年三十六歳	清華大学基礎部外国語教育研究室教師
96	楊文衡	教師	こっそり江青を話題にしたことから「現行反革命」とされ、連続三十回以上の批判闘争に遭う。軍用トラックに飛び込んで自殺。死亡時、四十歳前だった	北京航空学院数学教育研究室教師
97	張景昭（女）	一九一九年生 大学講師	十一月九日、睡眠薬自殺。享年四十九歳	北京大学数学力学科講師
98	張義春	一九二二年生	六月、宿舎で首吊り自殺。享年四十七歳	清華大学体育教育研究室講師
99	趙福基	一九一一年生 遼寧の人。教授	一九五八年「政治上信用できない人物」「内部規制対象者」とされた。「階級の純潔化」運動中に死亡。学内当局は家族に「趙は法の裁きを恐れ自殺」と通知。享年五十七歳。家族には真相を調べる術がなかった	哈爾濱交通学院教授。東北が日本占領時、浙西文化館館長に就任。国民党入党。米軍フライングタイガーパラシュート部隊の飛行員、翻訳に従事。戦争後ニューヨーク大学で経済学修士取得、蘇州の上海財経学院教授
100	趙希斌	大学副教授	「階級の純潔化」運動中に隔離審査される。四月二十二日に自殺。校庭に大字で、「趙希斌は自ら人民との関係を	北京農業大学牧畜科副教授

			断った。その罪は万死に値する」と糾弾された	
101	趙暁東	一九〇九年生 中学教員	「階級の純潔化」運動中に拘束され批判闘争を受ける。八月九日、五階大教室で批判闘争大会を受けた後、飛び降り自殺。享年五十九歳	清華大学附属中学校体育教員。東北大学体育学科卒業。中国で初めて大学の学歴を持つ体育教員となった
102	朱耆泉	一九三六年生 大学助教	林彪の言論に反論したため批判闘争に遭う。「階級の純潔化」運動中、九月十五日に飛び降り自殺。享年三十二歳	北京大学ロシア語科助教
103	林鴻蓀	中国科学院研究所副研究員	「階級の純潔化」運動中、暴力的な批判闘争に遭い、「審査」の後に自殺	中国科学院力学研究所副研究員。アメリカ留学者。北京大学数学力学科で「流体力学」を教授
104	劉善本	一九一五年生 山東の人。少尉	三月十日、迫害死。享年五十三歳	国民党空軍上尉パイロット。アメリカ留学。一九四六年に戦闘機に乗り共産党に投降した最初の人物。その後、国民党空軍百人余り、四十二機の飛行機が共産党に投降。建国後、共産党入党。空軍訓練部副部長、空軍学院副教育長
105	廖中之	一九一五年生 湖南の人。	文革中に自殺。享年五十三歳	ジャーナリスト。マルクスレーニン学院で学ぶ。一九三八年共産党入党。建国後、『新湖南報』副編集長。一九五九年「右派」とされる
106	張　昕	一九一四年生 山東の人。政官	五月十五日、迫害死。享年五十四歳	一九三九年共産党入党。西南軍区政治部副主任、西南軍区後方勤部財務部副政治委員、大後方武漢後方勤学校政治委員、長春獣医大学政治委員
107	蕭傳玖	一九一四年生 湖南の人。彫刻家	文革中に残酷な迫害に遭い、五月に殴り殺される。享年五十四歳	日本留学後、上海新華芸術専門学校、杭州国立芸術専門学校等で教鞭を執る。浙江美術学院教授、中国美術協会理事等歴任。主な作品『広島被爆十年祭』『魯迅像』『人民英雄記念碑レリーフ』等
108	熊十力	一八八五年生 湖北の人。学者	五月二十三日、迫害を受けて病死。絶食して死亡したともいわれている。享年八十三歳	学者、新儒家、思想家。一九二〇年南京支那内学院で仏教学を学ぶ。南開大、北京大、浙江大で教鞭を執る。『新唯識論』を上梓。重慶商務印書館より中国哲学会の『中

				国哲学叢書』甲集の第一部として出版。他に『十力語要』『十力語用初続』を出版。第一、二、三、四回全国政治協商会議委員
109	沈知白	一九〇四年生 音楽学家	文革中に迫害されて自殺。享年六十四歳	音楽学家、音楽理論家。一九二四年上海工部局育才公学卒。一九二八年から四五年まで同校で英、数、物理の教員。上海滬江大学西洋音楽教授。中国歌舞劇社顧問等を歴任。一九四六年国立上海音楽専科学校教授となり、中国音楽史と西洋音楽史課程を開設。建国後、中国音楽協会常務理事、上海市文学芸術工作者連合会副秘書長
110	遠千里	一九一五年生 河北の人。詩人	「反革命修正主義分子」「文芸界の悪の代表人物」とされた。野蛮な批判闘争に遭い自殺した。享年五十三歳	一九三〇年中国左翼作家連盟に参加。一九四三年入党。詩歌集を多く書いた。一九六六年河北省作家協会副主席、中国共産党河北省委員会宣伝部副部長
一九六九年				
1	舒綉文（女）	一九一五年生 安徽の人。映画女優、戯劇芸術家	文革中「文芸界の悪の将軍」「特殊工作員分子」とされた。享年五十四歳	五月華劇社、春秋劇社、中華劇芸社、昆侖映画会社に入社。一九五七年、北京人民芸術劇院で主演女優。中国劇協和中国映画協会常務理事、全国文聯委員、全人代代表、全国政協委員を歴任。日中戦争時期「新劇四大名旦」の一人。主演映画『保衛我們的土地』『一江春水向東流』等。新劇『棠棣之花』『天国春秋』『駱駝祥子』『関漢卿』『北京人』等
2	鄭君里	一九一一年生 広東の人。映画、新劇芸術家	文革中、江青の内情をよく知っていたことから家中を家探しされ、家財没収される。「スパイ」「反革命」などと断定して監禁される。残酷な迫害を受けて死亡。享年五十八歳	南国芸術学院戯劇科卒。一九三二年左翼戯劇家連盟に参加。江青と舞台を行う。日中戦争前『新女性』『大路』『迷途的羔羊』など二十本の映画演出。日中戦争中は救国宣伝演出。戦後『一江春水向東流』『烏雅与麻雀』等を監督。建国後、上海映画製作所で『林則徐』『聶耳』『枯木逢春』を監督。著作に『画外音』等
3	張士一	一八八六年生 江蘇の人。英語言語学者	一九六六年以降「アメリカ特殊工作員」「イギリスのスパイ」「反動学術権威者」とされる。享年八十三歳	一九〇七年南洋公学鉄路工程専科卒業。一九一七年アメリカ留学。帰国後、南京東南大学、南京中山大学、中央大学教授。建国後南京大学、南京師範大学で教鞭を執る。語音教学を専門とし、中国の英語直接教学法研究の開創者。著書に『英語教学法』『初中英語直接教学法』等

4	陳翔鶴	一九〇一年生 四川の人。作家	一九六六年以降「反党分子」「反動文人」「陰謀を企てる悪者」とレッテルを貼られ批判闘争に遭う。北京の東長安街で倒れ、冤罪のまま死亡。享年六十八歳	一九二〇年上海大学外国語学部入学。一九二七年吉林大学、山東省立第一師範等学校で教鞭を執る。日中戦争勃発後、中華全国文芸界抗敵協会成都分会常務理事、一九三九年中国共産党入党、中国民主同盟執行委員。建国後、四川文聯副主席、四川大学教授、中科院文学所研究員。『文学遺産』の編集長を歴任。短編小説、劇本、翻訳本等十数冊
5	董秋斯	一八九九年生 河北の人。翻訳家	一九六六年以降「特殊工作員」「トロツキスト」とされる。享年七十歳	燕京大学卒業。広州協和神学院で教える。一九二六年北伐参加。一九三一年アグネス・スメドレーの紹介で第三国際東方局に就任。建国後、上海翻訳者協会主席、『民進』中央理事、宣伝部長、『訳文』副編集長。主な翻訳に『カール・マルクス』『ディビィド・カパーフィールド』『戦争と平和』等
6	章伯鈞	一八九五年生 安徽の人。中国農工民主党創設人の一人。	一九五七年毛沢東による共産党整風により全国第一の右派とされ全ての公職を解かれ、家で軟禁状態となる。一九六六年再び引っ張り出されて批判闘争の末、打ち殺される。享年七十四歳	一九二一年ベルリン大学留学、翌年入党。帰国後、中山大学教授、北伐軍総政治部秘書長。一九二七年南昌武装蜂起参加、総指揮部政治部副主任。同年離党。一九二〇年後、中国国民党中央宣伝委員会主席委員、一九三三年反蒋抗日福建事変に参加、日本に亡命。帰国後は国民参政会参政員、中国農工民主党中央主席。建国後、中央人民政府委員、交通部長、農工民主党主席、中国民主同盟中央副主席、『光明日報』社社長
7	呉　晗	一九〇九年生 浙江の人。歴史学者	『海瑞罷官』が人民公社解体と反革命分子の名誉回復を主張するものだとして姚文元が批判した。毛沢東は『海端罷官』と彭徳懐の解任を強引に結びつける談話を発表。これにより呉晗は真っ先に激しい批判闘争に遭い、百回以上も殴打された。投獄されて十月十一日獄死。遺骨は未だに不明。享年六十歳。妻は惨死。養女の呉小彦は精神異常を起こし自殺した	一九三四年清華大学卒業、胡適自慢の門下生。雲南大学西南聯大、清華大学教授を歴任。一九四九年『甲申三百年祭』を発表、毛沢東の延安整風学習文件の一つにされた。清華大学歴史学科主任、文学院院長、北京市歴史学会会長、北京市副市長を歴任。一九五七年共産党入党。一九五九年『人民日報』に『海瑞其人』、『海瑞罷官』を発表。『海瑞罷官』を歴史劇に改編。北京京劇団芸術演者である馬連良が主役を務め、演出した。毛沢東より表彰を受けるが、一九六六年に毛は手の平を返したように『海瑞罷官』を批判した

8	鄧均吾	一八九八年生　四川の人。詩人、文学家	一九六六年以降「悪者」「逃亡地主」とされる。享年七十二歳	一九二二年上海泰東書局で編集を行う。一九二三年郁達夫、成仿吾と共に『中華新報』の文芸欄・学術欄を執筆。一九三七年成都で文芸界抗敵協会成都分会事業に加入。共産党に入党し、建国後は重慶市文聯副主席、重慶市文史研究館館長。主な詩集『心潮篇』『白鴎』『遺失的星』『鄧均吾詩詞選』等
9	劉綬松	一九一二年生　湖北の人。現代文学史家	一九五七年右派分子とされる。一九六六年以降「右派の悪者」「三反分子」とされる。享年五十七歳	現代文学史家。一九三五年清華大学入学。蘭州大学等で教鞭を執る。一九五二年より後、武漢大学中国語学科教授、『長江文芸』副編集長。主な著書に『中国新文学史初稿』『文芸散記』等
10	何干之	一九〇六年生　広東の人。歴史学者	一九六六年以降「反動学術権威」「劉少奇の手先」とされる。享年六十三歳	中山大学歴史学科入学、一九二九年日本留学。帰国後、国民大学教授、経済学科主任。中国文化総同盟広州分盟書記。一九三四年共産党入党。一九三七年陝北公学教授、華北聯大教授等歴任。建国後、中国人民大学教授、中共党史科主任。主な著書に『中国社会問題論戦』『近代中国啓蒙運動史』『中国民主革命時期的資産階級』等
11	王亜南	一九〇一年生　湖北の人。経済学者	文化大革命初期に「悪者」「反動学術権威」「三反分子」とされる。享年六十八歳	一九二七年武漢中華大学卒業、一九二七年日本で経済学研究を行う。暨南大学、中山大学、厦門大学、清華大学教授を歴任。一九二八年から郭大力と『資本論』を訳す。一九三八年出版『資本論』三巻の訳本は出版業において立派な事業であった。建国後、厦門大学学長、一九五七年共産党入党
12	陳寅恪	一八九〇年生　江西の人。歴史学者、文学者	一九六六年、「悪質分子」「封建階級の残存勢力」とされ悲惨な迫害を受けた。享年七十九歳	米、仏、独、スイス留学。清華大学、西南聯大、香港大学、広西大学、燕京大学、嶺南大学教授。南京中央研究アカデミー会員、イギリス王立科学院外籍アカデミー会員。一九四九年中山大学教授、中央文史館副館長。英語、フランス語、ドイツ語、日本語、ラテン語、ギリシャ語、蒙古文、満語、西夏文、梵語など十種もの文字に精通。専門は中国中古史、中国中古文字。国賓級文化巨匠。主な著書に『隋唐制度淵源略論稿』『唐代政治史述論稿』『元白詩箋証稿』等数十冊

13	段二森	一八九九年生 山西の人。俳優、芸術家	一九六六年以降、激しい批判闘争に遭い、迫害を受け死亡。享年七十歳	十三歳で舞台に立つ。一九四四年太原勝利劇団入団、一九四九年共産党入党。一九五七年山西上党戯劇院院長。『長生殿』『雁門関』『甘泉宮』等に出演。「活羅成」「活八郎」と称えられる
14	高百歳	一九〇三年生 北京の人。京劇芸術家、俳優	一九六六年以降「悪者」「戯劇界の悪の覇王」とされ、迫害を受ける。享年六十六歳	八歳で芸を学び、十五歳で巨匠周信芳につく。著名な「麟派」の老生役の俳優。建国後、中南京劇総団副団長、武漢京劇団団長等を歴任。『四進士』『徐策跑城』『打厳嵩』『群英会』等出演
15	熊慶来	一八九三年生 雲南の人。数学者	文革中に凄惨な迫害に遭い、一九六九年死亡。享年七十六歳	一九一三年ベルギー、フランスに留学。一九二一年帰国後南京大学数学科創設。一九二八年清華大学理学院算学科主任。一九三二年パリ、ポアンカレ数学研究所で研究を行う。国際数学界において業績が「熊式無限理論」と称賛された。フランス国家理学博士学位取得。華羅庚、陳省身、許宝禄、呉大任、段学復等の国際的な数学者を育て上げた。中国の現代数学の創始者とされている
16	張宗燧	一九一五年生 浙江の人。理論物理学者	文革中に批判闘争に遭い、六月三十日、睡眠薬自殺。享年五十四歳	哲学者張東蓀の次男。一九三八年ケンブリッジ大学で博士号取得、デンマーク、スイス、イギリスで研究し、一九四八年帰国。北京大学、北京師範大学教授。中国科学院数学研究所研究員。統計物理学、量子力学、量子伝道力学、量子場論等の研究において大きな貢献をした
17	江 楠（女）	大学講師	「階級の純潔化」運動で夫は隔離審査され、江は学校に進駐中の「工宣隊員」に強姦された。告発したが「腐敗した工人階級」の罪名を着せられ、首吊り自殺	安徽師範大学ロシア語講師。五〇年代に夫の林興と共にブルガリア大使館に勤務した。帰国後、安徽師範大学教員
18	李文才	一九二三年生 大学副主任	一月九日、「階級の純潔化」運動隊が家にいる間に首吊り自殺。享年四十六歳	清華大学工程化学科副主任、党総支部副書記
19	路学銘	一九二八年生 大学講師	二月八日、「階級の純潔化」運動中、飛び降り自殺。享年四十一歳	清華大学体育教育研究室講師

20	沈家本	一九二二年生　江蘇の人。大学主任、講師	解放前に国民党空軍勤務をしていた為「追査」される。「革命部隊に紛れ込み、自己履歴を偽り、日記に反革命スローガンを書いた」等の濡れ衣を着せられた。一月二十一日、井戸に身を投げて自殺。享年四十八歳	西安交通大学金工教育研究室副主任、講師
21	孫兆禄	一九一九年生　大学講師	一月二十四日、飛び降り自殺。享年五十歳	南開大学経済学科講師。一九四六年成都燕京大学卒業、一九五一年南開経済研究所大学院卒業
22	魏　璧（女）	一八九四年生　元北京大学教師	文革中に家を荒らされ、書籍や冬の衣類を持ちさらわれた。二月十七日の春節に睡眠薬自殺。享年七十五歳	北京大学退職教師。五〇年代に北京大学華僑補習班で数学を教えた。息子は「反ソ言論」により「労働改造」に送られ、協和医院の医者である娘は批判闘争で自殺未遂をして脚を切断した
23	李炳泉	一九一九年生　山東の人。記者	文革中に批判闘争に遭い、打ち殺される。享年五十歳	西南聯大学地質学科卒業。一九四〇年共産党入党。『平民日報』取材部主任、『人民日報』記者、新華社国際部副主任、外事部主任、全国記者協会書記
24	兪時模	一九一七年生　安徽の人。政官	文革中に批判闘争に遭い迫害死。享年五十二歳	一九三九年共産党入党。東北団委員会組織部副部長、清華大学副書記。五八年に「右派」とされ、徽州師範副校長、六五年に茅山茶場副場長に降格された
一九七〇年				
1	趙樹理	一九〇六年生　山西の人。作家、民間文芸家、演芸家	一九六四年に『中間人物』を書いて批判を受ける。一九六六年以降「文芸悪の中心分子」「周揚の死党」「裏切り者」とされ山西太原で凄惨な批判闘争に遭う。リンチで、口や鼻から血が吹き出す重傷を負い死亡。老舎の死とともに、新中国文壇界において暗黒で醜悪な事件の一つ。享年六十四歳	一九二五年山西省立長治師範学校に入学。一九三七年入党。一九四二年から解放区農村を題材にした小説『小二黒結婚』『李有才板話』『李家荘的変遷』等を執筆。『延安文芸座談会上的講話』で毛沢東に讃えられ教育、育成の革命作家。「山薬蛋（じゃがいも）派作家」の代表的人物。建国後、『説説唱唱』、『曲芸』の編集長、中国文聯委員、中国作家協会副主席、中国曲芸工作者協会主席。主な作品に『蟠龍峪』『三里湾』『霊泉洞』『売煙葉』『中間人物』等
2	慕容婉児（女）	一九二〇年生　上海の人。舞台女優、映画女優、映画翻	「アメリカ、蒋介石特務分子」「イギリスのスパイ」とされ、凄惨な批判闘争に遭い迫害死。享年五十歳	一九三九年上海劇芸社に入団。『上海屋簷下』『武則天』『明末遺恨』『夜光杯』等に出演。一九四〇年国華、金星等映画会社に入社し『孔夫子』『西廂記』『故都風雲』等十数本の映画に出演。中南軍区文芸工作団入団。一九五三年上

		訳家		海映画翻訳劇（英、仏、独、印、メキシコ等）の映画翻訳家となる
3	劉澤榮	一八九二年生 広東の人。言語学者	一九六六年以降「ソ連特殊工作員」「悪者分子」とされる。享年七十八歳	ロシア留学後、中東鉄路の職に就く。一九三三年北平大学法商学院教授、西南聯大ロシア語教授。建国後、外交部条約委員会委員、外交部顧問、商務印書館副編集長。主編に『俄漢大辞典』等
4	鍾紀明	一九〇六年生 湖北の人。劇作家	一九六六年以降「裏切り者」「悪者」とされる。享年六十四歳	一九三八年入党。一九四〇年延安辺境地区で『群衆報』を編集。辺区文化協会秘書。建国後、西北芸術学院教務長、西北映画製作所所長。主な作品歌劇『一盞燈』、小説『趙徳貴和他的槍』、舞台劇『延河畔上』、映画『雪海銀浪』『延安遊撃隊』等
5	蕭也牧	一九一八年生 浙江の人。作家	一九五七年右派分子とされる。文革で再び引っ張り出され批判闘争に遭う。凄惨な迫害を受けて打ち殺される。遺体は無縁墓地に埋められた。享年五十二歳	一九三八年晋察冀辺区に入り『救国報』『前委報』の編集を行う。一九四五年入党。建国後、中央宣伝部勤務、全国文聯委員。中国作家協会『文芸学習』副編集長。主な作品に『我們夫妻之間』『山村紀事』『難忘的歳月』『海河辺上』『鍛錬』等
6	裴学海	一八九九年生 河北の人。言語文字学者	一九五七年右派分子とされる。文革が始まると再び引っ張り出され「封建的階級の悪人」「黒鬼」とされた。享年七十一歳	清華国学研究院で梁啓超、陳寅恪、趙元等に師従。一九二七年古書虚字研究に従事。周秦二つの漢の古籍から虚字を探し出し、一九三二年『古書虚字集釈』作成、集釈古書虚字は二百九十字になった。建国後、河北大学副教授
7	倪貽徳	一九〇二年生 浙江の人。油絵画家	一九六六年以降「漏網右派」「日本のスパイ」「アメリカ蒋介石の特務分子」とされる。享年六十八歳	一九一九年上海美術専科学校入学。一九二七年東京川端絵画学院入学。一九三二年上海美術専科学校教師、軍委第三庁美術科科長、重慶国立美術学校教授。建国後、入党。一九五三年中央美術学院教授、浙江美術学院教授。『倪貽徳画集』『水彩画概論』『芸術漫談』『西洋画概論』等出版
8	浦熙修（女）	一九一〇年生 上海の人。新聞記者	一九五七年、羅隆基と共に右派とされる。毛沢東から名指しで批判される。一九六六年に再び引っ張り出され、批	北京師範大学卒業。南京『中央日報』記者。一九三七年南京『新民報』記者、取材主任。一九四八年逮捕投獄。その後、香港で新聞事業に携わる。建国後、上海『文匯報』

			判闘争で凄惨な迫害を受ける。享年六十歳	副編集長、北京弁事処主任
9	張競生	一八八八年生 広東の人。作家	一九六六年「反動分子」「裏切り者」とされ、凄惨な迫害を受ける。享年八十二歳	学生時代に同盟会に参加。一九一九年パリ大学哲学博士号取得、帰国後北京大学教授、上海開明書店編集長。著書『性史』は非難に遭うも名高い。ルソー『懺悔録』を翻訳
10	顧月珍（女）	一九一二年生 上海の人。滬劇女優	享年四十九歳	滬劇女優、芸術家。十五歳で初舞台。一九四九年以降滬劇団を構成、劇団団長。『王貴与李香香』『田菊花』『翠崗紅旗』等の現代劇に出演。一九五三年演じた『趙一曼』は最高俳優賞を受賞した
11	陸志韋	一八九四年生 浙江の人。言語学者	一九六六年以降「アメリカ蒋介石の特務分子」「封建的階級の悪人」とされる。享年七十六歳	一九二〇年シカゴ大学哲学博士学位取得、帰国後南京高等師範学校、東南大学、燕京大学教授、燕京大学校務委員会主席、校長。漢語音韻、語法と心理学を研究。主な著書に『古音説略』『詩韻学』『社会心理学教科書』『北京単音詩詞匯』等
12	顧而已	一九一五年生 江蘇の人。映画芸術家	一九六六年以降度々家を荒らされ、江青に関する資料を持ち去られた。「スパイ」「悪者」とされ、投獄される。享年五十五歳	一九三三年中国左翼戯劇家連盟加入。『巡按』『大雷雨』等に出演。『中華児女』『長空萬里』『清明前後』等の映画に出演。上海で江青と知り合う。日中戦争後、趙丹、黄宗英らと共に『幸福狂騒曲』に出演。大光明映画会社を創立。舒綉らと映画『野火春風』『水上人家』の出演、演出監督を行う。上海映画製作所で『天羅地網』『春天来了』『地下航線』『燎原』等の監督、演出をする
13	劉澍徳	一九〇六年生 吉林の人。作家	一九六六年以降「周揚文芸黒線の雲南の悪幹部」「裏切り者」「悪者」とされる。享年六十四歳	北京図書館で独学し、中国大学国文科に入学。日中戦争勃発後、雲南で教師。建国後、昆明師範学院中文科教授、中国作家協会雲南分会副主席、中国科学院雲南文学研究所副所長を歴任。雲南少数民族文学史を編纂、民間文学を整理。主な短編小説に『寒冬集』『造尋集』、中編小説『橋』『小嶺村的陰陽社』、長編小説『帰家』等
14	柴徳賡	一九〇八年生 浙江の人。歴史学者	一九五七年に右派分子とされる。一九六六年以降再び引っ張り出され「三反分子」「封建的階級の悪人」とされる。享年六十二歳	一九三三年北平大学師範大学歴史学科卒業。白沙女子師範学院副教授、輔仁大学教授、歴史科主任。一九四九年後、北京師範大学教授、江蘇師範学院教授、中国民主促進会江蘇省委員会第一回副主委員、民進第四回中央委員。専

				門は中国古代史、著書に『史籍挙要』『史学叢考』等
15	梁方仲	一九〇八年生 広東の人。歴史学者	「日本のスパイ」「国民党の潜伏特務分子」とされ、凄惨な批判闘争に遭い迫害される。享年六十二歳	一九三三年清華大学経済学修士学位取得。中央研究院社会科学研究所研究員。一九四四年日本、ハワイ大学、ロンドン大学で研究を行う。帰国後、南京中央大学、嶺南大学教授。一九四九年後、中山大学教授。専門は明史と中国経済史。著作に『中国歴代戸口田地田賦統計』『一條鞭法』等
16	范長江	一九〇九年生 四川の人。ジャーナリスト	一九六六年以降「裏切り者」「特務分子」とされる。十月二十三日、労働改造所があった南确山の枯れ井戸で遺体で見つかる。自殺とされている。享年六十一歳	一九三三年新聞記者、ジャーナリストになる。一九三八年共産党入党。『大公報』記者。中国記者学会の創立に加わる。香港で『華商報』の創設に参与。華中版『新華日報』社長、新四軍新聞学校校長、『解放日報』社長、新華社編集長、『人民日報』社長、新聞出版署副署長、国家科委副主任を歴任。長編通訊『中国的西北角』『動盪的大西北』、『陝北之行』等。新聞学講義『論人民的報紙』
17	謝雪紅（女）	一九〇一年生 台湾彰化の人。政治活動家	一九五八年「資産階級右派分子」とされ、全ての職務を解任された。一九六六年以降再び引っ張り出され迫害を受ける。享年六十九歳	一九二二年台湾文化協会入会。一九二五年中国本土に逃れ中国共産党入党。上海大学とモスクワの中山大学で学ぶ。一九二八年四月上海のフランス租界で台湾共産党を設立。一九三一年台湾で日本憲兵に逮捕され九年間投獄される。一九四七年台湾民主自治同盟を設立、主席。武装蜂起した「二・二八事件」に失敗し、中国本土へ逃亡。一九四九年上海で全国政協委員
18	李鉄民	一九〇六年生 湖北の人。	文革中に批判闘争に遭い、「審査」され、自殺。享年六十四歳	上海持志大学政治学科卒業後、モスクワ中山大学で学ぶ。長期にわたり地下活動、労働運動。復旦大学経済学科教授、経済研究所副所長、副教務長、副学長を歴任
19	李希侵	一九一六年生 山西の人。大学副教授	「反右派運動」の時に右派分子とされる。文革中、「反動言論」があったとして批判闘争に遭う。七月十二日に首吊り自殺。享年五十四歳	西安交通大学電工教育研究室副教授
20	許志中	一九三五年生 上海の人。大	一九六五年に精神分裂症を患い、言動が正常でないため「現行反革命」とさ	西安交通大学圧縮教育研究室助教

		学助教	れた。九月三十日に服毒自殺。享年三十五歳	
21	楊　文	一九二〇年生山東の人。	一九七〇年初め「一打三反運動」中に拘束、「審査」される。三月二十九日、首吊り自殺。享年五十歳	西安交通大学政治部副主任、革命委員会副主任
22	姚培宏	一九三一年生上海の人。講師	大飢饉の時、政治的な議論をしたことから、「現行反革命」として批判闘争に遭う。五月十七日に飛び降り自殺。享年三十八歳	西安交通大学絶縁教育研究室講師
23	蔡鉄根	一九一一年生河北の人。政官	文革中、「反革命と連絡を取り合い組織活動をした」として三月三十一日、銃殺された。遺族に「銃弾費」が請求された。享年五十九歳	厦門大学で学ぶ。一九三九年共産党入党。華北軍政大学第一総隊副隊長。一九四九年後、解放軍訓練総監部条令局副局長、南京最高軍事学院作訓部長。一九五八年「右派」とされ党及び軍を除籍。常州市工業局科員に降格され、妻と離婚した
24	陳家康	一九一三年生湖北の人。政官	文革中、迫害されて湖南茶陵幹部学校で死亡。享年五十七歳	武漢大学経済学科で学ぶ。一九三五年共産党入党。江蘇省委軍委員会委員、長江局秘書、周恩来秘書、通訳。建国後、中国共産党主義青年団中央連絡部副部長、外交部アジア司長、エジプト大使、外交部副部長
25	陸蘭秀（女）	一九一八年生江蘇の人。政官	一九六九年十月に文革を批判する文章を発表し、劉少奇の名誉回復を訴えた。三月二十五日に逮捕され、七月四日、銃殺された。享年五十二歳	一九三七年武漢大学化学科入学。一九四〇年共産党入党。一九四九年後、石炭工業部、全国科学協会勤務。蘇州図書館副館長。父親は中学校校長、東南大学教授
26	王　昭	一九一七年生河北の人。政官	二月に迫害に遭い、青海で獄中死。享年五十三歳	一九三一年共産党入党。建国後、公安部政治部主任、公安部副部長、公安学院院長、青海省委員会第一書記及省長
27	張学思	一九一六年生遼寧の人。政官	文革が始まると収監され、冤罪により獄中死。享年五十四歳	張学良の四番目の息子。一九三三年共産党入党。マルクスレーニン学院で学び、抗大東北幹部隊長、冀中軍区副参謀所長等。建国後、海軍学校副校長、政府委員、海軍参謀長、少尉

28	陳信徳	一九〇五年生 台湾の人。北京大学教師	一九六六年家探しされ、日の丸旗が見つかり「特務」と疑われる。夫婦はベルトで打たれ革靴で蹴り上げられた。一九六八年に「工人宣伝隊」が北京大学に進駐し「階級の純潔化」運動で学内に監禁された。一九六九年北京大学の集会で「日米反動派のスパイ」容疑で逮捕され、翌年の十二月二十日に獄中死。妻が夫の死を知ったのは死後一年以上経っており、遺骨も家族に戻らなかった。享年六十五歳	北京大学東方語言学部教師。日本語教育の基礎をつくる。同志社中学校、旧制第三高等学校、京都帝大卒業。一九三七年に日本人の平林美鶴と結婚。北京大学日本人教授の今西春秋氏の紹介で北京大学で日本語を教える。主な著作に『現代日語実用語法』『科技日語自修読本』『新編科技日語修読本』等。一九五〇年代に京都大学出身で付き合いのあった山口隆一がスパイ容疑で処刑され、今西春秋は三年間投獄された。陳信徳も「警戒対象人物」とされたが、この時は「問題なし」とされた。
29	遇羅克	一九四二年生 北京の人。文筆家	一九六五年に姚文元を名指しで批判した論文を書く。翌年『出身論』を書き血統論の封建的根底を批判。その為頻繁に批判闘争に遭う。三月五日、北京工人体育館での集会で死刑判決を受け、即時執行された。享年二十八歳	幼少から学業成績優秀であったが、両親が右派という理由で大学と解放軍入隊が不合格になる。新聞や雑誌に文筆作品を投稿するが、「家庭問題」で多くが発表できなかった。文革後、論文集が出版された
30	呉子牧	北京市委員会大学部部長	文革が始まると中共北京市委員会及び呉が責任者だった教育部門に「黒い市委員」とされた。長期にわたって批判闘争に遭う。十月に肺がんにより死亡	江楓（北京戯劇学校校長、一九六六年に首吊り自殺）の夫。中共北京市委員会大学部部長。共産党員
31	張春元	一九四三年生 河南の人。蘭州大学学生	『星火』の同人、支援者二十五人全員が処罰された。張の恋人譚蝉雪は懲役十四年の刑となった。張春元と杜映華は脱獄を企てたとして三月二十二日に銃殺刑に処せられた。享年二十七歳	五六年蘭州大学歴史学科入学。一年後に「右派分子」にされ「農村労働改造所」に入れられる。その時に大躍進、人民公社の現状を知る。一九五九年の廬山会議で彭徳懐らが失脚した事件をきっかけに同人誌『星火』を創刊。国家批判、改革を主張した。林昭も『星火』に二編の詩「プロメテュース受難の一日」「海鴎」を寄稿した。張の恋人で蘭州大学中文科の譚蝉雪は文革後に敦煌の民俗学者となり、この事件を調査し『求索——蘭州大学「右派反革命集団案」

				紀実』を書いた。張春元と同房だった王中一は『赤子真情』を書き、事件の状況を伝えた
32	杜映華	一九二七年生 甘粛の人。甘粛省武山県副書記	一九六二年に「反革命罪」で逮捕される。懲役五年の刑期が満了しても実際は監獄内での労働を強いられた。脱獄を計画していたとして張春元とともに銃殺刑となる。享年四十三歳。妻子は乞食同然の苦難の中で生き抜いた	隴西師範学校在学中に地下共産党入党。小学校教師をしながら農村ゲリラ活動をする。建国後、地方党官僚組織に入り社会主義政策、政治運動を指導。五八年甘粛省武山県副書記。任務中は大躍進、人民公社運動の指導を行う。党員の暴力行為に反対した為、翌年「農村での社会主義教育運動」で「右傾機械主義分子」として下放される。同じく下放された『星火』のメンバーに会い、大いに共感した
一九七一年				
1	蓋叫天	一八八八年生 河北の人。京劇役者芸術家 京劇界の大御所	毛沢東は蓋叫天に芝居を見せに来るように招いたが、蓋は病気を理由に行かなかった。このことから文革の初頭に「悪質分子」「大戯覇」「三反分子」とされた。凄惨な批判闘争に遭い脚を骨折。浙江省革命委員会責任者は敢えて保護しなかった。批判闘争中、走行中のトラックから投げ出されて救助されずに死亡。享年八十三歳	京劇の武生の第一人者。一九五〇年に中国文化部から「演技芸術家」の称号を受ける。主な演目『獅子楼』『十字坡』『快活林』『三岔口』『悪虎村』等。「蓋の名声を博した〝三岔口〟、優れた傑作〝十字坡〟」と評される。全国人民代表大会代表、浙江省文聯副主席、浙江劇協会主席等
2	裘盛戎	一九一五年生 北京の人。京劇役者、芸術家	一九六六年馬連良と共に批判闘争に遭い、「反革命の悪人」「黒い戯劇界の覇王」とされ凄惨な迫害を受け死亡。享年五十六歳	八歳で父に戯劇を学び周信芳の芸術に影響を受ける。自らの芸術「裘派」を創り出す。一九四九年裘社の座頭。一九五六年馬連良京劇団と合併して北京京劇団となり、馬連良が団長、裘盛戎が副団長となった
3	王造時	一九〇二年生 江西の人。歴史学者	一九五七年右派分子とされる。文革の直前に上海堤籃橋刑務所に投獄され、凄惨な獄中死を遂げる。享年六十九歳	ウィスコンシン大学政治学博士学位を取得し帰国後、報社社長、弁護士、南京国民参政会等の要職に就く。一九三六年沈沈鈞儒、史良等と国民党に逮捕される。「救国会七君子」の一人。一九四九年復旦大学教授
4	郭宝鈞	一八九三年生 河南の人。考	一九五七年右派分子とされる。文革初期に北京大学紅衛兵から凄惨な迫	一九二二年北平師範大学卒業。一九三〇年中央研究院歴史語言研究所に従事。一九四九年後、中国科学院考古研究

		古学者	害を受け死亡。享年七十八歳	所研究員、北京大学教授。中国現代考古学開拓者の一人。著書に『商周銅器群綜合研究』『中国青銅器時代』等
5	汪英宗	一八九七年生　安徽の人。新聞学教育家	一九五八年に右派分子とされる。一九五九年新疆で教師をする。文革初期から「アメリカ、蒋介石の特務」「中央情報局スパイ」とされる。虐待され死亡。享年七十四歳	コロンビア大学新聞学修士。大学教授、『時事新報』編集長、上海『大公報』構成委員。一九四九年後、復旦大学教授
6	邵荃麟	一九〇六年生　浙江の人。文芸理論家	一九六二年の「大連会議」での講話が批判され、文革初期に「悪者分子」「裏切り者」「特殊工作員」とされ投獄。六月十一日、獄中死亡。享年六十五歳	復旦大学経済学科で学ぶ。一九二六年入党。中国共産党浙江地下活動省委員会常務委員、及書記。一九四六年中国共産党香港工委員会副書記、政務院文教部副秘書長、中国作家協会主席等を歴任。主な著書に『話批部評』『大衆文芸叢刊評論文集』等
7	侯金鏡	一九二〇年生　北京の人。文芸評論家	文化大革命中、「偽党員、裏切り者」とされ、凄惨な迫害を受ける。享年五十一歳	一九三八年革命に加わり、一九四二年中国共産党に加入。建国後、華北軍区政治文化部副部長、中国作家協会党組組員、『文芸報』副編集長。主な著書に『鼓噪集』『部隊文芸新里程』等
8	聞　捷	一九二三年生　江蘇の人。詩人	文化大革命初期に「裏切り者」「悪質分子」とされた。妻は迫害を受け死亡。聞捷も追い詰められて自殺。文革中に死亡した郭小川と並び中国新詩の二つの希望の星だった。享年四十八歳	一九三八年入党。『群衆日報』編集、記者組組長。一九四九年新華社新疆分社社長、蘭州作家協会副主席、中国作家協会理事、上海作家協会理事等。主な作品『天山牧歌』『生活的賛歌』『復仇的火焔』等
9	王宗元	一九一九年生　河北の人。作家	文革中「裏切り者」「特殊工作員」とされる。享年五十二歳	一九三七年延安の中国人民抗日軍事政治大学で学ぶ。入党後、西北軍区政治部文芸工作団団長、『陝西日報』副編集長。主な文芸作品『開国大典』、映画脚本『昆侖山上一棵草』『智取華山』等
10	程述銘	一九二五年生　北京の人。天文台研究員	文革初期に「資産階級反動技術の権威」とされる。江青のイメージを壊す運動をしたと告発され、隔離拘束される。天文台で首吊り自殺。享年四十六歳	上海天文台研究員。清華大学物理学科卒業

11	孫鳳池	一九二九年生 大学講師	四月二十五日、首吊り自殺。享年四十二歳	一九五六年南開大学数学科卒業。南開大学数学科講師
12	楊哲明	一九三三年生 大学講師	二月九日、精密機器の学舎から飛び降り自殺。享年三十八歳	清華大学精密機器学科講師、工程製図教育研究室支部書記
一九七二年				
1	魏金枝	一九〇〇年生 浙江の人。作家	文革初期に「文芸悪者中心人物」「階級区分時に漏れた右派」とされ凄惨な迫害を受け死亡。享年七十二歳	一九三〇年代に上海「左翼作家連盟」に加わり雑誌『萌芽』編集。建国後、『上海文学』副編集長、『収穫』副編集長、上海作家協会理事副主席等を歴任。主な作品に『魏金枝短編小説選集』『編余叢談』等
2	孔另境	一九〇四年生 浙江の人。作家	文革中に凄惨な迫害を受け死亡。享年六十八歳	一九二五年上海大学中文科卒業後、編集の仕事に携わる。建国後、上海文芸出版社で編集審査を行う。主な作品に『斧聲集』『秋窗集』等
3	巴　人	一九〇一年生 浙江の人。文芸理論家	一九五七年右派分子とされる。「逃亡地主」にされ原籍浙江で労働改造させられる。文革中に精神的肉体的に凄惨な迫害を受ける。長期にわたって監禁され死亡。享年七十一歳	本名は王任叔。一九二四年中国共産党に入党。早くに左翼文化工作に従事。一九三八年許廣平と共に『魯迅全集』編集。一九四九年駐インドネシア大使に任命された。一九五三年人民文学出版社副社長。主な著書に『文学論稿』等
4	金燦然	一九一三年生 山東の人。学者、編集者	文革中に凄惨な迫害を受け、死亡。享年五十九歳	学者。編集者。一九四九年後、人民教育出版社入社、出版本部、文化部に勤務。一九五八年中華書局責任者及び編集長。著書に『ソビエト運動史』『王船山学術思想』等
5	江紅蕉	一八九八年生 江蘇の人。作家	文革期間中に車の前に飛び込んで自殺。享年七十四歳	鴛鴦胡蝶派の作家の一人。包天笑の従兄弟。ペンネームは紅蕉、老主顧等
6	廖魯言	一九一三年生 南京の人。政官	文革で迫害を受け、監禁される。無実の罪を着せられたまま十一月に死亡。享年五十九歳	北平軍医大学で学ぶ。一九三二年共産党入党。中央統戦部友軍科副科長、王明秘書、政策研究室副主任、劉少奇秘書。建国後、政務院参事室主任、農工部副部長、農業部長等を歴任
7	徐　冰	一九〇三年生 河北の人。政官	文革が始まると康生らの残酷な迫害に遭う。長期にわたって批判闘争に遭い、監禁される。冤罪のまま死亡。	一九二三年ドイツ留学。翌年入党。帰国後北京で地下工作。『解放周刊』の編集、『共産党宣言』『ゴータ綱領批判』を翻訳。一九四九年後、済南市副市長、北京市副市長、

			享年六十九歳	全人代委員、全国政治協商会議副主席
8	潘梓年	一八九三年生 江蘇の人。学者	文革中、「裏切り者」として迫害され投獄。四月十日、獄死した。潘の研究資料はすべて破棄尽くされる。享年七十九歳	哲学者、論理学者。マルクス主義哲学研究で貢献した。一九二七年入党。『新華日報』社長。中原大学学長、党委員会書記。建国後、中国科学院哲学社会学部副主任、哲学研究所所長
一九七三年				
1	邵循正	一九〇九年生 福建の人。歴史学者	一九五七年右派分子とされる。文革中に凄惨な迫害を受け死亡。享年六十四歳	一九三三年清華大学史学修士学位取得。フランス、ドイツ留学。帰国後西南聯合大学、清華大学教授。建国後、北京大学教授、中国科学院近代史研究員。主な著書に『邵循正歴史論文集』等
2	董希文	一九一四年生 浙江の人。画家	文革中「悪人画家」とされ、迫害を受ける。享年五十九歳	一九四九年中国共産党に加入。中央美術学院教授。主な作品に『春到西蔵』『開国大典』『抗美援朝』『戈壁駝影』等
3	李　震	一九一四年生 河北の人。政官	在任中に康生のいくつかの冤罪事件に関与した。一九七三年十月に中央政府が陳伯達の自白から追及を始めた為、十月二十日、法の裁きを恐れ自殺。享年五十九歳	解放軍政治委員、中国人民志願軍十二軍政治委員、第三兵団政治部主任、公安部部長
4	劉　仁	一九〇九年生 四川の人。政官	一九六八年一月「反革命特務スパイ分子」とされ、秦城監獄に投獄された。五年間、家族との面会は許されず、手錠をされたままだった。北京市第六医院監視病棟で肺結核により病死。享年六十四歳	一九二七年入党。内蒙古、張家口、北平等で秘密工作を行う。一九三五年ソ連留学に派遣される。一九三七年帰国後、中共晋察冀中央分局秘書長、都市工作委員会書記、都市工作部部長。北京市地下党の主要責任者。中華人民共和国成立後、北京市委員会第二書記、北京市副市長
5	徐遠挙	一九一四年生 湖北の人。政官	文革が始まると特赦の望みはなくなった。一九七三年冬に第一回の批判を受けた後、感情が高まり大声で喚き、手洗い所で気絶し倒れた。病院に運ばれたが、脳血管が破裂し死亡。徐は小説『紅岩』の徐鵬飛のモデル	黄埔軍校七期卒。国民党軍統局第三所副所長、重慶綏靖公署二所所長。重慶の地下共産党員百三十人を逮捕、大半を殺害。これにより徐は中華民国の四等勲章を受勲。保密局西南特区区長、西南長官公署二所所長に任命される。一九四九年、徐はこれまでの重慶での一連の虐殺、破壊計画をしたことにより、盧漢の雲南武装蜂起部隊に逮

			とされている。享年五十九歳	捕されて北京に連行された。徐は自己問題について包み隠さずすべて自白するとしたが、特赦をうけることができなかった

一九七四年

1	王　瑩（女）	一九一三年生　安徽の人。女優、映画芸術家、作家	文革初期に「アメリカ情報局特殊工作員」、「香港、イギリススパイ」とされ、投獄されて獄中死。享年六十一歳	一九三〇年入党。五回逮捕され入獄。一九三一年から『放下你的鞭子』『夜光杯』『賽金花』等の舞台で主演し、『女性的吶喊』『目日神』等の映画に出演。一九四二年渡米し帰国後、北京映画製作所で映画作成に携わる。主な長編小説『寶姑』『両種美国人』等
2	高麗生	一九一七年生　広東の人。特派員記者、編集者	一九六二年に「反党小説」とされる『劉志丹』を連載させた為、党を除籍となり公職も解かれる。広東番禺で農村労働改造させられる。文革中に再び迫害を受け死亡。享年五十七歳	一九三八年中国共産党に加入。『光明日報』副社長及び編集長。一九五七年『工人日報』の副社長及び編集長
3	彭徳懐	一八九八年生　湖南の人。軍人政治家	紅衛兵の暴行は凄まじく下半身不随となった。監禁病室の窓はすべて新聞紙で覆われていた。最後は癌に侵されたが治療は受けられず、死ぬ直前に窓から空を見たいという嘆願は拒否された。死亡カルテは「大川、四川省出身、無職」と出鱈目だった。享年七十六歳	中華人民共和国元帥。軍人、政治家。一九二八年共産党入党。中国工農紅軍五軍を結成。毛沢東、朱徳らと合流し、紅軍第一方面第三軍団を再編した。国務院副総理兼国防部長。中国共産党中央政治局委員、中央軍事委員会副主席。一九五九年廬山会議で経済疲弊に直面した人民公社、大躍進を批判し、失脚。国防部長、中央軍事委員を解任される
4	顧　準	一九一五年生　上海の人。思想家、経済学者	一九五七年「右派分子」、六五年「極右分子」とされた。文革中に迫害を受けたことにより衰弱し、最期は肺がんにより死亡。享年五十九歳	中央党校教授。妻は汪璧（一九六八年服毒自殺）。中国の政治がソ連式の一党独裁化したのを憂慮し、民主社会主義を主張。生産手段の公有化と民主化は同時に実現する必要があるとし、毛沢東政策を批判した。一九三五年入党。建国後、上海財政局局長。五二年の「三反運動」で批判され洛陽に左遷。一九五六年中国社会科学院研究員。著作に『希臘城邦制度』『従理想主義到経験主義』等

一九七五年

1	周信芳	一八九五年生 浙江の人。京劇の芸術大家	一九六一年新編歴史劇『海瑞上疏』『海瑞罵皇帝』を演出したため、毛沢東、江青夫妻に罪を着せられる。一九六六年「大牛鬼蛇神」「悪質分子」とされ、凄惨な迫害を受ける。享年八十歳	七歳で戯劇を学ぶ。日中戦争勃発後、上海京劇界抗敵救亡会に加わる。古典劇の「老生」の役を演じ、「麒派」を形成しその演技、芸術は国内外で名声を博した。建国後、中国劇協会副主席、上海京劇学院院長等歴任
2	章　泯	一九〇六年生 四川の人。舞台映画監督、戯劇理論家	一九五七年右派分子とされる。文革中に凄惨な迫害を受け死亡。享年六十九歳	一九三二年中国左翼戯劇家連盟に加入、翌年共産党入党。江青と同居（三人目の夫とされる）。監督作品『娜拉』『欽差大臣』『大雷雨』『家』『北京人』『孔雀膽』等数十本。文化部映画局芸術委員会主任、北京映画学院院長。主な著書に『悲劇論』『喜劇論』『戯劇導演基礎』等
3	王重民	一九〇三年生 河北の人。目録学家、版本学家	一九五七年「右派」とされる。文革中は宗教、儒教批判運動により迫害を受ける。迫害は一九七五年まで続き、頤和園内の長廊で首吊り自殺。享年七十二歳	北京高等師範学校卒業後、北海図書館に勤務。フランス、イギリス、ドイツ視察調査。アメリカ国会図書館、北平図書館勤務、北京図書館副館長、北京大学図書館主任等歴任。主な目録書『敦煌古籍叙録』
4	饒漱石	一九〇三年生 江西の人。政官	文革中に潘漢年の案件（潘は一九六三年にスパイ、反革命として逮捕された）に巻き込まれて投獄。三月二日、監獄病棟で病死。享年七十二歳	大学卒業後、労働運動参加。一九二七年ソ連亡命。帰国後、新四軍政治委員等。一九四九年後、中央人民政府委員。陳毅司令のもとで活動。中共華東局第一書記、中央人民政府委員、中央人民革命軍事委員会委員、中共中央組織部部長、国家計画委員会委員。一九五五年高崗反党事件に連座し全職務を解任された

一九七六年

1	馮雪峰	一九〇三年生 浙江の人。文芸理論家、詩人、翻訳家	一九五八年右派分子とされる。文革中に逮捕、投獄された。享年七十三歳	一九二六年マルクスレーニン主義文芸理論を紹介。一九二七年入党。中国共産党左翼作家連盟党団書記。江西ソ連区で中央党校副校長。長征参加。中国共産党上海弁事所副主任。皖南事変後逮捕。『魯迅全集』編集出版。人民文学出版社社長、編集長。主な著書に『魯迅論及其它』『論民主革命的文芸運動』『回憶魯迅』等数十冊

2	李劼夫	一九一三年生　吉林の人。	文革中に「反革命分子」とされて、投獄される。享年六十三歳	作曲家。一九三七年延安人民劇社入社。一九五三年瀋陽音楽院院長。毛沢東の詩や毛沢東語録に曲を付けたことで有名
3	鄭律成	一九一八年生　本籍朝鮮。作曲家	文革中に「裏切り者」「特殊工作員」とされて、投獄される。獄死。享年五十八歳	著名な音楽家。一九三三年に南京、上海で抗日救亡運動に参加。一九三七年延安の抗日軍政大学と魯迅芸術学院で音楽教員。一九三九年入党。主な作品に『八路軍大合唱』『延安頌』『中国人民解放軍進行曲』等
4	馮小秀	一九二〇年生　広東の人。記者	文革中に「香港、イギリスの特殊工作員」とされる。享年五十六歳	一九三五年から新聞関係の仕事に就く。『南華早報』『中華日報』『南京日報』『新民晩報』等、全国区の新聞の記者
5	高爾公	一九二〇年生　遼寧の人。放送局編集者	文革中に「国民党潜伏特殊工作員」とされる。享年五十六歳	一九三六年革命に参加。一九四四年大学卒業後、南京の『中央日報』の記者及び地下工作に携わる。一九四九年後は中央人民放送局記者、編集者。一九六〇年後北京放送学院勤務
6	張聞天	一九〇〇年生　上海の人。マルクスレーニン主義理論家、経済学者	一九五九年廬山会議上で彭徳懐を支持し反党分子とされ、一切の職務を解かれた。文革中迫害を受け投獄される。その後広東肇慶、江蘇無錫で軟禁される。一九七四年病気を患うが、毛沢東は北京で療養する許可をせず、悲惨な死を遂げる。享年七十六歳	一九二五年入党。アメリカに二年、ソ連に六年留学。一九三〇年に帰国。中央宣伝部長、中央政治局常務委員。一九三三年江西省ソ連区で中央書記処書記、ソ連区人民政府主席。一九三四年長征参加。中央委員会総書記。毛沢東から「開明君主」と称されるが、建国後は駐ソ連大使、外交部副部長に降格。主な著書に『張聞天文集』等
7	郭小川	一九一九年生　河北の人。詩人	一九五九年「右傾の思想」「人生論を宣揚した」として長く批判を受ける。文革中に投獄される。一九七六年十二月河北省某県で火災に遭い焼死。享年五十七歳	詩人。東北大学工学院卒。一九三七年中国共産党に加入。一九四一年延安マルクスレーニン学院で学ぶ。一九四九年後、中国作家協会党組書記、『群衆』副編集長、『大衆日報』責任者、『人民日報』特約記者等を歴任。主な作品に『望星空』『一個和八個』『白雪的賛歌』『将軍三部曲』等
8	呉小彦（女）	一九五四年生　浙江の人。呉晗の養女	十二歳の小彦は母と弟を支えたが、苦しみから統合失調症となる。公安局の看守により肉体的精神的に痛めつけられ更に病状が悪化し自殺。享年二十二歳	著名な歴史学者である呉晗の養女。一九七三年に精神分裂症になる。一九七五年北京公安局に拘束される。呉晗が反革命として逮捕されたことで母の袁震は労働改造に送られた。

9	周寿憲	一九二五年生　江蘇の人。学者	批判闘争により精神疾患。病気を偽装しているとされ虐待に遭う。自宅で飛び降り自殺。享年五十一歳	清華大学電子工程科副教授。計算機科学の第一人者。五〇年代にアメリカ留学。帰国後、清華大学計算機専門学科創設に参与
10	孟　超	一九〇二年生　山東の人。詩人、劇作家	一九六六年、毛沢東は『李慧娘』『海瑞免官』『謝瑶環』を三本の大毒草と批判。康生も孟の『李慧娘』を「反党反社会主義の大毒草」と称し、江青は彼を「重大な裏切り者」とした。五月に北京で病死。享年七十四歳	一九二五年共産党入党。「中国左翼作家連盟」発起人の一人。出版本部科長、人民美術出版社研究室副主任、中国演劇出版社副編集長、人民文学出版社副編集長等。明代の『紅梅記』を脚色して『李慧娘』を書き公演した

一九七七年

1	潘漢年	一九〇六年生　江蘇の人。作家、上海市副市長	一九六三年「スパイ」「反革命」容疑で毛沢東によって秘密裏に投獄された。最高人民法院最終判決で党籍を剥奪、無期懲役を言い渡された。四月十四日、獄中で病死。享年七十一歳	作家。上海市副市長。中共中央直属の工作委員会第一書記。華中連絡部長。一九五五年、北京に赴き中央会議に出席して汪精衛との会見を陳毅に報告した。毛沢東は潘漢年を国民党に投降したCC団派であり信用できないと言った。一九六二年毛沢東は講話で「潘漢年のような人物を一人殺しさえすれば同類の人物を皆殺すことができる」と語り、十回も「殺」を使い、史家に「十殺潘漢年」と言わしめた

死亡年不明

1	卞鑒年	天津南開大学主任	批判闘争に遭い、履歴審査され「牛棚」に拘束。肉体的精神的な苦痛を受けて投水自殺。享年四十三歳	天津南開大学生物学科主任
2	光開敏	教授	文革が始まると間もなく、学校付近の五道口の線路に身を横たえて自殺。子供はいなかった	北京地質学院副教授
3	馬　特	大学教授	文革中に「特殊工作員」とされた。妻と共に北京師範大学の学舎から飛び降り自殺	北京師範大学体育学科心理学教授
4	王秩福	医学院副教授	文革中、河に身を投げて自殺	上海第一医学院薬学科薬物化学教育研究室副教授
5	呉鴻倹	医学院副教授	文革中、河に身を投げて自殺	上海第一医学院薬学科物理化学教育研究室副教授

6	葉　英	上海第一医学院教授	経歴問題で「粛反運動」の対象となり、監禁される。残酷な批判闘争に耐えられず、自転車で車に激突し重傷を負う。肺炎により死亡	上海第一医学院寄生虫学教授　日中戦争中、アメリカ軍の翻訳を行う。アメリカ留学し、原虫学専攻
7	田保生	国際法学家	文革中に迫害を受けて妻と共に首吊り自殺	清華大卒。国民政府外交官試験を受け、外交部の職に就く。連合国事務所に勤務。帰国後、外交学会で国際法の翻訳に従事。一九五七年に「右派分子」とされた
8	馮大海	作家	文革中に迫害に遭い、自殺	一九五〇年初『文芸学習』の編集。一九五六年「胡風反革命集団」事件に巻き込まれ、共産党員の党籍を剥奪される。河北省の地方劇（河北梆子）の文化教員に左遷された
日本人文革受難死者				
1	岡田家武（中国名馬謝民、後に馬植夫）	一九〇四年生　東京府麹町（現千代田区）の人。華西大学（四川大学前身の一つ）教授、理学博士、地球化学者	一九六六年九月十四日、四川省公安部によってスパイとして逮捕、投獄された。一九七〇年九月獄死した。享年六十六歳。妻の俊重と長男も家武が逮捕された後に強制労働キャンプに送られたが、一九八一年一月、二人とも日本へ帰国することができた	一九二三年東京帝国大学理学部化学科入学。卒業後大学院に進学。一九三〇年「天産ナトリウム化合物の研究（其二）東部内蒙古産ゲーリュサイトに就きて」を発表。『地球化学』を岩波講座「物理学及び化学」の一冊として刊行。一九三二年上海自然科学研究所研究員。一九三四年蘭方医の大槻俊斎の曾孫大槻俊重と結婚し、上海に居住。橘樸、三品隆以、大川周明らと接触し、「日中戦争終焉の為に画策を行った」とされる。中華人民共和国成立後に中国名「馬植夫」と改める。四川省に移り住み、華西大学教授となった

第三表「文革受難死者総索引一覧表」

NO	氏名	第1表	第2表	NO	氏名	第1表	第2表
	A			30	陳昌浩 Chén Chāng Hào		310
1	阿　壟　Ā Lǒng		308	31	陳長捷 Chén Cháng Jié		317
2	安大強　Ān Dà Qiáng	128		32	陳伝碧 Chén Chuán Bì	132	
3	安鉄志　Ān Tiě Zhì	128		33	陳伝綱 Chén Chuán Gāng	132	307
	B			34	陳孚中 Chén Fú Zhōng	132	
4	巴　人 Bā Rén		337	35	陳浩烜 Chén Hào Xuān	132	318
5	白京武 Bái Jīng Wǔ	128		36	陳家康 Chén Jiā Kāng		333
6	白素蓮 Bái Sù Lián	129		37	陳　璉 Chén Liǎn	133	310
7	畢金釗 Bì Jīn Zhāo	129	317	38	陳夢家 Chén Mèng Jiā	133	300
8	卞鑒年 Biàn Jiàn Nián	129	342	39	陳紹澧 Chén Shào Lǐ		316
9	卞雨林 Biàn Yǔ Lín	129		40	陳天池 Chén Tiān Chí		316
10	卞仲耘 Biàn Zhòng Yún	129	306	41	陳同度 Chén Tóng Dù	134	
	C			42	陳翔鶴 Chén Xiáng Hè		326
11	蔡楚生 Cài Chǔ Shēng		314	43	陳笑雨 Chén Xiào Yǔ		300
12	蔡漢龍 Cài Hàn Lóng	129		44	陳信徳 Chén Xìn Dé		334
13	蔡理庭 Cài Lǐ Tíng	130		45	陳序経 Chén Xù Jīng		301
14	蔡啓淵 Cài Qǐ Yuān	130		46	陳彦栄 Chén Yàn Róng	135	
15	蔡鉄根 Cài Tiě Gēn		333	47	陳耀庭 Chén Yào Tíng	135	
16	曹亨聞 Cáo Hēng Wén		315	48	陳寅恪 Chén Yín Kè		327
17	曹世民 Cáo Shì Mín	130		49	陳応隆 Chén Yīng Lóng	136	
18	曹天翔 Cáo Tiān Xiáng	130		50	陳永和 Chén Yǒng Hé	136	318
19	岑家梧 Cén Jiā Wú		301	51	陳又新　Chén Yòu Xīn	136	
20	柴徳賡 Chái Dé Gēng		331	52	陳玉潤 Chén Yù Rùn	137	
21	柴　沫 Chái Mò		306	53	陳沅芷 Chén Yuán Zhǐ	136	
22	常渓萍 Cháng Xī Píng	130	317	54	陳正清 Chén Zhèng Qīng	137	303
23	陳　景 Chén Jǐng	132		55	陳志斌 Chén Zhì Bīn	138	
24	陳邦鑒 Chén Bāng Jiàn	131		56	陳子信 Chén Zǐ Xìn	138	
25	陳邦憲 Chén Bāng Xiàn	131		57	陳子晴 Chén Zǐ Qīng	138	
26	陳葆昆 Chén Bǎo Kūn	131		58	陳祖東 Chén Zǔ Dōng	138	
27	陳　賁 Chén Bì		306	59	陳小翠 Chén Xiǎo Cuì	134	
28	陳伯銘 Chén Bó Míng	133		60	程　珉 Chéng Mín	139	
29	陳歩雄 Chén Bù Xióng	131		61	程国英 Chéng Guó Yīng	138	

62	程世怙 Chéng Shì Hù	139	318
63	程述銘 Chéng Shù Míng	139	336
64	程賢策 Chéng Xián Cè	139	304
65	程顕道 Chéng Xiǎn Dào	139	
66	程応銓 Chéng Yīng Quán	140	
67	程　遠 Chéng Yuǎn	140	318
68	程卓如 Chéng Zhuō Rú	140	
69	儲安平 Chǔ Ān Píng	141	298
70	褚国成 Chǔ Guó Chéng	141	
71	崔容興 Cuī Róng Xìng	141	
72	崔淑敏 Cuī Shū Mǐn	142	
73	崔雄昆 Cuī Xióng Kūn	142	
	D		
74	戴立生 Dài Lì Shēng		318
75	党晴梵 Dǎng Qíng Fàn	142	
76	鄧均吾 Dèng Jūn Wú		327
77	鄧　拓 Dèng Tuò	143	298
78	丁蘇琴 Dīng Sū Qín	143	
79	丁暁雲 Dīng Xiǎo Yún	143	
80	丁育英 Dīng Yù Yīng	144	
81	董懐允 Dǒng Huái Yǔn	144	304
82	董季芳 Dǒng Jì Fāng	144	
83	董臨平 Dǒng Lín Píng	144	
84	董秋斯 Dǒng Qiū Sī		326
85	董思林 Dǒng Sī Lín	145	
86	董鉄宝 Dǒng Tiě Bǎo	145	
87	董渭川 Dǒng Wèi Chuān		309
88	董希文 Dǒng Xī Wén		338
89	董堯成 Dǒng Yáo Chéng	145	
90	董友道 Dǒng Yǒu Dào	146	
91	杜芳梅 Dù Fāng Méi	146	
92	杜孟賢 Dù Mèng Xián	146	
93	杜映華 Dù Yìng Huá		335
94	段二淼 Duàn Èr Miǎo		328
95	段洪水 Duàn Hóng Shuǐ	146	
	F		
96	范歩功 Fàn Bù Gōng	147	
97	范長江 Fàn Cháng Jāng	147	332
98	樊庚蘇 Fán Gēng Sū	148	
99	范楽成 Fàn Lè Chéng	147	
100	范明如 Fàn Míng Rú	148	
101	樊希曼 Fán Xī Màn	148	
102	范雪茵 Fàn Xuě Yīn	147	
103	樊　英 Fán Yīng	148	318
104	樊映川 Fán Yìng Chuān		315
105	范造深 Fàn Zào Shēn	148	
106	方　乗 Fāng Céng		316
107	方俊傑 Fāng Jùn Jié	149	
108	方　擎 Fāng Qíng		317
109	方詩聡 Fāng Shī Cōng	148	
110	方婷之 Fāng Tíng Zhī	148	
111	方応暘 Fāng Yīng Yáng	149	
112	方運孚 Fāng Yùn Fú	149	
113	費　克 Fèi Kè		314
114	費明君 Fèi Míng Jūn	149	
115	馮大海 Féng Dà Hǎi		343
116	馮世康 Féng Shì Kāng	151	
117	馮文志 Féng Wén Zhì	151	
118	馮小秀 Féng Xiǎo Xiù		341
119	馮雪峰 Féng Xuě Fēng		340
120	馮　志 Féng Zhì		313
121	傅国祥 Fù Guó Xiang	152	
122	傅　雷 Fù Léi	151	299
123	傅連暲 Fù Lián Zhāng		315
124	傅洛煥 Fù Luò Huàn	151	
125	傅曼蕓 Fù Màn Yún	152	
126	傅其芳 Fù Qí Fāng	152	315
	G		

127	蓋叫天 Gài Jiào Tiān		335	160	海　涛 Hǎi Tāo	157	
128	高百歳 Gāo Bǎi Suì		328	161	海　默 Hǎi Mò	157	312
129	高本鏘 Gāo Běn Qiāng	153		162	韓　康 Hán Kāng	158	
130	高　斌 Gāo Bīn	153	304	163	韓光第 Hán Guāng Dì	158	
131	高爾公 Gāo Ěr gōng		341	164	韓国遠 Hán Guó Yuǎn	158	
132	高加旺 Gāo Jiā Wàng	153		165	韓俊卿 Hán Jùn Qīng	160	301
133	高景善 Gāo Jǐng Shàn	153		166	韓克樹 Hán Kè Shù		309
134	高景星 Gāo Jǐng Xīng	153		167	韓立言 Hán Lì Yán	159	
135	高麗生 Gāo Lì Shēng		339	168	韓　珍 Hán Zhēn	159	
136	高萬春 Gāo Wàn Chūn	153		169	韓志穎 Hán Zhì Yǐng	159	
137	高仰雲 Gāo Yǎng Yún	154	318	170	韓忠現 Hán Zhōng Xiàn	158	
138	高蕓生 Gāo Yún Shēng	154	304	171	韓宗信 Hán Zōng Xìn	159	
139	耿立功 Gěng Lì Gōng	154		172	郝　立 Hǎo Lì	160	
140	襲起武 Gōng Qǐ Wǔ	154		173	賀定華 Hè Dìng Huá	160	
141	襲維泰 Gōng Wéi Tài	154		174	何光漢 Hé Guāng Hàn	161	
142	苟爵卿 Gǒu Jué Qīng	155		175	何漢成 Hé Hàn Chéng	161	
143	顧而已 Gù Ér Yǐ	157	331	176	何　慧 Hé Huì	161	
144	谷鏡研 Gǔ Jìng Yán	155		177	何　基 Hé Jī	161	
145	顧聖嬰 Gù Shèng Yīng	156	309	178	何潔夫 Hé Jié Fū	161	
146	顧文選 Gù Wén Xuǎn	157		179	何慎言 Hé Shèn Yán	162	319
147	顧握奇 Gù Wò Qí	157		180	何思敬 Hé Sī Jìng	162	
148	顧毓珍 Gù Yù Zhēn	157		181	何無奇 Hé Wú Qí	162	
149	顧月珍 Gù Yuè Zhēn		331	182	賀小秋 Hè Xiǎo Qiū	160	
150	顧　準 Gù Zhùn		339	183	何挹堂 Hé Yì Táng		319
151	光開敏 Guāng Kāi Mǐn	155	342	184	何于之 Hé Yú Zhī		327
152	郭宝鈞 Guō Bǎo Diào		335	185	何作霖 Hé Zuò Lín		302
153	郭　敦 Guō Dūn	155		186	侯金鏡 Hóu Jīn Jìng		336
154	郭蘭蕙 Guō Lán Huì	155		187	胡剛復 Hú Gāng Fù		302
155	郭民英 Guō Mín Yīng		312	188	胡俊儒 Hú Jùn Rú	165	
156	郭世英 Guō Shì Yīng	155		189	胡茂德 Hú Mào Dé	165	319
157	郭文玉 Guō Wén Yù	156		190	胡　明 Hú Míng	165	304
158	郭湘賢 Guō Xiāng Xián		318	191	胡仁奎 Hú Rén Kuí		307
159	郭小川 Guō Xiǎo Chuān		341	192	胡淑洪 Hú Shū Hóng	165	319
	H			193	胡秀正 Hú Xiù Zhèng	165	

194	胡正祥 Hú Zhèng Xiáng	166	
195	華　錦 Huá Jǐn	162	
196	黄報青 Huáng Bào Qīng		319
197	黄必信 Huáng Bì Xìn	162	306
198	黄国璋 Huáng Guó Zhāng	163	303
299	黄厚樸 Huáng Hòu Pǔ	163	
200	黄家恵 Huáng Jiā Huì	163	
201	黄瑞五 Huáng Ruì Wǔ	163	
202	黄紹竑 Huáng Shào Hóng		302
203	黄煒班 Huáng Wěi Bān	164	
204	黄文林 Huáng Wén Lín	164	
205	黄新鐸 Huáng Xīn Duó	164	
206	黄耀庭 Huáng Yào Tíng	164	319
207	黄志沖 Huáng Zhì Chōng		319
208	黄仲熊 Huáng Zhòng Xióng	164	320
209	黄鍾秀 Huáng Zhōng Xiù	164	319
210	黄祖彬 Huáng Zǔ Bīn	164	
	J		
211	季概澄 Jì Gài Chéng	168	
212	季新民 Jì Xīn Mín	166	
213	季仲石 Jì Zhòng Shí	166	
214	翦伯賛 Jiǎn Bó Zàn	166	314
215	江　誠 Jiāng Chéng	166	
216	江　楓 Jiāng Fēng	166	304
217	江紅蕉 Jiāng Hóng Jiāo		337
218	江隆基 Jiāng Lóng Jī	167	304
219	江　楠 Jiāng Nán	167	328
220	姜培良 Jiāng Péi Liáng	167	
221	蔣梯雲 Jiǎng Tī Yún	168	
222	姜一平 Jiāng Yī Píng	168	
223	蔣蔭恩 Jiǎng Yìn Ēn	169	315
224	姜永寧 Jiāng Yǒng Níng	168	317
225	江　忠 Jiāng Zhōng	167	
226	焦啓源 Jiāo Qǐ Yuán	169	
227	焦庭訓 Jiāo Tíng Xùn	169	
228	靳　桓 Jìn Huán	169	
229	金㷡然 Jīn Jié Rán		337
230	金大男 Jīn Dà Nán	170	
231	靳正宇 Jìn Zhèng Yū	169	
232	金志雄 Jīn Zhì Xióng	170	
233	金仲華 Jīn Zhòng Huá		317
	K		
234	康昭月 Kāng Zhāo Yuè	171	320
235	孔海琨 Kǒng Hǎi Kūn	170	
236	孔　厥 Kǒng Jué		300
237	孔另堺 Kǒng Lìng Jie		337
238	孔牧民 Kǒng Mù Mín	170	
239	寇恵玲 Kòu Huì Líng	171	
	L		
240	藍　珏 Lán Jué		307
241	雷愛徳 Léi Ài Dé	171	
242	雷春国 Léi Chūn Guó		311
243	李炳泉 Lǐ Bǐng Quán	172	329
244	李長恭 Lǐ Cháng Gōng	172	
245	李叢貞 Lǐ Cóng Zhēn	172	
246	李翠貞 Lǐ Cuì Zhēn	172	301
247	李　達 Lǐ Dá	172	298
248	李大成 Lǐ Dà Chéng	173	320
249	李大申 Lǐ Dà Shēn	173	
250	李徳輝 Lǐ Dé Huī	174	
251	李広田 Lǐ Guǎng Tián	174	317
252	黎国荃 Lí Guó Quán	174	301
253	李国瑞 Lǐ Guó Ruì	174	320
254	李季穀 Lǐ Jì Gǔ	174	
255	李済生 Lǐ Jì Shēng	171	
256	李嘉言 Lǐ Jiā Yán		309
257	栗剣萍 Lì Jiàn Píng	181	
258	李　潔 Lǐ Jié	175	

259	李刼夫 Lǐ Jié Fū		341	293	李　震 Lǐ Zhèn		338
260	黎錦暉 Lí Jǐn Huī		308	294	李子瑛 Lǐ Zǐ Yīng	180	
261	李錦坡 Lǐ Jǐn Pō	176		295	黎仲明 Lí Zhòng Míng	187	
262	李景文 Lǐ Jǐng Wén	176		296	梁　儀 Liáng Yí	182	
263	李敬儀 Lǐ Jìng Yí	175		297	梁保順 Liáng Bǎo Shùn	181	
264	李九蓮 Lǐ Jiǔ Lián	176		298	梁方仲 Liáng Fāng Zhòng		332
265	李　鏗 Lǐ Kēng	174	320	299	梁光琪 Liáng Guāng Qí	181	
266	李立三 Lǐ Lì Sān		310	300	梁希孔 Liáng Xī Kǒng	181	
267	李　良 Lǐ Liáng	173		301	廖家勲 Liào Jiā Xūn	182	
268	李明哲 Lǐ Míng Zhé	171		302	廖魯言 Liào Lǔ Yán		337
269	麗　尼 Lì Ní		313	303	廖培之 Liào Péi Zhī	182	
270	李培英 Lǐ Péi Yīng	176		304	廖申之 Liào Shēn Zhī		324
271	李丕済 Lǐ Pī Jì	176		305	廖　瑩 Liào Yíng		321
272	李平心 Lǐ Píng Xīn	177	301	306	林　芳 Lín Fāng	188	
273	李其琛 Lǐ Qí Chēn	177	320	307	林鴻蓀 Lín Hóng Sūn	188	324
274	李秋野 Lǐ Qiū Yě	177	320	308	林麗珍 Lín Lì Zhēn	189	
275	李泉華 Lǐ Quán Huá	177		309	林墨蔭 Lín Mò Yìn	188	320
276	李　莘 Lǐ Shēn	179		310	林慶雷 Lín Qìng Léi	189	
277	李世白 Lǐ Shì Bái	177		311	林修権 Lín Xiū Quán	188	
278	李舜英 Lǐ Shùn Yīng	178		312	林　昭 Lín Zhāo	188	
279	李鉄民 Lǐ Tiě Mín	178	332	313	林永生 Lín Yǒng Shēng	189	
280	李　文 Lǐ Wén	171		314	劉承嫺 Liú Chéng Xián	182	
281	李文波 Lǐ Wén Bō	178		315	劉承秀 Liú Chéng Xiù	182	
282	李文才 Lǐ Wén Cái		328	316	劉徳中 Liú Dé Zhōng	183	305
283	李文元 Lǐ Wén Yuán	179		317	劉桂蘭 Liú Guì Lán	183	
284	李希侵 Lǐ Xī Qīn		332	318	劉　浩 Liú Hào	183	
285	李希泰 Lǐ Xī Tài	179		319	劉継宏 Liú Jì Hóng	184	
286	李秀蓉 Lǐ Xiù Róng	179		320	劉静霞 Liú Jìng Xiá	184	
287	李秀英 Lǐ Xiù Yīng	179		321	劉俊翰 Liú Jùn Hàn	184	
288	李雪影 Lǐ Xuě Yǐng	179		322	劉克林 Liú Kè Lín	184	307
289	李玉書 Lǐ Yù Shū	180		323	劉奎齢 Liú Kuí Líng		308
290	李玉珍 Lǐ Yù Zhēn	180		324	劉盼遂 Liú Pàn Suì	184	
291	李　原 Lǐ Yuán	179	320	325	劉培善 Liú Péi Shàn	185	
292	李再雯 Lǐ Zài Wén	180	308	326	劉善本 Liú Shàn Běn		324

327	劉少奇 Liú Shǎo Qí	185	
328	柳　湜 Liǔ Shí		315
329	劉世楷 Liú Shì Kǎi		302
330	劉綬松 Liú Shòu Sōng	185	327
331	劉澍徳 Liú Shù Dé		331
332	劉澍華 Liú Shù Huá	185	305
333	劉書芹 Liú Shū Qín	186	321
334	劉王立明 Liú Wáng Lì Míng	186	
335	劉文輝 Liú Wén Huī		311
336	劉文秀 Liú Wén Xiù	187	
337	劉永済 Liú Yǒng Jǐ	187	300
338	劉有文 Liú Yǒu Wén		321
339	劉澤榮 Liú Zé Róng		330
340	劉芝明 Liú Zhī Míng		313
341	劉中宣 Liú Zhōng Xuān	187	
342	劉宗奇 Liú Zōng Qí	187	
343	劉　仁 Liú Rén		338
344	婁河東 Lóu Hé Dōng	189	
345	婁痩萍 Lóu Shòu Píng	190	
346	樓文徳 Lóu Wén Dé	190	
347	魯宝重 Lǔ Bǎo Zhòng		302
348	陸谷宇 Lù Gǔ Yǔ	190	321
349	陸洪恩 Lù Hóng Ēn	190	
350	陸家訓 Lù Jiā Xùn	191	305
351	陸進仁 Lù Jìn Rén	191	
352	呂静貞 Lǚ Jìng Zhēn	194	
353	陸蘭秀 Lù Lán Xiù	192	333
354	陸魯山 Lù Lǔ Shān	192	
355	呂乃樸 Lǚ Nǎi Pū	194	
356	盧錫錕 Lú Xī Kūn	193	
357	呂献春 Lǚ Xiàn Chūn	195	
358	陸修棠 Lù Xiū Táng	192	305
369	路学銘 Lù Xué Míng	193	328
360	呂貞先 Lǚ Zhēn Xiān	195	
361	盧治恒 Lú Zhì Héng	193	
362	陸志韋 Lù Zhì Wéi		331
363	駱鳳嶠 Luò Fèng Qiáo	192	305
364	羅広斌 Luó Guǎng Bīn	193	308
365	羅　森 Luó Sēn	193	
366	羅征敷 Luó Zhēng Fū	193	
367	羅仲愚 Luó Zhòng Yú	193	321
368	魯志立 Lǔ Zhì Lì	194	
M			
369	馬連良 Mǎ Lián Liáng		299
370	馬紹義 Mǎ Shào Yì	196	
371	馬思武 Mǎ Sī Wǔ	196	
372	馬　特 Mǎ Tè	196	342
373	馬鉄山 Mǎ Tiě Shān	197	
374	馬　瑩 Mǎ Yíng	197	
375	馬幼源 Mǎ Yòu Yuán	197	
376	馬圭芳 Mǎ Guī Fāng	195	
377	毛啓爽 Máo Qǐ Shuǎng	195	
378	毛青献 Máo Qīng Xiàn	195	305
379	毛一鳴 Máo Yī Míng	195	
380	梅鳳璉 Méi Fèng Liǎn	198	
381	門春福 Mén Chūn Fú	197	
382	孟　超 Mèng Chāo		342
383	蒙復地 Mēng Fù Dì	198	321
384	孟秋江 Mèng Qiū Jiāng		310
385	孟憲承 Mèng Xiàn Chéng		309
386	孟憲民 Mèng Xiàn Mín		316
387	孟昭江 Mèng Zhāo Jiāng	197	
388	繆志純 Miào Zhì Chún	198	
389	莫　平 Mò Píng	198	
390	慕容婉児 Mù Róng Wǎn Ér		329
391	穆淑清 Mù Shū Qīng	198	
N			
392	南保山 Nán Bǎo Shān	199	

393	南漢宸 Nán Hàn Chén	199	311
394	南鶴龍 Nán Hè Lóng	200	
395	倪貽徳 Ní Yí Dé		330
	P		
396	潘光旦 Pān Guāng Dàn	200	
397	潘漢年 Pān Hàn Nián		342
398	潘正涛 Pān Zhèng Tāo		310
399	潘志鴻 Pān Zhì Hóng	200	
400	潘梓年 Pān Zǐ Nián		338
401	龐乗風 Páng Chéng Fēng	201	
402	裴学海 Péi Xué Hǎi		330
403	彭柏山 Péng Bǎi Shān		313
404	彭鴻宣 Péng Hóng Xuān	201	
405	彭　康 Péng Kāng	200	
406	彭　蓬 Péng Péng	201	
407	彭徳懐 Péng Dé Huái		339
408	浦熙修 Pǔ Xī Xiū		330
	Q		
409	斎観山 Qí Guān Shān		314
410	斎恵芹 Qí Huì Qín	201	
411	七齢童 Qī Líng Tóng		308
412	斎清華 Qí Qīng Huá	201	
413	祁式潜 Qí Shì Qián	203	307
414	戚翔雲 Qī Xiáng Yún	203	
415	銭平華 Qián Píng Huá	202	
416	銭頌祺 Qián Sòng Qí	203	
417	銭憲倫 Qián Xiàn Lún	202	321
418	銭新民 Qián Xīn Mín	203	
419	銭行素 Qián Xíng Sù	202	
420	秦　松 Qín Sōng	203	
421	邱　椿 Qiū Chūn		309
422	邱鳳仙 Qiū Fèng Xiān	203	
423	邱慶玉 Qiū Qìng Yù	203	
424	裘盛戒 Qiú Shèng Jiè		335
	R		
425	饒漱石 Ráo Shù Shí		340
426	饒毓泰 Ráo Yù Tài	203	316
427	任服膺 Rèn Fú Yīng	204	
428	任銘善 Rèn Míng Shàn		309
429	容国団 Róng Guó Tuán	204	314
430	阮潔英 Ruǎn Jié Yīng	204	
	S		
431	薩兆琛 Sà Zhào Chēn	204	
432	沙　坪 Shā Píng	205	
433	上官雲珠 Shàng Guān Yún Zhū	205	312
434	尚鴻志 Shàng Hóng Zhì	205	
435	邵　凱 Shào Kǎi	205	311
436	邵荃麟 Shào Quán Lín		336
437	邵循正 Shào Xún Zhèng		338
438	沈宝興 Shěn Bǎo Xīng	205	
439	沈家本 Shěn Jiā Běn	206	329
440	沈　潔 Shěn Jié	207	
441	沈乃章 Shěn Nǎi Zhāng	207	
442	沈士敏 Shěn Shì Mǐn	207	
443	沈天覚 Shěn Tiān Jué	208	
444	沈新児 Shěn Xīn Ér	208	
445	沈耀林 Shěn Yào Lín	208	
446	沈　元 Shěn Yuán	208	
447	沈知白 Shěn Zhī Bái	208	325
448	沈宗炎 Shěn Zōng Yán	208	
449	盛章其 Shèng Zhāng Qí	205	
450	施済美 Shī Jì Měi	208	
451	釋良卿 Shì Liáng Qīng		303
452	史青雲 Shǐ Qīng Yún	209	
453	施天錫 Shī Tiān Xī	209	
454	石之琮 Shí Zhī Cóng	209	
455	舒　賽 Shū Sài	210	
456	舒舎予（老舎）Shū Shè Yú（Lǎo Shè）	210	299

457	舒綉文 Shū Xiù Wén		325
458	司馬文森 Sī Mǎ Wén Sēn		313
459	宋励吾 Sòng Lì Wú	209	306
460	蘇廷武 Sū Tíng Wǔ	218	
461	蘇漁渓 Sū Yú Xī	218	
462	孫本喬 Sūn Běn Qiáo	211	
463	孫　斌 Sūn Bīn	211	
464	孫伯英 Sūn Bó Yīng	211	
465	孫　迪 Sūn Dí	212	
466	孫鳳池 Sūn Fèng Chí		337
467	孫豊斗 Sūn Fēng Dǒu	213	
468	孫伏園 Sūn Fú Yuán		300
469	孫国楹 Sūn Guó Yíng	213	321
470	孫恵蓮 Sūn Huì Lián	213	
471	孫経湘 Sūn Jīng Xiāng	214	
472	孫克定 Sūn Kè Dìng	214	
473	孫　蘭 Sūn Lán	214	315
474	孫歴生 Sūn Lì Shēng	215	
475	孫良琦 Sūn Liáng Qí	214	
476	孫梅生 Sūn Méi Shēng	216	
477	孫　明 Sūn Míng	216	
478	孫明哲 Sūn Míng Zhé	216	
479	孫啓坤 Sūn Qǐ Kūn	216	
480	孫栄先 Sūn Róng Xiān	217	321
481	孫若鑒 Sūn Ruò Jiàn	217	
482	孫為娣 Sūn Wéi Dì	217	
483	孫維世 Sūn Wéi Shì		314
484	孫　泱 Sūn Yāng	218	309
485	孫以藩 Sūn Yǐ Fān	218	
486	孫玉坤 Sūn Yù Kūn	218	
487	孫兆禄 Sūn Zhào Lù		329
488	孫哲甫 Sūn Zhé Fǔ	218	
489	孫琢良 Sūn Zhuó Liáng	218	
	T		
490	譚恵中 Tán Huì Zhōng	221	
491	譚立平 Tán Lì Píng	221	
492	譚潤方 Tán Rùn Fāng	221	
493	談元泉 Tán Yuán Quán	221	
494	唐国筌 Táng Guó Quán	219	
495	唐　亥 Táng Hài	220	
496	湯家瀚 Tāng Jiā Hàn	220	321
497	唐静儀 Táng Jìng Yí	219	
498	唐　麟 Táng Lín	219	322
499	湯聘三 Tāng Pìn Sān	220	
500	唐士恒 Táng Shì Héng	219	322
501	唐興恒 Táng Xīng Héng	219	
502	唐　政 Táng Zhèng	220	
503	陶　乾 Táo Qián	222	322
504	陶　鍾 Táo Zhōng	222	322
505	田保生 Táin Bǎo Shēng		343
506	田　漢 Tián Hàn	222	314
507	田家英 Tián Jiā Yīng		298
508	田　濤 Tián Tāo	222	
509	田　辛 Tián Xīn	222	
510	田　悦 Tián Yuè	222	
511	田尊栄 Tián Zūn Róng	223	
512	佟銘元 Tóng Míng Yuán	223	
513	仝俊亭 Tóng Jùn Tíng	223	
	W		
514	万徳星 Wàn Dé Xīng	223	
515	汪　璧 Wāng Bì	223	322
516	王炳堯 Wáng Bǐng Yáo	227	
517	王伯恭 Wáng Bó Gōng	227	
518	王大樹 Wáng Dà Shù	228	
519	王徳宏 Wáng Dé Hóng	228	
520	王徳明 Wáng Dé Míng	228	
521	王徳一 Wáng Dé Yī	228	
522	王庚才 Wáng Gēng Cái	228	

523	王光華（上海）Wáng Guāng Huá	229		557	王一民 Wáng Yī Mín	237	
524	王光華（北京）Wáng Guāng Huá	228		558	王　瑩 Wáng Yíng	238	339
525	汪国龐 Wāng Guó Páng	224	322	559	汪英宗 Wāng Yīng Zōng		336
526	王海連 Wáng Hǎi Lián	229		560	王永婷 Wáng Yǒng Tíng	238	
527	汪含英 Wāng Hán Yīng	223		561	王毓秀 Wáng Yù Xiù	238	
528	王　鴻 Wáng Hóng	229		562	王玉珍 Wáng Yù Zhēn	239	
529	王　厚 Wáng Hòu	230		563	王蘊倩 Wáng Yùn Qiàn	238	
530	王慧琛 Wáng Huì Chēn	230		564	王造時 Wáng Zào Shí	239	335
531	王恵蘭 Wáng Huì Lán	230		565	王占保 Wáng Zhān Bǎo	239	
532	王恵敏 Wáng Huì Mǐn	230		566	王　昭 Wáng Zhāo		333
533	王季敏 Wáng Jì Mǐn	230		567	汪昭鈞 Wāng Zhāo Jūn	225	
534	汪　籛 Wāng Jiān	224	301	568	王振国 Wáng Zhèn Guó	240	
535	王鑑淑 Wáng Jiàn Shū		322	569	王之成 Wáng Zhī Chéng	240	
536	王　璡 Wáng Jīn		302	570	王秩福 Wáng Zhì Fú	240	342
537	王　金 Wáng Jīn	231		571	王志新 Wáng Zhì Xīn	240	
538	王　冷 Wáng Lěng	231		572	王中方 Wáng Zhōng Fāng	240	
539	王茂栄 Wáng Mào Róng	232		573	王重民 Wáng Zhòng Mín		340
540	王孟章 Wáng Mèng Zhāng	233		574	王宗一 Wáng Zōng Yī	242	307
541	王念秦 Wáng Niàn Qín	233		575	王宗元 Wáng Zōng Yuán		336
542	王佩英 Wáng Pèi Yīng	226		576	王祖華 Wáng Zǔ Huá	242	
543	汪培嫄 Wāng Péi Yuán	224		577	魏　璧 Wèi Bì		329
544	王慶萍 Wáng Qìng Píng	233		578	魏金枝 Wèi Jīn Zhī		337
545	王人莉 Wáng Rén Lì	234		579	魏思文 Wèi Sī Wén	242	
546	王紹炎 Wáng Shào Yán	234		580	文端肅 Wén Duān Sù	243	
547	王申酉 Wáng Shēn Yǒu	234		581	温家駒 Wēn Jiā Jū	243	
548	王升倌 Wáng Shēng Guān	234		582	聞　捷 Wén Jié	244	336
549	王守亮 Wáng Shǒu Liàng	235		583	翁　超 Wēng Chāo	242	
550	王　淑 Wáng Shū	235		584	翁心源 Wēng Xīn Yuán	243	
551	王思傑 Wáng Sī Jié	235	306	585	呉愛珠 Wú Ài Zhū	244	
552	王松林 Wáng Sōng Lín	235		586	伍必熙 Wǔ Bì Xī	244	
553	王桐竹 Wáng Tóng Zhú	235		587	呉迪生 Wú Dí Shēng	244	
554	王祥林 Wáng Xiáng Lín	236		588	呉　晗 Wú Hán	244	326
555	王熊飛 Wáng Xióng Fēi	236		589	呉鴻倹 Wú Hóng Jiǎn	245	343
556	王亜南 Wáng Yà Nán		327	590	呉湖帆 Wú Hú Fān		314

591	呉敬澄 Wú Jìng Chéng	245	
592	呉淑琴 Wú Shū Qín	245	
593	呉述森 Wú Shù Sēn	245	
594	呉述樟 Wú Shù Zhāng	246	
595	武素鵬 Wǔ Sù Péng	246	
596	呉天石 Wú Tiān Shí	245	
597	呉維国 Wú Wéi Guó	246	
598	呉維均 Wú Wéi Jūn	246	
599	呉惟能 Wú Wéi Néng	246	322
600	呉希庸 Wú Xī Yōng	247	
601	呉曉飛 Wú Xiǎo Fēi	247	
602	呉小彦 Wú Xiǎo Yàn	247	341
603	呉新佑 Wú Xīn Yòu	247	
604	呉興華 Wú Xīng Huá	247	
605	呉子牧 Wú Zǐ Mù		334
	X		
606	席魯思 Xí Lǔ Sī	255	
607	夏忠謀 Xià Zhōng Móu	251	
608	夏仲実 Xià Zhòng Shí	251	
609	項　沖 Xiàng Chōng	249	
610	向　達 Xiàng Dá		301
611	向　隅 Xiàng Yú		313
612	蕭長華 Xiāo Cháng Huá		309
613	蕭承慎 Xiāo Chéng Shèn	250	
614	蕭傳玖 Xiāo Chuán Jiǔ		324
615	蕭光琰 Xiāo Guāng Yǎn	249	
616	蕭　静 Xiāo Jìng	250	
617	蕭絡連 Xiāo Luò Lián	250	
618	蕭士楷 Xiāo Shì Kǎi	250	
619	蕭也牧 Xiāo Yě Mù		330
620	謝家栄 Xiè Jiā Róng	251	
621	謝　芒 Xiè Máng	251	
622	謝雪紅 Xiè Xuě Hóng		332
623	辛志遠 Xīn Zhì Yuǎn	252	
624	邢徳良 Xíng Dé Liáng	252	
625	邢之征 Xíng Zhī Zhēng	252	
626	熊化奇 Xióng Huà Qí	248	
627	熊曼宜 Xióng Màn Yí	249	
628	熊慶来 Xióng Qìng Lái		328
629	熊義孚 Xióng Yì Fú	249	
630	熊十力 Xióng Shí Lì		324
631	徐　冰 Xú Bīng		337
632	徐　歩 Xú Bù	253	
633	徐躋青 Xú Jī Qīng	253	
634	徐　来 Xú Lái	254	
635	徐　雷 Xú Léi	254	
636	徐霈田 Xú Pèi Tián	254	
637	許世華 Xǔ Shì Huá		323
638	徐　韜 Xú Tāo	253	301
639	徐行清 Xú Xíng Qīng	253	
640	徐　垠 Xú Yín	253	
641	徐毓英 Xú Yù Yīng		323
642	徐月如 Xú Yuè Rú	253	323
643	徐遠挙 Xú Yuǎn Jǔ		338
644	許　明 Xǔ Míng		307
645	許光達 Xǔ Guāng Dá	255	
646	許恵爾 Xǔ Huì Ér	255	
647	許蘭芳 Xǔ Lán Fāng	255	
648	許幼芬 Xǔ Yòu Fēn	254	
649	許政揚 Xǔ Zhèng Yáng	255	306
650	許志中 Xǔ Zhì Zhōng	255	332
651	薛世茂 Xuē Shì Mào	252	
652	薛挺華 Xuē Tǐng Huá	252	
653	荀慧生 Xún Huì Shēng		314
	Y		
654	厳鳳英 Yán Fèng Yīng	262	312
655	閻紅彦 Yán Hóng Yàn		312
656	言慧珠 Yán Huì Zhū	261	302

657	閻巨峰 Yán Jù Fēng	262		691	姚培洪 Yáo Péi Hóng	265	
658	燕　凱 Yàn Kǎi	262		692	姚啓均 Yáo Qǐ Jūn	265	306
659	厳雙光 Yán Shuāng Guāng	263		693	姚潄喜 Yáo Shù Xǐ	265	
660	厳裕有 Yán Yù Yǒu	262		694	姚　蘇 Yáo Sū	266	
661	厳志弦 Yán Zhì Xián	263	316	695	姚桐斌 Yáo Tóng Bīn	266	
662	楊愛梅 Yáng Ài Méi	256		696	姚学之 Yáo Xué Zhī	266	
663	楊豹霊 Yáng Bào Líng	256		697	姚　溱 Yáo Zhēn	266	303
664	楊　必 Yáng Bì	256	316	698	姚祖彝 Yáo Zǔ Yí	266	
665	楊春広 Yáng Chūn Guǎng	256		699	葉懋英 Yè Mào Yīng	266	
666	楊代蓉 Yáng Dài Róng	257		700	葉紹箕 Yè Shào Jī	267	
667	楊寒清 Yáng Hán Qīng	257		701	葉文萃 Yè Wén Cuì	267	
668	楊嘉仁 Yáng Jiā Rén	257	303	702	葉雪安 Yè Xuě Ān		302
669	楊景福 Yáng Jǐng Fú	257	323	703	葉以群 Yè Yǐ Qún	267	300
670	楊静蘊 Yáng Jìng Yùn	257		704	葉　英 Yè Yīng	267	343
671	楊九皋 Yáng Jiǔ Gāo	257		705	葉祖東 Yè Zǔ Dōng	267	
672	楊巨源 Yáng Jù Yuán	256		706	伊　鋼 Yī Gāng	267	
673	楊　俊 Yáng Jùn	258		707	伊　兵 Yī Bīng		313
674	楊雷生 Yáng Léi Shēng	258		708	易光軫 Yì Guāng Zhěn	267	
675	楊世傑 Yáng Shì Jié	259		709	殷大敏 Yīn Dà Mǐn	268	
676	楊順基 Yáng Shùn Jī	259		710	殷貢璋 Yīn Gòng Zhāng	268	
677	楊　朔 Yáng Shuò	260	313	711	尹良臣 Yǐn Liáng Chén	267	
678	楊素華 Yáng Sù Huá	260		712	応雲衛 Yīng Yún Wèi	268	311
679	楊　文 Yáng Wén	260	333	713	余丙禾 Yú Bǐng Hé	268	
680	楊文衡 Yáng Wén Héng	261	323	714	兪大絪 Yù Dà Yīn	269	
681	楊雨中 Yáng Yǔ Zhōng	261		715	余航生 Yú Háng Shēng	269	
682	楊昭桂 Yáng Zhāo Guì	261		716	虞宏正 Yú Hóng Zhèng		302
683	楊哲明 Yáng Zhé Míng		337	717	遇羅克 Yù Luó Kè	269	334
684	楊振興 Yáng Zhèn Xīng	261		718	余楠秋 Yú Nán Qiū	269	
685	姚秉豫 Yáo Bǐng Yù	264		719	余啓運 Yú Qǐ Yùn	269	
686	姚道剛 Yáo Dào Gāng	264		720	喩瑞芬 Yù Ruì Fēn	270	
687	姚福徳 Yáo Fú Dé	264		721	兪時模 Yú Shí Mó		329
688	姚剣鳴 Yáo Jiàn Míng	264		722	兪大酉 Yú Dà Yǒu	268	
689	姚炯明 Yáo Jiǒng Míng	264		723	于宗琨 Yú Zōng Kūn		308
690	姚培宏 Yáo Péi Hóng		333	724	袁光復 Yuán Guāng Fù	271	

725	袁麗華 Yuán Lì Huá	271	
726	袁玄昭 Yuán Xuán Zhāo	271	
727	袁雲文 Yuán Yún Wén	271	
728	遠千里 Yuǎn Qiān Lǐ		325
	Z		
729	曽慶華 Zēng Qìng Huá	288	
730	曽瑞荃 Zēng Ruì Quán	289	
731	曽昭掄 Zēng Zhāo Lún		309
732	翟一山 Zhái Yī Shān	286	
733	翟毓鳴 Zhái Yù Míng	286	
734	張愛珍 Zhāng Ài Zhēn	276	
735	張百華 Zhāng Bǎi Huá	276	
736	張冰潔 Zhāng Bīng Jié	276	
737	張炳生 Zhāng Bǐng Shēng	277	
738	章伯鈞 Zhāng Bó Jūn		326
739	張昌紹 Zhāng Chāng Shào	277	
740	張春元 Zhāng Chūn Yuán		334
741	張東蓀 Zhāng Dōng Sūn	277	
742	張　放 Zhāng Fàng	278	
743	張鳳鳴 Zhāng Fèng Míng	278	
744	張輔仁 Zhāng Fǔ Rén	279	
745	張富友 Zhāng Fù Yǒu	280	
746	張福臻 Zhāng Fú Zhēn	280	
747	張光華 Zhāng Guāng Huá	281	
748	張国良 Zhāng Guó Liáng	281	
749	張懐怡 Zhāng Huái Yí	281	
750	張継芳 Zhāng Jì Fāng	273	
751	張吉鳳 Zhāng Jí Fèng	281	
752	張　健 Zhāng Jiàn	281	
753	張景福 Zhāng Jǐng Fú	282	
754	張敬人 Zhāng Jìng Rén	283	
755	張競生 Zhāng Jìng Shēng		331
756	張景昭 Zhāng Jǐng Zhāo	283	323
757	張可治 Zhāng Kě Zhì	283	
758	張霖之 Zhāng Lín Zhī	272	
759	章　泯 Zhāng Mǐn		340
760	張啓行 Zhāng Qǐ Xíng	283	
761	張琴秋 Zhāng Qín Qiū		316
762	張儒秀 Zhāng Rú Xiù	283	
763	張瑞棣 Zhāng Ruì Dì	283	
764	章　申 Zhāng Shēn	284	
765	章志仁 Zhāng Zhì Rén	274	
766	張士一 Zhāng Shì Yī		325
767	張守英 Zhāng Shǒu Yīng	284	
768	張淑修 Zhāng Shū Xiū	284	
769	張文博 Zhāng Wén Bó	274	
770	張聞天 Zhāng Wén Tiān		341
771	張錫琨 Zhāng Xī Kūn	284	
772	張　昕 Zhāng Xīn		324
773	張旭濤 Zhāng Xù Tāo	284	
774	張学思 Zhāng Xué Sī		333
775	張岩梅 Zhāng Yán Méi	273	
776	張燕卿 Zhāng Yàn Qīng	273	
777	張義春 Zhāng Yì Chūn		323
778	張瑛鈴 Zhāng Yīng Líng	273	320
779	張永恭 Zhāng Yǒng Gōng	273	
780	張友白 Zhāng Yǒu Bái	273	
781	張友良 Zhāng Yǒu Liáng	274	
782	張　筠 Zhāng Yún	274	
783	張震旦 Zhāng Zhèn Dàn	274	
784	張之孔 Zhāng Zhī Kǒng	274	
785	張志新 Zhāng Zhì Xīn	275	
786	張重一 Zhāng Zhòng Yī		311
787	張資珙 Zhāng Zī Gǒng		316
788	張宗燧 Zhāng Zōng Suì	275	328
789	張宗穎 Zhāng Zōng Yǐng	276	
790	趙丹若 Zhào Dān Ruò	285	
791	趙福基 Zhào Fú Jī	285	323

792	趙慧深 Zhào Huì Shēn		310	826	周天柱 Zhōu Tiān Zhù	292	
793	趙九章 Zhào Jiǔ Zhāng	285		827	周文貞 Zhōu Wén Zhēn	293	
794	趙謙光 Zhào Qiān Guāng	285		828	周小舟 Zhōu Xiǎo Zhōu		303
795	趙少咸 Zhào Shǎo Xián		300	829	周信芳 Zhōu Xìn Fāng		340
796	趙樹理 Zhào Shù Lǐ	286	329	830	周醒華 Zhōu Xǐng Huá	293	
797	趙太侔 Zhào Tài Bàn		317	831	周学敏 Zhōu Xué Mǐn	293	
798	趙希斌 Zhào Xī Bīn	284	323	832	朱本初 Zhū Běn Chū	290	
799	趙香蘅 Zhào Xiāng Héng	286		833	祝鶴鳴 Zhù Hè Míng	289	
800	趙暁東 Zhào Xiǎo Dōng	286	324	834	祝　璜 Zhù Huáng	289	306
801	趙宗復 Zhào Zōng Fù	285	303	835	朱梅馥 Zhū Méi Fù	290	
802	甄素輝 Zhēn Sù Huī	287		836	朱寧生 Zhū Níng Shēng	290	
803	鄭恩綬 Zhèng Ēn Shòu	287		837	朱耆泉 Zhū Qí Quán	289	324
804	鄭　洪 Zhèng Hóng		313	838	朱　琦 Zhū Qí	291	
805	鄭君里 Zhèng Jūn Lǐ	287	325	839	朱慶頤 Zhū Qìng Yí	290	
806	鄭律成 Zhèng lǜ Chéng		341	840	朱守忠 Zhū Shǒu Zhōng	291	
807	鄭思群 Zhèng Sī Qún	287	308	841	朱舜英 Zhū Shùn Yīng	291	
808	鄭文泉 Zhèng Wén Quán	288		842	朱万興 Zhū Wàn Xīng	291	
809	鄭曉丹 Zhèng Xiǎo Dān	288		843	朱賢基 Zhū Xián Jī	291	
810	鄭兆南 Zhèng Zhào Nán	288		844	朱耀新 Zhū Yào Xīn	291	
811	正珠尔扎布 Zhèng Zhū Ěr Zhā Bù		310	845	朱振中 Zhū Zhèn Zhōng	290	
812	鐘紀明 Zhōng Jì Míng		330	846	鄒大鵬 Zōu Dà Péng		310
813	鍾顕華 Zhōng Xiǎn Huá	289		847	鄒蓮舫 Zōu Lián Fǎng	292	
814	周定邦 Zhōu Dìng Bāng		311	848	鄒致圻 Zōu Zhì Qí	292	
815	周　鐸 Zhōu Duó	294		849	左樹棠 Zuǒ Shù Táng	292	
816	周福立 Zhōu Fú Lì	294			日本人		
817	周鶴祥 Zhōu Hè Xiáng	293		850	岡田家武 Okada Ietake		343
818	周華章 Zhōu Huá Zhāng		317				
819	周潔夫 Zhōu Jié Fū		300				
820	周進聡 Zhōu Jìn Cóng	293					
821	周瑞磐 Zhōu Ruì Pán	293					
822	周紹英 Zhōu Shào Yīng	294					
823	周寿根 Zhōu Shòu Gēn	294					
824	周痩鵑 Zhōu Shòu Juān	292	313				
825	周寿憲 Zhōu Shòu Xiàn		342				

第三部

論文特集

「毛沢東社会主義の残酷な実態と理論的錯誤」

第一章　毛沢東・中国共産党の大学・学問・知識人弾圧

――王友琴『文革受難者』等が記す著名な学者達への弾圧、迫害――

潘光旦、金岳霖、朱光潛、周炳琳、張東蓀、巫寧坤、章川島、林燾等々について

整理・作成　小林一美

はじめに

建国初期の、中国共産党・毛沢東の大学・学問への弾圧について

　新中国建国前後、中共は民主連合政府を樹立するかのような雰囲気をばらまいていた。しかし、すぐ共産党は独裁的政治を始めた。一〇年足らずの間に一党独裁は急激に進行し、一九五七年に毛沢東の絶対権力が確立した。彼は、まず民主党派の政治家や著名な知識人・学者・作家に対する思想弾圧を始めた。建国直後から、中国の学者、知識人は、例外なく種々の思想検査、言論攻撃、左遷や配転等々の弾圧・迫害に直面した。彼らは、一九五〇年代初期に「思想改造運動」、「忠誠老実運動」、「院系調節」という連続する三つの思想学問統制にさらされ、激しい思想弾圧を受けることになった。その総仕上げが、一九五七年の「反右派運動」である。

（一）「思想改造運動」（自己の思想を改造する運動）

・潘光旦（一八九九〜一九六七）

アメリカのコロンビア大学など幾つかの著名な大学で動物学、生物学、遺伝学などを学ぶ。一九二六年に帰国後、清華大学等の教授を歴任。建国後、勤務先の中央民族学院に「自己批判書」を提出した。長さは一万二〇〇〇字にも達した。この中で、自分の「腐敗・反動性・醜さ」等々を暴露し、さらに受けた教育、学問研究や教育の仕方、人生哲学までも解剖し、自己批判した徹底的なものだった。しかも、自分の両親や祖父までも批判したり、果てはアメリカの「平等、自由、民主」までも批判したりしており、それは、もう個人としては、これ以上言及、論及、分析することができないという極限にまで、自分を追い詰めたものだった。しかしながら、彼の「思想改造」は、まだ一九五二年の春になっても、思想検査の関門を通過できなかった。彼はさらに多くの自己否定と自己呪詛をする必要があるとされたのである。ある人は、「潘光旦は、前後して一二回の〝自己批判〟をして、やっと認められた」と言った。

しかしながら、彼は一九五七年に「右派分子」にされた。彼の「右派」のレッテル（「帽子」）が取り消されたのは、五九年一二月であった。この帽子を取ってもらうには、次のような煩瑣な過程が必要だった。「指導部から本人に、貴殿は誤りを認め、自己改造に進歩が認められるので、レッテルを取ってあげたい、という通知が行く」、「本人が詳細な自己の思想点検をした文書を作成し、再度自分の誤りを認める」。そして、当局に「寛大な処置」をお願いし、また「大きな感謝」の気持ちを示すのである。潘光旦も、必ずこのような形式の手続きを踏んだはずである。

しかしながら又もや、文革が始まった一九六六年八月、中央民族学院に「〝牛鬼蛇神〟に専政を実行する部隊」が設立されると、潘光旦は「摘帽右派分子」（一九五七年の「右派分子」であったが、しばらく後にレッテルがはがされた人物という新しい「レッテル」）であり、「反動学術権威」でもある、という二重の反動分子に指定され、学院内の「労働改造隊」に入れられた。以後、あらゆる労働、見せしめ、殴打、侮辱が加えられた。

もう六七歳の老人、しかも足が悪い重度の障害者であったから、地面にしゃがめなかった。しかし、校内の草取りを強要され、また「闘争」集会では、「ジェット機式」の姿勢を強要された。紅衛兵は、潘の家を襲い、部屋を全部封鎖し、ただ厨房の外にある小屋の地面に寝ることだけを許した。そこから、毎朝、大学の「労改隊」に通った。重病に罹ったが治療は許されなかった。こうして、一〇か月後、彼は死んだ。

潘光旦の妻は、文革前に病で亡くなっていた。夫妻には三人の子供があった。一人はアメリカに住んでいたので会えなかった。娘婿の程賢策は「闘争」を受けて一九六六年九月に自殺した。もう一人の娘とその夫は「現行反革命」(ただ夫婦間でかわされた私語にすぎない話なのに「罪」にされた)で長く拘禁された。潘光旦の娘婿の胡壽文は北京大学の生物系の教師で、文革が始まった時には三五歳だった。彼は学生から首に縄を掛けられて猛烈に引きずられた。倒れたが、縄を両手でしっかり持っていたので窒息死しなかった。いつも「闘争会」に連れ出され、何時間も「ジェット式」(頭を下に両腕を上に折り曲げさせる)の懲罰を受けた。

・金岳霖(一八九五~一九八四)

アメリカのコロンビア大学で政治学、イギリスのロンドン大学で経済学を学んだ。一九二五年に帰国し、清華大学の哲学科を立ち上げた。一九四八年、第一届中央研究院の院士。一九四九年、清華大学文学院院長。一九五二年、「全国高校院系調整」により、全国の六大学の哲学科を合併して、北京大学哲学系が設立された。金岳霖は同大学哲学系教授兼主任となった。同時に、中国科学院哲学研究所一級研究員、副所長に就任した。彼は、もともとは清華大学の教授であったが、「院系調整」で、北京大学の哲学教授に配転された。「思想改造運動」での彼の自己批判書は「我が唯心論の資産階級教学思想」と題するもので、潘光旦の自己批判より、さらに一歩進んだものであった。彼は、自分の父母、恩師、自分を批判するだけでなく、彼が教えていたアメリカや台湾の学生までも名指しで非難した。一九六六年文革が開始すると、金岳霖は「資産階級学術権威」

とされ、猛烈な「批判、闘争」にさらされた。造反派は病気の彼が公用車で病院に行くことを許さず、木製の三輪車で診察に行かせ、彼を侮辱した。毛沢東は、「彼を多く社会と接触させなければならない」（つまり、大集会にしばしば連れ出せという意）と言った。

・朱光潜（一八九七〜一九八六年）

北京大学の哲学・美学の教授。彼は、香港大学卒業後、イギリスのエジンバラ大学やロンドン大学、フランスのストラスブール大学等に留学し文学、哲学、心理学などを学んだ。一九三三年に帰国後、北京大学の哲学の教師になった。

朱教授は周炳琳と共に「思想改造運動」の時、北京大学で重点批判の対象になった。彼は、一九五二年三月七日、自分の学部で「自己のブルジョア意識」を自己批判したが、同じ学科の五人の教師と学生は、不満を表明した。そこで、北京大学文学院は、三月二九日、教師学生の全体会議を招集し、「朱教授批判大会」を開催した。彼は四月九日、全校大会で第三次の「自己批判」を行い、一〇日には、またも全校集会で懺悔したが、一四人の教授、講師、助手、学生はまだ攻撃を続けた。最後に、馬寅初学長が、「朱教授の自己批判は進歩しているが、まだ継続して反省し、自己改造する必要がある。反動的な立場を改造して、人民の立場に立とう」と総括した。朱教授は、それまでにもう四回も自己批判したのに、まだ関門を通過できず、大会の席上で同僚や学生の批判を受けねばならなかった。

彼は文革開始の一九六六年夏には「反動学術権威」とされ、頭髪を刈られ、学生宿舎附近の小さな商店の前で、破れた篭をさげて西瓜の皮をあれこれ選んで食べていた。彼はいつも往来を行き来する紅衛兵に殴打され侮辱された。一九六八年、彼は「監改大院」（一般的には、「牛棚」「黒帮大院」などと呼称された）に入れられ、殴られた。校内に住む女性が、キャンパス内の壁の下に、一つの物体を見た。ただの死んだ豚のようだった。

近くへ行ってみると、朱先生が打たれて昏倒していた。しかし、彼は文革を生き抜き、ヘーゲルの美学の著作を翻訳し、香港中文大学の教授となった。

・周炳琳（一八九二〜一九六三）

コロンビア大学・ロンドン大学等で学んだ。一九二五年に帰国。以後、北京大学教授や国民政府の教育関係の要職を歴任した。そもそも彼の海外留学は、一九二〇年、当時、北京大学の校長であった蔡元培が公費でアメリカに送った留学生に始まる。新中国では、北京大学の法学院の教授となった。碩学の彼も、「思想改造運動」の時には、北京大学での二度の自己批判でも、関門を通過させてもらえなかった。彼は、馬寅初校長にもうこれ以上自己批判することを拒否して、「自分で一切の結果を引き受ける」と言った。しかし、こう言っても、逃げる場所はなく、また逃げるのも許されなかった。馬校長は、再び二〇余人が参加する「自己批判集会」を開いて、彼の問題が解決できるように「援助」(!?)してくれた。馬寅初は、勢いよく彼を批判したが、後に自分も同じ立場に陥ることを全く予想していなかった。

一九五二年四月二一日、毛沢東は北京市長の彭真に手紙を書いて、「学校の思想検討（自己批判）の文献をみんな読んだ。見たところ、張東蓀のようなごくまれな人物や、特別ひどい敵対分子ではない周炳琳のような人は、やはり関門を通過させてやった方がよい。時間は緩やかでよいが。北大の最近の周炳琳に対するやり方は大変よい。各学校に推し進めるように望む。これは、多くの反動的な、中間派的な教授たちを勝ち取るのに必要な処置である」と指示した。北京大学は、四月二二日、全校集会で周炳琳の「自己批判」を聞く会を開き検討したが、結果は明白だった。やはり「継続して自己批判を続ける」ことが決まった。周炳琳の自己批判の時、彼の息子が演台に登って批判的な発言をした。これは新しい展開だった。後に、潘光旦が清華大学で自己批判をした際にも、娘が演台に登った。この娘の発言内容は、中共党委員会の幹部が事前にお膳立てし、発言内容も彼らが先に検閲したものだった。彼は文革前に死去したが、もし生きていたら、更に苛酷な運命が待っていたに違いない。

・張東蓀（一八八六〜一九七三）

清末、立憲派に属して活動した。以後、哲学者、新聞や雑誌編集で活躍したジャーナリスト、また政治家として多面的に活躍し、民国時代には南京政府に入った。一九四九年、彼は大陸に残り、新中国の民主同盟の中心人物の一人になった。しかし、新中国建国の直後に、アメリカに情報を流したとして、一九五二年、毛沢東に断罪された。この時、張東蓀は燕京大学の政治学の教授であったが、仕事を全部取り上げられた。しかし、まだ給料だけは支給された。以後、政治運動の度に迫害され、文革中に北京の「秦城監獄」で死んだ。張東蓀が毛沢東に特別憎まれた理由は、建国直後の中国民主同盟の主席を決める投票の時、五百数十人中、彼一人が毛沢東に票を入れなかったことが、後で毛に発覚して特別に憎まれたためであった、といわれる。張東蓀の家族も皆悲惨な運命を辿った。三人の子の内二人は自殺し、残る一人は精神異常になり、二人の孫も投獄された。

（二）「忠誠老実運動」（「忠実に正直になる」という政治運動）

「思想改造運動」が終わって、北京大学の講義が始まった。ところが僅か二週間も経たないうちに、今度は「忠誠老実運動」が始まり、再び講義は中止された。この運動は、「各個人の歴史問題、社会関係を〝自己批判〟する内容だった。清華大学の党委員会の書記・袁永熙が、北京大学の工作組長としてきて運動を主導した。彼は次のように言った。北大には、各種の問題を〝交代〟（告白・自己批判）した人が三〇二八人いる。このような「交代」を、普遍的な方法とする、と。この「天経地義」（普遍的な真理、理法）に反した命令が、以後の中国の大学と大学人を根底から変えたのだった。

・巫寧坤（一九二〇〜　）

江蘇省揚州の生まれ。英米文学研究者。日中戦争の時には西南聯合大学の学生だった。一九四六年、アメリカに留学し、シカゴ大学等で学んだ。一九五一年に帰国、北京燕京大学の英文科の教師になった。以後、燕京大学・南開大学などで外国文学を講じた。ところが、一九五四年に批判を受け、さらに五七年に反右派運動で「極右分子」にされた。五八年には北京の「半歩橋監獄」に投獄され「労働教養」処分となった。六〇年には河北省清河農場の一分場に入れられた。六二年にいったん世に出たが、六六年文革が始まると再び種々の迫害を受け、「北大の牛棚生活」、ついで一九七〇年、一家全員が「農村に追放」された。林彪事件の後、この世に出ることができ、七九年に「名誉回復」となった。彼は、一九八〇年代に妻を連れてアメリカに去った。さらにイギリスの大学へと移動した。彼は、一九九三年、ニューヨークで『A Single Tear（一滴の涙）』を上梓した。それは、彼が中国に帰国直後に職を得た北京大学時代の、苦痛に満ちた若き日の回想記である。

巫寧坤はまた『燕京末日』と題する一文（星島日報、一九九八年）を発表して、思想弾圧を受けた五〇年代の回想を行っている。そこで、当時の北京大学の有名教授、副学長、中国古代史の大家であった翦伯賛教授らが行った「忠誠老実運動」時代の苦い思い出を、次のように描写している。

巫寧坤の回想記

「思想改造」の次の段階は、「忠誠老実運動」だった。全校の教職員が皆「自伝」を書かねばならなかった。誕生から今日にいたるまでの、総ての経歴を告白するのであるが、重点は本人の政治・歴史問題と各方面におけるアメリカとの関係のことであった。党の工作組は、党の政策は「自覚して自分でやり、人に追従したり、また人に迫ったりしない、問題があればはっきりと言い、何ら他のことを考慮する必要はない」、と宣言した。私は学習会で意見を述べた時、自分は何も心配はない、普段のことで人に告げなければならないことは何もない、今回アメリカから万里を遠しとせず新中国に帰国したことを見れば、私の心を十分理解できるでしょう、と言った。私は先ず「三人小組」にこのように言い、さらに文学院教授会でもこのように発言し、人々の助言を受けて最後に自伝を書いた。

私は、忠実に且つ詳細に書いたからもう問題になる点はないと思った。ところが、どうしたことか、この自伝を提出してから数日も経たない内に、人々から「新燕国（新北大）の摂政王」と称されていた歴史系の翦伯賛教授から呼ばれて彼の家に話しに行った。彼は燕東園に住んでいたが、他の教授たちは皆二所帯が一緒の小さな楼に住んでいたのに、彼だけは専用の一つの楼にいた。彼は蔵書がたくさんあったので、学校が彼のために専用の楼を建ててやったのである。私が入った書斎は果たして四方の壁が昔の糸綴じの本で一杯であり、主人の学識の深さを知るに十分だった。翦教授は大きな朱塗りの机の向こうに座り、私を一つの椅子に座らせた。彼は最初から居丈高な調子で言った。

「君を捜したのは、ちょっと公の仕事があってね。党組織から君の自伝について君と話すように言われたのだよ。君は自分の歴史のアウトラインを説明しているが、君はまだ歳は若いようだし、アメリカでの生活の経歴が簡単ではないようだ。われわれの党の政策は、無理に追いかけもしないし迫ることもしない、というものだ。しかし、君はまだこの前の告白を補充すれば間に合うのだよ。特別重大な遺漏であっても、まだ間に合う。私は、君がこの機会を逃すべきではないと思うが……」。

彼は一本の煙草に火をつけて、私に向かってもうもうと煙を吹きかけた。これは完全に私の意表を突いた。一人の同じ大学の同僚なのにこともあろうにこの無遠慮、さらにまた昂然たる威嚇、すぐ私は腹を立てた。私はムカムカして言った。「何も補充することはありませんよ」。彼はまた言った。「急がなくてよい。感情的になってはいけませんね。我々は一人一人が個人の歴史を持っている。われわれは、君がそれを正視するか否かにかかわらずですね。マルクス主義者として、我われは事実を正視し悩みを外に出して、党に一切の問題を告白するのです。君はきっと成人になってからの重大な経歴を、特に最近発生したことをですね。例えば、君はアメリカから帰ってきた、これ自身は当然好いことですが、しかし結局何のために帰国したのか？どのようにして帰国したのか？　また帰国の本当の動機はいったいなになのか？」。

私は言った。「すでに私は明確に自伝の中に書いており、きわめてはっきりしていますよ」。「君は、少しは話している。しかし、この自伝を持ち帰ってちょっと見て、何か重大な補充すべき遺漏があるかどうか見てみませんか？　私は自分の歴史をいつも補充していますよ」。「私はもう何も補充すべきことは有りません」。彼は言った、「どうぞご自由にしてください。補充してもよいし、また補充しなくてもよいでしょう。先ほど言ったように、我が党のやり方は追わず迫らずです。しかし、まだ間に合いますよ。うんうん……」。「自白ですか？　私には何も自白すべきことはありませんよ。私が帰国したのは、何か〝自白し告白する〟必要がある様な何かをやるためではありません。翦教授、これで失礼します」と言って、私は部屋を後にした（王友琴著「翦伯贊」の項より）。

（三）「院系調整」（党による「大学学制改革、学部の編成」）

前記二つの政治運動が終わると、すぐ「院系調整」が始まった。これは大学の学制を全面的に「改変」し、民国時代にあった諸大学と諸学部を大規模に「統廃合」した暴挙であった。これは、共産党が「党委員会が大学内の全権限を掌握」するものだった。この時、キリスト教系大学と私立大学は消滅した。この時から、中国の教授は、自分のいる大学の各教務責任者を選ぶ権限を失った。大学卒業生もまた、就職先を自分で選択できなくなった。就職先、職種、任地が共産党によって勝手に決定された。彼等は「国家の配分」に従う以外になく、職業選択の自由を失った。

清華大学は、文理両学体制を廃止せざるを得ず、ただの「理系」専門の大学に変えられた。社会学・人類学・心理学・政治学等々は、独立した学部体制を廃止された。廃止の理由は、マルクス主義は、人類社会と歴史の真理を明らかにしたものであり、その他の社会科学は必要ない、というものだった。ソ連の大学も、こうした学問をなくしたのであり、中国もそれに倣った。建国の一九四九年以前、全国の大学には社会学系学部が二〇あり、学生は九七五名いた（韓明漢『中国社会学史』天津人民出版社、頁一七二）。こうした諸学部は廃止されて専攻学生は皆いなくなった。やっと文革後に復活した。

補充1

・章廷謙（一九〇一～一九八一）、ペンネーム「章川島」。一九一九年、北京大学哲学科に入学。卒業後、文章を書き雑誌や新聞でジャーナリストとして活躍、魯迅兄弟とも親交を結んだ。一九三〇年、南京政府の教育部編審。新中国になってからは北大中文系の副教授、支部主任となる。一九五七年、作家協会で中心になって活動した。

しかし、以後の運命は激変する。彼は、国民政府時代、西南聯合大学にいた時、国民党の区部の委員をやったことがあった。ただ、ちょっと「飯のタネ」にするつもりだったのに、思想運動が始まると旧国民党員と見なされ、さらに文革では「歴史反革命分子」にされた。北京大学の大集会で舞台に引き上げられた章教授は、罪を認めなかった。これが「自分の罪を認めず、自供を拒むものは厳重に処罰する」という規定によって、その舞台上で手錠をかけられて連行された。

彼は一九二二年に北京大学に入学、魯迅の同郷であったからその知遇を得た誠実な人であった。文革中、彼が連行されたので、妻は気が狂い、二〇歳の子どもは自殺した。この文革時の大集会は、「寛厳大会」と呼ばれた。会場は恐怖感に満ちていた。まず、大会を主催する「軍宣伝隊の責任者」が、一万人もの参集者を先導して、一緒に大声で「毛沢東語録」の一節を読む。「およそ反動なるものは、お前が打たねば、彼は倒れないのだ。掃き出さなければ、ゴミは、自分からは出て行かないのだ！」と。そして、舞台上から拡声器が大音声でがなり立てる。「我々の隊伍の中に、反革命はいるのか！」と叫んで、しばらく休む。そして大音声で「居るのだ！」と一喝して、「今だ、章川島をつかみ出せ！」と命じる。あらかじめ、聴衆の中に入れておいた手先が、彼をつかみ出してくる。罪状が読み上げられ、手錠を掛けられて車に入れられて去る。このような恐怖に満ちた情景が集会には普通だった。北京大学の林燾（一九二一〜二〇〇六。北大の中文系漢語語源学者、教授）は、「昔、国民党の特務であり、校内の給水塔を爆破する事件に加わっていた」と言うウソの自白を拷問と脅迫によって認めてしまった。この事件は、彼の大学時代の同期生がすでに認めており、彼が認めなければ「厳重処分」に処すと言われたからである。関係者全員が、全く知らぬことであったが、こうして重大犯罪者にされた。

補充2

・袁永熙と陳璉は、共に一九三〇年代末期に共産党に加入した学生だった。建国した年（一九四九年）に高級幹部になった。一九五〇年代初め、彼らは意気揚々としていた。自分達は人を服従させる権力があると思い、他人の苦痛など気にしなかった。一心に剛腕をふるった。一九五二年に三五歳だった袁永熙は、北京大学三〇〇〇余の教授と学生に「交代」（自己批判、自己点検）を迫り、運動の指揮を執った。厳格に政治運動を指揮する勇敢な大将だった。しかし、一九五七年に「右派分子」にされてしまった。この「帽子」（レッテル）が取れた後には、河北省の南宮県の中学の教師に左遷された。文革中には、紅衛兵から打ち殺されるようにして死んだ。妻の陳璉は、夫が「右派」にされた時に離婚して、継続して高級幹部に留まった。しかし、文革中、陳璉も「歴史問題」で「批判、闘争」を受け、建物から身を投げて自殺した。

その他の事例。「思想改造、忠誠老実」運動では、全国の大学に沢山の犠牲者が出た。復旦大学の中国文学史教授の劉大傑は、何回もの「自己批判」をしたが関門を通過できず、黄浦江に身を投げて自殺を試みた。しかし、偶然にも彼は救い出された。その後も、彼はやはり自己批判を継続して迫られ、しかも「自殺を図った罪」も新たに付け加えられて攻撃された。

華東師範大学の歴史系の教授・李平心は、斧で自分の頭を切ったが死ねなかった。後に、文革が始まると自殺した。

補充3　毛沢東の思想弾圧

毛沢東の大学支配、学者・知識人・文人・教師等々への圧迫は、全体を各処罰段階で区分し、各段階での人数をパーセントで示して実施を命令した。この中の最も厳重に批判攻撃すべき一部は、徹底的に迫害して見せしめにし、他の多くの人々を恐怖で震え上がらせるというものだった。これが各運動でのいつものやり方だった。毛のこうしたやり方は、一九三〇年代の中共革命根拠地での「AB団狩り」、「黄陂粛軍」に始まり、「延安整風」でも引き継がれ、建国後も継続・拡大して行われ、最後に「文革」で極限状態にまで高まった。

一九五二年五月、中共中央は、「大学等の高等学校における資産階級思想批判運動と中間層を整理する運動に関する指示」を発した。この指示に云う。「北京と上海の二つの地域の経験に基づいて、今回の運動においては、六〇～七〇パーセントの教師は、適当な批判を行った後に、迅速に関門を通過させることができるし、またそうするべきである。一二～二五パーセントの教師は、適当な批判を加え、自己批判させた後に、関門を通過させる。一三パーセント前後の教師は、厳しく自己批判を反復させた後に、初めて関門を通過させる。しかし、残りの二パーセント前後の者は、関門を通過させることができない。このような比例区分が、合理的である」。

粛清すべき人数をパーセント(百分比)で初めから設定している。一九五〇年の「鎮圧反革命運動」の中では、農村では人口の一〇〇〇分の一を殺し、都市では一〇〇〇分の〇・五を殺すのがよいという粛清人数の比率を制定している。比率に基づいて殺人をやる方法は、明らかに自己批判によって「関門を通過する」よりも恐怖心は大きい。この人を脅かす威力は、人びとを従順に「自己批判」をやらせるに十分な威力をもつのである。独裁者が比率で「関門を通過できるか否か」を決めれば、人びとは、必ず「自己批判、他者告発」を、他の人よりもより激しく、より深刻にやらなければならなくなる。こうして、全体的に「自己批判」の程度は絶えず上昇して行くのである。

こうした方針のもとに、先に記した清華大学の党委員会の書記・袁永熙は、北京大学の工作組長として来た時、次のように言った。北大には、各種の問題を「交代」(告白する。つまり自己批判)した人が三〇二八人いる。このような「交代」を普遍的な方法とする、と。そうなれば、他の全国の諸大学の党委員会の各責任者は、自校で「交代」すべき人を、他大学よりも「より多くの人数」にしようとする、また「自己批判の深刻さの度数をあげる」等々の競争の中に追い込まれるのである。

一九五五年の「粛清反革命運動」(略称「粛反」)の時には、夏の休暇期間に、全国すべての教師が命令によって一カ所に、一か月余の間集められて「自己点検・自己告発」と「他人告発」をやらされた。一九六八年の「階級隊伍を純化し整理する運動」の時には、北京大学では、全教職員が学内で寝食を共にし、互いに告発しあう集団合宿をやらされた。しかも、その時には、「自己を告発する」だけでは足りず、同僚・仲間など「他人を告発する」ことも強要され、また、二列に並ばされて、同僚・仲間を「殴打する」ことさえ強要されたのである。告発する方も告発される方も、また殴る方も殴られる方も、その良心はもちろん、人間関係と人間性をズタズタに破壊された。

独裁政党、独裁者は、学者・学生・知識人・ジャーナリストを最も恐れる。彼等が自由に集まり、組織を作り、独自の発信力を持つことを極度に怖れ、自由行動を絶対に認めない。これが、独裁者・独裁政党に普遍的な特質である。『人民日報』は、一九五七年八月一九日付けの署名論文「費孝通の反動活動に関する多面的観察」なる論稿を掲載した。小見出しは「ブルジョア階級の社会学の復活をたくらむ」というもの。内容は、昔の社会学陣営の人々——費孝通・潘光旦・呉景超・呉文藻等四人は、北京で頭をそろえて「社会学の復活をたくらむ会議を開いたという記事。彼等は、北京・上海・広州・成都など四つの大学に「社会学部（系）」を設置しようとし、まず「北京大学に社会学部を設ける」、「北京では呉景超が責任者になる」ことを決めた。また、北京・上海に「社会学会」を創立しようと話しあった。皆、こうした全くのでっち上げの攻撃記事であった。以後、記事に出てくる四人は、悪の親玉（右派分子、反動的学術権威、資産階級の見本）とされ、攻撃の標的にされた。次に、大学者ではなく、普通の教師、学生の犠牲者の事例を二つ紹介する。

（四）右派分子にされた教師・孫歴生（女）の悲劇

一九三四年生まれ、北京第三女子中学の教師。一九五七年に「右派分子」とされた。一九六六年夏、同校の紅衛兵生徒から、野蛮な殴打と虐待を受けた。一九六八年七月一二日、校内で「隔離審査」を受け、首を吊って自殺した、とされている。しかし、虐待死の疑いもある。当時は権力に虐殺された後、「自殺」だと「公式」に発表されることが多かったのだ。三四歳だった。王友琴が会った、五〇年代に彼女の授業を受けたある元生徒によると、先生は外面も内面も大変美しい人であり、死んだと聞いて非常に悲しかったと言った。

王友琴は、孫歴生の長女の干小紅に会ったことがある。その時、長女は、母を訪ねて「労働改造農場」に行ったことがあるといった。「ママが住んでいた部屋は、真っ黒で大変汚く、蜘蛛の巣だらけであった。寝ていたベッドは、木にカンナが掛けてなく、また釘が一本一本突き出ていた」と語った。

孫歴生の父親は中学校の校長であった。彼女は建国の一九四九年には、まだ中学校の生徒だったが、共産党に入党した最初の生徒となった。一九五二年、北京第三女子中学の高等部（高校）を卒業後、この学校に勤めた。ここにたまたま、党の宣伝で講演に来た共産党の幹部の于光遠（著名な学者）と知り合い結婚した。彼女は一八歳、于光遠は二〇数歳も年上だった。早くも二人の女の子が生まれた。彼女は、一九五六年、中共中央党学校に送られた。五七年の「百家争鳴、百花斉放」の時、彼女は「党学校」にいたが、そこで党の上級指導者を「批判する発言」をした。そのため、毛沢東の「陰謀・陽謀」によって、「右派分子」にされた。そのため、党の高級幹部であった夫の于光遠は、党の規定により孫歴生と離婚した。しかし、彼女はその時三番目の子供を妊娠しており、離婚後に生んだ。彼女は、北京郊外にあった「天堂河農場」に「労働改造」のために二年間送られた。そこは「右派」の女性だけを集中的に集めたところであった。その時、同じく右派とされた中学の教師だった聶宝珣という人と出会い再婚し、四番目の娘を生んだ。彼女は、ここに二年間拘禁され、一九六一年に北京の元の女子中学に返された。しかし、もう教壇に立つことは許されなかった。当時は、大飢餓時代であり、北京でさえ、自給自足しなければ生きられなかったので、野菜の生産をやり、後に図書館の仕事にまわされた。彼女が産んで実家の母が育ててきた娘と聶との間に生まれた四人目の子供を含めて、計四人の子を、彼女は母と共に北京で育てた。そして、やっと「右派」のレッテルがなくなったと思った途端に、直ぐ文革が始まった。

彼女と母親は、学校の紅衛兵生徒ばかりか、黒竜江省のジャムス市から北京に来ていた紅衛兵も加わった一団に家を襲われた。紅衛兵は、自宅の土地所有権を示す「地券」を見つけると、孫歴生の母の頭髪を全部刈り取り、猛烈に殴打し、家をメチャクチャに叩き壊した。この時、自宅を持っていた北京住民は、みなこのような酷い目に遭った。孫歴生は、両端にレンガ二個を結び付けた針金を首に掛けられ、レンガをひきずりながら、壊れたガラスの上を這わされた。足と手から鮮血が滴った。しかし、この一九六六年の「紅い八月」のテロリズムは何とか乗り切ることができた。しかし、二年後の一九六八年の「階級隊伍を純化する運動」の時、もうこの大規模な虐待、迫害を乗り切る力はなかった。

孫歴生が死んだ時、母親がおり、また自分の子供が、皆、未成年であり、一番上は一四歳、一番下の子は七歳にすぎなかった。また再婚した夫も「右派分子」であり子持ちであった。孫歴生の妹の夫高経国も「隔離審査」を受けている最中に、飛び降り自殺をした。孫歴生が死んだ一か月後のことだった。高は二七歳だった。残された子供はまだ二歳であった。高経国の両親は、悲しみのあまり、間もなく相次いで亡くなった。

孫歴生の母親と子供たちは、母親が自殺したとは、未だに信じられないでいる。母は、同僚たちに殺害されたのではないかと、疑い続けている。一九六八年、孫歴生を最も激しく糾弾、迫害したのは、実はかつて仲が良かった同僚二人だったという。その人達は、文革をうまくやり過ごした。文革時、虐待の中で人が死亡すると、「自殺」に見せかけ、死体も見せずに焼却し、さらに遺灰さえ遺族に渡さないことが普通に行われていた。遺族は、母は本当に自ら自殺したのだろうか、いやそんなことがあるはずがない、と長く疑い続けている。母は、死の前日、こっそりと監禁場所から抜け出して、自宅に帰った。そして夫と母に、今度は極めて厳しいと言った。母が、その次の日に、自殺するわけがない。遺書も残さず、またかなりの貯金があった預金通帳のことも話さず、右派の夫も含め六人の家族を捨てて、自殺するわけがないと思っているのである。

この女子高では、文革中に殴殺された校長の沙平以外に、三人の教師が死んでいる。数学の張岩梅は、一九六六年夏、紅衛兵に自宅を襲撃された後、殴打され首を吊って自殺した。方婷芝は「監禁審査」された後、郊外でバスに飛び込んで自殺した。孫歴生は一九六八年に死んだ。文革後、孫歴生の追悼会が開かれ、数百人が参列したが、母を虐待した人々は姿を現さなかった。謝ったのは、昔宣伝部長だった陸定一であった。また、前夫の于光遠は来なかった。文革で多くの人を迫害した人々の多くは、未だに「我々は、毛主席の命令に従っただけである」とうそぶいており、文革がいかに残酷であり、その虐待の罪は、未だに明らかにされていないのである。

王蒙(茅盾文学賞受賞者)は、一九八〇年代に孫歴生をモデルにした小説『蝴蝶』(「傷痕文学」の一つ)を書いている。王蒙の家は、孫歴生の家の隣であり、彼の妹と孫歴生とは幼なじみであり、学校友達だった。王蒙は、孫の悲劇的運命をよく知っていたが、それを正面から描かなかった。また、彼女の前夫の于光遠もまた、文革後に有名な経済学者、民主派の評論家になったが、この前妻孫歴生の悲劇を全く書かなかった。文革が終わって、一九八〇年代に、王蒙は前記した中編小説『蝴蝶』と『相見時難』を上梓した。また、民主改革派として有名になった于光遠は、多くの改革思想を展開したが、両者とも、文革や孫歴生の生涯について、正面から論評を加えることはしなかった。王蒙にしろ、于光遠にしろ、文革後にあれ程にまで内外で著名な人物になりながら、文革でこれ以上ないほどまでの悲惨な運命に陥った孫歴生の本当の話を、なぜ書かないのか？　なぜ書けないのか？　これが著者（王友琴）の問題提起である。以上は、王友琴女史の『文革受難者』「孫歴生」の項目による。

『文革受難者』が発刊されてから数年の後、著者（王友琴）は、北京第三女子中学の教師であり、校長の沙坪や孫歴生と共に女子紅衛兵に猛烈な虐待、殴打を受けた一人の教師を知った。彼女の名は陳寿仁といい歴史の教師であった。彼女は、詳細に当時を語った。それによると、彼女の夫は、一九五七年の「右派分子」であり、文革時には、「牛鬼蛇神」とされ、「労改隊」に入れられ「隔離審査」にされた。連日、猛烈な「闘争」を受けた。彼女によれば、校長の沙坪は打ち殺され、数学の教師の張梅岩と体育の教師の何瑾は、家を襲撃されて侮辱を受けた後に自殺した。校内に住む昔地主だったという男は殺された。また学校の向い側の家の馬宝山の妻は殴打され、紅衛兵の目の前で首吊りをさせられた。この女性には七人の子供があった。殺す理由は、彼女が「ふしだらな女だ」というものであった。一九六八年に死んだ化学の方婷芝先生も、決してみずからの意思で自殺したのではない。方婷芝の死後、三日目の六月一五日に、その夫であった鋼鉄学院の教授も妻の後を追って自殺した。当時は、夫と妻が共に殺されたり、自殺に追い込まれたりする事例がいっぱいあった。この女子中学の教職員では、七組の夫婦が文革の中で死んだという。

・于光遠（一九一五〜二〇一三）　中共の古参・幹部。文革後に鄧小平に徴用され、対外開放政策のかじ取りをし、経済政策、科学技術振興に辣腕を振るった。

（五）　右派分子とされた北京大学の学生・周鐸（男）の悲劇

一九四九年に清華大学外文系に入学。在学中に公安警察の通訳の仕事をする。「大学改革」で北京大学に移籍させられた。一九五七年、公安警察に対する批判を口にし、その「言動」によって「右派分子」とされた。四年間の「労働改造」処分を経て、一九六一年「学籍」を回復した。六二年、大学を卒業するも「仕事先を配属されず」大学関係の出先機関で不安定な労働を続けた。六六年、文革が始まると「牛鬼蛇神」にされ「労働改造」の処分を受けた。一九七〇年代に解放されてほどなく死んだそうだが、行方不明となった。

周鐸は、一九五七年の「百家争鳴・百花斉放」運動の時、その五月二五日、北京大学における「控訴会」で、顧文選と一緒に「発言」した人である。著者（王友琴）は、周を知る人を探すことはできなかったが、彼について多くの事情を知る人を訪ねることができた。それによると、彼の運命もきわめて悲惨だった。周は南方郷村の出身で、一九四九年清華大学外文系に合格して英語を勉強した。

一九五一年、周はまだ卒業しないうちに公安部門の通訳の仕事をやらされた。当時、公安機関は海外から来た華僑を逮捕して、彼らを「外国の特務」として告発していたので、彼らを尋問するのに英語の通訳が必要だった。清華大学の外文系からは二人の学生が通訳に派遣された。周はその中の一人だった。周は、公安部門から離れて大学に返って学業を完成したいと要求した。しかし、清華大学の文・理・法の専門学部は、一九五二年の「学制改革」の時、すでに無くなっていた。それで彼は一九五四年に北京大学西語系で引き続いて勉強することになった。

周は学校の友人や先生方に、公安部で仕事をしていた時に見た、訊問中に殴ったり罵ったり、あるいは拷問を加えたりする暗黒の実態を話した。先に言及したヨーロッパ言語学部の黄継忠先生は、それを聞いた後、国家機関がこのような「無法無天」をやっていることは重大な問題だと考え、当時の北大のヨーロッパ言語学科の主任であった馮至先生に上部に訴えてもらった。馮至先生は著名な詩人で且つ翻訳家であり、当時全国人民代表大会の代表だった。聞くところによると、馮至先生は周に文書による証言を書かせたという。周は書き終わった後、また会議で書いた内容を話した。五月二五日の全学集会は、北京大学本部棟の講堂で開かれた。聴衆は大変多かった。同じ北京大学の学生だった顧文選と周鐸の発言は聴衆に大きな波紋を呼び起こした。

この発言によって、後に毛沢東が弾圧政策に変わると、周は「右派分子」中の「極右派分子」にされた。彼に対する処罰は、「監督労働」であった。周鐸は「監督労働」を四年間した後、一九六一年に学籍を回復され、一九五七年に大学に入学した学生たちと一緒に学部を修了した。一九六二年に卒業したが、仕事の配分がなく、北京大学附属の工場で働いた。

文革が始まると、彼はずっと大学内の「牛鬼蛇神労働隊」に入れられた。彼は脅されて黒い袖カバーを縫わされ、上に白く「右派の周鐸」と書かされて、日がな一日中服の袖に付けさせられた。一九六八年、周は北京大学の「監改大院」(右派を監督し改造する大きな拘禁所)に閉じ込められたが、ここはまた「黒帮大院」(悪人大部屋)とも呼ばれた。「黒帮大院」は、北京大学文革機関が作った学内監獄である。以前は、現在の「塞克勒(ツェコロ。ルーマニアに住むハンガリー語を話す少数民族）考古博物館」のある場所にあった。この監獄には二〇〇余人が監禁されており、典型的な「牛棚」であった。

昔ここに閉じ込められていた一教授は著者（王友琴）に語った。「監改大院」では周鐸が最も殴打されることが多かった。彼のズボンにはいつも鮮血が飛び散っており、本当に可哀想だった。看守をしている紅衛兵の学生は、いつも竹片で周を叩いていた。竹片で叩くのが最も痛い。看守の紅衛兵はいつも周を憂さ晴らしの対象にしていた。暇な時には、「周、ここに来い」と呼んだ。周が走ってきて立つ。すると彼らは棍棒で彼の両足を叩く、周が足を縮めるとまた叩き、周は更に足を縮める。こうして彼らは楽しんだ。ある時は、ラバ（騾馬）が荷を運ぶという遊びをやった。ラバに水を飲ます時、看守役の紅衛兵は、周と法律学部の教授を呼び、ラバのように車を着け、それに乗って学内を走り回らせ、それを面白がった。

彼と一緒に閉じ込められていた別の教授は、周鐸はとぼけたり、また馬鹿を装ったりしてしたが、本当に何も分からなくなっていたのかもしれない、と言った。あの時「牛鬼蛇神」には、普通はただトウモロコシで作ったパンを食べさすだけであって、麦粉で作った蒸しパンは食べさせなかった。ある時小麦粉のパンが支給された。ある人が周にどうするかと訊いた。すると彼は私には罪がある、ただトウモロコシのパンでよい、と言った。まだある時、まだ寒い早朝に彼はベッドから起きると毛沢東語録を一冊持って門外に一時間も立っていたが、一頁もめくらずにポカンとしていた。彼は地面から柿の皮を拾って食べたり、土を選んで食べたりした。この人については、一本の『狂人』という名の本を書くこともできる。もしかすると、彼はこのように装っていたのかもしれない。迫害されてどうすることもできず、反抗はできず、やむなくただこのようにしていたのかもしれない。

「監改大院」には「規則」があった。例えば、互いに話をしてはならない、道を歩く時頭をあげてはならない、それで上記の二人の教授は周鐸が馬鹿を装っていたのか、それとも長期の迫害によって精神に異常をきたしていたのかどうか、確かめることができなかった。しかし、周の健康状態は明らかだった。彼はすべての歯と頭髪を失い、痩せ衰えて血の気がなかった。

全校を対象とする「監改大院」が一一月に閉じられてから、周とヨーロッパ言語学部のその他の「牛鬼蛇神」は、ヨーロッパ言語学部専用の「牛棚」に移された。当時、かなりのヨーロッパ言語学部の人々が四一号棟に監禁されていた。その中の大多数は年齢が比較的高い教授、つまり「反動学術権威」であったが、その他にかなり若い二人の「右派分子」がいた。彼らは上下の二段式ベッドに寝た。周鐸は入口の扉の後ろにある右手のベッドの上段に寝て、彼の下に寝るのは老教授の朱光潜であった。

当時、これらの「牛鬼蛇神」を監督するヨーロッパ言語学部の一人の紅衛兵学生がいたが、彼は極めて凶暴だった。この人物は部屋に入る時、手で扉を開けず足で蹴って開けた。彼が部屋に入る時には全員が起立しなければならなかった。彼は扉を開けるたびに、扉の右側に向かい、腕を振って周に激しくビンタをくれた。

「牛棚」の人々は、周が毎日殴られるのを見てもどうすることもできなかった。ただ後に、この学生の姓名の同音に照らして、「暴徒」と綽名をつけた。長い年月が経ってから、このヨーロッパ言語学部の二人の教授は、当時の情況を言う度に憤慨が収まらず、「周鐸は、あの〝暴徒〟に迫害されて死んだ」と言い、あの「暴徒」は、今も元気に生きているが、夜間に思わず自分を恥じることはないのであろうか、と言った。

文革中に「闘争」にあった人の、過失や誤りの性質を決める「定性処理」の時、周鐸は監禁から解放されたが、こともあろうにそれは「寛大な処置」の対象だとされた。北京大学を掌握、管理していた「労働者解放軍毛沢東思想宣伝隊」は、全校をあげて「寛大且つ厳格なる大会」を開催し、彼らが言う「党が出路を与える」、「自白するものは寛大に、拒むものは厳罰に」処理する政策なるものを行った。逮捕されるときに手錠をかけられなかった人は、様々な罪名を付けられて家に帰され、「これは寛大な処置だ」と言われた。周鐸はその中に入れられたが、彼は「右派分子」とされてから、ありとあらゆる迫害を受けつくした。彼の人生は、「革命」に搾り取られたのであったが、最後には罪に甘んじ、この「寛大な処置」に感謝する役割を演じなければならなかったのである。これはブラック・ユーモアではない、徹底的な残忍さと言うものである。

周鐸は当時身体が極めて悪く、「寛大な処置」を受けた後、北京大学を離れほどなくして死んだという。彼は結婚しておらず、家庭がなかった。現在、彼がどこでいつ死んだのか知る人は誰もいない。

(六)　北京大学の老学長馬寅初（一八八二〜一九八二）への攻撃

(銭理群『毛沢東と中国』青土社、北海閑人『毛沢東の真実』草思社の両書による)

一九五八年、毛沢東は「知識人への軽視、蔑視、敵視」から階級闘争なるものを作り出した。いわゆる「白旗抜き」運動である。高い地位にいた老知識人、老教授、文化と学問をもつ権威、大人物を「ブルジョア階級の白旗」と呼び、文化的素養のない学生、小人物、青年達に彼等に対する闘争を呼び掛けた。まさに文革のリハーサルのようであった。もちろん、北京大学の教授には、権威主義的な人、才能がないのに威張る人、学術ボスが沢山いた。当時、北大の学生だった銭理群は、次のように記している。北京大学では、批判を受け、白旗とされた教員は六〇名以上になり、中文・歴史・経済・法律・数学・物理などの学科では、四〇パーセント以上の教授・准教授が批判された。その中には、のちに銭理群の指導教官になった王瑤教授も入っていた。銭は、当時の学長馬寅初への攻撃を次のように書いている。

最初に批判を受けたのは、老学長の馬寅初であった。彼の「新人口論」が批判された。馬寅初は当時七〇歳を越えていた。しかし頑強で、批判大会への出席を拒否した。すると彼らは高音の拡声器で彼の寝室に向けて日夜叫び続け、老人を苦しめた。しかし、彼は屈せず、声明を出した。「我、齢八〇に近く、〝衆寡敵せず〟を知っているが、単騎陣を出でて応戦し、死すまで闘う。力で屈服を迫り、理で説得しない彼ら批判者には決して投降しない」と（銭理群前掲書、上）。

一九五八年、北京大学内で馬寅初を批判するのに、学生達が「寝室に拡声器を向けて、日夜がなり立てる」という、実に野蛮きわまる迫害行為が始まっていたことに驚かざるを得ない。しかし、彼は一九五一年に北京大学の学長に任命されて、中共の大学・学部改変や教師の思想検査の政策に協力していた。しかし、「人口増加率の抑制、計画出産」を主張していたので、「反右派運動」でついに自分が批判される順番が回ってきたのである。

彼は一九一〇年代にイエール大学、コロンビア大学で学び、経済学と哲学の博士号を取得した、中国では最も早く欧米で学んだ大学者の一人であった。一九五五年、彼は論文『人口抑制と科学研究』を書いて、人民代表大会に提出したが、そこで幹部高官から徹底的な批判、いや罵詈雑言《ばりぞうごん》を浴びせかけられた。しかし、馬寅初は一九五七年春、毛沢東や劉少奇などが並ぶ中南海での会議で「新人口論」を持ち出し開陳した。翌年、陳伯達は北京大学で講演した時、突然、壇上に並ぶ七六歳の老学長を指差して叫んだ。〝「新人口論」について自己批判せよ。あれは一種の大毒草だ〟と。以後、劉少奇はじめ党の御歴々が、連日のように馬教授を攻撃し、馬寅初はついに六〇年に辞任に追い込まれた。一九七九年夏、馬寅初はまるまる二〇年間も監禁、迫害されたあと、党は彼を解放し、名誉回復した。周恩来がなんとかかばって、紅衛兵の暴力の進行を防ぎ生き延びたのだという。しかし、馬寅初は九七歳になっており、病で半身不随になり車椅子の姿で外に出て来た（北海閑人前掲書）。

第二章　反右派・大躍進運動期の『毛沢東の秘められた講話』を読む
――「百花斉放・百家争鳴」から「大躍進・人民公社」への道は、いかにして敷かれたか――

小林一美

(一) 毛沢東の「共産主義理論、階級闘争理論」の驚くべき内容・水準

ここにロデリック・マックファーカー、ティモシー・チーク、ユージン・ウー共編の『毛沢東の秘められた講話』(邦訳、岩波書店、一九九三年)という上下二冊の本がある。訳者は徳田教之、小山三郎、鐙屋一である。これは、「百花斉放、百家争鳴」から「大躍進運動」までの間(一九五七年初～一九五八年一一月)に、毛沢東が各種の中央・地方の高官達に、直接話した講話記録である。まだ、秘書や学者が手を入れない彼の生の声を直接記録したものであるから、毛が何を考え、何に挑戦したのか、又、何を想定していたかが、彼の生の声によって直接分かるきわめて重要な記録である。この筆記記録は、編者の考証によると正確な記録と思われる。その一端を以下に紹介、論評してみたい。

第一段階【批判を大歓迎】

毛は、「俺はスターリンとは違う、もっと度量が広い、自由闊達な指導者だ」と振舞った。ところが、「百花斉放・百家争鳴」運動の最中、多くの知識人、学生、民主党派の指導者たちから、予想外の共産党に対する否定、批判、意見が殺到した。この中には、毛沢東が、当初想定していた以上の激しい攻撃、批判が多くふくまれていた。毛は、思いがけない攻撃と批判にさらされ、また一九五六年にはハンガリー事件やポーランド事件が起こり、国際情勢も緊迫してきたため、当初は何とか我慢していたが、急速に激しい不安と怒りが込み上げてきたようである。一九五七年の春前から、話の内容が極端且つ乱暴になった。まさに「反右派闘争」の前兆が現れてきたのである。以下に摘録するのは、講話全文のごく一部である。カッコ内は、引用者小林が付したものである。

・一九五〇年・五一年・五三年の、この三年の反革命大粛清の時、……五類（地主、富農、資本家、反革命、悪質者を指す）の反革命分子の中の土豪劣紳を殺した時、……七〇万人を殺した。そしてその後、およそ七万人以上を殺した。……七〇万人というのは真実である。あの連中を殺さなかったなら、人民は頭を上げることはできなかった。人民が彼らを殺すことを要求し、生産力を解放することを求めたのだ。（「人民内部の矛盾を正しく処理する問題について」一九五七年二月二七日。上巻・頁六八）

・スターリンはかつて百パーセント香り高い花だった。フルシチョフが一撃で毒草にしてしまった。今また（スターリンが）香り高くなってきた。（一九五七年二月二七日。上巻・頁九二）

・農村政策（富農撲滅運動）では、彼ら（スターリンたち）は誤りを犯した。命令主義は極めて深刻で、集団化した後に生産が何年間も減少してしまった。反革命の粛清は、後になって非常に「左」寄りになった。キーロフが暗殺（一九三四年）されてからは、誰でも疑われるようになった。最初の数年はまだ反対を唱えることができたし、言論の自由もいくらかあった。後には党と政府について良いことだけしか言えなくなり、悪いことを言うことは許されず、批判することはできなくなり、個人崇拝をやった。……われわれの指導のもとでの「百花斉放・百家争鳴」を採用した。（「文芸界との談話」一九五七年三月八日。上巻・頁一五二～一五三）

・知識分子・真のマルクス主義者とは、何事も恐れず、またいかなる人も恐れないものだ。……もし革命をやろうというなら、打ち首にされる覚悟がないというのであれば、やはりだめだ。敵に殺されるのは無念ではない。ソ連でのように、仲間に殺されるのは〝無念なことだ〟。だからわれわれには一つの原則がある。一人も殺さないということだ。だが、投獄されるかどうかは何とも言えない。一人の人間が生涯ですこしばかり罰を受けることは、やはり必要なことだ。（「文芸界との談話」一九五七年三月八日。同上ページ）。

・（中国各階級の分析についての発言）帝国主義、官僚資本主義、封建主義を打倒した後でも、民族ブルジョア階級と数億の小ブルジョア階級が残っていたので、やはり所有制を変えなければならなかった。出身から言えば、知識分子の八〇パーセントは地主、富農、資本家の子弟である。もちろんこれには大中小の区別はある。大学生は知識分子と考えられる。全国の六億人の一パーセントが知識分子だとすれば、六〇〇万人の知識分子がいることになる。……昨年高級知識分子とされた人は一〇万人だった。たぶん社会では一パーセントが知識分子だとして、五百万人だとされている。その中には、小学校教員、教職員、（政府機関の）行政職員や解放軍の中の一部、商業従事者や銀行員、工学技術者、設計師、そして新聞（記者）、医者など……五百万人だろう。五百万人のうち結局のところ何人が、マルクス主義の世界観を信じているのだろうか。一〇分の一として五〇万人がマルクス主義を信じ、かなり良く理解していて、それを信じて行動指針としている。主観主義と教条主義は、マルクス主義を理解したことにならない。（「同上講話」一九五七年三月八日。上巻・頁一四七）

・中国の産業労働者は千二百万人である。知識分子の内、約五〇万人がマルクス主義を信奉している。しかし、知識人はみな小ブルジョア階級である。労働者階級は革命を指導する過程において、すでに一群の知識分子を手始めに獲得して、自分に奉仕させている。知識分子の八〇パーセントはみなまだマルクス主義を会得していないし、まだブルジョア階級の世界観だから……多少の混乱はあるだろうが、「百花斉放」政策をすぐ引き締めない方がいい。（「山東省機関党員幹部会での講話」一九五七年三月一八日、頁二三五）

・今の大学は、ほぼ八〇パーセントは地主、富農、資本家の子女だ。中学は江蘇省の統計によれば、高級中学（日本の高等学校）では、六〇パーセントが地主、富農、資本家の子女で、初級中学（日本の中学生）でも、四〇パーセントが地主、富農、資本家の子女だ。小学校では逆で、大体のところでは地主、富農、資本家の子女が二〇～三〇パーセントで、労働者、農民の子女がたぶん七〇～八〇パーセントだろう。（一九五七年三月一九日。上巻・頁二七一）

この一九五七年三月段階には、かなり共産党に対する批判的言論が大学を中心にして激しくなり、多くの現場党員から、そろそろ「引き締めろ」とか「反撃しろ」といった意見が出つつあったようである。それに対して、毛沢東は「ぶった切る」ことは簡単だ。だが、まだブルジョア反動階級の子弟が圧倒的に多い学生・知識人たちにあれこれ言わせておけ、といった鷹揚な態度を続けた。

しかし、内心では、批判者たちを近い内に徹底的に弾圧することを、この三月には決めていたとも言われている。まだ、表面的には、毛は大いに「百花斉放・百家争鳴」を奨励した。すると、大学における党への「批判、忠告、疑問」が大学のキャンパスに「大字報」となって氾濫した。そして、五月末、毛は一気に「反右派運動」を発動して、数か月で「右派＝反動派五〇万人」を摘発した。以後彼らは、「漏網右派」「言論右派」も含めると百万人以上の人々が、それから文革の終わりまでの二〇年間、塗炭の苦しみを受けることになる。大学の学者・知識人に対する弾圧は、すでに建国初期から始まっているが、全面化、全国化したのは、この「反右派闘争」からである。

毛沢東が、最初に「百花斉放・百家争鳴」をやめて最終的に反撃を決意したのは、一九五七年五月の中旬であった。まず、「反右派闘争」を宣言した中共中央の論文「これは何故か？」（這是為什麼）が「人民日報」に掲載されたのは、一九五七年六月八日であった。

「反右派闘争」の内容と過程を詳しく研究した丸山昇氏（『文化大革命に到る道』岩波書店、二〇〇一年）は、「百花斉放・百家争鳴」は、初めから毛沢東が意図的に「蛇を穴から誘きだす」ために仕掛けたことではなく、二月から五月初めにかけての学生知識人の「党批判、党員批判」に毛沢東以下、驚き警戒し、ついには我慢しきれなくなって、五月中旬から弾圧の手はずを整えて六月初めに、公然たる居直りと共に反撃に打って出たもの、という解釈をしている。今、「手はずを整えて」と言ったが、これは丸山氏が書いているように、当時全国的に有名だった非党員の章伯鈞・羅隆基（建国初期の民主党派の中心人物）を、意図的に五月中旬以降の座談会に呼び出して無理遣り「発言」させ、その発言の内容を大げさに誇張拡大して批判し、「章羅同盟」なる反党の大陰謀計画が実際にあったかの如くに装ったことを指して言うのである。私も、共に紹介した毛の講話からみて、丸山氏の「毛は、初めから知識人弾圧を計画して、大規模な陰謀をたくらんだのではない」という説に賛成である。

第二段階【反撃と徹底的な弾圧】
——自由発言を大いに奨励していたのに、人々が発言するや、それを証拠として弾圧政策に転換し、五〇万人以上を「右派＝反動派」として粛清——

毛沢東は、一九五七年の六月、知識人・学生・民主党派に対して公然たる弾圧に転じた。彼は次のように宣言した。「反動分子が猛り狂った攻撃を加えている。党と団（共産主義青年団）の動揺分子は、裏切って出て行ったり、動揺して裏切りを考えたりしている。……反動分子の人数は数パーセントに過ぎず、最も積極的な狂信分子は一パーセントに過ぎない。故に恐れるに足りない。一時天地が真っ暗に見えても肝をつぶしてはならない」。これが、反右派運動の開始の狼煙であった。

一九五七年夏以降に右派にされ、弾圧された人数は幾らであったか。当時、党の統一戦線部部長で、「百花斉放・百家争鳴」政策をやらされていた李維漢は、次のように言っている。「統計によれば全国で五五万人を右派とした」と。しかし、ある人は次のように言う。これは官側が発表した数字であり、内部文書を知っている人が言うには、一〇二万人ということだった。党関係者が発表した公式数字五五万余以外に、その他「周辺右派・言論右派・漏網右派」などと呼ばれる一群の人々がおり、彼ら彼女らも皆党の「ブラックリスト」に入れられた、と。彼らも含めると、一〇〇万人を遥かに越えた人数になったのではないだろうか。彼らの悲惨な運命は、本書掲載の【受難者八五〇人略伝】を見れば明らかであろう。この時、「右派・準右派」にされなかった学生・知識人・学者も、皆一様に「言論・思想」の検問にかかったのであり、誰一人高みの見物ができる人はいなかった。皆一様に恐怖におののく体験をしたのである。

毛沢東は、こうして共産党に種々の批判を浴びせた民主諸党派の人々や知識人学生を「右派分子＝反動分子」にして懲罰を加え、大いに仕返しをしたが、後味は極めて悪かったに違いない。「陰謀」ではない「陽謀」である、と居直っても、明らかに毛にとって「自慢」できる所業ではなかった。

この時、彼はスターリンの歴史を思い出したであろう。スターリンは、社会主義建設に失敗して人気を落とし、レニングラードの書記キーロフよりも人気がなくなった。そこで「大粛清」に打って出るのであるが、毛はスターリンに出来なかった「重工業化、農業の社会主義化」を同時にやろうとした。スターリンを遥かに越えた「大手柄」を以て、内外を驚倒させようとした。つまり、史上最初の「社会主義建設」の「英雄」、あわよくば世界で一番早く「共産主義社会」を作った大英雄に成ろうと考えた。独裁者というものは皆「大英雄」になろうとする誘惑に勝てないものだ。

補論

銭理群（北京大学教授、良心派の学者）は、著書『毛沢東と中国――ある知識人による中華人民共和国史』（上、一九七、青土社、二〇一二年）において、次のように言う。

「右派分子」にされた人数は「公式発表五五万人」。民間のある研究所では、「三一七万人、中間右派約一四三万人、合計四六〇万人。ある学者は「右派一八〇万人」とした。しかし、この数字の影にもっと広大な弾圧のすそ野が広がっていたのである。四川省の第一書記の「李井泉」は、一九五八年、「この年の四川省の高校卒業生全部を集め、〝社会主義教育運動〟を行った。彼等に、何でも不満を言ってくれ、本当に自由にものを言ってくれ」といった。すでに「反右派闘争」のニュースを知っていたので、誰も発言する生徒はいなかった。「彼は手練手管の限りを尽くして誘導した。結局純真な高校生たちは、最終的には何から何でも発言した」。すると李は、その中から三二〇〇人を「反社会主義分子」とし、大学進学の許可を与えなかった。この数字は、この年の同省高校卒業生の三分の一である。こうして弾圧はさらに広がり、「底辺の反社会主義分子」は、同省だけでも三〇万人に達したという。この比率を全土に拡大すれば、全国の青少年二〇〇万から三〇〇万人が「反社会主義分子」にされたということになる。（銭理群、上、頁一九六）

実はこの数字に入らない人々が、他にもたくさんいたのである。誰かというと、中国全国の学校教師（小学校教師から大学教師迄）、過去に高等教育を受けたすべての人、学者知識人と名の付く人は、雲南省から甘粛省、さらには内モンゴル、新疆まで、全員「自己反省、自己告発・他人からの批判告発、相互批判」をやらされ、ところによっては集団で寝泊まりさせられながら苛《いじ》めさいなまれたのである。幸運にも「右派」とされなかった者、「反社会主義分子」とされなかった人々も、全員の各発言、反省文、履歴書、態度等々が個人ごとに記録され、個人別の袋に入れられ、後の政治運動の度に、この時の個人情報が「档案」（個人情報が入っている袋にある資料）の中から持ち出されたのである。

以後、小中高大のすべての教師、知識人、学者、それに海外留学組、国民政府の役人・兵士・関係者、各個人は「自己の属する単位」に統制管理支配を受けることになった。人民は、全員が、共産党にすべての経歴、思想傾向、発言内容を完全に把握され、管理されることになった。運よく「右派」にならなくても、すべての人が戦々恐々、日常的な恐怖感にさいなまれることになった。（以上、銭氏の記述の要約である。氏は「一九五七年に毛の専制体制が完成した」と言っている）。

第三段階【無謀な大躍進に突撃】
——一九五八年〜一九六一年の「無謀な大冒険」と「史上最大の無惨な大失敗」まで——

毛沢東は、一九五八年の夏、農業と工業の一大冒険に挑戦した。この前人未踏の「快挙」＝「奇跡」によって、全世界を驚倒させるのだと決意した。しかし、これは、マルクスの言う「粗野な共産主義」への道となる「大躍進・人民公社」、そして「餓死者数千万人」という一大悲劇への突撃命令となった。

・一五年で、人口一人当たりの生産高でイギリスに追いつけるか。三年間の奮闘ということは公表しない。そうすれば人をビックリさせないですむ。その時になって、帝国主義をちょっと仰天させ、また友達（ロシアの共産党員）をもびっくりさせるのだ。（今年は）一千万、（来年は）三千万（トンの鋼鉄）と言っても、数年もたてば、われわれは人を驚かせるのに慣れてしまい、人も驚かなくなる。（一九五八年一一月六〜一〇日。「鄭州会議での講話」下巻・頁一六四〜一六五）。

・今年二ヵ月やっただけで、もう成果が上がった。来年もう一年やれば、何とかなるだろう。来年一年で、きわめて重要なことは、鋼鉄を要とすること、三大元帥（穀物、鋼鉄、機械）、それに二つの先鋒（鉄道、電力）である。（同上。頁一四一）

・社会主義を確立するとは何か。共産主義への移行とは何か。定義しなければならない。三年間奮闘して、さらに一二年、一五年やって共産主義へ移行する。これを発表することはないが、やらないわけにはいかない。河南省では（共産主義への移行は）四年だというが、時間が少し短いようだ。二倍にして八年だ。（同上、同ページ）。

・（人民公社での公共食堂について）われわれが唱えた、飯を食うにも銭が要らないということは、必要に応じて消費することの萌芽である。飯がタダで食えるのは、共産主義の萌芽である。（同上、頁一四三）

・一九五六年以後、「章・羅同盟」が姿を現してきた。農村の地主がデマを飛ばし、「四類分子」が機会に乗じて立ち上がった。だから……逮捕処刑の禁が解かれ、湖南省では十万人を闘争にかけ、一万人を逮捕し、一〇〇〇人を処刑した。他の省でも同様で、問題は解決された。……章伯釣と共に歩む地主、ブルジョア階級はまだ存在する。人民公社をやった時、知識分子、教授が真っ先にそれに最も関心をもち、一日として心落ちつかなかった。北京のある女性は寝込んでから夜中に夢を見た。人民公社が成立し、子どもは託児所に入ったが、大声で泣いた。目覚めてようやくそれが夢であったことがわかる。これはなんと大したものだな。スターリンは一九三六年に階級の消滅を宣言したが、なぜ一九三七年にあれほど多くの人を殺したのか。私は階級消滅という問題は、棚上げにするべきだと考える。それは急いで宣言しないほうがよい……。（一九五八年一一月二一日〜二三日。武昌会議に於いて。同上、頁一八一）

以上のように、毛沢東は工業と農業を同時に爆発的に発展させる「大躍進」「人民公社」「社会主義の総路線」への突撃を決意した。スターリンは、農業の集団化（コルフォーズとソフフォーズ）を強力に推し進めたが、工業生産ができなかった。しかし、自分は農業と工業の同時的大発展をやる、つまり「社会主義の総路線」でやると言った。大号令の下で膨大な農民が水力発電所や貯水池、水路や道路等々の大土木工事、鉱山開発、溶鉱炉・精錬所づくりに投入された。人民は、まったく寝る暇もなくなった。それで毛は、次のように講話で言った。

・「このようにやるとして、やりだせば、私のみるところではどうしても中国の人口の半分が死ななければならない。半分でなくても三分の一が、あるいは一〇分の一の、五〇〇〇万がやはり死ぬだろう。広西省で人が死んで、陳漫遠は免職にされなかったが、もし五〇〇〇万人が死んだら、君たちは免職にならないにしても、すくなくとも私は職を失うだろう。首のほうも問題になる。……君たちがどうしてもそうしたいなら、私もどうしようもない。しかし、人が死んでも、君たちは私の首を切ることはできない」。（一九五八年一一月二一日。武昌会議において。下巻、頁一八四）

しかし、このような恐るべき「大地獄」の到来が予想されるにもかかわらず、翌日の一一月二三日の会議で、次のような信じられない講話をやるのである。

・（穀物生産量は）昨年は、三七〇〇億斤だった。今年が七五〇〇億斤なら、その二倍だ。それなら大したものだ。食料の一部を収穫できなくてもかまわない。物質は消滅することはない。それは肥料に変わる。農民は、物を大切にする。彼らはさらに二回目の収穫をしたそうだ。（同上会議、下巻頁一九八）

・六千万人に鋼鉄の生産をせよという命令は、強制的なものであり、北戴河会議と四回の電話会議で追い詰められてやむなくしたことである。この種の強制力、強制的な労働配分は、現在はまだなくてはならない。（同上会議、下巻頁二〇四）

・どのくらいの時間があれば、中国全体が共産主義に入れるのか。今は、誰もわからない。想像するのは難しい。一〇年か、一五年か、二〇年か、……中国は、とてもすごい連中だ。われわれはまだたったの数年だが、もうすでに野心を起こしている。こんなことが可能なのか。全世界のプロレタリア階級の利益から考えれば、ソ連が先に共産主義に入るのがいい。パリ・コンミューンの百周年記念のとき（一九七一年）、ソ連は共産主義に入るかもしれない。われわれの一二年はどうだろう。可能かもしれない。しかし、私は不可能だと思う。……少なくともソ連が入ってから二、三年間待って、そして入ることになろう。そうすればレーニンの党、一〇月革命の国家の面目を失わせないですませる。……こんな立派な手腕があっても、公表せず、また、新聞紙上でも共産主義に入ったとは言わない。それは故意の虚偽ではないのか。これは構わない。多くの人々がたぶん中国が先に入るだろうと考えている。なぜなら、われわれは人民公社という道を捜し当てたからである。……（同会議、下巻頁二〇五～二〇六）

毛沢東は、「我々は人民公社という道を発見したから、ソ連よりも早く「共産主義社会」に入れるかもしれない。しかし、レーニンの党のメンツをつぶさないために、先には入らない。三年待機してから入ることになろう」と言った。毛がこのような自己陶酔の夢物語を語っている真最中、だれかが「サツマイモを食べて、どうやって共産主義にはいるのだろう？」とヤジを飛ばした。すると毛は、「一元の賃金で、どうやって共産主義に入るのか、これらの問題を公然と議論しないほうがよい。しかし、いくつかの思想的問題は、党内ではっきりと語らなければならない」と言って逃げた。（『毛沢東の秘められた講話』下巻、頁二〇六）

大躍進・人民公社運動は、その初めから大きな賭けだった。毛は、もしかすると人口の半分、あるいは五〇〇〇万人が死ぬかもしれないと、自分でも危惧していた。にもかかわらず、多くの党官僚たちの熱心さ、壮大な気勢に押されてやむなく許可せざるを得ない、という受け身のポーズをとった。もし、大失敗、大損害が起こっても、自分の責任ではないと、初めに責任回避の予防線を張る。そして共産主義社会への突入の話にもって行く。最後は、「みんなやろうではないか！」ソ連より早く共産主義社会を実現できるかもしれないのだ、と焚きつけた。

おそらく毛沢東は、五〇〇〇万人が死ぬとは思っていなかったであろう。だが、もしかするとスターリンの「富農撲滅運動」の後の「大飢餓」のように数百万人程度は死ぬかもしれない、しかしその程度の犠牲を支払っても、最終的到達地点であり、歴史の必然である理想の「共産主義社会」に早く入れるなら、むしろそのほうがよい、と考えていたのであろう。彼は「小仁をなすよりも、むしろ大仁をなす」ことが正しいと主張した。つまり、農家は個人経営でこそ働く意欲を持つものだということを前提にして、この個人的な農民の私欲を利用する増産運動は、社会主義者の法則にも精神にも悖《もと》るものである。目の前の「小仁」ではなく、歴史法則によって決定されている未来の「共産主義の楽園」を目指して直進することこそ「大仁」である。「大仁」は、結局最後には勝利し、人民も喜ぶのだ。これが「大躍進・人民公社」を命令した、毛の共産教であり、またその御宣託であった。

レーニンも又、ロシアの大衆や農民たちは目先の利益しか見えない、未来を見透す力は共産主義者だけだと考えていた。かかる意味において、レーニン・スターリン・毛沢東、さらにポルポト、皆同じ「空想的共産教」であったといえよう。彼らが未来に想定し、目標とする「完璧な理想社会＝共産主義社会」が人類史の目的であり、必然的な科学法則であるならば、人類の現時点は、常に最終目標に向かうための不完全で野蛮な階級闘争が続く一過程に過ぎなくなる。未完成、野蛮、未熟な人間は、「自由と民主」を実現するために、ひたすら「敵」と闘争せよ、ということになる。

毛沢東は、かかる理屈を振り回して、先に詳しく見たように、前年（一九五七年）、党に批判的なインテリ階級五〇万人以上を、「右派反動派分子」として弾圧し処分した。大学教授や大学生、マスコミ関係者、各種教育機関から全国津々浦々の小中学校迄、徹底的な思想・言論弾圧をやって清掃した。

今度は前人未到の大実験に挑戦して、わが偉大さを内外に示してやろう、自分ならできる。これが、毛沢東が「大衛星」を打ち上げた本当の心であろう。だから、以後、誰も公然とは重要会議で毛に対して「質問、疑問、異論、反論」を言えなくなった、いや、ただ一人が勇敢にも、サツマイモしか食べられない貧しく且つ無学な中国農民が、どうして欧米のような資本主義国、豊かな国々を遥かに越えて「能力に応じて働き、必要に応じて消費する自由な社会」、「国家も支配者もない共産主義社会」を実現できるのか？　と、ヤジを飛ばしたのだった。

普通の人なら誰でもそう思ったに相違ない。この人は、昔、レーニンが「ロシアのような貧しい国では、一国だけで社会主義を成功させることはできない」、「資本主義が実現した豊かな生産力と富と高度な学問・文化を身につけた人材によってはじめて社会主義が実現する」と言ったことを思い出したであろう。いや、マルクスが、「共産主義へは、先進諸国全体が一挙にやらなければできない」と言っていたことを思い出したのだろう。しかし、一九五八年段階、誰もこの席上で毛沢東に意見異論を言うことができなかった。いや、誰もそれを言う勇気を失っていたのである。一九五九年に我慢できなくなった彭徳懐だけが、廬山会議で勇敢に飛び出して、いや、実はおずおずと大人しく「大躍進・人民公社」運動に異論を述べただけだった。彼はたちまち毛はもちろん錚々《そうそう》たる最高幹部たちによって袋叩きにされた。彭徳懐は「トロツキー」と同じ位置に立たされた。

スターリンは、一九二七年、「合同反対派」を打ち破ってジノヴィエフ、カーメネフ等数十人を党から除名した。トロツキーは、二九年に国外に追放された。ジノヴィエフ、カーメネフは一時復党を許されたが、一九三二年、再び追放された。この過程で党内闘争にほぼ全面勝利したスターリンは、社会主義建設で英雄的記念碑を打ち建てる、大冒険に打って出た。それは五ヵ年計画による農業集団化と工業化を同時に達成して、ソヴィエトにおける偉大にして唯一の「指導者」たることを内外に顕示、誇示するためであった。ところが、農業集団化は恐るべき農業と農村社会の破壊をもたらした。

スターリンも毛沢東も、同じ農業の集団化、社会主義化で失敗した。スターリンは、六〇〇万人以上の農民を餓死させ、生き残った農民を「富農分子」として辺境地帯に着の身着のままで強制移住させた。このスターリンを半分あざ笑っていた毛も、スターリンを遙かに越える三〇〇〇万とも四〇〇〇万ともいわれる人民大衆を餓死させる結果となった。

毛は党内で威信を失って、彭徳懐や党官僚たちの挑戦を受ける身となった。スターリンも党内で信用を失い、レニングラードの知識人や党員に人気があるキーロフが登場した。ある重要会議での投票で、キーロフはスターリンより多くの得票を得た。スターリンは彼が許せなかった。毛沢東は「大躍進、人民公社」運動で失敗し、第二線に追われた。追い込まれた毛は、それまでの「共産主義社会の早期実現論者」から、「永久に階級闘争を忘れるな」と逆転して、「永久革命論者風」を装うことにした。こうして両者は、全く同じ道を行くことになった。つまり個人崇拝と党内粛清だけが生きのこる道であり、また自己保身が可能であるということになった。かくして、スターリンは「大粛清」、毛沢東は「文化大革命」へと大博打に突入するのである。史上未曽有の餓死者三、四〇〇〇万人を出した毛沢東は、いつか自分を批判し、偉大なる功績を批判しそうな劉少奇以下すべての官僚、党員、知識人、学者学生等々を、徹底的に根絶やしにすることを決意した。かくして「文化大革命」なる「非文化大革命」の幕がきって落とされたのである。

第三章　四川省の農村で毛沢東時代の一七年間を生きた日本人の証言

――川口孝夫『流れて蜀の国へ』（私家版）を読む――

小林一美

川口孝夫（一九二二〜二〇〇四）の経歴・紹介

川口は、北海道出身、戦後、日本共産党員。「白鳥事件」の実行犯の一人とする嫌疑を受けた。白鳥事件とは、一九五二年（昭和二七年）一月二一日に北海道札幌市で発生した警察官射殺事件。日本共産党による謀殺を主張する検察に対し、冤罪を主張する同党や自由法曹団が鋭く対立した。彼は無関係を生涯主張した。川口は、一九五六年、日本共産党中央の指令によって、妻や仲間と共に共産中国に避難し、以後四川省の農村を中心に、毛沢東時代を一七年間実地体験した。最初、一九五七年、四川省の中国共産党の組織下にある、成都の中級党学校の党史教研室に配属された。以後一七年間、基本的には四川省の農村で党組織の中国人として滞在したので、赤裸々な中国を実地に体験できた。一九七四年に日本に帰国した。後、一九九八年、回想録『流れて蜀の国へ』（自費出版）を上梓。彼は、この書の中で、大躍進、四清運動、人民公社、共同食堂、文革等々の政治運動の実態をつぶさに体験し観察したことを詳しく証言している。以下に、注目すべき部分のみを紹介する。

■「人民公社は、凄い」

一九五七年の秋に大躍進が始まり、翌年の夏に毛沢東が「人民公社好！」といった。するとまたたく間に公社作りが全国一斉に始まった。川口は「その時の状況はまるで津波と台風がいっぺんに襲ってきたようなものであった」と記している。川口は、公社作りを調査する「省委員会党校工作組」の一員に強引に入れてもらい、成都市の山裾にある灌県（現在、都江堰市に属す）のある村に行った。この集落は、三〇戸ばかりで編成されている「合作社」であったが、「貧しい農村の現実には驚くばかりであった」という。この合作社には、「読み書き算盤ができる者がいないため、一人の青年が三つの村にまたがる三つの合作社の経理事務を掛け持ちしている状態だった」。ところが、この地区の五つの郷（一郷は、今の日本の町村くらいの大きさ）を一つに合併して「一つの人民公社をつくる」ことになった。組織機構が全く決まっていない、また人員配置も決まっていないのに、まず各郷から二名ずつ出てきて、人民公社の作り方、やり方を考えるということになった。

「何も分からない状況であったにもかかわらず、公社の設立大会は予定通りに区の広場で開かれた。紅白の幕に囲まれた演壇の上に〝人民公社は好い〟〝共産主義は天国だ〟〝公社は天国への架け橋だ〟というスローガンを書いた横断幕が高々と掲げられ、銅鑼や太鼓、胡弓、横笛、哨吶等の楽器の音が朝からやかましく農村の空に響いていた。大会は、一時間足らずで終了し、大会の最後に、赤い紙に包んだ五角（〇・五元）が賃金として社員の農民に与えられた。農民も、労働者の兄貴と同じに賃金がもらえるというので、皆〝やはり人民公社はすばらしい！〟といって喜んでいた」、「公社が設立されたのはいいが、どのように管理するのか、いままでの郷の人民政府や村長、それに合作社はどうなるのか、等の問題については誰一人としてわからない。それでも、明日にでも共産主義が実現するような雰囲気である。その時の〝共産主義〟のスローガンはといえば、〝楼上楼下、電灯電話、点灯不用油、抄田不用牛〟（各階に電灯と電話があり、灯りに油を使わず、耕作に牛を使わない）であった」。

そのうちに「すべて共産だ。個人の物は残せない」などの噂が広がり、また勝手に鶏や豚を殺して食べる者が出始めていた。さらに農民が畑に出て仕事をしようとしなくなり、誰が農作業の指揮をするのか、責任の所在もはっきりしなくなっていった。当時の私（川口）はこの混乱を「階級敵の攻撃だと考えていた」という。

突然のように公社ができるとすぐに、いわゆる〝共産風〟が吹いて、全ての物が全人民の所有ということになった。逆に言うと所有者がいないということである。このような雰囲気だと、各自が何をやっても咎められることがなくなった。川口たちは、次に隣県の郫県に移動し、県城の近くの公社に入った。この時、大躍進運動がピークに達していた。

■大躍進時代の「共産風――極端な集団化、民衆の軍隊化――」

その典型が無料で食べ放題の「公社食堂」である。各生産隊に一つの大食堂を作り、食事時間になると社員は老幼問わず、それぞれ勝手にお椀か丼に箸をもってこの大食堂に食べに来る。二キロ以上も離れたところから来る人もいた。わたくし達もこの食堂で毎日無料の飯を食べていた。当時、「人民日報」紙上では、この「公共食堂」を共産主義の萌芽である、と大々的に宣伝していた。理由は社員の食事の時間が一致すること、独身者にとって便利であること、女性を台所から解放出来ること、豚・鶏・あひる等の集団飼育に有利なこと、老人等の労働力を有効に活用できること、食料を計画的に消費出来ること、家庭が円満になること、衛生的であること、等の理由で革命的な処置だという。しかし、年寄り、特に纏足のおばあさんにとって、これは苦痛以外の何物でもない。

まして雨が降ったりすると畦道はつるつるになり、滑ってまともに歩けない。それでも全社員は「公共食堂」で食べることが義務づけられており、ご飯を家に持ち帰ることも、自分の家で食事を作ることも許されない。それに自宅で作ろうにも「土高炉」で鉄を作るために、鍋や釜までも供出しているので作りようがないのである。この「公共食堂」は農民には全く不評であったが、官僚主義の指導にはもってこいの制度であった。朝・昼・夜と全員が必ず食堂に集まるので、その時に仕事の割り振りや必要なことを伝えればこと足りる。つまり、この「公共食堂」は生産と生活の軍隊化に適応していたのである。

■大躍進時代——すべての生活、社会の完全な軍隊化、軍事化

「公共食堂」に象徴される生活の軍隊化は社会全体へと拡大し、その影響は深刻になっていった。青壮年の男子のほとんどは石炭と鉄鉱石を掘るために山に入り、またこの時期に成都~昆明間の鉄道工事が始まったため、農村の主な労働力はこの建設にも向けられた。従って生産隊の主要な労働力は、家に残った子供とお母さん、そして老人ばかりという有様であった。ある時、公社の指導部は畑で作業するお母さんたちに、「夜もみな一カ所に集まって泊まり込み、家には帰ってはならない」という決定を伝えた。生活の軍隊化をさらに進めようというのである。私はそんな決定がでたとも知らずにいつものように田畑を一回りして事務所兼宿舎の小屋に帰ってきた。するとその日の夕方、生産隊のお母さんたちが私の周りに集まって来て何やら真剣な顔で盛んに訴える。だが土地の方言なので、いくら聞いても全く聞き取れない。ようやくわかったことは、公社が労働できるお母さんたちに、廟に布団を持って来て泊れと命令している。お母さんたちは、そんなことはできないという。その理由は次の通りであった。

（１）父親が布団を持って山に行ったので、家には布団は一枚しか残っていない。従って、彼女が布団を持ち出すと、家に残った子供の布団がなくなる。
（２）小さい子供が家にいて、家から出て行けない。
（３）豚や鶏がいて、朝は家畜の世話で忙しい。

などで一々もっともな話である。「公社で決定したことだが、あなたは省委（四川省党委員会）の党校から来た幹部だから、私たちの願いを聞き入れて、今夜は家で寝むれるようにして欲しい」と言う。困ったことになった。……彼女たちが私に頼んできたのには理由がある。当時の公社の幹部は会議の席上で農民には説教する、脅す、罵るのが普通であったからである。（頁四六・四七）

稲刈りとサツマ芋を掘る季節になったが、頼みの男はみな山に入っているため稲は刈り遅れになり、芋は土の中で腐り始めてきた。追い打ちをかけるように、裏作の小麦の蒔き付け、なたねの移植の時期も迫ってきた。そこで公社では三日間休まずに「突撃」で稲刈りをすると決めたが、これは県、上級の専区（数個の県を統括する地方行政府）の党地方委員会で統一して決めたとのことである。食事は公共食堂ですませ、そのあと夜も寝ないで稲刈りをするという。一日目はみんな何とか頑張れたが、二日目はもう駄目である。田の中に手をついたまま眠ってしまい、管理大隊の幹部がいくら怒鳴ろうが立ち上がれない。私もお母さんたちと一緒に田に手をついて眠っていた。また、中国の稲はインド系の稲で熟してくると簡単にパラパラ落ちてしまうため、乱暴に刈ったりすると半分は落ちてしまう。その代り脱穀は大変楽である。従って農民は、いつもは慎重に刈り取るのだが、人手不足と時期が遅れたために熟し過ぎたことや、皆疲労のために集中力を欠いていたことなどが重なり、落ちこぼれが大量に出て、その量は膨大なものであった。一九五八年は豊作であったにもかかわらず、このような収穫時の膨大な無駄と公共食堂での浪費が重なり、翌年の五九年には遂に食糧不足が発生した。野菜も農家の自留地を禁止したことや、各生産隊で野菜作りにまで手が回らなくなったことによってその供給源がなくなり、農村で野菜が不足するという事態になった。五八年の暮れからは公共食堂でもまともなおかずが出なくなり、真っ赤な唐辛子だけということになった。一冬すぎると、今度は公共食堂で炊事用の燃料が欠乏してきた。農民が家庭で炊事をする分には枯草でも麦ワラでもなんでも燃料として使える。しかし、食堂では何百人分もの食事を作らねばならず、石炭や薪がなくては飯も炊けない。そこで個人の屋敷に生えている木も、山の木も、お寺の木も、誰の物であろうが関係なく辺りかまわず切って燃やしてしまった。農家の周囲に生い茂っていた森も竹林も切られ、今まで緑に包まれていた農家は寒々とした丸裸の家になってしまった。それと同時に「土高炉」の製鉄も石炭だけでは燃料が間に合わず、これまた山の木でもなんでも切って使った。「共産風」による所有権の完全な無視が招いた結果であった。

川口の証言はまだ延々と続く。「深く耕し、稲を密植する」ことが、生産力の爆発的な発展を生む、といった馬鹿げた号令によって、全国の耕地が数十センチも深く掘り起こされ、数枚の田んぼの稲を一枚の田んぼに植え替えさせたりした。地力は落ち、稲は腐り、木々は伐採され、牛豚馬鶏は食い尽くされ、穀物も野菜もなくなり、農民は疲労困憊してフラフラになった。まさに全国民が栄養失調、数千万の農民が飢え死にすることになったのである。それでもまだ、共産党はウソの大宣伝を繰り返し、大躍進政策・公共食堂をなかなか取り消さなかった。毛沢東など指導者は、政策に誤りはない、国民の中にいる「右派・悪人・地主・富農」達が、内部で反対し、妨害しているからだ、あるいは天気が悪いのだ、等々のウソの宣伝を続けた。しかし、当時川口は、そうした毛沢東たちの話を完全に信じ切っていたという。

■毛沢東の鶴の一言「（山東省での）人民公社は凄い」

一九五九年一〇末、「人民日報」は、山東省范県（現在は河南省に属している）の党委員会が宣言した「一九六〇年には共産主義に移行する」という文章を掲載した。この中で、「人々は新楽園に入る。衣食住は無料。鶏・あひる・魚は新鮮で、毎食おかずが四皿、日々果実を食べ、衣服は着て余る。天国も新楽園には及ばない」と描写していた。この時期には、すでに辺境の地では餓死者が出始めていたのに。

この記事を見た毛沢東は、早速「人民日報」紙上に、次のような讃美の文章を載せた。「これは非常に意味のある詩だ。実現の可能性もあるようだ。時間は三年しかないが、かまわない。三年でなし得なかったら先に延ばせばいいではないか」。

この毛沢東の言葉は、山東省范県の党幹部が言うところの、一九六〇年には、遅くてもその数年後には共産主義が到来するということを、国の最高指導者が公式に承認したことになった。さらに毛沢東は、この年の一一月、鄭州の工作会議（第一次鄭州会議）と武昌で開催された八期六中全会で、この文章を参加者全員に配布するということをした。毛のこの一言は全国民に共産主義に対する楽観的ムードを与え、「共産風」をさらに煽ることになった。（頁五六）

■猛烈に吹き荒れる「共産風」

共産風は、また「一平二調」（一に平均主義、二に無償徴発）とも呼ばれる。具体的には、まず所有権の問題があげられる。全ての物の所有権は公社に属するということになり、それを実行するために公社管理委員会（事実上は党委員会）に、何でも徴発し、管理し、分配する権限を与えることになった。どの合作社からも自由に徴発し、今まであった各合作社間の貧富の差を一挙に平均化し、加えて個人の私有財産も勝手に徴発し、甚だしくは個人の貯金までも取り上げて使ってしまった。またこれによって現場では「誰々のもの」という観念がなくなり、各種の道具や機械などは好き勝手の使い放題になってしまった。

次に採算単位の問題である。今まで採算単位は末端の合作社にあったのだが、それを公社に引き上げたために合作社は単なる生産のためだけの組織になってしまい、農民は自分の労働成果が全く見えなくなり、労働意欲は著しく減退した。農作業も「大兵団作戦」で皆が同じ仕事をし、合作社時代の労働点数制による「労働に応じた配分」という分配制度を否定し、共産主義の「必要に応じた配分」を実行した。ところが「必要に応じた配分」といっても配分するものがない。あるのは「公共食堂」の食料だけ、というのが実態であった。（頁五七、五八）

■大躍進時代、「様々な悪風」の蔓延

（1）「浮誇風」、つまり「ほら吹き、水増し」の作風。何でも大きければ大きいほどよいという考え。人民公社の規模も大きいほどよいということで、一つの県をそっくり公社にしてしまうところも現れた。計画目標も高ければ高いほど良い。その結果が一畝（一畝は六・六七アール）から一万斤（一斤は〇・五キログラム）とか、三万斤といった、馬鹿げた目標を掲げることになる。また建築物もこの当時建てられたものはどれも必要以上に巨大であった。
（2）「脅迫命令風」、つまり指導部・幹部への絶対服従を強制するもので、従わないと勝手に懲罰し、社員を縛り上げて殴ったり監禁したりした。また、幹部の中には言うことを聞かない社員に対して「公共食堂」に来ても飯の量を減らしたり、与えないなどの嫌がらせをする者もいた。つまり食堂の「しゃもじ権」は、地方の党幹部の手に握られており、社員の飯の量まで自由に手加減できたのである。こうして農民は、飯の量が半分になり、サツマイモが食事の半分以上になり、野菜も作れず、銭も全く懐にない、という八方ふさがりに陥っ

た。牛も豚も鶏も鵞鳥も、みんな集団飼育になり、病気の流行や粗末な扱いで大量に死んだ。
（3）「幹部たちの横領、私物化が蔓延」、つまり人民公社の幹部が食料をピンバネし、えこひいきし、黒五類分子やその家族には食料を与えなかった。そのため、貧しい人や老人子供病人から飢餓状態になっていった。
——毛沢東も危機感を感じ始めて、①ホラ吹きはやめろ②密植は科学的なやり方に変えろ③食料の節約をしろ④播種面積の調整をしろ⑤機械化を考えろ⑥真実を話せ、以上の六項目を命じた。しかし、四川省では省書記の李井泉が、毛沢東の指示を握りつぶし、曖昧にし、採算単位や自作地の問題という、根本問題を改変しなかった。こうして一九六〇年、六一年と四川省を含む中国全土を覆い尽くした史上最大の大量餓死事件が発生したのである。（頁三二～六六）

■中国共産党の「歴史の偽造」

この頃（一九六〇年代前期）は毛沢東の「階級闘争を要とする」路線のもと、「中国全土でいわゆる階級教育が盛んに行われていた。階級教育の一環として、私たちは成都から五〇キロ余り離れた大邑県の元国民党将軍であった劉文才の大邸宅とその荘園に何度か参観に行った。彼は軍の武装勢力をもって塩販売の権利を握り、また農民の土地を奪い取って大地主になった男である」。

以下は、要約する。

この大邸宅には、フォードの黒いセダンがあり、ベッドは紫壇で作られ、子どもを産んだ母親たちを集めて、彼女らの乳を搾り取って飲み、小作料を払わない貧農を鉄の檻に入れて拷問して殺したという。解放されてこの牢屋が開けられた時、「中にはここで死んだ人の腐れた肉や髪の毛が漂っていた」という。文革の時、この地下室の水牢に入れられていた最後の人で、ここの人民公社の副社長をやっていた冷月英さんという女性に、水牢でのゾッとする話を聞くことができた。しかし川口は日本に帰国して後に、再びこの地を訪ねたところ、彭州市人民政府外事弁公室の徐さんに次の話を聞いた。この地下牢は実は全くの偽物で、新中国になってから作ったものであった、と。

四川省では、「収租院」という、大地主が小作料を払わない農民たちに残酷非道の仕打ちをしたという「記念資料館」が作られ、内外に大宣伝された。「中国画報」等で映像入りで宣伝された。私（筆者・小林）は、学生時代に日本向けの中国画報でこの「収租院」や「チベットの貴族地主の奴隷に対する拷問や処罰用の刑具」の写真をみて、以後、本物の画像だと信じた。これらの写真も多くは偽造されたものであることを、遥か後になって聞いた。当時は、チベットの大農奴主も、恐るべき牢獄を作り、数々の迫害をチベット民衆に行っており、ポタラ宮殿内部にも、拷問部屋があり、種々の拷問道具が展示されていた。私は、一九六〇年代に、この中国画報を購読しており、見た記憶がある。こうした物もほとんど共産党が偽造し、内外に宣伝する材料にしていたらしいのである。国民を騙し、外国人までも騙して平気な時代だった。

川口によると、この「四川の収租院」の模型は、北京の故宮にも作られ展示された時期があった、という。川口は、一九六三年に数か月かけて「長征の道」を辿った。この時、チベット人が住む地帯を歩いたが、そこにもラマ教の寺院の多くが農奴主であり、多くのチベット人人民を搾取、虐待していた展示物が多数あったという。彼はこれも信じて縷々《るる》書いている。が、これも共産党が偽造した宣伝物であろう。しかし、川口は、まったく信じていたらしい。当時、川口は「熱烈な毛沢東崇拝、革命信者であった」というから、簡単に騙されたのであろう。（頁八〇～八三）

■「社会主義教育運動」（「小四清」運動、一九六二年冬〜六六年春）の実態

――帳簿を正確に、倉庫を綺麗に、人民公社の財産を大切に、労働点数をごまかさない、この四点を大切にしようという政治運動――

川口は、次のように書いている。この政治教育運動は、あの広大な全国津々浦々の小村落まで、全国民を巻き込んで行われた。川口は、四川省党委員会組織部が派遣した工作組の一員として、「帰国華僑」の身分でこれに参加した。彼が「日本人」であることは内部の七人しか知らなかった。一九六三年秋、成都から約四〇キロ離れている彭県という農村に入った。人口五〇万人、五つに分かれ、二九個の人民公社があった。まず県の責任者二〇〇〇人ばかりが集まった大会議が開かれた。この時、党中央が全国から集めた二〇篇の論文が学習資料として配布された。県の第一書記も、聞く党員も内容はよく分からず、要するに「重大なことが書いてある」ということで始まったという。川口は、この彭県で県政府農業弁公室の副主任を任命された。

彼は参加しなかったが、彭県からも「大寨参観団」が派遣された。一九六五年、「農業は大寨に学べ」（毛沢東夫人の江青が主導した）の運動を彭県でも実行することになったのだった。県では、「山間部地帯に行き来している軽便鉄道の線路脇の崖を切り崩し、その石で石垣を築いて立派な棚田がつくられた、そこに植えられたトウキビも立派に育った」。この棚田に県の公社、大隊の幹部を集めて現場会議が開かれ、全県下で「大寨に学ぶ」運動をやることになった。しかし、「皆、立派にはできているが、人はただで使い、金も使い放題、おまけに堆肥も化学肥料も余るほど使っているのだから、たしかに立派にはできるだろう。俺らの所では金もなければ、肥料もなくて、こんなにはできやしない」と言って帰ってしまった。

次には、別の公社の小高い丘の墓地を崩して「大寨田」を作ることになり、この公社と大隊が中心になって作

業を始めた。しかし、公社員たちは積極的に参加しないし働こうとしない。ここがいくら古い無縁墓地だといっても、墓を掘り返すことには当然抵抗感がある。またこの丘は粘土質で痩せており、作物もあまり育ちそうもない。農民たちは「大寨田」を作っても収穫があるかどうか疑問を持っているのである。その上、指揮部では掘り出した人骨を集めて骨粉をつくり、肥料にするという。農民たちがためらうのも当然であった。私自身も墓を掘り返して出てきた人骨をガラガラと集める光景を見ると、正直言って嫌な気分であった、と川口は書いている。

川口によると、ここには、県に駐屯していた解放軍の部隊が、毎日早朝から応援に来て立派な「大寨田」ができたということである。また、中には稀に自力で「大寨田」を作った大隊もあったということである。（頁一二七～一二八）

しかし、毛沢東と江青が「模範田」として喧伝した「大寨に学べ」の大運動も、しょせん中国農民の大多数には、何の模範にもならず、祖先の墓を壊し、ところによってはその骨を骨粉にして肥料にするという前代未聞の「愚挙」「暴挙」を全国に蔓延させただけに終わった。

■運動の失敗は、総て「階級敵の策動」の責任とし、「更なる階級闘争を命令」する。

この「社会主義教育運動」の基本は一〇項目に分かれていたが、どれも大躍進と人民公社の失敗、大量餓死、公共食堂の失敗等々は、皆「階級敵」の仕業、「反革命分子」の策動の仕業であり、さらなる「階級闘争の強化」が必要だというものだった。川口は、次のように書いている。

・この時、学修文献として配布された二〇篇の状況報告に書かれている事態は、どれもこれもが社会主義そのものを揺るがしかねないような内容のものばかりであった。例えば、こうである。打倒された地主や富農などの階級敵が復活し、報復のために活動している。それらの代理人が公社や大隊の指導権を握っている。封建的氏族制が復活し、それが反革命組織にまで発展している。宗教を隠れ蓑にして反革命宣伝が行われている。公共財産の破壊、スパイ活動、殺人放火等の破壊活動が活発になっている。労働者からの搾取、土地の闇売買、高利貸し、投機活動などが復活している。新しい資本家が生まれている。国家機関の内部まで階級敵の代理人が侵入している、などなどである。

要するに、毛沢東の言葉を借りると、「現在、わが国のおよそ三分の一の権力は敵または敵の同調者の手に握られている。われわれは一五年やってきて、天下を三分し、その三分の二を握るようになっただけである。今でも数箱のタバコで一人の党支部書記を買収することができるし、彼に娘を嫁にやればなおさら問題なく思うようにできる。一部の地区では平和的に土地改革が行われたが、土地改革工作隊が非常に弱かったために、現在でも見たところ問題は少なくないようだ」ということになる。

この時に参加した党員の大多数の感想は、「書いてあることはたしかにひどいし、実際にそのようなことが起きているのだろう。でも俺のところはそんなにひどくはない」というもので、川口も「私もそう思っていた」という。しかし、最終的には「そう言われると、そうかな」ということになり、ついには「中央の言うことは正しい」いうところに収まってしまったという。こうして次は、大多数が「自分の階級観点が右寄りだった」と、自己批判をする羽目になり、そして次には「自分の公社や大隊の中にいる筈の〝階級敵〟を捜し出さねばならなくなった」ということである。川口は言う。「ないものを探そうとするのだから大変である」と。

一五日間の四級幹部会議が終わり、参加者たちは、今度は人民公社に下って実際の粛正運動をやることになる。川口は、九尺鎮という町村に入り、第一七大隊に加わった。以後次のような段階で運動は展開される。

公社の幹部を集めて主旨を説明する。ここで幹部が自己批判をし、階級闘争の深刻さを説明する。

「公社の財産、帳簿、労働点数、在庫品の調査」を行う。各自が「身を清め、軽装し、戦いに挑む」ための準備をする。公社や大隊の幹部は、自己批判、自己告白がなかなかできないので、皆で援助してやる。当時は「背中を洗ってやる」と言った。幹部たちは、食料配分の時に余計に取った、元地主から煙草をもらった、公費で飲み食いした等々を告白する。

自分の汚職や後家さんの家に泊まったなど、軽いことは自己批判するが、かなり重要なことを隠していると、「関門」を通過できない。それでも抵抗して罪を認めないものは、「熱い湯」に入れられる。そして、公社の三級幹部会で批判され、「停職反省」になる人も出る。「大衆集会」に引き出され、それが認められると、元の身分に戻ることができる。

公社の幹部たちは、「階級闘争をやれば、霊験あらたか」などという「建前」論ではなく、誰かを「階級の敵」に仕立てて、差し出さねば責任を果たせなくなる。それで、無理やり誰かを「階級敵」にせざるを得ない。(川口は、次の事例をあげている。ある真面目な子持ちの寡婦がいた。彼女は党員であった。彼女の家は生活が大変だったので、隣の「富農分子」の息子が、見かねてよく手伝ってくれた。それで「彼女は階級敵である富農に〝誘惑〟されて虜になり、党員の立場を失った変節分子」と決定された、ということである)

川口は、初めの頃は会議や闘争会が地方方言でやられるので、さっぱり内容が分からなかった。それでいつもタバコをふかしていたので、自分の煙で喉をやられ、唾を吐き続けて大変だったという。また、彼が「半農半読」の学校の仕事をしていた時、ある会議で、女子学生が「私のクラスには、〝黒五類分子〟が一人も居ないので階級闘争はない」と言い張った。当時の会議では、「階級敵を掘り出す」のが任務なのに「階級敵はいない」では、運動が成り立たない。なにがなんでも、「階級敵」を摘発しないと、上部の命令に背くことになるのであった。それで、公社員の中で「黒五類」の親戚がいる若い女性が「階級敵」に選ばれた。

この「階級敵」にされた娘は、誰からも好かれる気立ての良い娘で、養豚に関する知識が豊富で、一生懸命豚の世話をしていた。にもかかわらず、親戚に「五類分子」がいるということだけで農場から追い出されることになった。しかし、実際は誰も彼女を追い出したくなかった。何とか皆で力を合わせて農場にだけは残れるようにして、一時的に臨時工として雇うことにした。ただし、給料は三二元から一七元に減額された。

土地大綱では、本来「黒五類分子」とその子女は厳格に区別されていた。親が地主、富農であっても、その子女は一八歳未満のものは、親の身分に入れない。また、貧農から地主、富農に嫁いだものも、搾取生活が三年未満のものは「階級敵」に入れない等々。本来は、本人の人格と能力を重視するはずであった。ところが現実は、そうした配慮はせず、さまざまな差別、迫害を加えたのであり、そうした傾向は、文革時にはさらに激化したと、川口は記している。

また、川口は、土地改革の時に搾取率が農業収入の三〇パーセント以下のものは、地主・富農にはしなかったが、社会主義教育運動（一九六〇年代前期のいわゆる「小四清」運動）の時は、彼らもまた大いに批判されるようになったという。また、旧国民党の将校と結婚した女性たちも、毎日批判され、闘争の対象になり、これまで散々痛めつけられて一旦許されたものも、また蒸し返されて、なんの根拠もなく「自白をせまり、自白しないと不真面目だと言って責め立てられた」、「拷問以外の何物でもなかった」ということである。文革の前からこうしたことがあの広大な農村の至るところで展開されていたのだった。文革時には、さらに激化したことは言うまでもない。

毛沢東は、ことあるごとに「階級闘争を忘れるな、毎年・毎月・毎日やれ」、「いまや正に階級の敵が増大し、各種の反動的な策動に出ている。階級闘争が激化すればするほど敵の反撃も鋭くなる」と言って、永久革命的な「政治運動」を連続的に展開した。だから、末端の党員は、なにがなんでも「階級敵」を発見し、摘発し、処罰しなければ、逆に自分が「階級敵」にされるのであり、なにがなんでも誰かを摘発し、弾劾しなければならなくなった、のだという。

■文革時代、山口が体験し、驚嘆した特異な社会現象

1 「毛沢東像建設の一大ブーム」（一九六九年）

中共第九回大会が開かれる前夜、毛沢東像建設の一大ブームが、全国に吹き荒れていた。もちろん成都でも例外ではなく、昔の宮殿を壊して、人民南路と蜀都大道の交差点に、大理石の毛沢東像を建てようということになった。この時は、毛沢東像を建てることがすべてに優先する政治的任務になり、資金も資材もこの建設に優先的に回され、そのために生産が停滞し、経済的な損失があっても構わないとされた。こうして全市の金・物・人の総力を挙げて毛沢東像の建設に取り組むのだが、これに反対する者は毛沢東に反対し、プロレタリア革命路線に反対する者であると見なされた。私（川口）もこの頃は毛沢東思想の盲目的な狂信的であったから、この建設には自ら進んで参加した。病人も身体の悪い者も関係なく、皆が毎日、毛沢東の写真を担ぎ語録を手に持って、六四号招待所から工事現場までの三〇分の道のりを歩いて通うのである。現場に着くと、まず声をそろえて語録を読み上げ、それから仕事を始める。この時、私たちに与えられた仕事は、像の台座の基礎作りであった。この毛沢東像は、今も成都の街の中心に立っている。……

2 「大祝賀デモ（一九六九年四月）」の情況

この一九六九年四月の「中共第九回党大会」は、林彪副主席が毛の後継者として憲法に記され、「継続革命路線」が確認され、また劉少奇が党から永久に除名された大会として有名だった。この会議の終了の日、成都は祝賀のデモでいっぱいになった。街道がデモの列で埋まり、「東方紅、太陽昇」「大航海行靠舵手」「偉大的、光栄的、正確的党……」などの歌声が響き渡り、〝毛主席万歳〟〝林副主席万歳〟のシュプレヒコールが全市にこだまし、毛沢東への個人崇拝は頂点に達していた」。

3 「毛沢東バッジ作り」が大盛り

この時期は毛沢東バッジ作りが全国で盛んに行われ、当然、川口のいた工場でもつくられていた。このバッジ作りに従事できるのは、造反派の「革命的左派」の中でもさらに選ばれた者だけであった。「毛主席のバッジは大きければ大きいほど革命的だ」などといわれ、競って大きなものを作っていたが、このためにジュラルミンが不足し始め航空機の生産にも支障をきたすようになっていた。……同じ頃、毛沢東像に使われる大理石を磨くための新しい機械が作られ、工場内に磨き専門の職場が設けられた。そして大理石磨きが最優先の仕事になり、その他の生産は犠牲にされていった。

4　林彪副主席の「命令第1号」、全国を臨戦態勢下に

一九六九年一〇月一七日、林彪は「戦備を強化し、敵の奇襲を防ぐ緊急指示」を発した。この臨戦態勢を取れの命令によって、軍隊の緊急配備、兵器増産、各単位の臨戦態勢等々が実施され、各種機関が都会から地方に疎開し、何千万人もの人々が大移動した。

川口は、楽至県へと緊急移動になった。この県は、「極左路線」の先進県であった。一九六七年に、「この県では何の理由もなく監獄が勝手に開放され、収監されていた総ての囚人がシャバに出るという事件が起きていた。その後、この囚人の中の反革命分子、国民党のスパイ、凶悪な刑事犯人（放火、強盗、殺人）や流氓《ごろつき》らが造反派を結成し、〝十八年間、劉少奇の反動路線に苦しめられていた革命派〟の看板を掲げて奪権し、幹部を拷問にかけ、そのほとんどを不具にしたり殺したりした。この「造反派」による恐怖の支配は二年間続いた。さらに、この県は一九六八年には、造反派同士の武闘事件を起こした県としても有名になった。この事件は、射洪県の黄嫣嫣（朝鮮戦争の英雄・黄継光烈士の母）を首領にかついだ造反派が、対立する造反派に捕らえられて護送される途中、次々とトラックから引きずり降ろされて殺され、その死骸が何キロにもわたって道端に転がっていた、といわれる事件である。

川口たちは、日本人・カンボジア人・ビルマ人の同志たちと、その翌年の一九六九年にこの楽至県に入った。

5 「公開処刑」を見に行く

公開処刑では、量刑が死刑になる強盗殺人罪と強姦殺人罪が審議されるのだが、ここで罪状を認め改悛の情が顕著と認められた者については、無期あるいは二〇年の懲役に減刑された。しかし、改悛の情が認められず、あくまで反抗する者には死刑の判決が下され、その日のうちに刑が執行される。……死刑囚を後ろ手に縛り上げ、背中に名前を書いた卒塔婆（亡命碑）を背負わせ、武装警官が銃を持って監視するトラックに乗せ町中を引き回して見せしめにする。その後、刑場に連れて行き銃殺するのだが、この時多くの大衆はトラックの後ろからゾロゾロトついて刑場まで行き、銃殺の現場を「見物」し、処刑が終わるとよってたかって射殺された死刑囚の衣服をむしり取り、持ち帰るのである。これは死刑囚の衣服を持っていると健康で幸せになる、という迷信のためである。（以下要約。このような秩序の乱れは、文革中に四川省全体で造反派同士の物凄い合戦があり、両派とも各地で大砲から機関銃まで持ち出して、「武闘」を繰り返し、秩序は乱れ、経済も社会もズタズタになったことが、背景にあった。生活ができなくなった民衆は、娘までも売る様な状況になった）。（頁二〇八）

6 「政治学習会の〝だらけ〟現象――政治運動・学習にウンザリ――」

中央で毛沢東と林彪との熾烈な闘争が繰り広げられていた頃、一九七一年頃、川口は職場の労働者の学習会に参加させてもらった。ちょうどその時、陳伯達の「天才論」の批判が行われていた。指導者が資料や指示を読み上げて討論を促すが、聴衆の男達は「煙草を吹かしながらだんまりを決め込むか、居眠りをしている。女達といえば、編み物か靴底刺しに熱中しているか、隣の人とおしゃべりをしているかである。司会者の幹部が声を張り上げて〝手工業をやめろ〟〝おしゃべりはするな〟〝居眠りをするな〟といくら怒鳴っても、まったく効き目がない。……この頃は誰もが中央の発動する政治闘争にうんざりしていたのである」。（頁二一二）

（林彪事件が、公開されて以後）これ以降、今まで本当のことを言わなかった人民大衆は、さらに口を閉ざして真実を語らなくなった。そのような状況だから、職場の学習会でも幹部だけがわめきちらすだけで、誰も口を開

こうとせず、居眠りをしたり、手芸とひそひそ話をしたりの集会にならざるをえなかったのである。(頁二二四)

7「山東省の難民が、遠く四川省まで流れ来た」事件

一九六〇年代の終わり頃、山東省から多くの難民が流れて来た。それは、山東省で「造反派」が奪権した時、権力者の王効禹(元青島市の副市長、ついで山東省の書記)が返り咲き、革命委員会の主任になり、これまで彼を批判していた幹部連中の出身地であった旧革命根拠地の沂蒙山地帯に、「棒子隊」(反対派弾圧の武装部隊)を派遣し、村から村へと「掃討作戦」を進めた。最近の資料によると、この時に臨沂地区だけでも逮捕投獄され、拷問を受け、打ち殺されたものは五九六人、身体障碍者になった者九〇〇〇人、さらにこの弾圧を支持しなかったために殺されたり、障害者にされたりした解放軍の士官と兵士は二〇〇〇人に上ったといわれている。……この山東の大弾圧は、遂に難民を生みだすまでになり、一九七〇年頃、この難民たちが遠い三〇〇〇キロも離れた四川省まで群れをなして流れてきたのだったという。(頁一五九)

■以下、川口以外の人の「回想録」の一節を紹介する。これらは、社会主義国ソ連・中国の、当時の実態を知る助けになると思う。

毛沢東・スターリン時代の「特異な諸現象」

(1)「山口盈文の回想録」

山口盈文は、『僕は八路軍の少年兵だった』(草思社、一九九四年)という回想録を書いた。山口は、一九二九年、岐阜県に生まれ、高等小学校を卒業後、満蒙開拓青少年義勇軍を志願し、一九四四年に満州に渡り、敗戦とともにソ連軍の捕虜となり、東京城の捕虜収容所を経て、延吉日本人捕虜収容所にはいるが、脱走。朝陽川に駐屯して来た旧八路軍（山口が最初に入ったのは東北民主連軍→以後、四八年に東北野戦軍と名称を変える→中国人民解放軍に発展）に入り、以後各地を中共軍兵士として転戦し、一九五六年に帰国、以後日中貿易に従事した。

・中国語もほとんどわからないのに、八路軍のある局長に簡単に入隊を認められて、「もうお前は立派な革命戦士だ」と認められて入隊。共産党の軍隊では全く苛められることも差別されることもなく、「公光哲（山口少年に与えられた中国名）同志」と呼ばれ、彼は他の中国人兵士と何の分け隔てもなく受け入れられた。「下士官は古参兵だが、後はほとんどが地方出身の農民だった」という。まず、共産党軍の紀律「三大紀律、八項注意」を教えられ、すぐ「人民裁判」を見物に行った。

一九四八年の東北（旧満州）の共産党系の軍隊がやる人民裁判の様子は、次のようなものだったという。

「人民裁判の会場は、街から二キロほど離れた丘陵地帯にあった。会場には一五メートル四方の壇台が組まれ、その壇台の三方を群衆が取り囲み、壇上の後方には机が一列に並べられてあり、王公安局長、劉連長、李政治委員など、共産党の幹部連中が一五人ほど腰かけていた。警備班の兵士は、十人ほどの囚人を数珠つなぎにして、後ろ手に縛り、高さ六十センチほどのとんがり帽子を被せ、背中には罪名を書いた板札を挿して、壇上に連れて来た」。山口は、処刑場に着くと幅三尺、深さ二尺の穴を掘らされた。裁判が終わると、局長が、お前は今日これから処刑兵士として死刑囚を銃殺するのだ、と命令した。びっくりし、膝がガタガタ震え出した。「僕はダメです。誰か他の人に変更してください」、「大丈夫だ。俺がそばにいるからやれ。人間だと思うな。丸太を使った射撃練習だと思え」といい、「射殺のやり方」を実地に教えてくれた。罪人は、六〇歳くらいの立派な老人だった。言われたとおりに、穴の前で跪いている老人の肩に足をかけて、頭の後ろ一〇センチほど離れたところに銃口を向けて、「撃て」の号令と同時に発射した。ところが体が震え、目を瞑ったので銃口が動き耳の横をかすめたので、死刑囚は頭・顔面ともに血だらけになって穴の中でにらんでいた。すぐ、横にいた下士官が腰からモーゼル銃を抜いて頭と心臓に弾を撃ち込んで殺した。山口は、「全東北が解放される一九四八年末までに、このような土地革命や反革命分子の粛清運動で数十万人が処刑されたという」と書いている。つまり、共産党軍に入ったばかりの日本人の少年兵にまで、すぐ処刑の実行をやらせるほどにまで共産党軍は、地主や悪人と名の付くものは、簡単に殺していたということである。処刑が日常茶飯事だったのだ。また、山口は、「人民裁判」を沢山見学したが、その状景は次のようなものだった。まず共産党軍が、「土地革命を貫徹しよう」、「地主を打倒し、土地を分配しよう」とスローガンを大きく書いた垂れ幕を張り、後ろ手に縛られ、とんがり帽子を被せられた「地主」を、壇上にひきずり上げ、農民が次々に登壇しては罪を告発して激しく糾弾し、最後は木に吊るしあげてドスンと地上に落とす、何回でもそれをやり、最後は殺すのであった。「僕はその後も何度か人民裁判に参加したが、人民裁判ほど非人間的な裁判はないという気持ちは、最後まで拭い去ることができなかった」という。上官たちは、それを当然のこととしていたという。（頁一一一～一一八）

この当時の「東北・旧満州の共産軍の性格」について、山口は興味深いことを記している。彼は、すぐ救護衛生兵を命じられた。劉連長は、「血止めをして担架隊に運ぶだけの仕事をすればよい」といい、「消毒液、血止め剤、包帯、アヘンの粒」の入った箱を渡された。出発の時、点呼を取ると、六人ほど足りない。逃げたらしい。しかし、劉連長は「お早いことで、もう逃げたか」といっただけであった。おおらかというか、いい加減というか、日本軍隊と全く違うので驚いたという。共産軍のおおらかさには好感が持てたそうだ。「階級制度がないから、旧日本軍のように堅苦しくない」。ある行軍の時、山口は「衛生箱」があまりに重いので、草むらに捨てて進んだ。駐屯地について、それを言ったところ、一個小隊に戻って探させた。日本軍では、重大な処罰を受けるところであったが、簡単な説教だけですんだ。この軍隊は、変な所が厳しく、重要な所が優しくて戸惑ったということである。（頁一二二～一二三）

（2）「王茂栄」（王友琴は『文革受難者』で、「階級区分」の状況について、次のように記している）

王茂栄の妹の夫の杜孟賢は、大連市旅順港区（現・旅順市）の大井口村にある。彼の父は一九五〇年に「富農」に階級区分された。この身分は、「四類分子」（地主、富農、反革命、悪質分子）という「反動階級」に属しており、本人ばかりでなく、子や孫など全家族が「反動派」として「迫害」の対象になった。杜孟賢が首吊り自殺したのも、この悪い身分が原因だった。彼は三〇歳で死ぬまで独身であり、結婚ができなかった。こうしたことは、地主富農の家の娘には普遍的な現象であり、同じ身分の悪い家の子と結婚するのが普通で、そこに生まれた子も又「悪い身分」の人になった。幹部たちは、それを次のように解釈して言った。もしこのように「地主・富農（略称は「地富」）の子供たち」に対処しなければ、「地富」が老いて死んでしまえば、「階級闘争」がなくなってしまうのではないか？――文革中、「革命大批判」が高潮する中で、「批判」の重点は、「階級闘争消滅論」に向けられた。文革の論理である「階級闘争を忘れるな！」「階級闘争を消滅させるな！」、そのためには、「新しい階級の敵」を不断に捜し出さねばならない。さらにそのためには「古い階級敵の子女」を「新しい階級敵」にして、闘争の「車輪」を回転させなければならない、これが最も簡単な方法である、という論理であった。かくして、無数の「地富の子女」の中で、杜孟賢のような悲劇の運命を辿った者は、決して少なくはなかったのである。これは、「文革の理論」といわれるもののまさに「非論理」、その本末転倒した「馬鹿げた滑稽さ」をよく象徴していた。（王友琴『文革受難者』頁四〇二）

（3）余華（一九六〇年生まれ、中国の作家）の思い出

飲む・打つ・買うをして田畑を売り払った祖父に深く感謝する子孫は、普通はいないだろう。しかし、ニューヨークにいた中国の有名な作家・コラムニストの余華は、ニューヨークタイムズに連載したコラムで、次のように語っている。

「私の祖父は、かつて二百畝《ムー》余りの田畑を所有していた。土地は先祖から受け継いだが、祖父は先祖の勤労と節約の精神を受け継がなかった。飲み食いと娯楽に熱中し、毎年少しずつ田畑を手放し、一九四九年当時にはほぼ売り尽くしていた。こうして祖父は地主の身分を手放し、田畑を買った人が地主になった。その後の長い年月のうちに、絶え間ない批判闘争があり、その人の子孫たちまでもが頭を上げて道を歩くことができなくなった。私の父は幸運で、私も幸運だった。私と父は、ろくでなしの祖父に感謝しなければならない。物資が不足していた毛沢東時代は、みんなが貧乏人で、かつての地主や資本家も貧乏人になった。むしろ貧乏人より貧しかったといってよい。貧乏を前にして誰もが平等だった時代には、もはや階級はなく、まして階級矛盾や階級闘争はあり得なかった。しかし、我々は毎日、絶対に階級闘争を忘れるな、と叫んでいたのだ」。（余華『中国では書けない中国の話』河出書房新社、頁五四〜五五、二〇一七年）

（4）　寺島儀蔵は、トロツキーが生きていても、スターリン体制になることは間違いなかったと主張している。

『長い旅の記録――わがラーゲリの二〇年』（上下二巻、中公文庫、一九九六年）

一九四三年頃のソ連のラーゲリでの会話。スターリンとトロツキーとは同じか、違うかと、寺島はアレクセイと議論した。

・アレクセイは、中国人革命家のロシア名。広東生れ、初期共産党員。一九二七年、党の推薦でソ連に留学。トロツキストとなる。ラーゲリ生活一〇年。一九四九年頃、刑期満了で中国に帰国した。以後消息不明。

寺島曰く「アレクセイ、僕も今まで誰にも何も言わなかったけれど、ソロフカでも何回か政治犯の大量虐殺があったという話は伝わっていたよ。僕なんか若くて何も知らなかったもんだから、ロシアの十月革命は人々に搾取なき自由、平等な社会をもたらすと言う宣伝を信じて、日本では自分の青春を犠牲にして社会主義建設のために闘って来たんだ。マルクス主義、レーニン主義の正当性を宗教みたいに信じていたよ。しかし、ソ連のどこに自由とか平等があるんだい。皆、口で言う事と腹で思っている事とは相反しているではないか。何処でも情報員がうようよいて、今では三人以上のいるところでは、（人々は）世間話をすることさえ恐れている。それればかりか、家庭内で打ち解けて話をするのも用心しなければならなくなった。妻に夫を売るように強制したりしているのではないか。妻や子供が共産党員だったり、共産青年同盟員であったりした場合は、どうすることも出来ないからな。夜が来れば、誰かドアを叩きはしないかと誰もがじっと耳をすましている。特に指導的な地位にある人は、軍人であろうと官庁の局長であろうと、明日はどうなるか判らない生活をしているのだ。搾取に至っては奴隷社会にもまさるやり方ではないか。数百万あるいは数千万人にもおよぶ囚人は、本当は皆奴隷なんだぜ。政治犯の汚名の下にわれわれは死ぬまで奴隷労働を強いられるさ。難しい言葉で言えば、原始的社会資本蓄積のため強制労働者が大勢必要なんだ。我々の働いている鉱山も鉄道、運河建設も木材伐採も皆、国家五ヵ年計画に含まれているんだよ。計画を遂行するためには一定の労働力を確保しなければならないからな。ラーゲリの所長は、絶え間なしに労働力補給をラーゲリ総局に要求している。なにしろ囚人労働力は消耗摩耗が激しく、その上栄養失調と来ているからやたら死亡率が高いからな。だからラーゲリの奴隷労働がある限り政治犯の逮捕は止むことを知らずだ。ただの労働力に味をしめたスターリンは、ますますラーゲリ拡張の方向に持って行くよ。長い長いエタップ（囚人移送）の時、目に触れるものと言えばラーゲリばかりだった。これがわれわれの憧れの社会主義理想郷という訳さ」。（上、頁三八九～三九一）

じっと聞いていたアレクセイは、「僕も君が言う事には賛成だよ。しかし僕の考えでは共産主義が問題だとは思わない。それはスターリン政治のレーニン主義からの左翼的偏向だよ。トロツキーはレーニンの死後早くもスターリンの偏向を見つけてそれと闘ったんだよ。僕は共産主義を今でも絶対に信じているよ。……」。

「僕はそうは思わない。僕は八カ月間の死刑囚独房で毎日毎日考えていたよ。もしレーニンが長生きしていてスターリン専横政治がなかったとしたら、果たしてソ連国民は自由に、平等に暮らしていただろうかと。レーニンは果たして搾取のない社会主義社会を実現できていただろうかと。彼等が如何に偉い人であり、人道主義者であったとしても、生産手段の私有化を否定し、自分の労働から得る所得を許さない社会では、働く人々は労働意欲を失ってしまう。その事はもういやというほど自分の身で経験して知っているんじゃないか。社会主義社会をつくるためには、資本蓄積が必要だし、より高度の生産力が必要なんだ。レーニン、スターリンの代わりにトロツキーが権力を握ったって結局は同じだと思うよ。これはもちろん僕の個人的意見だけれどもね」。（上、頁三九一～三九三）

トロツキーをスターリンとおなじ俎上に載せたので、アレクセイは顔面を白くしてわたくしに食ってかかった。「レーニンの死後もしもトロツキーが権力を握ったなら、今頃は働く人々は自由、平等を謳歌していただろうよ。もちろん政治犯もいなければ、ラーゲリなんかもなかったろうよ」。

「ぼくはそうは思わない。指導者の個人的性格は政治に多少のニュアンスをもたらすかもしれないけれど、目的のためには手段を選ばないという事は大差ない。どんな社会でも発展するためには、まず、第一に生産力を発展させなければならない。生産力向上の条件、即ち労働の果実は働いた人々の所得になり、富んでゆけるという条件がない社会では人間に働く意欲がなくなる。そんな社会では強制労働があるのみだよ。アレクセイは、飽くまでもトロツキーを支持して止まなかった」。（上、頁三九三）

今日、レーニン時代の虐殺事件、テロル命令、大量処刑などの事実が、梶川伸一、岩上安身、稲子恒夫やS・Pメリグーノフ、ヴェルコゴーノフ、メドヴェージェフ等々の歴史研究者によって明らかにされている。（小林註）

（5）「ソ連のソフフォーズ」の実態――「中国の人民公社」よりも三〇年も前に、それが成り立たないことが、分かっていた。毛は、スターリンと同じ失敗をやったのである。（寺島儀蔵『長い旅の記録』中公文庫より引用）。

あるソフフォーズ sovkhoz での話、「老人たちの話では、昔は神を信じていたから、盗みを恐れていたそうだが、今は半ば公然と盗んでも、道徳的な呵責なんて何処にもないよ。ロシアでは個人の物を盗むのは、今でも悪いことになっているが、国家の物を盗まないのは馬鹿みたいにみられているよ」。一九四〇年、私がソロフカ島の修道院からアルハンゲリスクのラーゲリに移された時一人の若い小僧と知り合いになった。「お前、若いのに泥棒なんかして、一生ダメにしてしまうのではないか」といったら、彼が「ソ連では一番上から、我々農民まで皆、盗みをして生活しているのだよ。国家の物は皆の物だから、盗んだって誰も痛くも痒くもないってわけさ」といったのを覚えている。

農家のおかみさん達は、ぶどう採り入れの二ヵ月間、毎日昼と夕方、持てるだけのぶどうを運んで来ては、自家の地下室にある幾つかの大樽に放り込んでぶどう酒を造っていた。毎晩仕事から帰った後、モスクワの人達は、(こうした農家の)おかみさんの家に行ってぶどう酒を買って来て、夜遅くまで飲みながら歌って騒いでいた。いくら農繁期でも、八時間以上は誰も働かなったし、日曜日は完全に休みであった。(下、頁一三九～一四〇)

土地の私有があってこそ、農民に働く意欲が出て来るのであって、現に耕作面積は少ないにもかかわらずバザールで我々にまがりなりにも野菜や肉類を供給しているのは、個人の畑だからではないのか。ソフフォーズSovkhozやコルフォーズkolkhozの農民は働く意欲などまったくなく、出来得る限り盗み取って生活しようとしていたのだ。(下、頁一五五～一五六)

第四章　労働改造所で死んだある老教授と、その家族の無惨

――婁痩萍一家への迫害史――

著者・王友琴（要点翻訳・小林一美）

これは、一九〇四年に生まれ、労働改造所で死んだ湖南中医学院の解剖学の一教授とその家族の物語である。彼は、一九三八年に湖南の医学院の外科を卒業。一九五七年に「右派分子」にされ、文革中に「批判・闘争」を受け、さらに「反動学術権威」にもされるという、二重の罪を着せられ逮捕された。一九六七年、彼の妻の兄の韓国遠（歯科医師）と実の娘である高校生・婁玉方の二人が香港に逃げようとした途中、広東で公安警察に疑われ逮捕され「国に背き、敵に投じ」ようとした「現行反革命」とされた。

判決は、韓国遠は死刑。娘の婁玉方は「徒刑一〇年」の判決。また、婁痩萍自身も、翌年一九六八年に逮捕され、共謀罪で「一五年」の判決をうけて湖南省津市にあった「労改（労働改造所）」に監禁された。ここで労働に従事、一九七四年にこの「労改」で死亡した。

本書を書いた王友琴女史が二千年紀になってから入手した「江雁」という仮名の、ある人物の手記によって、婁痩萍が逮捕された後に、どのような過酷な「労改」生活を送り、どのように死んでいったか、その詳細が判明した。（王友琴『文革受難者』より。小林記）

・婁痩萍は、一九〇四年生まれ。子どもの時、家は貧しく、勉学の道は紆余曲折したものだった。彼は、

一九三八年に湘雅医学院を卒業した。この学校はアメリカのイェール大学が中国に最初に創設した医科大学であり、ここで七年間学び、長沙のある病院の外科医師兼院長となった。建国時の一九四九年には、母校・湘雅医学院の解剖学の教授に任命された。

彼は、一切の政治運動とは離れて、専門だけに集中した。ある時、彼は友人に送った詩に「瓜田李下、不敢多言。非我族類、其心必異」（「李下に冠を正さず」の譬えもあるので、多言はしない。我が同類でなければ、心は必ず異なる）と書いた。一九五七年の「反右派運動」の時、湖南省の「右派分子」の一人にされた。一九七九年時、湖南省に生存している右派分子は、三一〇〇〇人というから、一九五七年に右派にされたものは、湖南だけでも数万にも達したであろう。婁痩萍も、上記した私的な書簡の中の「非我族類、其心必異」という文句を反党的言辞とされた。彼は反党反人民の立場を示したという理由で「右派分子」にされ、地方の病院に左遷された。文革が始まると、彼はさらに「反動学術権威」というレッテルを張られて、猛烈な「批判・闘争」にさらされた。一九七〇年九月二七日、長沙市では全市民を動員した、万人単位に上る公開の「大裁判集会」が開かれ、ここに婁痩萍は引き出された。彼は、見世物裁判の後に、罪を書いた「看板」を首に掛けられ、トラックに載せられて市内各所でなぶられ見世物にされた。家族は、この公判集会への参加を許されなかった。家族は、仕方なく、街の一角で彼の姿をチラッと目にしただけだった。それが、家族との永遠の別れになった。

・韓国遠（婁痩萍の妻の兄）は、一九五〇年に四川の歯科大学を卒業後、貴州省貴陽市のある会社に配属された。しかし、北京から貴陽まで紅衛兵が押し寄せて来て、至るところで暴力を振るい、迫害が一般化した。一九六八年、韓国遠は「档案」（個人調書、関係記録簿）に「社会関係に問題がある」と記され、「牛棚」に入れられて「隔離審査」と「闘争」が予定されていることを知った。まだ独身だったから、「闘争大会」の前日、貴陽から長沙に住む妹夫婦である婁痩萍の家に逃げて来た。そこで、身の危険が迫る中国から香港に脱出したいと、相談した。その話に、婁夫妻の高校生の娘、当時一八歳だった婁玉方が同調し、私も叔父と一緒に香港に行きたいと言った。

両親は、「父が反革命分子・反動学術権威にされた」ので、娘に大変な不幸が押し寄せて来ると怖れ、二人が香港に脱出することを承知し、資金も用意して渡した。ところが、韓国遠と娘は、先に記したように途中の広州で拘束され、重大な罪だとされ、一家尽《ことごと》くが先に記したような極刑や長期の懲役刑に処せられたのであった。妻玉方は、広州で叔父と別れる時、叔父の額には、逮捕時に猛烈に殴打されたであろう大きな傷があり、骨まで見えたという。

以下は、文革後の婁玉方の証言である（婁玉方が著者・王友琴宛に書いてきた自筆文）。

私は、一九六八年五月に捕らえられ、一九七八年五月に一〇年間の刑期が終わった。その後、湖南省の茶陵に数か月おり、二人の武装警官に付き添われて、長沙の母のところに帰って来た。家には一食分の米さえなかった。家には下に三人の弟妹がいた。母は、本来は看護師であったが、もう職はなく収入が全くなかった。弟も臨時工になったが、「反革命分子」の子であることが分かると、すぐ解雇された。

一九七七年、鄧小平が、高校進学の道を開いた時、弟は入学できなかった。しかし、紆余曲折を経て、弟は大学を出て、カナダに渡って定住した。妹二人は優秀であったが、困難と貧窮が加わって精神に異常をきたし、治療もできず金もなく、ついに二人とも自殺した。一人は首を吊り、一人は建物から身を投げて死んだ。一番小さな妹は、六〇年代に生まれたので、まだ数歳であった。この妹は、長期の精神不安定、栄養不良で身体が非常に小さく、身長はわずかに一四〇センチに満たなかった。反革命分子の子どもということで、社会から絶えず罵られ、打たれるのが毎日だった。そのため、ついに精神に異常をきたして、自殺したのだった。

私（婁玉方）は、苦学して医学院の研究生になり、長沙第四医院の鍼灸医になった。その過程で、医院の「解剖用屍体」の管理をやり、一〇年間、ひたすら労働と勉強に没頭して、ついに認められて一九八九年「湖南中国医学院」に合格して研究生になり、九一年に結婚した。病気で子宮を摘除していたので、子は生まれなかった。

病院では鍼灸科の副主任となり、二〇〇五年に退職した。以後、個人の鍼灸病院をつくり、またカナダとアメリカに観光旅行にも行った。（手記より）

この一族が、上記のような危険な決断に踏みこみ、悲劇の運命をたどったのには、「階級隊伍を純化する運動」という、当時の恐るべき全国的な地獄のような状況があったためである。例えば、一九七〇年二月から一〇月までに、全国で「叛徒・特務・反革命分子」として摘発された人は一八四万人、その内逮捕者は二八万人、数千人が処刑されたという。以上、文革後に発表された「内部資料」による。（小林記）

■資料

付記「労働改造所における婁瘦萍教授に対する迫害と彼の死去について」
「江匯」なる人物（仮名）のインターネット上の投稿より。

江匯『医学教授、婁瘦萍』（原載『民主中国』一九九九年四月号掲載）

私は、一九七一年九月、「現行反革命罪」の判決により湖南省にある涔澧農場に服役した。この農場は常徳地区にある。これは涔水と澧水に囲まれた中洲の島であり、「労改囚」（労働改造所の囚人）が長年開墾して作った農場であり、五万一〇〇〇畝《ムー》（一畝は五分の一ヘクタール）の耕地、一万八〇〇〇畝《ムー》の淡水養殖地を擁していた。一九七一年、ここに入れられている労改罪人は約一万人であり、八つの農業大隊、それに水産隊・機械隊・加工工場・

病院・幹部子弟学校・知識青年農場等の直属隊があった。ここは、湖南省の公安庁に所属する幾多の労改農場の中の一つで、統括機関は「軍管会」（当時、中国全土に展開された、軍隊を中核にした唯一の独裁権力機関）であった。

私は、一大隊の中の四中隊に配属された。農場に入った二日目だと記憶しているが、仕事を終えて帰って来た後、私は監房内のある人が北方の言葉で話している声を聴いた。久しく故郷の言葉を聴かなかったので、すぐ行って挨拶した。話していたのは一人の老人で、頭髪はすでに全くの白髪に近く、身長は高くないが、身体はがっしりしていた。彼は古く破れた黒い服をはいていた。服の上部に「労改罪人」を示す黄色の漆で印した大きな字が書いてあった。足には一足の泥だらけの「力士靴」（労改隊が売っている膠で靴底を貼ってある値段の安い靴）を履いていた。頭には幾度もつくろった黒い綿の帽子をかぶっていた。しかし、黒い眼鏡の奥の瞳は、慈愛と知恵を漂わせていた。

雑談中に、この老人の名は婁痩萍といい、逮捕される前は、湖南中央医学院で教えていた人で、一九〇四年に北方の安徽省で生まれたことがわかった。この時六七歳だった。私は、彼に「労働には耐えられるのですか」と訊いた。彼は、自分の属している隊は老人と病弱者と障害のある人が属している組だと言った。彼は身体がまだかなり良さそうだった。私は、また家の状況はどうかと尋ねたが、彼は頭をゆすって答えなかった。

当時、私は本当に分からなかったのだが、こんな大学教授が、一体どうして「反革命分子」になったのか？「労改所」の「互いに自分の事件について話すことは許さない」という禁止規定によって、私は、彼の判決の原因を問わなかった。以下に記すことは、彼の死後に、他の「労改囚」から聞いたことである。

話を文革初期の一九六六年に戻す。数千数万にのぼる教授・学者が、「反動学術権威」という冠（レッテル）をかぶせられて「闘争」に遭った。これと同時に、「地・富・反・悪・右」分子である「黒五類」（五種類の人民の敵階級）にされた婁痩萍——彼は、すでに一九五七年に「右派分子」にされていたが、さらに又「反動学術権威」というレッテルを張られ、「二重の反革命分子」となったので、もう当然のことながら劫難から逃れ難かった。

彼には、婁玉芳という名の娘がいた。当時はちょうど高等学校に通っている最中だった。この娘は、学校で「黒五類の犬の子」として、紅衛兵から罵られ徹底的に苛められた。この時、婁瘦萍の妻の、昆明にいた弟の韓国遠もまた「反動学術権威」にされており、「批判・闘争」を受けることに堪えられなかったので、単身で雲南省の昆明から湖南省長沙の婁瘦萍の家に逃げて来てきた。しかし、婁瘦萍自身が「泥の菩薩が川を渡るように、自分さえ保てない」状況になっていた。この家のどこに、「罪を怖れて逃げてきた」人間を隠しておくことができようか？　逃げるに途《みち》なき状況であることを知った韓国遠は、危険を冒して外国に逃げることを決断し、広州に向けて南下し、次に香港に逃げることを決めた。このことが婁の娘・婁玉芳に聞かれた。すると彼女も「どうしても叔父さんと一緒に逃げて、自分も危険を冒したい」と言った。妻は、もちろんのこと、こんな玉のような可愛い娘にこんな危険な冒険をさせたくはなかった。だが、自分のこれからの生死さえも分からない現在、娘が家族とここに居て、共に座して死を待つよりも、妻の弟に連れて行ってもらう方がよいと思った。そこで、彼は二人の路銀にとお金を集めて渡した。別れる時に、娘にたった一言、「お前は自分自身で活路を探せ」と言った。

韓国遠と婁玉芳の二人は広州に着いたが、土地も知らず、また言葉もできない。その時、広州の街のすべての道に通行人を見張るための「糾察隊」と「紅衛兵」がいっぱい配備されていたので、たちまち二人の行動は怪しいと疑われて、拘留、訊問にあった。この頃「香港に逃げる」ことは流行になっていたが、一旦捕まると、型通り「敵に投じ、国に叛《そむ》く」重罪とされた。この関係で一五年の徒刑となった婁瘦萍は、ここ涔澧農場に送られたのである。娘はただ一七歳にすぎなかったけれど、専門に女性や少年犯罪者を監督する、湖南省茶陵県労働改造所の茶陵農場に送られた。我々の囚人組の人で、以前、茶陵農場にいたことがある人が、そこでそれらしい娘を見たことがあるということだった。

私は、婁瘦萍のこのような無惨な境遇を聞いてから、自然と彼を見ればすぐ挨拶をするようになった。仕事に出る前、また帰った時も、いつもちょっとよもやま話をして、彼の悲痛の一部を分担したいと願った。彼の組は、みな老人と病弱なものだけであり、仕事場では穀物、綿花を日に干し、等級に分ける仕事をしており、そう体力を使わない。しかし、仕事の時間はたいへん長く、終業は我々よりも遅かった。私が監房に帰っても、彼はいつも手足を休めず忙しくしていた。ある時は穀物を乾かし、あるいは農具を修理し、そうでなければ縄をなっていた。ある人が彼を笑って「婁さんよ、そんなに一生懸命仕事をして、生きてこの労改の門を出られると思っているのかい？」と訊くと、彼はちょっと笑っただけで、その仕事をつづけていた。後に彼は私に言った。「独りでただ閑にしていると、脳がひどく乱れる。手足が忙しいと、心はかえって平静になるのだ」と。

我々の大隊は、涔澧農場の南部にあり、罪人を押し込める監房は、正方形の高い壁と電線網で囲まれていた。西南と東北の角には、それぞれ見張り台があり、武装した警官が日夜見張っていた。高い壁の中の四棟の監房には、四つの中隊が住んでいた。その中の、第一、第四の中隊が「反革命の犯罪人」、第二と第三中隊が「刑事事件の犯罪人」で、全部で一〇〇〇人余りであった。

我々が属す第四中隊は、「農科所」と言われ、稲や綿を栽培し、また全農場の良い種の栽培を管理していた。この中隊には、一一個の生産隊があり、それが甲乙丙丁の四種類に分かれていた。これは、労働力の強弱で分けられたり、食量の多寡で分けられたりしていたが、名称を美しく飾って「社会主義的労働配分」といっていた。囚人の食糧は、主に定量のコメ・白菜・大根、それに毎月三両（一両は五〇グラム）の肉、二両の油であった。しかし、毎日一〇時間から一四時間の仕事を強制されたので、自然に腹を満たすのに不足しており、罪人は一日中、腹がへってグーグー鳴っており、今に至るもまだ私の記憶に深刻に残っている。秋の収穫には、一日中働きつづけた。現場で突然に急な命令を出し、労働力を割いてレンガを焼かせたこともあったが、それは幹部たちの大講堂をたてるためであった。

囚人たちは稲を刈ったり、又幹部が決めた規定外の仕事をやったりした。稲刈りは、甲種の者は、毎日三七〇平方メートル、乙種の者は三三〇平方メートル、丙種の者は三〇〇平方メートルとそれぞれノルマがあり、また必ず稲刈り、稲打ち・脱穀・和草（藁を柔らかくする仕事か？）や穀物運び、田打ち、この四種類の工程の仕事をやらねばならなかった。

五人の囚人が一組で、これを「桶」といい、分業作業であった。私は乙種の労働であった。我々の「一桶」五人で、一七〇〇平方メートル（約二畝半の面積）の仕事をやらなければならなかった。一般的には、毎日一〇時間以上、汗みどろになって一生懸命にやってやっと完了した。もし完了しないと、幹部たちが、このグループの五人全員に「原因を探させ」、いわゆる「反改造分子」を掘り出させた。誰かを摘発しないと、そのグループ全体が食事をとることができなかった。掘り出された「反改造分子」は、全中隊の囚人大会で批判を受けた。幹部たちは、彼の衣服を剥ぎ取り、竹箒きで猛烈に叩いたりして、「鶏を殺して猿を驚かす」（一部を見せしめにして、他の全員を脅す）のである。しかし、この種の罰は、ピリピリと痛むけれど、ただ皮膚と肉を痛めるだけで、いつものように翌日の仕事に出るのには影響がなかった。

秋の収穫には、婁瘦萍たち第九班は、皆六、七〇代の老人たちであったが、同じく秋は大きな田んぼに出された。彼等は稲を刈り、またそれを集めさせられた。腰痛で耐えられない時には、かがんだり坐ったりして稲刈りをすることができた。しかし、彼等に足踏みで脱穀機を回させようとすると、まったく駄目なのだ。足踏みで脱穀用のタイコ板を踏ませるには、必ず一定の速度で踏まなければならない。踏む人間が、一旦踏む速度をうまく合わせられないと、つまり足と踏板が回転する速度が狂うと、「慣性の法則」で踏む人間をひっくり返すのである。老人組には難しいことがわかろう。

あいにく、秋の収穫の最初の日に、第四中隊の指導員である湯登和が、しっかりと田に検査にやってきた。この人物は、この涔澧農場の「造反派」の親分で、一度この農場の実権を奪ったことがあるので、人びとは「湯司令官」と呼んでいた。人柄は残酷でひどい男であり、囚人たちをしょっちゅう怒鳴り殴っていた。彼は、田んぼに降りて来て婁瘦萍たちの班の者がかがんだり、坐ったりして稲を刈っているのを見ると、すぐ怒鳴りつけた。「お前達のような老いぼれどもは、旧社会で安逸で苦労をしないできた。労改隊に来ても、まだ悔い改めず、ずるく怠けている。お前達は、「貧下中農」（革命隊伍である下層貧窮農民）はそんなふうにゆったりと地面に坐って稲を刈っていないのが見えんのか！」と。その晩、点呼をとる時、彼は又この老いぼれ組を大いに罵って、そうなる「原因」を探すように命じた。私は、老人組が分かれて討論する暇に乗じて、妻瘦萍を慰めて「あの俺たちを脅かす若造を気にするな」と言った。彼は苦笑して「分かっている」といった。「湯司令官」は、こんな老人の身体からは、何ら美味い汁を吸えないことが分かって、稲藁をひっくり返して乾かす仕事につかせた。

二年目の冬二月、一つは肥料を作るために又一つは泥池を干すために、農場の幹部たちは、みんな一斉に集まってきて池を干した。幹部たちは大声で囚人たちに柴魚（草魚）・鱔魚（なまず）を獲れと命じた。雨天の後で、魚を取りつくすと、池の中には少しのレンコンが残っていた。細くて小さなものだったが、囚人たちはそれを掘り出した。しかし、幹部たちは、もうそんなものは眼中にはなく、皆捨てて帰ってしまった。飢餓状態にある囚人たちには、どんな物でも飢えを満たすものは大変な宝物だった。彼等は一枚の大根の葉っぱでさえも食おうと争い殴り合い、また豚にやる生のさつま芋を盗み食おうとしては殴られた。しかし、今や、このレンコンに対して、我々は喜びながら、また恐れた。恐るべきは、監視だった。幹部たちが食べることを許可しない物を食べるのは、「農業副産品を盗み食った」と言われ、「改めて重罪に処分」されることを怖れたのである。しかし、我々はそれらのレンコンを分けた。しかし、妻瘦萍だけは少しのレンコンでも受け取りを拒んだ。二日目、隊に来たのは比較的情理に厚い幹部だったことが分かった。その幹部に、妻瘦萍にもレンコンを分けることを頼んだ。その許可を得て、妻はやっと受けとった。

一九七三年四月、我々の中隊の囚人医師が、囚人のわずかなお金をポケットに入れて免職になった。中隊では、幹部が妻瘦萍を担当医にすることを決めた。囚人医師には専門の医務室はなかったので、彼がすべての医薬品を小さな薬箱に収め、獄中で管理した。それには、一つの物語がある。

妻さんが、この中隊の囚人医者として薬箱も管理していた時、古い草で葺いた監房の丸屋根を新しいレンガで蔽う工事があり、電燈用の灯油が停まった。ある人が、胃が痛くて胃腸薬をもらいに来たが、妻さんは老眼で目がかすんでいたし、監房の中の光も極めて暗かったので、ビンに貼ってあるラベルを読み間違えて、処方薬でない外傷薬のアトロピンを与えてしまった。この「事故」で馘《くび》にされた。大隊の幹部たちは、マーキロクロムとアトロピンの区別がつかない「学術権威」だと言って嘲笑した。また、組織の囚人たちからも何回も「反動学術権威」として批判されたのだった。

妻さんは、この度、再び囚人医者となり、非常に慎重になり、特に囚人の物品管理室をきれいに掃除して、各種の薬品を各部門に類別し、きちんと並べて、間違ってとり出さないようにした。ある時、彼は私の顔が黄色くなっているのを見て思い当たることはないか訊いた。私は、大学時代に急性黄疸症にかかったが、まだ治療をする前に「四清運動」で下放され、「文革」でまた再教育、隔離審査を受け、直ちに逮捕投獄され、「労改」の判決を受けたのだった。妻さんは、それを心に留めていて、暇を作って真剣に診察をしてくれた。そして、肝臓部分に明らかに押すと痛いところがあるし、大きな腫れもある。早く医者に行って一度真面目に検査を受ける必要があると言ってくれたが、幹部の許可が得られなかった。私は、妻さんが書いてくれた診断を手紙で母に知らせ、母から労改農場に手紙を書いてもらい、私の生活条件、労働条件を改善するように要求してもらった。またもう一方でいつも栄養食品を送ってもらい、命を救ってもらったのだ。

前にも言ったように、彼は暇にしていることができなかった。そうしていないと、心がすぐボーッとして、夜に眠れなくなる。一九七三年の夏から、彼は毎晩「政治学習」をした後、一人で電灯の下で文を書いていた。起きるたびに、いつも午前二時か三時に便所に行く時、彼がまだ書いているのを見た。彼は、自分は眠れないのだと言った。その内容について私に話したことはない。しかし、後に中隊の幹部から聞いた話によると、彼はキリスト教徒で、書いているものは、一部は宗教的な認識と人生の困難であり、別の一部は「林彪事件」以後の中国の前途に対する心配だということであった。これらの彼が書いていた文書が、みんな何処へ失われてしまったのか、全く分からない。

一九七四年元旦、甚だ寒かった。農場は四面が水をかぶり、冬に川がいっぱいになって溢れた。囚人たちは皆、草の縄で綿衣を固く縛って寒さを防止した。実にその日、仕事を終えて帰ると、私は婁さんが監房内で冷水摩擦をしているのをみた。私は、彼が数十年間も、冷水摩擦をしているのを知っていた。冬が最も寒い一二月でもやめることはなかった。しかし、あの日は、温度は低く大風が吹いた。私は彼の前に行って、風邪に注意するように言った。彼は笑って「心配ない。私は慣れている」と言った。誰が知ろう、翌日彼は本当に風邪にかかったのだ。私は仕事から帰ると、彼を看に行った。彼は、ベッドに横たわっており、「アスピリンを飲んだから、心配ない」と言った。その晩、病気は急に重くなり、意識不明になり、もう醒めなかった。農場の病院に送ったが、帰ってくることはなかった。大隊幹部の言うには、彼は「急性脳卒中」で死んだということだった。

婁さんが死んだ後、大隊は一人の新しい幹部医師を連れてきた。姓は「聶」といい、婁が湖南省の医科学院で教えたことがある学生だった。彼は、「婁教授の知識は該博で、授業は生き生きとしており、性格は穏和であり、学院の中では学生に最も尊敬され、敬愛されていた教授だった」と言った。

もうそれからあっという間に二五年が過ぎ去り、私の歳は五〇歳を越えた。この間、意識する間もなく、あれやこれや力の限りを尽くしてきて、私は湖南省の労働改造所のなかの若き囚人から、アメリカの大学の博士号を持つ身に変わった。私は太平洋の彼方の私のいた大学で、一人の白髪の華僑の教授を見かけた時、思わず、苦難の中で朝夕一緒だった婁さんかと思った。彼の穏やかな安徽省北部の北方方言が、いまだ耳のあたりに纏わりついて……。

婁瘦萍教授逝去二五周年に当たり、ここに謹んで、先生に小さな祭文を捧げる。敬愛する婁教授の御冥福を祈りつつ。（終）

第五章　血をインクに転ずる惨痛

――「林昭――プロメテウス受難の一日」を切口に――

劉燕子

一　林昭の生と死

林昭について、許良英は「早くも一九六〇年に中国共産党政権を全体主義として正確に規定し、現代文明の指標たる自由、人権、民主、法治など普遍的価値を以て闘った」と論じ、また銭理群は彼女の「崇高な道徳や情操による抵抗」が「人心を震撼せしめた」と評する（傅国湧『林昭之死』開放出版社、二〇〇八年）。彼女はまさにロゴス、エトス、パトスを総動員して抑圧からの解放を希求し続けたのである。

林昭（本名・彭令昭）は一九三二年に蘇州に生まれ、「昭」は中国初の女性歴史家と呼ばれる後漢の班昭に因んでいる。父・彭国彦は大学を卒業してイギリスに留学し、「アイルランド自由連邦憲法序説」を書き、帰国後、国民政府の江蘇省で県知事となった。母・許憲民は蘇州の「大華報」の総経理で、秘密裏に共産党を支援し、戦後、一九四六年に国民政府が開催した国民代表大会に代表の一人として参加した。

林昭はミッション系の蘇州景海中学を卒業し、一九四九年、共産党系の蘇南新聞専科学校に入学した。卒業後は農村工作隊で土地改革に積極的に参加し、また、国民党に仕えた父と一線を画すために「彭」を取り去って「林昭」と改名した。だが、彼女は一九六三年に獄中で「共産党に盲従したのは、出発点が情熱的な感性からで、政治の冷静な理性ではなかった」と反省した。

一九五四年、林昭は北京大学中文系に入学し、ジャーナリズム（新聞）学を専攻した。翌五五年、文学の才能が評価され『北大詩刊』の編集に携わり現代詩やエッセイを発表したが、翌年に停刊となり、次いで学生の総合文芸誌『紅楼』の編集委員となり、第二号は張元勲（中文系学生）と責任編集者を務めた。しかし、これも反右派闘争により第三号で廃刊となった。

一九五七年五月、張元勲が編集責任者として同人誌『広場』を創刊し、「時が来た」という現代詩を発表した。これは「百家争鳴、百花斉放」を受け社会主義のルネサンス、社会主義の民主化を歌う作品であった。林昭はそれを支持したが、反右派闘争で「反共産党、反社会主義」と幾度も吊し上げられ、学業を禁じられた。張元勲は拘束され、翌年に八年の刑を下された。

林昭は一九五八年春に「右派分子」として「労働改造」三年を言い渡され、図書館や果樹園で監視下の労働を科された。同年六月、北京大学ジャーナリズム学専攻と中国人民大学ジャーナリズム学専攻が合併したため、林昭は人民大学に移り、ジャーナリズム学資料室で監視労働改造が続けられた。そこで甘粋に出逢うが、これは後述する。

病気がちの林昭は、一九五九年冬に喀血して病気治療が許可され、母に付き添われて上海に帰った。母はクリスチャンになっていた。

同時期、「右派分子」として甘粛省に下放させられた蘭州大学生の張春元たちは、天水県・武山県の農村で大躍進による飢餓の現実に衝撃を受けた。彼らは農民に同情し、真摯に対応する中で統治階層の官僚が特権を享受し、下層の人民を抑圧し、搾取し、奴隷化していることを知り、まずこの壊滅的な災厄を記録し、為政者を告発しようと下放学生十数名とガリ版刷り地下出版『星火』を計画した。

また『星火』同人の孫和は妹（林昭の同級）を通して林昭に手紙を出した。これに応えて林昭は返信で「カモメの歌——不自由ならむしろ死せん——」を送った。次いで張春元は林昭に会うため密かに上海に赴いた。林昭は慎重であったが、お互いに共通の理想や感情を持っていると察し、「プロメテウス受難の一日」をその場で手渡した。

『星火』第一号が三十数部できあがり、第二号の編集を進め、「カモメの歌」も掲載されることになった。さらに、第一号を北京、上海、広州、武漢、西安の当局上層部に郵送しようとした。だが、その前に「反党反革命小集団」の罪状で関係者は一網打尽となった。学生だけでなく、「右派青年」の誠実さに共鳴した共産党末端組織の幹部、さらに無辜の農民すら摘発された。一九六〇年九月三〇日、「公審大会（人民裁判）」が開かれ、四十名以上が有罪とされ、二百余名が連座とされた。張春元と武山県党副書記の杜映華は一九七〇年に処刑され、他も七年から二〇年という重刑であった。

ほぼ同時期に林昭も上海で逮捕された。罪状とされた「中国自由青年戦闘連盟」の綱領は自治連邦制、大統領責任制、軍の国家化、政治の民主化、個人財産の私有化、私有経済の許可、法治の整備、友好国家からの援助の積極的な受け入れという八項目から成っていた。それらは文革後の改革開放で議論され、一部は実施され、まさに先駆的であったが、林昭は有罪とされた。一九六四年一二月二日、上海第一看守所に投獄されていた林昭は上海市静安区人民検察院の起訴状を受けとった。それは「中国自由青年戦闘連盟」は「反革命集団」で、林昭はその「主犯」、「思想犯」だと述べたが、これに対する林昭の反論や批判も残されている。彼女は「反革命集団」について「三度三度たらふく喰らい何の仕事もしないのが風を捕まえ、影を捕らえ、まっ昼間に幽霊に怯える。過大評価ね。実際はくちばしの黄色い小娘や若造の退屈しのぎのゲームにすぎないのよ」と揶揄する。同時に「中国自由青年戦闘連盟」の名称は「古い型にとらわれず清新で喜ばしい」と書き、綱領は自分で起草したことを認め、その目的は「正確にいえば中国大陸において暴政に対抗していた往年の民主運動の積極分子を結集し、古くてぶ厚い中世の遺物の上に力強い画期的なルネサンス——人間性を解放する運動を起こす」ことであったと堂々と表明する。「反革命集団を組織し、反革命を宣伝・煽動し、帝国主義と結託し、敵に情報を提供し、国境を秘かに越え、また収監されている囚人の暴動を企画するなど、社会主義の事業を破壊し、人民民主独裁を転覆することを企てたという重大な犯罪」に対しては「官僚の混迷した嘘八百で、書いてることが支離滅裂だが、くちばしの黄色い小娘を売り飛ばす料金を高く引き上げることができ、光栄この上ない！」と記している。さらに彼女は「第一に全体主義の統治下の『反革命』という名詞には最低限必要な原則性も厳粛性も欠如し、第二に全体主義政治自体に残虐性、卑劣性、不義があり、それに反抗する者は誰もが『正義の栄光ある戦士』となり、第三に特に我々青年世代にとっては、我々が統治者に何らかの罪を犯したのではなく、統治者が我々に厳しく譴責されるべき罪を犯したのである」と批判する。

一九六五年六月一日、「有期徒刑」二〇年の判決が下されるや、林昭はただちに血書で「これは恥の判決である」で始め、「公義は必ず勝利する！　自由万歳！」で結ぶ「判決後の申し立て」を書きあげた。

一九六六年五月、張元勲が八年の刑期を満了し、「婚約者」だと当局を説得し、林昭の母とともに提籃橋刑務所まで面会に来た。二十数人の武装した看守、数人の刑務所幹部の後に女性の看守に支えられて林昭が現れた。顔はやつれ、足をひきずり、ざんばら髪はほとんど白くなり、服はぼろぼろであったが、頭には「冤」と大きく血書した白い布をかけていた。

一九六八年四月一七日、林昭は訊問で「罪を認め、反動的な詩など書かず、後悔の念を示せば寛大に処罰を軽くする、これが最後の機会だ」と言われたが、何も答えなかった。二一日、「検察官にバラの花を捧げます。……これは最も礼儀ある抗議です。……人の血は水ではありません。滔々と流れて黄河になるのです」との詩句で、あくまでも美しくかつ強靭に詩想／志操を貫いた。林昭は面会でも雑居房でも死刑は必至と語っており、揺らぐことなくその道を進んだと言える。

二七日、起訴書が送付され、そこには無産階級専制体制を攻撃し、偉大なる領袖毛主席の光輝ある形象を汚し、反革命小集団を組織して反党反革命活動を行ったという三つの罪状が書かれていた。二八日、「青い燐光は滅《きえ》ず、夜々霊台を照らす。心魂は留めて在り、残駆は劫火に付すとも。他日紅花発《ひら》けば、血痕の斑を認めん。嫣《あか》き紅花に倣い、従《よ》って渲染《そそ》り難きを知らん」との五言律詩を詠じた（後半の四句は汪精衛が獄中で死を覚悟して詠んだ詩句）。その夜、四人の武装警官と一人の獄吏が林昭を呼び出した。彼女は悠然と同房の女囚に別れを告げた。翌二九日深夜、林昭は上海龍華空港第三滑走路で秘密裏に銃殺されたが、遠くで目撃した者がいた。

五月一日、老いた母のもとに処刑の請求書が届いた。そこには「反革命分子のために銃弾を一発用いたため、家族は一発分の代金、五分（一元の一／一〇〇）銭を支払うべし」と書かれてあった。母は気を失い、妹が支払った。遺体について尋ねたが、返答はなかった。父は既に一九六二年に林昭が逮捕された一カ月後に自殺していた。母も一九七五年に自ら命を絶った。

既に一九六三年、林昭は獄中でノートに「民間では死刑囚は自ら銃弾の代金を払い、その値段は一発が一角数分と言い伝えられている。私は自費で払うのはかまわないが、筋の通った説明を求める。血を白日の下、衆人の目の前で流すのは不幸中の幸いだが、林昭の血は必ずや一滴一滴が誰の目にも見えぬ暗やみに落ちるに違いない」と書き遺していた。

二　甘粋との出逢い

甘粋は一九五五年に中国人民大学に入学し、ジャーナリズム学を専攻した。一九五八年、人民大学は右派分子として四〇〇名を選び出すように指示され、この〝ノルマ〟を達成するため甘粋は右派分子とされ、ジャーナリズム学資料室での監視労働改造を命じられた。その作業は、古い新聞を読み、目録を作成することであった。

同年、林昭は先述したとおり人民大学に移され、資料室での監視労働改造を命じられた。こうして二人は出逢った。二人とも二六歳であった。甘粋は「林昭とぼくの恵まれぬ愛（林昭与我的苦命愛情）」で、次のように述べている。

ぼくは林昭と出逢ってからたった一年で辛い生き別れを強いられた。……一九五八年六月ころ、資料室で働いていたのは三人だけだった。ぼくと林昭は監視労働改造で、その上司は劉少奇の前の妻、王前だった。この時既に彼女は聶真（人民大学副学長）と再婚していた。

林昭は虚弱体質で、咳が止まらず、肺炎に罹ることさえあった。王前から「君は男の同志として林昭の面倒をちょっと見なさい」と言われ、ぼくは彼女の病状を一番知るようになった。

ぼくは彼女のためにお湯を汲み、ご飯をつくった。冬になると、彼女の冷えきった寮の部屋にストーブを持ち込み、石炭や薪も十分に用意した。

当時、学生食堂ではトウモロコシのマントウと野菜の塩漬けしかなく、林昭の喉には通りそうもなかったので、ぼくは豚肉と白菜を炒めた。また、北京の東四(中心街)の広東レストランで、おいしい広東風肉入りおかゆを買って届けた。

ぼくたちは境遇も思想も共通していたので、心が通いあった。昼はいっしょに資料のカードを作成し、夜はそれぞれの人生や考えを語りあった。週末には公園を散歩したり、現代劇を観た。林昭に連れられて灯市口のキリスト教会の礼拝に出たこともあった。

ぼくは、林昭が思想を頑として堅持することに対して現実的になるように促した。党に真正面から挑戦するのは、卵で岩を割ろうとするようなものでムダだと話した。しかし彼女は全く妥協せず、何万何億の卵で割れば頑とした岩もきっと割れると言った。

二人の右派分子が愛しあうことは党の不興を買った。党幹部は甘粋を呼びつけ、「これはプロレタリア独裁政権への攻撃だ」と批判した。しかし、一九五九年春、甘粋は党支部長に林昭との結婚の許可を求めた。これは即座に拒否され、さらに「右派分子の身のくせに、結婚などとんでもない。思想改造への反抗だ」と蔑みを込めて非難された。

そして間もなく甘粋は新疆ウイグル自治区に配属され、強制労働を科せられた。林昭との禁断の愛への罰であった。甘粋は、次のように述べる。

一九五九年九月二六日、ぼくは遙か遠い西北の地——新疆へ流刑に処せられた。北京駅で、ぼくたちはどんよりとした陰鬱な気持ちに包まれていた。プラットホームに佇むぼくたちの心は離別の辛さに引き裂かれた。彼女はこう言った。

「阿三（甘粋）、愛してる。あなたを連座させてしまった。前にも言ったでしょう。党は私たちをきっと迫害すると。あなたを辺境に流刑させてしまった。」

ぼくは彼女が瞳をぶるぶる震えさせているのを初めて見た。それは恐怖に戦慄するようなまなざしだった。ぼくたちは抱きあい、涙を流した。

以後、甘粋は林昭と全く連絡がとれなくなった。彼は新疆建設兵団農二師の屯田兵から〝盲流（盲目的に流浪する）〟のカメラマンとして新疆を巡り歩き、ソ連への逃亡を企てたが、未遂で送還され、「ソ連のスパイ」、「牛鬼蛇神」と吊し上げられるなど波乱の半生を送った。

一九七九年、「地獄の二二年」が終わり、ようやく北京に帰ることができ、初めて林昭の処刑を知った。

甘粋は回想する。林昭は、明、清代の糸綴じ本の〝筆記小説〟をたしなんでいた。そして二篇の詩を書き上げた。「プロメテウス受難の一日」と「カモメの歌」であった。彼女は何度も書き改め、そのたびに読ませてもらった。また彼女も朗読してくれた。

甘粋はしっかりと林昭の独立不羈の遺志を堅持していた。彼は一九八九年五月から六月、毎日、天安門広場に赴き民主運動を記録し、「北大魂——従林昭到八九民運」にまとめた。

三　「プロメテウス受難の一日」を味読する

プロメテウスの神話は、紀元前七世紀、ヘシオドスの『神統記』や『仕事と日』に記されている。前者ではプロメテウスとゼウスの知恵比べが、後者ではプロメテウスが火を盗み人間に与えたためゼウスに罰せられたことなどが叙述されている。その後、アイスキュロスは悲劇「縛られたプロメテウス」を著し、近代でもパーシー・シェリーが詩劇「鎖を解かれたプロメテウス」を、ゲーテが詩「プロメテウス」を詠《よ》むなど、歴史を通してモチーフとされてきた。

シェリーは「潜るも、翔《かけ》るも、走るも自由だ、——／世界を暗黒で／包んでいる境の／かなたへでも、そのあたりへでも、その中へでも／／われらは眼を／星空の眼を／灰色の深みまでも見やり、そこに住む」と[一]、またゲーテは「平明と素朴の美しさ」に「理想主義的ヒューマニズム」を込めて「おれは　ここに坐って／おれの姿そのままに人間をつくるのだ……苦しんだり　泣いたり／楽しんだり　喜んだり／そして　おまえなど崇めない／おれのような人間を」と詠じた[二]。

林昭の「プロメテウス受難の一日」もその作品群の一つだが、特異な位置を占める。Promeheus の漢語表記はいくつかあるが、林昭は「普洛米修士」と書く。それは意識的であったと言える。「修士」は中国語で修行者、求道者を意味するからである。そこに主神ゼウスに反抗し人類に火を与えて罰せられたプロメテウスの自己犠牲に、人類救済のために十字架刑を受けたイエス・キリストや「右派」として迫害された自分自身をも内包させていると捉えられる。このように重層的な意味を込めて、林昭は自由律の詩句を綴る。

まず「アポロンの金色《こんじき》の馬車[三]」と始め、次いで主神ゼウスの残虐な刑罰へと筆を進める。受難の先触れとなるアポロンは太陽神であり、「紅太陽」の現人神と拝跪された毛沢東を連想させる。

しかし「プロメテウスは微笑み／ゼウスは愕然と困惑する」の詩句から転調し、両者の論争が始まる。そして、プロメテウスは「火は人類を解放に導く／もう無駄なお説教など止めよ／ともあれ、もはや誰だろうと／人類の火を消すことはできない」と堅固な信念を表明する。

第二節では「はげ鷹があなたの内臓を喰らう／あなたの肉体は鉄鎖で縛りつけられているが／心魂は風よりも自由だ／あなたの意志は岩よりも堅強だ」とプロメテウスの強靱さが讃えられる。その中の「心魂は風よりも自由だ」は「風は思いのままに吹く」（「ヨハネ福音書」三章八節）を想起させ、ギリシャ神話とキリスト教精神が凝縮されている。また詩句の中の「真理」についていえば、「ヨハネ福音書」八章三二節では「あなたたちは真理を知り、真理はあなたがたを自由にする」と記されている。「火の種をあまねく世界の隅々まで播こう／最後の戦いで勝利して凱旋する」は種蒔く人や最後の審判、またハルマゲドンを連想させる。

プロメテウスとゼウスの論争は思想闘争の様相を帯びる。ゼウスは「お前だって自由を希望しておろう」と誘うが、プロメテウスは「私は生命《いのち》よりも自由を愛す／だが、そのために代償を払わねばならないなら／私は永遠の拘禁を受け入れる」と応じる。これはプロメテウスを通した林昭の自由宣言である。この自由の本源的な認識はサルトルの「人間は自由の刑に処せられている」、「われわれは自由の刑を宣告されている」に通じる[四]。

そして勝利が謳歌される。残酷な刑罰を受けているにも関わらず、そうできるのは「人類は自由の旭光の中で歓喜する／炎よ、家々の暖炉の中で燃えさかろう／寒冷も飢餓も人類から永遠に離れる」と確信するからである。自分が犠牲となっても人類は解放されるという人間讃歌である。

そして「人類よ！　私は歓喜してあなたの輝かしく／尊き名を呼ぶ。大地の子よ／兄弟として心の底から／呼びかける。人類よ、私はあなたを愛する。……あなたたちは善良だが、でも生活に／もはや耐えられなくなったときは、奮起し／闘おう！」と呼びかける。歓喜や人類愛はベートーベンの第九交響曲の「歓喜の歌」を連想させる。その詩想はシラーの「朗らかに、創造主の星々が飛び回る如く／壮大な天空を駆け抜け／進め、兄弟よ、その行く道を／歓喜に満ちて、勝利に向かう英雄の如く！」と相同である。また、この闘いは「人類愛」の闘いで、あくまでも非暴力であり、主旋律は人類へのオマージュである。しかし、これが「反革命」とされたのである。それは却って「革命」の非人間的な暴力性を露わにしている。

四　秋瑾から林昭へ――二人の女傑――

「秋瑾から林昭へ」は気骨ある詩人・作家の白樺（本名は陳佑華）の長詩である（一九九七年作）。これを通して林昭の生と死の意義を確認していく。

白樺は一九四九年に中国共産党に入党し、五五年に人民解放軍総政治部創作員となるが、五八年に反右派闘争で批判され、党籍・軍籍剥奪の上、工場に下放された。文革終息後、名誉回復され、小説や映画脚本など次々に話題作を発表したが、八一年、彭寧との合作シナリオ「苦恋」とその映画化「太陽と人」が、愛国の名目で実は祖国と党を侮辱したとして反党反社会主義などの罪を着せられて激しく批判され、自己批判さえ強いられた。

「苦恋」は画家の凌晨光の孤独な幼少期、革命闘争への参加、渡米と画家としての成功、新中国誕生、祖国への〝片思い〟、帰国、迫害という波乱の半生を軸に、国のあり方や人間の尊厳をテーマにしている。そして娘が「父さんは祖国を愛している。苦しく、切なく恋している。でも祖国は父さんを愛してるの」と問いかける。このセリフは社会に大きなインパクトを及ぼした。三〇年以上を経た今日でも、中国人の心の中で響いている。

次に秋瑾について説明しておく。彼女は清末の革命家である。一八七五年、浙江省紹興に生まれ、日本に留学し、中国革命同盟会に加入した。帰国して清朝を倒すべく浙江で武装蜂起を計画したが、発覚して逮捕され、一九〇七年七月一五日早朝、紹興軒亭口の刑死場で斬首の刑に処せられた。享年三一歳の若さであった。辞世は「秋風秋雨、人を愁殺す」で、時代を超えて詠い継がれている。

そして白樺は「秋瑾から林昭へ」と詠じる。それでは、この長詩から摘記する。

秋瑾から林昭へ（抄訳）

私を死に至らせても。
いや、たとえ死んでも決してあなたを忘れない。
私の魂は、断崖絶壁に埋もれた
化石の如く、必ず記憶され、後世へ伝えられる。
……
あなたの逝った三〇年後、
男を恥じ入らせる女傑が生まれた。
……
彼女は――独りの卓越した思想家。

絶対的監禁の中で思想を探究する。
彼女は――独りの活躍する自由人。
完全な孤独の中で自由を追究する。
……
彼女への回答は自分に向けられた銃弾。
だが彼女は最後に熱血を沸騰させた。
それに対して余命幾ばくもない老母に銃弾の代金五分の請求。
……
林昭は秋瑾嬢より苦難に満ちている。
林昭は秋瑾嬢より孤独だ。
秋瑾嬢はまだ最後に、
刑場で首を切られ熱血をほとばしらせることができた。
皇帝はまだ天道を奉じ聖旨を諭した。
そのとおり執行するとの布告を公布した。
見せかけだが監査官を派遣した。
旗、銅鑼、扇を持った儀仗隊を並べた。
やんやと喝采する見物人もいた。
まるで芝居小屋の立ち見席の観客のように。
秋瑾嬢は天に代わり道を行う義賊になれた。
弱きを助け強きを挫く女侠になれた。

実を言えば、ぼくは秋瑾の敵にいく分かの敬意を抱く。
彼らは民衆の前で自分の卑劣さを見せたから。
臆病や怯懦を隠そうとさえしなかったから。
何だ、暴徒と言ってもこんなきれいな女の子がたった一人か！
女でさえ止むに止まれず刀や槍を手にして、
大清朝廷に向かってまっしぐらに突進したのだ。
大清朝廷の天運はまさに尽きた。
精神において秋瑾は清朝に致命的な一撃を与えた。

だが林昭が生の暗やみから死の暗やみに向かうその瞬間は、
ほんの数人の少年が偶然見かけただけだった。
少年たちは大きくなってからようやく分かった。あれは
公然と国家の名で行われた秘密の銃殺だと。
ぼくらは問わずにいられない。なぜ、一枚の布告もなかったのか？
なぜ、刑場ではなかったのか？
なぜ、彼女を「精神分裂病（現在では統合失調症と表記）」と診断したのか？
銃殺が患者への処方なのか？
……

白樺は秋瑾や林昭の生と死を、圧倒的に強大な清朝と中華人民共和国との比較において詠唱し、その歴史的な

意義を示している。まさに「プロメテウス受難の一日」では「ゼウスは安心できない」と書かれているように朝廷も、そして独裁体制も安心できない。何故なら人類史の大道は秋瑾と林昭の側にあるからである。プロメテウスが「大事《こと》のプロセスは変えられない」というとおりである。

このように白樺の「秋瑾から林昭へ」により林昭の詩想をより深く理解することができる。

五　強権政治に対する「天問」――現代に林昭を読む意義――

小論を執筆している一月一五日、白樺逝去のニュースが飛び込んできた。彼の「秋瑾から林昭へ」という「天問（根源的な問いかけ）」をいかに受けとめるべきかと思わされる。改革開放四〇年で時代が大きく変わったとは言え、習近平体制では指導者個人への権力集中が強まり、共産党への「天問」に対して極めて非寛容となっている。

「反右派闘争」は過去になっておらず、二一世紀の今日でも形態を変えて続いていると言える。確かに毛沢東時代の「人治」から「法治」に変わったように見えるが、しかし憲法に中国共産党の指導が繰り返されているとおり法の上に党が存在している。事実上、これは三権分立、司法の独立の否定であり、これにより法が巧妙に思想統制・言論弾圧に使われている。「右派」よりも「国家政権転覆罪」の方が近代法治主義と思わせるが、その本質は変わらず、上からの一方的な宣告である。

それ故、林昭を知ることは、現代中国の問題に迫ることになる。確かに中国の言論空間では沈黙が続いているが、その寂寥たる沈黙の裏に広がる声なき声に耳を澄ませば、プロパガンダの酷い喧噪を深部から揺り動かす力が潜在している。それを活性化させる力が林昭の詩想にはある。

また、根源的な「問」は「天」の下に存在する日本にも向けられている。反右派闘争や文革と本質的に変わらない現代の思想統制、言論弾圧、人権蹂躙について、どう考えるか？　人権派弁護士一斉拘束（７０９事件）、少数民族のアイデンティティの基盤を損壊する文化的ジェノサイド、ウイグル人大規模強制収容などいずれも重大な問題である。これについて語らないのは何故か？　毛沢東時代と異なり、現在ではそれを伝える書籍やサイトは数多くある。にも関わらずそうしないのは、隣国の安全地帯にいながら恐怖政治に怯み、あるいは利益誘導で懐柔されて「自己制御」しているからなのだろうか？「趨炎附勢（権力者への媚びへつらい）」で「見ざる聞かざる言わざる」となっているのではないか？　暴力への無関心が問われ、人道的関心（humanitarian concerns）が提起されている状況において、それでいいのだろうか？

林昭の遺稿は現代においてますます重要になっている。「プロメテウス受難の一日」はその一つにすぎない。小論をきっかけに、林昭の読者が増えることを願う。

六　プロメテウス受難の一日（全訳）

林昭
劉燕子　訳

（一）

アポロンの金色《こんじき》の馬車が次第に近づき、
天に深紅の黎明が昇る。

カウカソスの峰々は朝焼けに染まり、
懸崖で、プロメテウスは目覚める。

最初の旭光とともに、
地平線に二つの流星が疾く射かける。
――やって来る、ゼウスの送る懲罰の使者、
二神[五]はいつも時間を誤らない。

……麗しき朝よ、そなたはいつ、
私にとって自由が輝くシンボルとなるのか……
縛りつける鎖は氷のように冷たい大蛇、
全身が痺れ痛む。

ヒューっという羽音で、そばに
二羽の獰猛な黒雲が舞い降り、
銅の爪を猛然とあばら骨に突き刺す。
彼は黙し、歯を食いしばる。

二羽は激しくついばみ、ゆっくりとかみ砕く。
凝固した傷口から再び鮮血が流れ出る。

胸はノコギリ歯の形状に裂け、
燃えあがる心が現れ出る。

はげ鷹は動きを止める。休憩しているようだ。
この虐殺はそれほど疲れることもないのに。
——時間はたっぷりあり、急ぐ必要はない。
彼は何の抵抗もできない。

ああ、耐えがたい絶望的な待ち時間。
「早くやれ。生殺しにするな」と叫ぼうとするが、
最後まで沈黙を守り通す。
走狗に人間性があるなど期待できないから。
犠牲者を弄ぶ残酷さ。
犠牲者の反応は却って愉悦を増す刺激。
彼の生き生きとした心をちょっとついばむ。
彼は痙攣する。胸にまっ赤に焼けた釘を打ちこまれたかのように。
ちょっと、ちょっと、またちょっと、さらにちょっと。
はげ鷹は貪欲に噛んでは呑みこみ、
鮮血に酔い痴れる。

はげ鷹の鋭いくちばしはまっ赤に塗られ、
二羽は心を奪いあい、引き裂き、噛みちぎる。
心は一かたまりの血と肉に変形し、
ただ生命《いのち》だけが小刻みに奮えている。
苦痛で全ての神経は焼けただれる。
彼は喘ぎ、冷や汗でびしょ濡れになる。
空気があっても、一口吸うごとに、
無数の銀の針が入るだけ。

はげ鷹の曲がった爪は腕に食い込むが、
しっかりと歯を食いしばり、唇を噛み締めて、
受難者は岩のように静かに沈黙する。
ため息もうめきももらさない。

手枷の端が皮を裂き肉を切る。
ギザギザの岩壁が筋骨を削る。
大地は錆色に変わり。
受難者の巍然たる影を映し出す。
蒼穹に向かい彼は目を上げる。

天よ、この暴行の証人となってください。
だが彼がそこに見たものは……
空中に笑うゼウスが現れる。
笑えばいい。だが、もし、
私に恨みを晴らすもっとよい方法が見つからなければ、
もし、これにより世界に君臨し赫々たる威勢を
見せつけることができなければ、
もし、はげ鷹の鋭いくちばしや爪でしか
囚人に勝者の栄光を証明できないのであれば、
笑えばいい。雷霆《ケラノウス》をふるう[六]
ゼウスよ、私はむしろお前を憐れむ。

ついばめ。私の懲罰を命じられたはげ鷹よ、
潔白の心を蹂躙せよ。
犠牲者の血と肉で毎日
満腹し、滋養を得て羽はつやつや。

プロメテウスのほほ笑みに、
ゼウスはなぜだと当惑する。
「まあ話してみろ。プロメテウス。

従うか従わないか、早く決めろ。」
「できない」とプロメテウスは答え、
ゼウスの目を静かに直視する。
「もともと火は人類のものだ。
どうしてそれをずっと天界に隠せようか？
たとえ私が火を盗まなくとも、
人類は自分で火と明かりを手に入れる。

家を持つ人類はもはや洞窟には住まない。
森を飛ぶ鳥はカゴには入らない。
火を手にしたからには火の種は保たれる。
大風が吹いても消すことはできず、洪水もそれを押し流すことはできない[七]。

火は人類を解放に導く。
もう無駄なお説教など止めよ。
ともあれ、もはや誰だろうと、
人類の火を消すことはできない。

神族の統治はどれほど持ちこたえられるか。
巷に満ちている怨嗟の声が聞こえないのか？

賎民の血涙が神々を溺れ死にさせる。
オリンピアの宮殿は灰燼に帰す。

未来の暴動を誰が指導するかなど聞く必要はない。
正義を広める者はみなお前の敵だ。
お前が瓜を植えれば瓜を得、豆を蒔けば豆を得る。
お前を殺す者はお前の親族だろう。」

「黙れ！　あくどい呪いなど止めろ。」
ゼウスの両目は燃えあがり、顔色はまっ青で、
雷霆《ケラノウス》を振り上げ、地上を
一撃し、大地を揺り動かす。

「警告する。絶対に大目に見てやらんぞ。
わしが寛大などと信じるな。」

「誰もお前を寛大だとは思わない。
そんなことをすればゼウスの英名の侮辱になる。」

「あれこれ言うな。

一言でいい。従うのか従わないのか。」

「私の意志など重要ではない。
大事《こと》のプロセスは変えられない。」

「わしらが失敗するなどと自信たっぷりだったが、
ざまあ見ろ。神族は万世永遠だ。」

「陳腐な神話をまだ繰り返すが、
真実かどうか自問すればいい。」

「賎民や逆徒に負けるわけなどない。
造反するやつはことごとく平らげてやる。」

「お前の武勇伝はよく知っている。
だが夜道を歩くと無実の罪で死んだ亡霊にばったり出会うぞ。」

「お前は呪うことで自分を慰めているだけだ。」

「呪いではない。未来を見せているだけだ。」

「未来などお前には関係ない。
自分の救いだけ考えろ。」

「私を粉砕すればいい。それでうれしいだろう。
だがお前は危難から逃れることはできない。」

「お前の石頭は花崗岩か？」

「いや。真理だからこそ堅固なのだ。」

「そうか。おれにとことん敵対するのだな。」

「敵と見なされるのは光栄だ。」

「地獄に落ちて亡霊に会わせてやろう。」
ゼウスは怒りに燃えて怒号し、
雷霆《ケラノウス》をプロメテウスに叩きつけ、
轟音とともに地は裂け、天は崩れる。

山麓の半分が谷深く崩れ落ち、
雷鳴とともに砂は空に舞い上がり、石は転がり落ちる。
妖蛇の如き雷光が黒雲の中で乱舞する。
世界の終末に現れる地獄さながら。

ゼウスはアダマスの鎌を振りかざし
ぞっとする笑いを浮かべながら雲の上まで飛びあがる。
「さあお前を片づけてやる。待っていろ。
生殺しにしてやる。皮を剥ぎ、筋を引き抜いてやる。」

「鎖に縛られた勇士に対しては、
抵抗する力を失った囚人に対しては、
不幸にして捕虜となった敵に対しては、
確かにお前の武勇は比類がない。」

受難者の心の声が聞こえたのだろうか。
それとも辛辣な味覚に目がくらんだのだろうか。
はげ鷹は激怒し、一斉に四つの爪を伸ばし、
傷だらけの心を二つに引き裂く。

プロメテウスは気を失い、
忽然と暗黒の深淵に沈んでいく。
胸は地獄の焼きごてで
燃やされ、彼は息をひきとる。

（二）

カウカソスの山脈のすがすがしいそよ風が、
囚徒の焼けただれた唇にキスをする。
花崗岩もふるえてため息をつき、
プロメテウスを揺らして目覚めさせたい。

山林の女神たちが悄然と、
なよやかな彩雲のように飛来する。
柔らかでしっとりとした長い髪で、
受難者の胸の血痕をぬぐう。

彼女たちの瞳には涙があふれ、
声は山あいの泉のように囁《ささや》く。
目覚めよ、目覚めよ、敬うべき囚人よ。

生命《いのち》が呼びかけている。答えよ。
はげ鷹があなたの内臓を喰らう。
あなたの肉体は鉄鎖で縛りつけられているが、
心魂は風よりも自由だ。
あなたの意志は岩よりも堅強だ。

突然、北方で雷鳴が轟く。
太陽は隠れ、黒雲が湧きあがり、凄惨な霧がたちこめる。
女神たちはさけぶ。「ゼウス！」
あわてふためき散り散りに逃げ去る。

やって来る。簡素ないでたちのゼウスが
二羽のはげ鷹を両肩にのせて。
プロメテウスの頭のそばに降臨し、
囚徒の傷跡を観察する。

全く破損のない鎖を見て、
血の跡が点々とする岩を見て、
口もとに満足げな笑みを浮かべ、

あざけりながら聞く。「どうじゃ？　え？」
……囚徒は落ち着きはらって一瞥する。
眼光は鋭くて揺るぎない。
ゼウスは思わず一歩退くが、
プロメテウスの前で身の隠しようがない。

彼は全身を岩に磔《はりつけ》にされ、
動かせるのは目と口だけだが、
荒れた山とさびれた野に、
ただ一人、孤立無援だが、

ゼウスは安心できない。
プロメテウスに向かうと刺されるようで落ち着かない。
——いったいどんな力を持って、
神族の存在を脅かすのだ！

「どうじゃな？」　ゼウスはまたたずねる。
口調はやさしく柔らかくなった。
「山頂は少し寒いが、

空気はすがすがしい。
この二羽は憎たらしいか？　畜生だから、
血の臭いを嗅ぐと言うことを聞かなくなる。
適切に配慮せよと命じたのに、
ちゃんと守ったかのう。
何かほしいものがあるか？　言ってみろ。
できることなら、何とかしてやる。」

プロメテウスはゆっくり答える。
「行き届いた配慮に感謝する。
何かほしいものと言っても、囚人は――囚人にすぎない。
鎖やはげ鷹は職責を果たしているだけだ。
ただ、お前は偽善を引っ込めたらいいだろう。
私にとってどんな酷刑よりもひどいもんだ。」

ゼウスは聞こえないふりをする。
「アーン、お前は意気消沈しているようじゃな。
そこまで意地を張る必要なんてない。改心すれば寛大にする。
どんな大罪でも悔い改めればいいのじゃよ。

オリンポス山に帰り、
天上の栄耀栄華を享受したいじゃろう。
また神族の一家に戻り、
わしらと太平の世をのんびり楽しんで暮らしたくないのか？」

「お前に答えよう。ゼウスよ。ことわっておくが、
私はお前たちが謳歌する天下太平を厭《いと》う。
今日、私は縛りつけられ、迫害されているが、
私は自分が罪人だとは認めない。」

「よろしい。だがお前だって自由を希望しておろう。
少なくとも懲罰や拘禁を解かれたいと望むじゃろう。
昔のように空や海を心ゆくまま飛びまわり、
風や雲を追いかけたくはないとでもいうのか。」

「はっきり言えばいい。お前は何をしたいのか？
そうだ！　私は生命《いのち》よりも自由を愛す。
だが、そのために代償を払わねばならないなら、
私は永遠の拘禁を受け入れる。」

「だが、こういうことじゃ。プロメテウスよ。
わしらは人類に火の粉でも与えたくない。
火は天界の神々の焼香や調理のためのものじゃ。
賎民の暖や明かりのためではない。

初めに、お前が天界から火の種を盗んだのだから、
今度はきれいに消してもらう。
オリンポスの神族の利益のため、
この重大な責任を果たさねばならぬ。

それにお前には予知の力があり、
(ゼウスは改まりせき払いして)
神族の壊滅を予見してるそうじゃな。
みなお前を暴動の首領だと思っている。

わしらはそんなこと信じはしない。
神族をひっくり返すことなど夢幻《ゆめまぼろし》じゃ。
わしらは宇宙をとこしえに統治する
最高の権能を永遠に保持しておる。

だが、もしかしたら狂った輩《やから》もいるじゃろう。
太陽を西から昇らせようと夢想するような。
それをお前が知っているなら、ありのままに話せ。
わしらは即座に謀反人を成敗してくれる。

プロメテウス、よく考えろ。
おまえは神族の一員で、人間などではない。
大河が涸れて底を見せ、
樹木が倒れれば、枝や葉はどうやって生きるのじゃ？

「ということは、お前は不穏を察知してるのだ。
そうだ、ゼウス。これは本当の知らせだ。」
確かに、ゼウスはすっきりしない。
復讐の快感を得られない。
陰鬱な絶望や恐怖が、
内心深く盤踞している。

（三）

紫色の黄昏が山の彼方に沈んでいく。

灰色の夕靄が少しずつ垂れこめる。
痛ましい山々は依然としてそびえ立ち、
重厚なシルエットを夜空に映し出す。

プロメテウスはゆっくりと目覚める。
頭はガンガン痛み、
半身は砂利に埋まり、
両目は血だらけだ。

頭上から熱い液体が流れ落ちる。
ムッとする血なまぐささが鼻孔に入る。
プロメテウスはむくんで麻痺した舌を出し、
自分の血で唇を濡らす。

力を込めて癒着したまぶたを開け、
わずかに光る星々を見る。
下弦の月は淡々と空の果てに懸かり、
夜風が果樹の香りを運んでくる。

オォ、夜よ、何と静謐か。

大地よ、何と深い眠りか。
浩瀚な空間を越えて、私は見る、
五穀の稔る田野、花の咲き乱れる森林、
さざ波の燦めく湖や河を。母なる大地よ、
あでやかな錦繍をはおり、
古《いにしえ》から今も、毎日毎時、
万物の生命《いのち》を養育する。
数えきれぬ人々が勤勉に開墾し入植する。
大地よ、あなたは日増しに青春を輝かせる。
だが何故、毎年、血と涙で、
神々に供え物を献げるのか!
私はあなたのからだを流れる水を飲んだことがある。
澄みきっているが何と苦くて渋いことか。
あなたの胸から沈鬱なため息が出る。
あなたはやつれ、その子孫までも。

いつなのか、大地よ、新生するのは。
搾取される運命が分かるのは。
アァ、万能の人類、永遠の母、
私は心から澎湃としてあなたを愛す。

私は知っている、あなたは目覚めれば奔騰し、
巍峨として聳えるオリンポス山は雪崩で消え去る。

遙か昔から、ぐっすり眠り続けてきた大地の、
暗黒に一筋の光が現れる。
〝火だ〟、プロメテウスは微笑む。
苦痛も飢えも渇きも一瞬のうちにぬぐわれる。

一つの火が三つ、七つ、さらに無数になる。
原野を飛びまわる蛍の大群のようになり、落ち着き、
赤々と光り灼熱を発する。
星や月さえ暗くなり輝きを失う。

かくも多く……かくも速く、信じられない。
私の持って来た小さな火の星の、
その半分で点火しただけなのに万や億になった。
光明よ、あなたの生命力はかくも旺盛だ。
燃えあがれ、〝火〟よ、たとえ拘禁されていても、
あなたを祝福する。

まっすぐに生まれた炎の中で燃えさかろう。
彼らに真理の教えを朗詠させよう。
血でしたためた詩篇を世々代々に伝えよう。
歴史の悲劇のためには無情な証言台に立つ。
正義の戦士のたいまつを燃えあがらせる。
彼らの勇敢な進軍を指揮する。
火の種をあまねく世界の隅々まで播こう。
最後の戦いで勝利して凱旋する。
燃えさかれ、炎よ。長く続く闇夜に
燃えさかれ。
死の如く静まりかえった暗黒を突き破れ。
燦々たる黎明を告げ知らせよう。
真の黎明がついに到来するとき、
人類は自由の旭光の中で歓喜する。
炎よ、家々の暖炉の中で燃えさかろう。
寒冷も飢餓も人類から永遠に離れる。
子どもたちは暖炉の前で手をたたいて踊る。
年寄りたちは火を囲んで談笑する。

広野にあふれる灯火を遠く眺める。

光り輝く未来を展望する。
渺々たる天空を飛びまわるかのように、
プロメテウスの精神は昂揚し、奮い立つ。

この夜、どれだけの人が明かりの下で筆を握り、
人民の苦難と覚醒を書きとめているだろうか。
どれだけの人が明かりを前に剣を抜いて舞い、
高鳴る胸を炎に映し出しているだろうか。

人類よ！　私は歓喜してあなたの輝かしく
尊き名を呼ぶ。大地の子よ、
兄弟として心の底から、
呼びかける。人類よ、私はあなたを愛する。
あなたたちは微小だが、また偉大だ。
あなたたちは稚拙だが、また聡明だ。
あなたたちは善良だが、でも生活に
もはや耐えられなくなったときは、奮起し、
闘おう！

立ち上がろう！　神格化の書物や言葉など投げ捨てよう。

全ての偶像や燈明を打倒し、
踏みつけて、オリンポスから
独立した自由人として命運を取り戻そう。

まだ耐えられるだろうか？　この暗黒の
恥ずべき時代を、終わらせよう。
アテナの甲冑など恐れるな。
アポロンの霊力など盲信するな。
ゼウスの説教や脅迫など聞くな。
みなことごとく消え去ってしまう。
人類よ、神々は間もなく壊滅し、あなたたちこそ
大地の主人公として永遠なれ。
その日、オリンポスは、あなたたちの
怒りの炎で倒壊し、私を
縛りつける鎖も消えるだろう、
陽光に照らされる氷のように。
その時、人類よ、私は喜び立ち上がる。
私はこの受難の傷痕《きずあと》をもって
兄弟愛をあなたたちに示そう。
私たちはともに、凱歌をあげて

オリンポスの壊滅を喜び祝おう……
逆巻く怒濤の如く激しい熱情をもって
プロメテウスは黎明を切望しつつ
断崖絶壁の岩山で夜通し寝返りをうつ。

二〇〇四年一一月一二日　甘粋　校正

写真（巻末五五二ページ）の説明
北京・鉄バラ園の林昭の銅像の前にて、二〇一四年三月一日
画家・アーティストの厳正学・朱春柳ご夫妻と劉燕子（左）

林昭の銅像は、内外の有識者たちから寄付が集まり、厳・朱夫妻により制作された。北京大学は今日でも受け入れず、厳・朱夫妻の自宅の鉄バラ園に置かれている。

厳正学は芸術活動だけでなく、二〇〇六年、浙江省における農民の権利擁護運動を積極的に支援したため国家政権転覆罪で三年の刑を下された。

左隣りの銅像は張志新で、彼女は遼寧省の幹部だったが、文革において毛沢東の偶像化、絶対化を公然と批判し、一九六九年に現行反革命罪で逮捕され、七五年に銃殺された。刑場で批判の声をあげないよう、気管支が手術されていた。

註

一　石川重俊訳『鎖を解かれたプロメテウス』岩波文庫、二〇〇三年改訂版、二二二頁。

二　井上正蔵訳『ゲーテ詩集』白凰社、一九九二年新装版、一七三頁、一八三頁。

三　金色の二輪車は太陽を指す。アポロンは毎日、四頭の馬に二輪車を引かせて天空を駆ける。四頭は「火」、「炎」、「燃え盛る炎」、「曙光（夜明け）」を意味し、アポロンだけがその激しさを御することができると伝えられている。

四　伊吹武彦訳『実存主義とは何か――実存主義はヒューマニズムである――』（サルトル全集第一三巻）人文書院、一九九五年、二九頁、及び松浪信三郎訳『存在と無――現象学的存在論の試み――』第三巻（サルトル全集第二〇巻）人文書院、一九六〇年、二九頁、一二六〜一二七頁。

五　権力の神クラトスと暴力の神ビアー。

六　ゼウスは全宇宙をも破壊できる雷を武器として支配すると伝えられる。

七　聖書「雅歌」八章七節「大水も愛を消すことはできず、洪水もそれを押し流すことはできない」。

第六章　わが父の、かくも長き受難の日々
――朝鮮戦争でアメリカ軍の捕虜になった中国志願軍兵士の記録

著者・謝宝瑜（訳者・小林一美）

わが父・謝智斉は朝鮮戦争中に重傷を負い、野戦病院で他の傷病兵と一緒に収容されていた。しかし自国の中国軍から見放されてしまい、アメリカ軍の捕虜になった。後、父は中国に帰環してから、戦争捕虜になったという理由で三〇年近くもの迫害を受けた。祖父は、元々農村の貧農だった。彼は生活が苦しかったので、重慶に出て生きる道を探した。彼は最初、苦力になり、後に門番の仕事に就いた。生活が安定すると、父を重慶に呼んだ。父は、そこで幸運にも貧しい優秀な生徒に与える奨学金を受けて、有名な「樹人中学校」で勉強することができた。学校では「進歩的教師」の影響を受けて、左翼的な思想傾向をもつようになった。父は共産党を非常に尊敬し、まだ公然化していなかった共産党地下党が発動した学生運動に参加した。

一九四九年一一月末、中国人民解放軍が重慶に入城した。当時、父はたった一六歳で、まだ初級中学も終わっていなかったのに、すぐ自ら解放軍に参加した。一九五一年三月二五日、彼の部隊は、「志願軍」の名前で朝鮮戦争に参加した。

父が参加したのは、中国志願軍が行った第五次戦役の第二段階であり、連合国軍側では「第二次春季攻勢(Second Spring Offensive)」と言っていた。父が属する第十二軍三十一師団九十二連隊は、連合国軍の砲火による封鎖戦を潜り抜けた。そして戦死体や負傷兵を捨て、いっさいを顧みず敵陣に突入した。ところが、目的地に

到達するや否や、ただちに撤退せよという命令がきた。この時、連合国軍はすでに反撃体制を展開していた。第九十二連隊は、やむなく戦いつつ後退した。午後五時過ぎ、父は撤退中に右腿に負傷して倒れ、意識を失った。わが軍が撤退中、負傷者は敵の後方に留めおかれ、生きるも死ぬも運に任された。しかし、父は共産主義青年団の人間だったから、特別な計らいをうけた。連隊長が二人の兵士に命じて暗闇に紛れて前線を突破させ、負傷者の父を手探りで捜させ担架に乗せて連れ返らせた。その翌日、父は志願軍の病院に送られた。

このいわゆる「病院」は、実際にはただ一つの谷間でしかなく、両側の灌木の中に負傷兵が横たわる担架でいっぱいだった。一つ一つと担架がぎっしり並べられ、両側の山の斜面を上に向って伸びており、一体どのくらいの人々がここに居るのか分からなかった。父は、ただ一日中、この病院に横たわっているだけで、誰もかまってくれる人はなかった。もちろん治療などというものがなかったのは言うまでもない。四日目の午後、アメリカの飛行機一〇余機が、この谷間を一時間以上も機銃掃射した。父はこの時右の足を再び負傷した。六日目の夜、暗闇の中で一人の医務方の人の影をみた。この人は、谷に向って駆け下りてきて、絶えず叫んでいた。「動ける患者・負傷者は、すぐ俺について来い。速く、速く！」父は、何度も必死にもがいて起ちあがろうとした。しかし、ついに担架の上に倒れて気を失ってしまった。一〇日目になっていた。もう三日三晩、何も食べておらず、完全に意識不明になった。

父が次に気がついた時、自分がアメリカの野戦病院にいることがわかり、こうして父は捕虜になった。彼は一八歳の誕生日を、ちょうど一週間過ぎたところだった。アメリカ軍が、あの父がいた谷間の巨大病院を捜索したところ、多数の患者がすでに死んでいたが、まだ二四人が生きているのを発見した。その後、父は釜山の戦争捕虜の病院に転送され、アメリカの医者と看護婦の治療を受けた。右の腿の傷は癒えたが、終生の障害者になってしまった。父は、病院で約二ヵ月余りゆったりしていた後、杖をつけるようになり、巨済島の戦争捕虜収容所——Prisoner of war Camps on Koje（Geojedo）IslandCompound86——に転送された。

巨済島野戦病院には、全部で二〇万人に近い朝鮮軍と中国軍の戦争捕虜が収容されていた。その内の、二万人余が中国軍の捕虜だった。しかし、この中朝の戦争捕虜は、二派に分かれていた。一派は「親共産主義」の捕虜であり、一派は「反共産主義」の捕虜であった。両派の間には、いつも衝突が発生しており、衝突は血生臭いものであり、全部で二〇〇〇余の戦争捕虜が死亡した。後に、連合国は捕虜を両派に区分けして、両派を別々のキャンプに閉じこめた。父は親共産主義派の六〇二連隊に行った。巨済島の捕虜全体では、「反共派」が優勢であったが、父は自分の立場を敢えてはっきりとは示さなかった。六〇二連隊に行ってから、中国共産党の地下組織に積極的に参加し、ここで地下党が陰で編成した「大隊文化幹事」に任命された。

一九五二年四月中旬、親共産派の中国軍捕虜は、外出の機会を利用して親共産派の朝鮮人捕虜と連絡を取った。そして両方が合同して一斉に騒動を起こすことを話しあった。そして一緒にハンガーストライキで抗議し、デモ行進をやり、アメリカ軍当局と約束文書を取り交わして、「反共か、親共か」という選別を中止して、全員を大陸に帰国させようと計画した。一九五二年五月七日、七六連隊の朝鮮軍「親共兵士」達が、最初に決めてあった行動を起こした。まず、話し合いを口実にして、フランシス将軍（Brigadier-General Francis Dodd）を騙して収容所に来させ、十数人が突然飛びかかって彼を縛った。六〇二連隊の六〇〇〇余名の中国軍「親共産派」は、収容所内でデモ行進を行い、朝鮮の同志たちに声援を送った。この事件で、父は表面に顔を出して、連隊全体のスローガンと唱歌の音頭をとった。この時の「闘争」は、有名な巨済島事件（Kojje Island incident or Geojje Uprising）である。この事件で、アメリカ兵一人と朝鮮兵三一名が死亡した。

巨済島事件の後、アメリカ軍は六〇二連隊の中国軍の「親共産派」捕虜を済州島に新設した第八捕虜収容所に移動させた。この収容所には一〇棟の建物があり、それぞれに五〇〇人か六〇〇人が収容された。各棟の間には鉄条網が張られ、全部が集まって騒ぎを起こすのを防止できるようになっていた。しかし、捕虜たちは手足で暗号を送れたので互いに連絡を取りあった。こうして、共産党地下委員会は、再度厳密に組織化され直した。各棟の捕虜を一つの「大隊」とし、各「大隊」を三つの「中隊」とし、各「中隊」を三つの「小隊」に分けたのである。父は、この時、中共組織の「共産主義青年団指導部」から、「第九大隊」の「宣伝教育幹事」と一中隊の「文化幹事」に任命された。父は、積極的に革命歌を作り、演劇や小さな歌劇を演出し、アメリカ軍と闘った。

一九五二年九月二〇日、「共産主義青年団総指導部」は、次のような指令を発した。「中華人民共和国の国慶節を祝う一〇月一日に、一〇棟の収容所で同じ時間に一斉に〝五星紅旗〟を掲げる」と。指導部が命じた抗議行動は、「この実力行動によって、祖国に向って我ら戦争捕虜の祖国に対する忠誠心を示し、血と命をもって自分達の〝恥辱〟を払いのけ、祖国人民の〝寛大な赦し〟を得る」というものであった。父は、この〝寛大な赦し〟を得るという言葉を聞いた時、胸に次のような気持ちが湧いたという。この言葉は、「母たる祖国は、自分の子どもたちが捕虜になっているのに、まさかそれを恥辱と思っているのだろうか？　地獄の門だけが戦争捕虜の前には開いているというのだろうか？」と、いぶかしく思った。

しかし、やはり彼はこの文書に誓約の署名をし、親指を切って血判をつき、「国旗掲揚隊」に参加し、第九大隊の「隊長」に任命された。一〇月一日の朝八時、父たちはドアから湧き出すように外に出て、一〇棟の国旗掲揚隊が一斉に「五星紅旗」を揚げ、国歌を声高く斉唱し、スローガンを叫んだ。アメリカ軍は連続的に警告した後、第七、八号棟に進入して、捕虜たちに国旗を降ろさせた。この事件で、六五名の捕虜が死亡し、一〇九名が負傷した。その後、アメリカ側はこの事件の組織者を逮捕し、捕虜側の共産主義青年団指導部は、アメリカ軍のスパイになって情報を漏らしていたと思われる何人かの捕虜を処刑した。

一九五三年五月一日、父は中国に帰国を望んでいた七〇〇余名の捕虜や肺結核を病んでいた捕虜と一緒に中国側に引き渡された。捕虜たちは祖国に対する忠誠心を示すために、食事を拒否し、アメリカ軍が支給した衣服を脱ぎ棄て、ただ下着だけになって中国側に渡った。これが、一九五三年四月から五月の「小交換」(Operation Little Switch)で、全部で一〇三〇名が中国に帰った。その後、八月から一二月にかけて行われた「大交換」

(Operation Big Switch) では、合計五六四〇名が中国に帰国した。一九五四年一月、中国に帰国することを望まなかった四四〇名も、中国側の共産党工作員の説得を受け入れて帰国した。以上の三回で合計七一一〇名の戦争捕虜が大陸中国に帰ったことになる。残りの一万四七一五名は、台湾に行くことになった。またインド等第三国にばらばらに渡った人も少しいた。

中国大陸に帰った父たち捕虜は、戦傷病者と一緒に吉林省扶余県にあった第二六陸軍病院の一分院に転送された。一九五三年一一月初め、戦傷病者・負傷者たちは、自分が捕虜になった前後のいきさつと自分が採った態度について問われた。また何故に敵と一緒に死ななかったのか、どうして絶食して自決しなかったのか、と自己批判をさせられた。これと同時に、捕虜たちはお互いに告発し合うよう強要された。

一九五四年一月、これら帰国者に対する審査結果が公表された。ここで、父は「叛徒」と宣告され、軍籍と共産主義青年団籍を剥奪されて家に帰された。自身が分かっている罪の一番厳重なのは、アメリカ軍キャンプで「選別」された時、〝中国〟に帰る意思を示したことであった。というのは、父はアメリカ軍の「選別」を最初に受けた人であり、当時収容所でアメリカ軍当局がいう〝中国〟とは、国連の安保理事会で代表権を持つ〝中華民国〟つまり「台湾」であることを、父は知らなかったのだ。父の心の中にある〝中国〟とは、当然大陸の「共産中国」であった。父は、「選別所」の扉を杖に頼りながら出た時、目の前に掲げられていたのは「中華民国」の旗であった。その時、父は自分が選択を間違えたことを初めて知った。彼は急いで引き返して、アメリカ軍の係りに、自分は「共産中国」に帰りたいのだとはっきりと言った。彼はまた一方で鉄条網越しに大陸に帰りたい仲間にこのことを知らせ、多くの人が自分と同じ間違いをしないように言った。

しかし、後にこのことが厳罰を受ける原因になったのだ。その他の罪状は彼には何も知らされず、秘密にされた。父は、その他の罪状については、数十年後になってから初めて知った。一つは、彼は血判をついて猛烈に台湾に送るように要求したこと。他には、彼がアメリカ軍の収容所で「教育幹事」になったのは、敵のアメリカ軍に服従するためだったこと――等々だった。しかし、父が確かに血判をついたのは、中共地下党の命令に従い、地下党に忠誠を誓うためだったのだが、内容が全く逆になっていた。しかし、こうした罪状は、帰国した父には全く秘密にされていた。もし、父にこうした罪科が科せられていたことが知らされていたならば、簡単に証人を見つけてこの嘘の罪状をひっくり返すことができた。父は、数十年経っても、彼を審査した人が、どうしてこんな嘘の記述をしたのか、理解できないでいた。

最初、帰国した時の審査で、病気と負傷でアメリカ軍の捕虜になった七〇〇〇余名の内、九五パーセントを占める共産党員と共産主義青年団の人々が、父と同じ様な処分を受け、また五名は逮捕され投獄されたのだった。

父は帰国後、重慶に送り返されたが、それについてきた個人档案（個人情報・履歴簿）には〝叛徒〟と記録されていた。それで、地元の公安警察の監視対象となった。派出所の警察はいつでも家に入って訊問したり、街でも遮って問いただしたりすることができた。また、地域の積極分子に指示して毎日見張らせ、またある近所の女に命じて父に興味があるふりをして接近させ、父となにやかやと世間話をさせた。父は、この隣人が警察から特殊な任務を与えられていることを知らなかったので、彼女にまったく警戒心を持たなかった。この女性は、父の一言一句でもすべて詳細に記録し、すぐ派出所に報告していた。

派出所の警察は、国軍である人民解放軍の兵士は、皆、党に忠実であり、むしろ死しても捕虜にはならないと思っているようでもあり、また、彼らはわが父を公然と〝叛徒〟という罪名で呼ぶことを望んでいないようでもあった。だから、彼らは長い間、父をこの〝叛徒〟という罪状で公然とは懲罰しなかったのである。（党は、偉大なる「人民解放軍」の将兵の中に、〝叛徒〟がいたことを公にはできない、したくなかった――訳者）

一九五八年春のある晩、派出所の公安は「反右派運動」の機会を利用して、大衆集会を開いて、父をつまみ出した。この集会に出席した大多数の人々は普通の庶民だったから、警察は父が戦争捕虜であったことは一言も言わなかった。ただ、父のいくらかの反動的な言葉――その大多数は、父が近所で四方山話をしたときの話であったが、それを批判した。

この年の四月、父は重慶市中区の人民法院で判決を言い渡された。「謝智斉、貧農家庭の出身、軍人。朝鮮戦争の時、敵に降伏し敵に服従した。故郷に帰って来てからも、共産党を誹謗中傷し、中国にはアメリカのような民主主義がないと非難し、知識青年達の〝上山下郷〟を誹謗し、ユーゴースラビアの修正主義を賞賛した。ここに選挙権を剥奪する」と宣告した。この法廷を傍聴していたのは、地区の積極分子だけだったので、判決書に父が朝鮮戦争で「捕虜」になったことが明らかにされたのだった。この後、父は正式に「地主・富農・反革命・壊（悪人）・右派分子」（これら全部を「黒五類分子」という）の一群の中に入れられて、彼らと一緒に学習し、一緒に労働し、一緒に闘争会で批判され迫害された。

一九五八年一一月、父は重慶市公安局が創設し管理する「集中改造隊」、略称「集改隊」に入れられた。ここは、名称の文字からも分かる通り、問題がある人を改造し学習させる組織であり、一種の「労働改造隊」の変種であった。重慶市が管理するこの「集改隊」には、二万人が入っていた。主なものは、正式な仕事がない「黒五類分子」であった。ここには、すでに刑事囚で刑期満了になって釈放された人、国民党軍兵士で解放軍に寝返った功績があり建国後も解放軍兵士になっていたが退職して家に帰っていた人、罪が比較的軽くて「労働改造所」や「労働教養所」に送られずに家に帰ることを赦された人、こうした人々が再収容されていた。父は、一定の期間、日雇い労働をやったが正式な仕事はなく、「社会の余計者」にされていた。父は、派出所の公安から若干の「右派言論」があったとされていただけだったから、「集改隊」でも、父をいいかげんに「右派分子」と決めることができなかった。ましてや、この程度の言動があっただけの父を、正式に「反社会分子」と決めつけるわけにもいかなかった。だから、集改隊での父の身分はずっと明確なものではなく、ある時には「叛徒」にされ、ある時には「反社会主義分子」にされるという、あいまいなものだった。

父のような人々は、最初は重慶市南桐礦区の青隆冶煉廠の鉄路工事で働かされた。かれらが工事現場に着くと、分隊長が各人に緑色の胸章と二本のピンを支給し、左の胸に付けるように言った。胸章は長方形で、周りは黒枠で囲まれており、中にはアラビア数字が黒く印刷されており、その数字が各自をよぶ時の番号であった。閉じこめる高い塀はなかったが、彼らは「労働改造所」、「労働教養所」に拘禁されている人々と同じ待遇を受けたのであり、仕事の内容も、またそれらと同じようなものであった。誰でも一生懸命に働かなければ、隊長の叱責が大声でとんだし、さらには闘争会で批判を受けたり、また「御上に媚びへつらう隊員」たちから殴る蹴るの暴行を受けたりした。労働は激しく、食物も劣っていた——いっときは、長い間サツマイモだけだったので、父の分隊のある人が苦しみに耐えきれず逃げた。結果は捕まって、一晩中、「鴨子浮水」（両手両足を縛って、宙につるす）刑を加えられ、その後、闘争会で激しく殴打された。彼は地上に倒れて起き上がれなかったが、横たわったまま批判を受けなければならなかった。

一九五九年一月下旬、道路が開通し農民の耕地数千ムー（畝）が削られて平らにされた。しかし、当局は鉱石のウラニューム含有量が極めて低く開鑿する価値がないとして、青隆冶煉工場の建設をやめてしまった。それで父たちの渝碚鉄道の仕事もなくなり、次に松山農場の草刈りをやり、製鉄の大運動をやり、ついで四川省長寿県の東風農場で労働改造につかされた。

父は朝鮮戦争で負傷した右腿がわるくビッコになっていた。が、他の隊員と同じく非常に重い労働をやらねばならならず、一輪車で鉱石を運んでいた。腿の傷跡は三回痛みその度に治した。やむなく歯をしっかり喰いしばって頑張った。そうしないと毎日一トンの鉱石を運ぶノルマが果たせなかったのだ。一九六一年、大飢餓がさらに深刻になり、この「集改隊」にいた一〇〇〇余名の「黒五類分子」が、栄養不足で浮腫病になって死んだ。東風農場の大堰南山坡の上には、数知れない新しい墓が盛り上がった。父は幸運にも頑張り通すことができた。

一九六四年五月、「集改隊」は撤収されて父は重慶に帰った。彼は先ず公安局に所属する労働隊でちょっと雑役をやった。二年目、重慶市土木運輸センターで運搬の仕事をやった。しかし、「黒五類分子」の身分は変わらず、相変わらず公安局と人民大衆の監督下で生活し、働かされた。毎週土曜日には、十数華里（一華里は五〇〇メートル）も離れた土橋派出所に行って「学習会」に出なければならず、深夜一一時にやっと家に帰ることができた。その他いつも各種の強制的な義務労働に従事しなければならなかった。運送仕事で病気をすると普通の人は医療費の六〇パーセントが控除されたが、「黒五類分子」はただ二〇パーセントの控除しかされなかった。

文化大革命中、「黒五類分子」は、「死んだ虎」にされ、いつでも「闘争会」に引っ張り出された。父は他の「黒五類分子」と一緒に鞭打たれ、黒い札を首に懸けられ、自ら銅鑼を打ちながら自分の罪状を叫んで街中を行進させられた。興味深いのは父が首に掛けられた看板には、初めは「洋叛徒」（外国と通じた叛徒）と書いてあったが、後に「反党反社会主義分子」に変えられたことである。一説によると、軍代表はわが父が人民解放軍兵士であったことを秘密にし、「造反派」が父を連れ出して「闘争」の対象にする時、父が解放軍兵士であったことを隠せたからだという。なぜなら、人民解放軍兵士は戦って勝たざるなき武勇の戦士であるはずだったから、わが父が「元戦争捕虜」では困るからであった。

父は職場で批判を受けるかたわら、その他の「黒五類分子」が「闘争」にかけられるときは、いつも「陪闘」（闘争のお供に）させられた。他の工場で「叛徒・特務・走資派（資本主義者）」或いは、「階級敵」が闘争にかけられる時には、その工場が車をよこして父を「陪闘」に連れだした。新しくつまみ出された「階級敵」は壇上に立たされ、父たちのような古い階級敵はそれを示す看板を首にかけられて壇下に立たされた。これによって批判大会は大いに盛り上がった。「黒五類分子」は、連続して午前中に一つ、午後に別の一つという具合に各工場をたらいまわしにされた。それで何日間も、警察の派出所で食べ、派出所の会議室に寝泊まりさせられたので、大いに緊張して疲労困憊状態になった。

父の仕事である運搬労働による賃金は仕事の量で決まっていた。父が貨物船から篭で担いで降ろした石炭は五〇キロ単位で量られ、全部で幾らと計算された。また、貨物船に積み込む硫酸も一瓶いくらで計算された。だから、他の工場の「闘争会」にお供で引き出される時は、何らの収入も得られなかった。文革後期になると、派出所の公安は父や他の「五類分子」各人に記章を配って胸に付けさせた。それには、「黒五類」の三文字が記されていた。彼らは、それを胸に朝から晩までつけていなければならなかった。それは人民が監督するのに便利なためであった。

こうした多年にわたる「改造」を経る中で、父もまた出来るだけ自分を保護する術を学ぶことができた。例えば、暑い真夏でなければ、毎日破れた綿の服を着ていた。時には非常に暑いと感じられるときでも。父は何回も突然捉まえられてガンジガラメに縛られて「闘争」にかけられたが、このボロ服がかなり苦痛を軽減させてくれた。なぜなら、縄が身体に食い込むのを防いでくれたからである。また例えば、次のようなこともあった。ある日、父がちょうど仕事をしていた時、二つの区の公安が来て父に言った。「お前はいつも、これはひどい冤罪だと言っている。だから、我々はお前が処罰の見直しを申請するように言いに来たのだ」、「お前はすぐ見直し申請書を書け」と。父はこの時、「翻案風」(処罰の取り消しを要求する風潮)に反撃せよという運動が起こっており、これはきっと「蛇を穴から誘い出す」計略であると信じた。(文革中、多くの「冤罪」がつくられたので、それを見直せという要求が起こった。すると毛沢東など文革派は、そうした要求をだした人物を見つけ出して「反革命分子」が報復、復讐に打って出てきたのだと言って、さらに激しい弾圧・迫害を加えた——訳者説明)父は、感激した風を装って、「貴男方の好意に感謝します。しかし、今は書きたくありません」と言った。公安は更に勧めた。「お前は、やはり早く申請書を書け、こんな機会はめったにないぞ!」彼らは久しく勧め続けた。父はやむなくはっきりと切り返して言った。「貴男方の下心は分かっています。前の手で申請書を出せば、後ろ足は拘置所に入れられるのでね。御厚意は分かりますが、お断わりします」と。そうして振り返りもせずに離れた。二人の公安は顔を蒼白にして怒っていた。ほどなく公安の勧誘を軽く信じて申請書を出した人々は、皆無惨なまでに迫害され、父の読みが正しかったことが証明された。

一九八〇年、父は大多数の「右派分子」がすでに名誉回復されていることを知り、時機到来とばかり再審判の申請書をだした。一九八一年、中共中央は「抗米援朝作戦」（アメリカと戦って朝鮮人を支援する戦い）で出兵して捕虜になった人びとに公文書を送り、再審査の仕事を始めた。こうしてついに、父の「叛徒」のレッテルが取り消された。

わが父が捕虜となったことは、私自身にも大きな災難をもたらし、家族全部に大きな負の影響を与えた。

父が重慶に帰ってくる前、祖母はずっと地域住民委員会の治安委員であった。父が帰って来てほどなく、派出所は祖母の委員の職を罷めさせた。理由は、祖母が歳をとっているからだと言った。しかし、次に委員になった人は、祖母よりも二歳も上だった。明らかに、祖母が罷めさせられたのは、父が朝鮮戦争で捕虜になったためだった。私の叔母はある工場の労働者で、もともと大変な左翼で優秀な共産主義青年団員、先進工作者だった。彼女は、組織上、共産党員として教育され党員に抜擢される段階にあった。しかし、兄が「叛徒」であることがわかると、この道は永久に閉ざされ、党員に抜擢されることは考えられなくなった。

祖父は、一九四九年前には貧苦の農民だったが、後に銀行で一時守衛になっていた。この仕事は臨時的なもので正式な職員ではなかった。共産党は「階級区分」をした時、祖父を「貧農」に仕分けた。この身分は、銀行に勤めていた他の職員よりも良かった。それで「組織上」の優遇を受け正式な銀行職員にされ、それからずっと重用された。祖父は、勤勉で勉学に励み、極めて早くこの銀行で金銀の真贋を色で見分ける権威となった。ところが、父が重慶に帰ってから、祖父は重用されなくなった。一九五六年、祖父は組織から僻遠地区の建設を支援するという名目で涼山彝《イ》族自治州の越西県銀行の勤務に左遷された。その後、政治運動が起こるたびに祖父は闘争を受けた。しかし、父の問題は極めて特殊だったから、銀行の幹部も、そのことを公にはしたくなかったようである。だから何の名目もないままに、祖父を批判していたのだった。祖父は貧農出身であり、何らの歴史上の汚点もなく、反動的な言動もなかったので、罪を定めることが難しかった。彼自身も、この点が分かっていた。こうして人々は暗黙の了解でそれ以上は言わなかった。政治運動が起こるたびに、「組織上」人々はいつも祖父を表面的に批判した。それぞれの政治運動がまさに終ろうとしていた時、いつも無理してでも、最後に「関門」を通過させられるのは祖父だった。父が「集改隊」に送られた後、母は離婚した。それから私は祖父母に育てられた。父が「叛徒」になったからだ。私には中学に進学する資格がなく、党員になり幹部になり、また大学に行く機会もなくなった。

父のような境遇は、他に類例がないといった特別なものではない。大陸に帰国した七〇〇〇人近くの捕虜は、非常に多くの人々が党員や共産主義青年団の籍を失い、軍隊の籍からも排除された。もし軍籍を保った人がいれば、彼の個人档案には「内部で監督・使用」といったことが書かれた。捕虜たちは家に帰ってから仕事が探せず、落ちぶれ果てていった。政治運動が来るたびに大多数ものが、最後には「右派、反社会分子、悪質分子、叛徒、特務、悪人」といった様々なレッテルを張られた。自殺した人も少なくなかった。彼等の家族も連座させられ、別の戸籍簿に記入され、大学進学、軍隊応募、就職、仕事、昇進等々ができなくなった。皮肉を言えば、中共は多くの戦争捕虜が台湾を選んだ事実を隠すためだったのだ。中共は、台湾に行った兵士の家族と地方政府には、彼らは「戦死」したと伝え、彼らを一律に「烈士」にした。こうして台湾を選んだ兵士の家族は、「烈士の家族」として、蔑視されるどころか逆に優待を受けたのであった。

著者・謝宝瑜、一九五六年生まれ。四川省の小さな県で生長。文革が終わった後に大学に進学。現在、カナダに在住し会計の仕事に従事。他に、長編小説『玫瑰壩』を書き、一九四九年の建国から文革までの四川省の農村と人々を描いた。また、二〇〇六年に「緑野出版社」を創立して自ら印刷出版も行っている。

第七章　文化大革命が残したもの――道徳の高みからの強制

麻生晴一郎

一「無名画会」にとっての文化大革命と改革・開放

一九七九年七月七日、北京の北海公園で玉淵潭画派のメンバー二二人の文化大革命期間中の作品三〇〇点あまりを展示する「無名画会」が始まった。「無名画会」の名前の通り、メンバーに著名な画家は一人もおらず、「北京日報」紙の三行広告を除いて宣伝もされなかったが、中華人民共和国成立後、三〇年経って初めての民間による公開展覧会であり、三週間の展示期間中、連日三〇〇〇人前後が訪れる盛況ぶりだった。参観者の中には著名な画家の劉海粟もいて、彼は「広東でも広西でも江南でも江北でも地上でも地下でも、中国の美術は何もかもが全く同じ画一的な様相を呈している。今日私はやっと新しいものに巡り合えた」と語ったと、メンバーの代表である趙文量は語っている。

趙文量は北京市の展覧会に何度か出品したことのあるアマチュア画家だったが、一九六二年のある展覧会で、出品予定の五作品が「政治上の要請と合わない」との理由で却下された。彼の作品は公園などでの写生を元に、マティス（フランスの「野獣派」の代表画家で「色彩の魔術師」と言われた）にも喩えられる生き生きとした描写に特徴があり、つまり表現の奇抜さはさておき、別段政治的メッセージがある作品ではなかったのだが、当時中国の美術は毛沢東や革命の情熱をあおる「紅、光、亮（赤く、光り、輝く画面）」が要求されるなど、プロパガンダ美術一色と化していたのだった。その後、趙文量は展覧会に出品しようとは考えず、仕事の合間を見ては写生に出かけ、創作に専念した。しかし、時代はそれをも許しがたい雰囲気で満ちていた。

趙文量とともに玉淵潭画派の活動を続けてきた楊雨樹は言う。「私は美術が大好きだったのですが、階級の問題（楊雨樹の父は元国民党の幹部で、新中国建国後まもなく逮捕された）で美術大学に進むことはできませんでした。このことは当時の中国では美術活動を断念しなければならないことを意味します。学校に通えず、教材がないことなど大した問題ではありません。家で絵を描いているだけで近所の人たちが押しかけてきて、『仕事も学習（毛沢東思想などの学習）もせず、何をやっているんだ』と批判しに来るのです。一九六〇年の話です。すでに文化大革命が始まる前からこうしたことは起きていました。仕事、学習をしなければ犯罪の疑いをかけられ、一方的に工場に配属させられたり、労働改造農場に送られることになるのです。やがて中国の美術はプロパガンダ美術一色になるのですが、それさえも誰もが描けるわけではなく、美術に従事するのは党が指定した画家だけだと決められたのです。配属された仕事をしなかったり、配属されてない仕事をするのは、犯罪の容疑をかけられてもおかしくない危険な行為でした」。

この楊雨樹が趙文量に付いて写生に出かけることになった一九六二年夏から玉淵潭画派の活動が始まる。二人は同じ印刷工場（一九六六年からは毛主席語録の印刷をおこなっていた）で働いており、文化大革命が終わる一九七六年までの一四年間、あらゆる休日を使って写生に出かけた。北京の街は紅衛兵、解放軍兵士、民兵、労働者糾察隊員、街道委員らがたむろし、いたる所に監視の目が張り巡らされていたが、「人民のために奉仕する」と書かれたカバンを改造したものを画箱に、中身が白紙の毛主席語録を画紙に使うなどして監視の目をかわし、それでも詰問された時には「工場の宣伝のためだ」などと言うことで創作を続けた。やがて弟子志願の若者が仲間に加わるようになり、メンバーは多い時で三〇人にもなった。写生に行くことが知れ渡るとまずいので、写生旅行の解散時に次回の予定を決め、天候状態にかかわらず出かけたという。こうして文化大革命期間中も休日には一度たりとも中止せず写生活動が続けられた。

筆者が一九九八年に、当時北京で活躍し始めた一九六〇年代生まれの現代アート作家たちを取材し『北京芸術村　抵抗と自由の日々』（社会評論社）という本にまとめるにあたり、現代アート作家たちよりもはるかに上の世代だった趙文量と楊雨樹を取材したのは、彼らが文化大革命の最中に自由な創作活動を続けてきた点にあった。日本では文化大革命と言うとひたすら悲惨な出来事ばかりで、自由な創作活動など絶対に不可能な時代だったと考えられがちである。確かに右の楊雨樹の言葉を通じても悲惨な時代だったには違いないが、それでも自由な創作活動をした例があることを示しておきたかった。そうでなく、文化大革命中は自由な創作活動は絶対に不可能で、文化大革命が終わると雨後の筍のように自由な創作活動が噴出したと言うのでは、同書を通じて考えてみたかった中国における「自由な創作活動」が随分と薄っぺらなもののように思えてしまうからであった。

だが、文化大革命期間中の足跡を中心に二人を取材していく中で筆者がよりいっそうの興味を抱いたのは、むしろ彼らのその後、すなわち一九八〇年代以降の歩みの方にあった。一九七九年に「無名画会」の展覧会が行われた後、一九八一年七月にも展覧会が行われ、海外でも中国モダンアートの先駆けとして紹介されるなど、「無名画会」は一定の評価をされるようになった。しかし、一九八四年一二月に小さな展覧会が行われたのを最後に、彼らは再び表舞台から姿を消してしまう。メンバーも次々に離れていき、ついには創立時と同じ趙文量と楊雨樹の二人だけになってしまう。一九八〇年代は鄧小平の指導体制の下で改革・開放と呼ばれる経済成長政策が取られ、右で挙げたマティスも含め西洋のさまざまな文化が一気に押し寄せてきた時代だ。当然文革中のように創作活動を隠す必要などなかったのだが、二人はやがていっさいの作品の展示を拒否するようになった。この頃に顕著になり始めた展覧会の金銭第一主義に嫌気が差したからだったと趙文量は言う。

「革命時代、多くの人は美術創作は無用だと考えていました。絵でも描いて災難に遭ってはまずいと多くの人が美術を放棄し、多くの人が毛主席の肖像を描き始めました。改革・開放の時代になると、香港の画商などが国画（水墨画）に目を付けるようになったために、今度は多くの人が国画に転じました。そして今は商業主義、すなわち金銭第一主義です。このような人には信仰も真理基準もなく、ただ時勢に合わせて生きているだけです」。

取材は二人が一緒に暮らすアパートの一室で行われたが、部屋の壁が剥げ落ちたままになっているなど生活の困窮ぶりが伝わってきた。他の画家が金銭第一主義に陥ったからと言って、他人は他人、自分は自分ではないか、何も一切の展覧会を拒否するなどという大袈裟な対応を取らなくとも、適当に距離を置いて美術界と付き合えばよいのではないかと思う人もいるかもしれない。しかし、それはある程度の自由な活動が保障されている今の日本だから起こり得る発想ではないかと筆者は考える。改革・開放時代における金銭第一主義とは、たんに社会において人々が結果的に金儲けを優先していることとは似ているようで異なる。それは金銭目的や、経済的に豊かな欧米に追いつくことなど、ごく限られたもの以外の価値の追求がひとえに無視され、そればかりか、たとえば貧しい人たちのコミュニティーに積極的に出向いて慈善活動を行うような余計なことを考えると弾圧・規制の対象にされることもあり（この点は現在も同じである）、そうした中で「向銭看（金銭第一主義）」ばかりがもてはやされるものである。出会う人、出会う人がことごとく金儲けの話をし、しかも相手もそれがごく当然であるかのように振舞い、社会が動いていく。拒絶をする以外にはこの価値観から逃れることはできない。文革時代に「階級闘争」が万能だったのと同じ役割を「金銭」が果たすのである。付け加えておくと、「階級闘争」と「金銭」の両者は、時代時代で中国共産党が支配の正統性を持つための武器であった点では共通しており、全く関係ない価値観ではない[三]。

趙文量は「私たちが創作活動をした時代は大きく二つに分けることができます。一つは文化大革命、すなわち革命時代、もう一つは改革・開放、すなわち金銭時代です。いずれの時代も美術に携わる者にとってはつらい時代で、心を歪曲させるものです」と語った。文革時代がつらい時代であることは想像が付いたが、改革・開放もまたつらい時代であると彼が語ったのに、取材当時の筆者は驚いた。しかし、彼らを取り巻く環境や彼らの行動と現状を見る限り、二つの時代は実によく似ているとも思えた。文革時代にひとえに称賛された「革命」や「階級闘争」を、そっくりそのまま「金銭」や「経済発展」に置き換えればそのまま改革・開放時代の中国社会になるのかもしれないと思った。もちろん、「革命」と「金銭」の二者はまるで違うものであり、改革・開放時代には少なくとも彼らの写生活動が摘発の対象にはならなかった点を取っても、文革時代と改革・開放時代を完全に同一視することなどできないが、それでも両者に通じるものがどこかにあるのではないか。二人を取材して以降、筆者は常々そのように考える習慣が付いた。

趙文量が文革と改革・開放を同一視したことを考える上で参考になるのが、冒頭の「無名画会」展覧会が行われた一九七九年七月という時期だ。同年三月に魏京生が逮捕されるまで北京では西単の通称「民主の壁」の大字報（壁新聞）に代表される「北京の春」、すなわち民主化を求める市民活動が展開されていた。また当時は一九七八年一二月に鄧小平の主導で改革・開放が打ち出されたと言ってもまだ日が浅く、中国がどのような国に変化していくかは未知数であった。この時点では、その後の中国政府が選択した政治改革を先送りにしての経済成長優先政策が行われるとは限らず、民主化も含めて中国がどうなるかはわからなかったが、それまでの文革時代とは違った明るい将来を感じさせる予感が、「無名画会」展覧会が開催された頃にはあったのではなかろうか。そして、もし仮に「北京の春」で魏京生が唱えた「第五の現代化」、すなわち政治の民主化がその後の中国の政治体制に多少なりとも反映していたとしたら、その後の中国は少なくとも趙文量が感じるほどには「金銭時代」になっていなかったのではないか。

と言うのも、彼が言う「金銭時代」とは、先にも書いたように中国において人々が結果として金儲けを優先したのではなく、何か社会的な活動をするにも金儲けなどごく限られたもの以外を許そうとしない社会の強制力のなせる業だったのであり、こうした画一化を押しつける強制力は、上意下達の社会運営を前提とする一党独裁体制のあり方と大きく関係するものだからであり、ここに文革と改革・開放をつなげる何かがあると思うのだ。

二 「はき違えた愛国」

二一世紀の中国は「金銭時代」だとは言い難くなってきている。ある程度の経済成長を遂げてその限界も見えつつあり、貧富格差という改革・開放の弊害も痛感されるようになり、もはや金銭第一主義で社会を引っ張ることはできなくなっている。文革時代の価値観が「革命」、改革・開放の三〇年前後の価値観が「金銭」なのだとしたら、現在の中国で大手を振っている価値観は何なのであろうか？　少なくともその一つに挙げることができそうなのが「愛国」ではないかと筆者は考えている。

この原稿を書いている二〇一八年一二月、中国の大手通信機器メーカー・ファーウェイ（華為）をめぐって米中間の経済対立が激化した。ファーウェイはスマートフォンの製造でもこの年には世界二位のシェア（アメリカの調査会社ＩＤＣが二〇一八年一一月一日に発表した同年第３四半期の統計）に躍進し、ｉＰｈｏｎｅが優勢である日本でも、ここ数年ファーウェイ製スマートフォンのシェアが飛躍的に増えている。

日本の各紙に書かれた内容を整理して述べると、そのファーウェイに対し、アメリカはネットワーク機器からの締め出しを自国だけでなく同盟国にも呼びかけ、日本もこれに追従した。一二月一日には同社の孟晩舟副会長がイランとの金融取引に関与した疑いでカナダで逮捕され、一方、中国政府はこの逮捕を「人権侵害」として抗議するとともに、北京でカナダ人を拘束するなどして対抗している。

このような中、中国国内ではファーウェイ製スマートフォンを購入し、アメリカのアップル社が製造するｉＰｈｏｎｅを買わないことを奨励する動きが見られた。たとえば広東省のハイテク企業である夢派科技集団は一二月七日、ファーウェイや同じく米国から締め出しの対象にされたZTEのスマートフォンを購入する従業員に市場価格の一五%を補助する一方、iPhoneを購入した従業員に対し市場価格と同額の罰金を科すことを表明した。同じ広東省のあるホテルはファーウェイのスマートフォンを購入した従業員に商品券を支給する一方、iPhoneを購入した従業員には年末ボーナスをカットする方針を打ち出した。ほかにも全国各地で同様の動きが見られ、「不用華為就是不愛国（ファーウェイを使わない者は国を愛していない）」なる流行語も生まれた。

中国では外国に抗議する市民らがその国の製品の不買運動を起こすことがしばしばあり、〇五年、一二年の反日デモの際にも見られた。しかし、今回の不買運動の動きに対しては早くからインターネット上で批判の声が噴出したことには触れておきたい。

たとえば、湖南省のニュースサイト「紅網」の記事「アップルスマホの購入禁止：道徳押し付け愛国心はいつ止むのか？」[四]は、従業員に罰則を設けるやり方が「消費者の権利を損ねている」ものだとした上で「海外製品を購入すれば愛国でないというのは、明らかに愛国のはき違えだ」と批判する。一般の投稿を見ても「国産品を愛することはもちろんよいことだが、いかなる権利があって従業員の個人消費を禁止、処罰するのか？」、「教養のない者はめちゃくちゃなロジックしか出せないのだ」、「国粋主義はどこの国でもあることで、無教養の人に蔓延しやすいものだ」などの意見が見られた[五]。

日本で不買運動のニュースが報じられると、中国人の誰も彼もが不買運動に熱心であるかのように誤解されがちであるが、実際にはこのような行為を愚かと考える中国人が一定数おり、彼らがインターネットで批判意見を表明したことからは、批判意見など全く見られなかった〇五年の反日デモの頃と比べると中国のネット言論が一定の成熟を見せていることを示すとともに、どこの国でもごく一部にヘイトスピーチを行うような層がいるのと同程度に中国も普通の国になりつつあるという感想を持つかもしれない。

ただし、中国のネット言論が一定の成熟を見せ、また中国で一部の人が「普通の国」の人の感覚を持っていることは確かだとしても、中国が普通の国になりつつあるとは言い難い。と言うのも、中国では今回の不買運動と似たような、先述の批判意見の言葉を借りれば「はき違えた愛国」の運動が、手を替え品を替え繰り返されているからである。

直近で言えば、「マラソン大会での国旗手渡し」が挙げられる。二〇一八年一一月一八日に蘇州で行われた女子マラソンで、外国人選手とトップ争いを続けていた何引麗選手がゴール数百メートル前で、コースに進入したボランティアから国旗を手渡された。何選手は国旗を投げ捨てて走り続けたものの、ペースを乱されて結局五秒差で二位に終わった。レース後、批判はレースを妨害した行為にではなく国旗を投げ捨てた何引麗選手に浴びせられ、同じ女子マラソン選手がインターネット上で「成績は国旗よりも重要なのか?」と痛烈に非難した[六]。

これに対し「愛国はいいことだが、他人を叩く棍棒にしてはいけない」(張鳴・中国人民大学教授の一一月一九日のブログ記事)、「愛国は政治問題として追及したり、道徳の高みに立って他人をののしるものではない。スポーツ選手で言えば、よりよい成績を収めることこそ国を輝かすわけで、すなわち愛国なのだ[七]」をはじめ、インターネット上で批判意見が噴出したことは先の不買運動と同じである。だが、批判意見こそ出るものの、国旗を手渡したボランティアや彼女への非難の主が何らかの制裁を受けることはなく、結局は何引麗選手が勝負に敗れた上に売国奴扱いの批判にさらされたまま、ろくなフォローもされないだけで終わったのであり、その後、一二月二日の南寧国際マラソンでもトップの中国人選手は国旗を掲げながらゴールしたのだった[八]。

二〇〇五年四月に北京をはじめ数都市で起きた反日デモの際には、筆者の知る限りインターネット上でデモを批判する中国人の意見は見られなかった。しかし、筆者はちょうどデモの期間に北京にいて、デモの現場にも遭遇したが、それ以外で出会った中国人、たとえば友人知人はもちろん、知人の職場の従業員たち、タクシー運転手、飲食店やスーパーの店員、取材先であるアーティストや農村出身の建築現場労働者・警備員、それに北京南部から河北省にかけての日中戦争における日本軍の被害者の誰もが、反日デモにも反日にも全く無関心でデモを冷ややかに見ていたことを記憶している九。にもかかわらず、批判意見はおろか、デモに無関心であるという意見もインターネットや会議の場など表舞台には出てこなかった。結果として中国人と個人的な付き合いをしない限り、誰も反日デモを批判していないというふうにしか受け取れぬ状況だった。

それに比べると、デモの際の破壊活動や暴力行為に対する批判意見がネット上で見られた二一年反日デモや、今述べた一八年の不買運動やマラソンでの出来事に対しネット上で批判意見が出ていることは大きな変化だと言える。しかしながら、ネット上で批判意見こそ出るものの、「はき違えた愛国」の行為を抑制する力になっているとは言い難く、iPhone購入に罰則を設けた経営者も「消費者の権利を損ねている」ことで訴えられるわけでもない。これは実際に起きていないので想像にすぎないが、もし不買運動を展開する会社の従業員たちが経営者を訴えたとしたら、マラソンの何引麗選手のように従業員たちこそが「売国奴」などと批判されるのではないか。つまり「愛国行為」をしでかした者の「やった者勝ち」であるのが現状と言うほかないのではなかろうか。

このように考えると、中国で「はき違えた愛国」行為がなぜ繰り返されるかがよくわかる。「愛国行為」の主は批判こそされるものの特にどうかされるわけでもない。一方、非難にさらされた女子マラソン選手や不買運動を展開した会社の従業員たちの権利はなんら保障されることのないまま放置されるのである。

高層マンションの乱立やIT化など物質面では著しい進歩が見られる中国だが、個人の権利は著しく制約されている。二〇一八年に起きたもう一つの出来事を紹介しよう。ベルリン・シャウビューネ劇団制作の演劇『民衆の敵』が九月六日から三回の予定で北京で公演されたが、二回目以降の公演は中止させられた。『民衆の敵』とは、ノルウェーの温泉地を舞台に、医者が工場の廃水が源泉を汚していることを指摘したものの、地元の有力者が利益を守るべく情報操作などをして医者の訴えを却下する中、民衆が医者を敵視するようになるというイプセン作の戯曲である。一八八二年に作られた演劇の公演が中止させられたのは、北京での最初の公演の際、観衆の一人が中国の現状が劇の内容とそっくりであることを指摘したからだとされる一〇。

確かにこの客の言うように、中国では地方政府のさまざまな不祥事を訴える地元民が逆に地元の政府や警官から迫害を受けるケースが後を絶たない〔二〕。それにしても一四〇年近く前に作られた演劇の公演が政治的な理由から中止になるということには驚きを禁じ得ない。このように、さまざまな言論統制が行われる中、「愛国」こそはネット上の批判はあれ大手を振って主張できる聖域であるのだとしたら、「はき違えた愛国」が繰り返されるのは不思議でないだろう。それはかつての「革命」や「階級闘争」、時代が進んで二〇世紀終盤の「金銭」のように、この国で社会的な行動を起こしても罪に問われない免罪符であるととらえるべきであろう。

「愛国」は庶民の政府や社会に対しての免罪符であるのみならず、政府の社会や庶民に対しての免罪符でもある。二〇一八年八月末、国連人権差別撤廃委員会は、人口の約一割にあたる最大一〇〇万人のウイグル人が刑事手続きのないまま「再教育」を目的とした強制収容所に入れられているという衝撃的な指摘を報告した。このようなチベット、ウイグル、内モンゴルなどで行われている一連の民族弾圧に対しては、日ごろ中国政府に批判的なリベラル派知識人の中にも同調してしまう者がいるように、中国国内では批判意見がきわめて少ない〔三〕。筆者が知る限り、このようなリベラル派の知識人は二つのタイプに分かれる。すなわち、こと民族問題になると「愛国心」(中国ではしばしば国と民族、すなわち中国と漢民族主体の中華民族が混同される)を発揮してウイグル人たちを批判するタイプか、もしくは民族問題が政治的にきわめて敏感な問題であるために沈黙するタイプである。いずれにせよ、「愛国」が異民族への弾圧を正当化する免罪符になってしまうために、弾圧に歯止めがかからなくなってしまっている。

「愛国」がここまで祭り上げられている一因に一九九〇年代以来中国政府が推進している愛国主義教育の影響があることは間違いないだろう〔三〕。ただし、政府もまた民族弾圧を進める上で「愛国」という免罪符が不可欠であるように、この免罪符は政府をも包み込む、もっと大きな範囲で影響力を持つものである。「はき違えた愛国」行為が繰り返されているのは、政府が「愛国」を表現・社会活動の聖域にしているのと同時に、「愛国」が正しい道徳であるとして、それを全国民に服従させる力が社会に備わっているからこそだと言うべきであろう。先に紹介したマラソン大会での批判意見の言い方を借りれば「愛国という道徳の高みに立って他人をののしる」人々の精神構造が、従業員や消費者の権利を無視した不買運動や、あるいはウイグル人たちへの時代錯誤的な弾圧といった「はき違えた愛国」行為を、加担したり沈黙したりすることで助長させているのではないか。

中国のある大学での西洋近代史の講義の際、教授が中国の歴史と対比させながら歴史的事実を述べたところ、学生から「歴史の歪曲だ」との苦情が学校に寄せられ、さらに「外国に媚びたり中国を貶めないでほしい。中国は五千年の悠久の歴史があり、われわれの四大発明と文化は世界を何千年もリードしてきた。もし西洋に武器の先進性がなければ、われわれを超えることなど不可能なのだ。今度アメリカをそのように語ったら通報します」との脅迫状がその教授の元に届いたという。この教授は脅迫状を見て文革時代の大学教師に対する吊るし上げを思い出したという[一四]。教授と学生の歴史観の相違はここでは問わない。問題となるのは「愛国」心の持ち主であるこの学生が、自分と異なる歴史観を拒絶したばかりでなく、自らが抱いた「愛国」という道徳の高みに立って教授を攻撃しようとしたことである。正しいと思うことであれば何をやっても許される、すなわち「愛国無罪」であると考え、みんなもそれに倣うべきだとの一方的な思い込みである。教授がそう連想したように、それは文革時代の大学を取り巻いた精神的風潮でもあったに違いないのだ。

三　本当のことを言えなくなった社会

文革時代の「革命」や改革・開放時代の「金銭」、それに現代の「愛国」。確かに新中国建国から文革までの一連の悲惨な出来事や現在のウイグル、チベット、モンゴル人たちを取り巻く深刻な人権状況に対し、中国の統治者に相応の責任があることは議論を俟たないが、統治者が掲げる価値観が中国全土に広がる上では、相当数の国民が積極的にその役割を果たしたことも事実である。この点については、たんにそうしなければ虐げられるといった致し方のない事情だけからではなく、その時その時で異なった道徳の高みの上に立って有無を言わさず他人に特定の価値観を押し付け、「革命無罪」、「愛国無罪」のように「敵」に対しては何をやっても許されるといった精神構造が働いたことも問わねばなるまい。

では道徳の高みに立って全てをそれ一色に染め上げようとしてしまう精神構造はどのようにして生まれたのであろうか。それは近代以前の伝統にさかのぼることができるかもしれないし、あるいは少なからぬ学校や部活動、それにブラック企業において理不尽な出来事や「いじめ」がまかり通ってしまう日本の現状を鑑みるに、中国だけの状況とは言えず、学校教育などの制度との関係や、より広範な伝統文化の影響からも考えてみる必要がありそうだ。

ただし、中でも大きな原因として、土地改革、反右派闘争、四清運動、文革など、新中国建国後の幾多の政治運動が与えた影響が大きいのではないかと筆者は考える。筆者は二〇〇〇年代中盤から一〇年代初めにかけて、河北、河南、安徽、湖北、四川などのいわゆる「貧困エリア」と言われる農村で環境改善や地域活性化に取り組む市民団体の活動に随行した。こうした活動では常々、村政府と村民が一堂に会する会議を開いて今後の方向性を決めていくが、市民団体の呼びかけで会議を開いても初めのうち村民はなかなか意見を言おうとしない。村政府や市民団体の関係者が集まる食事の席では、しばしば村民の積極性をいかに引き出すかが話題になった。その際に「一九五〇年代後半(別の村では「一九五〇年代」、「一九五八年頃から」など)から農民は本当のことを言わなくなった」という言い方を何度か耳にした一五。話題の中心はあくまで彼らの今後の活動方針であってそれ以上踏み入った意見は耳にしなかったが、この年代の指すものが文革につながっていく反右派闘争(一九五七年)など一連の政治運動であると考えるのは不自然ではなかろう。いったん運動が起きると、何か余計なことを言えば自身が迫害される恐れがあり、嵐が過ぎ去るかのようにじっと沈黙する、もしくは自らも迫害する側に回る。新中国建国後に相次いだ政治運動に対し、このような処世術が多くの人の身に染みたのではないか。こうした処世術は捨て去ろうにも、これまで述べてきたように文革終了後の中国でも道徳の高みに持ち上げられた価値観が強い強制力を持つ限り、同様の処世術が必要とされ、捨て去ることができないまま今に至っているのではないか。

「愛国」の現状を見る限り、多くの人間を加担させ、あるいは沈黙させる政治運動の力学は今も健在だと言えよう。「反日」などの日本観もその影響を濃厚に感じ取ることができる。すでに筆者が初めて中国を訪れた一九八〇年代から中国の大都市では日本の映画やアニメが人気であり、出会った大概の市民が過去の戦争にはとらわれない柔軟な日本観を口にしていた。今の中国では日本軍を悪者にした「抗日戦争ドラマ」が蔓延し、九月一八日（柳条湖事件の起きた日）など日中戦争に関わる日には中央政府の指導者も交えて物々しい式典が開かれるが、多少なりとも中国と関わった人であればわかるはずのことであるが、日本に留学する中国人、あるいは大都市に暮らす中国市民の中には、むしろ「抗日戦争ドラマなど田舎の年寄りしか観ない」、「政治や歴史には関心がない」などと、愛国主義とは反対であるかのような話をする人は案外多いものである。しかし、中国の学校における朝礼の場、職場における会議の席、あるいは大手メディアなどの公的な場で同じセリフを口にする人はまずいない。それは公的な場でそのように言うことが、「愛国」が聖域に祭り上げられている政治運動の場に引きずり出されることを意味するからであり、こうしていかに北京や上海で日本のサブカルチャーやラーメンに人気が出ようとも中国全体としての日本観はなかなか変わらない。

「愛国」の価値を重視することがいいか悪いかの話ではない。問題はその価値が他人を黙らせる作用を持つ道徳の高みにまで押し上げられてしまう、社会の精神構造にあるのであり、それは先の「本当のことを言えなくなった」のがいつなのかを考えると、一九五〇年代には少なくとも筆者が訪ねた農村では見られたのであり、今もなくなってはいないのである。

ノーベル平和賞を受賞し二〇一七年に逝去した劉暁波が主張した非暴力主義に基づく中国の民主化は、かかる文脈の中に置いて考えなければならない。彼は中国の民主化を実現する上で、その唯一神格化を否定し、次のように述べている。

「現代の民主制は、様々な政治勢力が非暴力で平和的にお互いに妥協する政治制度である。民主的な政治の最大のメリットの一つは、社会的な衝突を解決する方式を制度化したことであり、これにより暴力性を取り除くことができた。

憎悪は暴力を導きやすく、その心性は民主化の障害となり、同時に独裁政治に最適の土壌を作りだす。憎悪によって激化した行動では、一つの独裁がもう一つの独裁に代わるだけであり、しかも悪循環に陥りやすい。（中略）中国の民主化は『仇敵意識』を取り除くことが前提とされねばならない。何故なら、民主的な政体の中には敵はいなく、ただ異なる利益集団のチェック・アンド・バランスがあるだけだからである」（一九八九年五月七日「我々の要求　学内の自由フォーラム[一六]」）。

すなわち民主化もまた道徳の高みに立って有無を言わさず従わせるものであってはならず、「民主化の敵」を特定し、それを血祭りに上げることで実現するようなものではないと言うのである。日本人読者からすれば一見何気ないものに思えてしまいそうな彼のこうした発言も、これまで述べてきたような中国の社会の現状に照らせばいかに重要でかつ困難かがわかるのではないだろうか。

もちろん、彼のこうした発言の矛盾や弱さを指摘することは可能であろう。すなわち少数意見&対立意見を認めていくようなことは、ある程度民主化が実現されなければできないことであり、現実の中国の政治体制に鑑みる限り、革命でも何でも起こして一党独裁体制を打倒しなければ絵に描いた餅にすぎない、といったふうに。しかし、ある価値を道徳の高みに押し上げて周囲を屈服させることは個人の心の持ち方の問題であり、それは中国がいかなる政治体制であっても本質的には国民の意識の変化で克服し得る課題のはずなのだから、民主化に向かうか向かわないか以前に、克服に向かうべきなのではないかと筆者は考える。

註

一 「無名画会」の記述については拙著『北京芸術村　抵抗と自由の日々』（社会評論社、一九九九年）の執筆時の調査（一九九八年一〇月）に基づいており、詳細は同書に書いた。

二 二〇〇〇年代に入ると中国の美術界で「無名画会」に対する評価の声が高まり、たまに展覧会が開かれるようになったが、取材をした一九九八年の時点では展覧会の話もすべて断っており、すべての作品が自宅内に所狭しと積み重ねられていた。

三 筆者は中国の農村で陳情者や人権派弁護士たちの取材を数多くしたが、一部であるが、日本の戦争問題に触れ、「日本が中国で犯した最大の罪は侵略や虐殺そのものではない。侵略によって本来あり得なかった中国共産党の政権を実現させ、しかも戦争の謝罪代わりだとＯＤＡなどの経済援助をして中国共産党を潤わせたことだ。中国は今、強大な警察国家になって私たちを虐待しているが、それは日本が生み、育てたのだ」という言われ方をしたことがある。

四 「禁买苹果手机：道德绑架爱国心何时休？」（红网、二〇一八年一二月一一日、http://hlj.rednet.cn/c/2018/12/11/4791635.htm）

五 「知乎」（知恵袋）二〇一八年一二月一七日掲載「为什么快手充斥着不用华为就是不爱国叛国的言论？（https://www.zhihu.com/question/305961276）」での投稿を紹介した。なおこの表題を訳すと「なぜ〝ファーウェイを使わない者は国を愛していない〟の言論は急速になくなったのか？」であり、不買運動がそれほど盛り上がらなかったことが示されていると言える。

六 「〝不用华为，就是不爱国〟：格局变小，从这件小事开始」（河青家长会、二〇一八年一二月一三日、http://www.twoeggz.com/news/12730459.html）

七 同右

八 「中国のマラソン大会でまたまた国旗手渡し！」（Record china、二〇一八年一一月三日、https://www.recordchina.co.jp/b667477-s0-c50-d0052.html)

九　〇五年反日デモに対する分析は拙著『反日、暴動、バブル　新聞・テレビが報じない中国』（光文社新書、二〇〇九年）にまとめた。なお同書では反日デモ直後におけるデモへの批判意見も紹介しているが、いずれも筆者が聞き取りの上で紹介したものであり、中国で公然と語ったものではない。

一〇　「《人民公敌》停演引发舆论声讨 中国应有序走向开放」（多維客、二〇一八年九月一三日、http://blog.dwnews.com/post-1055405.html)

一一　ウェブサイト「維権網（http://wqw2010.blogspot.com/）」に全国各地で日々起きている人権侵害問題が詳細に報告されている。

一二　たとえば「反テロにより広がる民族間の隔たり——帰郷して目の当たりにした現実」（集広舎コラム「燕のたより」第三一回、劉燕子、二〇一四年五月一三日、https://shukousha.com/column/liu/3019/）は、リベラル派知識人であっても民族問題になると弾圧に共鳴してしまいがちな漢民族の傾向を記している。

一三　前掲『反日、暴動、バブル　新聞・テレビが報じない中国』九五ページで述べたように、筆者は愛国主義教育で宣伝された教育内容が中国の若者たちを洗脳しているとは考えていない。ただし、愛国主義教育には、教育内容自体よりも、政府が教育面で「愛国」をきわめて重視していることを示す効果があると言え、すなわち「愛国」が聖域、免罪符になる上で大きな影響力を持っていると考える。

一四　「老师 再这样讲美国 我就要举报你…」（阿波羅新聞網、二〇一八年一二月二二日、https://www.aboluowang.com/2018/1222/1221592.html)

一五　中国内陸部農村での環境改善活動などについては拙著『変わる中国　「草の根」の現場を訪ねて』（潮出版社、二〇一四年）で報告しており、このコメントを村政府関係者から耳にしたのも同書での取材においてである。なお「本当のことを言わなくなった」という言い方は社会、場合によっては政府に対する批判的メッセージだと受け取られ得るので同書では一切紹介せず、本稿でも具体的地名は伏せたままにすることをご諒承願いたい。

一六　余傑著、劉燕子編『劉暁波伝』（集広舎、二〇一八年）所収

第八章　毛沢東の「社会主義・共産主義理論」に対する原理的批判

小林一美

目次

プロローグ
1　「唯物史観」の解釈を巡って
2　スターリン・毛沢東型社会主義の唯物史観の改竄
3　スターリン・毛沢東型社会主義の悲惨な展開
4　毛沢東の独裁権力の行使、その力の源泉
5　マルクスが危惧した「粗野な共産主義社会」の実現
6　「自由・民主・人権意識」が未発達な中国――（国内的条件一）
7　「唯物史観の大逆転劇」が起こった二〇世紀の世界史
8　近現代中国人の民族精神上の外傷〈トラウマ〉（国内的条件二）
エピローグ

プロローグ

私は、青年時代、ギリシャ・ローマ文明、フランス革命、ロシア革命、中国革命に大きな関心をもち、特に同時代の毛沢東の社会主義革命には大いに感動をおぼえ、また敬意を表してきた。

ところが、一九八〇年、初めて中国に行き、北京・済南・曲阜・南京・上海を見て、民衆の極度の貧窮、山野の荒廃、人心の荒廃を見て大いに幻滅し、約二〇年余続いた毛沢東への尊敬の気持ちが一挙に消失した。

中国人民は、一九四九年の「新中国誕生」に狂喜乱舞したのに、それから一〇年足らずで発生した「反右派闘争」で弾圧され、「大躍進」「人民公社運動」の失敗で数千万人が餓死状態に陥った。さらに一九六六年に起こった文化大革命で多くの人々が虐待、虐殺され、また中国人同士が殺し合う地獄絵図が展開した。こうした真実を一九八〇年代に知り、毛沢東と共産党一党独裁体制に幻滅したのである。おそらく私と同世代の左翼系の日本人、それに大多数の中国人も規模と程度は全く違えども同一の精神的過程をたどったのであろう。

私は、一九五七年に東京教育大学に入学し、東洋史科に入学した。東洋史といっても、中国史専門の教授しかいなかった。ここでは一学年一五人で大多数が中国史を専攻する。中央アジア、インド、朝鮮が二、三人いたかいないか。この学科は、西洋史に比べると「古い」イメージであった。敗戦直後の昭和二〇年代でも、やはり世界史の大道は「ヨーロッパ史」の展開にあると考えられていた。「脱亜入欧」の明治人の精神は、戦後日本の学者知識人にも、濃厚に生きていた。私も本当は西洋史科に行きたかったが、それならギリシャ語、ラテン語はもちろん、英独仏の言語を習得する必要がある。私は、父との約束で卒業後は長野県に帰り、高校教師になって、我が家の家業である農家を継ぐ運命にあると確信していたので、一生涯長野県を出ることはあるまい、それには西洋の言語になぞ生涯無縁であるに決まっている。漢文なら祖父の蔵書で少しは知っている。というわけで、大学は東洋史学科へ。

ところが、この四年後の卒業時には、東京都にも、長野県にも、「高校世界史」教師の試験がなかった。大学院に行く以外になかった。といっても自主的な勉強が大好きだったので、大学院入りは本当に嬉しかった。しかし、それまでの学部四年間の中国史の専門的勉強は、かなり苦痛なものであった。なぜなら、中国は過去にいくら偉大な文明を生み、また大中華帝国を築いたとはいえ、しょせんアヘン戦争以来、西洋列強には負けっぱなし、遂に日清戦争ではわが日本にも敗れるというていたらくである。なかなか尊敬の対象にはならなかった。敗戦後にも、多くの日本人は、中国に負けたのではない、アメリカに負けたのだ、と思っていた。中国史、中国文明は、しょせん世界史の大道から取り残されてきた仇花ではないかと？

高校・大学時代に歴史の講義や読んだ研究書では、近代までの西洋史が一番面白かった。人間が生き生きと躍動する古典古代のギリシャ文明、偉大なるローマ帝国、地中海世界、キリスト教文明の西ヨーロッパ中世、市民革命をやったヨーロッパ、全世界を一体化させた西ヨーロッパ諸国（スペイン・ポルトガル・オランダ・イギリス・フランス）、ヨーロッパ史は実に段階的且つ革命的な発展をしており、時代精神と社会構造の発展が実にメリハリが効いている。だから、私は、人類史の歩みを次のように考えた。

世界史の大道は、ギリシャ・ローマ古典古代文明、そこからキリスト教世界になった地中海世界へ、さらに中世西ヨーロッパへ、ルネッサンス時代へ、そしてイギリス資本主義の時代へ、資本主義による世界史の成立へと展開した。これが世界史の大道である、と。ヨーロッパから「古典古代」「都市国家」「共和政治」「封建制」「自立的な社会諸団体」「資本主義」「近代の学術思想」等々、多様な政治形態と思想哲学が純粋形態で生まれたのだ。ヨーロッパからルネッサンス運動、宗教改革、科学革命、資本主義が起こり、西洋諸国が主導して世界史が成立したのだ、と。

アジア・アフリカ・インド・中国、その他もろもろの非ヨーロッパ世界は、歴史的構造的な発展はなく、総てが西洋人に征服され、世界史の大道に呑みこまれたのだ。日本だけが、遅ればせながら、また西洋の真似事とはいえ、明治維新という市民革命に成功し、近代資本主義社会に飛躍できたのだ！　これが、高校大学時代に形成された私の戦後精神史の出発点だった。

こうした西洋文明優越史観は、敗戦後のわれわれ日本人には、なじみのものだった。私も高校時代に出来上がったこの観念から今もって抜け出せない。私の歴史観、価値観、歴史社会分析の方法は、ほとんどすべてヨーロッパ人が作ったものを基礎にし、基本にし、参考にしている。今まで、残念ながら、中国人学者、中国人の歴史家の歴史理論や歴史哲学・思想・方法論に感激したことはなかった。毛沢東は尊敬していたが、文化大革命が起きたその時私はもう二〇歳代の終わりであったから、「毛沢東語録」などは政治的煽動書に過ぎず、思想・理論書ではなく、そういう意味では全く読めたものではなかった。何度も手に取って眺めたが、一度も読み通すことはできなかった。

昭和の大戦争時代、一時、日本人は欧米を敵にして世界大戦をやり、「鬼畜米英」と叫んで戦い、英語を敵性語としたが、しかし科学・学問は皆ヨーロッパ人が作ったものを受け入れていた。旧制高校では、徹底的に英語・ドイツ語・フランス語を学ばせていた。中国語はゼロであった。戦時中に日本人を巻き込んでいた「アジア共栄圏」、「アジアの再興」、「アジア主義」という東洋的ロマンチシズムも、表面的なものであり、敗戦によってたちまち雲散霧消した。実にあっけなく終わり、再び急速に欧米文明への尊敬の念が回復した。

戦後日本で急速に復活したヨーロッパ近代文明の中では、一時、マルクス主義の思想学問が圧倒的な威力、威信を持った。昭和二〇年代には、反戦・平和の象徴であるマルクス主義の熱風が学者・知識人・学生を呑みこんでいた。戦後の大学・知識人の世界では、ヨーロッパの言語ができる学者知識人が、口角泡を飛ばしてマルクス書の一字一句の解釈を巡って論争を繰り返していた。特に華やかだったのは、戦前から続く「講座派対労農派」の一大理論戦であった。

それ等も含めて、日本人の知識・教養・理論・思想の源泉・源流は、戦前・戦中・戦後を通じて、皆、ヨーロッパ座である。中国人も同じである。毛沢東時代に「打倒アメリカ帝国主義」を絶叫していた中国人も「対外開放」以後、雪崩を打って欧米に留学したり逃げ出したりした。

一九八〇年、私が初めて中国に行った「義和団運動国際学術討論会」では、出席している欧米人数人の学者のところに、休憩時間になると中国人学者がひっきりなしにニコニコしながら挨拶に行き、握手している姿を見てびっくりした。昨日まで、彼らは「アメリカ帝国主義打倒！」を叫んでいたのに、一体この光景は何だと実に不思議に思った。毛沢東時代の極端な鎖国状態、盲目的排外主義にうんざりしていた知識人は、実は欧米の近代文明、近代思想を心の底では崇拝しており、文革後に本音が出て欧米人が懐かしくなり、思わず駆けよったのであろう。

私は、中国史をやることになった当初は、実に目的と方法がなく困っていた。まったく問題意識・方法論が見つからないのであった。

西洋近代に敗北し、半植民地状態になった中国、停滞的な中国史、長い専制主義のもとで、名誉意識・品位意識が発展しなかった社会民衆史。大農民反乱による徹底的な都市文明の破壊、延々と同じような繁栄と没落が繰り返される三〇〇〇年もの長い王朝。そこには、古代奴隷制や中世封建制度、近代思想の萌芽さえもが、どうにも見当たらないのである。ヨーロッパでマルクスが確認した筈の「世界史の発展の法則」の痕跡さえ見当たらない。いささか、いや大いに困惑した学部時代であった。中国が、永久的に停滞社会であり、専制帝国社会であり、民衆は無学であり、水滸伝のようにごろつきが横行する「阿Q社会」であるなら、自分が生涯をかけて、中国史を学ぶ価値がないと、そう思って苦しむという訳であった。

ところが、そこに雷鳴が轟いた。つまり、一九五〇年代、新中国を建国した毛沢東の指導下、「大躍進」をやり、「パリコンミューン」の如き「人民公社運動」が全中国を席巻し、今や「共産主義社会」に突入しつつある、という大ニュースが入った。マルクスが予言した、資本主義近代を超える理想の「社会主義」から「共産主義国という「中国人民が驀進しており、彼らは、これから「共産主義社会」に突入し「人類の本史」を作るというのである。いやはや、本当に凄いと感動した。一九五七年は、私が東京教育大学に入学した年である。

当時は、冷戦時代であり、中国は共産党が独裁政治をやっている敵国だとされて、日中両国は敵対関係にあった。だから、中国から詳しい情報は全く入らない。しかし、断片的に入って来る情報や中国通の竹内好などによると、中国共産党は極めて東洋的な道徳的に優れた「人道主義的社会主義」を目指し、一挙に資本主義を超える「社会主義」を目指してやっているという話だった。毛沢東を中心にした中国共産党は、前人未踏の理想の世界に飛躍している。中国人は、無知蒙昧の状態から、自らを解放しつつあると。私は大いに期待し、中国の前途に希望を持った。こうして思想と目的と情熱が生まれると、中国史専攻という、わが立脚点ができたのだと実感され大いに嬉しくなった。よし、中国史の中にも、「世界史の基本法則」が貫徹していたことを証明してやろう、と意気込むことになった。

私でさえこうだったのだから、新中国建国の一九四九年以後、中国人の喜びはどれほど大きかったか測り知れない。彼らは、毛沢東と共産党に対して私の想像を遥かに越えた希望と期待を持ったことであろう。アヘン戦争以来、中国人は一〇〇年もの間、自国作家の魯迅にさえ「阿Q」的とたしなめられ、文化的属国の筈の日本人にさえ「シナ人・チャンコロ」と蔑まれる屈辱に塗れてきたのであるから、新中国の建国には狂喜乱舞したにちがいない。

漢民族は、過去の元朝・清朝の時代には、「モンゴル人」「満洲人」の支配に服し、一九世紀からは「半封建半植民地」に転落して、欧米人、ロシア人、はては日本人にまで攻め込まれて帝国主義列強の従属国になり、塗炭の苦しみを味わった。外国人が上海や北京、天津にまで多数侵入し、租界を作り、金を巻き上げていた。しかも、最後の日中戦争では、日本軍に広大な地域を占領され、人的にも物質的にも、想像を越えた被害・損害を被った。しかし、しかし、いまや「一九四九年、偉大なる中華民族」は、立ち上がったのだ。「中国共産党の御蔭だ」、「毛沢東主席の御蔭だ」ということになった。しかも、毛沢東は、一九五〇年代後半に、資本主義を超えた前人未踏の「共産主義社会」を目指すのだ、「これは凄い」ということになった。だから、中国人が、まさに「中国に毛沢東という太陽が昇った」と狂喜乱舞したのも当然であろう。彼らがどのくらい新中国の樹立と共産党の成功に歓喜雀躍したか、彼らがどれほど毛沢東と中国共産党の「革命」と「新中国建設」を絶賛し、この「真命天子」に期待と希望をかけたか測り知れない。歓喜と期待は、まさに想像を絶し、まさに天を衝くものだったことであろう。

この中国人民・国民の期待に応える「中華人民共和国」の前に、二つの道があった。一つは、中国はまず近代資本主義の生産力と社会と民主的な近代国家を作るべきだという勢力、道。もう一つは資本主義の歴史的使命と役割を社会主義権力で強制的に且つ急速にやり遂げ、超短期間で共産主義社会を目指してゆくという勢力、道である。第一の道は、欧米や日本がはるか昔からやって来た「近代の民主主義と資本主義」をこれからもずっとやり欧米を追いかける、というものである。これではいつ追いつけるか分からない。

それよりも、第二の道がいい。共産党の一党独裁の下に、資本主義の生産力と国富を遥かに超える未来に向けて、社会主義権力が強力に上から政策を強行し、理想の王国を実現する。それもごく短期間に計画的にやって、イギリス、ついでアメリカを追い越して世界の先頭に立つ。この道を行くべきだという毛沢東の主張が、一九五〇年代の後半に国内の民主改革派や知識人を「修正主義」として一掃して主流になった。そもそも、日本帝国主義を追い出して、新中国を建国したのは共産党である、と大部分の国民は思ったので、毛沢東と共産党の威信は抜群で大いに期待したのである。

「アジア的停滞性、アジア的専制主義、アジア的後進性」の元祖といわれる「負の価値観・負の概念」は、ついに「中国革命」と「アジア諸民族の解放闘争」によって一気に吹き飛ばされ、現実の世界でも一挙に克服される、ということになった。

次の段階では、こうした感情を理論化する必要が生まれた。そこに登場したのが、マルクスの歴史研究の「導きの糸」、つまり「唯物史観」による中国史の再構成、中国史発展の革命的・理論的整序である。これは、一般に「世界史の基本法則」と言われるもので、中国にもこの人類共通の「社会構成体の継起的・段階的な発展法則」が貫徹していたのだという理論である。それによって、中国の歴史を科学的に、発展的に、法則的に把握し、「社会主義革命の必然性と妥当性」を証明することが、われわれの学問的任務である、ということになった。

日本のマルクス主義学者は、中国・ロシアにも、もちろん日本にも古代奴隷制、封建農奴制があり、農奴解放の反封建の民衆運動があり、資本主義の萌芽がすでにあったのだ、ロシア革命・中国革命やアジア諸民族の歴史も、ヨーロッパ世界と同じ「世界史の段階的必然」として発展してきたのだ、どこの国にも「社会主義への飛躍」の為の根拠と基盤があったのだと信じるようになった。私もこの考えに大いに魅かれた。もし、戦後日本がソヴィエット（ソ連）の勢力下に入ったなら、きっと日本人も「世界史の普遍法則＝基本法則」に呪縛された「共産教国家」になっていたに相違ない。

1　「唯物史観」の解釈を巡って――人類に未来の理想と目的を預けた、発展法則史観――

まず、ロシア、中国で一世風靡したマルクスの「唯物史観（「史的唯物論」）」といわれるものの内容を紹介する。マルクスは、一八四〇年代から五〇年代に、次々と重要文献を書いた。その文献は、次の四つのである。

『経済学哲学草稿』（一八四三年～四五年）

『ドイツ・イデオロギー』（一八四五年～四六年、エンゲルスとの共著。主にエンゲルス執筆）

『共産党宣言』（一八四八年、エンゲルス他との共著）

『「経済学批判」・序言』（一八五八年）

最初に、「唯物史観」の公式と称される『「経済学批判」・序言』の文章を、以下に紹介する。この中の核心的部分を、原典対訳『マルクス経済学レキシコン』久留間鮫造編、大月書店、第二巻頁五−七によって、引用する。最近では、宮川彰氏の訳文もある（『「経済学批判」への序言・序説』新日本出版社、二〇〇一年版）。両者には、基本的に内容上の違いはない。便宜上、A〜Fの段落に分ける。

A　私を悩ました疑問の解決のために企てた最初の仕事は、ヘーゲルの法哲学の批判的検討であって、その仕事の序説は、一九四四年にパリで発行された『独仏年史』に掲載された。私の研究の到達した結果は次のことだった。すなわち、法的諸関係ならびに国家諸形態は、それ自体からも、またいわゆる人間精神の一般的発展からも理解できるものではなく、むしろ物質的な生活諸関係に根差しているものであって、これらの生活諸関係の総体を、ヘーゲルは一八世紀のイギリス人およびフランス人の先例に習って、「市民社会」という名のもとに総括しているのであるが、しかしこの「市民社会」の解剖学は経済学のうちに求めなければならない、ということであった。

B　私にとって明らかとなった、そしてひとたび自分のものとなってからは私の研究にとって導きの糸として役立った一般的結論は簡単に次のように定式化することができる。人間は、彼らの生活の社会的生産において、一定の、必然的な、彼らの意志から独立した諸関係を、すなわち、彼らの物質的生産諸力の一定の発展段階に照応する生産諸関係をとり結ぶ。これらの生産諸関係の総体は、社会の経済的構造を形成する。これが実在的土台であり、その上に一つの法的かつ政治的な上部構造がそびえたち、そしてこの土台に一定の社会的意識形態が照応する。物質的生活の生産様式が、社会的、政治的および精神的生活過程一般を制約する。

C　人間の意識が彼らの存在を規定するのではなく、逆に彼らの社会的存在が彼らの意識を規定するのである。社会の物質的生産諸力は、その発展のある段階で、それらがそれまでその内部で運動してきた既存の生産諸関係と、あるいはそれの法的表現にすぎないが、所有諸関係と矛盾するようになる。これらの諸関係は、生産諸力の発展諸形態からその桎梏に一変する。

D　そのときから社会革命の時期が始まる。経済的基礎の変化とともに、巨大な上部構造全体が徐々にではあれ急激にではあれ変革される。このような諸変革の考察に当たっては、経済的生産諸条件における、自然科学的に正確に確認できる物質的な変革と、人間がそのなかでこの衝突を意識し、それをたたかいぬくところとなる法的な、政治的な、宗教的な、芸術的な、あるいは哲学的な諸形態、簡単にいえばイデオロギー的な諸形態とをつねに区別しなければならない。ある個人がなんであるかは、その個人が自分自身のことをどう思っているかによって判断されないのと同様に、このような変革の時期をこの時期の意識から判断することはできないのであって、むしろこの意識を、物質的生活の諸矛盾から、社会的生産諸力と生産諸関係との間に現存する衝突から説明しなければならない。

E　一つの社会構成体は、それが十分抱擁しうる生産諸力がすべて発展しきるまでは、けっして没落するものではなく、新しい、さらに高度な生産諸関係は、その物質的存在条件が、旧い社会自体の胎内で孵化されおわるまでは、けっして古いものに取って代ることはできない。それだから、人間は常に、自分が解決しうる課題だけを自分に提起する。というのは、詳しく考察してみると課題そのものが、その解決の物質的諸条件がすでに存在しているか、または少なくとも生成の過程にある場合に限って発生する。ということが、常にわかるであろうから。

F　経済的社会的構成が、進化してゆく段階として、大雑把に言って、アジア的、古代的、封建的、及び近代ブルジョア的生産様式をあげることができる。ブルジョア的生産諸関係は、社会的生産過程の最後の敵対的形態である。敵対的というのは、個人的な敵対の意味ではなく、諸個人の社会的生活諸条件から生じて来る敵対という意味である。しかし、ブルジョア社会の胎内で発展しつつある生産諸力は、同時にこの敵対的な関係の解決のための物質的諸条件をも作り出す。だからこの社会構成でもって、人間社会の前史は終りを告げるのである。

マルクスは、現在からみてヨーロッパ史における「発展段階」は、あたかも地層のように「古い地層」から順次積み重なってきたようなものだと考えた。彼が、この一般公式めいたものを提示したのは、当然ヨーロッパの古典古代の歴史と西洋中世・近代、フランスの思想哲学とイギリス資本主義を勉強した結果だった。彼は、ギリシャ・ローマ時代、地中海世界、ヨーロッパ世界、そして西ヨーロッパ、とりわけイギリスへ、こうした世界を土台にして唯物史観の公式なるものを作った。その過程における一八四〇年代のマルクスの著作には、アジア地域、アジア社会、アジア史等々の社会経済史を深く研究して論じた論稿などは一つもない。

彼は、アジア諸地域、例えばアラビア史、ペルシャ史、モンゴル史、インド史や中国史の変遷を調べて上記のような、唯物史観を提起したのではない。この公式にある最後の、近代ブルジョア的生産様式は西ヨーロッパ、特にイギリス資本主義の経済史的考察によって生まれたものだった。彼の最初の問いは「なぜヨーロッパにだけ資本主義が生まれたのか？」ということから始まったに違いない。だからこそ、彼は近代文化の中心地であるパリへ、そして資本主義の心臓部・イギリスに行ったのだ。彼の「資本制生産に先行する諸形態」(通称「フォルメン」)には、中国の原始時代や古代中世社会史への言及など全くない。マルクスは、最初、アジアは考慮に入れなかった。後に、インド等々の情報を若干読んだり、聞いたりして、ここの特異な土地共有制・租税制を一括して「アジア的生産様式」なる概念・段階の着想を得た。そして、いちばん最初に「アジア的生産様式」という、一類型＝一形態を仮に入れておいた。だからマルクスは歴史の発展段階を「アジア的、古代的」から始めている。最初は「原始共産制社会」という概念はなかった。

ところが、このマルクスの「唯物史観の公式」なるものは、後世、彼の意図から離れて、「世界史の基本法則」

としてヨーロッパ以外のロシア・アジア・ラテンアメリカのような後進地域・植民地半植民地において絶対的な「神の歴史法則、人類史の普遍法則」に祭り上げられて、最も猛威を振るうイデオロギー（大統一理論）になった。アジアでは、「共産主義社会」が人類の最終的な「ユートピアの実現」の理論、「神の予言・御宣託」になったのである。「マルクス教」の預言者兼司祭となったのは、レーニンであり、スターリンであり、毛沢東であり、金日成であり、ポルポトであり、インド、ネパールやペルーの山岳地帯の農村ゲリラ指導者と、それにソ連の隷属国になった東欧諸国の独裁者だけであった。欧米からは、有名な「マルクス教」の祭司は一人も生まれなかった。

2 スターリン・毛沢東型社会主義の唯物史観の改竄

スターリン・毛沢東時代のソ連・中国のマルクス主義は、歴史は未来まで、すでに決定されているとする。現在は「必然である共産主義のユートピア王国」に至る過渡的な「階級闘争」の諸段階・諸過程であり、そこに至るまでは単なる不完全な、種々の誤りを内包するいびつな階級対立＝階級闘争の連続とする。人間の歴史の目的と、最終到達段階は、すでにマルクスによって「発見された」のだ。そして「この発見された神の法則」によると、人類史、世界史は、「原始社会→古代奴隷制社会→中世封建農奴制社会→近代資本主義社会→社会主義社会→共産主義社会」という、必然的進歩の時代を辿ることが判明している、とする。ここでは「アジア的生産様式」の段階が、削除されていることに注意。

全ての国家・民族・社会は、必ず上記の「歴史の発展段階」を必然的に進むのだ。全ての人は、この「必然の法則」、「絶対的進化の道」を突き進むべきである。この法則の実現に向けて献身的に生きることこそが、人間として生きる価値の全てである。これは一種の「共産主義教」という、理神論的宗教である。この教えに反対し、これに疑問を投げかけるのは、歴史の歯車を逆転しようとする「反革命階級」「反動分子」であり、歴史の進歩、人間の真の価値と目的に反対する「人民の敵」である、ということになる。

預言者になった毛沢東は言う。「今、小さな仁政を行って、人民に小さな喜びを与えるよりも、今は苦しくても我慢させて大きな仁政を行い、後で遥かに大きな幸福（共産主義の理想社会）を与えるほうがよいのだ」と。彼にあっては、すでに「未来への過程と人間の目的」は歴史法則によって決定されているのである。人間はこの絶対法則の奴隷信徒になることが、唯一絶対の存在と価値の実現である、と。

マルクスの「共産党宣言」は、階級分裂、階級対立、階級闘争の必然的進行だけで語られている。生まれたばかりの弱小左翼組織「ドイツ共産主義者同盟」の政治綱領という政治宣伝文書であるから、煽情的でもあり、闘争的でもあるのは、当然なことであった。この時、マルクスは資本主義経済を科学的に研究してはいなかった。毛沢東は、資本論のマルクスではなく、共産党宣言のマルクスだけを金科玉条として奉り唯一の武器にした。

マルクスは、資本主義社会は労働者階級にとっては「無一物になる」過酷な時代であるが、しかしその「生産力の爆発的な発展と最高度に達成された生産諸力によって、初めて社会主義から、共産主義社会に移行できるのだ」とする、二重構造である。資本主義社会は資本家と賃金労働者が二極に分裂して最後の決戦をする「終末の時」でありながら、同時に「人類の本史」を可能にする物質的理論的基礎を生みだす社会でもある。

このマルクスの「終末論的二重構造論」、「黙示録的予言」が毛沢東には理解できなかった。たしかに、マルクスは資本主義社会を、「終末論的世界」の到来を予言するユダヤ・キリスト教の預言者のように語った。しかし、かかるヨーロッパ的精神世界の伝統とは無縁なスターリン、特に毛沢東には、この「ユダヤ・キリスト教的終末論」の二重構造は理解不可能だった。彼は資本主義をただ悪としてしか考えなかった。資本主義社会における逆立している「大きな裂け目」（人類の「前史」の最後であり、また人類の「本史」の基点であるという逆立関係）を理解できなかった。それで、スターリンはイワン雷帝を真似、毛沢東は始皇帝を真似て、暴力で一気にこの裂け目をジャンプしようとした。

このマルクスの歴史発展の段階的発展論は、ヨーロッパ史から生まれたのであるから、客観的にはヨーロッパ史に固有な法則・理論である。少なくとも、アジア・アフリカ地域は、そのようには発展できなかったのだと解釈されるべきだ。

そもそも、唯物史観は、客観的には、ヨーロッパ史の、アジア・アフリカ・中南米諸地域に対する「優越性」を証明したものだった。なぜなら、共産主義は一九世紀以来、ヨーロッパにだけ生まれた近代的労働者〝プロレタリアート〟階級だけが、実行できる革命だからである。この理論は、ヨーロッパ人の歴史から導き出されたものだから、ヨーロッパ人の先進性・優越性と、その歴史的使命を証明する機能と本質を持っている。

しかし、スターリン、毛沢東等、ヨーロッパ諸国以外の革命家、アジア・アフリカ・ラテンアメリカの植民地・半植民地地域の社会主義者は、非ヨーロッパ世界の革命こそ、共産主義社会を世界で一番早く達成できると考えた。彼らは、「世界史の基本法則」は全世界史に共通するものであると主張した。いや実は、無理にもそのように主張したかった。マルクスの史的唯物論の図式は、中国にも、日本にも、朝鮮にも、カンボジアにも、キューバにも、古代から地球上どこでも適応できる、発見できる普遍方式であるとした。かくして、この歴史の普遍的な「発展段階論」に基づく「時代区分論」を証明することが、マルクス主義歴史学の「最大の課題」になった。私も、中国史の中に「封建制」や「資本主義の萌芽」を一生懸命に長い間探し続けた。しかし、調べれば調べる程中国史の中に「唯物史観の公式」を証明し、確認することはできなかった。結局、アジア的専制主義、アジア的帝国の歴史の再確認であった。もし、マルクスのいう普遍的社会構成体が地球上のあらゆる場所で、同じように大地を覆う地層のように積み重なっているとすれば、歴史は地球上皆同じになるはずである。しかし、そうはならなかった。人間社会も、自然環境と同じように、地勢も地層も生態系も皆異なっていた。

ところが、マルクス主義者、特にロシア・アジア等の後進国・植民地国・半植民地国のマルクス主義者は、そうした地理的な、風土的な、要するに自然史的な環境の差異、文化の相違を認めることができなかった。なぜなら、自分達の国・民族・文明が「普遍的発展の法則」から脱落、あるいは逸脱していることを認めれば、自分達の革命は社会主義革命ではなく、ブルジョア革命ですらないかも知れない。かかる事実を受け入れることには、絶対に我慢ができなかった。

彼らは、全世界が、全地域が、全民族が、早い遅いという違いはあれども、原始・古代から同じ世界共通の「法則的発展」を遂げてきたのであり、二〇世紀に同時に社会主義革命が、さらには共産主義社会さえ展望することができる、と考えた。特に、スターリンと毛沢東は一挙に欧米資本主義国家を追い越し、一気に欧米との位置を逆転できると信じた。だから、資本主義の牙城であるヨーロッパではなく、徹底的に資本主義列強、帝国主義に痛めつけられているアジアでこそ、真の社会主義革命、さらには共産主義革命をやることができるのだ、我々こそがそれができるのだと主張した。いや、そう信じたかった。この二人の影響を強く受けて、朝鮮やカンボジアでも「社会主義革命」を、さらに一頭地を抜くスピードで、一気呵成に「共産革命」を目指すべきだと考える金日成やポルポトのような残酷な「冒険主義者」も現れたのであった。マルクスが「共産党宣言」で「万国の労働者団結せよ」と言った時、万国とはヨーロッパの資本主義国だけを指していたのであるが、二〇世紀になると、ブルジョアもプロレタリアもいない、全世界の国々の総てを指すものとされたのであった。

かくして、彼らによってマルクスの上記「唯物史観の定式」は、次のように「変形・改変」された。

上記定式の内、Eの部分は、全文が中国共産党・毛沢東によって完全に無視、または削除された。更にFの部分も、スターリン、毛沢東の社会主義理論では、まったく違うものに変形されてしまった。つまり、Fの「大雑把にいって」の部分は、「必ず」となった。古代社会より前に置かれていた「アジア的生産様式」の部分は「存在しない」ことにされた。「アジア的生産様式」は、ヨーロッパの歴史と社会を分析して、そこから直接的に生まれた「歴史的段階」ではない。本来、アジア世界、とりわけ「インド」などの地域に想定された、特殊で差別的な概念だから無視した方がよいとされ、消された。

（補足1）

マルクスのある文献をみると、「アジア的生産様式」はアジア特有の生産様式のようにも、全ての諸地域（もちろんヨーロッパの古代奴隷制の前の段階）にもあったようにも読めるときがある。マルクスも、まだ判断がつかなかったのであろう。だから、アジア的社会に近いロシア社会に中世から牢固として存続していた「農村共同体（ミール）」についても、その未来に向けての役割の解釈は動揺していた。しかしながら、マルクスも「ヨーロッパ人の精神的伝統」を受け継いだヨーロッパ人であった。彼も、基本的には、ヨーロッパにだけ「経済的社会構成の継起的発展」があったのであり、ヨーロッパ人だけが、近代資本主義を打ち建てたと思っていたことは間違いない。そもそも、マルクスはアジア諸国の歴史や文化を詳しく勉強したことはなかった。彼の唯物史観の図式は、明らかにヨーロッパ世界史、ヨーロッパ精神史の研究に基づくものである。

スターリン・毛沢東らは、「アジア的生産様式概念」を歴史から削除した。つまり、ヨーロッパ圏の歴史社会と、ロシア・中国との文化的、自然環境的な相違によって生まれる差異を無きものにしたのである。彼らは地球上の気候風土、生活環境、生産様式、精神史の違いを全く捨象して、普遍的な「歴史発展段階論」、「世界史の基本法則」が全世界に共通にあり、もちろんロシアにも中国にもあるのだ、と主張したかった。

ロシア、中国、その他アジア・ラテンアメリカ等々の旧植民地国や半植民地従属国には、近代工業や労働者階級など微々たるものであり、国民の大多数は無学であった。各国共産党は、初めは「ソ連邦」の国際主義を受け入れた。しかし、アジアでは、後に一国だけで共産主義社会を目指す国々が多くなった。欧米列強・資本主義国に一番搾取され、抑圧されているのは「わがアジアの諸民族である」という、憎悪と屈辱の感情がほとばしり出た。欧米日等の帝国主義への民族的怒りと植民地主義への復讐心が、マルクスの理論を誤読、いや意図的に捏造し、改変させたのであろう。

マルクスのEの「一つの社会構成は、それが十分抱擁しうる生産諸力がすべて発展しきるまでは、けっして没落するものではなく、新しい、さらに高度な生産諸関係は、その物質的存在条件が、旧い社会自体の胎内で孵化されおわるまでは、けっして古いものに取って代ることはできない」という部分と、Fの中の「ブルジョア社会の胎内で発展しつつある生産諸力は、同時にこの敵対的な関係の解決のための物質的諸条件をも作り出す」という規定は、完全に無視され、否定され、削除されることになった。また、社会階級は資本家階級と賃金労働者階級の二つに引裂かれたが、しかし「史上なかった生産力と生活物資」を実現した、という部分はなくなった。あるのは、資本家・地主＝ブルジョア階級（階級敵）と絶対的窮乏化にあえぐ労働者・貧農＝プロレタリア階級（味方）の二者が雌雄を決する「階級闘争社会」になったという前半部分だけである。この理論、この言説、この預言に疑問、批判、反対を表明したものは、すべて「反革命・反社会分子」（敵階級）とされ、その数は膨大なものになった。彼らはすべてひっくるめて「人民の敵」とされた。だから二〇世紀のロシア・アジア・アフリカの共産主義者は、ほとんど例外なく粛清を限りなく続ける「独裁者」に変質した。

マルクスによって、階級敵は「個別的なものではない」とされているのに、スターリン・毛沢東等は、個々人を「敵階級」と設定し、家族全員を迫害・虐待・惨殺し続けたのである。かくして、資本主義の発展など極めて微弱なロシア、中国、朝鮮、カンボジア、アルバニア、インドネシア、ネパール、ペルー、またタンザニアまで、全世界一律に社会主義革命を実行しようとするスターリン・毛沢東型革命家が続出した。アジア・アフリカ等の国々は、資本主義の発展など極めて未熟で「資本家階級」などほとんどいない地域であったのに、「共産主義革命が実現可能」ということになった。全世界が「資本家階級の消滅＝社会主義革命の達成」の時期であるという、完全な世界史の読み違いが起きたのである。いや、自分の都合に合わせて理論を無理にねじ曲げたというべきであろう。

3 スターリン・毛沢東型社会主義の悲惨な展開

「アジア的生産様式段階」を無理やり削除したロシア共産主義・中国共産主義に、自国の歴史を「原始氏族制、古代奴隷制、中世封建農奴制、近代資本制」の発展段階論にあわせようと、四苦八苦する。しかし、いくら捜しても、中国に奴隷制、封建農奴制、近代資本主義は見つからなかった。純粋形態に近いものは、ただヨーロッパ史だけに確認された。それで焦ったレーニンは『ロシアにおける資本主義の発達』を書いて、ロシアの農村にもすでに資本主義がかなり発達していると大いに宣伝した。

中国の唯物史観論者もまた、史的唯物論による「時代区分論」に熱中し、また「資本主義の萌芽」が明末清初にあったと大騒ぎした。しかし、近代中国には、自前の独占的資本主義は実証できず、せいぜい「買弁的な或いは官僚的な資本家・中小の民族資本家」しかなく、巨大な「ブルジョア階級」などほとんど存在しなかった。そこで、毛沢東はこれまで何らかの資産・家財を持つ者を全部ひっくるめて「資産家階級」という名称を使った。毛沢東しかし、「近代資本家」は産業革命以後の近代資本制生産がヨーロッパで生み出した特殊な階級である。毛沢東時代が言う「資産家階級」とは全く異なる範疇である。こうした理論的・名辞的ごまかしをやったので、毛沢東時代は、大昔からいつでもどこにでもいた金・土地・家・商店・作業場を持つ人、それに中小企業経営者を総て「資産家階級＝資本家階級だ」として絶滅した。文革が始まった一九六六年八月、北京だけでも「自宅を持つ者」、「黒五類分子」など一〇万人近くが北京駅から家族もろとも迫害され、放逐された。また、この月だけでも北京市内で一七〇〇余人以上の庶民が紅衛兵に打ち殺された。一九七五年、ポルポトは占領したプノンペン市民全部を農村に追放したが、この大虐待、大虐殺事件は、文革のこうした基本線を更に拡大した形で模倣したものであった。

以上のように毛沢東を批判する私も、じつは一九五〇年代～六〇年代にかけての学生時代には、中国史に「史的唯物論」を適用しようと悪戦苦闘し、一九世紀の中国農村に「資本主義の萌芽」と「反封建闘争」を探し続けていた。しかし、心の奥深い所で何か「自分がやっていることは、かなりうさん臭い」と感じていた。私は、一九世紀末に中国の長江デルタ地帯の農家経営に「資本主義の萌芽がみられる」と主張した。それで近藤邦康・石田米子さん達から、「資本主義派」などと罵られた。しかし、彼らも「アジア・アフリカ人民連帯」があれば「近代資本主義社会」などは、一挙に飛び越えられるのだという主張だった。私は以後、世界史の基本法則の実証を諦め、階級闘争・反乱史論に熱中したが、これもダメだった。一九九〇年代に、やっと中華帝国の構造論に辿り着いた。一九五〇年代から六〇年代の日本の歴史学界の状況は、「世界史の基本法則」の信仰世界の中にあった。今こうして、前半生の恥を忍んで中国共産党史観を批判できるのは、自分が思想的レベルで「質的同類」だったから、彼らのこともよく分かるからである。

さて、毛沢東は正統唯物論者から、中国一国内でユートピア世界を夢見る純度百パーセントの「アジア的革命観念論者」に変転していった。彼は「階級闘争と大躍進の強烈な意思」さえあれば、理想の共産主義社会に飛躍できるのだとする、共産教の教祖に飛躍し変節したと言ってよいだろう。かくして、この教団内では人はひたすら「絶対教祖へ帰依」する以外になくなった。これを総括すると次のようになろう。

かくして人の価値は、信仰度によって決定される。正確に早く最終目的に達するには、マルクス主義の聖典と教祖である毛沢東の命じるままに「教義を暗誦」し、「教団に献身、帰依」するだけである。これ以外に、人に何の生きる方途もなく、価値もない、と。かくして、総ての人は、自由と権利と倫理を「必然の法則」と「最高預言者」に譲り渡すことになった。判断するのは、預言者ただ一人である。人びとは倫理的主体、自由、人権の主体たることを放棄させられる。人びとは、最高指導者の「信徒＝奴隷」となる。「オウム真理教」と心的構造は同じである。人民は「品位・名誉」の意識を喪失する。いや、そんなものは「投げ捨て」なければ生きられなくなったのである。

一党独裁の共産党内において、教祖はもはや唯物論者ではなく、ひたすら詭弁に近いレトリックを連発する神の司祭になる。毛沢東に対する神格化と個人崇拝の風潮は急激に進行し、同志たちは皆阿諛追従《あゆついしょう》するようになる。中国共産党政治局は、建国以前の一九四三年に、毛沢東に最終決定権を与えていた。特に建国後、毛沢東に反対したり、彼の意に沿わない政策をやったりしたものは、全て反党分子、右派分子、反革命分子、反社会分子にされ、失脚あるいは投獄されることになる。この恐怖の政治社会体制は、一九五七年にほぼ完成した。これによって、最高幹部たちの「阿諛追従」もまた極限まで発展した。まさに、共産党の幹部は、毛以外は、みな「奴才」（奴婢）となり果てたといってよい。

ロシアと中国の共産党指導者は、次のようなレトリックを好んだ。

・レーニン曰く「ロシアの農民には今の幸せ、今の利益しか見えない。我々共産主義者だけが、遠くまで見ることができる」
・レーニン曰く「世界は、今や遅れたヨーロッパ、進んだアジアとなった」
・スターリン曰く「社会主義革命をやったソ連は、すぐアメリカを追い越す」
・毛沢東曰く「中国は貧しくて何もない（一窮二白）。だからこの白い紙に自由に絵を描くことができるのだ」
・毛沢東曰く「本は、読み過ぎるとバカになる」
・毛沢東曰く「知識人ほど臭い者はいない」（かくして、文革中は「知識人は九番目に臭い連中にされ、最低ランクの一つ上に位置付けられた）
・毛沢東曰く「卑賤な者が最も聡明であり、高貴な者が最も愚鈍である」
・毛沢東曰く「中国は、今や共産主義の天国に行ける道を発見したのだ」
・毛沢東曰く「中国は駆け足で共産主義に入る。ソ連よりも早いかもしれない」
・毛沢東曰く「レーニンの言うように、我々が先進であり、ヨーロッパは後進である。……西洋諸国は落後している。彼らは政治的に落後し、腐敗しており、低級趣味である。だから我々は彼らを軽蔑している。彼らは鋼鉄と原爆を持っているが、それは落後した人の手中にあり、独占資本家の手中にある。彼らは、一時は武力をひけらかすことができる。しかし最後は必ず倒れる」

・毛沢東曰く「西洋崇拝は一種の迷信であり、歴史的に形成されたものだ」、「西洋への迷信を取り除くこと、これは大きなことである。アジア、アフリカ、ラテンアメリカでもどこでも行われなければならない」

・毛沢東曰く「人は窮すれば窮するほど革命的になる」

・毛沢東曰く「農民が貧しさを栄誉といい、富を恥というのは道理がある」

・毛沢東曰く「経済が落後すればするほど、資本主義から共産主義への過渡は容易になる」

・毛沢東曰く「今、農民は苦しくても、〝小仁〟をなすべきではない。後に来る共産主義社会の〝大仁〟こそが真の幸せへの早道なのだ」

・毛沢東曰く「俺につくか、彭徳懐につくか。もし君たちが彼につくなら、俺はもう一度井岡山にのぼって戦うぞ」

以上の言説はみな「独善的な専制主義、空想的アジア主義、お天下主義」の最たるものであった。特に毛沢東の言動は、自分の過失に対する居直りでもあったというべきであろう。

上記の各人の発言の多くは、銭理群『毛沢東と中国』（邦訳書、上下、青土社、二〇一二年）等々に出て来る。言葉を若干変えたところがあるが、同書を参照されたい。レーニンの言葉は、他書によった。一方、高級幹部、革命戦争と国共内戦で輝かしい戦歴、経歴をあげた多くの高級幹部たちが、そろいもそろって、皆、以下に紹介するような驚くべき幼稚で、無責任で、デタラメな「言辞」に賛意を表明し、「主席」に這いつくばって「臣下」となっていった。

・劉少奇曰く「主席は我々よりもあまりにも高明で、思想、ものの見方、作風、方法のどれをとっても我々は

到底及ぶところではない。我々の任務とは彼を真摯に学ぶことである」（一九五八年）

・劉少奇曰く「私は積極的に個人崇拝をする」（一九五九年の「廬山会議」にて）

・周恩来曰く「中国の数十年の革命と建設の歴史的経験が証明しているのは、毛主席こそが真理を体現しているということだ。彼の指導と指示から離れたり、叛いたりすれば、往々にして行き先は見失われ、誤りに陥り、党と人民の利益を損ねることになる。私が犯した多くの誤りがそれを証明している」（一九五八年）

・周恩来曰く「彭徳懐は謀反を起こした。あらゆる指導層の同志は、従順にならねばならない」（一九五九年「廬山会議」にて）

・朱徳曰く「毛主席に叛かず、永遠に毛主席について行く」「（彭徳懐よ）プロレタリアに投降せよ」（一九五九年「廬山会議」にて）

・林彪曰く「古より両雄並び立たず。毛主席こそ本当の英雄である」（一九五九年「廬山会議」にて）、「運動が失敗したのは、党員皆が主席の教えを忠実に正しく守らなかったからだ」。（他の所でも次のように言った。）「主席は天才である。いつも正しい」（一九七〇年）

・彭真曰く「毛主席の路線の正しさは、すでに証明されている」（一九五九年「廬山会議」）

・聶栄臻、葉剣英は共に曰く「たとえ（彭徳懐に対する人々の）批判に事実に合っていないところが多少あっても、党と人民に有利でありさえすれば、細かいところはこだわるべきではない」（同上）。（補足。彭徳懐も、最後に「毛沢東同志を擁護する。永遠に党の従順な道具になる」と誓い、一九五九年「廬山会議」にて毛沢東に屈服した。後に彼は、毛沢東に手紙を書き、その中で「自分は絶対に自殺はしない」と誓った。当時、自殺することは毛主席に反対し、屈服しない証拠だと考えられていたからである。「自殺」が反党・反人民的行為だとされる見方は、スターリンの大粛清下で始まって、中共にも伝わった）。

これらの各人の発言の多くは銭理群『毛沢東と中国』(邦訳書、上下、青土社、二〇一二年)に出て来る。林彪は「毛主席の教えは、たとえ間違っていても、やらなければならない」とまでへりくだった。ところが、林彪は心の中では、毛は始皇帝よりもひどい独裁者だと思っていたことが、死後、一緒に死んだ息子の「クーデタ計画書」によってわかった。上記の事例の中には銭理群(北京大学史学科教授)の著書にないものもあるが、いちいち明記しなかった。

上に見て来たように、毛沢東時代は、まさに「粗野な共産主義」「野蛮きわまる恐怖主義」が、あたかも人類社会進歩の道、最善の道だと自称する、恐怖と狂気の時代だった。

毛政権下の中国人は生産手段、資本、家庭、つまり私的所有のすべてを失った。では誰が所有者になるのか。それは国家であり、国家権力を握った最高権力者＝預言者である。私的所有は廃棄されてすべての生産手段が「人民公社」に没収され、人民自身が「人民民主専制」の奴隷になる。これは共産主義の誕生ではなく、マルクスが批判した「粗野な共産主義」という、最悪の全体主義国家の完成形態であった。労働者の仕事は止揚されず、逆に万人の上に拡大され、全般的賦役制国家に変質、編成される。マルクスが言う悪しき「粗野な共産主義」の全面展開であり、マックス・ヴェーバーが言う「ライトゥルギー国家」(全人民が私的所有と個人的生活を失って、国家への労役・賦役奉仕者に強制的に編入される全面的賦役奴隷制国家)の完成であり、カール・ヴィットホーゲルの言う「東洋的専制主義」の再版強化形態であった。

4　毛沢東の独裁権力の行使、その力の源泉

毛沢東の「社会主義」が、特にスターリン主義と異なる点について記しておきたい。スターリンの粛清には、一応「刑法五八条」という典拠があり、この治安維持法の名の下に、「富農・刑事犯罪者・元白軍兵士・反党グループ所属員・反社会分子・元受刑者・国家転覆容疑者・テロ分子・宗教家・神父・ギャング・強盗団・元牢獄

や収容所にいた経歴のある等々」、つまり怪しいと思われるものは、誰でも逮捕して、「反ソヴィエト分子」「危険分子」とした。大粛清期には、スターリンが「ボルシェビキ全ソ連共産党中央委員会書記長」として、「各州・各地区の書記に、**A**・銃殺する人数、**B**・強制労働営（ラーゲリ）に入れる人数をノルマとして命令し、この数字を必ず達成するように命令」して赤軍の将軍に実行させた。別表（本書頁五五五参照）に掲げたように、一九三七年七月一〇日には、全ソヴィエト連邦の総ての州・自治区・共和国・地方で実行するべき銃殺人数、ラーゲリに投入すべき人数を決めて、四ヵ月以内に実行し完了するように命じている。この一回でA・Bを合わせて「二五万九四五〇人」が対象になった。

毛沢東は、建国初期には「土豪劣紳・匪賊・殺人犯・反社会分子・悪人」などを、各省や都市で一応の何千、何万と目安を決めて処刑し弾圧した。処刑された人数は、一九五七年前には計約八〇万人程度だったが、大躍進・人民公社運動が失敗する過程で、地元の幹部や権力者が自由気ままに人を弾圧、処罰できるようになった。本来、建国時に毛沢東は、各省各都市各機関で、全体の何パーセントを弾圧、処刑せよと命令していたが、以後の各種政治運動による人民弾圧、粛清運動、とりわけ文革期には無法無天が常態化した。次の文革時代には造反派や地方幹部や軍隊などに「やりたい放題」にやらせ、まさに「無法時代」になっていった。いくら残酷で、いくら激しくても、いくら拡大されても、それを制止できるものは何もなかった。

毛沢東は、人民全部に「密告」を奨励し、人びとを相互に疑わせ告発させて、恐怖状態を全国土に拡大し拡張した。人民に対してばかりではなく、最高幹部の人々にも監視・密告・恐怖の政治を行った。毛は明の太祖朱元璋と成祖永楽帝にならって、自分以外の全幹部・高官を常時監視し、いつでも摘発弾劾できる体制を建国と同時に整備した。それが以下の三種類の秘密警察機関である。「謝富治を頭にする中央政治保衛部、康生を頭にする中央政治政法委員会、中央軍委総参謀部第三部」であった（北海閑人『毛沢東の真実』「秘密警察の国」頁九七〜一二四、草思社）。共産党の高官の私邸、公館で働く秘書・職員・使用人は全部がこれら秘密機関から派遣される人間であり、高官の私邸での私語さえも毛沢東に直接通報された。劉少奇・周恩来・朱徳といった最高幹部さえもが、公私の総てにわたる言動を監視されていたのである。彼等最高幹部が、毛沢東のベットの周りを取り囲んで重要会議を開き、歯が浮くようなお世辞を言ったりしなければならなくなった背後には、そうした恐怖の監視態勢があったのである。戦前の日本でも「特別高等警察」と「憲兵」は、全国民を監視し、弾圧し、恐怖政治を行っていた。

今日の中国の最高権力機構でも、そうした不透明な恐怖の政治状態が続いているようである。ウイグル民族に対する弾圧の状況・実態は、全く公開されていない。また今の党主席は誰が選んだのか全く分からない。国民でもなく、全共産党員でもなく、党の中央委員でもなく、政治局員の開かれた選挙でもない。誰が選挙権を持っているか不明である。もし、党政治局員二〇数人が選出したとしても、その中身は全く公表されないのである。全人代で二〇〇〇人以上もの出席者が、一斉に起立し盛大に拍手する、まったく質問や疑問や反論がなされない。未来世界がどこでもこんな情景になればそれこそ人類社会は地獄と化すであろう。中国では、政治局員でも、有名弁護士でも、有名女優でも、有名ジャーナリストでも、出版社員でも、ある日忽然として「行方不明」になる。そして、彼・彼女たちは数か月の後か、一年後にテレビの前で、或いは法廷と称する場所でひたすら罪を認めるのである。脱税、縁故汚職、規律違反、乱れた性生活、等々が御上から一方的に報道される。公式には、まったく逮捕の理由も、犯罪の内容も、反論も公表されず、裁判官が判決を下して断罪する。ただひたすら「犯人」は謝罪するだけである。裁判も、まったくおざなり、出鱈目きわまる処罰政治、監視制度が公然と横行しているのである。どうなったか不明な人物も多数いる。経済は大躍進を遂げたが、政治世界においては毛沢東時代と基本的には変わらないと言わざるをえない。独裁者プーチンは、曲りなりにも全国民の選挙によって選ばれているだけまだましである。

独裁体制のアキレス腱は、最高独裁者が自己の非凡さ、偉大さを示し、前人未踏の壮挙を為そうとして、冒険を続けることである。彼はこの誘惑に勝てない。大失敗して大量の殺人をやっても絶対にそれを認めず、責任の追及をされないように恐怖の支配をどこまでも続ける体制を強化し続ける。独裁者が自分から喜んで退陣したという話は聞いたことがない。独裁者は独裁の度を強化するほど罪禍を犯し、その犯罪行為の責任を追及されないように益々独裁の度を強める。これが「独裁政体の普遍法則」である。

5　マルクスが危惧した「粗野な共産主義社会」の実現

マルクスは、『経済学・哲学草稿』（岩波文庫）の「私的所有と共産主義」（頁一二六〜一四八）において、次のように記している。

■共産主義は、その最初の形態においては、私有財産の普遍化と完成とであるにすぎず、そのようなものとして共産主義は、二重の形態で姿を現す。第一に、物的な所有の支配があまりに大きくこの共産主義の前に立ちはだかっているので、そのためこの共産主義は、私有財産として万人に占有されえないあらゆるものを否定しようとする。それは暴力的なやり方で、才能等々を無視しようとする。この共産主義にとっては肉体的な直接的な占有が、生活や生存の唯一の目的と見なされる。労働者の仕事は止揚されないで、万人の上に拡大される。私有財産の関係は物的世界に対する共同体の関係としてそのまま残っている（文庫、頁一二七）。

■最後に、私有財産にたいして普遍的な私有財産を対置しようとするこの運動は、結婚（それは確かに排他的な私有財産の一形態である）にたいして女性共有が、したがって女性が共同体的な共通の財産になるところの女性共有が、対置されるという動物的な形態で自らを告白する。女性共有というこの思想こそ、まだまったく粗野で無思想なこの共産主義の告白された秘密だ、といえよう（文庫、頁一二七）。

これは、マルクスが危惧した「粗野な共産主義」であり、個人の才能を無視し、人間総てを肉体的に拘束し、女性を共同体の共有物にし、労働の強制が万人の上に及ぶ、実に強権的な、野蛮きわまる専制的な社会である。マルクスが、一八四〇年代に想像した未来の「共産主義への第一段階論」の姿は、まさに「全般的奴隷制」そのものである。いったいマルクスは、この「粗野な共産主義」が「真の共産主義」にいたる「必然の道」と考えていたのだろうか。いやそうとは思えない。

マルクスが心配したのは「粗野な共産主義社会実現」のイメージだった。彼には、実はこの点が大いに心配だったのではなかろうか。最初の「共産主義社会」が、こんな暴力的で野蛮なものにならないように、警鐘を鳴らしたのではなかろうか。彼は、この恐怖に満ちた「粗野な共産主義」までは想像できたが、究極の「真の共産主義社会」の具体的イメージを提出することはできなかった。一般に言われている「共産主義社会では、貨幣は無くなり、商品もなくなり、人は能力に応じて働き、必要に応じて消費する」などというイメージは、幼児向けのおとぎ話にもならない。マルクスには、実は「真の共産主義社会」の確かで具体的なイメージはなかったようである。

いや、一カ所、きわめて牧歌的なイメージを書いたことがある。『ドイツ・イデオロギー』（文庫、頁六六～六七）のなかで、エンゲルスと共同で「共産主義社会では、各人は排他的な活動領域というものをもたず、任意の諸部門で自分を磨くことができる。共産主義の社会においては社会が生産の全般を規制しており、まさしくそれゆえに可能になることなのだが、私は今日はこれを、明日はあれをし、狩をし……漁をし、家畜を追い、そして食後には批判をする、……わたくしが好きなようにそうすることができる」と書いている。

これが書かれた百数十年後の今日の世界で、一部実現していることである。今や、日本人約一三〇万人が外国でくらし、外国人二百数十万人が日本で暮らしている。多くの日本人と外国人が生まれた国を離れ、いろいろの職種について暮らしている。しかし、マルクスとエンゲルスが言っていたこの頃の話は、まだ牧歌的な、童話的な空想に過ぎなかった。

マルクスが極めて具体的に危惧した「野蛮な共産主義社会」の「悪夢」の方は、もっと恐ろしい形態と程度において、「ロシア革命」以後、社会主義体制の全世界に実現したのであった。とりわけスターリン・毛沢東・金日成・ポルポト等々の体制下における大量処刑、奴隷労働、ラーゲリ・労働改造営、共同食堂、大虐殺、大飢餓、人民公社、兵営式強制労働等々として、実に極端且つ典型的に実現したのであった。文革後半、千数百万人の青年男女が農村に「下放」された。すると、いたるところで地元幹部たちによる「強姦」が盛行した。

マルクスは、この確実に予想される【粗野な共産主義像】――この人々を「奴隷状態」に追い込み、全人民・全国民を際限なく「虐待」する共産主義社会の出現――をどうやって防ぐか、書いていない。彼は、「これも歴史の必然として」認めていたのだろうか。それとも、各国共産党に厳重な警戒をするように警告していたのであろうか、実に不可解である。マルクスは、これを「必然の道」だと考えていたとした方が、スターリンや毛沢東には都合がよかったことだけは間違いない。

さて、国家論、権力論、支配の諸形態に対する研究が、マルクス、エンゲルスには、完全に欠落していたことを認めざるを得ない。いったい、この「階級闘争によって生まれる、粗野な共産主義社会」を、いったい誰が革命司令部となって運営するのか、また、誰がこの司令官・指令機構の暴走を阻止し、暴力装置を破壊するのか？マルクスは、『経済学・哲学草稿』（一八四三～四五年、執筆）の直後に書いた『ドイツ・イデオロギー』（エンゲルスとの共作、未完成でメモ程度の寄せ書き、一八四五年～四六年。廣松渉編訳）において、次のように言っている。

■支配権を目指すどの階級も――プロレタリアートの場合はその支配が旧来のあらゆる社会形態ならびに支配一般の廃止を条件づけるのだが、その場合でさえ――まずもって政治権力を奪取しなければならない。自分たちの利害を今度は普遍的なものとして示す――第一局面ではそうせざるを得ない――ためである（頁六八）。

■革命運動は、最終的には「あらゆる階級の支配を、階級そのものとともに止揚する」ことによって完成するのであるが、そのためには、「大衆的規模での人間変革が必要である。大衆的規模での人間変革は実践運動のさなかでのみ、革命においてのみ、進捗しうる。それゆえ、革命は、他の仕方では支配階級が打倒されえないという理由で必要なだけでなく、打倒する側の階級が革命のさなかでのみ、旧い残渣を〈打倒し〉わが身から一掃して、社会の新たな礎石を築く能力をもてるようになる、という理由からしても必要なのである」(頁八三〜八四)。(註。廣松渉の考証によれば前者はマルクス、後者はエンゲルスの文章)

上記の階級闘争にかんする二つのテーゼは、レーニン、スターリン、毛沢東の「革命権力」を正当化する根拠となり、「階級闘争理論」のキーワードになった。ここからは、「階級敵に対する階級闘争＝政治運動」は、永遠に必要ということになりかねない。「階級闘争が徹底的」であればあるほど、次の本物の共産主義社会にむけて完成度・純度が高まるからである。ここから「強固な階級敵」がいればいるほどありがたい、いなければ困る、という逆説と頽廃が生まれる。まさに毛沢東体制下でこのような誤謬と倒錯が天下に横行したのだった。

マルクス・エンゲルスは、再度言うが、いったいこのような危険で粗野な革命政権を徹底的に指導して遂行し、最後には克服する権利がある人は誰なのか、まったく書いていない。

前掲『マルクス経済学レキシコン』(第五巻、頁二五七)に次のようなマルクスとエンゲルスの手紙が紹介されている。

■(マルクス、曰く)僕が新しくやったことは、次のことを論証することであった。一、諸階級の存在はただ生産の特定の歴史的諸発展段階に結びつけられているだけだということ。二、階級闘争は必然的にプロレタリアートの独裁に導くということ。三、この独裁そのものは、ただ、いっさいの階級の廃止と無階級社会への通過点に過ぎないということ(マルクスの友人への手紙、一八五二年三月五日)。

■(エンゲルス、曰く)マルクスと私は、一八四五年以来、将来のプロレタリア革命の最終の結果の一つは、国家という名の付いた政治組織が漸次的に解体し、最後には消滅するであろう、という見解をもちつづけてきました。この組織の主要目的は、昔から、富裕な少数者による働く多数者の経済的抑圧を、武力によって保証することでした。富裕な少数者の消滅とともに、武装した抑圧権力、つまり国家権力の必要も消滅します（エンゲルスから友人への手紙、一八八三年四月一八日）。

★小林註、マルクスは「粗野な共産主義」について、その恐るべき反動的性格についてかなり詳しく書き記しており、エンゲルスと同じく「階級消滅とともに、国家もまた自然に消滅する」と簡単に考えていたかどうか大いに疑問である。エンゲルスは、マルクスとかなり違って「国家自然消滅」論であり、極めて楽観的であった。

マルクスの予言の如く、「粗野な共産主義」を代表する毛沢東は、あたかも皇帝、劉少奇は大老、各省の第一書記が「領主」のような独裁者となった。さらにその下の「専区」と「県」の第一書記は、「区領主」「県領主」のごとき「家臣団」となる。各書記は、自分の領域では「土皇帝」となって猛威を振るうのである。まさに「党官僚制」が「再版古代奴隷制」のごとき威力・威信を保持するに至ったのである。

また、全土に二〇〇〇ほどある「県」の書記クラス・県長クラス（それぞれ複数いる）の支配者は、十数万人いたのであるが、皆「貧農・下層労働者」の出身者であった。だから地方幹部たちには学問教養は全く無く、高等学校や大学の正規の卒業生は、毛沢東の文革時代、全くいなかった。「プロレタリア専制」は、「プロレタリア貧民専制」となり、「無学無教養者専制」に変質したのであった。だから、マルクスだのレーニンだなどといっても、彼らはまともに論文一つ読んだことはなく、ましてや「資本論」など、まったく理解していなかった。元々、中国各農村の諸県に高度に発展した「資本家階級」などは存在しなかったのである。もちろん、大昔からあった地主・高利貸・商人・ごろつきの親分たちは沢山いたが、彼らは「土地や財産を持つ資産家」ではあったが、マルクスがいう近代社会になってから生まれた「独占資本家」などほとんどいなかった。だから、理論的に言えば「プロレタリア階級の専制」などという概念は当てはまらないはずだった。あるのは「貧農独裁・無産大衆・ルンペンプロレタリアート独裁」というべきものであった。

エンゲルスでさえ、「共産主義の諸原理」において、「一言でいえば、プロレタリアート、すなわちプロレタリアの階級は、一九世紀の労働階級である」、「いつの時代にもいたただの貧民ではない」、「プロレタリア階級は、産業革命によって生み出された産業資本家に搾取される労働者階級である」と言っている（服部文男訳『共産主義の諸原理』新日本出版社、頁一一三～一一四）。

産業労働者階級の形成が極めて未熟、未成熟な半植民半封建中国の、膨大な数の「貧民、極貧農、遊民、匪賊、ごろつき、飢餓民、乞食」等々は、マルクスがいう「プロレタリアート階級」ではない。中国の貧窮民は、古代からおり、清朝崩壊の一九世紀以来、激増し、累々と社会につもり重なってきた。そこに日本軍が侵略し、大規模な戦争をやったので、社会も家庭も国家も、崩壊状態になった。そこに生まれた膨大な数の無産者は、マルクスのいう「プロレタリアート階級」ではけっしてない。

資本主義生産様式が殆んどない中国で、共産党が行う「社会主義集団化・独裁政治」が、いかなるものになるかは明白である。マルクスのいう「粗野な共産主義」の予言が、その予想を遥かに上回る現実の悪夢となった。こうして「社会主義の総路線、人民公社、大躍進路線」によって数千万人の餓死者、犠牲者を生みだしたのである。さらにひどいのは、北朝鮮の金王朝である。北朝鮮の驚異的な人民弾圧については非常に沢山の研究書があるので言及しない。カンボジアの「ポルポト政権」は短期間に大量の人民を殺したことで有名である。ポルポト、ヌオン・チェア、タ・モク、イエン・サリ、キュー・サムファンらは、皆毛沢東の「粛清、大躍進、人民公社」等々の「粗暴な共産主義」を手本に、さらにそれよりもなお過激な〝共産主義化〟をやり、約一七〇万人を一挙に惨殺することになった。カンボジアのクメール共和国（「紅いクメール」）の最高幹部たちは、一九七〇年代に一斉に北京を訪ね、毛沢東、張春橋、鄧小平等々と会談し、大歓迎を受け、またさまざまな援助を受けた。

マルクスとエンゲルスは、『ドイツ・イデオロギー』（岩波文庫版）において、次のように警告していた。

■それ（現行の資本主義社会）が「耐え難い」威力、つまり、人々がそれに反抗して革命を起こすような威力となるためには、それが人類の大多数を全くの「無所有者」として、しかも同時に、現存する富と教養——どちらも生産力の巨大な上昇とその高度な発展を前提とする——の世界との矛盾において、創出してしまっていることが必要である。別の面から言えば、生産諸力のこのような発展（これとともに、すでに同時に、局地的なものに代わって、世界史的なものとなった人間の現実的な在り方の内に、経験的な実存が現前するようになっている）は、〈すでに〉次の理由からしても、絶対に必要な実践的前提である。つまり、生産諸力の発展なしには、欠乏、窮迫が普遍化されるにすぎず、それゆえ、窮迫に伴って必要物をめぐる抗争も再燃し、古い汚物がことごとく甦らざるをえないだろうからであり……（頁七二）。

■（だから、現存する「富と教養」が巨大な規模で実現している、という状況なしには）①共産主義は局地的なものとしてしか実存しえず　②交通の〈疎遠な〉諸威力そのものが全般的な、それゆえに耐えがたいほどの諸威力として発展してしまうこともありえず、土着的・迷信的な「厄介事」のままであり続けるであろう。しかし③交通のどのような拡大もが、局地的な共産主義を廃止するであろう。共産主義は、経験的には、主要な諸国民の行為として「一挙的」かつ同時的にのみ可能なのであって、このことは、生産諸力の全般的な発展およびそれと連関する世界交通を前提としている（頁七三）。

■プロレタリアートは〈それゆえ、実践的・経験的な実存としての世界史を前提する〉それゆえ、世界史的にのみ実存しうるのであって、それは、彼らの営為たる共産主義がそもそも「世界史的な」実存としてしか現前しえないのと同様である。諸個人の世界史的な実存とは、則ち諸個人が〈あらゆる……の歴史と物質的に〉世界史と直接的に結びつけられて実存しているということである（頁七五）。

二〇世紀の社会主義者たちが行ったことは、外国人と交渉があった人を「外国のスパイ」とし、誰も外国に行くのを禁止し、国家を鎖国状態にして全社会を閉鎖的な牢獄にかえ、他国人と手紙のやり取りさえ厳禁した。学校教育を破壊し、教師を徹底的に弾圧した。「世界生産力、世界交通」を頼むどころか、それと全く逆行することを行っていたのである（ちなみに、今の中国政府は、国民に「ユーチューブ」をみることも許さない。全世界でみている映像、例えば天安門事件の映像を中国人は全くみることができない）。従って、次のように断定することができる。スターリンや毛沢東は、「粗野な共産主義者」であり、マルクスの共産主義思想とも、唯物史観とも、まったく無縁な人物たちであった。毛沢東の「永久階級闘争論」は、マルクスが危惧した「粗野な共産主義の実現」に過ぎなかった、のだと。

毛が「社会主義」なるものを実行し、文革を進めるときにいつも持ち出す階級の敵とは、「すでに打倒されていた」中華民国時代や日本軍占領時代の金持ち、地主、財産家、欧米日本への元留学生、旧政府関係の職員・元兵士・警察・商人・教師だった。彼がやり続けたのは、上記のような人びととその家族をも何度も何年間も引き出しては、さらにさらに激しく虐待することだった。それが、最も激しくなったのが一九六八年の「階級隊伍を純化する運動」であり、この運動では実に多くの人々が、迫害・虐待されて殺されたり、自殺したりした。要するに「プロレタリア文化大革命」などという名称自体が、その野卑野蛮な実態とかけ離れていたのである。要するに、マルクスの理論とも、現実とも天地ほどもかけ離れたものであり、全く非人道的な「ナンセンス」な運動であったというべきである。

マルクスは、このような「粗野な共産主義」をいかに防ぐか、という具体的な指摘をしなかった。しかし、スターリンや毛沢東の史上最大の「残酷な行為」の責任を、一世紀も前の、一八四〇～五〇年代のマルクスに取らせることはできないし、フェアではない。彼らの責任は彼ら自らがとる以外にはない。むしろ、マルクスは「粗野な共産主義」の恐るべき恐怖状態をリアルに予言し、警告・警鐘をならしてくれていたのだと感謝すべきであろう。

6 「自由・民主・人権意識」が未発達な中国――（国内的条件一）

ヨーロッパ近世・近代の歴史や社会とインドや中国の伝統的国家・社会を比較すれば、その違いの大きさに驚愕する。両者は、まったく異なる歴史、文化、社会構成である。これが一律に「世界史の段階的発展の法則」に位置付けられたり、並べて論じられたりすることは、今では想像することも出来ないだろう。資本主義が登場するまでには「一つの世界史」などなかった。西洋に生まれた資本主義が、地球と人類を一体化させたのだ。だから、我々は、明清時代・民国時代までの、中国史の特徴・性格・風土を問題にする必要がある。

中国の政治形態は、古来「専制政治」である。この皇帝一元政治を担当するのは、科挙官僚制であり、この官僚制は特異な発展を遂げた。また社会は氏族宗族制の強固な発展を基本にしている。経済では、古代から貨幣商業経済は発展していた。ここには、身分制も、封建領主制も、貴族制も、都市国家も、共和制も長期且つ強固なものとしては発展しなかった。中国の歴史・文化の特徴としては、遊牧民の絶え間なき侵入と征服王朝の成立、人口の激減と激増と大移動、宗教的大農民反乱の連続的発生、呪術・迷信の満面開花等々である。

これらについては、私は拙著『M・ヴェーバーの中国社会論の射程』（研文出版）・『中共革命根拠地ドキュメント』（御茶の水書房）や張宏傑著『中国国民性の歴史的変遷』（訳書解説、集広舎）等々で詳しく書いている。その一端を繰り返させていただくことにする。

中国の精神文化としては、特に、次の点が重要である。中国には、強固な武人騎士的な名誉意識・品位意識が発展しなかったという点である。「専制主義は、名誉意識・品位意識を生まない」と言える。なぜなら、「名誉意識・

品位意識」というものは、貴族階級・武士階級・紳士階級といった支配階級の長期的な政治的身分的な安定した支配の中から生まれ定着するものであるからである。中華専制主義は、恐怖の法体制であり、王権の分裂や封建領主体制による権力の分散性も未発達であった。古代の貴族政治も、中世の「武士・騎士階級」や近世の「ジェントルマン階級」に似たものは、一時的、一部的に歴史に姿を現したことはあるが、いつも専制主義の帝国官僚体制に呑みこまれて消滅した。

中国にも、「士大夫、士人、読書人」階級とその倫理的精神的文化があったと人は言うだろう。しかし、その母体である科挙官僚制は、「士大夫、士人、読書人の身分制支配」を生まなかった。「武人騎士エートス」を完全に喪失した科挙官僚が、社会の頂点にたったのである。彼らは、代々、その子弟が各段階の試験を突破し、最後は皇帝の試験の合格者（進士、挙人、生員等々）にならなければ、「士大夫、士人、読書人」身分を形成できないのである。科挙の身分は一代限りのもの、世襲制を保証するものではない。しかも、中国には、遊牧狩猟系の異民族の王朝が沢山生まれた。漢人は長期にわたって、この征服王朝の下僕となった。最後の王朝清朝につかえた官僚士人は、異民族の満州人に仕えた下僕であり、今の言葉で言えば、漢民族全部が「漢奸」になったのである。専制的な皇帝政治の伝統の長い中国では、大多数の貧しい下層階級・農民階級は「名誉」とか、「品位」とか言っている暇も余裕もなかった。彼等にある自由は「迷信邪教の徒」になり、水滸伝に登場する豪傑のような「野蛮な英雄豪傑」か、それとも「流れ者・犯罪者」になるか、という「自由」だけだった。見方を変えれば次のように言うことも可能である。武力ではかなわない遊牧狩猟民族の王朝支配は受け入れるが、中国文明は科挙官僚体制によって、継承し継続する。これは中国文明が生き残る「戦略」であったのだ、と。しかし専制帝国で武人階級による「品位と名誉」の意識は永続的に発展できない。

専制帝国が崩壊すれば、天下は麻のごとくに乱れ、「匪賊、遊民、浮浪者、ごろつき、乞食、盗賊等々」が蔓延する。そこに、始皇帝、朱元璋、洪秀全、毛沢東等々のような「皇帝」が登場する。毛沢東は、建国後数年で

「皇帝気取り」になった。例えば、毛沢東は、早くも建国八年目の一九五六年以降、時々政治局会議を寝室で「寝巻のガウン」を着て「ベッド」に横になったまま、気ままな時間に開くようになった。毛のベッドの周りに劉少奇・朱徳・周恩来・鄧小平・彭真・張聞天・陳伯達等々、あるいは他の最高政治局員や人民日報の社長・編集者・秘書団を非常呼集して集めた（一九五七年一一月二五日夜）。夜遅く毛沢東に呼び出される高級幹部達は、そこで国家民族の運命に係る重大事項を決定した。政府高官の多くは、睡眠薬常習者にならざるを得なかった。また毛はガウンのままでソ連大使のユージンを呼びつけて会見したことさえあった（一九五六年一〇月一八日夜）。実に驚くべき「無法無天、野卑野蛮な仕業」という以外にない。過去の「中華帝国皇帝」以上の所業であった。

彼の人生観、大衆観、革命観は生涯にわたって若き日に書いた『湖南農民運動視察報告』のままだった。以後の彼の革命理論は、中国歴代の「呪術的な民衆反乱、民間迷信的な大農民の反乱」の大規模な模倣であり、「易姓革命」の再現であった。彼の「個人崇拝」によって起こった「文化大革命」も、その延長線上に生まれたものだった。逆に、民衆が毛沢東に抱く崇拝は、白蓮教の「真明天子の降誕信仰」の再来、再現であった。

それにしても、毛沢東のベッドの周りを取り囲んで、重要会議をする「家臣」たちの態度もまた「奴才」というにふさわしい。品位も名誉心も放棄した、実に卑屈な態度であったと言わねばならないだろう。毛沢東が、最後の政治運動となった「プロレタリア文化大革命」において、念仏のように「階級闘争を忘れるな、毎日、毎月、毎年やり、一万年後も、まだ階級闘争は続くのだ」などと言い張ったが、これは、「イギリスも、アメリカも追い越す」と公言して、無惨に失敗して数千万人を餓死させた彼の責任逃れの「虚勢、虚声」であったに相違ない。しかし、それを認めることは、自分の人生・歴史的偉業をまったく否定することになり、責任を取ることになるので強気を押し通したのである。

私は、これまで彼の共産主義が、マルクスの共産主義理論からかけ離れたものになっていった過程、及びその内容を縷々指摘し、且つ問題にしてきた。しかし、これは勝手な思い込みかも知れない。元々、彼はマルクス・

エンゲルス・レーニン・スターリンの著作や理論や世界分析などにあまり興味もなければ、関心もなかったように思える。『共産党宣言』以外に、彼は真面目にマルクス主義の基本文献を読んだり、理論を研究したりした痕跡はない。「階級闘争＝暴力革命」一本槍であり、レーニンとスターリンの論文をちょっと読むだけで、資本論や他の理論書や経済研究書など読んだことがなかったのではなかろうか？

だから、私は「彼は唯物史観の公式」なるものを歪曲したと批判してきたが、逆に毛から「元々俺はそんなものを真面目に読んだことはなかったし、読もうとも思わなかった」と反論されそうである。俺は自分が解釈し願った「理想世界、大同世界」に、マルクスの「共産主義」なる外套を借りて付け飾りにしただけあり、始皇帝以来の偉大な世界帝国をつくり、内外の世界を驚嘆、驚愕させたかったのだ、と言うかもしれない。

毛沢東の人民公社は、後漢時代の教祖の張魯・張角の宗教教団を夢想して提出したものであった。また、彼は「大躍進運動」の時、地方の書記連中に「マルクス＋始皇帝」になって大躍進を推進せよとも言った。先に記した彼の言動の数々に拠ってもわかるように、毛は、実は、マルクスの名前を看板にして、自分好みの「空想社会・ユートピア」（どこにもない国）を、中国古代史の中から発掘して、二〇世紀風に装った宗教教団＝世界共産教の「教祖」として生きていたのかもしれない。もしこの推理が妥当なら、マルクス主義の基本文献の解釈を巡って毛沢東をいくら批判しても「只の無駄」なのかもしれないとも思う。彼がマルクスを好んだのは、マルクスの階級闘争の理論が帝国主義を生み出したヨーロッパ資本主義の「墓堀人」の役割を持っていたことにも大きな原因があろう。しかし、間違いないことは、彼は「中国共産主義教団」の教祖となり、「マルクスと始皇帝」の二体を合体して作った神像を御本体にして、全人民に拝跪を強制し、教祖に従わなかった者には容赦ない迫害、虐待を加え、多くの人を殺し続けたということである。

7 「唯物史観の大逆転劇」が起こった二〇世紀の世界史

――「上部構造が下部構造を規定する」新時代へ。現代資本主義は、二〇世紀中葉以降の地球大の展開によって、情報・通信・教育・技術等のソフトウエアの革命的発展により、急速に「上部構造」が「下部構造」を規定する新たな段階に入った――

マルクスは、西ヨーロッパ、とくにイギリス資本主義を研究して『資本論』を書いた。彼は、資本主義の経済学批判をやったのであって、資本主義国家の上部構造を研究したのではない。そして、資本主義社会は「資本家階級」と「プロレタリアート階級」の二極分解、階級対立の激化が必然的におこり、最終的には社会主義革命が勝利すると言った。しかし、現実的には、西ヨーロッパでは「社会主義革命」は成功しなかった。何故か？

それは、マルクスには国民国家、資本主義の上部構造を研究する「時間」がなかったからである。資本主義国は、マルクスの予想とは違って、プロレタリア階級を搾取こそしたものの、それ以上に「国民」を作ることに熱中したのだった。古典的資本主義国は、いつも植民地・半植民地獲得戦争、また奴隷労働とその他の原料獲得、商品輸出市場の獲得のために、他の強国と絶えざる戦争状態にあった。そのため、労働者階級の搾取以上に、強力な産業改革、富国強兵策を実行して多くの愛国者である国民を作り、国民を経済的・肉体的・精神的に強力な兵士に育てなければならない。そして彼らを公務員・軍人・官僚・学者・会社員・労働者等々の専門家として育て、また個人としても優れた人間にするために「殖産興業、普通義務教育、社会保障」等々の政策を早急に実行する必要があった。もしも、国家と資本家階級が国民すべてを搾取・弾圧して「無産階級・プロレタリア階級」に転落させてしまえば、世界各地で展開される列強間の競争、帝国主義戦争に勝ち抜くことはできない。かくして、欧米列強と日本は、二度もの世界大戦をやることになった。西ヨーロッパ・アメリカに社会主義革命が始まるというマルクスの予想は全くはずれた。

マルクスは資本主義社会を階級間の「搾取、抑圧、対立、反抗」の側面からだけ考察し、上部構造たる「政治、社会、文化」の観点から分析しなかった。だから、最も強力な独占資本主義国家群が発生した西ヨーロッパ世界に「共産主義革命」が成功しがたいことを予想できなかった。そこではヨーロッパの共産党による革命は起らず、プロレタリア階級が圧倒的に少ないロシアとアジアの貧農中心の貧窮国家や植民地・従属国で「社会主義革命」が成功したのである。ロシアとアジアでは例外なしに、一党独裁政党による驚愕すべき国民に対する虐殺、弾圧、迫害、飢餓、粛清が連続して生起したのであった。マルクスの「粗野な共産主義」の予想をはるかに上回る、スターリン、毛沢東、金日成、ポルポト等々による「大惨劇」が起こったのである。世界の列強は国内革命ではなく、列強間の「対外世界戦争」中心の路線に進む。一方、ロシア・アジア地域では「国内社会主義革命」へと、革命路線を進む。両者は真逆なベクトルの軌道の上を走ることになった。

第二次世界大戦後、資本主義は革命的変質を遂げた。特に二〇世紀後半からは、いわゆる「鉄・石炭」の時代から「情報・通信・技術」の時代へと急速に移動した。マルクスの時代の資本主義は、まだ原始的蓄積の時代で、西ヨーロッパの狭い地域でしか発展していなかった。それはまだ「鉄と石炭」の資本主義だった。しかし、資本主義の性格は急速に変化し、今や当時は問題にもされなかった「アジア・アフリカ・ラテンアメリカ」という、旧植民地・半植民地・従属国における生産と消費の比重が、二一世紀に入ると、先進的な欧米日等の資本主義本家を追い抜くという、東西逆転の時代が到来した。

いま、時代は、資本主義の中核を「鉄・石炭・造船・自動車・その他の製造業」ではなく、「情報・通信・サービス・技術革命」へと移行した。さらに、人類全体の問題は「地域戦争・地球温暖化・人口爆発・自然環境の大汚染・病気予防」等々に変化した。まさにマルクスの想定以上の資本主義へ、つまり消費と技術と情報を中核とする「〝超〟近代資本主義の時代」が来たのである。かくして、マルクスの「史的唯物論の公式」は、次のように変更されなければならない。「上部構造が、基本的に下部構造を規定する」、「下部構造は相体的な独自性を持つに過ぎない」と。そして、マルクスが言う「人類の本史」とは、人類によって失われた「自然の再生、復活」に挑む「本史」が始まるということではあるまいか。今や人類が戦争と革命という二つの人類史の宿痾を解決すること、かくして人類の「本史」が始まるということではあるまいか。

しかし、短期的には中国の動向が、決定的な位置を占めるように思える。

今や中国は対外開放以後四〇年経ち、一四億人の人口を擁し、広大な領域を支配し、製造業で世界の中心になった。そしてAI・バイオテクノロジー・5G・ロボット兵器等々の新分野でアメリカに追いつく勢いになった。「中国」が今後どうなるかは、人類の未来の運命に係る大きな問題になった。今、中国は毛沢東時代と同じく「一党独裁の国家」である。中国の政治システムは、一九世紀から二〇世紀まで続いた帝国主義列強時代のものである。これが実に心配なのである。しかし逆に、中国の社会的経済的発展は、人類の「本史」の始まりになる可能性を生み出している、とも言える。

二一世紀の世界と人類の危機を救うのは、世界連邦共和国とそれを支える自由・民主・人権等々の思想と哲学といったものであろう。今や、現代の直面する課題は、自然と環境の回復である。国家間の「分捕り合戦」によってではない。東西の優劣を競う時代ではない。ましてや一党独裁と国威発揚を追い求める時代ではない。国家・民族・階級・人種等々の概念からは、この人類史的危機、地球的危機を救えないのではなかろうか。だから当面、最先端科学技術を達成しつつある中国の一党独裁体制という遅れた上部構造が、人類の恐怖になっているのである。毛沢東時代の一党独裁体制を続ける中国の政治・文化・思想・精神の歴史の研究、中国人の精神分析が必要なのだということになる。

8　近現代中国人の民族精神上の外傷〈トラウマ〉——（国内的条件二）

毛沢東時代、とりわけ中国に「文革」という「一大惨事」を起こした中国人の「民族精神のトラウマ」について言及しないわけにはいかない。この大惨事の責任をスターリンや毛沢東だけに押し付けるわけにはいかない。中国人の精神分析が必要である。中国人は、アヘン戦争以来、これまで百数十年間にわたって、欧米日露の帝国主義の侵略によって「民族精神に連続的に深刻なダメージdamage」を受けつづけてきた。

近代中国人の国民精神の覚醒は、アヘン戦争以来、偉大なる中国文明の継承者、中華帝国の後裔たることの自覚から始まった。しかし、よく考えると、誇るべき大唐帝国は鮮卑系の人々が建てたこと、大元帝国は遊牧騎馬民族のモンゴル人が建てたこと、最後の大帝国である大清帝国は、満州族が建てたことを無視することはできなかった。近代の中国人が偉大なる帝国の歴史を振り返る時には、実に複雑な気分になる。二〇〇〇年以上も続いた中華帝国は、実に多くが北方や北東の遊牧系や狩猟系の騎馬民族によって建国された。

アヘン戦争以後、最初に清朝に反旗を翻した太平天国の反乱は「駆除韃虜《ぐじょだつりょ》」をスローガンにした。洋務運動では「中体西用」と言った。次の近代的革命を提起した孫文たちは、始めは「駆除韃虜（満洲族追放）、恢復《かいふく》中華」の旗をたて、それに「建立民国（民権主義）」をスローガンに追加した。つまり、「満州族の帝国」を否定し、「漢族の共和国」を目指したのだった。

しかし、更によく考えてみると困ったことが起きる。この「大清帝国」の三〇〇年間、漢族は征服され続けて異民族に頭を下げて仕えたのだ。激しく言えば、「漢民族」は、この時代は全部が「漢奸《かんがん》」になっていた時代だったということにもなる。中国国民党は、日本敗戦後に南京政府や日本側だった政治家や官僚学者知識人を総て「漢奸」として弾劾したり、処罰したり、処刑したりした。もしこの「漢奸論理」を清朝時代に適用すれば、漢族全部が民族を裏切った「漢奸」になった時代というべきであろう。さらにもっと過去にさかのぼれば、「遼・金・

元」時代に生きた漢民族も、全部が「漢奸」だったことになる。また、民国時代に中国を蚕食し、半植民にしていた日本帝国主義国に行って学問を学んだり、商売をしたりした人々は、みな「漢奸」ということになる。実際、新中国になると、今度は「漢奸」の範囲は更に拡大した。毛沢東時代には、外国に少しでも関係のあった人は「敵性人」と見なされ、ひどい時には「反革命分子」や「特務分子」（外国のスパイ）とされて断罪された。

ところが、対外開放以後、人びとは雪崩を打って欧米資本主義国に流出し、欧米日の資本主義に憧れた。対外開放以後は、帝国主義国の「資本・市場・技術・教育」に一〇〇パーセント頼ったのである。こうみれば、近代中国人は「精神の外傷」が激しく、「精神的複雑骨折」をしていると言わざるを得ない。五〇〇〇年続いた中華帝国も、詳しく見れば「異民族」の征服王朝が実に多い。だから、現在、中国の政治家・学者は、みな「征服王朝」という言葉を忌避するのである。「彼らは、中国文明に憧れ、漢族の豊かさに魅かれて、土地と人を連れて自主的にやって来た」のだと、無理に人にも自分にも言い聞かせる。しかし、モンゴル人、チベット人、ウイグル人等々はなかなか納得しない。どうも中華帝国史と中国文明史と中華民族史を簡単にイコールで結ぶことはできない。また毛沢東の鎖国時代と対外開放政策との関係性も、大きな矛盾がある。「偉大なる中華民族の復興」のスローガンだけでは収まらない。また、自分でも胸を張って言いにくい。この精神的外傷を克服するために、中国共産党はモンゴル人、チベット人、ウイグル人の歴史と文化・言語をできるだけ薄めて「漢族文明、漢族」に同化させようと躍起になり、民族浄化政策に向うことになる。習政権は、「共産主義」とは真逆の「中華民族の栄光、復活」を大声で叫び、「国威発揚」、「偉大なる中華民族の復興」を毎日煽っている。アヘン戦争以来の、さらに毛沢東時代以後の悲惨な歴史が中国人の大きな「精神的外傷」になり、最後は過去の栄光だけが残った。

また一方、アヘン戦争以来、侵略し続けた日本に対しては、さらにより複雑な問題を抱えている。近代文明の科学・技術・思想・経済等々はかなり日本を経由して導入されてきたのであるが、これを認めると偉大なる中華文明の誇りに傷がつく。日本叩きはトラウマを癒す即効の薬となる。

最近、ある日本人が「中国人は日本の技術を盗んでいる」と言った。それを聞いた中国人の女子大生は、「そんな些細なことを持ち出すなら、日本人は〝漢字〟を盗んで、二〇〇〇年も使用してきた〝借用料金〟を支払え」と反撃してきたという。この話は、実に中国人が日本人に持つ感情を端的に表現していると言えよう。

近代日本人は、実に簡単に「尊皇攘夷」の旗を降ろし、「万世一系の天皇制」を光背にして「脱亜入欧」の道に切りかえた。それは日本人には、過去に世界に誇る「日本文明」と、その偉大なる帝国の歴史がなかったからである。中国人には「中華文明と中華帝国の栄光」があり、この「文明」は簡単には捨てられない。しかし「日本文化」は感性であって理念の産物ではないから、取り換えるのは比較的簡単である。「日本式衣装」を脱いで「西洋式衣装」、つまり洋服に変えるのは簡単である。天皇は中世以降、権力を幕府の武人集団に譲渡したから「万世一系」たりえたのである。

しかし、中華帝国を背負う中国人のトラウマは「複雑系」であり、また「骨折度」は激烈である。彼らは、歴代王朝の「正統と異端」の問題、「中華文明の近代における挫折」の問題、「中華文明に対する誇り」と「半植民地従属国」時代の屈辱の問題、「西洋的近代を目指した国民政府」と「共産主義を目指した毛沢東政権」の「中体西用」における真逆のベクトルの問題、「多民族国家と中華民族」間の問題等々、数えると重度の「屈辱と失敗」と「栄光」を経験してきた。

このように考えれば、洪秀全、曾国藩、西太后、孫文、蔣介石、毛沢東、鄧小平、習近平へと、左右上下に逆転してしばしば屈折してきた中国政治史、中国精神史が理解できるであろう。要するに中国人の精神史を深く「理解」し「分析」することが大切である。

エピローグ

現在の中国政権を総括しておこう。

習近平国家主席は、二〇一八年一二月一八日、北京の人民大会堂で「改革開放四〇周年記念」式典を開き、過去四〇年間の「中国の特色ある社会主義による成果と人民の勤勉さや勇気が創造した奇跡」を誇り、次のように全国民に呼びかけた。「改革開放を徹底し、新たな時代に中華民族によるさらに大きな、世界が目をむく奇跡を起こそう！」(朝日新聞の訳文)と。彼もやはり、アヘン戦争以来の民族的トラウマを背負って、毛沢東と同じく「世界中が驚嘆し驚愕する奇跡」を求めて、国民に号令を発しているのである。重要なのは、この「空想」のように見える計画は必ずしも「空想」ではなくなる可能性が極めて高いということである。

つまり、現代資本主義は、これまでのような国単位で製造業（物単位の生産）の競争をする資本主義ではなく、国境を越え全人類、全地球を丸ごと取り込め支配する「IT系知識情報産業」が主導する高度資本主義である。従って世界列強による一九、二〇世紀型の地上の国盗り合戦ではなく、「情報・知識・IT技術」の独占による空中・宇宙競争・戦争の時代に入った、ということである。まさに、マルクスの言う「万国の労働者、団結せよ」という「国際主義」が真価を問われる最終戦に入ったといえよう。また一方、老いて貧しかった中国社会のハイテク化は、人類の「共産主義」という本史への移行の必要条件ともなろう。うまく危機を乗り越えられれば。

補論1

文化大革命は、フランス・アメリカ・日本の新左翼に圧倒的な影響を与えた、と国際主義の観点で評価し、位置づける人々がいる。しかし、これは双方が大いなる誤解をした結果であった。フランスや日本の新左翼は、再び世界大戦を起こさぬようにと、人民＝人間の全面的解放を求めたのである。当時ヴェトナム戦争が拡大し、全世界をまきこみ、第三次世界大戦に発展する可能性があった。だから、反戦平和の闘いを欧米日等の学生・知識人が決起し、連帯したのである。しかし、中国の紅衛兵と造反派は毛沢東個人崇拝と毛沢東の絶対的支配を求めたのである。両者は全くベクトルを異にしている。しかし、情景は双方が同じ方向を同時に進んでいるように見える。しかし、これは驚くべき眼の錯覚であった。ちょうど一万メートルの陸上競技が行われている情景を想像してみたまえ。一周から数周遅れて走っている走者たちが、先頭の走者たちと交差する場合がある。その時、一瞬、誰が先頭か分からなくなる時がある。フランスの五月革命は、大学を男女平等に学ぶ場所に変えろ、もっと奨学金を増やせ、誰でも勉強したいものにはすべて開放せよ、大学をもっと本格的な学術文化の殿堂に変えろ、等々を要求したのであって、「大学を閉鎖し、図書館の本を焼き払う」大学破壊をやり、「毛沢東語録」の一節を言わないと、一切の買い物さえできない牢獄社会に変えろと言ったのではない。北京とパリ・ニューヨークは、まさに真逆だったのだ。毛の時代、中国全体が巨大な監獄のようなものだった。いまでも、チベット人、ウイグル人は、民族全体が「中華帝国」の監獄の如き状況下に置かれているという。

一九六〇年代、パリ・ニューヨーク・東京と北京は余りにも遠かったのだ。お互い大きな錯覚をしていたのである。文革時代に内モンゴルの生産建設兵団に何年もいた北京の女学生は、同胞の台湾人はアメリカ帝国の支配と搾取によって塗炭の苦しみに喘いでいると、共産党からいつも言いきかされていた。それで内モンゴルの砂漠で、自覚せずに囚人のような懲役労働をさせられながら、集会に行っては「台湾人民をアメリカ帝国主義の支配と搾取から解放せよ」とのスローガンをいつも絶叫していた。後に、彼女は一九八〇年代に外国に出た。そこで台湾人が極めて自由に豊かに暮らしているのを知って、唖然、茫然、愕然としたという。

補論2

マルクスにとって、「共産主義」は、ある到達すべき理想の終着点、完結点ではなかった。彼は、次のようにも言っている。「共産主義というのは、僕らにとって、創出されるべき一つの状態、それに則って現実が正されるべき一つの理想ではない。僕らが共産主義と呼ぶのは、〈実〔践的な〕〉現在の状態を止揚する現実的な運動だ。〈僕らは単に〔次のことを〕記述するだけにしなければならない〉この運動の諸条件は〈眼前の現実そのものに従って判〔定〕されるべき〉今日現存する前提から生じる」（『ドイツ・イデオロギー』岩波文庫、頁七一）と。

資本主義の発展も、世界同時革命の可能性も全くないロシアや中国で何千何百万もの人々を殺して、スターリンや毛沢東や金日成やポルポトが、無法無天の暴力で共産主義を作り出そうと企てたのは、マルクスの言う「共産主義者の運動」とは縁もゆかりもなかったのである。

またマルクスは、次のようにも言っている。「共産主義は否定の否定としての肯定であり、それゆえに人間的な解放と回復との、つぎの歴史的発展にとって必然的な、現実的契機である。共産主義は最も近い将来の必然的形態であり、エネルギッシュな原理である。しかし、共産主義は、そのようなものとして、人間的発展の到達目標――人間的な社会の形姿――ではない」。（『経済学・哲学草稿』文庫、頁一四八）

補論3

現代資本主義は、第二次資本主義として革命的変革、変質を遂げた。今は、製造業資本主義ではなく、消費資本主義、情報技術文化資本主義である。このように資本主義が根本的変革を遂げ、「上部構造が下部構造を基本的には支配する」段階に転化している。たとえば、サムソンは今や韓国だけの企業だとは言えない。韓国が、サムソンを支配管理しているとは言えない。カルロス・ゴーンは、半フランス人であり、半日本人であり、半ブラジル人、半レバノン人でもある。企業も、社長も、もはや一国的存在ではあり得ない。一方において、近代科学技術の伝統を一変することができる、革命的な科学技術の展開が、急速度で且つ世界的規模で始まっている。これは、人類も自然界も根本から変える恐るべき威力をもった「大革命」――それが人類や自然にとってよいことなのか、取り返しがつかない惨禍を生みだすかにかかわらず――が始まったのである。米中両国の決戦は、世界経済の一大発展による人・物・金・情報の全面化と、遅れた国家形態の最終決戦である。それがいかなる決着をしようとも、国家は人類をもう束ねることはできない。

であればあるほど、戦争と革命に焦点を絞った歴史哲学を構築する必要がある。かかる意味において、ナチズム・天皇制ファシズムとともに、スターリンの「大粛清」や毛沢東の「文化大革命」の研究を強力に推し進め、国粋主義、民族主義、暴力革命等々に反対する理論を構築し、世界史を反省する責任が、歴史家には求められているのである。世界資本主義と国家がどのように折合いをつけ、戦争と革命と内戦と難民の時代を超えるか、これが運動としての世界史の「今」だと思う。

写真　王友琴『文革受難者』より

卡仲耘

卡仲耘とその家族

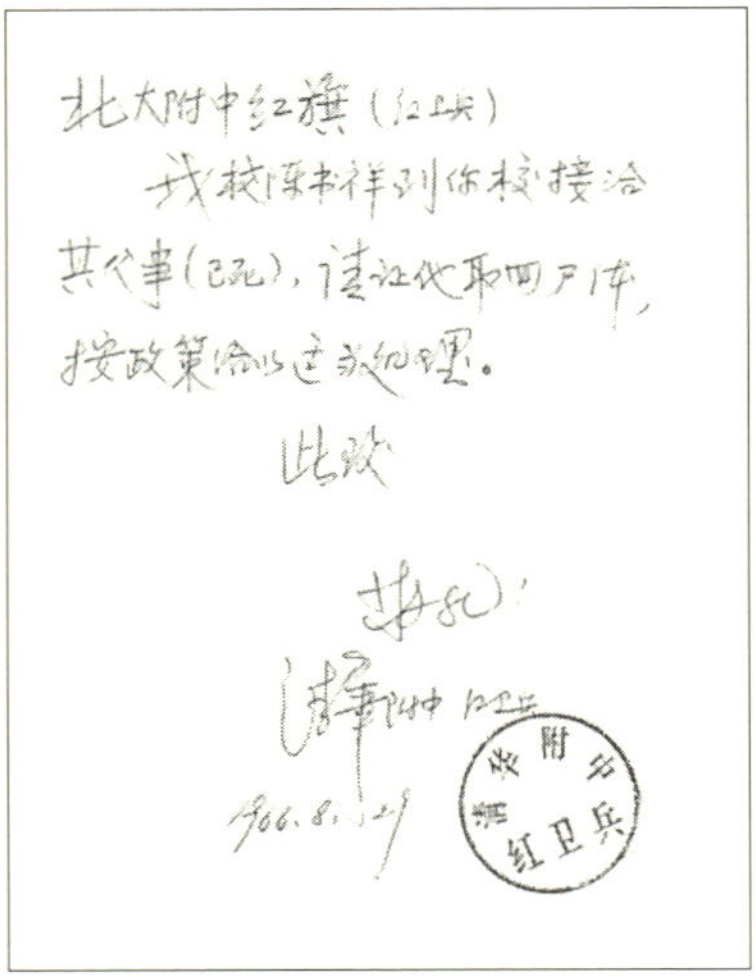

北大附中红旗（红卫兵）

我校陈书祥到你校接洽

共代事（已死），请让代取回尸体，

按政策给以适当处理。

此致

敬礼！

清华附中 红卫兵

1966.8.[illegible]

陳彦栄の死体証明書

黄必信・余啓運夫妻

賀定華

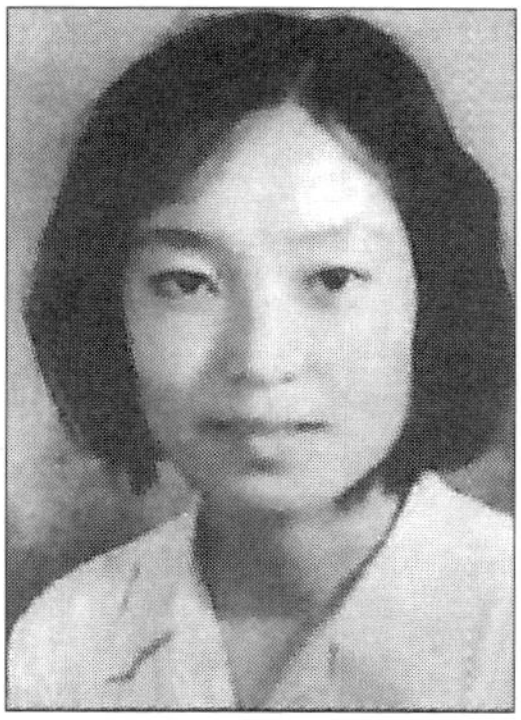

孫歴生

林昭の墓（蘇州）

胡秀正

李文波が殺害された家

陸洪恩

誓死捍卫毛主席革命路线　誓死捍卫无产阶级司令部

本市举行公判大会镇压现行反革命

反革命分子処刑の布告

唐政

王炳堯

王慶萍

王一家

妻・張啓行

娘・王祖華

夫・王熊飛

文端蕭

呉興華

葉壄英の自殺の場所

1966年8月、北京の中高生が書いたスローガン

遇羅克

華錦

趙福基

文革の悲劇のヒロインの2人・林昭（右）張志新のブロンズ像の前で（右より作成者の厳正学・朱春柳夫妻、第三部第五章の著者、劉燕子）

孫維世（1921～1968、写真中央。右は周恩来、左は鄧穎超）

「受難死」を遂げた著名な女性たち
（「大紀元」2012年11月7日掲載「文革間自殺的美女們」より）

言慧珠（俳優、1919～1966）

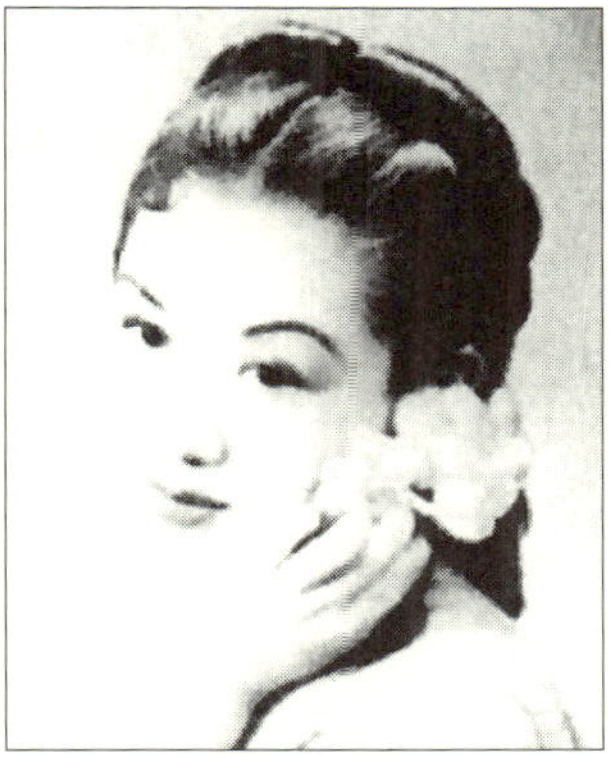

上官雲珠（俳優、1920～1968）

顧聖嬰（ピアニスト、1937～1967）

李再雯（小白玉霜）
（俳優、1922～1967）

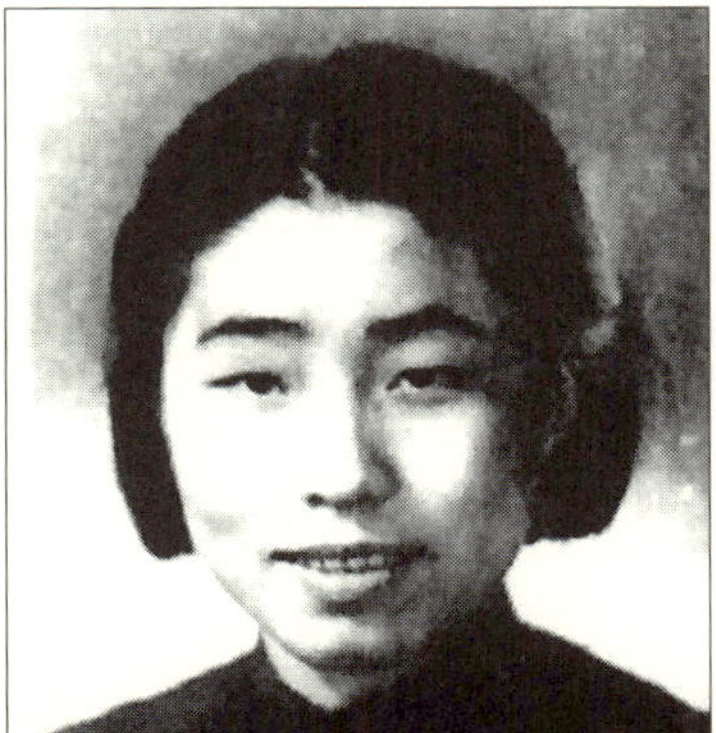

楊必（西洋文学翻訳家、1922～1968）

厳鳳英（俳優、1930～1968）

一九四九年一二月二一日 モスクワにて

毛沢東　スターリン　ウルブリヒト

一九七五年六月二一日 中南海にて

毛沢東　ポルポト　イエン・サリ

一九七七年九月二八日 北京駅にて

ポルポト　鄧小平

粛清予定者一覧表　小林峻一・加藤昭『闇の男──野坂参三の百年』（文藝春秋 1993 年刊）

共和国・州・地方	A	B	計	共和国・州・地方	A	B	計
アゼルバイジャン（共）	1500	3750	5250	クィブシェフ州	1000	4000	5000
アルメニア（共）	500	1000	1500	キロフ州	500	1500	2000
ビラルーシ（共）	2000	10000	12000	レニングラード州	4000	10000	14000
グルジア（共）	2000	3000	5000	モスクワ州	5000	30000	35000
キリギス（共）	250	500	750	オムスク州	1000	2500	3500
タジク（共）	500	1300	1800	オリエンブルグ州	1500	3000	4500
トルクメン（共）	500	1500	2000	サラトフ州	1000	2000	3000
ウズベク（共）	750	4000	4750	スターリングラード州	1000	3000	4000
バシキル（自）	500	1500	2000	スベルドロフスク州	4000	6000	10000
ブリヤット・モンゴル（自）	350	1500	1850	北スベルドロフスク州	750	2000	2750
ダゲスタン（自）	500	2500	3000	チェリャービンスク州	1500	4500	6000
カレニア（自）	300	700	1000	アロースラフスク州	750	1250	2000
ガバルジノ・バルカルスク（自）	300	700	1000	★ウクライナ共和国★			
クリミア（自）	300	1200	1500	ハリコフ州	1500	4000	5500
コミ（自）	100	300	400	―（判読不能）―	―	―	―
カルミック（自）	100	300	400	―（判読不能）―	―	―	―
マリスク（自）	300	1500	1800	ドネツク州	1000	3000	4000
モルドフスク（自）	300	1500	1800	オデスク州	1000	3500	4500
ボルガ地方ドイツ領	200	700	900	ニェプロペトロフスク州	1000	2000	3000
北オセチア（自）	200	500	700	チェルニゴフ州	300	1300	1600
タタール（自）	500	1500	2000	モルダビア（自）	200	500	700
ウドモルスク（自）	200	500	700	★カザフ共和国★			
チチェノイングークス（自）	500	1500	2000	北カザフ州	650	300	950
チューワスク（自）	300	1500	1800	南カザフ州	350	650	950
アゾボ黒海地区（自）	5000	8000	13000	西カザフ州	100	200	300
極東地区（ウラジオストック）	2000	4000	6000	クスタナイスク州	150	450	600
西シベリア地方	5000	12000	17000	東カザフ州	300	1050	1350
クラスノヤルスク地方	750	2500	3250	アクチュビンスク州	350	1000	1350
オルゼニキゼ地方	1000	4000	5000	カラガンダ州	400	600	1000
東シベリア地方	1000	4000	5000	アルマアタ州	200	800	1000
ウォロニェジュ州	1000	3500	4500	NKVD 収容所	10000	―	10000
ゴリコフ州	1000	3500	4500	合計	72950	186500	259450
西（モルダビア）州	1000	5000	6000	(註)A は第 1 カテゴリー、B は第 2 カテゴリーの決定者数。(共) 共和国、(自) 自治区の略。数字の単位は人。			
イワノフ州	750	2000	2750				
カリーニン州	1000	3000	4000				
クルスク州	1000	3000	4000				

スターリンの粛清命令第１回分（1937年8月より4ヶ月分）

1937年7月10日発令、4ヶ月以内に必ず実行せよ。A＋B＝25万9450人。

第一カテゴリー：最も反党的敵対分子、直ちに逮捕処刑決定者。

第二カテゴリー：次のクラスの分子、投獄あるいはラーゲリへ8年～10年

★スターリンは先に粛清者人数を決めて命令した。最高責任者はフリノフスキー将軍とする。

あとがき

小林一美

いままで世にほとんど知られなかった多くの文革受難死者の氏名、生没年月日、経歴、業績、そして死亡時の情況等々の一端を日本で紹介できたことは、実に嬉しいことである。この人名一覧を端緒として、さらに多くの「犠牲者の生涯」が判明すればと願っている。毛時代の数千万の犠牲者の内、本書ではたった八五〇余人の悲惨な末路を調べ紹介できただけであるが、それにしても何という哀れな最期であろうか！

これだけの受難者の悲劇を見ただけでも、人間は、どのようなことでもやる動物であることがわかる。人間は、「戦争」という敵対的な国家共同体間の「戦争・侵略」、それに敵対的な階級間の「革命・内乱」という二局面においては、更にまた独裁・専制体制の下においては、平常の「生活パラダイム」が破裂すること、そして、「善悪二元・敵見方二元論」の下で、いかなる残酷な所業にも及ぶ動物であることが分かった。戦争と革命の時局では、人をいくら殺害しても、虐待しても、許容されるどころか、称賛されるのである。

中国は、文革終了後、対外開放に転換して四〇年経つ。この期間に、世界資本主義による「平和」を享受し、資本主義の恩恵――資本投下・技術移転・市場開放の恩恵を被って、驚異的発展を遂げた。一方、世界資本主義も、莫大な利益を得て、世界的な利益と繁栄を享受した。

中国は極安の労働力とタダ同然の広大な土地（過去数千年、農民の物だった土地）を外国資本・国有企業に提供した。中国の経済的繁栄にとって、「安い土地と労働力」を農民から収奪し、外国人に提供して外国人の資本と技術を導入することは、起死回生の道であった。かくして、中国農民は、その「伝統的な土地所有権」を失い、且つ「都市」から戸籍的に排除された。つまり、農民階層に対する搾取と差別と動員によって、現行国家党体制は維持され、強化されてきたのである。つまり、毛沢東時代の非情無道な共産主義化政策が、今日の国家資本主義の成功をもたらしたのである。何という歴史の皮肉であろうか。

一方で、共産党は知識人・学者学生・教育者たちに対しても、自由・民主・人権の主張を許さず、言論思想統制を継続した。そして、今の経済的繁栄を党独裁の成果であると主張し、今や「大餓死事件」や「悲惨な文革」などなかったかのように振舞い、世界第二位の経済大国の繁栄を我が党の功績だとして自慢している。為政者たちは、これは「中国の特色ある社会主義の成果である」「偉大なる中華民族の復興である」、だから現行体制下で「世界に国威を発揚せよ」と愛国主義を宣揚している。

近年、中国とアメリカの対立は、激化し、再冷戦の到来と言う人もいる。果ては、両国とも、〝宇宙軍〟を作り、宇宙にまで領土獲得競争を激化させているらしい。戦争も革命も競争も、ますます情報技術的、宣伝煽情的になり、混乱は地球大、いや宇宙大にまでになり、世界各地に独裁政権が乱立するようになった。今度来るのは、「世界最終戦争＝世界革命」であろうか。もはや世界資本主義が「製造業」ではなく、全地球の陸も海も空も「情報・知識・技術」革命で一体化し、一元化した以上、戦争と革命は、「世界最終戦争・革命」でしかありえないだろう。今度は、いかなる残酷さが、人間を支配するだろうか？　こう考えると、ヨーロッパ共同体と国際連合、その他もろもろの「国際主義の民間団体」が主導権をとって、数千年続いてきた「国家と革命」の時代に終止符を打つことが、人類の緊急且つ絶対の課題であると思うのである。

と、いささか我が老骨にとって荷が重過ぎる「大総括」を書きなぐって、パソコンから離れ、夕食に「おじや」を二人分作って二階に住む母を呼んだ。母は、今年一〇一歳。信州の山中から、いろいろあって逃げ出して、横浜に来てからもう一六年も二階に住み着いている。今日は、調子が良いのか、夕食に初めてよろよろと杖をついて階段を降りてきた。テーブルについた母曰く、こんな良い時代に生まれてきてよかった。昔はテレビも何もなかった。今日、モンゴルの相撲取り「玉鷲」が優勝した。この人は、日馬富士などと違って、穏やかで努力の人、真面目な人。涙が流れたよ。……昨夜は、「大坂なおみちゃん」の応援で疲れ切ったが、たいへんお金を稼いだそうだ。凄い人だね。……「嵐」の○○○ちゃんが今テレビに出るから、ご飯はちょっとでよい。……朝日新聞の記事が面白く、一日中読んでいた、等々とノタマウ。数日前まで心を痛めていた「稀勢の里」引退の話は、もう消え去ったらしい。「SMAP」や「嵐」がテレビに出て来ると見逃さないほどのファンである。耳が全く聞こえないので「玉鷲、玉鷲」と、一人でしゃべってよたよた杖に頼って二階に這い上がって行った。私は、それをいつものように聴き流した。「SMAP」も玉鷲も嵐も全く知らない私には、いつも流れている念仏のようなものだ。しかし、母のように生きるのが健康的というものだろう。人々は、いつも大多数の国民と一緒の多数派でありたいと願い、皆と一緒に歌い騒ぎ踊り舞い、喜怒哀楽を共にしながら賑やかに生きたいと思っている。それこそが生きる喜びだと。私もそう思う。

しかし、しかし、世の中には敢えて「文革受難死者」「戦争犠牲者」等々の話を持ち出して、宴に水をさす人もいなければならまい。人間関係を気難しくする人もいないと困るであろう。孤高の画人・堀文子さんは言う。「群れない、慣れない、頼らない」と。私はおこがましくも欲張って、さらに「真似ない」、「諦めない」、「厭わない」をつけ加えた六重否定形を目標にしたいのである。と、生活とパソコンの指導管理全般を頼っているわが家のパートナーに漏らしたところ、堀文子さんの三つで十分と叱られた。余命はいくばくもないが、末期高齢者の私は、いや、中国研究者としての私は、中華帝国の負の遺産やスターリン、中国革命、毛沢東、文革や日中戦争の悲劇の記録にこだわり続けたいのである。

世界でただ一人、文革受難者の「死に様」を尋ね、記録し続けて、「孤塁」を守り続ける王友琴女史のような人に、人生の最後に出会えて本当にうれしい。そして文革の「学問的研究」などという小難しい、しかし誰も心が傷まない権力闘争論だけの「分析」ではなく、「事実の調査と記録」をこそやり続けたいと思うのである。

さて、本書は、私が音頭をとり、王友琴・佐々木恵子・劉燕子・麻生晴一郎の諸兄姉にご協力を呼びかけ、皆さんと相談しながら作り上げたものである。本書全体の編集、構成、論理、分析、主張、総括、監修等々に問題が有れば、私の全責任である。ここに最高責任の所在を明確にしておきたい。最近は、文革についていろいろ言っても書いても、多方面に気を使って心が休まらない。いろいろのアクション、リアクションが起こるからである。八五〇人の尊厳に関わることだから当然ではあるが。本書の構成、編集が共同編集者・執筆者たちに御迷惑をかけるのではないかと恐れている。

最後に一言。王先生の論文の翻訳をしていただいた旧友・土屋紀義氏、谷川雄一郎氏には、心からお礼を申し上げる。また『北京と内モンゴル、そして日本』（集広舎）の著者金佩華女史にも、常日頃いろいろ御教示いただき有難く思っている。私が本書に収録した毛沢東批判を書いている最中に、斎藤多喜夫氏から著書『歴史主義とマルクス主義　歴史と神・人・自然』を頂戴し、多くの示唆を得た。久しぶりに大いなる知的興奮を味わった。記して感謝したい。

本書の出版に当たっては、いつものように、集広舎の川端幸夫代表に大変お世話になった。また麻生水緒さんに編集をしていただいた。近年、他の著書も含めいろいろ御世話になっており、御二人には心からお礼を申し上げる。

小林一美　二〇一九年春

麻生晴一郎（あそう　せいいちろう）

1966年福岡県生まれ。東京大学国文科在学中、中国ハルビンにおいて行商人用の格安宿でアルバイト生活を体験、農村出身の出稼ぎ労働者との交流を深める。現在は日本語と中国語の媒体で中国社会や日中市民交流について執筆。2013年に『中国の草の根を探して』で「第1回潮アジア・太平洋ノンフィクション賞」を受賞。また中国内陸部から草の根の市民活動家を招く「日中市民交流対話プロジェクト」、都内団地での異文化交流サロン「アジア図書館カフェ」を運営。

主な単著：『北京芸術村：抵抗と自由の日々』（社会評論社）、『こころ熱く武骨でうざったい中国』（情報センター出版局）、『反日、暴動、バブル：新聞・テレビが報じない中国』（光文社新書）、『中国人は日本人を本当はどう見ているのか？』（宝島社新書）、『変わる中国「草の根」の現場を訪ねて』（潮出版社）等。

土屋紀義（つちや　のりよし）

1946年、東京都生まれ。一橋大学大学院社会学研究科博士課程中退。長年の国立国会図書館職員を退官後、大阪学院大学教授を経て現在同大学名誉教授。

【編著書】土屋紀義・佐々木研太編著『江戸時代の呂氏春秋学』（中国書店、2017年）、【訳書】張宏傑著（小林一美、多田狷介、藤谷浩悦と共訳）『中国国民性の歴史的変遷』、（集広舎、2016年）、【論文】「中国における近代図書館の出現について」（『大阪学院大学国際学論集』18巻1号、2007年6月）等。

谷川雄一郎（たにがわ　ゆういちろう）

1970年、神奈川県生まれ。1992年、文部省派遣留学生として北京大学留学。1996年、神奈川大学大学院博士前期課程修了。同年、延辺大学（吉林省）に私費留学。2019年現在、神奈川大学・恵泉女学園大学・横浜国立大学非常勤講師。専門分野：東アジア近現代史。翻訳：陳祖恩「西洋上海と日本人居留民社会」（大里浩秋・孫安石編著『中国における日本租界　重慶・漢口・杭州・上海』御茶の水書房　2006年所収）。論文：「南満東蒙条約と間島領事館警察の増強」（日本植民地研究会『日本植民地研究』第16号　2004年）等。

共編著者・翻訳者略歴

小林一美（こばやし　かずみ）

1937年長野県に生まれる。東京教育大学文学部史学科卒業、同大学文学研究科博士課程中退。大学では、一般教養「世界史教師」。専門は中国史専攻。名城大学、神奈川大学の教師を経て、現在、神奈川大学名誉教授。

主要単著『清朝末期（新人物往来社、1992年)、『わが心の旅、わが心の家郷』（汲古書院、２００６年)、『増補・義和団戦争と明治国家』(汲古書院、2008年)、『中華世界の国家と民衆』(上下、汲古書院、2008年)、『M・ヴェーバーの中国社会論の射程』(研文出版、2012年)、『中共革命根拠地ドキュメント』(御茶の水書房、2013年)、『わが昭和史、わが歴史研究の旅』（鳥影社、2018年)、『日中両国の学徒と兵士』（集広舎、2018年)、共編著『中国文化大革命「受難者伝と「文革大年表」』（集広舎、2017年)、等々。

佐々木惠子（ささき　けいこ）

横浜市出身、神奈川大学中国言語文化専攻　大学院・前期修了。家庭の主婦。長く母校の事務の手伝いをしながら、中国の文化社会歴史に大きな関心をもち、中国関係の映画や書物に親しんできた。文革の歴史については、悲惨きわまりない実態を知り、驚愕に耐えなかった。これからも、「文革受難死者列伝」の補正、補充に努めたい。

劉燕子（リュウ　イェンツ）

作家、現代中国文学者。北京に生まれる。大学で教鞭を執りつつ日中バイリンガルで著述・翻訳。日本語の編著訳書に『黄翔の詩と詩想』（思潮社)、『中国低層訪談録──インタビューどん底の世界──』、『殺劫──チベットの文化大革命』、『チベットの秘密』、『人間の条件１９４２』、『劉暁波伝』（以上、集広舎)、『天安門事件から「〇八憲章」へ』、『「私には敵はいない」の思想』、『中国が世界を動かした「1968」』（以上、共著、藤原書店)、『現代中国を知るための52章』（共著、明石書店)、『劉暁波詩選──独り大海原に向かって』、『劉霞詩選──毒薬』、『独りの偵察隊』（以上、共編訳、書肆侃侃房)、『ケータイ』（桜美林大学北東アジア総合研究所）等、中国語の著訳書に『這条河、流過誰的前生与后生？』、『没有墓碑的草原』等多数。

【原著者略歴】

王友琴 (おう ゆうきん Wang YouQin)

1952年生まれ。女性、北京師範大学附属実験中学在学中、1966年夏、紅衛兵運動に遭う。両親の出身階級が教師だったため身分が悪いと迫害された。まだ17歳にもならないのに14歳の妹と共に雲南省に下放され、6年間、貧苦の中でゴムの木を植えさせられた。後、北京大学中文系に合格、社会科学院で博士号取得の後、アメリカにわたり、スタンフォード大学、シカゴ大学で教鞭をとり、文革の実態調査と歴史研究を続ける。著書：①《校园随笔》，随笔集。北京，北京出版社，1988年。②《鲁迅和中国现代文化震动》，博士论文。简体字本，长沙：湖南教育出版社，1989年。繁体字本，台北：水牛出版社，1991年。③《文革受难者：关于迫害、监禁和杀戮的寻访实录》，香港：開放出版社，2004年。論文：《1966学生打老师的革命》，刊载于《二十一世纪》杂志，香港中文大学，1995。《恐怖的红八月》，刊载于《炎黄春秋》杂志2010年第十期，北京。《文革“斗争会”》(上)(下)，刊载于《领导者》双月刊，2013年第五和第六期，北京/香港。《摧毁日记的革命》，刊载于《领导者》双月刊，2015年第五期，北京/香港。(日本东北大学佐竹保子教授已经把此文翻译成日文)、共編著：『中国文化大革命「受難者伝」と「文革大年表」』(集広舎、2017年)、他英文論文を含め10数編を発表。他にインタビュー記事、雑感等々、多数がある。

◆ 共編著者（略歴は「共編著者・翻訳者略歴」を参照）

小林一美　佐々木惠子　劉燕子　麻生晴一郎

◆ 翻訳協力者（略歴は「共編著者・翻訳者略歴」を参照）

土屋紀義　谷川雄一郎

【負の世界記憶遺産】
文革受難死者８５０人の記録

令和元年（2019年）7月15日初版発行　**定価（本体：5,950円＋税）**

共編共著　王友琴　小林一美　佐々木惠子　劉燕子　麻生晴一郎
翻訳協力者　土屋紀義　谷川雄一郎
発行者　川端幸夫
発行所　集広舎
〒812-0035
福岡県福岡市博多区中呉服町5-23
電話：092-271-3767　FAX：092-272-2946
装丁　design POOL
印刷・製本　モリモト印刷株式会社

落丁本、乱丁本はお取替えいたします。

ISBN 978-4-904213-76-6　C1022